甘孜州政协文史资料总第35辑·康巴藏族中国传统村落文史资料调查与研究丛书
中国民间文艺家协会中国非物质文化遗产研究院康巴藏族传统村落文史调查工程研究成果
四川历史文化故事普及基地项目成果
中国非物质文化遗产研究院、四川文化艺术学院羌文化保护与发展研究中心重点成果书目
（编号：FYYJ2018—06）

茶马古道"锅庄文化"文史调查与研究辑要

焦虎三　焦好雨　编著

西南交通大学出版社
·成都·

图书在版编目（CIP）数据

茶马古道"锅庄文化"文史调查与研究辑要 / 焦虎三，焦好雨编著. —成都：西南交通大学出版社，2019.9
ISBN 978-7-5643-7176-0

Ⅰ. ①茶… Ⅱ. ①焦… ②焦… Ⅲ. ①文化史–研究–四川 Ⅳ. ①K297.1

中国版本图书馆 CIP 数据核字（2019）第 218647 号

Chama Gudao Guozhuang Wenhua Wenshi Diaocha yu Yanjiu Jiyao
茶马古道"锅庄文化"文史调查与研究辑要
焦虎三　焦好雨　编著

责任编辑	张慧敏
封面设计	原谋书装
出版发行	西南交通大学出版社 （四川省成都市金牛区二环路北一段 111 号 西南交通大学创新大厦 21 楼）
发行部电话	028-87600564　87600533
邮政编码	610031
网址	http://www.xnjdcbs.com
印刷	四川煤田地质制图印刷厂
成品尺寸	185 mm×260 mm
印张	31.5
字数	700 千
版次	2019 年 9 月第 1 版
印次	2019 年 9 月第 1 次
书号	ISBN 978-7-5643-7176-0
定价	168.00 元

图书如有印装质量问题　本社负责退换
版权所有　盗版必究　举报电话：028-87600562

康巴藏族传统村落文史调查工程编委会

总 顾 问	冯骥才			
主 任	向 秋	龚珍旭	谢 梅	
副 主 任	蒋秀英	李长贵		
顾 问	任新建	孙宏开	孙 前	
	孟 燕	李 旭	李祥林	
	蔡东州	金生杨	刘广宇	
	林俊华	何季德	高 梧	
	格桑确批	汪明泉	耿纪朋	
	潘昱州	柯小杰		
丛书主编	向 秋	龚珍旭	蒋秀英	谢 梅
本册主编	蒋秀英	陈清贵	谢 梅	焦虎三
本册副主编	鲁炜中	仲昭铭	肖 勇	
	李云双	董德峰		
编 委	多吉扎西	蒋秀英	孙 飞	
	阿基布珠	龚建忠	雷建平	
	戈教·云登嘉措		拥 措	
	董德峰	谢 梅	陈清贵	
	鲁炜中	焦虎三	庄 毅	
	仲昭铭	邓啟刚	安 波	
	刘 雷	唐 辉		

甘孜州政协文史资料总第 35 辑
《茶马古道"锅庄文化"文史调查与研究辑要》
编委会

主　任	向　秋	龚珍旭	谢　梅	
副主任	蒋秀英	李长贵		
主　编	蒋秀英	谢　梅	陈清贵	焦虎三
副主编	鲁炜中	仲昭铭	肖　勇	
	李云双	董德峰		
编　委	陈洪暴	多吉扎西	蒋秀英	孙　飞
	阿基布珠	龚建忠	雷建平	
	戈教·云登嘉措		拥　措	董德峰
	谢　梅	陈清贵	鲁炜中	焦虎三
	庄　毅	仲昭铭	邓啟刚	安　波
	刘　雷	唐　辉		

总 序

关于加紧抢救少数民族濒危文化的建议[①]

冯骥才

我国有 55 个少数民族，他们遍布全国，经济多样，生存环境各异，社会历史阶段和经济发展基础不一，其文化底蕴深厚，特征独具，相互迥异，夺目迷人。少数民族为灿烂多姿的中华文明的形成和发展做出不可磨灭的贡献。他们的文化是中华文明的重要组成部分，是人类文化宝库中的珍贵遗产，也是各个民族安身立命之根本，是他们的身份与独自的民族精神之所在。

由于历史与地理条件等诸多原因，少数民族的经济和社会发展长期滞后，人民生活相对贫困，在经历新中国建设特别是改革开放以来，始入崭新的发展时期。特别是随着国家扶贫力度的加大，西部大开发的推进，少数民族地区的经济、生活和社会正在发生空前的急速的翻天覆地的变化。这是人民企盼的，也是历史发展和进步之必然。但也要看到，在这巨大的变革中，他们民族的传统与文化面临着濒危与消亡，值得我们特别关注和着意应对。

当前，在强大的经济一体化浪潮中，面对着来势迅猛的西方化、汉族化、单一化、消费化，处于弱势的少数民族文化无力应对，只有随着潮流改变自己。很多富起来的地区，少数民族传统民居已经被"小洋楼"取代，民族服装及服饰及其工艺日渐式微。由于没有相关的保护法规，古董贩子乃至外国人在少数民族地区肆意廉价地搜寻宝贵的文化遗存。愈来愈多的少数民族的年青一代外出打工，远离自己的传统。不少地方听唱史诗的，已经不是年轻人而是旅游者。学校教育很少有民族文化内容，青年人对自己的文化传统缺乏必要的知识，缺少必要的感情。民间文化的传人——老艺人、匠人、歌手、乐师、舞者、故事家、民俗传人相继去世。很多经典文化已经无人传承。如今，民族语言在不少村寨已不复使用。一些民族语言（赫哲语、满语、塔塔尔语、舍语、达让语、阿侬语、仙岛语、苏龙语、普标语等）会使用的都不超千人。随着最后一个鄂伦春人的迁徙和定居农区，他们的狩猎文化至此终结。这些形成于成百上千年的民族文化板块正在瓦解与松散。

在今天这样一个高速发展的时代，如何抢救和保护少数民族文化是一个历史性的大课题，也是全世界都没有找到最佳方案的大挑战。但是如果不加紧抢救、记录、保护，就是对历史的犯罪，有悖于当今国际对待文化遗产的文明观，有悖于先进文化建设的性质规定，有悖于民族平等的社会理想。故此建议：

1. 加快我国非物质文化遗产的保护立法。立法保护的重点应是少数民族文化。

[①] 本文收入冯骥才：《灵魂不能下跪：冯骥才文化遗产思想学术论集》，宁夏人民出版社 2007 年版。

2. 民族区域自治地区的现代化，要持之以整体的和谐的发展观。要把保护和发展民族文化，作为衡量该地区官员政绩的重要内容。国家要加大民族地区濒危文化抢救和保护的财政投入。

3. 我国民族多，文化繁多，在保护上不能项目化，而应该体系化。项目保护是枝节保护；体系保护是整体保护。故建议由国家民委牵头，建立国家权威的中国少数民族文化数据库。以图片、文字、录音、录像多种技术手段，综合地存录民族文化资料。各民族自治区域应制定文化抢救方案和保护体系。选择一些少数民族自治区域做经济、文化、社会协调发展的试点。取得经验，进而推广。逐步形成严格、严密与科学的中国少数民族文化保护体系和民族发展的科学模式。

4. 对一个小民族的迁徙，一种重要民族文化形式的消失，乃至杰出民间文化传承人的故去，都要给予极大的关注，应做到事前有紧急抢救，即及时开展抢救性记录、调查和整理。有关部门应在财政上给予保障。

5. 设立少数民族文化抢救基金。募资并资助少数民族文化重要形式的抢救。并唤起社会各界对少数民族文化的关爱、尊重与保护。

6. 在全国各地学校教育中开设有关我国各少数民族的文化成就与重要特征的课程，增进民族间的学习与了解；在民族区域自治地区和少数民族较集中地区开展本民族或多民族文化知识、形式的学习与鉴赏，传承民族文化，培养民族情感，强化民族审美。应该组织好此类教材的编写，使之具有科学、文化性、可读性。

7. 确定和设立少数民族文化遗产日，藉此开展综合性的关涉各个少数民族文化的宣传展示活动，提高少数民族传承自己文化的自觉。

8. 建议由国家民委牵头，定期组织高层次、多部门、多学科的关于少数民族地区文化和经济协调发展的研讨；研究与探索现代化进程中文化保护与经济发展、传统文化与现代文化和谐发展之路；研究民族民间的建筑、服饰、生活用具的设计与民间工艺的发展关系，以使民族文脉循序进展。

当前，我国少数民族文化受到冲击的趋势正在日益加大。濒危是全方位的。抢救和保护已是刻不容缓。少数民族文化不能最终只是一种旅游资源。他们的文化是其民族的根本，失去文化便意味着民族的消失，故此希望国家从事关少数民族兴衰存亡的角度考虑这一十分紧迫的工作，尽快制定计划与措施变被动为主动，使中华民族各民族的经济与文化共存共荣，交相辉映，永葆中华文明的灿烂多姿。

前　言

茶马古道的历史变迁与现代功能[①]

任新建

在我国各民族生活中，藏族由于"其腥肉之食，非茶不消；青稞之热，非茶不解"而将茶作为"一日不可或缺"的生存必需品。但藏族所居的青藏高原地区，素不产茶。为了将川、滇的茶叶运入藏区，同时将藏区的土特产输入祖国内地，于是，一条条以茶叶贸易为主的交通线，在藏汉民族商贩、背伕、驮队、马帮披荆斩棘下，被开辟出来。它像一条条绿色的飘带，横亘于青藏高原与川、滇之间，蜿蜒曲折于世界屋脊之上。穿过崇山峻岭、峡江长河，越过皑皑雪原、茫茫草地，像一条剪不断的纽带，把内地与藏区相连接；似一座跨越时空的金桥，把汉藏民族的兄弟情谊传送。由于唐代以来这种贸易关系主要是以内地之茶与藏区之马进行交换的形式进行，故历史上称之为"茶马互市"或"茶马贸易"。伴随这一贸易而开通的商道，因而被称为"茶马古道"。

历史上的茶马古道并不只一条，它是以川藏道、滇藏道与青藏道（甘青道）三条大道为主线，辅以众多的支线、附线，构成的一个庞大的交通网络，地跨川、滇、青、藏四区，外延达南亚、西亚、中亚和东南亚各国。在这三条茶马古道中，川藏道是开通时间最早，运输量最大，历史作用也最大的大道。

一、川藏茶马古道的历史变迁

（一）汉代的茶马古道——"南丝路"的一段

四川古称"天府"，是中国茶的原产地。早在两千多年前的西汉时期，四川已将茶作为商品进行贸易。当时，蜀郡的商人们常以本地特产与大渡河外的牦（旄）牛夷邛、笮等部交换牦牛、笮马等物。茶作为蜀之特产应也在交换物之中。这一时期进行商贸交换的道路古称"牦（旄）牛道"，它可算是最早的"茶马古道"。其路线是由成都、临邛（邛崃）出发，经雅安、严道（荥经），逾大相岭，经旄牛县(汉源)，过飞越岭、化林坪至沈村（即笮都，为西汉沈黎

[①] 2018年5月18日，四川省甘孜藏族自治州政协主办的"茶马古道文化历史研讨会"在康定市举行。会上由笔者代表"康巴藏族传统村落文史调查工程"二期工作组向与会专家介绍了本书编写大概，得到任新建等前辈的鼓励和赞许，任先生同意以一文代作本书前言。经商议并经任老同意，特选《茶马古道的历史变迁与现代功能》作为本书前言。

郡治地），渡大渡河，经磨西，至木雅草原（今康定市新都桥、塔公一带）的牦牛王部中心。邛崃由于是当时蜀郡的商贸中心和茶、铜铁器的主要产地，故成为汉代茶马古道的起点。

这条最早的茶马古道，实际上即"南方丝绸之路"的第一段（成都至牦牛的一段），只不过"南丝路"由成都、邛崃至牦牛县后，不是向西进入康、泸地区，而是转向南，进入邛部（西昌地区），然后进入云南，再通往印缅。

（二）唐宋时的茶马古道

唐代，伴随文成、金城公主下嫁而兴起的唐蕃政治、经济、文化大交流，使吐蕃出现"渐慕华风"的社会风气。唐人饮茶之习也被传入吐蕃，逐渐成为社会风习。

宋朝，中央政府正式与藏区建立起了"以茶易马"的互市制度，随着茶马贸易的加强，茶马古道亦随之有了较大的拓展。这一时期的茶马大道主要为"青藏道"，即通常所说的"唐蕃古道"。唐蕃古道在前期主要是一条政治交往之路，后期则成为汉藏贸易进行茶马互市的主要通道。这条道路东起关中地区，经过青海，从四川西北角的邓玛（原邓柯县），过金沙江，经昌都地区、那曲地区至拉萨（逻些）。这一时期虽然四川的黎（汉源）、雅（雅安）亦设立茶马互市口岸，专门供应康区茶叶，但由于当时所易之马主要产自青海一带，故大量的川茶是从川西的邛崃、名山、雅安和乐山等地经成都、灌县（都江堰）、松州（淞潘）过甘南，输入青海东南部，然后分运至西藏、青海各地。这条茶道一直延续至今，经由这路输往藏区的川茶被称为"西路茶"。

（三）明清时的茶马古道

元代，西藏正式纳入祖国版图，为发展西藏与内地之间的交通，元政府在藏区大兴驿站，于朵甘思境内建立19处驿站，从而使四川西部与西藏间的茶马大道大大延伸。明朝特别重视茶在安定藏区、促进国家统一中的作用，政府制定了关于藏区用茶的生产、销售、贩运、税收、价格，质量、监察的一系列法规和制度，抑制茶商投机倒把，开辟了自碉门（天全）经昂州（岩州，今泸定岚安镇）逾大渡河至长河西（康定）的"碉门路"茶道，并于岩州（岚安）设卫，驻军以保护茶道畅通。成化六年（1476年）规定乌思藏、朵甘思各部朝贡必须从"四川路"来京。于是，四川不仅是边茶的主要生产地，而且成为"茶马互市"的最主要贸易区。

明代川藏茶道分为"南路"（黎碉道）和"西路"（松茂道）两条。

"南路"茶道中，由邛崃、雅州至打箭炉段又分为两路：一路由雅安经荥经，逾大相岭至黎州，经泸定沈村、磨西，越雅加埂至打箭炉，因是自秦汉以来就已存在的大道，故名为"大路"；另一条是自雅安经天全两河口，溯昂州河，越马鞍山（二郎山），经岩州，过大渡河，至烹坝，到打箭炉。因系山间小道，故又称为"小路"。由这两条路上运输的茶别被称为"大路茶"与"小路茶"。

自打箭炉至西藏的茶道路线是：打箭炉北行，经道孚、章古（炉霍）、甘孜，由中扎科、浪多、柯洛洞、林葱（原邓柯县）至卡松渡过金沙江，经纳夺、江达至昌都，然后经类乌齐、三十九族地区（丁青、巴青、索县等地），至拉萨。由于这条路所经大部分地区为草原，适合大群驮队行住，故自明至清，一直是川藏茶商驮队喜走之路。

"西路"茶道：由灌县沿崛江上行，过茂县、松潘、若尔盖经甘南至河州、岷州，转输入青海。

清代，四川在治藏中的作用大大提高，四川与西藏关系的密切，进一步推动了川藏"茶马贸易"。康熙四十一年（1702年），在打箭炉（康定）设立茶关，之后，又于大渡河上建泸定桥，开辟直达打箭炉的"瓦斯沟路"。原由碉门（天全）经两河口、昂州河、岚安、烹坝、打箭炉的茶道，改为天全—两路口—门坎山—马鞍山—泸定桥—打箭炉一线。岚安口岸由此衰败。打箭炉成为川茶输藏的集散地和川藏大道的交通枢纽。清代打箭炉至昌都的南、北两条茶马大道是：

南路大道：由打箭炉经里塘、巴塘、江卡（芒康）、察雅至昌都。由于这条路主要供驻藏官兵和输藏粮饷来往使用，故习惯上称之为"川藏官道"。但实际上此道也经常是茶商驮队行经之路。

北路大道：由打箭炉经道孚、甘孜、德格、江达至昌都。此道原为明代川藏茶马古道的大道，是运茶驮队主要行经的道路，故习惯上被称为"川藏商道"。

两道汇合于昌都后，由昌都起又分为"草地路"和"硕达洛松大道"两路，至拉萨汇合。

二、茶马古道的现代功能

（一）茶马古道是丰厚的历史文化资源，具有很大的旅游吸引力

川藏茶马古道上有两千年的历史积淀。这条古道上星罗棋布的古镇、保存着众多的历史建筑遗迹，淹没在历史岁月中的茶市旧貌，依稀可辨的驮队遗踪，能让人浮想联翩，追寻那千年的史迹；这条古道所穿越的"民族走廊"地区，能让人深刻感受到多元文化在此形成的绚烂多姿，这条古道上还有大量的掌故与传说，留下了许多历史之谜，引人入胜，可开发为颇具特色的旅游吸引物。

（二）茶马古道有丰富的文化内涵与外延，可以开发为一系列旅游产品

茶马古道不仅是一条道路，更是一个历史文化的载体，蕴含着极为丰富的文化内涵。例如，伴随这一古道诞生的茶文化、汉藏商贸文化就值得深入发掘。开发为特色旅游产品；邛崃作为茶马古道的起点和边茶的主要生产基地，可借助茶马古道打造"中国茶的故乡""茶马古镇"等品牌。

（三）茶马古道是促进川滇藏旅游联动的纽带

茶马古道是祖国统一的历史见证，也是民族团结的象征。它就像一座历史的丰碑，让人感受到汉藏情谊的隽永与深厚。茶马古道时间跨越两千年，空间跨越川、滇、藏、青等数千公里。任何一地想单独打造这一旅游产品都不可能，必须联手进行，区域分工，彼此联动，各自扮演一个独特的角色。因此，从这个意义上讲，在打造川滇藏旅游吸引物上，茶马古道与"南丝路"可相辅相成，成为促进川、滇、藏旅游联动的最佳纽带。

凡 例

一、本书摘选、编辑范围

（1）图书、论文及其他文章均选编于中国（不含港澳台地区）公开出版物。

（2）电子文献因来源与作者较混乱，故只选编于国内有互联网出版许可证资质的政府相关部门官方网站及专业学术网站。

（3）《上编》以打箭炉（康定）为中心，侧重收录与之相关内容；《下编》论文关键词以"锅庄"（锅庄文化）、"茶马古道"（茶马互市）、"康定"（打箭炉）、"边茶"（南路边茶）等为中心，但只收录与"锅庄文化"相关论文，时间从1949年至2017年12月。

（4）文献作者、版本等简介，只在首条著录时出现，以后省略。

二、分类标准及次序

因文献年代及体例不同，本书分类各有侧重，不求一统。

（1）"上编"中"第一章 清季茶马古道'锅庄文化'相关文史资料选辑"，以辑为编，依书名（文献资料）为题，主要依刊刻（出版）年代排序，《清史稿》与《清稗类钞》因专述清事，也一并列入；少量西方著作，虽译作在今，但作者考察年代与所述之事在清季，故也并入此章。同一文献（卷、册）如有多处摘录，以"则"入列。

（2）"上编"中"第二章 民国时期茶马古道'锅庄文化'文史资料类编"，以类而编，依事为目，分甲 历史概要；乙 财政税课；丙 商业贸易；丁 交通运输；戊 民俗文化；己 专论调查六节，文献内容分节入列，各篇题目均自编，书名附后。本章主要依图书（刊物）出版年代排序；少量现今出版物（译作），因作者考察、调查年代及所述之事在民国时期，故也列入此章，以其考察、调查时间作为排序依据。

（3）少量图书出版具体年份不详，一般放入年代末尾。

（4）"第二章 民国时期茶马古道'锅庄文化'文史资料类编"中作为补充，收录了部分现今文史材料，以利参对，也均依类入节，题目自编，书名附后，作之附录。

三、因选编性质不同，《下编》入选文献著录规则参考《文后参考文献著录规则》（国标编号GB/T 7714—2005）

（1）图书：书名；作者；出版社；出版年份。

（2）连续出版物：题名；作者；来源[刊名，出版年份及卷（期号）]；摘要；关键词。

（3）会议论文：题名；作者；来源（论文集名，出版年份）；会议名称（主办方，会议名称）；会议时间；会议地点。

（4）学位论文：题名；作者；来源（保存地和保存单位，年份）；摘要；关键词。

（5）其他文章（游记及社科普及文章等）：题名；作者；来源[刊名，出版年份及卷（期号）]；简介。

四、入选文献作者超过三人时，只著录前三位并加"等"；部分文章和电子文献原未标注作者，一律以"佚名"通称

五、本书学科分类参照《中华人民共和国学科分类与代码简表》（国标 GB/T 13745—2009）执行。研究文献排列顺序如下：民族学与文化学、历史学、经济学等。各类均依刊发时间排次，学位论文统一排在该年末尾

六、本书 1949 年前文献国内编年使用民国纪年法，均编为简体，异体字均以今常用字替代。部分清季、民国文献，因毁坏或污渍等原因，原文难辨，统一以"□"表示；河流山川、府县村名，原文称谓不一，正文依旧，编处加以统一。文献中极少量涉及政治认知不良之词语，因原文献字中已有用"×"代字之处，故改用"≠"替代

七、脚注中除标明为"原书（文）注"外，均为编者注

八、民国时期文献，由于受各种条件限制，对少数民族有所偏见，言词颇有不妥，标点、用词乃至格式也互不统一，与今略有差异。为保证资料的完整与真实，达到"存史"之目的，我们均照实而录；1949 年以后研究文献本应"百花齐放"，各种学术见解，我们也如实而辑。论文因涉诸多学者，行文各异，有些称谓、数字不尽统一（如"十三锅庄"与"13 锅庄"之类），为尊重原则，除明显错漏之外，我们也不加修改。因体例差异，这部分论文中的原有注释与参考文献等，因体例原因，无法录注，殊为遗憾也特此申明

目　录

上编　1949年前茶马古道"锅庄文化"珍稀文史资料辑要 …………………… 001
　第一章　清季茶马古道"锅庄文化"相关文史资料选辑 ………………… 003
　　《读通鉴论》卷二十八　五代上 ……………………………………… 003
　　《陇蜀余闻》 …………………………………………………………… 004
　　《居易录》卷三十四 …………………………………………………… 004
　　《圣祖仁皇帝御制泸定桥碑记》 ……………………………………… 005
　　《康熙起居注》康熙五十三年　甲午　七月 ………………………… 006
　　《藏程纪略》 …………………………………………………………… 006
　　《大清圣祖仁皇帝实录》卷之一百七十六 …………………………… 007
　　《定藏纪程》 …………………………………………………………… 007
　　《藏纪概》 ……………………………………………………………… 008
　　《东华录》卷之二十五 ………………………………………………… 009
　　《永宪录》卷二　下（贰则） ………………………………………… 009
　　《进藏纪程》 …………………………………………………………… 009
　　《藏炉总记》 …………………………………………………………… 010
　　雍正《四川通志》卷二十　土司（贰则） …………………………… 011
　　雍正《四川通志》卷二十一　西域（贰则） ………………………… 017
　　《西藏日记》 …………………………………………………………… 019
　　《西藏考》 ……………………………………………………………… 019
　　乾隆《西藏志》（贰则） ……………………………………………… 020
　　《西藏志考》（贰则） ………………………………………………… 021
　　《明史》卷七十五　志第五十一　职官四　茶马司 ………………… 021
　　《明史》卷八十　志第五十六　食货四　茶法 ……………………… 0022
　　《明史》卷九十二　志第六十八　兵四　马政 ……………………… 025
　　《明史》卷三百十一　列传第一百九十九　四川土司一　天全六番招讨司 · 025
　　乾隆《雅州府志》 ……………………………………………………… 026
　　乾隆《打箭炉志略》（叁则） ………………………………………… 027
　　《西征录》卷下（贰则） ……………………………………………… 031
　　《西藏纪述》（贰则） ………………………………………………… 032
　　《永宪录续编》 ………………………………………………………… 032
　　《皇清职贡图》卷六（叁则） ………………………………………… 032

《水道提纲》 卷八 ⋯⋯⋯⋯⋯⋯⋯⋯⋯⋯⋯⋯⋯⋯⋯⋯⋯⋯⋯⋯⋯⋯⋯⋯⋯⋯ 034
《蜀故》 卷四 茶税 ⋯⋯⋯⋯⋯⋯⋯⋯⋯⋯⋯⋯⋯⋯⋯⋯⋯⋯⋯⋯⋯⋯⋯ 034
《钦定续通志》 卷一百五十二 食货·茶之法 ⋯⋯⋯⋯⋯⋯⋯⋯⋯⋯⋯ 035
《钦定续文献通考》 卷二十二 征榷考 ⋯⋯⋯⋯⋯⋯⋯⋯⋯⋯⋯⋯⋯⋯ 035
《钦定续文献通考》 卷二百四十八 四裔考·西域 乌斯藏 ⋯⋯⋯⋯ 035
《钦定皇朝文献通考》 卷二百八十五 舆地考·四川省 ⋯⋯⋯⋯⋯ 036
《清朝通志》 皇朝通志卷九十 ⋯⋯⋯⋯⋯⋯⋯⋯⋯⋯⋯⋯⋯⋯⋯⋯⋯⋯⋯ 037
《西藏纪游》（贰则）⋯⋯⋯⋯⋯⋯⋯⋯⋯⋯⋯⋯⋯⋯⋯⋯⋯⋯⋯⋯⋯⋯⋯ 037
《百一山房集》 ⋯⋯⋯⋯⋯⋯⋯⋯⋯⋯⋯⋯⋯⋯⋯⋯⋯⋯⋯⋯⋯⋯⋯⋯⋯⋯ 038
《卫藏图识》（贰则）⋯⋯⋯⋯⋯⋯⋯⋯⋯⋯⋯⋯⋯⋯⋯⋯⋯⋯⋯⋯⋯⋯⋯ 039
《卫藏识略》 ⋯⋯⋯⋯⋯⋯⋯⋯⋯⋯⋯⋯⋯⋯⋯⋯⋯⋯⋯⋯⋯⋯⋯⋯⋯⋯⋯ 040
《入藏程站》 ⋯⋯⋯⋯⋯⋯⋯⋯⋯⋯⋯⋯⋯⋯⋯⋯⋯⋯⋯⋯⋯⋯⋯⋯⋯⋯⋯ 040
《乾隆朝内府抄本〈理藩院则例〉》 ⋯⋯⋯⋯⋯⋯⋯⋯⋯⋯⋯⋯⋯⋯⋯⋯ 041
《清实录乾隆朝实录》 卷之二百四十 ⋯⋯⋯⋯⋯⋯⋯⋯⋯⋯⋯⋯⋯⋯ 041
《清实录乾隆朝实录》 卷之六百三十四 ⋯⋯⋯⋯⋯⋯⋯⋯⋯⋯⋯⋯⋯ 042
《清实录乾隆朝实录》 卷之六百五十七 ⋯⋯⋯⋯⋯⋯⋯⋯⋯⋯⋯⋯⋯ 043
《清实录乾隆朝实录》 卷之一千十四 ⋯⋯⋯⋯⋯⋯⋯⋯⋯⋯⋯⋯⋯⋯ 043
《清实录乾隆朝实录》 卷之一千四百十八 ⋯⋯⋯⋯⋯⋯⋯⋯⋯⋯⋯⋯ 043
《清实录乾隆朝实录》 卷之一千四百七十五 ⋯⋯⋯⋯⋯⋯⋯⋯⋯⋯⋯ 043
《清实录乾隆朝实录》 卷之一千六 ⋯⋯⋯⋯⋯⋯⋯⋯⋯⋯⋯⋯⋯⋯⋯⋯ 043
《卫藏通志》 卷四（贰则）⋯⋯⋯⋯⋯⋯⋯⋯⋯⋯⋯⋯⋯⋯⋯⋯⋯⋯⋯⋯ 044
《西藏赋》 ⋯⋯⋯⋯⋯⋯⋯⋯⋯⋯⋯⋯⋯⋯⋯⋯⋯⋯⋯⋯⋯⋯⋯⋯⋯⋯⋯⋯ 045
《西藏地理考》 ⋯⋯⋯⋯⋯⋯⋯⋯⋯⋯⋯⋯⋯⋯⋯⋯⋯⋯⋯⋯⋯⋯⋯⋯⋯⋯ 046
嘉庆《理塘志略》 ⋯⋯⋯⋯⋯⋯⋯⋯⋯⋯⋯⋯⋯⋯⋯⋯⋯⋯⋯⋯⋯⋯⋯⋯⋯ 046
嘉庆《四川通志》 食货志八 茶法（肆则）⋯⋯⋯⋯⋯⋯⋯⋯⋯⋯⋯⋯ 047
嘉庆《四川通志》 武备志 土司 ⋯⋯⋯⋯⋯⋯⋯⋯⋯⋯⋯⋯⋯⋯⋯⋯⋯ 048
嘉庆《四川通志》 卷六十一 风俗一 ⋯⋯⋯⋯⋯⋯⋯⋯⋯⋯⋯⋯⋯⋯⋯ 048
《西征日记》 ⋯⋯⋯⋯⋯⋯⋯⋯⋯⋯⋯⋯⋯⋯⋯⋯⋯⋯⋯⋯⋯⋯⋯⋯⋯⋯⋯ 048
《熙朝新语》 卷二 ⋯⋯⋯⋯⋯⋯⋯⋯⋯⋯⋯⋯⋯⋯⋯⋯⋯⋯⋯⋯⋯⋯⋯⋯ 049
《熙朝新语》 卷十三 ⋯⋯⋯⋯⋯⋯⋯⋯⋯⋯⋯⋯⋯⋯⋯⋯⋯⋯⋯⋯⋯⋯⋯ 049
《大清一统志》 卷三百六 雅州府（叁则）⋯⋯⋯⋯⋯⋯⋯⋯⋯⋯⋯⋯ 050
《西藏后记》 ⋯⋯⋯⋯⋯⋯⋯⋯⋯⋯⋯⋯⋯⋯⋯⋯⋯⋯⋯⋯⋯⋯⋯⋯⋯⋯⋯ 051
《康䡝纪行》（柒则）⋯⋯⋯⋯⋯⋯⋯⋯⋯⋯⋯⋯⋯⋯⋯⋯⋯⋯⋯⋯⋯⋯⋯ 051
咸丰《天全州志》 卷二（贰）⋯⋯⋯⋯⋯⋯⋯⋯⋯⋯⋯⋯⋯⋯⋯⋯⋯⋯⋯ 057
咸丰《天全州志》 卷五（两则）⋯⋯⋯⋯⋯⋯⋯⋯⋯⋯⋯⋯⋯⋯⋯⋯⋯ 059

《蕉轩续录》卷十……062

《道咸宦海见闻录》……062

《过相岭见负茶包有感》……063

《明通鉴》卷十五 纪十五……063

同治《章谷屯志略》……064

《西辖日记》……065

《西藏图考》卷之六·藏事续考 人事类……066

《明会要》卷七十八 外番二……066

光绪《雅州府志》卷十一 筹边……067

《清朝柔远记》卷二……067

《国朝耆献类征》……068

《碑传集》卷十九 康熙朝部院大臣下之上 席尔达传……068

光绪《打箭厅志》（贰则）……069

《川藏哲印水陆记异》……070

《炉霍屯志略》饮食……071

《西藏小识》卷四……071

《炉藏道里最新图考》……072

《雅安县乡土志》商务……072

《祁寯藻集》题本……073

《金川琐记》卷三 租妇……074

《大清宣统政纪》卷之四十二……075

《清史稿》卷十二 列传四十四……075

《清史稿》卷一百四 志七十九 舆服三 文武官印信关防条记……076

《清史稿》卷一百三十四 志一百九 兵五……076

《清史稿》卷一百三十七 志一百十二 兵八……076

《清史稿》卷二百七十六 列传六十三……076

《清史稿》卷二百九十二 列传七十九……077

《清史稿》卷一百二十四 志九十九 食货五（贰则）……077

《清史稿》卷五百十三 列传三百 土司二……078

《清史稿》卷五百二十五 列传三百十二 藩部八……078

《清史列传》卷十三 大臣画一传档正编十 年羹尧……079

《清稗类钞》（叁则）……079

《异辞录》卷四……080

《茞楚斋三笔》卷五……081

清代竹枝词六首……083

《清诗纪事》 雍正朝卷 王令宜 《铁索桥》 ………………………………… 085
《鞑靼西藏旅行记》 …………………………………………………………… 085
《中华帝国纪行 在大清国最富传奇色彩的历险》 上 ………………………… 086
《金沙江》(叁则) ……………………………………………………………… 086
《勇闯无人区》 …………………………………………………………………… 088
《西藏通览》(叁则) …………………………………………………………… 088
《青康藏区的冒险生涯》(伍则) ……………………………………………… 090
《彝藏禁区行》 …………………………………………………………………… 093

第二章 民国时期茶马古道"锅庄文化"文史资料类编 …………………………… 095
甲 历史概要 …………………………………………………………………………… 095
茶市之要区(《西藏地理讲义》) ……………………………………………… 095
打箭炉贸易颇盛(《西藏归程记》) …………………………………………… 095
征南造箭语无稽(《泣血缉存》) ……………………………………………… 096
汉藏互联的经商(《藏人言藏》) ……………………………………………… 097
杆茶主销藏区(《中国茶业之研究》) ………………………………………… 102
打箭炉是商业中心(《经深峡幽谷走进康藏》) ……………………………… 102
西康第一都打箭炉(《西康图经·境域篇》) ………………………………… 102
康定概况(《青海西康两省》) ………………………………………………… 104
商业以茶布为大宗(《使藏纪程》) …………………………………………… 105
西康经济概况(《西康之经济概况》) ………………………………………… 106
川康军总部严禁偷运茶种出关(《川边季刊》) ……………………………… 107
雅属茶业衰落(《川边季刊》) ………………………………………………… 107
川康茶业概况(《中国茶业》) ………………………………………………… 108
康城为聚货之区(《康定之回顾》) …………………………………………… 109
南路边茶(《我国西南新茶区之开发及其进展》) …………………………… 109
西康茶区(《我国西南新茶区之开发及其进展》) …………………………… 110
雅安边茶(《孙明经西康手记》) ……………………………………………… 110
川茶之产地(《四川邛名雅荥四县茶业调查报告》) ………………………… 111
川茶之分类(《四川地理》) …………………………………………………… 114
康定茶业概况(《康定概况资料辑要》) ……………………………………… 115
西康商业概况(《西康综览》) ………………………………………………… 116
西康经济概况(《最近西南经济概况》) ……………………………………… 118
西康茶产地土名与分类(《西康茶业》) ……………………………………… 119
西康贸易纲要(《西南经济地理纲要》) ……………………………………… 120
西康之都市——康定(《西南经济地理纲要》) ……………………………… 121

  茶为输入商品之首（《西康通志稿·工商志》）……………………………… 121
  康定商情（《西康通志稿·工商志》）…………………………………………… 123
  边茶历史悠久（《茶之塞外流传》）…………………………………………… 124
  民国以来西南茶引史略（《历代茶叶边易史略》）…………………………… 124
  西康商业概观（《西康通志工商志》）………………………………………… 125
  西康省的茶区（《茶叶产销》）………………………………………………… 126
  康定县商情（《康定县图志》）………………………………………………… 126

附 录 ……………………………………………………………………………… 128
  近代边茶概况（《西康省藏族自治州》）……………………………………… 128
  解放前康定商业简述（《甘孜川文史资料》第7辑）………………………… 129
  康定是藏汉交易的中心（《西康史拾遗》）…………………………………… 130
  西康商业概况（《民国藏事通鉴》）…………………………………………… 131
  西康边茶简介（《西康边茶简介》）…………………………………………… 135
  雅安边茶概况（《雅安边茶概况》）…………………………………………… 137

乙 财政税课 …………………………………………………………………………… 139
  1911度支部核定西康岁入预算表（《西康之经济概况》）………………… 139
  西康茶厘记（《西康建省记》）………………………………………………… 139
  1919年川边茶税（《民国八年度川边国家岁入岁出预算分表》）………… 140
  1927、1928年度岁入分款百分表·茶课（《西康纪要》）………………… 140
  西康之关税（《西康之实况》）………………………………………………… 141
  1930年输入边茶（《西康经济季刊》）……………………………………… 142
  1933年西康年度收入（《西康社会之鸟瞰》）……………………………… 142
  1933年西康税收·茶税（《西康纪要》）…………………………………… 143
  1930年至1933年度止西康输出入表·茶类（《西康之经济概况》）…… 143
  西康茶课（《康藏之茶盐问题》）……………………………………………… 143
  西康之茶税（《西康之茶税》）………………………………………………… 144
  西康当局增加康藏边茶引票（《西康当局增加康藏边茶引票》）………… 144
  炉关收入大为减色（《边茶之厄运》）………………………………………… 144
  茶税低减（《调查西康茶业近况》）…………………………………………… 145
  西康财政以茶税最早（《西康综览》）………………………………………… 145
  减免五属茶课（《西康综览》）………………………………………………… 145
  西康的茶课（《国民参政会川康建设视察团报告书》）……………………… 146
  1939年西康各县经济建设现况表（《国民参政会川康建设视察团报告书》）… 147
  西康新旧茶税（课）对比（《西康概况》）…………………………………… 147
  西康进出口贸易税收沿革（《西康进出口贸易》）…………………………… 148

康定炉关榷税营公署会计科目分类表（《康定概况资料辑要》）…… 148
西康财政沿革（《西康省财政概况》）…… 148
西康边关税（《西康省财政概况》）…… 150
茶课（《西康省财政概况》）…… 150
西康边关税（《西康通志稿·西康财赋志》）…… 151
西康茶课（《西康通志稿·西康财赋志》）…… 152
1937年四川各县茶产年产量及总值统计（《四川经济月刊》）…… 153
1937年西康省边税局输出输入货物总值分类统计表·茶类
（《西康省财政概况》）…… 154
1938西康省边税局输出输入货物总值分类统计表·茶类
（《西康省财政概况》）…… 154
西康省边关税新税则目录·茶类（《西康省财政概况》）…… 154
1939年西康省地方普通岁入总概算书 （《西康省各项统计调查表》）…… 154
1939年西康年度财政收支概算表·茶课（《西康综览》）…… 155
西康货币（《西康纪事诗本事注》）…… 155
茶课无形废除（《建省后之西康财政》）…… 156

附　录 …… 158
　　茶课为主要收入（《西康省藏族自治州》）…… 158

丙　商业贸易 …… 158
　　西康之"充本"（《西康小识》）…… 158
　　西康之职业（《西康小识》）…… 159
　　西康之贸易（《西康小识》）…… 159
　　番汉贸易（《羌海杂志》）…… 159
　　康定之商业（《西康之实况》）…… 160
　　西康商业性质与行为（《西康问题》）…… 161
　　西康茶叶年贸易额（《西康问题》）…… 162
　　康藏人经营商业（《康藏》）…… 162
　　康定商业以陕帮为首（《赴康日记》）…… 163
　　西康茶业调查统计（《西康商业中几项主要商业的调查统计》）…… 163
　　西康商务情况（《西康纪要》）…… 165
　　西康茶业帮（《西康纪要》）…… 165
　　西康夷商帮（《西康纪要》）…… 166
　　茶实价仅一两（《赴康日记》）…… 166
　　商人之地位（《西康图经·民俗篇》）…… 166
　　操茶业者陕商占半数（《西康之茶业调查》）…… 167

西康之茶与茶帮(《西康商业之现状及其前途》)……167
1935年4月西康城区商业统计(《川边季刊》)……167
川茶的销路(《四川农村经济》)……168
1936年至1937年西康省进口贸易总值分类表 (《西康进出口贸易》)……168
西康茶叶出口来源及销路(《西康进出口贸易》)……168
康定茶叶交易方法(《西康进出口贸易》)……169
康定之商业(《西康概况》)……169
1937年西康省输出货物数量及诂本统计表 (《西康进出口贸易》)……170
边茶之销售(《四川邛名雅荥四县茶业调查报告》)……170
1939年西康出口茶叶之市价(《西康进出口贸易》)……170
1939年五属边茶运销表(《雅茶与边政》)……171
汉藏贸易雅茶为正宗(《雅茶与边政》)……171
雅安边茶的生产(《雪域求法记》(修订版))……172
打箭炉的茶叶交易(《彝人首领》)……173
1941年6月至1942年5月康定趸售物价表·边茶 (《西康物价》)……175
1941年6月至1942年5月康定零售物价表·边茶 (《西康物价》)……179
康定茶叶销售之阶层(《西康茶业》)……182
西康汉商的分类(《西康通志工商志》)……182
西康藏商的分类(《西康通志稿·工商志》)……184
汉藏茶叶交易所为锅庄(《康藏饮茶风尚》)……185
西康的商品交易(《西康社会之鸟瞰》)……185
茶为由康输藏大宗(《西藏内情及其对外关系研究报告》)……186
康定的商业(《康定琐志》)……186
康定的物价(《蓉康旅程》)……187
康定锅庄的巨擘(《康定琐志》)……187
1945年南路边茶产量一览表(《有关经边大计之南路边茶》)……188
南路边茶的销售(《有关经边大计之南路边茶》)……189
康定为商业中心(《川滇之藏边》)……189
川边之商业贸易(《川边之打箭炉》)……189
1946年康定物产贸易品类及来源(《西康统计季刊》)……190
1946年康定市茶叶贸易概况(《西康统计季刊》)……190
1946年康定市商业概况报告表(《西康统计季刊》)……191
喇嘛商(《西康诡异录》)……191
西康陕商录(《西康诡异录》)……191
泸定背茶为副业(《泸定县图志》)……192

附　录 ··· 193
　　西路边茶的汉藏贸易（《杂古脑的汉番贸易》）······················ 193
　　西康商业活动与锅庄（《西康省藏族自治州》）······················ 200
　　季节性的边茶销售（《西康省藏族自治州》）贰则 ·················· 201
　　打箭炉清末民初商品年进口一览表 （《康定县文史资料选辑》第1辑）··· 202
　　边茶的交易（《西康边茶简介》）······································ 202
　　边茶的销售（《雅安边茶概况》）······································ 203
　　雅安边茶的销售（《雅安边茶的经营管理、制造和销售》）······· 204
　　锅庄——康定的经纪人（《南路边茶的生产和运销》）············ 205

丁　交通运输··· 207
　　雅州府至打箭炉之交通（《西藏志》）······························· 207
　　康熙以来之川康大道（《川康交通考》）···························· 207
　　背茶包的脚夫（《茶包》）··· 208
　　雅州府至打箭炉之交通（《西藏纪要》）···························· 209
　　运货全靠背子（《西康行记》）·· 210
　　茶叶运输方法及运费（《西康进出口贸易》）······················· 210
　　悲惨至极的运茶者（《彝人首领》）··································· 211
　　运茶的驮脚娃（《西康图经·民俗篇》）···························· 212
　　康定陆路之交通（《西康交通概要》）······························· 213
　　边茶之运输（《四川邛名雅荥四县茶业调查报告》）··············· 213
　　茶叶包（《入康记》）··· 215
　　边茶运输贷款（《西康经济季刊》）··································· 216
　　茶之运输（《西康诡异录》）··· 217
　　驮脚娃（《西康诡异录》）·· 217
　　西康茶业之运输（《西康茶业》）······································ 218
　　西康的商道（《西康通志工商志》）··································· 219
　　康定县之关隘（《西康通志交通志》）································ 220
　　泸定县之关隘（《西康通志交通志》）································ 221
　　康定县之道路（《康定县图志》）······································ 222
　　泸定县之道路（《泸定县图志》）······································ 222
　　交通记事诗（《西康记事诗本事注》）································ 223
　　两地转运茶包（《芦山县志》）·· 224
　　背茶歌（《中国民间文学集成 荥经县资料集》）···················· 224

附　录 ··· 225
　　川康大道为"茶路"（《西康省藏族自治州》）······················ 225

边茶的运输（《西康省藏族自治州》）……………………………………226
　　边茶的运输（《西康边茶简介》）……………………………………226
　　南路边茶的运输（《南路边茶的生产和运销》）……………………227

戊　民俗文化……………………………………………………………………229
　　贸易多为妇女之业（《西藏风俗记》）………………………………229
　　西康交易习俗（《西康建省记要》）…………………………………229
　　"小成都"的锅庄（《边藏风土记》）…………………………………230
　　康人饮茶之类别（《西康问题》）……………………………………230
　　饮料以茶为必需（《西康小识》）……………………………………231
　　以茶为康、藏人唯一之嗜好（《康藏轺征》）………………………231
　　锅庄见闻录（《康藏轺征》）…………………………………………232
　　康人嗜茶如命（《赴康日记》）………………………………………232
　　锅庄见闻（《川边游记》）……………………………………………232
　　女子主事（《川边游记》）……………………………………………232
　　茶品唯用粗红茶（《川边游记》）……………………………………233
　　习惯酥油茶（《川边游记》）…………………………………………233
　　酥油茶（《康藏》）……………………………………………………233
　　康定锅庄亲历记（《雪域求法记》）…………………………………233
　　边茶有微妙之作用（《南路边茶与康藏》）…………………………234
　　酥油茶为主要饮料（《康定之轮廓》）………………………………235
　　康藏嗜茶若命（《艽野尘梦》）………………………………………235
　　"金""香"贸易出锅庄（《西康行记》）…………………………236
　　宿道孚锅庄（《西康行记》）…………………………………………236
　　西康之边茶（《西康图经·民俗篇》）………………………………236
　　搅拌酥油茶特制之器（《西康图经·民俗篇》）……………………237
　　西康茶之属（《西康综览》）…………………………………………237
　　砖茶（《西康诡异录》）………………………………………………238
　　康人饮茶之习（《西康纪要》）………………………………………238
　　边疆的砖茶（《边疆问题论文集》）…………………………………239
　　孙明经锅庄记录（《孙明经西康手记》）……………………………239
　　康藏茶饮用法（《四川邛名雅荥四县茶业调查报告》）……………239
　　茶为康人大宗食品（《西康社会之鸟瞰》）…………………………240
　　康藏人民茶之烹调方法（《康藏饮茶风尚》）………………………240
　　康地饮茶风俗（《康人农业家庭组织的研究》）……………………240
　　边茶记事诗（《西康纪事诗本事注》）………………………………241

锅庄记事诗（《西康纪事诗本事注》）……………………………………… 243
　　饮料记事诗（《西康纪事诗本事注》）……………………………………… 243
　　炉城竹枝词三首 …………………………………………………………… 244
附　录 …………………………………………………………………………… 245
　　"边茶"的广义与狭义（《西康省藏族自治州》）………………………… 245
　　南路边茶适合边藏人民口味（《南路边茶记实》）………………………… 245
己　专论调查 …………………………………………………………………… 246
　　茶马互市（《康藏史地大纲》）……………………………………………… 246
　　康定锅庄现状（《康定锅庄现状》）………………………………………… 248
　　康定锅庄（《西康概况》）…………………………………………………… 249
　　康人经营锅庄（《西康概况》）……………………………………………… 250
　　十三锅庄与四十八锅庄（《西康诡异录》）………………………………… 250
　　赴锅庄参观（《西康纪行》）………………………………………………… 251
　　访问包家锅庄（《西康纪行》）……………………………………………… 252
　　拜访瓦斯碉（《西南游行杂写》）…………………………………………… 253
　　边茶之沿革（《四川邛名雅荥四县茶业调查报告》）……………………… 254
　　锅庄是康定的灵魂（《入康记》）…………………………………………… 255
　　锅庄为特别经济组织（《西康社会之鸟瞰》）……………………………… 255
　　康定之锅庄（《西康综览》）………………………………………………… 256
　　说"锅庄"（《说"锅庄"》）………………………………………………… 256
　　锅庄是康人家庭组织的代表（《康人农业家庭组织的研究》）…………… 272
　　"锅庄"释义（《西康经济季刊》）………………………………………… 278
　　康定之锅庄（《康定县图志》）……………………………………………… 278
　　康定锅庄调查表（《康定锅庄调查》）……………………………………… 279
　　康市锅庄调查报告（《康市锅庄调查报告书》）…………………………… 280
　　四十六家锅庄调查（《西康概况》）（存目）……………………………… 306
　　南路边茶产制数量调查表（《西康经济季刊》）…………………………… 306
　　康定锅庄一览表（《西康进出口贸易》）…………………………………… 307
　　康定茶叶商一览表（《西康进出口贸易》）………………………………… 308
　　西康锅庄调查表（《西康统计季刊》）……………………………………… 310
　　五属茶商在康所设店号表（《西康纪要》）………………………………… 312
　　孙明经锅庄调查（《孙明经西康手记》）…………………………………… 314
　　四十七家锅庄主汉藏名名单（《西康记事诗本事注》）…………………… 314
附　录 …………………………………………………………………………… 315
　　锅庄（《西康史拾遗》）……………………………………………………… 315

康定瓦斯碉锅庄口述史（《康定瓦斯碉锅庄的概况》）……316
康定四十七家锅庄一览表（《康定四十八家锅庄》）……318
康定锅庄与民族商业（《甘孜州文史资料》第7辑）……322
独特的经纪行业：康定庄锅（《恢宏千年茶马古道》）……326
锅庄测义（《说不完的"佳话" 边茶杂记》）……328
康定锅庄传闻录（《甘孜州文史资料集萃》）……330
康定锅庄简史（《藏茶》）……337
"锅庄"与"锅庄房"（《藏族传统文化辞典》）……338
"锅庄"与"锅庄房"（《藏族大辞典》）……339

下编 1949年后茶马古道"锅庄文化"研究文献专题辑要……341
 民族学与文化学……343
 历史学……367
 经济学……410
 附录 本书《上编》所引著作、期刊简介……418
后 记……475

上 编

1949年前茶马古道"锅庄文化"珍稀文史资料辑要

第一章　清季茶马古道"锅庄文化"相关文史资料选辑

《读通鉴论》 卷二十八 五代上

《读通鉴论》作者王夫之，该书借引司马光《资治通鉴》所载史实系统地评价自秦至五代之间漫长的封建社会历史，分析历代成败兴亡，盛衰得失，臧否人物，总结经验引古鉴今，探求历史发展的规律，寻求汉族复兴的大道。全书约60万字，分为50卷，每卷之中以朝代为别；每代之中以帝王之号为目，共30目；目下又分作一个个专题；另在卷末附有叙论四篇。初稿完成于康熙二十六年（1687年）。

王夫之（1619—1692年），字而农，号"姜斋"，又号"夕堂"，湖广衡州府衡阳县（今湖南省衡阳市）人。他与顾炎武、黄宗羲并称"明清之际三大思想家"。其著有《周易外传》《春秋世论》《读通鉴论》《宋论》等书。

高郁说马殷置"回图务"运茶于河南北，卖之于梁，易缯纩战马，而国以富，此后世茶马之始也。古无茶税，有之自唐德宗始。文宗时，王涯败，矫改其政而罢之。然则茶税非古，宜罢之乎？非也。古之所无，后不得而增，增则病民者，谓古所可有而不有者也。古不可以有，而今可有之，则通古人之意而推以立法，奚病哉？

茶者，古所无也，无茶而何税也？周礼仅有六饮之制。孟子亦曰"冬则饮汤，夏则饮水"而已。至汉王褒僮约，始有武都买茶之文，亦仅产于蜀，唯蜀饮之也。六代始行于江南，而河北犹斥之曰"酪奴"。唐乃遍天下以为济渴之用，而不能随地而有，唯蜀、楚、闽、粤依山之民，畦种而厚得其利，其利也，有十倍于耕桑之所获者矣。古之取民也，耕者十一，漆林之税则二十而五，以漆林者，非饥寒待命之需也。均为王民，不耕不桑，而逸获不赀之利，则天下将舍耕桑而竞于场圃；故厚征之，以抑末务、济国用，而宽吾南亩之氓。则使古而有茶，其必厚征之以视漆林，明矣。

府其利于仅有之乡，而天下日辇金钱丝粟以归之不稼不穑之家，其豪者笼山包阜而享封君之奉。乃天下固无茶，而民无冻馁之伤，非有大利于民，而何恤其病？诚病矣，废茶畦而不采，弗能税也；虽税之，而种者不休，采者不辍，何病之有哉？即其病也，亦病夫射利之黠民，而非病吾旦耕夕织、救死不赡之民也。则推漆林之法，重税而以易缯马于不产之乡，使三代王者生饮茶之世，未有于此而沾沾以市恩也。

故善法三代者，法所有者，问其所以有，而或可革也；法所无者，问其何以无，而或可兴也。跬遵而步效之，黠民乃骄，朴民乃困，治者适以乱之。宽其所不可宽者，不恤其所可恤，恶足以与于先王之道乎？

《陇蜀余闻》

《陇蜀余闻》一卷，作于王渔洋第二次入蜀之后，于康熙丙子年，即康熙三十五年（1696年）王渔洋63岁时成书，记录其两次出使陇蜀期间的异闻传奇。王渔洋于康熙壬子（康熙十一年，1672年）、丙子（康熙三十五年，1696年）两次入蜀，行程两万余里，诗歌方面分别有《蜀道集》《雍益集》，入蜀游记有《蜀道驿程记》《秦蜀驿程后记》与《陇蜀余闻》。此三本游记，在清代和民国时期都有单刻本问世，还收录入《小方壶斋舆地丛抄》和《四库全书存目丛书》《丛书集成新编》《丛书集成初编》等。

王士禛（1634—1711年），原名王士禛，字子真，一字贻上，号"阮亭"，又号"渔洋山人"，世称"王渔洋"，谥"文简"，山东新城（今山东省淄博市桓台县）人，常自称济南人；清顺治十五年（1658年）进士，康熙四十三年（1704年）官至刑部尚书，颇有政声；清初杰出诗人、文学家，继钱谦益之后主盟诗坛，与朱彝尊并称"南朱北王"。诗论创"神韵"说，于后世影响深远。早年诗作清丽澄淡，中年转为苍劲。其擅长各体，尤工七绝，好为笔记，著《池北偶谈》《古夫于亭杂录》《香祖笔记》等。

打箭炉，在建昌西南，地与番蛮①喇嘛相接，与雅州、荥经、名山亦近。江南、江西、湖广等茶商，利彝货，多往焉。其俗女子不嫁，辄招中国商人与之通，谓之"打沙鸨"（或"作卜"）。凡商人与番蛮交易，则此辈主之。商人流宕其地，多不思归，生女更为"沙鸨"。其衣如舞衣，衣一称有直钱二百万者。康熙丙子春，命郎中金图等勘正地界，至其处。金为予兵部旧属，云路极险恶，视栈道如康庄矣。

【注疏】书中所记"康定锅庄"的汉藏交易概况，虽充满误解与歪曲，但所记打箭炉汉藏茶叶交易中当地以女子主之，却为现今所见关于锅庄主人"阿佳喀巴（阿佳）"最早的记录。

《居易录》 卷三十四

《居易录》为清代笔记，王士禛撰。此书是他康熙二十八年（1689年）官左副都御史以后至康熙四十年官刑部尚书以前13年中所记，共数百条，分为34卷。

四川提督总兵官唐希顺疏报恢取打箭炉等事。康熙三十九年十二月二十日，官兵分三路进攻宰牛，一路遣游击张自成等首攻哪叱、顶埧。一路遣中军马尔植等直攻大冈。惟咱威一路，喋吧昌侧集烈蛮兵五千余人在磨西面，臣亲帅官兵直攻，发新路之兵，先进至滥埧子，杀蛮兵四百余，至哪叱，杀五百余，共获一千余级。臣驰至咱威，攻二道木冈磨，杀三百余。

---

① "番""蛮"均为古代对少数民族的歧视性称谓，其中"番"指代外族。为存史实，本书照录，不再另注。

至磨西面，密从间道而上，蛮兵溃逃，夺营盘十四座，获千余级。张自成从宰牛坝截杀而来，又追杀一千五百余级。十二日游击张斌献首级一颗，称系喋吧昌侧集烈，公验是实。又据参将马尔植攻取大冈，蛮兵凭高据险，官兵奋勇剿杀一千二百余级，龙道被枪打死，呈献首级云云。又疏报：臣于本年正月十三日抵打箭炉，有各省客民千余及喇嘛、番民等欢呼跪迎，声闻数里。又有木鸦头人错王端柱、通事托和塔等首先归顺，缴旧敕印。其木鸦①熟库高僧喇嘛并木鸦洼为日及鲁密日、龙阿打喇吧各处喇嘛、头人投诚络绎不绝。其现来归附者一万二千余户。皆宣谕皇上德威，给赏银牌、缎疋、鞍马。告示令各安业讫。奉旨下部议叙。

《圣祖仁皇帝御制泸定桥碑记》

《碑记》于康熙四十八年二月初十日，由四川巡抚能泰、提督岳升龙立，碑记修桥的起因、桥的规模及维修办法等内容。

蜀自成都行七百余里，至建昌道属之化林营。化林所隶：曰沈村、曰烹坝、曰子牛，皆泸河旧渡口，而入打箭炉所经之道也。考《水经注》，泸水源出曲罗，而未明指何地，按《图志》，大渡河水即泸水也。大渡河源出吐番，汇番境诸水，至鱼通河而合流入内地，则泸水所从来远矣。打箭炉未详所始，蜀人传，汉诸葛武乡侯铸军器于此，故名。元设长河西宣慰等司，明因之，凡藏番入贡及市茶者皆取道焉。自明末，蜀被寇乱，番人窃踞西炉，迄至本朝，犹阻声教。顷者，黠番肆虐戕害我明正土官，侵逼河东地，罪不容逭。康熙三十九年冬，遣发师旅，三路徂征。四十年春，师入克之，土壤千里，悉隶版图，锅庄木鸦万二千余户，接踵归附，而西炉之道遂通。顾入炉必经泸水，而渡泸向无桥梁，巡抚能泰奏言："泸河三渡口，高崖夹峙，一水中流，雷犇矢激，不可施舟楫，行人援索悬渡，险莫甚焉！兹偕提臣岳升龙相度形势，距化林营八十余里，山趾坦平，地名安乐，拟即其处仿铁索桥规制建桥，以便行旅。"朕嘉其意，诏从所请，于是鸠工构造。桥东西长三十一丈一尺，宽九尺，施索九条，索之长视桥身余八丈而赢，覆版木于上，而又翼以扶栏，镇以梁柱，皆镕铁以庀事。桥成，凡使命之往来，邮传之络绎，军民商贾之车徒负载，咸得安驱疾驰而不致病于跋涉。绘图来上，深惬朕怀，爰赐桥名曰"泸定"。在事著劳诸臣，并优诏奖叙，仍申命设兵戍守。夫事无小大，期于利民，功无难易，贵于经久，然即肇建，兹举俾去危而即安，继自今岁，时缮修，协力维护，皆官斯土者责也。尚永保勿坏，以为斯民贻无穷之利。是为记。

康熙四十七年二月初三日

【注疏】《碑记》着重记述了平西炉之乱。据《清实录》载：康熙三十九年十二月二十日（1701年1月28日），唐希顺兵分三路，从泸河三渡口渡河攻打箭炉，在泸定磨西，斩营官喋吧昌侧集烈。四十年正月十三日（1701年2月20日），全军抵达打箭炉。四十一年，"打箭炉、木鸦一带归顺番民一万九千余户"。故《碑记》云："四十年春，师入克之，土壤千里，悉隶

---

① 即"木雅"。

版图，锅庄木鸦万二千余户，接踵归附。"此处"锅庄、木鸦"为清较早关于"锅庄"的官方记录，但其时也当指地域，前者指代"打箭炉"，后者即为"木雅"。可见，茶马左道"锅庄"一词专指之始，便具有复杂性与指涉性，我们今日所理解"锅庄"一词，可能正是这种复杂性与指涉性在漫长历史进程中相融而成的产物。

《康熙起居注》 康熙五十三年 甲午 七月

《康熙起居注》是一部记录康熙皇帝日常起居言行的档案汇编。起居注册是由起居注官逐日记录皇帝的各项起居政务活动的一种日记体裁的档册，先载起居，后载谕旨，又次官员题奏本章，再次引见官员情况顺序，逐月编纂成册。其中既包括了皇帝的日常生活内容，也记载了政务活动的内容及大臣重要奏章内容，具有丰富的史料价值。

起居注现存起于康熙七年（1668年）九月至宣统二年（1910年）十二月，中间有缺佚，共计一万二千余册。其中包括满汉两种文本，又有正本与稿本之别。满汉文本内容一致，正本与稿本内容也基本相同。只是稿本往往注明来源，而正本则无，目前分存于北京和中国台北二地。现存康熙朝起居注九百八十二册，其中汉文本四百九十三册，满文本四百八十九册，分存于北京和中国台北。1984年中华书局出版了标点本。

大学士松柱奏曰："喇藏题请将打箭炉地方发还伊等之事，现交部内。此系大事，请交议政大臣议之。"上曰："何必交议政大臣，着下部议，且此事部议甚易。前此所议之事，亦载在册籍。至打箭炉原系本朝地方，我朝之人实处其地，于彼大有裨益。我朝之人若行掣回，则茶市亦停，既无益于伊等，伊等人内必生大乱。倘伊务求此地，着伊亲诣，与我朝诸王、大臣等会议。如此议行，则伊断不来矣。"松柱奏曰："如此则喇藏无计可施矣。"

《藏程纪略》

焦应旂，清康熙五十年前后泾阳知县。康熙五十四年（1715年），他奉命从军，为平定准噶尔叛乱的清军转运粮储。此次西征有四年之久。在此前后，由于叛乱势力受挫，"潜行狡计，掠及藏地"，旋借达赖喇嘛病故，乘机拥立伪达赖喇嘛，向藏区窜扰。康熙帝特命抚远大将军、十四子允禵统领六师进剿，从西宁木鲁乌苏①。同年又命平逆将军延信率师入藏，一方面遏止准噶尔西进之势，另一方面护送达赖喇嘛入藏，以收全胜之功。

焦应旂"偕同事诸公奉调押运（军需）"，从康熙五十九年四月到康熙六十年五月的整整一年时间，经青藏高原入藏，抵达拉萨，又从康藏高原出藏，由四川返回任所。焦应旂将这段"不必至而竟至之"的"遐荒绝塞"，"不必见而竟见之"的"荒诞险远"的意外经历记载下来，名之曰《藏程纪略》。纪略以写实见长，文笔生动细腻，引人入胜，具有很大的史料价值。②

---

① 木鲁乌苏位于今青海省玉树藏族自治州境内，为从西宁入藏要津。
② 张莉红：《西藏地方文献考略》，载《中华文化论坛》，2005年3期。

1982年西藏人民出版社铅印本《西藏志·卫藏通志》《藏程纪略》收录于《西藏志》中。另，今著名藏学家吴丰培将书辑入《川藏游踪汇编》，1985年由四川民族出版社出版。

三月初四日，进打箭炉，为蜀西极边，皆番地，乃藏路咽喉，土官明正司统属。其先叛服不常，康熙三十八年调兵剿平之，宣以恩威，彰以信义，莫不倾心向化，今设兵戍守其地，番汉咸集，交相贸易，称闹市焉，余于此马疲力倦，乃觅夫乘小竹舆，自头道水越冷竹关，抵泸定桥，桥高十余丈，长数百步，两岸建亭阁，用大铁绳九条，绵亘飞渡，其上覆以木板，若天堑然，人马须少行，徐徐而过，多即摇动，若遇风，则断不可行矣。继此则化林坪飞越岭，再进而牛市坡羊圈门，山势陡恶，石路艰难，莫可殚述。过黎雅之墟，历邛筰之境，俗称武侯擒获，文君当炉，其旧地也。

《大清圣祖仁皇帝实录》卷之一百七十六

《大清圣祖仁皇帝实录》全书共三百卷，为清代官修史料的汇编，由马齐、朱轼等人编纂，全面描述自顺治十八年（1661年）正月至康熙六十一年（1722年）十一月之间的历史。

（癸亥）理藩院议复四川巡抚于养志疏言："臣遵旨会同乌思藏喇嘛、营官等查勘打箭炉地界，自明季至今，原系内土司所辖之地，宜入版图。但番人籍茶度生，居处年久，且达赖喇嘛曾经启奏皇恩准行，应仍使贸易。番人之事应行文达赖喇嘛，使晓谕营官遵行管理；关系土司之事，著土司管理，勿致生事。至打箭炉四交界之地，该抚细查报部，编入《一统志》。"可也。

《定藏纪程》

吴廷伟（1676—？），字端人，扬州高邮（今江苏省高邮市）人。吴陕西同州知州任满时，正当康熙帝晚年定藏之役发生时，选拔能员随军办事，吴以知府职分随军督粮。其将沿途地理、风物记略而成《定藏纪程》。

今吴丰培将书辑入《川藏游踪汇编》，1985年由四川民族出版社出版。

计九十五里至打箭炉。【由藏至此五千二百七十五里】大村庄与藏内房屋一般，唐古特地方有税课司，有土司女官，明正司有兵把守，西安府作买卖人在此甚多，有大河，有树，山上出猴子。妇女典与买卖人，生男归客，生女归妇，买卖人回家，其妇仍归其夫，各领男女而别，此属四川省，渐近内地。计程四十里至烹坝，计八十里至冷积，过泸定桥，乃康熙四十四年所造，两岸俱有石亭，四丈多高，亭内有大池，池内横压铁柱十三根，铁索套在铁柱之上，索上铺木板，长三十一丈，宽九尺，离水面九丈高，起风时抽去板，恐吹损铁住。柱每根重一千四百斤，索环每个重二斤半，一根索有一千六百余环，额设兵一百名把守。河边立有御制碑文，孔明渡泸，即此处一也。打箭炉乃孔明打造军器之所。计程七十里至泥头，过化林坪营飞越岭过岭即天全州所属。有大岭，上下俱有石头路，六十里至羊圈门，过二起山，离此西南六七里是黎州东门。寺内有花椒树七株，系进上者，一带山上出茶，村多罗罗种人，七十里至荥经县，过象岭大山，上下砌有石路，县西门内有石碑，上镌诸葛武侯初擒孟获之处，无城。出一种鱼无鳞，似鲇鱼，有四足，且有声，名"娃娃鱼"。山上产茶，一百里至雅州，过大河又过山，有金鸡关，产茶。八十里至名山县，过大河，此县西北三十里有蒙山，五峰最高者为上清峰。顶上一庙，名甘露寺，茶树七株，高尺许，生石上无缝隙是甘露大师手植。每逢三月，县令亲临采茶，多不过三四两进上，他人不能得尝，环石别有数十株曰"陪茶"，则供诸司而已，有泉以石覆之甚佳。四十里至邛州，过大河，过双流县，计九十里至成都府。

【注疏】书中内容虽充满误解与歪曲，但似记录了打箭炉"康定锅庄"汉藏茶叶交易中当地以女子主之的独特交易习俗。另，关于吴廷伟籍贯与任职，国内刊文多有误。今参王自立《为官入藏留佳作——清代扬州人吴廷伟与〈定藏纪程〉》一文更正。①

打箭炉，又称"打折多"，藏语音译，指今甘孜藏族自治州州府的所在地康定市。一说康定城位于折曲、打曲两河相汇之地，故名打折多，是打河和折河汇合处之意。二说相传在三国时候，诸葛亮为安定后方与阿番头领议和，要求西番退一箭之地，并急令郭达将军将一支特大的铁箭星夜兼程赶送康定，以后康定便成为蜀汉制造铁箭的基地，其名为"箭头插地"之意。②

《藏纪概》

《藏纪概》修江铁船居士纪次，吴陵奎峰山人续辑。铁船居士自述："铁船本孝廉，效力行间，进履其池，不但降彝安藏功绩居多，而且留心风土，采访番情，以备一朝之记载，供详划之考稽。"该书为清代西藏地方志中成书时间最早的一部方志。

本书的材料主要是康熙末年间事，多与清兵入藏有关，但其志首有唐肇雍正五年所作序，说明编撰及改辑是在雍正年间完成的，因而应视为是雍正前期出现的西藏方志著作。③卷一录邸抄所载圣祖论地理水源文。行军纪程，记出西宁抵拉萨沿途见闻，凡地名、水名、湖名、山名及距离等皆有记述，并用汉语释其意。卷二记自四川成都至乌斯藏路程、自云南由剑洲至乌斯藏路程。沿途所见人家、草场、气候及里数均有记载。卷三含天异、附国、种类、产作等六目，记风俗习惯、宗教信仰、历代藏汉关系及动植物等。此志成书较早，居西藏地志之首。④

---

① 赵昌智主编：《扬州文化研究论丛》第3辑，广陵出版社2009年。
② 丹珠昂奔、周润年等主编：《藏族大辞典》，甘肃人民出版社2003年版，第130页。原文为康定县，2017年康定县撤县设市，故改之。
③ 赵心愚：《清代早期西藏方志中的"康"及有关记载特点》，载《藏学学刊》，2015年2期。
④ 关枫主编：《中华古文献大辞典 地理卷》，吉林文史出版社1991年版，第409页。

作者李凤彩，江西建昌（今江西省九江市永修县）人，康熙五十三年（1714 年）中武举，也是清军首次进藏的一员，康熙五十八年其随从山东登州总兵李麟护送达赖喇嘛进藏，另撰有《西藏行军纪略》两卷。① 奎峰山人姓氏籍里无考。②

商亦有本地人，西则大洋各处人；北则缠头鄂罗厄勒、回回各色目人，俱运货辐辏。交易街中列货为市，女人充牙脍，经纪其间。

【注疏】该文又见于雍正《四川通志卷 二十一·西域》，虽所记为清代拉萨城区贸易情况，但"女人充牙脍"，也可参对。

《东华录》 卷之二十五

《东华录》为编年体清代史料长编。有"蒋录""王录"两种。乾隆三十年（1765 年），重开国史馆，蒋良骐任纂修，就《清实录》及其他官书文献摘录清初六朝五帝史料，成书三十二卷。全书内容按年月日顺序排次，起太祖天命元年（1616 年），至世宗雍正十三年（1735 年）。以国史馆在东华门内，故题为《东华录》，通称《蒋氏东华录》。《东华录》在嘉庆年间有多种抄本流传，道光时始有刻本。

蒋良骐（1723—1790 年）清朝著名史学家，字千之，广西全州人，乾隆辛未进士。

（雍正元年正月）年羹尧言："打箭炉之外中渡河口，系通西藏要隘，请将守备移驻。建昌所属越巂卫地方寥阔，请改设游击弹压。"从之。

《永宪录》 卷二 下（贰则）

《永宪录》，萧奭著、朱南铣点校，为"清代史料笔记丛刊"之一，系记录康熙六十一年（1722 年）到雍正六年（1728 年）七年间发生的几桩重大历史事件，体裁虽是编年，性质等于杂史。

（壹）天全六番招讨司后改为州，州牧所驻亦在碉门。按乌思藏王居人挤座，纍石巢居，高十余丈，亦曰"碉房"也。

（贰）打箭炉，川之口，在雅州荥经治内，近小金川。前为番蛮所踞，攻复之。未详其时事。

《进藏纪程》

《进藏纪程》为清王世睿撰。雍正十年（1732 年），其擢泸州知州，即将赴任，奉旨进藏，

---

① 胡江花：《清代方志〈藏纪概〉的整理和研究》，载《魅力中国》，2016 年 38 期。
② 赵心愚：《〈中间地方志联合目录〉西藏地区清代方志的著录问题》，载《西南民族大学学报》（人文社科版），2013 年 4 期。

向藏王颇罗鼐转交朝廷赏赐的封印、金币。是年九月其从成都出发,经打箭炉、里塘、巴塘、江卡、乍丫(今西藏自治区昌都市察雅县)、昌都、拉里(今西藏自治区那曲市嘉黎)、江达(今西藏自治区林芝市工布江达)、墨竹工卡等14个小番邦,备尝艰辛,历时四个多月到达拉萨,受到藏王和达赖喇嘛隆重接待,为密切清廷与西藏关系,加强民族团结做出贡献。西藏归来后,王世睿在泸州任知州两年,兴利除弊,颇有政声,后遭人诬陷,回归故里,在家乡设立乐育书院,教书育人,并将进藏所历所闻,写成《进藏纪程》一书。吴丰培在该书跋中云:"首记自四川打箭炉起程,经里塘、巴塘、江卡、乍丫、洛龙宗、硕般多、边坝、拉里、江达、墨竹工卡、得庆等处而达西藏。凡山川之形势,路途之崎岖,程站之距离,天时之寒暖,均有述及,次载风土、民俗、物产、寺庙,词简事赅,文笔瑰丽,故杨复吉称堪与《徐霞客游记》相媲,固非过誉。"该书原载《昭代丛书》中,复为《小方壶斋舆地丛钞》所著录。

王世睿(1674—1745年)字道存,号"龙溪",清代济南章丘县(今山东省济南市章丘区)相公庄人。其高祖王极,其妻刘氏,有三子。王世睿担任过翰林院教习、天全宣慰司使、泸州知州等官职,尚有《龙溪草堂集》十卷和《纪遇诗》《捕蝗纪事》若干卷。

今吴丰培将书辑入《川藏游踪汇编》,1985年由四川民族出版社出版。

自成都逶迤西南行,历双流、新津、邛州、名山、雅安、清溪等州县,化林协、泸定桥、冷碛、烹坝、冷边、三长官土司,计程十六站,山有百站。孟山、大相岭、飞越岭、草坪之险峻,水有新津、平羌、泸水之湍流。直抵西炉,中敞一涧,广阔如平地。番蛮聚族而居,其石垒而层高者为碉楼,土砌而脊平者为碉房,人居其上,牛豕在其下。

地不产五谷,惟青稞与牛羊而已。昔诸葛武侯征蛮,曾于此地造箭,遣一军监之,厥后成神,立庙享祀,此打箭炉之所由名也。四方商贾辐辏,为川茶夷货交易之所,设有钦差监督税务,而明正宣慰司实世守兹土焉。

《藏炉总记》

《藏炉总记》由雍正时期王我师所著,共一卷,分别叙述了从四川、青海、云南入藏的交通路线,奠定了全面记载进藏道路的文献基础。后来的进藏者如王世睿、松筠、林俊、徐瀛、姚莹的著作中,同类的内容只是局部更加详细些。[1]后全文收录于喜庆道光六年(1826年贺长龄编辑)《皇朝经世文编》卷八十一《兵政十二 塞防下》,得为《小方壶斋舆地丛钞》所著录。

王我师,生卒年不详,字文若,原四川铜梁(今重庆市铜梁区)人,清代贡生,著名诗人。乾隆初,王从岳威信公西征。

按西藏天文星之次井鬼之分野,古号"乌斯藏"。唐之土著地,其纵横连属者,南界云南怒江,北界西宁河源,西极后藏业尔钦之沙漠,东直达于打箭炉。以近界而论,东止于宁静山界碑,朗着特收其租赋,各有喇嘛专管,实断自洛隆宗为分限也。观夫边域之风土,天

---

[1] 孙冬虎:《清代国人对西藏地理的考察与记载》,载《测绘科学》,2004年s1期。

气凝寒，地气瘠薄，千山雪压，六月霜飞，石多田少，五谷难成，闲有粟黍豆菽之产者，仅藏地巴塘弹丸区耳，至如数万里之部落，与刍牧氍幕各种类，惟藉青稞一物，面名"糌粑"，并羊牛酥酪，以供朝夕，第糌粑性热，酥酪滑腻，苟非苦茗名芽，几无以生躯命。惟茶商聚于西炉，番众往来交易，以是成为通衢也。

雍正《四川通志》 卷二十 土司（贰则）

清黄廷桂等修纂《四川通志》四十七卷。

廷桂（1690—1759年），字丹崖，号"前黄"，汉军镶红旗人，世袭云骑尉，官至陕甘总督、武英殿大学士。鉴于明修《四川总志》谬误仍甚多，黄氏肆力搜讨，尽补其遗，校订其误，有关田赋、边防、土司、兵制的记述十分详备。实为四川省第一部内容翔实、体制得宜的通志。现存有雍正十一年（1733年）刻本。

（壹）明正长河西宣慰使司专辖

瞻对安抚司侧冷滚布。于康熙四十年归诚授职，颁给安抚司印信一颗，号纸一张，住牧之地曰瞻对【其地东至扎坝接壤，南至喇滚接壤，西至热桑泥接壤，北至霍耳接壤。管辖番民六百户，并无认纳税银、粮、马。】

喇滚安抚司丹正邦，之父侧汪交于康熙四十年归诚授职，颁给安抚司印信一颗，号纸一张，住牧之地曰"喇滚"。【其地东至扎坝接壤，南至河边接壤，西至格结接壤，北至瞻对接壤。管辖番民一千户，并无认纳税银、粮、马。】

喇滚安抚司副使革松结，于康熙四十年归诚授职，颁给安抚司副使号纸一张，无印信。住牧之地曰"喇滚"。【其地方番民与安抚司同管，并无认纳税银粮马。】

把底安抚司囊索，之父慎白利，其先于前明颁给都纲司印信，于康熙四十年归诚授职，颁给安抚司印信一颗，号纸一张，住牧之地曰"把底"。【其地东至木约接壤，南至娘子岭接壤，西至把底西沟接壤，北至申卓接壤。管辖番民八百五十户，三年认纳贡马一匹，折征银十二两，长河西征收，解林化营完纳。】

单东革什咱安抚司七立端朱，之父登进邹祖额鲁七立。于康熙四十年归诚，颁给安抚司印信一颗，号纸一张。住牧之地曰"革什咱"。【其地东至鲁密深山接壤，南至霍耳接壤，西至绰斯甲接壤，北至小金川接壤。管辖番民八百三十户三年。认纳贡马一匹，征银十二两，长河西催征，解化林营完纳。】

绰斯甲安抚司索浪罗布，之父资立于康熙四十年归诚授职，颁给安抚司印信一颗，号纸一张，住牧之地曰"绰斯甲"。【其地东至杂谷接壤，南至大金川杵卜接壤，西至单东革什咱接壤，北至瓦述木角鸦接壤。管辖番民九千户。三年认纳贡马一匹，折征十二两，长河西催征，解化林营，完纳。】

咱哩土千户古天锡，之父古六七立于康熙四十年归诚授职，颁给土千户号纸一张，无印信。住牧之地曰"咱哩"。【其地东至泸河接壤，南至扯索与沈边接壤，西至日地接壤，北至大冈瓦西沟与董卜地方接壤。管辖番民一百零八户，每岁认纳杂粮十石八，每斗折银五分，共折征银五两四钱。长河西催征，解化林营完纳。】

沙卡土百户洛藏林琴，于康熙四十年归诚授职。颁给土百户号纸一张，无印信。住牧之地曰"沙卡"。【其地东至据喇雪山荒地接壤，南至作苏策接壤，西至瓦七接壤，北至恶热接壤。管辖番民一百九十四户。每岁认纳杂粮十石，每斗折银五分，共折征银五两。长河西催收，解化林营完纳。】

本噶土百户朱得结，之父七立大结祖工噶烹错。于康熙四十年归诚授职，颁给土百户号纸一张，无印信。住牧之地曰"本噶"。【其地东至卓坝笼接壤，南至恶叠庄接壤，西至哈呀庄接壤，北至恶落土百户接壤。管辖番民二百七十户。每岁认纳杂粮十四石，每斗折银五分，共折征银七两。长河西催征，解化林营完纳。】

瓦七土百户革松七立。于康熙四十年归诚授职，颁给土百户号纸一张，无印信。住牧之地曰"瓦七"。【其地东至沙卡土百户接壤，南至哩塘儒库喇嘛接壤，西至白桑土百户接壤，北至恶热土百户接壤。管辖番民一百三十户，每岁认纳杂粮八石，每斗折银五分，共折征银四两。长河西催征，解化林营完纳。】

恶落土百户七林平，之父革松于康熙四十年归诚授职，颁给土百户号纸一张，无印信。住牧之地曰"恶落"。【其地东至沙卡土百户接壤，南至打喇石奴库接壤，西至瓦七土百户接壤，北至白桑土百户接壤。管辖番民五十户，每岁认纳杂粮二石，每斗折五分，共折征银一两。长河西催征，解化林营完纳。】

白桑土百户雍中郎结，之父七立端朱伊伯父于康熙四十年归诚授职，颁给土百户号纸一张，无印信。住牧之地曰"白桑"。【其地东至瓦七土百户接壤，南至恶落土百户接壤，西至夹龙江接壤，北至扒桑土百户接壤。管辖番民一百四十一户，每岁认纳杂粮八石，每斗折银五分，共折征银四两，长河西催征，解化林营完纳。】

恶热土百户沙甲三朱，于康熙四十年归诚授职，颁给土百户号纸一张，无印信。住牧之地曰"恶热"。【其地东至工坝石头人接壤，南至瓦七土百户接壤，西至扒桑土百户接壤，北至深山地名石热腊接壤。管辖番民一百三十四户，每岁认纳杂粮十石，每斗折银五分，共折征银五两。长河西催征，解化林营完纳。】

上八义土百户雍中多儿济。于康熙四十年归诚授职。颁给土百户号纸一张，无印信。住牧之地曰"上八义"。【其地东至荒山，地名"噶弄"接壤，南至扒桑嘛寺接壤，西至荒山，地名"色身拖"接壤，北至下八义土百户接壤。管辖番民一百五十户，每岁认纳杂粮八石，每斗折银五分，共折征银四两。长河西催征，解化林营完纳。】

下八义土百户沙加七立，之父葱翁多日于康熙四十年归诚授职，颁给土百户号纸一张，无印信。住牧之地曰"下八义"。【其地东至肮答头人接壤，南至上八义土百户接壤，西至荒山，地名"端谷"接壤，北至少悞石土百户接壤。管辖番民一百户，每岁认纳杂粮四石，每斗折五分，共折征银二两。长河西催征，解化林营，完纳。】

少悞石土百户沙加七立,之父端柱于康熙四十年归诚授职,颁给土百户号纸一张,无印信。住牧之地曰"少悞石"。【其地东至肱答沙甲接壤,南至下八义土百户接壤,西至渣坝头人俺格接壤,北至木辘土百户接壤。管辖番民一百五十户,每岁认纳杂粮六石,每头折银五分,共折征银三两。长河西催征,解化林营完纳。】

作苏策土百户江初扎什,之父呃利沙家于康熙四十年归诚授职颁,给土百户号纸一张,无印信。住牧之地曰"作苏策"。【其地东至作都热水塘,笼坝卡松接壤,南至咱孟格洼接壤,西至瓦七土百户接壤,北至沙卡土百户接壤。管辖番民一百户,每岁认纳杂粮八石,每斗折银五分,共折征银四两。长河西催征,解化林营完纳。】

拉哩土百户夺牙崩错喇碟。于康熙四十年归诚授职,颁给土百户号纸一张,无印信。住牧之地曰"拉哩"。【其地东至诺日阿他喇嘛接壤,南至土柱热头人接壤,西至扎热马龙石头人接壤,北至恶落土百户接壤。管辖番民九十户,每岁认纳杂粮六石,每斗折银五分,共折征银三两。长河西催征,解化林营完纳。】

八哩笼坝土百户坚忠,之父扎纵隆布伊祖工噶登吧于康熙四十年归诚授职,颁给土百户号纸一张,无印信。住牧之地曰"八哩笼坝"。【其地东至格洼卡吧接壤,南至索窝笼土百户接壤,西至夹龙江接壤,北至擦马笼接壤。管辖番民九十户,每岁认纳杂粮六石,每斗折银五分,共折征银三两。长河西催征,解化林营完纳。】

上渡噶喇住索土百户工布七立,之父阿忠于康熙四十年归诚授职,颁给土百户号纸一张,无印信。住牧之地曰"上渡噶"。【其地东至他咳土百户接壤,南至汪杰头人接壤,西至夹龙江接壤,北至渣坝头人接壤。管辖番民四十二户,每岁认纳杂粮二石,每斗折银五分,共折征银一两。长河西催征,解化林营完纳。】

中渡哑出卡土百户贾甲七立,之祖工噶于康熙四十年归诚授职,颁给土百户号纸一张,无印信。住牧之地曰"中渡哑出卡"。【其地东至恶落土百户接壤,南至八嘛那头人接壤,西至夹龙江河岸接壤,北至白桑土百户接壤。管辖番民一百四十户,每岁认纳杂粮六石,每斗折银五分,共折征银三两。长河西催征,解化林营完纳。】

他咳土百户格冗塔,之父葱汪喇叠于康熙四十年归诚授职,颁给土百户号纸一张,无印信。住牧之地曰"他咳"。【其地东至扒桑土百户接壤,南至住索头人工噶接壤,西至噶喇住索土百户接壤,北至药冬喇接壤。管辖番民五十户,每岁认纳杂粮二石,每斗折银五分,共折征银一两。长河西催征,解化林营完纳。】

索窝笼巴土百户工噶打结,之父工噶丙朱于康熙四十年归诚授职,颁给土百户号纸一张,无印信。住牧之地曰"索窝笼巴"。【其地东至姆朱土百户接壤,南至恶拉土百户接壤,西至格窝卡接壤,北至格洼卡吧接壤。管辖番民一百户,每岁认纳杂粮六石,每斗折银五分,共折征银三两。长河西催征,解化林营完纳。】

恶拉土百户希落金巴,之父喇嘛根顿坚错伊,师祖工布坚错,于康熙四十年归诚授职颁,给土百户号纸一张,无印信。住牧之地曰"恶拉"。【其地东至药壤土百户接壤,南至夹龙江河岸接壤,西至八乌龙土百户接壤,北至姆朱土百户接壤,管辖番民七百六十六户。每岁认

纳杂粮二石四斗，每斗折银五分，共折征银一两二钱。长河西催征，解化林营完纳。】

八乌笼土百户罗藏丙朱。于康熙四十年归诚授职，颁给土百户号纸一张，无印信。住牧之地曰"八乌笼"。【其地东至恶拉土百户接壤，南至恶拉土百户接壤，西至夹龙江河岸接壤，北至格洼卡接壤。管辖番民一百七十三户，每岁认纳杂粮一石四斗，每斗折银五分，共折征银七钱。长河西催征，解化林营完纳。】

姆朱土百户阿拉乌金。于康熙四十年归诚授职，颁给土百户号纸一张，无印信。住牧之地曰"姆朱"。【其地东至工损地方接壤，南至恶拉土百户接壤，西至索窝笼土百户接壤，北至格洼卡接壤。管辖番民一百三十户，每岁认纳杂粮六石，每斗折银五分，共折征银三两。长河西催征，解化林营完纳。】

药壤土百户乌金烹错，之父噶布玉于康熙四十年归诚授职，颁给土百户号纸一张，无印信。住牧之地曰"药壤"。【其地东至松竹与宁番卫接壤，南至夹龙江河岸接壤，西至恶拉土百户接壤，北至姆朱土百户接壤。管辖番民一百二十户，每岁认纳杂粮一石六斗，每斗折银五分，共折征银八钱。长河西催征，解化林营完纳。】

上渣坝恶叠土百户骚大，之父阿结于康熙四十年归诚授职，颁给土百户号纸一张，无印信。住牧之地曰"恶叠"。【其地东至少倶石土百户接壤，南至下渣坝土百户接壤，西至夹龙江河岸接壤，北至霍耳兹呧头人马子台吉接壤。管辖番民一百户，每岁认纳杂粮四石，每斗折银五分，共折征银二两。长河西催征，解化林营完纳。】

上渣坝卓泥土百户革松七立，之父葱汪明结于康熙四十年归诚授职，颁给土百户号纸一张，无印信。住牧之地曰"卓泥"。【其地东至木辘土百户接壤，南至中渣坝沱土百户接壤，西至阿束头人接壤，北至霍耳头人接壤。管辖番民一百五十户，每岁认纳杂粮六石，每斗折银五分，共折征银三两。长河西催征，解化林营完纳。】

中渣坝热错土百户姜初台，于康熙四十年归诚授职，颁给土百户号纸一张，无印信。住牧之地曰"热错"。【其地东至恶科头人接壤，南至业洼石土百户接壤，西至夹龙江河岸接壤，北至恶叠土百户接壤。管辖番民一百三十户，每岁认纳杂粮六石，每斗折银五分，共折征银三两。长河西催征，解化林营完纳。】

中渣坝业洼石土百户唵中，于康熙四十年归诚授职，颁给土百户号纸一张，无印信。住牧之地曰"业洼石"【其地东至莫藏石土百户接壤，南至睹蜜头人接壤，西至过夹龙江与章都接壤，北至中渣坝沱土百户接壤。管辖番民一百户，每岁认纳杂粮四石，每斗折银五分，共折征银二两。长河西催征，解化林营完纳。】

中渣坝沱土百户羊马七立，之父舍拉于康熙四十年归诚授职，颁给土百户号纸一张，无印信。住牧之地曰"沱"。【其地东至恶科头人接壤，南至业洼石土百户接壤，西至阿束头人接壤，北至卓泥土百户接壤。管辖番民一百户，每岁认纳杂粮四石，每斗折银五分，共折征银二两。长河西催征，解化林营完纳。】

下渣坝莫藏石土百户扎巴呷，之父格松于康熙四十年归诚授职，颁给土百户号纸一张，无印信。住牧之地曰"莫藏石"。【其地东至上八义土百户接壤，南至噶喇住索土百户接壤，西至夹龙江河岸接壤，北至业洼石土百户接壤。管辖番民一百八十户，每岁认纳杂粮八石，每斗折银五分，共折征银四两。长河西催征，解化林营完纳。】

扒桑土百户甲呷七立，之父沙家七立于康熙四十年归诚授职，颁给土百户号纸一张，无印信。住牧之地曰"扒桑"。【其地东至恶热土百户接壤，南至白桑土百户接壤，西至他咳土百户接壤，北至上八义土百户接壤。管辖番民一百户，每岁认纳杂粮八石，每斗折银五分，共折征银四两。长河西催征，解化林营完纳。】

木辘土百户骚大交，于康熙四十年归诚授职，颁给土百户号纸一张，无印信。住牧之地曰"木辘"【其地东至阿束头人接壤，南至恶科头人接壤，西至上渣坝土百户接壤，北至霍耳打歌接壤。管辖番民一百零五户，每岁认纳杂粮六石，每斗折银五分，共折征银三两。长河西催征，解化林营完纳。】

格洼卡巴土百户桑结林琴，之父阿七于康熙四十年归诚授职，颁给土百户号纸一张，无印信。住牧之地曰"格洼卡巴"。【其地东至姆朱土百户接壤，南至索窝笼土百户接壤，西至妈寺头人接壤，北至塔纳库阿他喇嘛工噶烹错接壤。管辖番民三百七十户，每岁认纳杂粮十八石，每斗折银五分，共折征银九两。长河西催征，解化林营完纳。】

呷哪工弄土百户噶纳汪，之父工噶打结于康熙四十年归诚授职，颁给土百户号纸一张，无印信。住牧之地曰"呷哪工弄"。【其地东至拉哩土百户接壤，南至八哩笼土百户接壤，西至夹龙江河岸接壤，北至乌龙石头人接壤。管辖番民二百户，每岁认纳杂粮十石，每斗折银五分，共折征银五两。长河西催征，解化林营完纳。】

吉增卡桑阿笼土百户沙加平，之父沙家三朱于康熙四十年归诚授职，颁给土百户号纸一张，无印信。住牧之地曰"桑阿笼"。【其地东至恶拉土百户接壤，南至木叠笼土百户接壤，西至夹龙江河岸接壤，北至格洼卡巴土百户接壤。管辖番民二百九十四户，每岁认纳杂粮十四石，每斗折银五分，共折征银七两。长河西催征，解化林营完纳。】

鲁蜜东谷土百户囊卡朱，之父硕他儿于康熙四十年归诚授职，颁给土百户号纸一张，无印信。住牧之地曰"鲁蜜东谷"。【其地东至索布头人接壤，南至初把土百户接壤，西至党隅头人接壤，北至柏哈土百户接壤，管辖番民一百五十户，每岁认纳杂粮六石，每斗折银五分，共折征银三两。长河西催征，解化林营完纳。】

郭宗土百户安初，于康熙四十年归诚授职，颁给土百户号纸一张，无印信。住牧之地曰"郭宗"。【其地东至达妈土百户接壤，南至昌拉土百户接壤，西至东谷土百户接壤，北至节冗土百户接壤。管辖番民七十二户，每岁认纳杂粮二石八斗，每斗折银五分，共折征银一两四钱。长河西催征，解化林营完纳。】

结藏土百户蒙他儿，于康熙四十年归诚授职，颁给土百户号纸一张，无印信。住牧之地曰"结藏"。【其地东至达妈土百户接壤，南至昌拉土百户接壤，西至东谷土百户接壤，北至节冗革什咱土百户接壤。管辖番民三十八户，每岁认纳杂粮一石六斗，每斗折银五分，共折征银八钱。长河西催征，解化林营完纳。】

初把土百户出丁交，之父六谷他于康熙四十年归诚授职，颁给土百户号纸一张，无印信。

住牧之地曰"初把"。【其地东至格桑土百户接壤，南至中达头人接壤，西至约结洼头人接壤，北至普共碟土百户接壤。管辖番民八十户，每岁认纳杂粮六石二斗，每斗折银五分，共折征银一两六钱。长河西催征，解化林营完纳。】

祖卜柏哈土百户七林，之父阿升于康熙四十年归诚授职，颁给土百户号纸一张，无印信。住牧之地曰"柏哈"。【其地东至普共碟土百户接壤，南至深山接壤，西至达妈土百户接壤，北至把底安抚司接壤。管辖番民一百零五户，每岁认纳杂粮一石二斗，每斗折银五分，共折征银六钱。长河西催征，解化林营完纳。】

鲁密昌拉土百户加盖，之祖囊结他于康熙四十年归诚授职，颁给土百户号纸一张，无印信。住牧之地曰"昌拉"。【其地东至达妈土百户接壤，南至党隅头人接壤，西至坚贞土百户接壤，北至郭宗土百户接壤。管辖番民一百一十九户，每岁认纳杂粮四石，每斗折银五分，共折征银二两。长河西催征，解化林营完纳。】

坚贞土百户扎什，之父色弄卜于康熙四十年归诚授职，颁给土百户号纸一张，无印信，住牧之地曰"坚贞"。【其地东至格桑土百户接壤，南至舍利喇头人接壤，西至东谷土百户接壤，北至六路朱窝头人接壤。管辖番民五十户，每岁认纳杂粮二石，每斗折银五分，共折征银一两。长河西催征，解化林营完纳。】

达妈土百户八吗策结，之父安初于康熙四十年归诚授职，颁给土百户号纸一张，无印信。住牧之地曰"达妈"。【其地东至深山接壤，南至昌拉土百户接壤，西至郭宗土百户接壤，北至柏哈土百户接壤。银管辖番民一百户，每岁认纳杂粮四石，每斗折银五分，共折征银二两。长河西催征，解化林营完纳。】

格桑土百户丁巴，之父聪汪扎什于康熙四十年归诚授职，颁给土百户号纸一张，无印信。住牧之地曰"格桑"。【其地东至大金川河接壤，南至疮机接壤，西至初把土百户接壤，北至卓囊头人接壤。每管辖番民三十九户，岁认纳杂粮一石六斗，每斗折银五分，共折征银八钱。长河西催征，解化林营完纳。】

普共碟土百户八布他，之父喳结于康熙四十年归诚授职，颁给土百户号纸一张。无印信。住牧之地曰"普共碟"。【其地东至索布头人接壤，南至初把土百户接壤，西至党隅头人接壤，北至柏哈土百户接壤。管辖番民一百五十户，每岁认纳杂粮六石，每斗折银五分，共折征银三两。长河西催征，解化林营完纳。】

本滚土百户纳卜，于康熙四十年归诚授职，颁给土百户号纸一张，无印信。住牧之地曰"本滚"。【其地东至卓囊头人接壤，南至大金川河接壤，西至把底安抚司接壤，北至小金川接壤。管辖番民一百二十六户，每岁认纳杂粮四石二斗，每斗折银五分，共折征银二两一钱。长河西催征，解化林营完纳。】

长结杵尖土百户郎结太，之父喇嘛交祖六布于康熙四十年归诚授职，颁给土百户号纸一张，无印信。住牧之地曰"长结杵尖"。【其地东至松归土百户接壤，南至板喇深山接壤，西至笼阿头深山接壤，北至大金川河接壤。管辖番民三十四户，每岁认纳杂粮一石四斗，每斗折银五分，共折征银七钱。长河西催征，解化林营完纳。】

长结松归土百户雍中交,于康熙四十年归诚授职,颁给土百户号纸一张,无印信。住牧之地曰"长结松归"。【其地东至格桑土百户接壤,南至深山接壤,西至初把土百户接壤,北至白隅土百户接壤。管辖番民三十八户,每岁认纳杂粮六石六斗,每斗折银五分,共折征银三两三钱。长河西催征,解化林营完纳。】

白隅土百户郎结七立,之父扎他于康熙四十年归诚授职,颁给土百户号纸一张,无印信。住牧之地曰"白隅"。【其地东至木坪汉牛接壤,南至大金川河接壤,西至深山接壤,北至松归土百户接壤。管辖番民一百七十户,每岁认纳杂粮六石八斗,每斗折银五分,共折征银三两四钱。长河西催征,解化林营完纳。】

鲁密梭布土百户喳胎,之父喇呷于康熙四十九年归诚授职,颁给土百户号纸一张,无印信。住牧之地曰"鲁密梭布"。【其地东至汉牛接壤,南至达则土百户接壤,西至普共碟土百户接壤,北至隆卡那接壤。管辖番民一百五十五户,每岁认纳杂粮六石七斗,每斗折银一钱,共折征银六两七钱。长河西催征,解化林营完纳。】

鲁密达则土百户卡交,之父却中翁布于康熙四十九年归诚授职,颁给土百户号纸一张,无印信。住牧之地曰"达则"。【其地东至汉牛接壤,南至梭布土百户接壤,西至普共碟土百户接壤,北至卓笼土百户接壤。管辖番民一百五十九户,每岁认纳杂粮七石零五升,每斗折银一钱,共折征银七两零五分。长河西催征,解化林营完纳。】

鲁密卓笼土百户白马汪丁,于康熙四十九年归诚授职,颁给土百户号纸一张,无印信。住牧之地曰"卓笼"。【其地东至笼邦接壤,南至木宗接壤,西至也笼接壤,北至大山接壤。管辖番民二百六十五户,每岁认纳杂粮十二石五斗,每斗折银一钱,共折征银十二两五钱。长河西催征,解化林营完纳。】

(贰)打箭炉乃通西藏、西海之要区,昔提督唐希顺平炉之后设协镇于化林,以资弹压。分拨把总一员,兵五十名驻,防炉中。又设钦差喇嘛一员,理藩院郎中一员,刑部员外一员,理藩院笔帖式三员,以榷税务。于雍正八年止,设部郎中一员,笔帖式一员。自炉至西藏西海,诸国多食牛羊炒面,需茶甚切。悉由内地产茶州县,负贩而炉中,为出口总路。是以四方茶商,俱聚于此。其俗女子年十五以上即雇于茶客,名曰"沙鸦"。凡茶客交易货物,俱听沙鸦翻译,较定价值,无异牙行。

【注疏】"牙行"一词始见于明代,是中国古代和近代市场中为买卖双方介绍交易、评定商品质量、价格的居间行商。书中所记"康定锅庄"的汉藏交易概况及"沙鸦",为现今所见关于锅庄女主人"阿佳喀巴"较早的记录,较之此前《陇蜀余闻》所言更为客观。这也是现今所见最早较客观介绍"康定锅庄"性质与交易方式的文字。

雍正《四川通志》 卷二十一 西域(贰则)

打箭炉 昔为南诏地,自后汉诸葛武侯征孟获时,遣将郭达往彼处造箭,因名。系青海部落，于前明永乐五年土目阿旺坚参向化归诚，授为长河西、鱼通、宁远军民宣慰使司，颁给印信、号纸，世代承袭。国朝因之于康熙三十九年被藏差营官昌侧集烈等戕害，占据化林营，参将李麟、守备王满江详请进剿。提督唐希顺会疏具题圣祖仁皇帝，特遣四川提督唐希顺带领川省标镇协营官兵进剿，随即克复河西之猴子坡、扯索、咱威、杵泥子、牛磨、威楚坝、咱哩、烹坝等处。昌侧集烈等预会藏属乍丫、工布番兵哨，聚磨西面、大冈等处，恃险负隅，御敌官兵。提督唐希顺亲督官兵大破之，杀死助逆藏番无数暨营官昌侧集烈等。直抵打箭炉，安抚被害汉土人民。其喇嘛、番民率众欢呼，跪地归附。已故长河西、鱼通、宁远军民宣慰司蛇蜡咤吧乏嗣，其妻工喀承袭，即今现任土司坚参达结之外祖母，管辖打箭炉十三锅庄夷民，约束新附土司及土、千百户五十六员。三年上纳贡马，每年征解杂粮，汉番商贾毕集。设监督一员以权税课，设雅州府同知一员，分驻其地以理夷情，一如郡县之制。

【注疏】文中所言："管辖打箭炉十三锅庄夷民，约束新附土司及土、千百户五十六员。"为现今所见最早关于"康定锅庄"的明文记载，后辑中道光中刻成的《熙朝新语》卷十三又云："明正土司甲克木参同驻于此，辖十二锅庄，约束新附土司。"可见，所谓"锅庄"最初也应为明正土司约束新附土司的政治管理机构。

关于明正土司最初所辖锅庄的具体地域，前文所辑雍正《四川通志·卷二十 土司》史所记"明正长河西宣慰使司专辖"共55家土百户，显然远超"十三"之数。可能的解释在于，"锅庄"成立之初，任务有二：其一管辖打箭炉贸易，指导或管控交易，这是"锅庄"成立的原旨与首要。文中"打箭炉十三锅庄夷民"，诠释关键全在"夷民"二字，余以为其意并非为"边民"或"番民"，而应为古语义，旨指"使度量标准统一，民众交易公平"，故"管辖打箭炉十三锅庄夷民"，其本义为"管辖打箭炉十三锅庄交易"；其二才为约束新附土司与土、千百户。故"十三锅庄"成立之本，最初确为经贸办事与管控机构，便利垄断当地汉藏交易中最为重要与大宗的茶叶贸易，以图政治、经济之利。后权限漫溢，成为明正土司约束新附土司的政治管理机构，并衍生出客栈等业务。

（贰）由折多过雪山，上四十里漫坡乱石路，下二十里，提乳土人十数户，皆破碉房，水草、柴俱无。二十里纳哇。由提乳行五里，道傍有破大寨子，系原日营官居住此地，出响石再十五里至纳哇系沙卡土百户管辖，有蛮人数十户，水草有，柴少，土产羊、小麦、青稞、豌豆，其地又名"中木鸦"，有坐塘兵三名，传递文书。十里阿了。即沙卡土百户锅庄。【锅庄者，乃住房之谓。】

【注疏】此文摘于《四川通志卷·二十一 西域》中所附《自成都府至西藏路程附》一文，作者文中原注将"锅庄"释为"住房"。

雍正《四川通志》因有康熙《四川总志》以资借鉴，是故其体例及内容之编排出入不大。但与康熙志相去六十余年，全省之建置、人口、赋役等已有较大变化。康熙年间大量外省人入川垦殖，本已撤销或合并的县城又重新恢复建制。到雍正六年（1728年），把原属四川的一些土官衙门辖地改隶云南和贵州等省，如东川、乌蒙、镇雄三府划归云南省，遵义府划归贵州省等。另将一部分原直隶州升为府，分州又升为直隶州等。对于四川各少数民族地区经过改土归流之后，巩固了清王朝的政权。这些史实，在此志中均得以详细记载。边防门对川中各地、特别重要边镇及关隘之设防、屯兵情况；平定各少数民族部落如藏、彝、羌、回等之战争经过记载亦颇为详尽。其他增修内容较多者在人物、职官、学校、赋税等门类。

特别值得一提的是今西藏自治区的政治、经济、文化等历史情况，首次出现在官修的方志之中。于打箭炉迄西的地方，名之"西域"而载入卷二十一，此外各少数民族部落，另有土司门二卷，所记也很详尽。从打箭炉起，经里塘（今四川省甘孜藏族自治州理塘县）、巴塘、乍丫、叉木多（今西藏自治区昌都市）等，一直记到西藏。此为迄今所见正式成书刊行的最早的西藏志书，比乾隆五十七年（1792年）和宁刻本《西藏志》二卷要早半个多世纪，为后来西藏方志的纂修开启了先河。①

《西藏日记》

雍正十二年，允礼奉命经理七世达赖喇嘛入藏，并沿途"巡阅诸省驻防及绿营兵"。允礼以贵为亲王的身份出使西藏，表现了清廷对巩固西南边陲的重视程度，具有重要意义。期间，允礼撰有《西藏日记》，并附《奉使纪行诗》，全程记录了所经各地的风貌。吴丰培在跋中赞《西藏往日记返》"记事翔实，词亦雅洁，固记程之上乘，西藏地理可据之作"。

允礼，原名爱新觉罗·胤礼（1697—1738年），清康熙帝第十七子，雍正帝异母弟。其九岁以后常随康熙帝出塞外，雍正元年被封为果郡王，管理藩院事。雍正帝认为他实心报国，操守清廉，于雍正六年进亲王，七年管工部事，八年总理户部三库，十一年管户部；十二年赴泰宁送达赖喇嘛回西藏，顺路问视各省驻防及绿营兵；十三年还京师，办理苗疆事务。雍正帝临终时，命允礼辅政。乾隆即位，允礼任总理事务，管刑部。

吴丰培将该书删节，题为《西藏往返日记》，辑入《川藏游踪汇编》，1985年由四川民族出版社出版。

十九日，憩柳杨，登大小瑚梯，瑚梯以西山势略开，江岸有地，番人垒石为碉楼，相与聚居，即打箭炉也。本汉旄牛激外地，旧传武侯铸军器于此，故名。康熙初归附后，以西番侵扰，讨平之，设官兵戍守。雍正七年移雅州府同知驻此，为通西藏、西海之要区，茶货所聚，市肆稠密，烟火万家，外有澹对、喇滚、把底及绰斯甲、单东革什咱，凡五安抚司，与炉接壤。

《西藏考》

作者与成书时间不详，书中言及"雍正十二年"，故成书时间应在雍正十二年后。

---

① 四川省地方志编纂委员会：《四川历代旧志提要》，四川科学技术出版社2012年版。

大烹坝至头道水三十五里。【过大冈山、金锁堋、大小胡梯，路甚崎岖。】

头道水至打箭炉六十里。【路甚崎岖难行。】

【注疏】依《汉语方言大词典》，堋音 piǎn，为闽南方言，山坡，多用于地名。

乾隆《西藏志》(贰则)

乾隆《西藏志》是一部记载清乾隆初年西藏地区政治、经济、文化等方面的志书。作者佚名。一般认为该书约成于乾隆初年，问世后，一直以抄本的形式流传，直至乾隆五十七年才由承宣使者和宁刊刻成书。此志不分卷，记事止于雍正十三年（1735年），全书3万多字，分事迹、山川、寺庙、天时、疆域、物产、发节、纪年、风俗、衣冠、饮食等36目，叙事详清略古，对山川、道路、语言、风俗习惯记述较为详细。此书虽然行文过于扼要，而且还有一些讹误，但因成书早，被视为一部正规的西藏地志，受到研究西藏的学者高度重视。其后编撰的《西藏图识》《卫藏通志》等志书，多从中取材。

《西藏志》现有康熙六十年刊本（四卷）（成文出版社1968年影印本），又收录于兰州大学出版社2003年《西南稀见方志文献》第四十八卷；另有收录于凤凰出版社2012年《中国地方志集成》第二册中的《乾隆西藏志》。同时台湾文海出版社1966年有《西藏志》不分卷本，为影印乾隆五十七年刊本（和宁本）。

（壹）饮食

藏番、蒙古不拘贵贱，饮食皆以茶为主。其茶熬极红，入酥油、盐搅之。饮茶食糌粑或肉米粥，曰"土巴汤"。①

（贰）藏程纪略

初四日进打箭炉，为蜀西极边，皆番地，乃藏路咽喉。土官明镇司统属，其先叛服不常，康熙三十八年调兵剿平之，宣以恩威，彰以信义，莫不倾心向化。今设兵戍守其地，番汉咸集，交相贸易，称闹市焉。

【注疏】今有学者最新研究，《西藏志考》《西藏志》作为较早出现的西藏方志，很早就引起人们的重视，成为论述西藏问题的重要依据，对于《西藏志考》《西藏志》的作者、史料来源等问题，学术界长期众说纷纭，莫衷一是，邓锐龄、张羽新、赵心愚都曾撰文讨论，但是最终没有得出十分具有说服力的结论。刘凤强在撰写《清代藏学历史文献研究》一书时，经过多方探索，最终于南京图书馆找到较为罕见的乾隆初年的《西域全书》，经过严谨考证得出结论："乾隆元年的《西域全书》是清代第一部成熟的西藏方志，目前所见两种《西藏

---

① 清季文献有记为"上巴汤"，疑为误记。

志考》均是抄自乾隆元年《西域全书》,《西藏志》是理藩院的官员在《西域全书》修补本基础上编成,其编纂目的是为《大清一统志》提供材料。由此解开史学界长期未解之题,给此问题提供了合理的答案。"①

《西藏志考》(贰则)

《西藏志考》是清代西藏地方志中成书时间较早的一部通志类志书。根据志中材料,此志开始编纂时间应在雍正十二年、十三年,材料下限在乾隆元年上半年,最后成书时间应为乾隆元年下半年或次年初。②

本文(壹)摘自原书《男女衣冠饮食》,(贰)摘自《生产养育》。

(壹)饮食无论贵贱,皆以茶为主。其茶熬极红,入酥油、盐搅之。饮茶食糌粑,至糌粑浠,青稞炒熟为面,以酥油茶调合,捻而食之;或肉、米粥,名曰"土巴汤"。

(贰)男子教书算或习一艺;女子教以识戥秤,作买卖,纺毛线、织氆氇,不习针工,不拘女戒。然生育以女为喜。

【注疏】《西藏志考》抄自乾隆元年《西域全书》。③"《西域全书》成书于乾隆元年,是清代最早的一部成熟的西藏方志书,具有很高的文献价值,原抄本不知是否尚存于世,后来的修补本约成书于乾隆七年之际,现藏于南京图书馆。经过对修补本《西域全书》与《西藏志考》《西藏志》详细对比,认为目前所见两种《西藏志考》均是抄自乾隆元年《西域全书》,《西藏志》是理藩院官员在《西域全书》修补本基础上编成,其目的是为编纂《大清一统志》提供材料。"④

《明史》 卷七十五 志第五十一 职官四 茶马司

《明史》332卷,清张廷玉等撰,记载了明朝自建国到灭亡将近三百年的历史。清朝在顺治二年(1645年)设立明史馆,康熙十八年(1679年)开始修史。雍正十三年(1735年)明史定稿,乾隆四年(1739年)刊行。明史先后由张玉书、王鸿绪、张廷玉等任总裁,最后由张廷玉等定稿。先后参加具体编撰工作的人数不少,其中以万斯同用力最多,但是他没有担任明史馆的职名。王鸿绪就万斯同已成的明史稿加以修订,张廷玉等又在王鸿绪稿本的基础上改编成为《明史》。

---

① 陈庆英,杨洁:《评〈清代藏学历史文献研究〉》,载《西藏研究》,2018年2期。
② 赵心愚:《〈西藏志考〉成书时间及著者考》,载《西南民族大学学报》(人文社科版),2011年12期。
③ 刘凤强:《清代藏学历史文献研究》,人民出版社2015年版,第164页。
④ 刘凤强:《〈西域全书〉考——兼论〈西藏志考〉〈西藏志〉的编纂问题》,载《史学史研究》,2014年4期。

茶马司。大使一人，正九品，副使一人，从九品。掌市马之事。洪武中，置洮州、秦州、河州三茶马司，设司令、司丞。十五年改设大使、副使各一人，寻罢洮州茶马司，以河州茶马司兼领之。三十年改秦州茶马司为西宁茶马司。又洪武中，置四川永宁茶马司，后革，复置雅州碉门茶马司。又于广西置庆远裕民司，洪武七年置，设大使一人，从八品，副使一人，正九品。市八番溪洞之马，后亦革。

《明史》卷八十 志第五十六 食货四 茶法

番人嗜奶酪，不得茶，则困以病。故唐、宋以来，行以茶易马法，用制羌、戎，而明制尤密。有官茶，有商茶，皆贮边易马。官茶间征课钞，商茶输课略如盐制。

初，太祖令商人于产茶地买茶，纳钱请引。引茶百斤，输钱二百，不及引曰畸零，别置由帖给之。无由、引及茶引相离者，人得告捕。置茶局批验所，称较茶引不相当，即为私茶。凡犯私茶者，与私盐同罪。私茶出境，与关隘不讥者，并论死。后又定茶引一道，输钱千，照茶百斤；茶由一道，输钱六百，照茶六十斤。既，又令纳钞，每引由一道，纳钞一贯。

洪武初，定令：凡卖茶之地，令宣课司三十取一。四年，户部言："陕西汉中、金州、石泉、汉阴、平利、西乡诸县，茶园四十五顷，茶八十六万余株。四川巴茶三百十五户，茶二百三十八万余株。宜定令每十株官取其一。无主茶园，令军士薅采，十取其八，以易番马。"从之。于是诸产茶地设茶课司，定税额，陕西二万六千斤有奇，四川一百万斤。设茶马司于秦、洮、河、雅诸州，自碉门、黎、雅抵朵甘、乌思藏，行茶之地五千余里。山后归德诸州，西方诸部落，无不以马售者。

碉门、永宁、筠、连所产茶，名曰"剪刀茶叶"，惟西番用之，而商贩未尝出境。四川茶盐都转运使言："宜别立茶局，征其税，易红缨、毡衫、米、布、椒、蜡以资国用。而居民所收之茶，依江南给引贩卖法，公私两便。"于是永宁、成都、筠、连皆设茶局矣。

川人故以茶易毛布、毛缨诸物以偿茶课。自定课额，立仓收贮，专用以市马，民不敢私采，课额每亏，民多赔纳。四川布政司以为言，乃听民采摘，与番易货。又诏天全六番司民，免其徭役，专令蒸乌茶易马。

初制，长河西等番商以马入雅州易茶，由四川严州卫入黎州始达。茶马司定价，马一匹，茶千八百斤，于碉门茶课司给之。番商往复迂远，而给茶太多。严州卫以为言，请置茶马司于严州，而改贮碉门茶于其地，且验马高下以为茶数。诏茶马司仍旧，而定上马一匹，给茶百二十斤，中七十斤，驹五十斤。

三十年改设秦州茶马司于西宁，敕右军都督曰："近者私茶出境，互市者少，马日贵而茶日贱，启番人玩侮之心。檄秦、蜀二府，发都司官军于松潘、碉门、黎、雅、河州、临洮及入西番关口外，巡禁私茶之出境者。"又遣驸马都尉谢达谕蜀王椿曰："国家榷茶，本资易马。边吏失讥，私贩出境，惟易红缨杂物。使番人坐收其利，而马入中国者少，岂所以制戎狄哉！尔其谕布政司、都司，严为防禁，毋致失利。"

当是时，帝绸缪边防，用茶易马，固番人心，且以强中国。尝谓户部尚书郁新："用陕西汉中茶三百万斤，可得马三万匹，四川松、茂茶如之。贩鬻之禁，不可不严。"以故遣金都御史邓文铿等察川、陕私茶；驸马都尉欧阳伦以私茶坐死。又制金牌信符，命曹国公李景隆赍入番，与诸番要约，篆文上曰"皇帝圣旨"，左曰"合当差发"，右曰"不信者斩"。凡四十一面：洮州火把藏思囊日等族，牌四面，纳马三千五十匹；河州必里卫西番二十九族，牌二十一面，纳马七千七百五匹；西宁曲先、阿端、罕东、安定四卫，巴哇、申中、申藏等族，牌十六面，纳马三千五十匹。下号金牌降诸番，上号藏内府以为契，三岁一遣官合符。其通道有二，一出河州，一出碉门，运茶五十余万斤，获马万三千八百匹。太祖之驭番如此。

永乐中，帝怀柔远人，递增茶斤。由是市马者多，而茶不足。茶禁亦稍弛，多私出境。碉门茶马司至用茶八万余斤，仅易马七十匹，又多瘦惫。乃申严茶禁，设洮州茶马司，又设甘肃茶马司于陕西行都司地。十三年特遣三御史巡督陕西茶马。

太祖之禁私茶也，自三月至九月，月遣行人四员，巡视河州、临洮、碉门、黎、雅。半年以内，遣二十四员，往来旁午。宣德十年，乃定三月一遣。自永乐时停止金牌信符，至是复给。未几，番人为北狄所侵掠，徙居内地，金牌散失。而茶司亦以茶少，止以汉中茶易马，且不给金牌，听其以马入贡而已。

先是，洪武末，置成都、重庆、保宁、播州茶仓四所，令商人纳米中茶。宣德中，定官茶百斤，加耗什一。中茶者，自遣人赴甘州、西宁，而支盐于淮、浙以偿费。商人恃文凭恣私贩，官课数年不完。正统初，都御史罗亨信言其弊，乃罢运茶支盐例，令官运如故，以京官总理之。

景泰中，罢遣行人。成化三年命御史巡茶陕西。番人不乐御史，马至日少。乃取回御史，仍遣行人，且令按察司巡察。已而巡察不专，兵部言其害，乃复遣御史，岁一更，着为令。又以岁饥待振，复令商纳粟中茶，且令茶百斤折银五钱。商课折色自此始。

弘治三年，御史李鸾言："茶马司所积渐少，各边马耗，而陕西诸郡岁稔，无事易粟。请于西宁、河西、洮州三茶马司召商中茶，每引不过百斤，每商不过三十引，官收其十之四，余者始令货卖，可得茶四十万斤，易马四千匹，数足而止。"从之。十二年，御史王宪又言："自中茶禁开，遂令私茶莫遏，而易马不利。请停粮茶之例。异时，或兵荒，乃更图之。"部覆从其请。四川茶课司旧征数十万斤易马。永乐以后，番马悉由陕西道，川茶多湮烂。乃令以三分为率，一分收本色，二分折银，粮茶停二年。延绥饥，复召商纳粮草，中四百万斤。寻以御史王绍言，复禁止，并罢正额外召商开中之例。

十六年取回御史，以督理马政都御史杨一清兼理之。一清复议开中，言："召商买茶，官贸其三之一，每岁茶五六十万斤，可得马万匹。"帝从所请。正德元年，一清又建议，商人不愿领价者，以半与商，令自卖。遂着为例永行焉。一清又言金牌信符之制当复，且请复设巡茶御史兼理马政。乃复遣御史，而金牌以久废，卒不能复。后武宗宠番僧，许西域人例外带私茶。自是茶法遂坏。

番人之市马也，不能辨权衡，止订篦中马。篦大，则官亏其直；小，则商病其繁。十年，巡茶御史王汝舟酌为中制，每千斤为三百三十篦。

嘉靖三年，御史陈讲以商茶低伪，悉征黑茶，地产有限，乃第茶为上中二品，印烙篦上，书商名而考之。旋定四川茶引五万道，二万六千道为腹引，二万四千道为边引。芽茶引三钱，叶茶引二钱。中茶至八十万斤而止，不得太滥。

十五年，御史刘良卿言："律例：'私茶出境与关隘失察者，并凌迟处死。'盖西陲藩篱，莫切于诸番。番人恃茶以生，故严法以禁之，易马以酬之，以制番人之死命，壮中国之藩篱，断匈奴之右臂，非可以常法论也。洪武初例，民间蓄茶不得过一月之用。弘治中，召商中茶，或以备振，或以储边，然未尝禁内地之民使不得食茶也。今减通番之罪，止于充军，禁内地之茶，使不得食，又使商私课茶，悉聚于三茶马司。夫茶司与番为邻，私贩易通，而禁复严于内郡，是驱民为私贩而授之资也。以故大奸阑出而漏网，小民负升斗而罹法。今计三茶马司所贮，洮河足三年，西宁足二年，而商、私、课茶又日益增，积久腐烂而无所用。茶法之弊如此。番地多马而无所市，吾茶有禁而不得通，其势必相求，而制之之机在我。今茶司居民，窃易番马以待商贩，岁无虚日，及官易时，而马反耗矣。请敕三茶马司，止留二年之用，每年易马当发若干。正茶之外，分毫毋得夹带。令茶价踊贵，番人受制，良马将不可胜用。且多开商茶，通行内地，官榷其半以备军饷，而河、兰、阶、岷诸近番地，禁卖如故，更重通番之刑如律例。洮、岷、河责边备道，临洮、兰州责陇右分巡，西宁责兵备，各选官防守。失察者以罢软论。"奏上，报可。于是茶法稍饬矣。

御史刘仑、总督尚书王以旂等，请复给诸番金牌信符。兵部议，番族变诈不常，北狄抄掠无已，金牌亟给亟失，殊损国体。番人纳马，意在得茶，严私贩之禁，则番人自顺，虽不给金牌，马可集也。若私贩盛行，吾无以系其心制其命，虽给金牌，马亦不至。乃定议发勘合予之。

其后陕西岁饥，茶户无所资，颇逋课额。三十六年，户部以全陕灾震，边饷告急，国用大绌，上言："先时，正额茶易马之外，多开中以佐公家，有至五百万斤者。近者御史刘良卿亦开百万，后止开正额八十万斤，并课茶、私茶通计仅九十余万。宜下巡茶御史议，召商多中。"御史杨美益言："岁祲民贫，即正额尚多亏损，安有赢羡。今第宜守每年九十万斤招番易马之规。凡通内地以息私贩，增开中以备振荒，悉从停罢，毋使与马分利。"户部以帑藏方匮，请如弘治六年例，易马外仍开百万斤，召纳边镇以备军饷。诏从之。末年，御史潘一桂言："增中商茶，颇壅滞，宜裁减十四五。"又言："松潘与洮、河近，私茶往往阑出，宜停松潘引目，申严入番之禁。"皆报可。

四川茶引之分边腹也，边茶少而易行，腹茶多而常滞。隆庆三年裁引万二千，以三万引属黎、雅，四千引属松潘诸边，四千引留内地，税银共万四千余两，解部济边以为常。

【注疏】考"边茶"一词，较早见于明代，如成书于嘉靖年间黄训所辑《皇明名臣经济录》卷四十八《星变陈言疏》便记："及查司库盐粮二价仅足备边茶价备赏贡番，况原开各项事例已经年终停止，再无别项储积。"至清代，偶有所用，也不常见。民国时期，"边茶"一词始广泛使用，屡见不鲜。

《明史》 卷九十二 志第六十八 兵四 马政

茶马司，洪武中，立于川、陕，听西番纳马易茶，赐金牌信符，以防诈伪。每三岁，遣廷臣召诸番合符交易，上马茶百二十觔，中马七十觔，下马五十觔。以私茶出者罪死，虽勋戚无贷。末年，易马至万三千五百余匹。永乐中，禁稍弛，易马少。乃命严边关茶禁，遣御史巡督。正统末，罢金牌，岁遣行人巡察，边氓冒禁私贩者多。成化间，定差御史一员，领敕专理。弘治间，大学士李东阳言："金牌制废，私茶盛，有司又屡以敝茶给番族，番人抱憾，往往以羸马应。宜严敕陕西官司揭榜招谕，复金牌之制，严收良茶，颇增马直，则得马必蕃。"及杨一清督理苑马，遂命并理盐、茶。一清申旧制，禁私贩，种官茶。四年间易马九千余匹，而茶尚积四十余万觔。灵州盐池增课五万九千，贮庆阳、固原库，以买马给边。又惧后无专官，制终废也，于正德初，请令巡茶御史兼理马政，行太仆、苑马寺官听其提调，报可。御史翟唐岁收茶七十八万余觔，易马九千有奇。后法复弛。嘉靖初，户部请揭榜禁私茶，凡引俱南户部印发，府州县不得擅印。三十年诏给番族勘合，然初制迄不能复矣。

《明史》 卷三百十一 列传第一百九十九 四川土司一 天全六番招讨司

天全，古氐羌地。五代孟蜀时，置碉门、黎、雅、长河西、鱼通、宁远六军安抚司。宋因之，隶雅州。元置六安抚司，属土番等处宣慰司，后改六番招讨，又分置天全招讨司。明初并为天全六番招讨司，隶四川都司。

洪武六年，天全六番招讨使高英遣子敬严等来朝，贡方物。帝赐以文绮龙衣。以英为正招讨，杨藏卜为副招讨，秩从五品，每三岁入贡，赐予甚厚。二十一年，杨藏卜来朝，言茶户向与西番贸易，岁收其课。近在官收买，额遂亏，乞从民便，许之。先是，高敬严袭招讨使，偕杨藏卜奏请简土民为兵，以守边境，诏许之。敬严等遂招选土民，教以战阵，得马步卒千余人。至是藏卜来朝，奏其事，诏更天全六番招讨司为武职，令戍守边界，控制西番。三十一年，帝谕左都督徐增寿曰："曩因碉门拒长河西口，道路险隘，以致往来跋涉艰难，市马数少。今闻有路自碉门出枯木任场径抵长河西口，通杂道长官司，道路平坦，往来径直，可即檄所司开拓，以便往来。"

永乐二年，高敬让来朝，并贺立皇太子，且遣其子虎入国子学，赐虎衣衾等物。十年，敬让遣子虎贡马。初，虎入国学读书，以丁母忧去，至是服阕还监，皇太子命礼部赐予如例。

宣德五年，六番招讨司奏："旧额岁办乌茶五万斤，二年一次，运付碉门茶马司易马。今户部令再办芽茶二千二百斤，山深地瘠，艰于采办，乞减其数。"帝令免乌茶只办芽茶。十年命高凤署天全六番招讨司事。先是，敬让以罪下狱死。至是，其子凤乞袭父职。帝念其祖有抚绥功，命暂理招讨事。正统四年命凤袭。

正德十五年，招讨高文林父子称兵乱，副招讨杨世仁亦助恶。命四川抚按官讨之。初，文林等与芦山县民争田搆衅，知县处置失宜，致叛乱。踰年，讨斩文林，擒其子继恩，择其宗人承袭。

初，天全招讨司治碉门城，元之碉门安抚司也，在雅州境。明初，宣慰余思聪、王德贵归附，始降司为州，设雅州千户所，而设碉门百户，近天全六番之界。又置茶课司以平互市。盖其地为南诏咽喉，三十六番朝贡出入之路。

三十六番者，皆西南诸部落，洪武初，先后至京，授职赐印。立都指挥使二：曰乌斯藏，曰朵甘。为宣慰司者三：曰朵甘，曰董卜韩胡，曰长河西鱼通宁远。为招讨司者六，为万户府者四，为千户所者十七，是为三十六种。或三年，或五年一朝贡，其道皆由雅州入，详《西番传》。

乾隆《雅州府志》

《雅州府志》乾隆四年（1739年）由知府曹抡彬等修，曹抡翰等纂。曹抡彬，号"炳庵"，贵州黄平（今贵州省黔东南苗族侗族自治州黄平县）人，史志学家，康熙四十七年（1708年）举人，四十八年（1709年）进士，乾隆三年（1738年）任雅州府知府。曹抡翰，曹抡彬弟，贡生，乾隆初期任雅州府学训导。

乾隆三年（1738年）春，曹抵雅州任知府，当年冬就组织人员修纂府志，历时6个月，次年初夏府志便纂成并刻印。①本文选自卷之五《茶政》。

炉不产茶，但系西藏总会口外，番民全资茶食，惟赖雅州府属之雅安、名山、荣经②、天全、直隶邛州等五州县商人行运到炉，番民赴炉买运至藏行销。按雅茶有边引、腹引之分，皆赴口打箭炉发卖。茶价贵贱不常，古传：茶马之司，其来久矣。由洪武中，命蜀、藏收巴茶，西番商人以马易之。茶四十觔易马一匹。中国颇获其利。后私茶出境，马价遂高，乃差行人禁约，又委官巡视。日久法驰，人玩朝廷，虽禁而权私主之致，令商旅满关，茶船遍河。每茶百觔私税银二钱，或金五分，流弊遂不堪言至。

【注疏】文中古传之史实与所谓"流弊"，主要针对明代而言，《明史》卷八十·志第五十六《盐法 茶法》有记，本书有录。

另一方面，明代中期以后，以青藏道为汉藏主要通道的情况有所转变。经康区南部，连接内地与朵甘、乌思藏的川藏道被定为官道，逐渐成为明代藏区僧俗往来以及茶叶贸易的另一交通要路。明王朝的这一举措是自唐、蕃时代以来朝廷在对藏交通问题上的一次重大转向，使得汉藏间交通的重心由西北南移至四川和康区。③当时，川西藏茶产地雅安通往康区和西藏的康藏茶道主要有"南路"（黎碉道）和"西路"（松茂道）两条，即"南路边茶"与"西路边茶"。

---

① 赵心愚：《乾隆〈雅州府志〉中的西藏篇目及其资料来源》，载《中央民族大学学报》，2006年6期。
② 清代文献多记"荣经"为"荣经"，即今四川省雅安市荥经县，下同不再另注。
③ 刘立云：《从玉石之路到茶马古道：论丝绸之路青海道的演变及其意义》，载《西藏研究》，2018年1期。

乾隆《打箭炉志略》（叁则）

乾隆《打箭炉志略》不分卷，佚名纂修，是以打箭炉厅为对象的第一部地方志，也是四川藏区成书较早的地方志之一，对康定及周围地区的历史以及清王朝前期用兵西藏军事行动等研究都具有值得重视的史料价值；内分建置、疆域、职官、山川、津渡、城垣、廨宇、营汛、坛庙、关榷、土司、驿递、夷赋、赏赉、土俗等。书中记载多采自档册，对土司、百户分布，叙述极为详尽，多为他书所未及，为研究该处地志之参考书。此书资料来自三个方面：一是来自档册，二是调查与实地考察，三是摘抄自乾隆《雅州府志》。①此书有国立北平图书馆谭新嘉重抄、初校文版，后由吴丰培辑，中央民族学院图书馆 1979 年收入《中国民族史地资料丛刊》之十三"内部出版"。

本文以民国十九年二月国立北平图书馆重抄、初校文为主。此抄本源于清史馆旧藏写本。其中：（壹）摘自原油印本"关榷"一节，（贰）摘自"土俗"一节，（叁）摘自"土司"一节。

（壹）炉关 康熙四十年设关，派差部院员外郎壹一人，②监督税务。舟年邛州、雅安县、荥经县、天全州，由本州、县纳课请领□部茶边引，运炉售与口外蛮客。每茶壹引。运茶壹百斗应纳税银壹钱捌分。雍正七年又定征收杂货税，按不每两叁分，续又颁发货税征银则例榜，悬挂由□部印发。商人亲填簿，交监督征收，用清字题销。乾隆四十七年奉旨停差监督，经《总督文》奏明，改委同知征收。每年茶引邛州各商运销茶贰万零叁百引；荥经县各商运销茶贰万叁千叁百拾肆引；雅安县各商运销茶贰万柒千捌百陆拾引；天全州各商运销茶贰万柒千零贰拾引；名山县引壹千捌百叁拾张内；邛州代销伍拾张，天全州代销壹千贰百柒拾伍张。以上肆州、县各商每年共运销边引部茶拾万零叁百肆道，应征引茶税壹万捌千零伍拾捌两伍钱。

（贰）邛、雅、荥、天各州县商人领引运茶，皆于炉城设店出售。

（叁）明正土司所属土千户壹员、土百户肆拾捌

咱哩土千户古鲁策凌康，康熙三十九年投诚。千户历代袭替。驻札③咱里，管来、咱里、大烹坝埧、冷竹关、瓦寺沟伍处。东至泸河交界；南至磨西面交界；西至拉索交界，北至大冈交界。土民壹百零八户。每年认纳杂粮壹拾玖硕，折征银肆钱柒分。有印信。

本噶土百户查什那木札尔，康熙四十年投诚，授本噶土百户历代袭替。驻札木噶。东至绰坝笼交界，南至叠恶庄交界，西至哈呀压交界。管辖土民贰百□拾户，每年认纳杂粮拾肆硕，折银柒两，有号纸，无印信。

瓦柒土百户阿巴，康熙四十年投诚，授瓦柒土百户之职。驻札瓦柒。东至沙卡交界；南至支汛塘交界；西至白桑交界；北至恶热交界。每年折征杂粮银肆两。有号纸，无印信。

恶洛土百户霍尔结，康熙四十年投诚，授恶洛土百户之职。驻札恶洛。东至沙卡交界；

---

① 赵心愚：《乾隆〈打箭炉志略〉著者及资料来源考》，载《西南民族大学学报》（人文社科版），2003 年 9 期。
② 本《志略》内下划线处文字均为初校文，□表原补订本空缺。
③ "驻札"同"驻劄"，亦同"驻扎"。

南至打喇石交界；西至白桑交界；北至恶热交界。每年折征杂粮银壹两。有号纸，无印信。

白桑土百户策凌瑞珠布，康熙四十年投诚，授白桑土百户之职。驻扎白桑。东至瓦柒交界；南至恶浴交界；西至□□□交界；北至扒桑交界。每年折征杂粮银肆两，有号纸，无印信。

恶热土百户阿木奇，康熙四十年投诚，授恶热土百户之职。驻扎恶热。东至上坝石交界；南至瓦柒交界；北至扒桑交界；南至无人烟荒山，地名"热错"交界。①每年认纳折征杂粮银伍两。有号纸，无印信。

下八义土百户阿嘉布，康熙四十年投诚，授下八义土百户之职。驻扎下八义。东至胳苔交界，南至上八义交界，西至无人烟地，名"端谷"交界，北至少偊石交界。每年折征杂粮银肆两。有号纸，无印信。

少偊石土百户巴特鸣，康熙四十年投诚，授少偊石土百户。驻扎少偊石。东至胳苔交界，南至下八义交界；西至渣坝交界；北至木辘交界。每年折征杂粮银叁两，有号纸，无印信。

作苏策土百户盆错克，康熙四十年授诚，授作苏策土百户。驻扎作苏策。东至龙坝卡松交界；南至咱孟格哇交界；西至理溪瓦柒交界；北至永阿莱交界。每年折征杂粮银肆两。有号纸，无印信。

八哩龙坝土百户衮噶丹巴，康熙四十年投诚，授八哩□龙坝土百户。驻扎八哩龙坝。东至格机洼卡巴交界；南至窝热索窝巴交界；西至汤龙、夹龙江交界；北至擦□□□。每年折征杂粮银叁两。有号纸，无印信。

上渡噶喇住索土百户阿革，康熙四十年投诚，授上渡噶喇住索土百户。驻扎上渡噶喇住索。东至恶洛交界；南至汪杰交界；西至夹龙江河岸为界；北至渣坝交界。每年折征杂粮银壹两。有号纸，无印信。

中渡哑出卡土百户衮噶，康熙四十年投诚，授中渡哑出卡土百户。驻扎中渡哑出卡土。东至恶浴交界；南至八嘛那交界，西至夹龙江河岸为界；北至白桑交界。每年折征杂粮银叁两。有号纸，无印信。

他咳土百户雍思林义，康熙四十年投诚，授他咳土□百户。驻扎他咳。东至扒桑交界；南至住索交界；西至噶喇住索交界；北至桑冬交界。每年折征杂粮银壹两，有号纸，无印信。

索窝龙土百户查什多，康熙四十年投诚，授索窝龙土□百户。驻扎索窝龙。东至姆朱交界；南至恶拉交号界；西至格窝卡交界；北至密乌龙交界。每年折征杂粮银□两。有号纸，无印信。

恶拉土百户桑济坚错，康熙四十年投诚，授恶拉土百户。驻扎恶拉。东至乐壤交界；南至夹龙河岸交界；西至八乌龙交界；北至姆朱交界。每年折征杂粮银壹两贰钱。有号纸，无印信。

乐壤土百户噶布淳朱，康熙四十年投诚，授乐壤土百户。驻扎乐壤。东至松竹宁番卫交界；南至夹龙江河岸交界；西至恶浴交界；北至姆朱交界。每年折征杂粮银捌钱。有号纸，无印信。

---

① 原文如此。文中界域均按东南西北排序，故正确应为："东至上坝石交界；南至瓦柒交界；西至扒桑交界；北至无人烟荒山，地名'热错'交界。"

上渣坝恶叠土百户雍忠，康熙四十年投诚，授渣坝恶叠土百户。驻扎渣坝恶叠。东至少误石交界；南至下渣坝莫藏石交界；面至夹龙江河岸为界；北至霍耳兹岘交界。每年折征杂粮银贰两。有号纸，无印信。

上渣坝卓泥土百户阿丹，康熙四十年投诚，授上渣坝卓泥土百。驻扎上渣坝卓泥。东至木辘交界；南至渣坝交界；西至河东为界；北至霍耳交界。有号纸，无印信。

中渣坝热错土百户策丹，康熙四十年投诚，授中渣坝热错土百户。驻扎中渣坝札热错。东至恶科为界；南至洼石交界；西至河东交界；北至卓泥交界。每年折征杂粮银叁两。有号纸，无印信。

中渣坝沱土百户古鲁，康熙四十年投诚，授中渣坝沱土百户。驻扎中渣坝沱。东至恶科交界；南至□□□交界；西至河水为界；北至卓泥交界。每年折征杂粮银贰两。有号纸，无印信。

下渣坝业洼石土百户多尔济查克，康熙四十年投诚，授下渣坝业洼石土百户。驻扎下渣坝业洼石。东至莫藏石为界；南至蜡蜜界；西至过哑龙河瞻对界；北至渣坝沱界。每年折征杂粮银贰两。有号纸，无印信。

下渣坝莫藏石土百户郭克，康熙四十年投诚，授下渣坝莫藏石土百户。驻扎下渣坝莫藏石。东至上八义交界；南至噶嘛住索界；西至夹龙江河岸界；北至业洼石界。有号纸，无印信。

扒桑土百户根敦，康熙四十年投诚，授扒桑土百户。驻扎扒桑。东至恶热交界；南至白桑交界；西至索窝龙交□界；北至上八义交界。每年折征杂粮银肆两。有号纸，无印信。

木辘土百户查什盆错，康熙四十年投诚，授木辘土百户。驻扎木辘。东至阿策界；南至恶科界；西至渣坝界；北至霍耳打奇界。每年折征杂粮银叁两。有号纸，无印信。

格洼卡土百户喇嘛陈叠巴尔珠尔，康熙四十年投诚，授格洼卡土百户。驻扎格洼卡。东至姆朱交界；西（南）至索窝龙交界；西至妈寺交界；北至纳库阿他交界。每年折征杂粮银玖两。有号纸，无印信。

呷那工弄土百户衮噶达尔结康，康熙四十年投诚，授呷那工弄土百户。驻扎呷那工弄。东至夺鸦交界；南至八哩龙坝交界；西至夹龙江河岸界；北至乌龙石交界。每年折征杂粮银伍两。有号纸，无印信。

吉增卡桑阿龙土百户喇嘛衮噶查什，康熙四十年投诚，授吉增卡桑阿龙土百户。驻扎吉增卡桑阿龙。东至恶拉交界；南至恶叠龙交界；西至哑龙江河岸为界；北至格洼卡巴交界。每年折征杂粮银柒两。有号纸，无印信。

沙卡土百户拉齐怕克，康熙四十年投诚，授沙卡土百户。驻扎沙卡。东至折多山为界；南至作苏策界；西至瓦柒交界，又界至恶浴后交界；北至恶热交界。每年折征杂粮银伍两。有号纸，无印信。

上八义土百户阿嘉布康，康熙四十年投诚，授上八义土百户。驻扎上八义。东至无人烟地界；南至扒桑交界；西至无人烟荒地，地名"色身拖"为界；北至八义后界。每年折征杂粮银肆两。有号纸，无印信。

拉里土百户巴尔珠尔达尔结康，康熙四十年投诚，授拉里土百户。驻扎拉里。东至诺日阿他交界；南至工住热交界；西至札热乌龙石交界；北至独恶洛为界。每年折征杂粮银贰两肆钱。有号纸，无印信。

鲁密坚正土百户累德勒克，康熙四十年投诚，授鲁密坚正土百户。驻札鲁密坚正。东至拾桑交界；南至舍利喇为界；西至东谷交界；北至绿路朱窝为界。每年折征杂粮银壹两。有号纸，无印信。

鲁密达妈土百户鲁嘉尔，康熙四十年投诚，授鲁密达妈土百户。驻札鲁密达妈。东至无人烟荒山为界；南□昌拉为界；西至郭宗为界；北至柏哈为界。每年折征杂粮银贰两。有号纸，无印信。

鲁密格桑土百户阿策，康熙四十年投诚，授鲁密格桑土百户。驻札鲁密格桑。东至大金川以河为界；南至沧几为界；西至初把交界；北至卓襄交界。每年折征杂粮银捌钱。有号纸，无印信。

鲁密本滚土百户策凌旺布，康熙四十年投诚，授鲁密本滚土百户。驻札鲁密本滚。东至卓襄交界；南至大金川河交界；西至娘子慎白利为界；北至小金川为界。每年折征杂粮银贰两壹钱。有号纸，无印信。

鲁密长结杵尖土百户鲁布，康熙四十年投诚，授鲁密长结杵尖土百户。驻札鲁密长结杵尖。东至松归为界；南至技喇无人烟荒地为界；西至空处无名为界；北至大大金川河为界。每年折征杂粮银柒钱。有号纸，无印信。

鲁密长结松归土百户拉布，康熙四十年投诚，授鲁密长结松归土百户。驻札鲁密长结松归。东至格桑为界；南至无人烟荒地为界；西至初把为界；北至向隅为界。每年折征杂粮银捌钱。有号纸，无印信。

鲁密白隅土百户噶尔藏嘉布康，康熙四十年投诚，授鲁密白隅土百户。驻札鲁密白隅。东至木坪、汉牛交界；南至大金川河为界；西至无人烟荒山为界；北至□□□界。每年折征杂粮银叁两。有号纸，无印信。

鲁密梭布土百户邦结，康熙四十年投诚，授鲁密梭布土百户。驻札鲁密梭布。东至汉牛为界；南至达则为界；西至普共碟为界；北至隆卡邦为界。每年折征杂粮银陆两柒钱伍分。有号纸，无印信。

鲁密达则土百户策凌查什，康熙四十年投诚，授鲁密达则土百户。驻札鲁密达则。东至汉牛为界；南至梭布为界；西至普共碟为界；北至卓龙为界。每年折征杂粮银柒两零伍分。有号纸，无印信。

鲁密卓龙土百户节思龙，康熙四十年投诚，授鲁密卓龙土百户。驻札鲁密卓龙。东至龙邦交界；南至木宗交界；西至也龙交界；北至大山交界。每年折征杂粮银贰两伍钱。有号纸，无印信。

【注疏】该书仅见有传抄本，出自前清史馆所藏旧抄本，原本霉烂，多缺字，经近人吴丰培于1979年据《四川通志》《清史稿·疆臣年表》加以补订。1979年，中央民族学院图书馆出版吴丰培校订的油印本，为《中国民族史地资料丛刊》之十三。

校订者吴丰培（1909—1996年）是吴燕绍的哲嗣，中国现代藏学家，版本目录学、文献学专家。其祖籍江苏省吴江县，生于北京市。1930年考入北京大学国学门研究院，师从朱希祖、孟森研习明史。在北大图书馆、北平图书、燕京大学图书馆寝馈五年，一边读书，一边研究著述。

中华人民共和国成立以后，吴丰培在中央民族学院研究部和图书馆工作，除研究藏族史以外，每遇涉及边事的珍本、稿本，或无名书、著者不明的书，他均要详加考证，弄清源流，撰写题跋，予以编目。其先后为过手过眼的边事古籍撰写了五百多篇题跋和评述；主要学术著作有《清季筹藏奏牍》、《清代西藏史料丛刊》（第一辑）、《清代藏事奏牍》、《抚远大将军允奏稿》和《清代布鲁克巴资料汇论》等；合编《清代驻藏大臣考》《清驻藏大臣制度的建立与治军》；整理复印古籍40余种，编辑丛刊10余种，子目超过百种。综合各类，其所撰论文近百篇。

《西征录》 卷下（贰则）

《西征录》，又名《西藏见闻录》，对于西藏之风土人情的记载甚为详细，其中有对疆域、事迹、山川、贡赋、物产等的描述。

作者萧腾麟（？—1756年），字绣谷，号"十洲"，今江西省峡江县仁和镇长田村人，徙居县城凤凰山下。父萧朝俊，康熙四十七年（1708年）武举人，腾麟为其长子。萧腾麟自幼读书好学，擅长书法，为人倜傥洒脱，由生员赴康熙五十三年（1714年）武科乡试，中举；五十七年（1718年），中戊戌封荣九榜武科进士，选为官廷侍卫，晋銮仪卫整仪尉，后随康熙帝至热河；雍正年间（1723—1735年），授河南开封都司护理，调怀庆参将，升川北镇保宁游击，后又任职于左右中营，皆勤于职守，劳绩甚著。乾隆二年（1737年），帝以西藏为边陲重镇，地理位置甚为重要，"非宿将不能绥服"，廷推萧腾麟可堪大任，于是腾麟奉命镇守西藏察木多（今昌都），任满三年，因熟悉西藏风土民情，又留镇两年。腾麟镇守西藏，边境晏然无事。及闻父殁，因官不能回家守丧终制，腾麟哭泣着上奏乞求给假归乡，回家后庐墓守丧，不久赴任，未几以母老请回乡赡养母亲，后母丧复庐墓守制，知县周增瑞赠诗褒奖之。

本文录自1978年中央民族学院图书馆油印本。

（壹）饮食 饮食塞外，五谷不生，青稞熟以为岁。丰裕之家间有以米和牛羊肉作粥者，名曰"土巴汤"。其居黑账房游牧为生之人，则啖生牛羊肉，或炙熟食之，或食酥油、乳渣。故《文献通考》载：蕃人养牛马，乳酪供食。云其俗饮食，男妇皆就地膝坐，各于其所佩碗袋内取碗而食，食毕，以舌舐之而藏。然贵贱贫富，皆以茶、酒为主。《宋史》所载："西蕃喜啖舌物，无蔬茹醯酱，独知用盐为滋味，而嗜酒及茶是也。"茶熬极红，和以盐与油，食先茶数碗，继从糌粑调合，手捻而食之。

【注疏】《文献通考·卷三百三十四 四裔考十一》中有载《吐蕃》一目，云其饮食习俗为"俗养牛羊，取乳酪供食，兼取毛为褐而衣焉"。

（贰）婚嫁 婚姻亦遴选坦腹，重门第。婿以识字者为佳；媳以善经营，能货殖者为淑。

《西藏纪述》（贰则）

《西藏纪述》张海撰，一卷。海字巨川，浙江钱塘（杭州）人，监生，历官知县，乾隆时官四川荣经主簿。雍正九年（1731年）海办理粮务、军饷赴西藏；十一年，奉部行取口外舆图、户口、风俗及清查、绘画采访册，兼剖各土司历年未结夷案；十三年从果亲王允礼护送达赖返西藏，乾隆三年任理塘粮务。此编乃作者身历所见。首记雅州附近土司户口钱粮数、防军、土司状况，分地排列，远较他书为详，又因原户口钱粮各册久已不存，唯有是书独存一二，作者任川事十三年，又多次旅居西藏，故所记翔实可信。唯其有关藏地风俗民情、进藏台站，记载简略。且藏汉译音亦多有舛误。该书有乾隆十四年（1749年）刻本，《振绮堂丛书》二集铅印本，今有中国台北《中国方志丛书》版。

（壹）明正东至泸定桥交冷边；南至建昌宁番鸭绿江界；西至瞻对抵熟桑泥界；北至小金川界。周围约计三千余里，地广人稀。辖正副安抚司、土千百户五十五户、十三锅庄头目一十三名。册报夷民四百六十户，每年认纳夷赋折征银一百六十两零。又三年一次征收贡马三匹，每匹折征银八次，其银二十四两均兑支泰宁协兵饷。

（贰）风俗男女无别，婚嫁以牛、羊、茶、布为礼。

《永宪录续编》

《永宪录续编》为江都（今江苏省扬州市）人萧奭于乾隆十七年（1752年）所撰。

改四川直隶雅州为府，设附郭县曰"雅安"。增属州天全、清溪县。雅州原设三县：名山、荥经、庐山①。打箭炉则在荥经治内，为通番之咽喉。天全旧为六番招讨司。雅州有雅安山。而青衣江在名山治内，或分设县名清溪也。

《皇清职贡图》 卷六（叁则）

清代《职贡图》②（今藏中国台北"故宫博物院"）属于清代皇帝钦定御用的属邦进贡的图像，为清代记述海外诸国及国内各民族的史籍，清代官修地理著作。乾隆十五年（1750年），四川总督策楞接上谕，谕将其辖境"西番、猓猓男妇形状，并衣饰服习，分别绘图注

---

① 即今雅安市芦山县。
② 《职贡图》是封建时代外国及中国境内的少数民族上层向中国皇帝进供的纪实图画。《职贡图》现已成为我们研究中国以少数民族为主的古代历史、文化不可多得的图像资料，是真正意义上的带有珍稀文献与史料价值双重意义的民族图志。我国现存最早的《职贡图》是南北朝时期梁元帝萧绎（约508—554年）所绘（摹本现藏北京历史博物馆）。

释"，于是开始绘制《职贡图》的准备工作。乾隆十六年（1751年），他收到军机处发下"番图"两幅，同时令他将"外夷番众"照式绘画送军机处呈御，同时，全国各省督、抚派员绘图，送呈清政府交皇帝御览。学者们推断，此年，谢遂即开始绘制《职贡图》画卷的工作。乾隆十六年至乾隆二十二年（1751年至1757年），共完成七卷画册，彩绘，每卷画面上方以满、汉两种文字手写题记，二十八年续成一卷，合卷首共为九卷。第一卷载朝鲜、英、法、日本、荷兰、俄罗斯等二十余国。第二卷以下分载西藏、新疆、东北、福建、湖南、广东、广西、甘肃、四川、云南、贵州等地各族。绘有男女图像，并附简短说明，叙述各国、各族的历史、生产、生活和风俗等情况。

《皇清职贡图》今版本较多，各版本间抄摹与刊刻中，汉文缮写讹误及脱落之处颇多。中国台北华文书局编收入"中华文史丛书"之十一册，号为清乾隆二十六年（1761年）刊本影印，但存篡改、添足之处；又辽沈书社于1991年10月推出影印版的《皇清职贡图》，扬州广陵书社以《四库全书》为底本出版之，此两版较真实。中国台北"故宫博物院"另有《谢遂〈职贡图〉满文图说校注》彩图版。

（壹）泰宁辖属阜和营辖明正土司

其先本打箭炉番目。明永乐间授宣慰司，本朝康熙中归化，辖土千户四十九员。番民奉佛，以耕牧为业。居碉房。戴狐皮帽，耳缀大环，长衣皮靴，常以铜合[盒]贮小佛像及经咒系肘腋间。番妇挽髻，束以绛巾，杂缀珠石，仍戴狐皮缨帽，著大领短衣，细褶长裙，腰拖绣带，足履绣鞋。颇知纺织。岁输税银一百五十余两。

（贰）泰宁协左营辖沈边番妇

沈边长官司余氏，本江西人。明初随征有功，授百户。本朝康熙中归化，授长官司，世袭。番民多以板为屋。男、妇多以花褐为衣，性淳良，勤耕织。地当西藏打箭炉之冲，往来背负茶包获佣直，以资衣食。岁输税银五十两。

（叁）阜和营辖德尔格特

德尔格特本西海番部土目。本朝平定西藏时归化，授安抚司，寻加授宣慰司，番民性勇，悍善骑射，饶畜牧，戴狐皮帽，着布褐长衣，佩刀；番妇辫发以绛帕抹额，杂缀珠石，短衣长裙，前系缘边色帛一幅。能织褐，岁输税银二百八十两。冬春间常以牛马、皮革赴打箭炉易茶。

【注疏】《皇清职贡图》由乾隆时大学士傅恒主持编纂，乾隆皇帝钦定宫廷画师金廷标、姚又瀚、程梁等人，命他们分别将各地呈送的草图绘为正式图卷，其图与谢遂《职贡图》大抵相同。

《水道提纲》 卷八

《水道提纲》为齐召南著，二十八卷，专叙水道源流分合，首列海水，次各省诸水，再次西藏、漠北、东北诸水和西域诸水，皆以巨川为纲，所受支流为目，故曰提纲。书成于乾隆二十六年（1761年），内容主要以作者于乾隆初年参与《大清一统志》纂修时，所见内府珍藏全国实测地图《皇舆全图》及各省图籍为据。

齐召南（1703—1768年），字次风，号"琼台"，晚号"息园"，浙江天台（今浙江省台州市天台县）人，清代地理学家，幼有神童之称，精于舆地之学，又善书法。乾隆元年（1736年），齐召试于保和殿，钦定二等第八名，为翰林院庶吉士，授检讨；次年参修《大清一统志》；乾隆六年（1741年），撰《外藩书》；乾隆十二年（1747年），充《续文献通考》副总裁。

乾隆二十六年（1761年），齐完成最重要的作品《水道提纲》28卷；另著有《宝纶堂集古录》《宝纶堂文钞诗钞》《齐太史移居集》《琼台集》《历代帝王年表》《后汉公卿表》等。

折西南流百七十里，有水自西北来注之；又南流八十里，至玛拉木冈岭之东北地，折东南流百余里，又折西南流七十余里，至济渡处，曰："巴拉玛实苏多欢"，亦曰："必尔玛诸苏穆渡"，即"喀木"。诸番人东往打箭炉贩茶。

《蜀故》 卷四 茶税

《蜀故》，是清代学者彭遵泗编著的一部著作。其时，彭遵泗辑录了四川古今百业的大量资料，写成后未及付印即殁，后由其兄彭端淑、彭肇洙和子彭延庆整理成27卷，刻板刊印行世。该书卷帙浩繁，为研究四川的风土人情、社会风俗、山川地理、人文教育提供了重要的参考价值，彭肇洙《蜀故序》中云"可当于《通志》之一助也"。

彭遵泗（1702—1758年），字磐泉，号"丹溪生"，今四川眉山市丹棱县高桥翠笼山人，清代诗人、学者。彭遵泗自幼颖异，乾隆二年（1737年），彭遵泗举进士，入选为翰林院庶吉士，就庶吉馆深造，次年调兵部主事；乾隆七年（1742年）擢兵部员外郎；乾隆十五年（1750年）外放，任甘肃凉州（治所在今甘肃武威市）同知；乾隆十七年（1752年）转调湖北，署黄州府（治所在进湖北黄冈市）同知；乾隆十九年（1754年）再改江防同知，为官颇有政绩；乾隆二十一年（1756年），以卓异之才不为世用，自请御职归里。在其众多作品中，仅遗有三部价值极高的作品行世，即《蜀故》《蜀碧》与《蜀中烟说》。

洪武五年置茶马司，户部云：四川茶宜十取其一，以易番马。于是诸产茶地设茶课司，定税额。设茶马司于雅州，自碉门，黎、雅抵朵乌思藏行茶之地。西方诸部落无不以马售者。

《钦定续通志》 卷一百五十二 食货·茶之法

《钦定续通志》共五百二十七卷，乾隆三十二年（1767年）奉敕撰。

茶转运使焉 明制有官茶，有商茶，皆贮边易马。官茶间征课钞，商茶输课署，如盐制。初太祖令商人于产茶地置茶纳钱请引。【按：明代产茶之地，南直隶常、庐、池、徽，浙江湖、严、衢、绍，江西南昌、饶州、南康、九江、吉安，湖广武昌、荆州、长沙、宝庆，四川成都、重庆、嘉定、夔、泸】置茶局批验，所称较茶引不相当，即私茶。后诸产茶地设茶课司，定税额，其禁私茶之法，自三月至九月，月遣行人四员。巡视河州、临洮、碉门、黎、雅，往来旁午。至宣宗宣德十年，乃定三月一遣，又设茶马司，于秦、洮、河、雅诸州，土以茶易马之政。又于成都诸处置茶仓，令商人纳米中茶，后至专遣御史巡察，竟与盐法同。

《钦定续文献通考》 卷二十二 征榷考

《钦定续文献通考》，乾隆十二年（1747年）至乾隆四十九年（1784年）三通馆臣奉敕编撰。该书采宋、辽、金、元、明五朝事，分为二十六门，共二百五十卷，录了宋宁宗嘉定末（1224年）至明思宗崇祯末（1643年）四百余年的政治经济制度的沿革，是一部重要的典制体史书。

（嘉泰）三年八月置四川提举茶马二员，分治茶马事。至十二月又命四川提举茶马通，治茶马。孝宗时，吏部郎阎苍舒陈茶马之弊，曰："夷人不可一日无茶以生，祖宗时，一驮茶易一上驷，陕西诸州，岁市马二万匹，故岁运茶二万驮。今陕西未归版图，西和一郡，岁市马三千匹耳，而用陕西诸郡二万驮之茶，其价已十倍，又不足而以银绢绸及楮币附益之。其茶既多，夷人遂贱茶，而贵银绢绸，而茶司之权，遂行于他司。今宕昌四尺四寸下驷，一匹其价率用十驮茶，若其上驷，则非银绢不可得。祖宗时，禁边地卖茶极严，自张松大弛永康茶之禁，诸番因尽食永康细茶，而宕昌之茶贱如泥土。且茶愈贱，则得马愈少，犹未足道，而因此利源。"遂令洮、岷、叠、宕之土番深至腹心内郡，此路一开，其忧无穷。今后必支精好茶而渐损其数，又严入番茶之禁，则马政渐，举而边境亦安矣。"臣等谨。按明邱濬谓："自唐世回纥入贡，以马易茶，盖西北人嗜茶有自来矣。西北人多嗜奶酪，奶酪滞膈，而茶性通利，能荡涤之故。虽不用于三代，而用于唐；不独中国用之，而外国亦莫不用焉。宋人所以始置茶马司也。"

《钦定续文献通考》 卷二百四十八 四裔考·西域 乌斯藏

明史《朵甘传》曰："初太祖以西番地广，人犷悍，欲分其势，而杀其力，使不为边患。故来者辄授官，又以其地皆食肉，倚中国茶为命，故设茶课司于天全。六番而入贡者，又优以茶布，详互市及。"《土贡考》："诸番恋贡市之利，且欲保世官，不敢为变诖。成祖益封法王等,俾转相化导,以共尊中国。以故西陲宴然,终明世无番寇之患。长河西、鱼通、宁远附"臣等谨。按《明史》:长河西、鱼通、宁远安抚司治碉门城,即元之碉门安抚司也。更以《一统志》考之,则其地在大渡河外即打箭炉。已详四川土司、天全六番传矣。

元世祖至元二十五年,置长河西安抚司等官,时为碉门、鱼通、理雅、长河西、宁远等处军民安抚使司,其官属俱隶宣政院。

明太祖洪武十六年,命置长河西等处军民安抚司。先是其地打箭炉长河西土官、元右丞拉斡莽遣其理问高惟善来朝贡,至是复遣惟善来,乃有是命。即以拉斡莽为安抚使,授惟善礼部主事。二十年遣惟善招抚长河西、鱼通、宁远诸处。明年还朝,言安边之道。在治屯守而兼恩威。帝莅之三十年春,帝以长河西诸酋阴附建昌叛酋伊噜特穆尔、贾哈尔。实朝贡将兴师讨之,恐死者必众,命礼官驰谕其酋。即遣使谢罪,天子赦之。为置长河西、鱼通、宁远宣慰司即授。臣等谨。按《明史·西域传》:长河西、鱼通、宁远在四川徼外地,通乌斯藏唐。为吐蕃元时置,碉门、鱼通、理、雅、长河西、宁远六安抚司,隶吐蕃宣慰司。初鱼通及宁远长河西,本各为部,至洪武时置宣慰司后,始合为一。自永乐至成化,贡使不绝。成化十七年,礼官言乌斯藏在长河西之西,长河西在越嶲之南,壤地相接,易于混淆,长河西番僧往往诈为乌斯藏诸番王文牒,入贡冒赏。乃给诸番王及长河西董卜韩胡敕书,勘合以防诈伪。

《钦定皇朝文献通考》 卷二百八十五 舆地考·四川省

《钦定皇朝文献通考》,又名《清朝文献通考》,张廷玉等奉敕撰,后嵇璜、刘墉等奉敕撰,纪昀等校订,成书于乾隆五十二年(1787年),"十通"之一。全书300卷,体例同《续文献通考》,唯各考子目略有增删,所载典章自清初至乾隆五十年止。

明正宣慰司【即驻打箭炉,亦称明正长河西鱼通宁逺军民宣慰司,其地在大渡河外,自古为荒服地。元始置三安抚司,明合置长河西鱼通宁远宣慰司,本朝康熙五年复置今司,三十九年以藏番侵扰炉地,发兵讨平之,各番众相率内附,以宣慰司领之,其所辖有安抚司五,土千户一,土百户四十八,仍属雅州府】

木坪宣慰司【在天全州西北,亦称董卜韩瑚宣慰司,其先于明时世袭土职,本朝康熙元年复置今司】

德尔格忒宣抚司【在打箭炉外,康熙五十八年归附,雍正七年置今司】

冷边长官司【在天全州西南,康熙四十九年归附,置今司】

沈边长官司【在清溪县西北,康熙四十九年归附,置今司。以上土司皆属雅州府】

巴塘正副宣抚司【在打箭炉西南一千一百七十里,其地旧属西藏,以堪布喇嘛掌管,并大小第巴二人,分理地方。康熙五十八年,大兵平定西藏,道经巴塘各番众相率内附,有大小堡寨三十三处,雍正七年,置正副宣抚司各一人,管领所部番民。其所辖有安抚司十,长官司八,土千户三,土百户三十四,仍属打箭炉防】

瞻对安抚司【在打箭炉西南五百余里,康熙四十年归附置今司】

喇滚正副安抚司【在打箭炉西南,瞻对土司之南,康熙四十年归附置今司】

巴底安抚司【在打箭炉北,康熙四十年归附置今司】

革什咱安抚司【在打箭炉东北,康熙四十年归附置今司】

绰斯甲安抚司【在打箭炉东北,康熙四十年归附置今司。以上土司分属明正宣慰司,仍统于雅州府】

里塘正副宣抚司【在打箭炉西六百五十里,西距巴塘五百二十里。其地旧属青海部落,以堪布喇嘛掌管,并设僧俗营官各一人分理地方。康熙五十八年,大兵平定西藏,道经里塘各番众相率内附,有大小堡寨十五处。雍正七年,置正副宣抚司各一人,管领所部番民。其所辖有长官司三,土百户　　,仍属打箭炉防】

《清朝通志》 皇朝通志卷九十

《清朝通志》,原名《皇朝通志》,嵇璜、刘墉等奉敕撰,成书于乾隆五十二年(1787年),"十通"之一。全书126卷,体例异于通志、续通志,略去本纪、世家、列传、年谱,仅存二十略。《通志》所载典章制度自清初至乾隆五十年止,但除了氏族、六书、七音、校雠、图谱、金石、昆虫草木等略以外,内容大体与清朝通典重复。

嵇璜(1711—1794年),字尚佐,晚号"拙修",江南无锡县(今江苏省无锡市)人,清朝水利专家,嵇曾筠[①]之子,父子皆长于治河。嵇璜为雍正八年进士,历官乾隆间南河、东河河道总督、工部尚书,晚年加太子太保,为上书房总师傅,以治河有功著称。

刘墉(1719—1804年),字崇如,号"石庵",清朝政治家、书法家,大学士刘统勋长子,祖籍安徽砀山,出生于山东诸城,乾隆十六年(1751年)中进士,历任翰林院庶吉士、太原府知府、江宁府知府、内阁学士、体仁阁大学士等职,以奉公守法、清正廉洁闻名于世。

十年,四川巡抚宪德疏言:川茶半由蒙古、西藏及打箭炉番人贩卖,自引归部发,遇番客云集,分给不敷,请预颁茶引五千张,贮川省巡抚衙门随时增发。从之。

十三年,停止五司以茶中马定。嗣后甘库茶篦[②],遇存积过多之时,改征折色俟。各司销存无几,复征本色。

《西藏纪游》(贰则)

《西藏纪游》最初成于乾隆五十六年(1791年),于嘉庆六年(1801年)复加追记成编,

---

① 嵇曾筠(1670—1738年),字松友,号"礼斋",江苏无锡人,清代官员、水利专家,康熙四十五年进士,官至文华殿大学士、吏部尚书、浙江巡抚、总督。

② 茶篦为茶叶装具名。清代商销茶引,以半为官茶,半为商茶。领交官茶,每十斤为一篦,名为茶篦。

约五万六千余字，主要记其风俗、物产、饮食、道路，兼记山川、草本、虫、鱼之类，百余条，内容多有重合。①最早刊刻于嘉庆九年，共四卷，作为清代一部作者亲历藏区的游记，保留了大量丰富而翔实的反映藏区的资料，以及作者和其友人为数不少的咏藏诗歌作品，具有重要的文献学价值，更为历史学、民俗学研究提供了丰富的文献资料。今存嘉庆二十一年（1816年）刊本。

作者周蔼联（1757—1828年），金山（今上海市金山区）人，性格仁厚，尤善诗文，宦海生涯起起伏伏，辗转于川、滇、黔等地，为官清正廉明，颇有清誉。乾隆五十六年，廓尔喀再次侵扰后藏地区，清政府派孙士毅赴藏督运粮饷，周蔼联作为幕僚，随大军入藏，两次往返于四川与西藏之间，并驻拉萨一年多，《西藏纪游》正是作者对这段时间内在藏区所见所闻的记述。②

本文（壹）（贰）均录于原书卷二。

（壹）番女负长桶【上宽下窄】汲水。樵苏、炊爨皆资女工，攀涉险峻如履平地。男则安坐而食，役女如厮养。又打箭炉番女，年十五以上即受雇于茶客，名曰"沙鸦"。凡茶客贸易，听沙鸦定价直，人不敢校，茶客受成而已。井臼、箕帚之事亦女一身任之。

（贰）番民以茶为生，缺乏必病。如西域各部落之需大黄，盖酥油性热，糌粑干涩而不适口，非茶以盐涤之，则肠胃不能通利。其由打箭炉入口，买茶者络绎不绝于道。茶形如砖，土人呼曰"砖茶"。每四砖谓一甑。

《百一山房集》

作者孙士毅（1720—1796年），字智冶，一字补山，浙江仁和县临平（今杭州市余杭区临平镇）人，清朝大臣，乾隆进士，原为文官，历任内阁中书、侍读、编修、太常少卿等职，后出任山东布政使、广西巡抚，旋署两广总督。乾隆五十六年（1791年）授四川总督，为保证平定西藏廓尔喀之役的粮饷供应，经邛崃、雅安入康，直抵理塘。其间与康、藏有关事宜以诗文形式，多收入《百一山房集》中，全书共十一卷。今收入《清代诗文集汇编》347卷，2010年上海古籍出版社出版。

本文选自《百一山房集》九卷。

奉
命驻打箭炉筹办征调事宜

烟蛮雨瘴掩朝曛，草寨风材访旧闻。【白草、风村二寨名，国初曾梗化】纳欸先凭工土妇【土妇工喀系明正土司蛇蜡吒吧之妻，康熙五年首先投诚】，赛祠争拜郭将军。【相传武侯征

---

① 关枫主编：《中华古文献大辞典 地理卷》，吉林文史出版社1991年版，第124页。
② 王金凤、胡志杰：《试论清人游记〈西藏纪游〉的文献价值》，载《西藏民族学院学报》（哲学社会科学版），2015年1期。

孟获，命将郭达在沙哇地方设炉造箭，故名"打箭炉"，有祠焉】船逢三渡难论价，【自炉出口由上、中二渡过里塘至下渡，水涨时俱用皮船，索价甚昂】鼓易千牛倘策勋。【番民重诸葛铜鼓，以牛千头易之，谓"百战百胜"】莫向碉房悲白骨，胜他乌雀啄纷纷。【番人亲死或委山沟，或用土履于所居碉房之上；藏地则碎骨喂鹰犬，以为孝】难牙逞瓦当军持，【番地号数珠为"逞瓦"，率以金刚子为珠，名"难牙逞瓦"】堪布【喇嘛内管事者】朱巴共一师。【释道俱奉胡图克图为本师】玉斧画疆成诞语，【大渡河在炉西南】宝山空手笑痴儿。【明正土司后山树以竹栅，云有金穴，访番人攫取，实未尝有金也】佈茄闹比孟兰会，【炉地崇佛，铙鼓之声塞耳。土人称铙为"佈茄"】了髻权侔市舶司。【炉城女子年十五以上，即受雇于茶客名曰"沙鸨"。凡茶客交易，俱凭沙鸨定价，人不敢较】斜日柳杨风力紧，薄人多向竹关驰。【炉城冬日朔风最厉，柳杨铺、冷竹关俱在城东。炉人呼番民为"薄疑"，即獠字之讹】

《卫藏图识》（贰则）

马揭、盛绳祖合纂，共上下两卷。大致成书于乾隆五十七年（1792年）。盛绳祖随其父来往于川、康之间十余年，对西藏地区较为了解，为平定廓尔喀王国的入侵，协助清军掌握西藏情况，盛绳祖参考印采《四川通志》中《西域》一卷及《西域纪事》《西藏志》等书，加之自身对所经山川、风土、程站的情况，编撰此书。盛随其祖父在打箭炉十一年，故见闻较确。

马揭，字少云，生平无考。盛绳祖，字梅溪，生卒年不详，顺天宛平（今北京市）人。[①]跟随其父盛英宦游巴蜀，盛英宦乃清乾隆七年（1742年）进士，十年（1745年）入蜀，先任蓬溪县知县，十五年（1750年）调任南充县知县，二十三年（1758年）任打箭炉同知，三十四年（1769年）升任宁远府（府治为今西昌市）知府。清乾隆后期平定大、小两金川以及进征西藏时，奉命征集西、南两路粮饷以供军用。而盛绳祖跟父往来于川、康、藏之间，所历各地，多有笔记。故而此书既是参考采录雍正《四川通志·西域》所载及乾隆《西藏志》《西域纪事》等书所述、同时又掺入了盛绳祖亲身经历之记述编纂而成。[②]

本文（壹）选自原书卷上，（贰）选自卷下《番民种类图》，所配"打箭炉番民图"附于本文后。

（壹）已故土司锡拉札克巴乏嗣，其妻衮藿承袭，至坚参德昌始移驻打箭炉。其子甲甲勒参德浸继之。现今之明正土司也。管辖打箭炉十三锅庄番民，约束新附土司及土、千百户，计新旧土民二万八千八百八十四户。上纳贡马、杂粮，岁折银归明正土司征解之。

打箭炉以石为城，汉蕃杂处，凡驻藏使臣及换藏兵丁，均于此出口。自炉以往，多重茶志，由内地负贩，而炉又为市茶总汇。现设郡丞二员，以理夷情，兼司粮务，向有监督榷税课，今汰之并归郡丞。

[①] 曾珍、程亚运：《〈卫藏图识〉读书札记》，载《卷宗》，2014年12期。
[②] 何金文：《西藏志书述略》，长春：市吉林省地方志编纂委员会，1985年版，第32页。

（贰）打箭炉，唐为吐蕃，元时置碉门、鱼通、黎、雅、长河西、宁远片安抚司，明时长河西土官，元右丞剌瓦蒙始通朝贡。自浃我圣朝德化，益慕华风，其土可衣冠悉遵国制……商贾在炉，必役蛮女，曰"沙鸨"，交易货物俱听沙鸨较价值，如牙行。

打箭炉番民图

《卫藏识略》

盛绳祖辑编，成书时间不详，共一卷，大致应与盛与马揭合纂《卫藏图识》同时，或应更早。作者言及该书："自打箭炉抵藏数千里风土不同，语言亦异，第即音韵、呼吸之间，而细释之，则亦大概从同分类而辑之，览者察焉。"

该书由王锡祺编纂收录入《小方壶斋舆地丛抄》第 3 册，于清末出版。①

男子教书算或习一技；女则教识戥秤，习贸易，纺毛线、织氆氇，不习女红，不拘闺训。而生育以女为幸。

《入藏程站》

盛绳祖辑编，成书时间不详，共一卷，大致应与盛与马揭合纂《卫藏图识》同时。该书由王锡祺编纂收录入《小方壶斋舆地丛抄》第 3 册，于清末出版。今又收入《中国边疆行纪调查记报告书等边务资料丛编（二编）》第一八册，2010 年由蝠池书院出版有限公司出版。

商贾在炉，必役蛮女，曰"沙鸨"，交易货物，但听沙鸨较价值，如牙行。而井臼、箕帚之事，亦以身任之不为并，所居之宇曰"碉楼"，近亦多平屋，碉楼垒石如浮屠，人以梯上下，

---

① 王锡祺（1855—1913 年），字寿谖（一作寿萱），室名"小方壶斋"，江苏清河人（今属淮阴市）。清同治十一年（1872 年）18 岁考中秀才，捐刑部候补郎中。王锡祺的一生，主要是读书、编书和出书。他不仅编辑中外学者的有关史地著作，自己也是优秀的史地研究专家，撰写了大量史地著作。《小方壶斋舆地丛钞三补编》是清末地理丛书的巨制，已出版初编、补编、再补编三部，收书一千余种，近一千万字，是中国地理学史上占有重要地位的名著。

坚足御枪炮,其盖藏之区楼,止之舍炊灶之所、畜溷之地,皆因其广狭位置焉。饮牛乳茶、青稞酒,食则糌粑、牛羊肉。糌粑者,以青稞炒面为之。

《乾隆朝内府抄本〈理藩院则例〉》

乾隆朝内府抄本《理藩院则例》是乾隆朝会典馆编纂的《大清会典则例》中理藩院部分的则例,是给皇帝看的呈进本,未刊本,而不是理藩院编纂的《理藩院则例》。该书使人们进一步认识了理藩院机构在演变过程中的具体变革情况,进而也深化了人们对清朝多民族统一国家形成发展过程的认识。①

雍正三年议准:"达赖喇嘛、班禅额尔德尼向例每年遣人在打箭炉等处征收番人贸易税银,应永行停止。按其年得之分加赠,每年折给达赖喇嘛茶叶五千斤,班禅额尔德尼二千五百斤,均由四川雅州荥经县办运至打箭炉赏给。"

《清实录乾隆朝实录》 卷之二百四十

《清实录》,全局总目、序、凡例、目录、进实录表、修纂官等五十一卷外,计有《满洲实录》八卷(有绘图,汉、满、蒙三种文字)、《太宗实录》六十五卷、《世祖实录》一百四十四卷、《圣祖实录》三百卷、《世宗实录》一百五十九卷、《高宗实录》一千五百卷、《仁宗实录》三百七十四卷、《宣宗实录》四百七十六卷、《文宗实录》三百五十六卷、《穆宗实录》三百七十四卷、《德宗实录》五百九十七卷,以及《宣统政纪》七十卷,共1220册。

清代官修编年体史料长编。全书自太祖起,至德宗止,凡十一朝,共十二部,《清实录》全称《大清历朝实录》,共四千四百八十四卷,是清代历朝官修史料的汇编。《清实录》是清朝历代皇帝统治时期的大事记,用编年体体例记载了有清一代近三百年的用人行政和朝章国故。清朝十二个皇帝,有十一个编纂了实录。最后一个皇帝溥仪在位仅三年清朝就灭亡了。原修《德宗景皇帝实录》的人员完成了《宣统政纪》。此书虽不再用实录的名称,但体例与实录无异。按清制,每当新皇帝继位,下诏为前一代皇帝修实录,开设实录馆,由钦派大臣任监修、总裁官,翰林院官员充任纂修(翰林院掌院学士例充副总裁)。根据起居注及内阁、军机处所存上谕、臣工本章等原始档案编纂前朝实录,书成闭馆。修成之实录,分别以汉、满、蒙三种文字缮写正本四部、副本一部。正本有大红绫本两部,一贮皇史,一贮奉天大内(沈阳清宫崇谟阁);小红绫本两部,一贮乾清宫,一贮内阁实录库。副本为小黄绫本,亦贮内阁实录库。1936年,伪满将其与《宣统政记》合并影印,名《大清历朝实录》,共一千二百一十册,分装成一百二十一帙,另有《大清历朝实录总目》一帙十册,是为通行之本。

丁丑。大学士等议覆、川陕总督公庆复等会奏:"打箭炉稽查民人出入一摺。查打箭炉原

---

① 赵云田:《关于乾隆朝内府抄本〈理藩院则例〉》,载《清史研究》,2012年4期。

设三门：东门大卡，系进省通衢；南门公出卡，系赴藏大道；北门雅纳沟，系通各处苗蛮小路。因炉城设有茶市，苗蛮汇集贸易，汉民遂亦繁多，向无稽查之例。先经打箭炉监督伊尔哈布奏，炉城三门锁钥，应交地方官掌管，拨兵守口盘查。一应内地出口之人，俱令在地方官处起票，守口人查验放行。经臣等议以地方官处起票，该口验票放行，有无滋扰勒索弊端。请交川陕督抚妥议具奏在案。今该督等既称向无稽查之例，原未严密，应如该监督所请，将炉城三门锁钥，令阜和营都司掌管。南北二门，应各派兵八名稽查，汉民出口者，令其呈请各该地方官印票。自炉置货出口者，令其呈请炉同知印票，查验放行。其寻常汉民赴乡买卖。及苗蛮来炉买茶者，应免请票，以省繁累等语。应如庆复所奏办理。又称南北二门口外，汉民在彼贸易者，不能即归，若不稽查，恐不无勾引苗蛮滋事之处，应通行各该汛弁、土司、土目、查明生理年貌籍贯，造册备案，欲归者、照册注销；病故者、详报开除；无力还乡者，酌给路费，亦应照所请办理。至称炉地监督。今既不与地方事务，其关防应改给管理课税。删去'事务'二字，应俟照例具题到日，该部换给。"从之。

《清实录乾隆朝实录》 卷之六百三十四

四川总督开泰等奏："金川土司郎卡禀称，我本天朝土司，惟与众土司不和，众土司因将不法之事，向内地官府前控告，如今止求作主剖断。情愿恪遵，丝毫不敢多事等语。臣等思金川与革布什咱构衅，以致各土司围堵两载有余，郎卡既不获逞其吞并之谋，且数经挫衄。禀求剖断，若仍令各土司驻防攻守，既不能克日奏功，将恐日久生懈。随委谙练员弁，前赴绰斯甲布、丹坝、金川一带，会同各土司所遣大头人，宣扬恩德，切指郎卡罪恶，明白剖断。将金川在丹坝界上所修碉卡，押令拆毁，侵占丹坝山地，全数退还。并差弁员前赴布拉克底，令将金川所助番兵。悉回巢冗，然后传知各土司，将各处土兵及土练次第彻收，惟是革布什咱、两被金川蹂躏残破良多。而巴旺、毗连布拉克底，人少力单，仍留弁兵十余名。在革布什咱、巴旺、中间章谷地方驻劄，以为声援。昨绰斯甲布、丹坝革布什咱、巴旺、小金川、沃克什、梭磨、卓克采、从噶克、九土司，以土兵均彻，陆续遣人赴省请安，臣等谕以郎卡为人狡诡，目下虽已竣事，仍当时刻留心，不可堕其诡计。郎卡亦遣人来，臣等严行教诫。谕以天朝之于土司正如雨露之于草木，无有二致，自己向顺，即享安全；自己作孽，即受灾祸。惟郎卡自择之。头人又称：上年莎罗奔已死，郎卡恳求换给印信。臣等复谕以郎卡止见有罪，未见有功，即使分当承袭。亦应照例取具各土司印结，由地方官详报请题，方能换给印信。头人又称：郎卡因沙罗奔之死，欲遣人赴藏熬茶，求给路票。臣等复谕以熬茶本系善事，郎卡应遣大头人虔诚豫备，将随去人数若干，报知该管地方官。转禀核办该头人俱领诺而去。至前此所需犒赏。臣等会同奏请，将总督及布政使养廉，各借支半年，邛、雅、汶、灌等州县，购买余茶，酌量行销，所获茶价，除归还借支之数，余作为赏需。今除已经动支，及扣还借支外，尚余六七千两，发交打箭炉及杂谷两处各二千两，购买谷麦青稞。贮仓备用。余银仍存藩库，以为夷务之需。"报闻。

《清实录乾隆朝实录》 卷之六百五十七

四川总督开泰奏："邛、雅、灌、汶等处。每年额办茶一十一万余引。给商配运。于松潘、打箭炉行销。近各园户因茶产日滋，额引外每有余积，而口外生齿渐繁，销茶愈广。现在茶商，殷实者少，未便遽增引目但园户余茶，亦应调剂。查川省城多坍损前奏准，于宝川局旧炉外，添炉铸钱出易，以余息为修城之用。自乾隆二十年迄今收银二十三万余两，第通省各城工，需费不赀，专待此项，未免稽缓。请将园户存茶，于节年鼓铸，余息项下，借支银二万两，交盐茶道查明，按价购买。填给印照，会同松茂、建昌各道，督率行销。所获余利，与鼓铸余息俱充城垣修理之费。"得旨，如所议行。

《清实录乾隆朝实录》 卷之一千十四

谕军机大臣曰："文绶奏：'查勘打箭炉一带被水情形。及分别筹办一摺。所办均属妥协，已于摺内批示矣。各处村庄田亩，被水冲淹，其应行抚恤者，著传谕文绶、即善为经理，并董率所属照例赈恤，务使均沾实惠，毋致稍有失所。至摺内称：炉城被水冲塌，南门内外，积石高并女墙，既不可因高加筑，亦难搜挖旧基；东门一带，波流迅急，水道已改，日后亦难保无冲决之虞，现于城垣坍塌处所，即用水推积石，垒作石墙，暂为禁限等语。'披阅所奏单内。该城原建周围一千一百余丈，现被冲塌一百六十余丈，不过十分之一，自毋庸另议移建，而曾被水冲之地，亦不便复行补筑，或将旧城收小，让出水道，垒作石墙，以为限制。著将该处情形，即行绘图呈览。其各项衙署，亦当各按地形，量为修建至泸定桥，为打箭炉外通诸番要津，修复亦不容缓，自应俟秋深水落，酌量情形，妥为修整。"

《清实录乾隆朝实录》 卷之一千四百十八

户部议准、大学士署四川总督孙士毅疏称："邛州茶株繁盛。现查打箭炉边岸番民。生齿日众请增茶边引一千张。配运济食。"从之。

《清实录乾隆朝实录》 卷之一千四百七十五

户部议准、大学士署四川总督孙士毅奏称："天全州茶树繁盛，额引仍属不敷。据该商等请增茶引八百余张。以乾隆五十九年为始。配运打箭炉原岸售销。共徵收税课银四百余两。"从之。

《清实录乾隆朝实录》 卷之一千六

戊申。四川总督文绶奏："川省茶攻。设有边引。商人照额纳税行运。在松潘、打箭炉、灌县等处发卖。凡土司蛮商，皆准赴边起票，听其买卖。番人进口、零星贸易，皆所不禁。

乾隆三十七年，遵旨以僧拉促浸，仰给内地茶觔，立法查禁。今番境荡平。请照旧规。听其贸易。"从之。

《卫藏通志》卷四（贰则）

中国清初以汉文编纂的西藏地方志书，编者未具名。《卫藏通志》初编于清乾隆后期，成书于嘉庆二年（1797年）。成书后，在很长时间内只是以抄本流传，鲜为人知。光绪年间由袁昶收入《渐西村舍丛书》之后，才逐渐流传于世。①

全书共分16卷：考证、疆域、山川、程站、喇嘛、寺庙、番目、兵制、镇抚、钱法、贸易、条例、纪略、抚恤、部落、经典。对有关西藏历史、地理、寺院、习俗，以及清朝治藏的政治、军事、财经制度等，都有较全面的叙述。其纪略部分，叙述了清初以迄乾隆末年，西藏发生的重大历史事件，对廓尔喀人入侵西藏始末，记述尤为详尽。书中还收录了《唐蕃会盟碑》《康熙御制平定西藏碑》《乾隆御制十全记碑》等碑文，弥足珍贵。此书是清初记叙西藏地方史志沿革诸书中最为完备的一部，又被视为清代第一部有关西藏的方志。

本文（壹）摘录于《卫藏通志·卷四 程站》，（贰）摘录于《卫藏通志·卷十五 部落》。

（壹）谨案 打箭炉相传汉诸葛武侯南征遣将郭达安炉打箭。之地距成都千里，天文亦井鬼分野，为中华之极西，西域之极东。天时多寒少暑。层峦峻岭，峭壁悬崖，中隔炉河，势最险要。昔为南诏之地，今隶明正宣慰司。

（贰）打箭炉 昔为南诏地，距成都西南一千二百里，东西距六百四十里，南北距八百八十里。东至泸定桥冷边土司界一百二十里；西至瞻对，抵热泥塘界五里；北至山金川界五百五十里；东南至冕宁县界五百里；西南至喇滚，抵澜沧江边界四百八十里；东北至金川司界四百五十里；西北至甘孜宜隆界四百八十里。

自后汉诸葛武侯征孟获时，遣将郭达往彼处造箭因名。系青海部落，于前明永乐五年土目阿旺甲木参向化归诚，授为长河西、鱼通、守远军民宣慰使司，颁给印信、号纸，世代承袭。国朝因之于康熙三十九年，被藏差营官昌策集烈等戕害，占据化林营，参将季麟、守备王满江，详请进剿。提督唐希顺会疏具题我圣祖仁皇帝，特遣四川提督唐希顺带领川省标镇协营官兵进剿，随即克，复河西之猴之坡、扯索、咱威、杵泥子、牛磨、威楚坝、咱哩、烹坝等处。昌策集烈等预调藏属乍丫、工布番兵哨，聚磨西面、大冈等处，恃险负隅，御敌官兵。提督唐希顺亲督官兵大破之，杀死助逆藏番无数。暨营官昌策集烈等直抵打箭炉，安抚被害汉土人民。其喇嘛、番民率众欢呼，跪迎归附。已故长河西、鱼通、宁远军民宣慰司奢札察巴乏嗣，其妻工喀承袭，即今土司甲勒参达结之外祖母。管辖打箭炉十三锅庄夷民，约束新附土司及土千、百户五十六员。三年上纳贡马，舟年征解杂粮。汉番商毕集，设监督二

---
① 曹海霞：《〈卫藏通志〉作者探究》，载《满族研究》，2014年3期。

员,以权税课,今裁归同知管理,雅州府同知分驻其地,以理夷情,一如郡县之制。其户口自康熙四十年复设明正司,原额四百六十户,外辖各土司户口总计二万四百二十四户,二共户口二万八百八十四户。其贡赋自康熙四十三,招抚口外等处番民,认纳贡马、杂粮。每岁折银征解,通共四千零九两八钱五分,原在化林营征收,今设同知,各番粮归明正司收集,起解拨充泰宁协兵饷。

管辖地方

明正宣慰使司

安抚司六:绰斯早、单东革什唯咱、巴底、喇滚、拉滚、瞻对。

土千户一:咱哩。

土百户四十八:姆朱、八乌龙、乐囊、古增、木喝、作办栾、格瓦卡、八哩龙、拉里、沙巨、瓦齐、呷纳工弄、白桑、俄洛、帕桑、俄热、索窝龙巴、塔味、俄拉、上渡噶喇住索、初巴、下札坝木藏石、中札坝热错、中札坝业瓦石、中札坝陀、中渡亚出卡、上札坝俄叠、上札坝卓泥、上八义、白隅、下八义、沙误石、梭、长结松归、昌拉、坚正、祖布、鲁密东谷、长结杵坚、达吗、格桑、郭宗、本滚、卓龙、鲁密达则、普共牒、结藏、木辘。

《西藏赋》

《西藏赋》是清代乾嘉时期著名思想家、文学家和宁任驻藏帮办大臣时所作的一篇描写西藏独特地貌与历史文化的地舆大赋,也是我国古代文学史上唯一的一篇以西藏为题材的赋作。①

和瑛(1741—1821年),号"太庵"(又作"泰庵"),原名和宁,为道光帝旻宁避讳改名,额勒德特氏,字太荞,满族镶黄旗人,清朝政治人物、清朝刑部尚书。乾隆三十六年进士,历任四川按察使,四川、安徽、陕西布政使,领侍卫内大臣。乾隆五十八年(1793年)以后八年为西藏办事大臣,对西藏的地形、民俗、物产多有著述,著有《西藏赋》《续水经》《藩疆揽要》《回疆通志》等。

《西藏赋》作于嘉庆二年(1797年),此后广为流传,多次被传抄翻刻,以刻本、钞本等形式流传,因此也出现了几种不同的版本。本文所引为"元尚居《西藏等三边赋》本刻本",刊刻于光绪壬午(1882年)八月,华阳徐道宗署检,今收入《中国少数民族古籍集成》96册,四川民族出版社2002年版。

打箭炉雪嶂重开,严四川之门户;明正司衣冠内附,树六诏之风标。【昔为南诏地,去成都西南一千二十里,东西径六百四十里,南北径八百三十里。东至泸定桥交冷边土司界一百二十里;西至瞻对抵热泥塘界五百二十里;南至雅隆汇中渡交里塘界二百八十里;北至小金川界五百五十里,东南至冕宁县五百里;西南至喇滚抵澜沧江界四百八十里。自后汉诸葛武侯征孟获时,遣郭达造箭于此,故名"打箭炉"。旧属青海部落,明永乐五年土目阿旺甲木参

---

① 池万兴:《和宁及其〈西藏赋〉》,载《济南大学学报》(社会科学版),2008年4期。

向化归诚,授㕰长河西、鱼通、宁远军民宣慰使司,颁给印信、号纸,世代承袭。

国朝因之,至康熙三十九年,藏遣营官昌策集烈等戕害,占据其地,四川提督唐希顺克复河西之猴子坡、扯索、咱威、杵泥子、牛磨、威杵坝、咱哩土司、烹坝等处。昌策集烈调聚乍丫、工布番兵啸聚牛磨西面、大冈等处,爪恃险负隅,御拒官兵。提督唐希顺大破之,杀昌策集烈,安抚被害汉土人民。已故宣抚司奢札察巴乏嗣,其妻工喀承袭,即今甲勒参达尔结之外祖母也。管辖十三锅庄番民,约束新附土司及土、千百户五十六员。上纳贡马,征解杂粮。其明正宣慰使司管辖安抚司六,土千户一,土百户四十八名。】

《西藏地理考》

四川成都府出南门,九百七十里至打箭炉。计十一站,为进藏大道。【和泰庵《西藏赋》注:打箭炉,昔为南诏所属,去成都西南一千二十里,东西径六百四十里,南北径八百三十里。东至泸定桥交冷边土司界一百二十里;西至瞻对抵热泥塘界五百二十里;南至雅隆汇中渡交里塘界二百八十里;北至小金川章谷屯边界五四百五十里,①东南至冕宁县[界]五百里;西南至刺滚抵澜沧汇界四百八十里。诸葛武侯征孟获时,遣郭达造箭于此,故名"打箭炉"。元时属青海部落,明永乐五年甲木参响化,授长河西、鱼通、宁远军民宣慰使司,颁给印信,世袭。阅三百年,传十数世,最为恭顺。

国朝因之,康熙三十九年,藏遣营官昌策集烈占据其地,四川提督唐希顺克复河西之猴子坡、扯索、咱威、杵泥子、牛磨、威杵坝、咱哩土司、烹坝诸处以昌策集烈,安抚汉土人民。宣抚司奢札察巴已故,乏嗣,其妻工喀承袭。后遂传其外孙甲勒参达尔结。所辖十三庄番民,明正宣慰司驻打箭炉,辖安抚司六,土千户一,土百户四十八,仍听打箭炉同知、阜和协副将,节制为众土司之首领。】

【注疏】《西藏地理考》著作与成书时间不详,书中多记康熙五十六年(1717年)岳钟琪抚定里塘、巴塘一事,又引《西藏赋》,故成书应在嘉庆初年,《西藏赋》之后。

嘉庆《理塘志略》

陈登龙编,两卷。嘉庆庚午年(嘉庆十五年,1810年)镌刻(云凹水曲山房藏版)。光绪三十三年(1907年)重刊。

陈登龙(1742—1815年)字寿朋,一字秋坪,其先金陵人也,明季始迁闽中,籍闽县(今福建省福州市),著《出塞录》《里塘志略》《蜀水考》《天全闻见记》等。

本文摘自卷上《风俗》。

饮食多糌粑、牛肉、羊肉、奶子、奶渣、酥油等物,其性燥烈,而茶为急需,故贵贱皆

---

① 删除线表原书删除,下划线表原书更正,[ ]表原书补加。

以茶为命。煎茶之法：用细茶熬极红入酥油或奶子和盐搅之。饮茶食糌粑或肉，麦粥名"上巴汤。"

嘉庆《四川通志》 食货志八 茶法（肆则）

常明、杨芳灿等纂修。本志为清嘉庆年间编撰的四川省志，比四库通行本黄廷桂监修的稍后，更为详瞻。由当时的四川总督常明刊行于嘉庆二十一年（1816年）。其书有天文、舆地、食货、学校、武备、职官、选举、人物、纪籍、纪事、西域、杂类等十二志。其中所记沿革、江源、堤堰、边防、土司有较高的史料价值。

常明（？—1817年），满洲镶红旗人，曾官四川总督。芳灿字雪樵，江苏无锡人，乾隆拔贡，官知县、户部员外郎。

（壹）初制，长河西等番商以马入雅州易茶，由四川岩州卫入称黎州，始达茶马司。定价马一匹茶千八百觔。于碉门茶课司给之。番商往复迂远，而给茶太多，岩州卫以为言请置茶马司于岩州，而改贮碉门茶于其地。且验马高下，以定茶数。诏茶马司仍旧，而定上马一匹给茶百二觔；中七十觔；驹五十觔。

五年置四川茶盐都转司。《明史·食货志》

十七年定乌撒、乌蒙、东川芒部，茶、盐、布疋易马之数。乌撒岁易马六千五百匹；乌蒙、东川芒部皆四千匹。凡马一匹给布三十疋，或茶一百觔，盐如之。《明史稿》

二十一年，天全副招讨杨藏卜来朝贡，言茶户向与西番贸易，岁收其课。近在官收买额遂亏，乞从民便，许之。《明史稿》

（贰）附 巡抚严清疏略："本省每年户部关引五万道，半填芽茶；半填叶茶。以二万六千道为腹引，每引芽茶三钱、叶茶二钱。二万四千道为边引，内一万九千八百道给黎、雅。各商每引芽茶三钱八分、叶茶二钱五分；二百道给本地思、经、罗，纯产茶处所。民每引芽钱七钱六分，叶茶五钱。松潘四千道。税与腹引同。共税银一万三千八百六十三两。然边引报中者，多恒苦，不足腹引常置于无用之地。盖向来腹多边少者，无非，谨中外之防也。然腹地有茶，汉人或可无茶；边地无茶，番人或不可无茶。故边引易行而腹行常滞。先此议茶者曰：'茶乃番人之命，不宜多给，以存羁縻节制之意。'是矣。乃引愈少，私贩愈多，只为奸人作利屯耳。又曰：'四川茶法不缩，即陕西马政有妨。'此犹未深考。夫番地最广，近者弥月；远者弥年。陕西洮、岷与松潘接境，与黎、雅邈不相及。今不增松潘，而增黎、雅之引，于陕西马政何妨。自隆庆三年始，将原引五万减去一万二千道于黎、雅边引，加一万道。每引量加一钱税银，已充旧额。而边、腹相安矣。"

（叁）（康熙）三十五年，饬准打箭炉番人市茶贸易。四川巡抚于养志遵旨，会同乌斯藏喇嘛营官等，查勘打箭炉地界。奏：番人藉茶度生，居处年久。且达赖喇嘛曾经启奏，准行。应仍准其贸易。理藩院议准，从之。

（肆）雅安县行茶，边引二万七千八百六十张，共征税税一万三千一百四十九两九钱二分，课银三千四百八十二两五钱，于本县买配正附茶觔，运至打箭炉发卖。

嘉庆《四川通志》 武备志 土司

明正宣慰使司甲木参沙加，其先后系木坪分支。前明洪武初始，始祖阿克旺康尔参，随征明玉珍有功，永乐五年授明正长河西、鱼通、宁远军民宣慰使。国朝康熙五年，高祖丹怎札克巴投诚，颁给印信、号纸。乾隆三十六年，甲木参德侵随征金川有功，恩赏赐"佳穆伯屯巴"名号位，恩赏二品顶戴花翎。乾隆五十六年，甲木参诺尔布随征甲木参诺尔布随征廓尔喀，赏花翎。嘉庆十四年，甲木参沙加领班进京恭祝万寿，赏花翎，世袭，住牧打箭炉城。

嘉庆《四川通志》 卷六十一 风俗一

雅州府 雅安县附郭 羌蛮杂处，四方茶货所聚。《打箭炉厅志》

蕃部，蛮夷混杂之地，元无市肆，每汉人与番人博易，不使见钱，汉用绸、绢、茶、布，蕃部用红椒、盐、马之类。

《西征日记》

徐瀛，字洲士，号"笔珊"，浙江海宁（今浙江省海宁市）人。嘉庆九年（1804年）甲子举人，四川铜梁（今重庆市铜梁区）知县，道光四年旋摄西藏同知，有《西征日记》。同治元年（1862年）壬戌重游泮宫，因乱未举，寻卒。

今吴丰培将书辑入《川藏游踪汇编》，1985年由四川民族出版社出版。

二十六日丙辰，晴。卯正，发二道水，十里日地塘，十五里大藏桥，五里柳杨塘房，尖，十五里沈坑，又十五里至打箭炉。相传武侯南征，遣将郭达安炉造箭之地，今仍其名。即住永盛旅店。随至军粮府署，拜翟司马风翔并候范照磨菊船，何都间卫斋，并候明正土司及江、包二头人，晚翟司马送席。

【注疏】文中"江、包二头人"，疑为江家锅庄与包家锅庄二主人。关于锅庄详情，可参本书上编第二章收录之任汉光1936年所撰《康定锅庄调查表》等数据。

《熙朝新语》 卷二

本书为徐锡麟、钱泳同辑，托名余金撰，十六卷，笔记体，辑录自清初至嘉庆时掌故遗闻，于政事、文章、风俗各方面，均有涉及。内容多歌颂清帝、记叙科场得失，于重大政治事件和社会经济，记载不多。

据卷首的序言，这部由"古歙余金德水辑"的笔记，是"吴郡守瓶老人翁子敬履庄氏"于嘉庆二十年（1815年）"自滇南归里，道出武昌"时得于市肆，然后"略加编次，厘为十六卷付诸梓"，"书名、撰人俱从其旧"。但是在道光中刻成的钱泳（1759—1844年）《履园丛话》序中，作者称"曩尝与友人徐厚卿明经同辑《熙朝新语》十六卷，已行于世。兹复得二十四卷，分为三集，以续其后云。道光十八年七月刻始成，梅花溪居士钱泳自记，时年政八十"。故所谓"余金"者，乃取两者姓氏徐、钱各半而合成。据说徐厚卿早逝，无著作传世，钱泳乃将书稿冠上他的名字，以慰友人。民国时进步书局辑印《笔记小说大观》、文明书局辑印《清代笔记丛刊》时，均将作者改题为徐锡麟、钱泳同辑，但未知"徐锡麟"是否即"徐厚卿明经"的本名，抑或书贾所冒题。①

作者之一的钱泳（1759—1844年），字立群，号"台仙"，一号"梅溪"，清代江苏金匮（今属无锡市）人，长期做幕客，足迹遍及大江南北，工诗词、篆、隶，精镌碑版，善于书画，卒年八十六（虚岁），著有《履园丛话》《履园谭诗》《兰林集》《梅溪诗钞》等，辑有《艺能考》。

打箭炉，故牦牛徼外地也。雅州西去大渡河五日程，羌蛮混杂，连山接野，鸟路沿空。汉永平中，白狼、槃木、唐蕞等百余国举踵奉贡，越山坂负襁而至，皆此种类。蜀汉时，武侯征孟获，于此造箭，因名打箭炉。唐韦皋拒吐蕃，李德裕拒南诏，皆扼大渡河为险要。宋建隆三年，王全斌平蜀，议欲因兵威复越巂。艺祖以玉斧画所绘图，曰："外此吾不有也。"于是为黎雅之极也。曩时河道平广，可通漕舟。自玉斧画河之后，河之中流急陷五六十丈，河流至此澎湃如瀑，从空而落。春撞号怒，船筏不通，名曰噎口。殆天设险以限羌蛮也。元明时，番人俱于此地互易茶马。自明末流寇之变，商民避兵讨河，携茶贸易。而乌斯藏亦适有喇嘛到炉，彼此交易。汉番杂处，于是有坐炉之营官，管束往来贸易诸番。我朝定鼎，德威所被，直通西域，打箭炉一区尽入幅员矣。

【注疏】文中所言"明末流寇之变"以后，"坐炉之营官，管束往来贸易诸番"，即为"锅庄"，应为清代初期所立。

《熙朝新语》 卷十三

打箭炉，在成都西南九百二十里。相传蜀汉诸葛武侯南征，遣偏将郭达造箭于此。山脊

---

① 顾静：《略谈〈熙朝新语〉的整理》，载《古籍整理出版情况简报》，2007年5期，总第435期。

有郭达庙，极著灵应，土人敬奉维虔。天文分野并鬼之域，为中华之极西，西域之极东。天时多寒少暑，层峦峻岭，峭壁悬崖，中隔鱼通河，形势险峻。本朝添设军粮厅，分驻炉城，专司夷务，兼理五台粮运。明正土司甲克木参同驻于此，①辖十二锅庄，约束新附土司。乾隆丙午，敕建惠远庙于城西山麓，金碧辉映，光照山谷。番民所居碉楼，亦极宏壮。泸定桥在飞越岭西南，六诏孔道，桥跨两山间，泸水经其下。不施梁柱，熔铁炼为桥，每炼重二千四百斤，长二十四丈有奇，阔六丈，以九炼为桥身，四炼为护栏，栏穿小炼如囗字形。略铺薄板，以济行人。每板离尺许，满则恐为狂风鼓荡。两岸埋铁柱四，横木以绾铁炼，每柱镌炼柱斤重，每柱重四万八千斤。天全州有王姓者，世业锻，能悬炉于炼，鼓鞴施锤，名曰飞火。遇有损坏，辄召令兴修，他姓不能办也。

《大清一统志》 卷三百六 雅州府（叁则）

《大清一统志》，中国清朝官修地理总志。从清康熙二十五年至道光二十二年，前后编辑过三部：康熙《大清一统志》、乾隆《大清一统志》、《嘉庆重修一统志》。

嘉庆十七年四月，因中国国内的情况又有很大的变化，其中包括田地日辟，田赋日增，户口日盛，人物日多，物产渐丰，政区变迁，等等，为了补充变化，仁宗下令重修《大清一统志》。这次重修经历30余年，直至道光二十二年（1842年）才完成。因为开编于嘉庆十七年，取材内容也到嘉庆二十五年（1820年）为止，所以称为《嘉庆重修一统志》。

全书共560卷，另加凡例、目录二卷。其体例是在前两志的基础上进行了一些增补。排次是："首京师，次直隶，次盛京，次江苏、安徽、山西、山东、河南、陕西、甘肃、浙江、江西、湖北、湖南、四川、福建、广东、广西、云南、贵州，次新疆，次蒙古、各藩部，次朝贡各国。""自京师以下，每省有统部，总叙一省大要。各府、厅、直隶州自有分卷，凡所属之县入焉。蒙古各藩统部，分卷悉照各省体例。"凡有新增者，则另标出。这次重修，收集的图书比两志多，特别是有关边疆地区，多有补实。

本文即录于《嘉庆重修一统志》，又名《钦定大清一统志》，道光二十二年（1842年）年刊刻。

（壹）打箭炉 在府西五百九十里，东西距六百四十里，南北距八百三十里。东至泸定桥、冷边界一百二十里；西至瞻司对界五百二十里；南至雅龙江②里塘界二百八十里；北至小金川界五百五十里；东南至宁远府冕宁县五百里；西牟至喇滚可界四百八十里；东北至金川司界四百五十里；西北至番界八十里。汉蜀郡旄牛徙二县，徼外地；唐为黎、雅二州边外地；五代孟蜀时，置长河西、鱼通、宁远三安抚司；宋因之录雅州；元也置安抚司，属吐蕃等处宣

---

① 依年代推断，此"明正土司甲克木参同"即坚参德昌（又作甲木参德漫），乾隆十年（1745年）他24岁时承袭明正土司，在职46年，独掌土司印务达20年，是史载明正土司执政最长者。
② 即雅砻江，清代文献又有记为"雅隆江"。

慰司；明永乐初合为长河西、鱼通、宁远宣慰司，隶雅州。

本朝康熙初，归附。三十九年以西番侵扰，讨平，其地设官兵戍守。雍正七年，移雅州肩同知治此，隶雅州府。

（贰）阜和营 在打箭炉。本朝雍正七年设都司驻防，筑石城周一百四十五丈，门三，税课监督及分防同知，俱设于此。

（叁）明正长河西、鱼通、宁远军民宣慰司 即打箭炉。其地在大渡河外，直黎雅之西。自在为荒服地。元置三安抚司，曰："长河西"；曰："鱼通"；曰："宁远"，隶吐蕃宣慰司。明初合为"长河西、鱼通、宁远军民司"，世授土职。

本朝康熙五年土酋蛇蜡喳吧归附，仍授原职，属雅州。三十九年，藏番昌侧集烈侵据其地，诏遣四川提督唐希顺发兵讨平之。番族二千余户，相率归附，仍以故宣慰司蛇蜡吒吧之妻工袭职，管辖十五锅庄。番民并新附各土司及五十六土千户。三年一贡马，每年输纳杂粮。自后，商贾辐辏，遂成巨镇。因设官兵驻守，遣监督一员，以榷茶税。雍正七年，设雅州府同知，分驻其地，兼辖番汉。自里塘、巴塘以西直抵西藏，延袤数千里，悉入版图，幅员之广，古所未有。而打箭炉实为诸番朝贡、互市之要口云。

《西藏后记》

魏源著，共一卷，收入其《圣武记》，于道光二十六年（1846年）刊刻。《圣武记》中共有魏源祈著西藏史地文章三篇：《国朝抚绥西藏记》（又名《抚绥西藏记》）、《西藏后记》与《乾隆征廓尔喀记》。

魏源（1794—1857年），清代启蒙思想家、政治家、文学家，名远达，字默深，又字墨生、汉士，号"良图"，汉族，湖南邵阳隆回金潭人（今隆回县司门前镇），道光二年（1822年）举人，道光二十五年（1845年）始成进士，官高邮知州，晚年弃官归隐，潜心佛学，法名承贯，为近代中国"睁眼看世界"的首批知识分子中的优秀代表。

京师此外番族土司小部落，隶西藏者不可胜数。其陕川滇入藏三路，惟云南中甸之路嶙峻重阻，止通商贩大军不能入也。故军行者，皆由四川、青海二路。而青海路，亦出河源之西，未入藏前先经蒙古草地千有五百里，又不如打箭炉内皆腹地，外环土司，故驻越大臣往返皆以四川为正驿。而互市与贡道，亦皆在打箭炉。其地高寒，乃明正土司所属，为番夷总汇，因山为城，市井辐辏。

《康輶纪行》（柒则）

《康輶纪行》十六卷，姚莹撰。清道光甲辰（二十四年）、乙巳（二十五年）、丙午（二十六年）间，即1844—1846年，姚莹至蜀中二次奉使乍雅（一作乍丫，即察雅，今西藏察雅县东）及察木多（今西藏昌都）抚谕番僧时，记其沿途见闻，撰成是书。正如其在《自序》中所言："大约所记六端：一乍雅使事始末；二剌麻及诸异教源流；三外夷山川形势风土；四入藏诸路道里远近；五泛论古今学术事实；六沿途感触杂譔诗文。"《康輶纪行》十二卷本初刊于道光末年，十六卷本再刊于同治六年（公元1867年），收入《中复堂全集》和民国年间的《笔记小说大观》。"是书为由蜀入藏的川藏路线提供了诸多详尽的道路行程，其对沿途当地人民的衣食住行及丧葬、节日等习俗进行了详细而生动的记载"[①]，蕴涵诸多历史学、民族学研究的重要资料。

姚莹（1785—1853年），字石甫，号"明叔"，晚号"展和"，因以十幸名斋，又自号"幸翁"，安徽桐城人，晚清史学家、文学家。从祖姚鼐，是桐城派古文主要创始人。鸦片战争爆发时，姚莹正在台湾道任上，与镇将达洪阿协力同心保卫国土。清王朝向英国屈辱议和后，戴罪以知州分发四川，两使西藏。道光三十年，协助陆建瀛主持盐务。咸丰初，奉旨赴广西赞理军务，镇压太平军，先后任广西、湖南按察使，卒于官。

《康輶纪行》又由王锡祺编纂收录《小方壶斋舆地丛抄》第3册，于清末出版，近又收入《中国少数民族古籍集成》九十六卷（八卷本），其版本不详。本书摘于十六卷本，（壹）（贰）选自《卷一》，（叁）（肆）选自《卷二》，（陆）（柒）选自《卷三》，（伍）选自《卷十五》。

（壹）十四日，沿河行四十五里至沈坑，明正土司率头人来迎。其衔名为：明正长河西鱼通宁远军民宣慰使甲木参龄锡，年十九岁，番人，世袭，衣冠从国制，红顶花翎。其大头人仓储巴名穆登华，皆番也，三品顶戴，花翎，衣冠亦从国制。或云甲木参龄锡祖本汉种，其母苏州人。明正土司旧属凡四十九土司，地最广阔，今犹为众土司之长，受辖于阜和协副将及打箭炉同知。十五里，至打箭炉。张司马聘三字莘田、伊署协萨布字濂江、赵都阃瑞连日见告西域番情。打箭炉四面皆山，有土城，东、南、北三关汉番互市之所，番民数百户，有大寺，剌麻数千，西藏派堪布主之。汉人贸易者百数，余惟吏役、营兵而已。内外汉番具集市茶，同知征其税焉。乃边徼重地也。无行馆，寓旅店中。

打箭炉昔为南诏所属，去成都西南一千二十里，东西径六百四十里，南北径八百三十里。东至泸定桥交冷边土司界一百二十里；西至瞻对抵热泥塘界五百二十里；南至雅隆江中渡交里塘界二百八十里；北至小金川界五百五十里，东南至冕宁县五百里；西南至剌滚抵澜沧江界四百八十里。诸葛武侯征孟获时，遣郭达造箭于此，故名"打箭炉"。元时属青海部落，明永乐五年土目阿旺甲木参向化，授长河西、鱼通、宁远军民宣慰使司，颁给印信，世袭。阅三百年，传十数世，最为恭顺，国朝因之。康熙三十九年，藏遣营官昌策集烈占据其地，四川提督唐希顺克复河西之猴子坡、扯索、咱威、杵泥子、牛磨、威杵坝、咱哩土司、烹坝诸处以昌策集烈，安抚汉土人民。宣抚司奢札察巴已故，乏嗣，其妻工喀承袭。后遂传其外孙甲勒参达尔结，所辖十三庄蕃民。明正宣慰司驻打箭炉，辖安抚司六，土千户一，土百户四

[①] 刘建丽：《略述〈康輶纪行〉的史料价值》，载《西藏研究》，2011年2期。

十八，仍听打箭炉同知、阜和协副将，节制为众土司之首领。以上见和泰庵《西藏赋》注。

关外数千里，皆食糌粑，炒青稞粉为之，麦之类也。无米及诸蔬菜。日用市买，皆以物交易，无用制钱。其最重之需惟茶。蕃食糌粑牛羊，性皆热，一日无茶则病，故尤以为贵。汉使出关数千里，必齐行粮，诸物皆备，乃能就道。

夫马皆数十，行李、粮食，尚需茶、烟、绸缎、布疋及诸物。凡用乌拉百五十有四，皆土司供役。委员既予雇价，复赏诸杂物。日渐增加，西行者无不苦之。惟驻藏大臣及查办夷情之文武官，但予赏需，不领站价。大约每站用一乌拉给赏物，价值银一钱二三分，较站价一钱实有浮也。舆人雇自内地，夫一人长行来往日给工银三钱，守日半之。

打箭炉剌麻极多，街市皆满，衣败红布衣，袒其背，外加偏单。偏单者，以红布丈许缠其身，左右揩肩上。四域皆然，内地憎之袈裟盖即仿此。剌麻数千，入册给偏单银者千余人，粮台岁给之……蕃皆蓄发，长则截留数寸，披之。衣毡子，如短袍而窄袖，谓之褚巴。足着履，连袜如靴，以毡子或皮为之，其名曰康。男妇皆然，而不裤。妇发结细辫数十而委之，亦有盘额者，衣亦毡子，下系以围及足如裙。蕃人负物皆以竹箩，侈口，尖其底，贮物而背之，名为"背子"，取水则以木背子，而无担荷，多蕃妇为之，重者则以牛马矣。

自打箭炉至藏中，赏诸土司、蕃目，皆以绸缎、衣料、帽纬、荷包、小刀、鼻烟壶、烟、茶、布、佛头哈达。哈达者，织素绫为之，每方约二尺，中织佛头，六方为一连。凡蕃目及剌麻见贵客，不用名柬，奉哈达为礼。大剌麻则奉素绫一长幅，或无佛头，即古人束帛相见之意也。客受而还之，亦予以哈达。蕃礼神佛亦然。《会典·西藏贡品》有之，而未言其制。寻常小蕃所用哈达，则绢为之，而无佛头，每方一尺五寸，十方为一连，皆织自成都及西宁焉；其次，则五色布及烟；而需茶尤甚。茶凡三品，上品曰"竹档"，斤值银二钱；次曰"荣县"，斤值银六分；又次曰"绒马"，斤值银五分。此炉城市价也。里塘、巴塘、乍雅、察木多，以次递增至二两，乍雅则三两二钱为最贵焉。皆以甑蒸而捣之成饼，每饼七斤或六斤为一甑，里以纸惟竹挡茶，贴金而加图记，以示贵重，余则无。凡茶四甑编以竹片而总包之，外加牛皮，始可行远。每牛一驮服四包，尚需以茶为主然后杂以他物，余计牛年之用市茶百八十包。从行诸人亦各买茶十数包而行，米、面、食物，尚不计焉。

（贰）折多山　南行五十里，皆荒山，杳无人烟，虽路尚迤逦，而风景俨然中外之殊矣。遇斗木坪蕃三人赴打箭炉买茶，皆衣红绿氆氇，长袍束带，上嵌白金，四周晃耀，戴黄羊卷毛沿高胎大帽，踏五色皮靴，佩鸟枪二，腰悬利刃……见官长，亦知下马垂手立道旁候过，颇恭顺。申刻，至折多，依山旅店一家，有塘汛，绝无民居。蕃人谓鬼为折，此地多鬼，故名。

（叁）打箭炉外，汉民娶蕃妇、家于其地者，亦多从其俗，男犹汉服，女则俨然蕃妇矣。蕃民无冬夏皆衣毳褐，谓之毡子，或加羊皮，腰系博带横刀，衣前后撮起带上，饮食器具皆贮其中。男皆披发。妇人结发成绠盘额上，或为数十细绠垂之，顶插小银盘为饰，大者如杯，亦有如饼，凿花其上者。肩加羊皮如荷盖而委垂，其后直缀银饼十数，或下垂缨络，皆系长裙曳地而不裤，前加长幅。纤曳官舆及负载官物，皆男妇杂充其役，谓之"背子"。薪、水之役，则专以女，木桶取水，背荷之而归。

（肆）《四川通志》言：西蕃兄弟共娶一妇，生子先子其兄，以次递及。余询土人，云：蕃俗重女治生，贸易皆妇主其政，与西洋同计，人户以妇为主。

（伍）蕃女多无夫，父母不问，听自为生，与□无异。不知妆饰，但栉发洗面耳。察木多卖酒之家数十户，皆有蕃女，名之曰"冲房"。冲，读如铳。戍兵、剌麻①杂沓其中，歌饮为乐。日酿青稞四五百桶。蕃人称妇，无少长皆曰"鸦头"，盖汉人教之也。

【注疏】此条虽记察木多贸易之事，但也直接解释了清初打箭炉锅庄中"打沙鸦"名称的由来，似也"盖汉人教之也"。

（陆）雍正元年，撤西藏兵，以贝子康济鼐总理其地，仍以大臣驻藏镇之。五年，西藏噶隆阿尔布巴叛，杀康济鼐。六年，大军进剿。未至，后藏札萨克台吉颇罗鼐率众部落入藏，擒阿尔布巴。大兵至藏，诛之。七年，以颇罗鼐为固山贝子。九年，晋多罗贝勒，理藏卫噶隆事。乾隆四年，晋多罗郡王。十二年，其子珠尔默特纳穆札尔袭封。十五年，有罪，诛。十六年，以藏地均归达赖剌麻，其辅国公三人、一等台吉一人、噶布伦四人皆给敕谕，戴绷五人、碟巴三人、堪布一人均给理藩院执照，分司藏务。一切赋税献之达赖剌麻，二年一次入贡，贡道由西宁入，互市在打箭炉。

（柒）诸路进藏道里　王我师《藏炉总记》："西藏天文星次，井鬼分野，古号乌斯藏，唐吐蕃地。其纵横连属者，南界云南怒江，北界西宁河源，西极后藏业尔钦之沙漠，东直达于打箭炉。以近界而论，东止于宁静山界朗著特，收其租赋，各有剌麻专管，实断自洛隆宗为分限也。观其风土，天气严寒，地气瘠薄，千山雪压，六月霜飞，石多田少，五谷难成，间有粟、黍、豆、荞之产者，仅藏地巴塘弹丸区耳。部落万里，惟藉青稞一种为面，名'糌粑'，及牛羊酥酪，以供朝夕。第糌粑性热，酥酪滑腻，非茶无以全其躯命。故茶商聚于打箭炉，番众往来交易，遂为通衢也。"

自康熙五十八年安设塘站，以炉为始，而里塘、巴塘、乍雅、昌都、洛隆宗、说板多、拉里，以抵前藏，官兵塘汛地，计八十七站。若炉城右出，自霍尔之甘孜、垒尔格至纳夺，抵昌都，尽属草地。莹按：《卫藏图识》"打箭炉五十里，至折多山；五十里，至提茹，分路。七十里，至竹卡；四十里，郎砦堡；四十里，八桑砦；五十里，上八义，分路。六十里，噶达；五十里，汛马塘；三十里，雀雅；五十里，过山至剌地塘；六十里，孜隆；七十里，甲撒楮卡；五十里，吉如楮卡；三十里，过小山至霍耳章谷；五十里，下山至江滨塘；五十里，竹窝；三十五里，过山至勒恭松多；二十里，过普王隆至甘孜；三十里，过河至白利；五十

---

① 清代文献中"喇嘛"又记为"剌麻"，盖译音异也。

里，隆坝㩗；四十里，阿甲拉洛；六十里，益隆；四十里，至迭格界，即德尔格忒，又名七登；六十里，罗登；六十里，吉马塘；五十里，林葱；六十里，楮泥拉沱；五十里，春耕西河；四十里，上山至班的楮卡；三十里，下山至巴戎；六十里，甲界；七十里，羌党；六十里，草拉；三十里，章里工；三十里，过漫山至峡隆塔；五十里，哈甲；三十里，哈甲峡口；三十里，冲撒得；六十里，过山至察木多。"皆与王《记》合，惟纳夺未详。

再由恩达至类五齐，过江达桥，由桐项至墨竹工卡，亦进藏之大道也。莹按：《卫藏图识》"察木多四十里，俄洛桥，分路。六十里，杓多；四十里，康平多；五十里，类乌齐；五十里，达塘；八十里，架喇族；一百里，江青松多；八十里，三冈松多；八十里，过小山四座至塞耳松多；六十里，拉咱；五十里，吉乐塘；七十里，察隆松多，即春奔色擦；七十里，党桥；五十里，拉页洞；八十里，江族；八十里，占树边卡；五十里，人偏关；八十里，喝咱塘；七十里，葛现多；七十里，拉里堡；从右进山沟六十里，至拉里界；七十里，过山至吉克卡；七十里，沙加勒；七十里，吉华郎；七十里，哈噶错卡；六十里，胖树；六十里，仲纳三巴；六十里，纳定同古；七十里，墨竹工卡。"合进藏大路。

西宁进藏之路，由青海琐里【麻】、白燕哈利左折，入郎嗟玉树，过河，由毕利当阿至宁塘南成，可抵察木多。莹按：《卫藏图识》"西宁出口一百六十里，至阿什汉；七十里，哈尔噶儿；六十里，伙儿；七十里，柴吉口；六十里，苦苦兔儿；六十里，滚厄尔吉；五十里，依麻儿；六十里，朔罗口；五十里，朔罗达巴；六十里，希拉哈布；七十里，得伦脑儿；五十里，苦苦库兔图儿；六十里，阿拉克沙儿；六十里，必流兔；六十里，河牙库兔儿；七十里，黄河渡；六十里，纳木噶；六十里，和多都；五十里，气儿撒托洛流；六十里，和牙拉库兔儿查都；七十里，白兔七儿；六十里，刺麻托洛海；五十里，巴彦哈拉那都；六十里，沙石隆；五十里，衣克阿立各；七十里，鄂兰厄尔吉；六十里，苦苦赛渡；六十里，木鲁乌素；五十里，查汉厄尔吉；六十里，忒们苦住；七十里，白兔七儿；五十里，土呼鲁托洛海；六十里，东布勒兔口；六十里，东布勒兔达巴那都；五十里，东布勒兔达巴查都；六十里，乎兰果儿；五十里，得尔哈达；六十里，顺达；五十里，多洛巴兔儿，系甘肃、四川交界处，大兵进藏，甘省安设台站应付止此。五十五里，哈拉河洛；四十五里，阿木达河；四十五里，因达木；四十五里，吉利布喇克；七十五里，依克诺木汉乌巴什；五十五里，索克东边；七十里，巴木汉；五十五里，泡河老；五十里，沙克因果尔；四十五里，蒙咱；四十五里，蒙古西里克；七十里，绰诺果尔；九十里，楚水拉；五十五里，郭隆；五十五里，哈拉乌苏；七十里，噶欠；七十里，什保诺尔；七十里，克屯西里克；九十里，达木；七十里，羊拉；七十里，夹藏垻；四十五里，达隆；五十里，沙拉；七十里，甘定郡科尔；九十里，都们；五十五里，郎拉；四十五里，至前藏。"《图志》详载西宁进藏之路如此，与王《记》异，似另有一路也。王《记》在雍正年间，《图志》乃乾隆末年之书，似中有改易也。

若由白燕哈利过拉布其图河、木鲁乌苏河，尽属黑账房草地，至党木、热贡、八个塔、羊八景抵藏。莹按：此路未详，当于《会典》《一统志》《皇朝文献通考》查之。

再考松潘自黄胜关出口，由郭罗克阿树杂竹卡至竹浪过河，亦会琐里麻，与西宁路同。

莹按：《卫藏图识》"黄胜关六十里，至两河口，分路。八十里，出皂；七十里，甲望麻望，即甲凹；五十里，杀鹿堂，即撒路；六十里，八吗；六十里，江地克里麻，即勒凹；八十里，龙溪头；七十里，吾浪莽；八十里，宗喀尔；七十里，插汉托灰；七十里，杀那吾旧；六十里，七气哈赖；七十里，过大雪山至安定达坝；七十里，途龙兔老；七十里，塔奔托洛海；六十里，丹仲营；六十里，下牒伦顿；八十里，中牒伦顿；八十里，过大雪山至上牒伦顿；七十里，吾浪牒伦。自吾浪牒伦分四站，每站六十里，至古尔分索罗木，即黄河，合西宁进藏大路。"与王《记》又异。

云南进藏者，由塔城关过溜通江，逾大小雪山，直至察木多。至于后藏之辽阔，由札什伦布过阿里、白布、布鲁克巴，即与生番喇丹接准噶尔界。再过初布寺、刚吉拉，愈荒渺矣。莹按：王《记》于后藏以外，茫然不能详，盖《记》作于雍正年间，疆理尚未定也。《卫藏图识》自后藏至聂拉木路程曰："札什伦布至乃党尖拉尔宿，计程九十里；耤尖乃安宿，计一百里；热龙尖札什冈宿，计一百十里；半达尖彭错岭宿，计九十五里；乍喜宋尖札塘宿，计一百里；沙巴都尖纳子宿，计一百里；白佳纪冈尖杂务宿，计九十五里；山根尖甲错白宿，计一百十里；油共有尖拉古笼古宿，计一百里；罗罗尖胁噶尔宿，计一百五里，由胁噶尔八十里至灭猛；九十里，第哩郎古；九十里，弥木耳；一百二十里，擦木达；九十里，下马卡；一百二十里，噶叭角尔杆；八十里，硕马拉杜；一百二十里，重噶尔；九十里，宗喀，由宗喀绕道九十里至吗尔；一百二十里，滚达；八十里，卓党；一百十五里，竹塘；八十里，济咙，由济咙绕道八十六里至俄龙；一百二十里，索绒；七十五里，札林多；八十五里，绒辖；一百一十五里，聂拉木。"后藏至此共二千八百五十一里。

汇考山经，不能琐记；细别河流，亦难穷源。惟取其要隘之区、桥梁之险者，以定控扼之防。则昌都两河环绕，双桥高架，实西藏之门户。莹按：昌都即察木多二水名，其河南有云南桥，北河有四川桥，乃滇、蜀二省入藏要路。嘉玉一桥，最为紧要。莹按：嘉玉又作嘉裕，蕃名三坝桥。《卫藏图志》云："由昌都西行四百余里，至麻利，过山，三十里，至嘉裕桥，两山环抱，一水中流。"《通志》云："洛隆宗所辖也。"若拉里、玉树，系其咽喉；工布、长江，堪为堡障。莹按：拉里在达隆宗西北，东距察木多一千五百里，至西藏一千十里，时气严寒，山势陡险，诚咽喉也。玉树即朗嗟玉树，在察木多东北，距藏甚远，何以谓之咽喉？工布在拉里西南，为准噶尔入藏要道，昔准夷侵占西藏，工布人坚御之，敌不能入。又有江达，亦在拉里西南三百余里，入藏孔道也。《卫藏图识》谓其"凭山依谷，形势险要"；《通志》云："江达在拉里西南，其三星桥、甲桑桥二水会合之地，乃东西要津，而所辖之章谷并鄂说与叠工接壤，又北通西海之要隘也。"旧《通志》云："江达楮卡河，一自瓦子山发源，经东阁寺、宁多至江达，一自禄马岭发源，经顺达、刊木至江达，两水合流至工布江达，会于藏河"。据此，是王《记》所云长江，当作长河。再则，类五齐适姜党之桥与唐家姑苏之铁索桥，皆须设防者。莹按：姜党桥见前。《卫藏图识》云："自察木多由类乌齐草地进藏一路，在察隆松多西七十里。"《通志》无姜党桥，有搭章桥，在类五齐北，与额额地为通西海门户。唐家姑苏之铁索桥，未详。检《通志》，西藏铁索桥有五：一曰蓬多铁索桥，《一统志》"在蓬多城西达穆河旁"；二曰鲁衣铁索桥，

《一统志》"在达克卜吉尼城南三十里，雅鲁藏布江岸"；三曰鄂纳铁索桥，《一统志》"在墨尔恭噶城北二十里，噶尔招木伦江岸"；四曰楚乌里铁索桥，《一统志》"在楚舒尔城西南十四里，雅鲁藏布江岸"；五曰铁索桥，《水道提纲》"雅鲁藏布江经拜的城北岸北山数十里，受西北来一小水，又东北过铁索桥而至东南"，《通志》谓此铁索桥在今前藏西南二百六十里曲水塘南，雅鲁藏布江穿流其下，藏卫往来之要津也。又，乾隆五十七年大学士福公奏于"济咙外之热索桥、聂拉木外札木地方之铁索桥、绒辖，均设立鄂博"，无所谓唐家姑苏之铁索桥者。惟《唐书·南蛮传》"贞元五年，南诏异牟寻大破土蕃于神川，遂断铁索桥，溺死以万计"；《一统志》"金沙江古名丽水，一名神川，一名犁牛河，今番名木鲁乌苏"。王《记》所云唐家姑苏之铁索桥，岂即指此耶？以乌苏为姑苏，或传写之讹耶？

右雍正间里我师所记炉藏道里形势，束备录册考订之。土以雍正四年从副都统鄂齐、内阁学士班第、四川提督周瑛勘定川、滇、西藏疆界，故能略举之如此。是时准夷未灭，后藏亦未全通。及乾隆中，藏地大定，《卫藏图识》乃出其道路程站，皆据乾隆五十三年军需档案，固宜其详而有征也。嗟乎！中国舆地历代文人学士多详考之，本朝一统无外，殊方异域皆我版图，况今夷务纷纭，岂可不于此加之意乎？

咸丰《天全州志》 卷二 （贰）

清陈松龄纂修。陈松龄，福建台湾县人，道光十五年（1835年）举人，咸丰七年（1857年）任天全州知州。

《天全州志》于咸丰八年（1858年）刊刻印行。此志不分大门，直列七十八目附五目，约20万字。艺文志比重极大，约10万字，大量编入清代中后期的诗文。职官之政绩，人物之列传及山川乡里等记载均较为详细，亦有价值。书末纪闻中收载了明清时期天全六番招讨司所辖少数民族（藏、羌、彝、苗等）部落发展史料，亦珍贵。书首图考中之地舆、河道、始阳镇等图绘制颇详细。今存咸丰八年（1858年）刻本，光绪二十九年（1903年）抄本。

2005年，天全县县志办公室编印有《天全州志 四川通志天全史料两种》，《天全州志》收录其中。本文（壹）选自《茶政》，（贰）选自《风俗志》。

（壹）龙团雀舌，齿颊流芳；仙种灵根，箐芬妙品。宜王褒有阳武之买，张载重孙楚之诗也。岂为内地资其饮啜，边徼尤倚为性命。则茶固大有关于地方。矧天全道达西炉，其间引目之增减，税课之抽添，裕国通商，尤大费庙堂之硕画者乎。志《茶政》。

康熙四十年奉上谕，按引榷课，行销土引壹万壹千伍百玖拾伍张。额定每张征税银壹钱贰分伍厘，共征课银壹千肆百肆拾玖两叁钱柒分伍厘。每张征税银叁钱陆分壹厘，共征税银肆千壹百捌拾伍两柒钱玖分伍厘。雍正六、七年，详请增加引壹万伍百壹拾陆张，征课银壹千叁百壹拾肆两伍钱，征税银叁千柒百玖拾陆两贰钱柒分陆厘。雍正十三年，陕商积欠逃亡无着。乾隆元年，详请拨引伍千陆百壹拾柒张，于崇宁、什邡、灌、彭等县代销。州只存引壹万陆千肆百玖拾肆张，征课银贰千陆拾壹两柒钱伍分。征税银伍千玖百伍拾肆两叁钱叁分肆厘。后乾隆五十三年至嘉庆二年，陆续又请增引壹万肆千陆百贰拾陆张。合前共行引叁万壹千壹百贰拾张。共征课银叁千捌百玖拾两。共征税银壹万壹千贰百叁拾肆两叁钱贰分。又每张征羡银壹钱壹分壹厘，共银叁千肆百伍拾肆两叁钱贰分。每张征截银壹钱贰分贰厘，共银叁千柒百玖拾陆两陆钱肆分。又挂截邛州边引贰万叁百张，每张征截银肆分贰厘，共银捌百伍拾贰两陆钱。又挂截名山县边引壹千捌百叁拾张，每张征截银肆分贰厘，共银柒拾陆两捌钱陆分。

以上通共征茶引课、税、羡、截等银贰万叁千叁百零肆两柒钱肆分。解赴盐茶道收库存贮，听候拨支。自乾隆五十三年起，请增引张，并请各色照票，遂增至四万七千有奇。引票过多，采配维艰，加以售岸拥塞，自嘉庆七年至二十三年，商力困乏，拖欠课税羡截等银七万有奇。官斯土者，虽极力比追，设法调济，而欠项究难清结。二十四年刺史方公莅任，不忍商民受追呼之惨，且洞悉情弊，于是彻底清厘，通禀各宪，并力恳制宪蒋奏减引九千零九张。存引二万二千一百一十一张。共征课银二千七百六十三两八钱七分五厘。征税银七千九百八十二两七分一厘。征羡银二千四百五十三两二钱一分一厘。征截银二千六百九十七两五钱四分二厘。通共征银一万五千八百九十六两六钱九分九厘。自减引以后，按年清款，并无拖欠，而商民且享乐利，愿垂诸久远。于道光四年，适值刺史方公调篆崇庆任去，商众刁；敢泯没其德，就道攀辕述有《永定茶务章程记》并颂。见《艺文》。①

按天全茶政，自宋乾德中，将高杨二司人民编为土军三千，茶产八百，种植茶树，采焙制造，以备赏番。南宋德佑间置土驿丞，土茶官以董其事。有贡额而无引课。其时茶少，番人珍贵，始开茶马之政：以茶四十斤，易马一匹，中国颇获其利。其后私茶混行，马价遂高；即委官巡禁，而日久生玩，弊从禁出。以致商旅满关，茶船遍河。每茶每斤私税银二钱，或金五分，流弊逐不堪言。茶亦真伪杂出。明洪武五年，户部言四川碉门黎雅茶，宜十取一，以易番马，从之。于是碉门黎雅诸产茶地茶课司，定税额，设茶马司。永乐七年正月，申茶禁。先洪武中，以茶易马，上马给茶八十斤，中下以次减之。帝初年招徕远人，递增其数。至是碉门茶马司，至用茶八万余斤，仅易马七十匹，且多瘦损。乃申严茶禁，增设茶马司。国初乃设架口制造成包，每包四甑，用甑蒸熟，以木架筑成方块。每甑六斤四两。恐包同易混。又各编番地鸟兽人物形制，上书番字，以为票号。故有大帕、小帕、锅培、黑仓、皮茶等名。锅焙为上，大小帕黑仓次之，皮茶又次之。蒙、雅、邛三邑商人，以天全无引私票行茶，呈控上宪。州人始呈请题准颁引配运行销。抚宪贝查议："天全土瘠民贫，茶产薄弱，若照四钱七分二厘之边引定税，未免过重。照二钱五分一厘之腹引，又觉太轻。额在不边不腹之间，定成三钱六分一厘。"奉旨依议，颁引行销在案。荥、雅、邛三邑，闻天全造包之法，颇为便运。三邑自颁引后，每茶百斤装以蔑筑运炉。于是邛州主宋，向天全借跐手至邛州教习造包，即以小帕为式样。雅州亦向天全借毗手教习，造以大帕为式样，荥邑亦照样造包。各编夷号，一同发售。荥、雅、邛皆招商行茶，惟天全从未招商。康熙末，乃招陕商邓、袁

---

① 此处指《方州守永定茶务章程记》，收入该书《艺文》篇中，本书有录。

姓等六人,行销后,遂拖欠课税逃亡,累及州人。代赔清楚后,伊等人又赴盐宪控索引张,宪台讯断,将引给付州商,永不招商滋滥成案。乾隆元年,又飞拨部引五个六百一十七张于崇宁、什邡、灌、彭等县代销。存引一万六千四百九十四张。及二次用兵两金川及前后藏,用茶较多,商民见引茶畅销厂自乾隆五十三年至嘉庆二年,陆续请增部引及各邑照票共二万七千有奇。渐次茶不敷引,嘉庆七年至二十三年,商众拖欠课税七万有奇。总之少则贵,多则贱,凡物皆然,况课税所关者大乎。行则倍利,滞则赔累。当其请增,止愿目前丰乐,及其积滞,难免祸殃。二十五年。幸蒙刺史方公,为之图万全,汁久远,正其本而清其源,剔其弊而苏其困,商民共享乐利于无疆。公之为国爱民如此,商众其能忘哉。

(贰)风俗 妇女皆亲农力作,勤苦自甘。其无田可耕者,向他处帮人佣工;不则背茶往打箭炉。余有《背茶竹词》二首云:

背筴一路影横斜,保女多情亦作家;
青帕裹头谁屋里?尖茶背了又香茶。

彳亍行来踏鞠尘,阿娘小少背茶身;
罗巾草笠新桩好,不插闲花也可人。

间有十四五女郎亦背至一百多斤。虽苗条太甚,然劳瘁亦良苦也。

咸丰《天全州志》 卷五(两则)

(壹)选自《奏疏》,(贰)选自《艺文》上。

(壹)减天全州茶引疏 川西总督 蒋攸銛

奏为查明,天全茶商引多销滞,拖久课银,业经提省查清,分别请减各缘由,恭摺奏请。圣鉴事。窃照川省现行边腹茶引一十三万九千五百五十四张,行销打箭炉口外者,约属十分之八,内天全州额设续增茶土引三万一千一百二十张,每年应征税银一万五千一百二十四两有零,羡截银七千二百五两有零。十余年来,口外销茶渐少,引多积滞。而天全茶商不下二百余家,因系由土改流地方,本鲜殷实之户,相沿土司旧习,零星额外销茶谓之土引。自嘉庆七年起,至二十三年止,共有未完羡截银三万八千余两,均经按年报部参追,其每年额引行销均有积滞,办理尤形竭蹶。前据盐茶道奇,暨该管知府,督同天全州知州方同煦,查禀该州茶课羡截银两。向系商总催收,迳解盐道衙门交纳。除节年未完羡截,业经开参报部外,其税课两项,每因奏销不能完全相沿旧习,辗转挪新掩旧,虽奏销内并未短少,而散商仍多挂欠,账目胶葛不清,现在积引未疏,新引又发,若再因循掩饰,各商渐就逃亡,终旧悬宕无着等情。臣查天全州商民,承销茶引已久,何以自嘉庆七年起,课羡常有拖欠,至今不能清款？各商总既已私相挪，掩显有影射侵蚀情弊，必须彻底追查！其茶引是否实因积滞难销，现在究应如何办理，当即札饬藩臬两句，会同该道拘提各商，并调齐卷册，来省查算追究兹据。该词道等督同委员会逐一查讯，核对薄册。该州自二十三年奏销以前，历年尚有商欠课银二万七千五百一十五两四钱三分七厘，均系实欠，在商现在征簿可凭。该商总委无侵蚀入已情弊，业经督饬该州陆续追银一万一千九百五十两零七分六厘五毫，又欠商名下屋房、山场、茶包等项，变价银二千六百三十六两八钱四分，尚有未完银一万二千九百二十三两五钱二分零五毫，多系逃亡之户，无可看追据，该道奇自行全数认赔。由该司道酌议祥覆，前来臣覆加查核，并祥细察访，缘该州原超茶土引一万一千五百九十五张。雍正年间，加增引一万五百一十六张；乾隆元年，因产茶不敷配，引改拨灌县、安县、彭县、崇甯、石泉等处，认销引五千六百十七张，该州只存引一万六千四百九十四张。自减引后，所有课税羡截，俱系按年清款，并无拖欠。该州引茶向系运至打箭炉，行销口外后，前番民买得茶叶，只知煎熬一次，又因巴勒布廓尔喀两次用番兵，番民承运军需，优得赏赉脚价，用茶较多。商民见茶引畅销，只图目前之利——自乾隆五年十三年至嘉庆二年；陆续请增引一万四千六百二十六张，比之末减拨以前，转多引九千零九张，而产茶并未较前旺盛，彼时已觉勉强，近则树老枝枯，茶不敷引，且番民皆知节省，将茶煎至二三次，不似从前只煎一次，需茶较减少，以致商民既琅采配，又苦滞消。或白截引张空赔课税；或茶包堆存炉城压搁。成本年复一年，日形支绌，虽经历任盐道设法调剂，迄无效验，是该州之催徵掣肘，商欠日积，委因增引过多所致，现在查明。此外行查各州县，各有额设，续拨引目，无处可以改拨代销，若仍责令该州商民照前认办，不特有名无实，且恐愈欠愈多，日久难以清厘，将来更难保无奸商藉亏课为名，做造假茶，抬价病番于茶班，殊有关碍。除二十五年分茶引业，经赴部承领回用仍仍请行销外，再四思维，广准有仰恳圣恩！准将天全州多增茶土引九千零九张。自嘉庆二十六年始，免其领销，以抒商力而归核实。该州茶商二百余名，多系欠课之人，本应全行革退，另招他商承办，惟茶引请减外，尚有应行引二万二千一百一十一张，纳税不少，恐一时乏人承办，有误口外番民日食之需。臣已饬该管盐道督同该州，于各商内择其家道稍殷，未经欠课及挂欠最少，已经完纳之人，酌留四五十名，责令分认前项引张，按年行销纳课。其二十四年分，因不能挪掩滞销之引，俟奏销时截清数目；同二十五年分，颁回增加引九千零九张。均请自本年起，分作六年均匀带销，不得短少。此外贫乏各商一并咨部革退，该商总等辗转挪掩，皆由商力疲乏之故。既据查，无情弊应免置议此案，商欠历年久远，官非一任，盐茶奇虽经失察以前，惟系自行督同该州查报清厘，并将无着银两全行认赔清楚，尚属慎重公项，相应恭恳天恩免其议处，其未完报部羡截银两，仍照例参追，俾免延宕，所有查办天全州茶务缘由，理合缮摺具奏。伏乞

  皇上睿鉴训示谨 奏
      奉
  朱批 依议该部道 钦此

（贰）方州守永定茶务章程记

粤稽《禹贡》所载"和夷底绩"，经古圣之疏瀹者，我天全即其地也。虽土非沃，饶田非上中，而风俗淳朴，厥产茶株，其利为尤溥焉。故生其间者，多以采茶配引为业，无论各省商民旅客及州属，贫不自瞻者，均于茶多所利。赖是州之茶务，实州之急务也。惟是利之所在，弊之所生，沿袭日久，续增遂多引，多则茶积滞，积滞则课玩疲。各商或由是受鞭棰囹圄之苦，或由是贻荡产逃亡之灾，此事所必至理有固然。孰为之正其本而清其源，剔其弊而苏其困乎，则刺史方公之功德为不朽也。我州自愿额土引以来，远而明季国初，无论已康熙三十一年，额行土引七千张，陆续始增引一万五千一百一十一张，渐至茶不敷引，商力已疲。至雍正十三年，陕商积欠课税，逃亡无着。乾隆元年，州主据情详宪，飞拨部引五千六百一十七张，于崇宁、什邡、灌、彭、双等县代销。茶存引一万六十四百九十四张，按年疏销，颇无积滞。州人士羡茶务畅售，引张畅销，贪一时小利，而忘百年大害，于乾隆二十三年至嘉庆二年，其间承办、派办、墨办、增办各项，照票名色，遂增至四万七千有奇。引票并行，势必引票并滞，不数年，拖欠成本息银以数万计，皆请增贻之害也。再乾隆五十三年至嘉庆二年，请而又请，增之又增，陆续增部引一万四千六百三十六张，通共部引三万一千一百二十张。引票愈多，因之茶株采摘愈甚，树老枝枯，配销遂以维艰，售岸加之壅塞，商力困乏，又拖欠税羡银不下数万两，官斯土者，虽极力比追设法调剂，而欠项究难清结。即前刺史胡行，请票弥补之法而调剂，仅属权宜，迄无实效。课未完，羡息又垒积。所以嘉庆七年至二十三年，各商又拖欠银七万有奇。追呼紧严，敲骨击髓，悲惨万状，道瑾相望者莫不寒心落胆，有"无引较清平"之谣。

蒙恩主莅任伊始，平狱讼减，差徭殷然，以兴利除弊为己任，洞悉售岸滞销，商力困惫，均由引票太多之故。因集商众谕曰："尔等叠年弥补，叠年拖欠，将伊胡底耶？"于是彻底清厘，极意振顿。通禀各宪，并力恳制宪蒋奏减引九千零九张，存引二万二千一百一十一张，深沐皇仁永准在案。其时，任劳任怨；投鼠忌器，见尤颇众，然为民请命者，已至也。又所余各商欠项无可着，追复蒙禀恳。各宪仿附茶之例，准给附票三千零九十六张，勒限十年代缴，革商务欠行有成效。盐宪旋以新课，羡年清年款，地方官例得晋级，乃因旧欠未楚，不惟格于优议，反叠罹处，分札催趱行附票。官商协议，缩十缴限为八年，其附票仍十年分领，亦经详准在案，闻署任余主俸檄时。盐宪语曰："茶务一切毋改方牧章程所议，永杜州商妄请滥增引票及改岸代销，必如此始，可历久无弊，"在蒋制宪减引之时，原谆嘱及此其谕各商永守之，是盖俯体贤父母之心，为心者，奈各商填项尚未楚峻，而无引者，疑欲请增；有引者，或欲多营，顿忘覆辙于前车，遑计鱼池之波，累商等年由，公恳祥。

宪立案，以杜请增之渐，以昭画一之模，复蒙恩主集商议禀。以后惟照奏减引张，行销商保身家免例议，永不许钻营滥增及诡谋改岸代销，别属引票扶正额而裕国课，垂诸久远共享乐利商众。莫不举手加额而红颂曰："乐只君子，民之父母，其椎刺史方公发乎！夫贤夫母之为政也，必为民除积久之弊端，扫除尔更张之且垂诸后裔也。而永遵循之。公之功其曷可名乎！将来之蹈德而咏仁者，岂仅仅我商众哉？"公以湖南名进士，官刺史，所至辄有政声，即我州善政，流风载道不可枚举。独立请减引张，永定章程一节，尤彪炳沧浃为国爱民之较著者也。和川伟绩非此，其孰为之后欤！慈值调篆任去，商众指天以誓曰："世世无紊章程，渝则神诛殛之。"爰鸠工、勒石以垂诸不朽云。颂曰："我公之来，岁稔时和，野无游惰，户益弦歌，我公之政，通商惠民"。章程永奉为"小茶神"。

《蕉轩续录》 卷十

方濬师（1830—？），字子严，号"梦簪"，清代安徽定远（今安徽省滁州市定远县）人，为清代官吏，咸丰间举人，官至直隶永定河道，著有《蕉轩随录》《蕉轩续录》《退一步斋诗集》《蕆政备览》《岭西公牍棠存》《袁枚年谱》《粤闱唱和集》等著作。

凡封爵承袭及入贡事宜，隶于理藩院。置互市于四川打箭炉，贡道由打箭炉分为二班。凡喇嘛道行最高者曰"胡土克图"；转世者曰"呼毕尔罕"。其秩之贵者曰"国师"、曰"禅师"；次曰"札萨克大喇嘛"、曰"札萨克喇嘛"；又次曰"大喇嘛"、曰"副喇嘛"。自札萨克喇嘛以上，皆颁给印信。其徒之分处喀尔喀即内札萨克部落者，皆为蒙古所尊奉，仍遥属于达赖喇嘛、班禅喇嘛。余见皇清文献通考。姚惜抱笔记所载前后藏道里远近甚详，魏氏源《绥抚西藏》两《记》及《西藏后记》多未采入，今并录之，以资掌故。姚记云："中国至西藏有南北二道，北道自甘肃西宁出口，西南行，由青海至前藏四千一百余里，南道自成都西九百二十里至打箭炉出口，西六百八十里至里塘，西五百余里至巴塘，西千四百里至察木多，四千五百里至拉里，西千里至札什城。札什城者，前藏也。南道别一途自打箭炉稍北行由草地至察木多，由察木多复稍北又由草地，亦至札什城，其路近于里塘、拉里之路，然与北道皆寒苦尤甚，故行者由南道里塘为多。

"昔汉欲求大夏，四道并出，其北方闭氐、筰，南方闭嶲、昆明。计今通藏之南道，汉氏、筰所闭道也。自札什城南行九百里，至札什伦布，所谓后藏也。自札什伦布又南行，则至怒江，接南域外西夷之境。自前后藏东至里塘，司其地者皆以僧与民长杂治之……"

《道咸宦海见闻录》

清朝道光九年己丑科二甲进士张集馨（1800—1878年）所作之自叙年谱，时间从其一岁（1800年）始，至六十一岁（1860年）止。

蜀省打箭炉一带，既系土司地方，据土司甲木参龄庆禀知琦相，谓中瞻对野番工布朗结①，

---

① 工布郎结（1799—1865年），即波日·贡布朗结，又名布鲁曼，藏族，今甘孜藏族自治州新龙县安乐乡人。关于其历史可参见玉珠措姆：《瞻对工布郎结在康定的兴起探析》，载《中国藏学》2014年2期，喜饶俄热在《新龙布鲁曼史略》（政协甘孜州文史委出版，2013年版）对其的历史评价，目前最为客观。

欲将上下两瞻对概行吞并，又欲出扰查牙地方。查牙系通藏驿路，设被侵占，驿道梗阻。琦相札谕中瞻对退出所占上下两瞻对地界，不准出扰边疆。工布朗结不遵。琦相欲行军讨之，饬司筹款，委办粮台。余经理其事，俾军行不至匮乏。琦相统兵前进，督篆交成都将军裕公诚署理。阅四月旋师，奏奉谕旨，赏加二级。是役也，同人以为工布朗结乃一野番耳，其是否出巢滋扰，则只凭土司一言，琦相遽然劳师糜饷者，因前在粤东主和，群议不洽，故欲耀扬威武耳。究之工布朗结，并未亲出投诚，但令头人至营作归顺之词而已。余未躬在行间，琦相回，亦未便深问。

《过相岭见负茶包有感》

该文选自《省斋全集》，作者牛树梅（1791—1875年），字雪樵，号"省斋"，甘肃通渭（今甘肃省定西市通渭县）人，道光二十一年进士，授四川彰明知县，通达干练，以不扰为治；决狱明慎，民隐无不达，咸爱戴之；案无留牍，讼无冤狱；学渊邃，工书法。同治元年，四川总督骆秉章复荐之，擢授其为四川按察使。同治十三年，牛树梅返回故里，致力于读书立说，虽然年近古稀，但好学如故，著有《省斋全集》12卷、《闻善录》4卷，都有刊本流行，另有《渭叶文存》和《牛氏家言》传世。

冰崖雪岭插云霄，骑马西来共说劳，多少贫民辛苦状，为从肩上数茶包。白发老人十岁童，淫淋雨汗满云中，若叫富贵说休养，也应开门怕晓风。

《明通鉴》 卷十五　纪十五

《明通鉴》是继宋司马光《资治通鉴》和清毕沅《续资治通鉴》之后的明代编年史。作者清人夏燮，字甫，别号"江上蹇叟"，安徽当涂（今安徽省马鞍山市当涂县）人。《明通鉴》共100卷，其中前编四卷，纪明太祖未即位时之史事，始自元顺帝至正十二年（1352年），止于至正二十七年（1367年）；正编九十卷，始于明太祖洪武元年（1368年），止于明思宗崇祯十七年（1644年）；附编六卷，前后总计312年。《明通鉴》于同治十二年（1873年）刻印于江西宜黄官署。光绪二十三年（1897年）又由湖北官书局重校刊行。

初，洪武中，设茶马司，令番人进马者给以茶，上马一匹给茶百斤内外，中、下以次减之。上即位，招徕远人，递增其数。至是碉门茶马司用茶八万勤仅易马七十匹，由是市马者多而茶恒不足，茶禁亦稍弛，马又多瘦损，乃诏申严茶禁，增设洮州茶马司，又设甘肃茶马司于陕西行都司地。【考异】明史本纪不载，辑览、三编皆书之目中，言"洪武中以茶易马，上马给茶八十斤，中下以次减之"，据实录之文也。明史食货志，言"洪武初置茶马司，河西番商以马入雅州易茶，由四川岩州卫入黎州始达。茶马司定价，马一匹茶千八百斤，于碉门茶课司给之。番商往复迂远，而给茶太多，岩州卫乃请置茶马司于岩州，而改贮碉门茶于其地,且验马高下以为茶数。诏茶马司仍旧,而定上马一匹茶百二十斤,中七十斤,驹五十斤。"与实录"上马八十斤"不合。其后严私茶出境互市之禁,马价稍减,则茶价宜稍增。然洪武之末,太祖语户部尚书郁新,谓"用陕西汉中茶三百万斤,可得马三万匹",是所给之茶,以马之上、中、下牵算,则上马给茶,亦当在百斤内外。志又言:"太祖严私茶之禁,驸马都尉欧阳伦以私茶坐死,(诛伦在洪武三十年。)乃制金牌信符,命曹国公李景隆赍入诸番,定要约。牌凡四十一面,共纳马一万三千八百匹,三岁一遣官合符。其通道有二:一出河州,一出碉门,运茶五十余万斤,获马万三千八百匹。"然则马价之贱,通牵上、中、下三等,不过五十斤内外之茶数,则又减前价之半矣。若其初诏所定上马给茶之数,仍据《食货志》大略书之。

同治《章谷屯志略》

此为同治间刻本《章谷屯志略》,吴德煦纂修。1979年中央民族学院内部出版有油版本,部分内容又收录《中国地方志民俗资料汇编 西南卷》上卷,由丁世良、赵放编,北京图书馆出版社,1991版。

同治十二年(1837年),在原章谷屯辖区的基础上,划明正土司属地鲁密章谷十七土百户地区,革什扎、巴底、巴旺土司管辖区域归章谷屯管辖,隶属打箭炉厅。加上《打箭炉阜和协所领二十土司》等文献记载,章谷十七土百户各派有头人在打箭炉,并自建锅庄居住,故选录《志略》中的"食""住"部分及相应之附。

食:宅垄夷性嗜茶。辰午晚三餐,俱以茶入锅煮数十沸,去渣入酥油、糌粑、食盐各少许,盛以木桶……

附:明正夷俗,辰午熬茶,杂以盐、酪、糌粑,食工架数圆,间以酥油捏糌者为上馔。晚食煮童作汤,撕荞面或麦面作片,同煮而食。农务方兴,日五食,余日三食。宴会只哑酒、烧酒、猪膁、羊膁而已。所获禽兽炮煮作宴食,不以享客。日昏不操作,不夜坐,盖寨内无灯烛,伐松之多脂者以照。夜初更以后,举寨鼾然矣。

住:宅垄夷人寨落喜近山峰,不用瓦瓷,四围悉石瓮成,高二丈余,中分三、四层,广狭不一……

附:明正夷人庐舍呼为"寨子"。辛卯以前,番民多住石碉,形制有二,或如方几,或似菱花,下宽上锐,自五六丈至十数丈不等,悉以乱石砌成。碉底方广丈余,中校以木,下卧牲畜,中置锅庄(即炊灶之所),上数层贮粮棋什物,碉顶设经堂供佛像焉。四隅插番经布旗数枝,四面有窗隙,内宽外窄,瞭望四方极为清晰……平寨凡数层,四面瓷以石,制作与攒拉无异,惟牲畜处外,室家处内。凡入锅庄,必由牛畜圈中经过,积秽熏腾,恬不为意。不解作灶于寨中,掘土坑深尺许,方二尺许,以石三条,逐如牛角,崎立三隅承鼎釜,即所谓"锅庄"也。以木作架悬之间若皮阁,炊具、干猴悉置其上。饮食时,男女跌(跌)坐,先置铧锣少许于承釜石上，无少长皆然。询其故，盖以祀先人也。锅庄之旁为妇女所寝处，男子宿楼中，父老宿经堂，寨顶作场圃焉。

《西辎日记》

黄懋材（1843—1890年），字豪伯，江西上高县（今江西省宜春市上高县）田心乡王家村大屋里人。16岁中秀才之后，放弃科举，立志钻研科学，以图报效国家。他博览群书，广为涉猎，经史子集以外，尤致力于数学、天文等"经世之学"，对地理测量更加谙熟。光绪十六年黄懋材在上海病逝，年仅47岁。

光绪四年（1878年），朝廷特派黄懋材"以四品顶戴出境换二品顶戴"，前往三藏五印，察看情形。根据考察资料，黄绘制了《印度全图》一册、《西域回部图》一册、《四川至西藏程途》一册、《云南至缅甸程途》一册，此外还著有《西辎日记》《印度札记》《西徼水道》《游历刍言》等政著，汇成《得一斋杂著四种》。《得一斋杂著四种》初版未曾见到。光绪十二年（1886年），翰林院编修江标予以重校刊出。该书被认为"叙记确而不支，考证博而能核"，是"讲边事者不可少之书"。读者接踵索要，没能满足需求。光绪二十二年（1896年），江召棠在上高担任知县期间，征文考献，亲抵黄懋材家中"觅是书之板仅存，而蠹朽剥落者及半""不忍其日就湮没"，遂加以补订，连同《沪游脞记》，一并刊行。

《得一斋杂著四种》是书记其游历印度始末。卷一自成都至巴塘，记沿途各地建置沿革、山川、交通、气候、户口、关隘、古物等，对路程里数、气温变化、星辰测量，记载详细。卷二自巴塘至腾越（今云南腾冲），对金沙江等河流及桥梁、地瘴、澜沧江岸摩崖等记载颇详。对西南各族人民阻止西洋各国数次派员进藏探查的爱国行动也有记载。卷三自腾越至缅甸，对中缅边境三宣慰司、三长官司沿革、交通、关隘、少数民族、缅甸地理、气候、文化、风俗、宗教信仰、经济贸易，及仰光城建筑、苑囿、居民、交通、码头与华侨情形等均有记载，是研究中缅经济、文化交流的重要资料。卷四印度及归途，对游历印度中部后再经孟加拉、仰光、苏门答腊、新加坡回国，及所经城市见闻均作简略记述。[1] 王锡祺收入《小方壶斋舆地丛钞》本和光绪二十三年（1897年）佚名编选的《游记汇刊》本等。今吴丰培将书辑入《川藏游踪汇编》，1985年由四川民族出版社出版。

炉城二水夹流，二山紧抱，晨夕多风，终年积雪，盛夏犹服重裘。番夷杂处，诡形异状，鸠面黎黑，鸟语鞠鞩，被发徒跣，身衣红褐，梵僧喇嘛，往来不绝于道，实西南之锁钥。藏卫之喉吭也。设分防同知一员，阜和协副将同驻焉。

明正宣慰使司驻城中，所辖长官司及土千百户四十九员，东至泸定桥一百二十里，冷边土司界，四至中渡讯二百八十里。里塘土司界，南至乐壤六百里冕宁县界，北至章谷屯四百五十里小金川界。

---

[1] 关枫主编：《中华古文献大辞典 地理卷》，吉林文史出版社1991年版，第123页。

打箭炉古牦牛国也，俗传武乡侯南征，遗郭达将军安炉造箭，附会无稽。

《西藏图考》 卷之六·藏事续考 人事类

清代西藏地理志书，光绪丙戌（1886年）秋镌刻。黄沛翘辑，韩铣等绘图。黄沛翘（1844—？），字寿梧，一号"绶芙"，湖南长沙府宁乡县四都道林龙口桥（今湖南省长沙市宁乡市道林镇）人，早岁从戎，长年在四川为官。他久绾军事，留心边务，乃博采典籍，编辑此书。始于光绪十一年秋八月，翌年五月（1886年）书成。他根据《皇朝一统志寰宇记四夷考》、新旧《唐书吐蕃传》、《明史西域乌斯藏传》、《四川通志》内〈西域志〉、果亲王之《西藏志》、松筠《西招图略》、七十一撰《西域闻见录》、郦道元《水经注》、齐召南《水道提纲》、盛绳祖《卫藏图识》、杜昌丁《藏行纪程》、余庆远《维西见闻记》、魏源《圣武记》、《海国图志》等数十种著作，分类编辑而成。全书共八卷，另有卷首一卷。书包含西藏历史、地理、政治、经济、文化、风俗、语言等，为研究西藏之重要史料。

此本今又录入《中国稀见地方史料集成》（第一辑）第62册，学苑出版社2010出版。

男子教书算或习一技；女则教识戥秤，习贸易，纺毛线、织氆氇，不习女红，不拘闺训。而生育以女为幸。

《明会要》 卷七十八 外番二

《明会要》，清龙文彬撰，共八十卷，分帝系、礼、乐、舆服、学校、动历、职官、选举、民政、食货、兵、刑、祥异、方域、外蕃等十五门，子目为四百九十八事，详尽地记载了明代的政治、典章制度掌故，对研究明史有很重要的参考价值。今有清光绪间（1875年）广雅书局刻本线装24册、清光绪十三年（1887年）永怀堂刻本线装20册。

龙文彬（1824—1893年），字撷菁，号"筠圃"，永新县（今江西省吉安市永新县）澧田南城村人，咸丰九年（1859年），恩科举于乡。同治四年（1865年），44岁的龙文彬考中进士，授吏部主事。

长河西、鱼通、宁远 《一统志》：地在大渡河外，即打箭炉。
长河西、鱼通、宁远在四川徼外，地通乌斯藏。
洪武时，长河土官遣使来贡方物。宴赉遣还。
三十年，置长河西鱼通宁远宣慰司，以其酋爲宣慰使，自是修贡不绝。初，鱼通及宁远、长河西本各爲部，至是始合为一。
永乐十三年，贡使言："西番无他产，惟以马易茶。近年禁约，生理实艰。乞仍许开市。"从之。

成化四年，申诸番三岁入贡之例，惟长河西仍比岁一贡。

六年，颁定二年或三年一贡之例，贡使不得过百人。

十七年，礼官言："乌斯藏诸番王，例三岁一贡。彼以道险来少，而长河西番僧往往诈为诸王文牒，入贡冒赏。请给诸番王及长河西、董卜韩胡敕书勘合。边臣审验，方许进入；或道阻，不许补贡。"从之。二十二年，礼官言："长河西以黎州大渡河寇发，连岁失贡，至是，补进三贡。定制：'道梗者不得再补。'但今贡物已至，宜顺其情纳之，而量减赐赉。"报可。

弘治十二年，礼官言："长河西及乌斯藏一时并贡，使者至二千八百余人。乞谕守臣无滥送。"报可。

嘉靖二年，定令不得过一千人。隆庆三年，定五百人全赏，遣八人赴京之制。

光绪《雅州府志》 卷十一 筹边

《雅州府志》为清光绪十三年出版的图书，共十六卷。此版是据清乾隆四年（1739年）刻版增刻而成，由唐枝中修，余良遇、贾鸿基等纂。唐枝中，字薪传，广西平乐县（今广西壮族自治区桂林市平乐县）人，光绪九年（1883年）进士，光绪二十三年（1897年）任雅安县知县。余良遇，字聘卿，雅安县人，光绪十五年（1889年）举人，任雅州府雅材书院山长。贾鸿基，字固之，雅安县人，光绪二十年（1892年）举人，官内阁中书、两淮盐大使等。[①]

打箭炉，故牦牛徼外地也。雅州西去大渡河五日程。羌蛮混杂，连山接野，鸟路沿空。汉永平中，白狼、槃木、唐菆等百余国，举种奉贡。越山坂，负襁而至，皆此种类。蜀汉时，诸葛武侯征孟获，遣郭达于此造箭，因名。打箭炉至今土人犹庙祀郭将军。《方舆胜览》云："大渡河于黎州为南边要害之地，唐韦皋拒吐番，李德裕拒南诏，皆扼此水为险要。"故议者谓大渡河之不守，则黎、雅、邛、嘉、成都皆扰。宋建隆二年，王全斌平蜀，以图来朝，义欲因兵威复越嶲，艺祖以玉斧画此河，曰："此外吾不愿有也。"于是为黎、雅之极边壤。时河道平广，可通漕船，自玉斧画河之后，河之中流忽陷五六十丈，河流至此，澎湃如瀑，从空而落。春捶号怒，船筏不通，名为"喧口"。殆天设险以限羌蛮也。元明时，番人俱于此地，互易茶马，自明末流寇之变，商、民避兵过河，携茶贸易，而乌斯藏亦适有喇嘛到炉，彼此交易。汉番杂处，于是始有坐炉之营官，管束往来贸易。诸番叠经更替，历有年所。

《清朝柔远记》 卷三

原名《国朝柔远记》，亦称《国朝通商始末记》或《中外通商始末记》，晚清时期官员王之春于1879年左右写成，为有关清朝外交的专著。全书二十卷，前十八卷为正编以编年体形式，后两卷为附编。

---

① 四川省地方志编纂委员会：《四川历代旧志提要》，四川科学技术出版社2012年版，第400页。

王之春（1842—1906年）字爵棠，号"椒生"，湖南清泉县（今湖南省衡阳市）人，晚清时期官员。

己卯　康熙三十八年（1699年）
四川提督唐希顺克打箭炉。

打箭炉在四川西徼，明正土司所属，地高寒，因山为城，西通里塘、巴塘，达西藏。时西陲多扰，提督唐希顺遣守备王允吉等率兵攻克之。以其地为番夷互市、通贡总汇，入藏驿路所经，因定界于中渡。

《国朝耆献类征》

《国朝耆献类征》亦名《国朝耆献类征初编》，清人李桓辑，是一部大型清代人物传记资料汇编。辑录清天命元年至道光三十年（1828—1850年）满汉臣工士庶达万余人之传志史料。全编搜集清代人物掌故资料极为宏博，如之后的《清史列传》多取材于此，对清史研究具有重要参考价值。

李桓（1827—1891年），字叔虎，号"黼堂"，湖南湘阴（今湖南省岳阳市湘阴县）人，累官至江西布政使，后因故罢归，家居二十余年，致力于收罗清代人物资料，辑成《国朝耆献类征初编》《国朝贤媛征初编》，另有《宝韦斋类稿》。

《国朝耆献类征初编》开纂于同治六年（1867年），历时十五年成初稿，又七年校刊成书。是编共七百二十卷，其中包括述意、总目、通检、满汉同姓名录等。

本文摘于《鄂辉》一目。

堪布囊苏赴京进贡并赴打箭炉办茶，皆系经行内地，往返需时。请嗣后均由驻藏大臣会同达赖喇嘛及噶布伦等拣选妥人，给与护牌，将需用夫马、酌定数目注明，沿途照给，以杜需索。

【注疏】此事首收于《清实录乾隆朝实录》卷之一千三百三十三，为四川成都将军鄂辉等的条奏。碧鲁·鄂辉（？—1798年），满族正白旗，清朝著名将领。乾隆三十六年，由前锋校分发四川试用守备，三十七年，署建昌镇越雟营守备。三十八年六月，随将军阿桂攻剿金川；叙功，赏戴花翎，擢宁越营都司。三十九年八月，擢广东潮州镇游击。四十年五月，擢湖北兴国营参将。四十一年，擢贵州上江协副将。四十二年四月，调成都将军标中军副将。四十五年，擢四川建昌镇总兵，从征兰州之乱，赐号"巴图鲁"。乾隆五十二年，署四川总督，平定台湾，赐云骑尉，后进至三等男爵，累官云贵总督。

《碑传集》　卷十九　康熙朝部院大臣下之上　席尔达传

《碑传集》清代人物传记书，一百六十卷，钱仪吉纂。道光初成稿，辑清初至嘉庆间名人碑传文字而成。分二十五类，计二千余人。有关清人家传、行状和墓志铭的资料，该书搜集最为丰富。光绪十九年（1893年），江苏书局刊行。

钱仪吉（1783—1850年），初名逵吉，字蔼人，号"衎石"，又号"新梧"（一作"心壶"），浙江嘉兴（今浙江省嘉兴市）人。钱氏博通群籍，工文章，治经讲求故训，读史长地理，尤精史学，著有《碑传集》《三国晋南北朝会要》《补晋书兵志》等，《清史稿》谓其"先求古训，博考众说""不持门户"。

是年，四川打箭炉番人蠢动，奉旨将化林营参将移驻其地，以资弹压。官兵渡炉河之西，炉番狂悖，将修路兵丁杀死，拆毁偏桥，阻截官兵，在木鸦等处抽兵，欲抢夺沿河一带。席尔达即咨商四川提督唐希顺暂为巡防，一面奏闻请旨。事下兵部议覆，言："炉蛮阻拒，应行文商南多尔济、副都统阿南达，令其转行王少忒达阿普提，将杀死兵丁、拆毁偏桥之番蛮速行查拏解送；并令提督唐希顺亲领兵丁巡查，固守三渡口，不致截断我兵后尾。如不将罪犯解送，仍前妄行，及侵犯沿河地方，即行奏闻，俟命下进剿。"得旨依议速行。十一月，席尔达疏言："准四川提臣唐希顺咨称：'烹坝已被炉蛮侵占，辄敢渡河，不但侵犯擦道，意在断我官兵归路。'又准四川抚臣贝和诺咨：'据化林营参将李麟等详称，将来取炉非三路进兵不可。三路齐进之外，更宜另拨官兵，一路由宁番，一路由鱼通，一路由宁越，则渠魁亦可擒献。'等语。臣思炉蛮如此狂悖，提臣唐希顺已经亲至化林营汛，抽调各镇营官兵，应否直前剿逐，擒拿渠魁，密题请旨。"旋奉旨："着将荆州满洲兵二千发往四川。将军莽依禄年老，着镇守地方；副都统二员领兵前去。再着理藩院侍郎满丕，自京驰驿前往统领，与提督唐希顺商酌行事。这所发之兵，每名赏银二十两，整理器械。到成都之日，其口粮，酌量路程支给，勿致迟悮；其粮饷，着巡抚贝和诺料理。现今应作何行事之处，着唐希顺相机而行，勿致失机。"十二月，席尔达以炉番猖獗，欲亲往督师，缮疏题请亲领官兵进剿炉蛮。奉圣祖谕旨："秦省地方紧要，席尔达不必领兵前往。"未几，署四川提标中军参将马尔植、右营游击张自成相机奋勇击败蛮兵，乘胜追逐，复得河东未威、处坝二处地方。捷闻，下兵部知之。

光绪《打箭厅志》（贰则）

刘廷恕纂，共两卷。此志分星野、舆图、建置、沿革、疆域、山川、形势、关隘、城池、衙署、寺观、祠坛、津梁、古迹、赋役、盐政、茶政、邮政、乡里、物产、水利、风俗、岁支、仓储、兵制、屯政、筹边、课税、夷赋诸门。

刘廷恕（1832—？），字仁齐，湖南善化（今湖南省长沙市）人，光绪十九年（1893年）任石柱直隶厅同知，1899年调任打箭炉同知。刘热衷修志，熟习边情，1905年因"巴塘事变"被牵扯丢官，心甚不屈。

本文（壹）录自《沿革》，（贰）录自《筹边》。

（壹）打箭炉相传汉武侯南征，遣将郭达安炉造箭之地。为南诏地，隶青海部落，明永乐五年土目阿旺坚恭以随征明玉珍功,授为明正土司军民宣慰使司世职。清康熙三十九年被藏人昌侧所据,四川提督唐希顺进兵诛昌侧,以故土司裔承袭,甲勒恭德继明正土司辖管十三锅庄。雍正八年设分驻打箭炉雅州府同知,汰驿丞并同管理厅,统辖各土司部落,隶建昌道,是为设厅之始也。

（贰）打箭炉,故旄牛徼外地也。雅州西去大渡河五日程。羌蛮混杂,连山接野,鸟路沿空。汉永平中,白狼、槃木、唐菆等百余国,举种奉贡。越山坂,负襁而至,皆此种类。蜀汉时,诸葛武侯征孟获,遣郭达于此造箭,因名。打箭炉至今土人犹庙祀郭将军。《方舆胜览》云:"大渡河于黎州为南边要害之地,唐韦皋拒吐番,李德裕拒南诏,皆扼此水为险要。"故议者谓大渡河之不守,则黎、雅、邛、嘉、成都皆扰。宋建隆二年,王全斌平蜀,以图来朝,义欲因兵威复越嶲,艺祖以玉斧画此河,曰:"此外吾不愿有也。"于是为黎、雅之极边壤。时河道平广,可通漕船,自玉斧画河之后,河之中流忽陷五六十丈,河流至此,澎湃如瀑,从空而落。春捶号怒,船篾不通,名为"噎口"。殆天设险以限羌蛮也。元明时,番人俱于此地,互易茶马,自明末流寇之变,商、民避兵过河,携茶贸易,而乌斯藏亦适有喇嘛到炉,彼此交易。汉番杂处,于是始有坐炉之营官,管束往来贸易。诸番叠经更替,历有年所。

【注疏】（贰）所录的内容,原书均抄编于光绪十三年《雅州府志》。

《川藏哲印水陆记异》

吴丰培在跋中言:"此书备载入印程途,殊多可取。著者吴崇光,字小瑾,江苏武进（今江苏省常州市武进区）人,听鼓川省,于光绪二十九年（1903年）随驻藏大臣有泰入藏,帮办文案事宜,兼洋务局及巴塘防堵等差。三十二年请假回籍,乃申拉萨至亚东关,经大吉岭过印度,海路自香港转回上海。今取其自成都至打箭炉,打箭炉至拉萨,拉萨至亚东关,靖西过亚东关,至哲孟雄大吉岭之程途数则,其原书中有西藏源流、藏地杂记以及自咱拉八岗至东印度火车与由印至香港、上海之海程,均从略焉。"

今吴丰培将书辑入《川藏游踪汇编》,1985年由四川民族出版社出版。

第十七站:住打箭炉。行五里头道水,沿山岸而行,峻岭临江,又五里至二道水,高崖夹峙,耸立水中。山后有瀑布飞涌而下,其声如雷。果亲王有诗云:微雪竖壁摇青天,一线中通鸟道难,马过溪头蹄带雪,断崖千尺挂龙泉。又五里三道水,又十五里八八浦,又十里柳羊,又十里小孙岗,又五里大孙岗,又十五里打箭炉城。

沿途断石满径,水声不息,不但路难行,即语言亦不能听闻,同人住考棚,钦差住客厅东上房,余与余荷生住西上房,马竹君恩惠臣住余之右隔壁,时连日大雪,竹君惠臣甫出房门,住房被雪压倒,行李全损。幸未伤人,即日移居明正土司衙门,此地因须明正土司,另起乌拉,必久居以候。

至九月初九日到打箭炉，至十月初三日起身出门，同人均骑马，钦差坐轿，粮食备齐足用。至西藏途中，无法添备也。

打箭炉在四川之西南部，昔以此地为川藏之境界，气候寒冷，三山环绕，二水并流，相传武侯造箭于此，其匠人郭性，所乘之羊已仙去。炉有庙，形容古怪，夷人敬而畏之。炉城止有三门无墙垣，以山水为城廓，即日外各种番夷贸易总汇之所，亦茶市之要区也。人烟辐辏，市井繁华，凡珠宝等物，为中国本部所无者，每于此地见之。

人物衣冠，风俗言语，又自不同。所居之屋，外砌虎皮石，内以木为柱，三五层不等，名曰碉房，能御枪炮之射击。所耕者豆麦、青稞，所牧者牛、羊，所食者酥油、炒面、乳茶、羊肉，所信者喇嘛。病不服药，惟延喇嘛念经。饮宝酒，所供者则牛肉花果之类也。设直隶厅一，明正土司一。辖制里塘、巴塘大小土司，城南十里。明正土司修瓦房一所，取名"御林宫"。

《炉霍屯志略》 饮食

《炉霍屯志略》李之珂纂修，一册。光绪三十二年（1906 年）铅字印行。李在光绪三十年（1904 年）任炉霍屯务，候补知县。此志分十九门，约一万字，另附开办炉霍屯务之公牍、章程等。天时、山川、寨堡、土地粮税、风俗民情、土宜物产等门类，汉、羌、藏等各族户口均详记之，羌、藏等族之生活、生产、信奉、居处、服饰等资料也有记载，有一定史料价值。

1979 年中央民族学院图书馆将之编入《中国民族史地资料丛刊》之十四内部出版。

夷性嗜茶，辰午晚食，俱以茶入锅，煮数十沸，去渣，入乳酥合盐各少许，盛以木桶，群取以食，怀中各带一木碗，食糌粑。如遇喜庆，麦面、青稞等粮作锞锣，入灰火中炙令熟，男女围坐于地，手擘以食，亦随啜茶数瓯。

《西藏小识》 卷四

该书汇成于光绪三十四年（1908 年），条陈刊载于《西藏小识》，汇抄写入书是于 1908 年，为单毓年光绪年专门向驻藏大臣条陈治藏方略的建议，共四卷。其中特别以荷兰人统治爪哇的制度与策略为镜鉴，与当时清政府的治藏境况相比照。此书各卷篇目之源流详考，可参见《〈西藏小识〉诸篇源流考》。①

单毓年，字耆仲，江苏泰州人。《清史稿》与泰州地方志均无载。但地方志中有单毓华（字眉叔，1883—1955 年）和单毓斌（字允工，1887—1978 年）二人小传，二人为兄弟。单毓年当与单氏兄弟同辈。②

---

① 马天祥：《〈西藏小识〉诸篇源流考》，载《西安文理学院学报》（社会科学版），2018 年 4 期。
② 朱悦梅：《光绪朝泰州单毓年治藏思想研究》，载《西藏大学学报》（社会科学版），2016 年 3 期。

本文摘自卷四《上驻藏大臣治藏条陈》。

东有由四川出巴塘，西行一路，近年来，驻藏大臣大率由川入藏，而驻节之地又常在打箭炉一带，故川藏关系亦以日深。以地势言，西藏前临印度，后拒新疆，右连中亚，实为西南之屏蔽。而由藏地以趋川省，上之可出扬子江上游，以取建瓴之势，次之亦可交通秦陇，以成犄角之形，故川藏相联，有如唇齿，欲图藏事，不得不先顾川省者，势也。惟川省地方辽阔……总督远驻成都，分署一切，诚虑鞭长莫及。前者瞻对之役，稽延累日，未得一当，即其明征。然若不布置川西，则后路堪虞，藏事亦难于下手。今欲实行整理，则宜将四川划为两省，分设川西巡抚以董理之，而仍受成于总督。庶精神得以专注，呼应亦可较灵。所有兴革事宜亦可兴。驻藏大臣声气相通，藉收指臂之效。此为整理藏事之第一着。

【注疏】单毓年条中，一为今"治藏先安康"之先导；其二建议川康分治，实为西康建省提议之先驱。

《炉藏道里最新图考》

《炉藏道里最新图考》，又名《入藏日记》，张其勤撰。

张其勤，字慎庵，河南祥府（今河南省开封市）人，其生卒待考。光绪三十二年（1906年）四月张其勤随驻藏帮办大臣联豫入藏，历时三载。在藏期间，他不辞辛劳，三阅寒暑，于藏中之政教历史，博考周诸，参考西藏档案番书，颇详于藏事，勤奋著录，纂集极为宏富：《炉藏道里最新考》《西藏宗教源流考》及《清代藏事辑要》。[①]张其勤，称其为晚清对西藏全面考察叙述的第一人。

此书宣统二年（1910年）由虬一编入《西藏杂俎》刊刻，今吴丰培辑入《川藏游踪汇编》，1985年四川民族出版社出版；后收入《中国稀见地方史料集成》第65册，学苑出版社2010出版。

本文摘自《炉藏道里最新图考·例言》。

打箭炉，迤东为关内地。往来行旅杂沓，其路途蜀人类能道之，是编断自打箭炉始。关内道里，不复赘述。

《雅安县乡土志》 商务

《雅安县乡土志》王安黻、王安民编纂。王安捕、王安民纂修。王安捕，字伯丰，雅安县人，岁贡生。王安民，王安捕之弟，岁贡生。

---

① 王启龙：《萌芽时期的中国藏学研究》，载《青海民族大学学报》（社会科学版），2003年1期。

此志修成于光绪末年,分历史、地理、物产三部分,每部分又列若干细目,历史中以历代事件记述较详。地理中对县境水道、水利修建及灌溉之记载较具史料价值。物产于民间手工业之历史发展、近况、未来之开拓均详为记述和论证,颇有价值。除抄本外,本书另有民国八年铅印本存世。

(一)以茶包由陆运入打箭炉互市,为大宗。惜本境产额销信之半多采买峨眉、马边茶,合成之待三十万包,值银五十余万。商家二十余,而茶贩圆户依茶为生伙矣。

(二)惟岁运茶至炉关值企十万金,尤为大股劳力。本境之背负肩挑非成群,及力田资生,为本业者不兴焉。

《祁寯藻集》 题本

祁寯藻(1793—1866年),字叔颖,一字淳甫,避讳改实甫,号"春圃""息翁",山西寿阳(今山西省晋中市寿阳县)人。清朝大臣,三代帝师。嘉庆十九年(1814年)进士,由庶吉士授编修,累官至体仁阁大学士、太子太保,谥号"文端"。

《祁寯藻集》2011年由山西出版集团三晋出版社出版。第一册收录谱传、日记、信札、《马首农言》、随笔、杂记及附录七个部分;第二册收录诗词、校勘、批注及考证共三大部分;第三册收录奏议和题本。

为四川奏报打箭炉关征收咸丰三年茶税银两数目事
咸丰四年十一月十四日
太子太保、大学士管理户部事务祁寯藻等谨题:为奏明等事。
户科抄出,前任四川总督裕瑞题打箭炉关咸丰叁年分征收茶税银两动存数目一案。咸丰肆年陆月贰拾贰日题,闰柒月贰拾伍日奉旨:该部察核具奏。钦此。钦遵。于本日抄出到部。
该臣等查得,前任四川总督裕瑞疏称:据布政使杨培详,据管理炉关税务署打箭炉同知钱涛册报,咸丰叁年正月初壹日起至年底止,共征收茶税银壹万柒千叁百壹拾叁两贰钱肆分玖厘陆毫,营销过额引玖万伍千肆百壹拾伍张,征收过余茶银壹百肆拾肆两,通共征收银壹万柒千肆百伍拾柒两贰钱肆分玖厘陆毫。除支销过银伍千玖百柒拾两捌钱柒分肆厘柒毫陆丝贰忽伍微,实存银壹万壹千肆百捌拾陆两叁钱柒分肆厘捌毫叁丝柒忽伍微。造册加结到司。该司覆核征收支存各项银两数目,均属相符,详请核题。并声明,该关自咸丰叁年正月初壹日起至年底止,共征收茶税银壹万柒千肆百伍拾柒两贰钱肆分玖厘陆毫,按引照额征税,并无短绌。至打箭炉关咸丰叁年征收茶税银两,应与元年闰捌月贰拾贰日起至贰年捌月贰拾壹日止征收杂税米豆税及官房地租等税银数比较等情。臣覆核无异,除册结送部外,理合具题等因前来。

查嘉庆陆年拾贰月内钦奉谕旨：四川打箭炉关征收税银，其正额盈余向无定数，是以嘉庆肆年分酌定各关盈余时，仅令尽收尽解。自肆年以后，经征之员任意短少，年复一年，伊于何底？自应照各关之例，定以正额。嗣后打箭炉关每年征收税银，着以贰万两作为定额。如有盈余，尽收尽解。倘定额数内或有短少，着落管关之员赔补，以示限制等因。钦此。钦遵。又于道光陆年柒月内，据四川总督奏称，打箭炉关地处边隅，仅通西藏一路。夷人带货进口，例免抽税。商人销售米豆等项，每年税银止贰千数百两。所恃以敷定额者，全赖茶税一项。嘉庆肆年以前，当年关税至次年四月题销，商人得以从容完纳。自奏改拾贰个月为一年期满以来，共计遇闰十次，每次趱前一月。截至道光伍年分，已趱至该年陆月题销。商人于叁月内领引距题销之期仅止叁月，因定限所关，不得不令垫纳。以后再积闰年，必至未经发引先顺征银，实觉格碍难行。请于炉关税银内，将茶税一项划出，自道光柒年为始，另行按年题销，俾商人不致垫累。其余杂税仍按十二个月计算题报等因。经臣部照奏覆准，各在案。今据前任四川总督裕瑞题：打箭炉自咸丰叁年正月初壹日起至年底止，征收过茶税银壹万柒千叁百壹拾叁两贰钱肆分玖厘陆毫，营销过额引玖万伍千肆百壹拾伍张，征收过余茶银壹百肆拾肆两，通共征收过银壹万柒千肆百伍拾柒两贰钱肆分玖厘陆毫。除支销过银伍千玖百柒拾两捌钱柒分肆厘柒毫陆丝贰忽伍微，实存银壹万壹千肆百捌拾陆两叁钱柒分肆厘捌毫叁丝柒忽伍微。并据声明，该关自咸丰元年闰捌月贰拾贰日起至贰年捌月贰拾壹日止，拾贰个月一年期满，征收过杂税等项银两，应与此次报征茶税银数比较。臣部查，前项征收过茶税银壹万柒千肆百伍拾柒两贰钱肆分玖厘陆毫内，支销过恩赏达赖喇嘛茶价银伍千玖百柒拾两捌钱柒分肆厘柒毫陆丝贰忽伍微，核与年例应支银数相符，应准开销。实存银壹万壹千肆百捌拾陆两叁钱柒分肆厘捌毫叁丝柒忽伍微，例应兑支兵饷。应令四川总督俟兑支兵饷之日造入兵马奏销册内，报部查核。至该关咸丰元年闰捌月贰拾贰日起至贰年捌月贰拾壹日止，十二个月一年期满，征收过杂税银贰千伍百柒拾伍两肆钱柒厘柒毫肆丝肆忽，连咸丰叁年茶税通共征收过银贰万叁拾贰两陆钱伍分柒厘叁毫肆丝肆忽，较之钦定银贰万两之数并无短缺，应毋庸议。其征收盈余银两有无短征之处，并令该督在于各该奏销案内声明，报部办理。嗣后征收茶税银两应与何年杂税比较，仍将年分及征过银数核算有无短缺，一并详细声明题报，以凭查核。

此案科抄于咸丰肆年闰柒月贰拾伍日到部。兹于拾壹月拾肆日办理具题，合并声明。

臣等未敢擅便，谨题请旨。

批红：依议。

《金川琐记》卷三 租妇

《金川琐记》是清代林心衡的著作之一，共分六卷，主要记录了金川沿途的风土人情、文化习俗，为全面了解清朝时期金川的社会风俗生活积累了宝贵的资料，为研究金川地区历史和汉与金川藏、羌等少数民族的重要历史文献资料之一。

李心衡，字巽廷，号"湘帆"，江苏上海（今上海市）人，附监生，四川西昌县丞，官湖北枣阳知县。

现存的《金川琐记》的刊刻稿本有十几种，此文参照的是民国二十五年商务印书馆所刊发的《金川琐记》稿本。此本今又录入《中国稀见地方史料集成》（第一辑）第 44 册，学苑出版社 2010 出版。

亦有不由本籍咨送，就近报垦，多系商民。去家既远，中馈乏人，纳金本地头人或他处土司，可得夷妇，俗称"租妇"。某人他徙，或回内地，仍须送归原主，任其别配，不能挈手俱行。租之名以此，非若打箭炉及杂谷脑之夷妇，有三年五年期限者可比也。

《大清宣统政纪》 卷之四十二

《宣统政纪》是《清实录》中的最后一部。1912 年史宝安（字吉甫，河南卢氏人）等人，为保存中国历史资料的连贯性，遂搜集清内府各部馆阁及内阁军机处一切档案卷宗折包，并以此为根据，编辑了《大清宣统政纪》。其间三易其稿，历时五年，方才定稿。本书体例仿依各朝实录成宪，稍作变通，保存了自光绪三十四年十月至宣统三年十二月的宝贵文献资料。编时因清已亡，故未用"实录"二字。

1986 年 11 月，中华书局根据中国第一历史档案馆收藏的皇史大红绫本、上书房小黄绫本、北京大学图书馆收藏的定稿本、故宫博物院图书馆收藏的乾清宫小红绫本、辽宁省档案馆收藏的盛京崇谟阁大红绫本等版本，相互补充，出版了比较完整的《清实录》影印本。

四川总督赵尔巽奏：川茶行销藏卫，每岁以百万计。上关公家课税，下系商民生计，祇以道路险阻，商情散漫，未能发展。兹饬司道筹议，设立一大公司，改良茶叶，于雅州府城，设立公司筹办处，即以该府知府总办其事，公举殷实茶商为总协理，招股开办，并于藏卫繁盛各处，择要筹设支店，督饬劝业盐茶两道，及所属文武，认真考查补助。下部知之。摺包。

《清史稿》 卷十二 列传四十四

《清史稿》是民国初年由北洋政府设馆编修的记载清朝历史的正史——"清史"的未定稿。全书五百三十六卷，比照正史体例分纪、志、表、传四部分，其中本纪二十五卷，志一百四十二卷，表五十三卷，列传三百一十六卷，以纪传为中心。所记之事，上起 1616 年清太祖努尔哈赤在赫图阿拉建国称汗，下至清朝灭亡，共二百九十六年的历史。

《清史稿》编修工作历时十余年，至 1927 年，主编赵尔巽见全稿已初步成形，担心时局多变及自己时日无多，遂决定以《清史稿》之名将各卷刊印出版，以示其为未定本。但因匆忙付梓，致使体例不一，繁简失当，但其价值仍不可忽视。

打箭炉旧属内地，上以西藏番部嗜茶，许西藏营官在打箭炉管理土伯特贸易事。

《清史稿》 卷一百四 志七十九 舆服三 文武官印信关防条记

京府照磨所、司狱司、各府照磨所、司狱司、各府儒学、卫儒学、布政司库大使、府库大使、巡检司、税课司、茶马司铜印，方一寸九分，厚四分。

《清史稿》 卷一百三十四 志一百九 兵五

打箭炉阜和协所属明正宣慰司一，土千户一，土百户四十八。革什咱布安抚司一。巴底宣慰司一。喇衮安抚司一。霍耳竹窝安抚司一，辖土千户、百户各一。章谷安抚司一，辖土百户四。纳林冲长官司一。瓦述色他长官司一。瓦述更平长官司一。瓦述保科安抚司一。以上户皆土民，多少不等。

《清史稿》 卷一百三十七 志一百十二 兵八

四川西连卫、藏，北接青海，南尽蛮夷。自雍正、乾隆间，青海、大小金川次第绥定，沿边之防，以打箭炉为尤重。

康熙三十九年，移化林营于打箭炉，以防炉番。

雍正元年，年羹尧于川、陕各处边隘，择要增兵。一为中渡河口，乃通西藏要路，修筑土城，以守备移驻。一为保县，在大河之南，乃土番出没之所，一为越嶲，地多蛮倮，一为松潘外之阿树，及黄胜冈、察木多，均拨兵驻守，设游击、千总等官。二年，青海荡平，于边外单葛耳斯地方，设参将等官。暗门、拉科、恒铃子三处，设守备等官。河州保安堡，设游击等官。打箭炉外之木雅吉达、鸦龙江中渡、里塘、巴塘、鄂洛五处，设总兵、副将等官，率兵驻守……

……

宣统初年，赵尔巽以打箭炉外所有改土归流属地，拟悉隶于边务大臣，并增设官吏，宽筹经费，协济兵食，以固边围。三年，赵尔丰收回三瞻，土司之梗化者，遂自请归流云。

《清史稿》 卷二百七十六 列传六十三

三十九年，调四川。疏言：打箭炉、木鸦等处番、民一万九千余户归顺，请增设安抚使五、副使五、土百户四十五，以专管辖。边民运茶赴炉贸易，给官引五千六百道，定额征课。川省行盐，潼川、中江山路崎岖，难于陆运，额运壅滞。惟冰江小溪通水运，请增给水引，商民交便。贝和诺治事精详，尚书张鹏翮按事还，于上前亟称之。四十二年，召授兵部侍郎。

《清史稿》 卷二百九十二 列传七十九

（高其倬）五十九年，授广西巡抚。邓横苗叛，其倬亲抚之降。六十一年，世宗即位，擢云贵总督。疏言："土司承袭，向有陋规，已严行禁革。咨部文册，如无大舛错，请免驳换。"得旨嘉奖。青海台吉罗卜藏丹津叛侵西藏，其倬以中甸为入藏要道，檄诸将刘宗魁、刘国侯等严为备。并遵上指，令提督郝玉麟将二千人自中甸进驻察木多，副将孙宏本将五百人赴中甸为声援。雍正二年，师定青海，中甸喇嘛、番酋等率三千五百户纳土请降。上嘉其倬能，予世职拜他喇布勒哈番。其倬规画安抚中甸，疏："请设同知以下官：番酋营官外，又有神翁、列宾诸号，听堪布、喇嘛指挥，请改授守备、千把总劄付，听将吏统辖。僧寺喇嘛以三百为限，收戈械入官。沿江数百里及山谷旷土，招民开垦。旧行滇茶，视打箭炉例，设引收课"。

《清史稿》 卷一百二十四 志九十九 食货五（贰则）

（壹）茶法我国产茶之地，惟江苏、安徽、江西、浙江、福建、四川、两湖、云、贵为最。明时茶法有三：曰官茶，储边易马；曰商茶，给引征课；曰贡茶，则上用也。清因之。于陕、甘易番马。他省则召商发引纳课，间有商人赴部领销者，亦有小贩领于本籍州县者。又有州县承引，无商可给，发种茶园户经纪者。户部宝泉局铸刷引由，备书例款，直省预期请领，年办年销。茶百斤为一引，不及百斤谓之畸零，另给护帖。行过残引皆缴部。凡伪造茶引，或作假茶兴贩，及私与外国人买卖者，皆按律科罪。

司茶之官，初沿明制。陕西设巡视茶马御史五：西宁司驻西宁，洮州司驻岷州，河州司驻河州，庄浪司驻平番，甘州司驻兰州。寻改差部员，又令甘肃巡抚兼辖，后归陕甘总督管理。四川设盐茶道。江西设茶引批验大使，隶江宁府。

岁征之课，江苏发引江宁批发所及荆溪县属张渚、湖汊两巡检司。安徽发引潜山、太湖、歙、休宁、黟、宣城、宁国、太平、贵池、青阳、铜陵、建德、芜湖、六安、霍山、广德、建平十七州县。江西发引徽商及各州县小贩。此三省税课，均于经过各关按则征收。浙江由布政使委员给商，每引征银一钱，北新关征税银二分九厘二毫八丝，汇入关税报解。又每岁办上用及陵寝内廷黄茶共百一十馀篓，由办引委员于所收茶引买价内办解。湖北由咸宁、嘉鱼、蒲圻、崇阳、通城、兴国、通山七州县领引，发种茶园户经纪坐销。建始县给商行销。坐销者每引征银一两，行销者征税二钱五分，课一钱二分五厘，共额征税课银二百三十两有奇。行茶到关，仍行报税。湖南发善化、湘阴、浏阳、湘潭、益阳、攸、安化、邵阳、新化、武冈、巴陵、平江、临湘、武陵、桃源、龙阳、沅江十七州县行户，共征税银二百四十两。陕、甘发西宁、甘州、庄浪三茶司，而西安、凤翔、汉中、同州、榆林、延安、宁夏七府及神木厅亦分销焉。每引纳官茶五十斤，馀五十斤由商运售作本。每百斤为十笼，每笼二封，共征本色茶十三万六千四百八十笼。改折之年，每封征折银三钱。其原不交茶者，则征价银共五千七百三十两有奇。亦有不设引，止于本地行销者，由各园户纳课，共征银五百三十两有奇。四川有腹引、边引、土引之分。腹引行内地，边引行边地，土引行土司。而边引又分三道，其行销打箭炉者，曰南路边引；行销松潘厅者，曰西路边引；行销邛州者，曰邛州边引。皆纳课税，共课银万四千三百四十两，税银四万九千一百七十两，各有奇。云南征税银九百六十两。贵州课税银六十余两。凡请引于部，例收纸价，每道以三厘三毫为率。盛京、直隶、河南、山东、山西、福建、广东、广西均不颁引，故无课。惟茶商到境，由经过关口输税，或略收落地税，附关税造销，或汇入杂税报部。此嘉庆前行茶事例也。

（贰）十三年，以甘肃所中之马既足，命陈茶变价充饷。十四年，复以广宁、开成、黑水、安定、清安、万安、武安七监马蕃，命私马私茶没入变价。原留中马支用者，悉改折充饷。十八年，从达赖喇嘛及根都台吉请，于云南北胜州以马易茶。康熙四年，遂裁陕西苑马各监，开茶马市于北胜州。七年，裁茶马御史，归甘肃巡抚管理。十九年，以军需急，加福建茶课银三百五十九两，至二十六年豁免，并除湖广新增茶税银。时四川产茶多，其用渐广，户部议增引，迄康熙末，天全土司、雅州、邛、荥经、名山、新繁、大邑、灌县并有所增。

《清史稿》 卷五百十三 列传三百 土司二

明正宣慰使司，其先系木坪分支。明洪武初，始祖阿克旺嘉尔参随征明玉珍有功。永乐五年，授四川长河西宁鱼通宣慰使。康熙五年，丹怎札克巴归附。乾隆三十六年，甲木参德侵随征金川有功，赏赐"佳穆伯屯巴"名号，并二品顶戴、花翎。五十六年，甲木参诺尔布随征廓尔喀，赏花翎。嘉庆十四年，甲木参沙加领班进京恭祝万寿，赏花翎，世袭，住牧打箭炉城。光绪三十四年七月，赵尔丰奏改打箭炉为康定府，设河口县。宣统三年，土司甲木参琼珀缴印，其地悉归流。原管有咱哩木千户，木噶、瓦七、俄洛、白桑、恶热、下八义、少误石、作苏策、八哩笼、上渡噶喇住索、中渡哑出卡、他咳、索窝笼、恶拉、乐壤、扒桑、木铲、格洼卡、呷那工弄、吉增卡桑阿笼、沙卡、上八义、拉里、八乌笼、姆硃、上渣坝恶叠、上渣坝卓泥、中渣坝热错、中渣坝沱、下渣坝业洼石、下渣坝莫藏石、鲁密东谷、鲁密普工碟、鲁密郭宗、鲁密结藏、鲁密祖卜柏哈、鲁密初把、鲁密昌拉、鲁密坚正、鲁密达妈、鲁密格桑、鲁密本滚、长结杵尖、长结松归、鲁密白隅、鲁密梭布、鲁密达则、鲁密卓笼四十八土百户。

《清史稿》 卷五百二十五 列传三百十二 藩部八

天全六番，乌斯藏董卜、黎州、长河西、鱼通、宁远、泥溪、蛮彝、沈村、宁戎等土司，庄浪番僧，先后入贡，献前明敕印，请内附矣。

《清史列传》 卷十三 大臣画一传档正编十 年羹尧

《清史列传》是一部清朝人物传记书，共八十卷。撰稿人不详，王钟翰校阅。此书记录了自清朝开国起，直至清末李鸿章等为止的2894篇传记，其根据大多出自清国史馆《大臣列传稿本》《满汉名臣传》和《国朝耆献类征初编》。

该书于1928年由中华书局印行。后经校点，分八册由中华书局再版。1976年，王钟翰应中华书局之聘校阅《清史列传》，八年后完成，凡400余万言。1987年，中华书局分二十册出版王钟翰点校本，是为最新版本。

王钟翰（1913—2007年），湖南省东安县芦洪市镇伍家村人，中国当代著名清史、满族史专家，历任中央民族大学历史系及民族史研究所教授、博士生导师、终身教授，著《清世宗夺嫡考实》《胤禛西征纪实》《满族在努尔哈齐时代的社会经济形态》《皇太极时代满族向封建制的过渡》以及《清史杂考》《清史新考》《清史续考》《清史余考》等，主编《中国民族史》《四库禁毁书丛刊》等，参与点校《清史稿》，独立点校《清史列传》。

四月，（羹尧）又奏："……凡陕省甘州、凉州、庄浪、西宁、河州，川属松潘、打箭炉、里塘、巴塘，滇属中甸之西番部人，自明时不能抚治，或归喇嘛耕种，或属青海纳租，今已归化为民，请增设卫所抚治，酌减土司粮额以示宽大；一、青海、喀木、藏、卫乃唐古特四大部，顾实汗据有之，以青海地广可游牧，喀木人众粮富，令其子孙分处二地，而以藏、卫二部施予达赖、班禅二喇嘛为香火地，今因青海叛，尽取其地，分隶川、滇，而喇嘛遣人赴打箭炉贸易，仍索各部银，名曰'鞍租'，至炉纳税，请禁喇嘛不得再收鞍租，税员亦免收喇嘛之税；……"

《清稗类钞》（叁则）

《清稗类钞》是关于清代掌故遗闻的汇编。从清人、近人的文集、笔记、札记、报章、说部中，广搜博采，仿清人潘永因《宋稗类钞》体例，编辑而成。记载之事，上起顺治、康熙，下迄光绪、宣统。书成于1916年，次年刊行。全书分九十二类，一万三千五百余条。书中涉及内容极其广泛，举凡军国大事、典章制度、社会经济、学术文化、名臣硕儒、疾病灾害、盗贼流氓、民情风俗、古迹名胜，几乎无所不有。编者态度比较严肃，许多资料可补正史之不足，特别是关于社会经济、下层社会、民情风俗的资料，对于研究清代社会历史，很有参考价值。全书事以类分，类以年次，分类详细，纲目明晰，颇便查阅。

徐珂（1869—1928年），原名徐昌，字仲可，别署"中可""仲玉"。浙江杭县（今浙江省杭州市）人。光绪举人，为《辞源》编辑之一。著述甚多，除《清稗类钞》外，还有《国难稗钞》《晚清祸乱稗史》《小自立斋文》《康居笔记》《可言》《岁时景物日咏大全》《佛说阿弥陀经会要》《历代白话诗选》《古今词选集评》《清词选集评》《天苏阁丛刊》（初集、二集）等十余种。

本文（壹）录自原书《地理类》，（贰）录自《饮食类》，（叁）录自《农商类》。

（壹）康定县　四川康定府府治。相传汉诸葛亮征蛮时，曾遣将造箭于此，故一称"打箭炉"。此为由川入藏之孔道，四周皆山，形势险峻。中有废涧，敞若平地，有土城。番人聚族而居，多迭石为碉楼，有大寺，喇嘛数千。内地人颇有往贸易者，川茶藏产，辄以此为交易之所。

（贰）打箭炉番人之饮食

打箭炉诸番之地，不产五谷，种青稞，牧牛羊，所食惟酪浆、糌粑，间有食生牛肉者。嗜饮茶，缘腥膻油腻之物塞肠胃，必赖茶以荡涤之，此川茶之所以行远也。

（叁）打箭炉商务　四川打箭炉为汉、夷杂处入藏必经之地，百货完备，商务称盛，在关外可首屈一指。常年交易，不下数千金，俗以小成都名之，惟繁华不及炉城。关外商务销品以雅州各属所产大茶为大宗，因此茶为夷人日所必需之要物。哈达旗布[夷人印佛经于上，竖高杆揭之]针、棉线、茧油、风帕、布疋、烟叶、水烟之属，皆畅销夷人者，至绸缎食品器具等，则售与旅边之汉人，夷人亦兼购之，此皆内地之输出品也。至输入品，则以鹿茸、鹿角、麝香、黄白金、狐皮、羊皮、豹皮、冬虫夏草、贝母及藏商输入之红花、藏香各食物等为大宗。汉、夷交易，或以金钱，或以货物。关外各处市况，视炉城行市之高下为标准，夷人惟以藏元重量为不易之标准。输出者有涨迭，输入者无贵贱，贸易关外者皆获巨利，以是故也。

道孚商务　川边番夷嗜利，锱铢不遗，然贪细微而昧远大，习商业者绝少。以道孚县论之，惟贩牛、羊，毛革与买换茶叶之商贾为巨。茶店设炉城，夷人携土产或重资赴锅庄，庄主介绍与云南暨雅各布、云天诸茶栈相交易，以篾包裹，或用皮箱护其外，雇乌拉运回，其利可三四倍。至麝香、鹿茸、沙金、狐皮各项，因收采不宏，故出口者较他县为少。惟贩蛮盐暨贝母、冬虫夏草诸药品，随收随售，则由资本不充也。

《异辞录》　卷四

清刘体仁（？）著[①]。刘体仁，字慰之，号辟园，安徽合肥人，晚清重臣四川总督刘秉璋之子。《异辞录》《续历代纪事年表》《十七史说》《通鉴答记》，合称《辟园史学四种》。《异辞录》四卷，主要记述清代咸丰、同治、光绪、宣统四朝间的人物和史事，涉及的近代重大史事。

原书辑入刘体仁的《辟园史学四种》，印于民国年间。1984年上海书店有影印本。中华书局2016年版作者改为刘体智。

---

① 《辟园史学四种》作者现有争议，或以为刘体仁，或认为刘体智（刘秉璋第四子）。

刘体智（1879—1962年），字晦之，晚号"善斋老人"，安徽庐江（今安徽省合肥市庐江县）人，晚清重臣四川总督刘秉璋之四子。近代著名收藏家、银行家、学者。他于甲骨、铜器、书画珍籍咸有涉猎，多能得其精粹。"晚年入上海市文史研究馆，为馆员。其甲骨旧藏于1953年由文化部收购，并交拨给今天的中国国家图书馆，打下了该馆馆藏甲骨的基础；青铜重器百余件，1936年底售让给当时的中央博物院筹备处，今存台北故宫博物院，而兵器则捐赠给上海市文管会，现存上海博物馆；1950年将包括宋明善本在内的藏书七万余册捐赠给上海市文管会，后转归上海图书馆；古墨古砚则捐献给家乡安徽省博物馆。"①著有《善斋吉金录》《校经阁金石文字》《元史会注》《善斋玺印录》《善斋墨本录》等。

设西康行省打箭炉，本四川总督辖境，高宗以隶西藏。时藏为我属，驻藏大臣威势之下，犹之乎由此省而改归彼省，无所谓予夺也。本朝盛世，藏中僧侣官职黜陟之柄，操之在我。历任驻使卖官鬻爵……，渐失天家体制。琦善纳贿，并其制度而悉更之，自是太阿倒持，驻藏大臣备位而已。先文庄督川之日，值瞻对为乱，事平仍以归藏，不知者以为姑息。文庄曰："今欲安边御侮，在于规复旧制。何须收回区区之地，而失全藏之心，是舍藏取瞻也。"边吏颇欲以此邀功，言改土归流之利者甚众，终不听。及定兴继位，用张济策，一试而败，藏人羁縻未叛者又数载。赵次山、季和两制军昆仲相继督川，始行开疆拓土政策，实逼达赖喇嘛出走。遂尽取巴塘、里塘各土司之地，分设州县，立西康行省，中国于是乎失西藏。未几川乱，季和制军殉难，藏人乘间内侵，边境因而多故矣。制军之父文颖，知阳谷县事，遭粤匪之乱，被七创死。两世忠节，人多称之。

《苌楚斋三笔》 卷五

刘声木（1876—1959年），字十枝，原名体信，字述之，为清四川总督刘秉璋第三子；光绪末，分省补用知府，历官山东、湖南学务；民国后居上海。中华人民共和国后任市文史馆馆员；编撰有《苌楚斋书目》30卷二种，专意收集清人撰述，所得以各省志书及清人文集、书目、笔记、诗话词话居多。

西康省设官命名 四川一省，幅员辽廓，约合江南三省之地，东至湖北界，西至西藏界，北至陕西、甘肃界，东南至湖南、贵州界。西至西藏，尤为辽远，国初本设有川西巡抚一缺。不久即裁撤，归并总督，以一事权，故四川总督原有兼巡抚事一衔。川西有打箭炉，以外谓之西康，地即古康卫藏三区之康地。东自打箭炉起，西至丹达山止，计三千余里。南与云南之维西、中甸两厅接壤，北踰俄洛、色达野番，与甘肃交界，亦四千余里。其西南隅过杂瑜外，经野番境，数日程即为英国属地。西北隅毗连西宁，番人常购俄国军火。东南隅抵四川宁远所属各州县之境，东北隅乃四川、甘肃之交。地大约倍于四川，等于西藏。自光绪以来，英俄两国进窥西藏，交涉益为繁棘。光绪三十二年，政府因藏为川滇之毛，康为川滇之皮；

---

① 刘耋龄，张涛：《祖父刘体智先生和他的收藏》，载《世纪》，2018年3期。

藏为川滇之唇，康为川滇之齿，且为川省之咽喉，关系重大，毅然实行改革，整理地方。特简伯都讷赵□□制军尔丰，为督办川滇边务大臣，廷寄中，谆谆以屯垦练兵为急务。后将西康一地，实行改土归流，建设西康一省，并拟定府厅州县等名目。未及实行，而宣统辛亥难作。实为我朝末造一大掌故。代理川滇边务大臣古蔺傅华峯□□嵩炑，编有《西康建省记》三卷，记载翔实，壬子九月排印本。予因刺取其中紧要各语，意取简明，便于观览，附录于此。并录其官制省会，府厅州县名称于后，以资考核。

西康官制
西康巡抚　边务大臣改
西康度支司　边务收支局改
西康提学司　边务学务局改
西康提法司　康安道改
西康民政司　边北道改

西康省会
西康省可为省会四处。一同普县。东距打箭炉不及二十程，西距丹达山亦十数程，南北相距尚均，乃西康之中央。一察木多。地方左右有河，流至前面而合，后面崇山屹立，天然险阻，免修城郭，且为入藏扼要之墟。地虽稍偏西北，不过数日程，相去不甚远，亦可为省邑。一贡觉。地方平坦亦多水，虽浅而土甚厚，宅省亦可。一巴塘。即古之白狼国，地方千里。里塘、曲登在其东，江卡、三岩在其西，云南在其南，德格在其外。左右两小河，绕城急流。西有金沙江，东有大朔山，南北亦层峦叠嶂，可称天险。以地偏南，微有不足。

西康府厅州县
巴安府　系巴塘土司地方，原设巴塘粮务一员。光绪三十一年，改流征粮。三十三年，奏设巴安县。三十四年秋，边务大臣会同川督，奏改为巴安府。仍应名巴塘府。

盐井县　系巴塘土司地方。光绪三十一年，改流征粮。三十四年秋，奏设盐井县。

三坝厅　系巴塘土司、里塘土司交界地方。光绪三十一二年，改流。光绪三十四年秋，奏设三坝厅，设通判，并分管毛丫、曲登地方。

里化厅　系里塘土司地方，原设有里塘粮务一员。光绪三十二年，改流征粮，奏设里化县。三十四年秋，奏改名为里化厅，设同知，并分管毛丫、毛茂丫、曲登、崇喜地方。仍应名里塘县。

定乡县　系里塘土司地方，名乡城，曾经叛土司而独立者。光绪三十二年，改流，奏设定乡县。三十三年，征粮。三十四年秋，奏设定乡县。仍应名乡城县。

稻成县　系里塘土司地方，名稻坝。光绪三十二年，改流。三十三年，征粮。三十四年秋，奏设稻成县。仍应名稻坝县。

贡噶岭县丞　系里塘土司地方。光绪三十二年，改流。三十四年秋，奏设贡噶岭县丞，归稻成县属。此处仍应改为贡岭县。

河口县　系里塘土司、明正土司交界地方。光绪三十二年，里塘改流。三十四年秋，奏设河口县。宣统三年夏，并分管崇喜、明正土司地方。

康定府　系明正土司地方，原设有打箭炉厅同知，并未征收粮税。光绪三十四年秋，奏改为康定府。宣统三年，管理改流明正土司、鱼通土司之地。仍应名打箭炉，划归四川管理。

康安道　光绪三十四年秋，奏设康安道一员，驻巴塘，兼按察使衔，管各府州县。

登科府　系德格土司地方。宣统元年秋，改流征粮。经边务大臣奏，设登科府，兼管春科土司地方，分管高日土司，灵葱土司地方。

德化州　系德格土司地方，居德格之中心。宣统元年秋，改流征粮。经边务大臣奏，设德化州。仍应名德格县。

石渠县　系德格土司地方，居德格之北。宣统元年秋，改流征粮。经边务大臣奏，设石渠县，分管高日土司地方。其地与西宁连界。

同普县　系德格土司地方，居德格之西。宣统元年秋，改流征粮。经边务大臣奏，设同普县。宣统三年，分管察木多呼图克图及纳夺土司之地。

白玉州　系德格土司地方。宣统元年秋，改流征粮。经边务大臣奏，设白玉州。

边北道　宣统元年秋，奏设边北道一员，驻登科，管各府州县。

清代竹枝词六首

其（壹）选自石德芬《惺庵遗诗》中《迭克杂咏》（"迭克"即德格）。石德芬（1852—1920年）清末藏书家。字星巢，号"惺庵"，一名柄枢。以纳资捐官，曾任广西、四川道员。（贰）选自《巴塘志略》，作者钱召棠（浙江嘉善人），道光二十二年（1842年），钱以知县衔出任巴塘粮务委员，钱在巴塘任职期间，通过博访周咨，实地勘查，编纂了《巴塘志略》一书，书末收录了他创作的《巴塘竹枝词》四十首。（叁）选自《名山县志》，作者徐元禧，字非之，归安（今浙江省吴兴县）人。康熙进士，曾任名山县知县，并主修《名山县志》。（肆）作者冯镇峦，选自《晴云山房诗集》。冯镇峦（1760—1830年），字远村，清重庆府合州（今重庆市合川区）人，嘉庆后期曾在四川汉源作过学官。（伍）选自《芦山县志》，作者朱黼，字与村，江阴（今江苏省江阴市）人，乾隆拔贡，曾任芦山县令。（陆）选自清人俸伊德所作《乡土竹枝词》。

（壹）迭克杂咏

赶不到锅庄①，聊支黑账房。
抱薪火不爇，账外月如霜。

---

① 锅庄，犹言炊饭人家也。黑帐房即牛皮帐。（原诗注）

一盏酥油茶,两碗糌粑饭①。
便甘作马牛,众生苦可叹。

(贰)巴塘竹枝词

临邛客至斗茶纲,土锉新煨榾柮香。
闻道相如解消渴,葡萄根碗劝郎尝。②

【注疏】傅嵩炑在其《西康建省记》有记:"关外行军,以乌拉驮运器具,易损坏,故不用磁碗,而用木碗,番人以桦木、葡萄根为之,内包以银也。"

(叁)名山竹枝词

鸦伴几曾惯画娥,不离寸步奈他何。
天教背却茶笼出,打箭炉头察木多。

(肆)清溪竹枝词③

锅桩初坐报煎茶,辫发垂垂银面髽。
牵手口琴猫美好,鼻箫吹入那人家。

(伍)芦风竹枝词

妇力耕耘夫背茶,炉城一去远离家。
瓮头包谷余升斗,邻舍都将富户夸。

(陆)乡土竹枝词

万山重叠水潺潺,郎背茶包去未还。
谙算离家将满月,回来定已出泸关。

---

① 糌粑,蛮言"黑麦"也。酥油即牛酪之通称。(原诗注)
② 邛州产茶,行于塞外。饮茶皆以木碗。葡萄根碗,尤为珍贵。(原诗注)关于钱召棠和他的《巴塘竹枝词》,另可参见:顾浙秦:《钱召棠和他的〈巴塘竹枝词〉》,载于《中国藏学》,2004年2期。
③ 汉人纳夷女,名"坐锅桩",以酥茶为敬。未嫁女名"猫"。凡婚姻以鼻箫、口琴联奏,曰"牵手"。(原诗注)

《清诗纪事》 雍正朝卷 王令宜 《铁索桥》

《清诗纪事》为著名文史专家钱仲联先生（1908—2003年）主编的大型清代诗歌纪事文献，收录了7000多位诗人的作品，约1200万字。该书分为明遗民卷、顺治朝卷、康熙朝卷、雍正朝卷、乾隆朝卷、嘉庆朝卷、道光朝卷、咸丰朝卷、同治朝卷、光宣朝卷，以及烈女卷、释道卷、鬼诗梦诗卷、民歌谣谚卷等。各位诗人附有简历，纪事诗作之后汇集各家诗评，评论诗人的独特成就，兼及诗作优劣得失等。

通天欲渡无舟楫，铁索横空驾作桥。高接浮云长百丈，纵然生度亦魂销。

自注："在打箭炉进藏必由此，其制用铁条钩连，而长达两岸，直用十三条，间空尺许，铺以篾蓆，横加板片，行即动摇不可禁。当足着板梢及蓆，即踏空不可救。风起尤危险。又雅州索桥较短，此外更有溜桶。"

《鞑靼西藏旅行记》[①]

古伯察（Évariste Régis Huc，1813—1860年），生于法国开鲁斯，法国遣使会传教士。1839年3月赴中国，于1844年8月开始横穿中国的旅行。他途经热河、蒙古地区、鄂尔多斯、宁夏、甘肃、青海等地，经18个月的长途跋涉，于1846年1月到达西藏拉萨。在拉萨居住近两个月之后，驻藏大臣琦善奉清廷的命令予以驱逐，被解往四川。一行人于1846年3月15日离开拉萨，经过3个多月的旅行，穿越整个康区，于1846年6月初到达打箭炉，后经四川、湖北、江西、广东等地，于1846年10月中旬到达澳门，从而完成了1841—1846年的这次环中国的长途旅行。

古伯察是第一个进入西藏的法国人，其撰有《鞑靼西藏旅行记》《中华帝国——鞑靼蒙古旅行记续》以及四卷本的《中国中原、鞑靼和西藏的基督教》等著作。《鞑靼西藏旅行记》一书自1852年首次出版以来，已经成为西方汉学界的一部经典，被译成了东西方各主要语种并反复再版。

本文选自《鞑靼西藏旅行记》第二卷第十章，耿昇翻译，中国藏学出版社，1991年2月版。记述了1846年古伯察抵达打箭炉后对"茶马互市"的认知。该书后又分别于2006年再版、2012年（第2版）出版，其中，2006年版编入"西藏文明之旅书系"。

"打箭炉"意为"打造箭矢的熔炉"。该城享有此名是由于武侯（诸葛亮）军师于公元234年率军平定南番时，曾派遣他的一位将军去建造打箭炉。该地区曾先后属藏族人和汉族人，它在100年以来一直被视为中国中原王朝不可分割的一部分。

《卫藏图识》记载说："打箭炉以石为城，汉番杂处口凡驻藏使臣及换藏兵丁，均于此出

[①] 关于古伯察游历文献真实性的考据，可参见[法]伯希和：《秦噶哔与古伯察先生的拉萨之行》，耿昇译，刊于《国外藏学研究译文集》第十七辑，西藏人民出版社2004年版。

门。自炉。以往多重茶志,由内地负贩,而炉又为市茶。"

《中华帝国纪行 在大清国最富传奇色彩的历险》 上

本文选自《中华帝国纪行 在大清国最富传奇色彩的历险》上册第一章,张子清、王雪飞、冯冬翻译,南京出版社2006年版。摘选部分记述了古伯察从打箭炉赴雅州(今雅安市)途中,在清溪县附近山间遇见茶马古道"背子"的经历。

尽管山路很难行走,危险重重,但旅行者常常在这里行走,因为没有其他的道路通向打箭炉,这是中国内地与西藏之间进行贸易的地方。在这些狭窄的山路上,你随时遇到一长队一长队的脚夫背着在邛州准备的茶砖,送往西藏各地。这种茶经过压制,粗粗地压紧成一包包,再用皮带捆紧,背在脚夫的背上。他们个个背着大捆大捆的茶砖,你甚至在他们当中看到有老翁、妇女和小孩,他们一个跟着一个地爬山。他们挂着棍尖包铁皮的棍子,眼睛看着地面,默默地迈开脚步缓慢前行。拉重物的牲畜肯定忍受不了这些贫穷的奴隶所经受的没有停息的过度疲劳。带队的人不时地用铁尖棍敲击山岩,发出短暂休息的信号,跟在后面的人依次敲击山岩,发出信号。不一会儿整个队伍就停下来了,每个人都把棍子撑在自己的身后,减轻一点儿重量,竖起脑袋,发出一声长长的嘘声,仿佛是一声痛苦的叹息。他们用这样的办法努力恢复体力,使他们枯竭的肺获得一点空气。但经过一两分钟休息,沉重的分量又压在他们的背上和颈子上了,身体又弯向地面,运输队再次向前移动。

当我们无论什么时候遇到这些不幸的运输茶砖的苦力时,他们总得停下来,背靠着山石,以便让我们通行。当我们的肩舆靠近他们时,他们抬起头,朝我们偷偷地看上一眼,眼色迟钝得令人感到痛苦。……

茶砖是中国内地与西藏之间贸易的大宗货物,很难相信这么大宗的货物每年从甘肃和四川运出来。这些肯定不是生活必需品,但是它们与藏民生活习惯和需求联系得如此紧密,以至于他们现在到了如果没有茶砖就不行的地步。因此他们情愿进贡那个清朝皇帝,而他加在他们身上的枷锁是多么的沉重。

【注疏】书中所记"清溪县",为今汉源县辖镇。隋、唐、明为州县治所,清雍正七年置清溪县于此,设城厢镇,嘉庆初改称附城乡,民国置城区镇,1952年置清溪乡,1992年建清溪镇。该地位于县境北部,距汉源县城26千米,为茶马古道"背子"(背夫)运茶赴炉必经之途也。

《金沙江》(叁则)

威廉·约翰·吉尔(William John Gill,1843—1882年),1843年9月出生于印度班加罗尔,1862年,进入英国皇家军事学院。1873年以后,他曾前往波斯、中国、印度、巴尔干、土耳其和北非等地探险考察。1882 年，英国入侵埃及，吉尔前往西奈沙漠搜集情报，于 8 月 11 日为贝都因人所杀。

1877 年，威廉·约翰·吉尔从上海经宜昌至重庆、自流井至成都，后北上理番厅、松潘厅、龙安府，再回到成都，然后从成都至雅州、打箭炉、理塘、巴塘，再南下经过阿墩子、大理府、腾冲，到达八莫，进入缅甸。

《金沙江》一书就是作者上述旅行的记录。该书原名 The River of Golden Sand: Being the Narrative of a Journey through China and Eastern Tibet to Burma（《金沙江：通过中国和西藏东部》），1879 年在君士坦丁初版，二版于 1883 年底在伦敦由 John Murray 出版。书中关于中国西南地区民族、文化记录较为详细，可以视为 19 世纪中后期西南地区的民族志。在吉尔之前，还没有一位欧洲人到达过川西北地区。他也因此获得英国皇家地理学会和巴黎地理学会的金质奖章。

本书摘编于中国地图出版社 2013 年版《金沙江》，由曾嵘翻译，记述了威廉·吉尔一行在现雅安市所见销往藏区的茶叶贸易情况，以及打箭炉的茶叶贸易概况。

（壹）雅州的地理位置极其重要，是前往藏区贸易的起点，主要出口茶叶和棉花。

这里是有名的茶叶集市，大量茶叶从此地销往藏区，一直运到我们在印度的茶园门口。运到藏区的茶叶是其他地方扫出去扔掉的下脚料，可怜的雅州人却花七八倍的价钱买来自己喝。茶叶被压成长 4 英尺、宽 1 英尺、厚 4 英寸的茶饼，用稻草单独包着，每个一包，约重 24 磅。每个苦力平均背 10~11 包，我还看到背 18 包的，也就是 432 磅。还总能看到小男孩儿背着 5~6 包，也就是 120 磅。这些人背上背着一种架子，货物很重时常会伸出头顶，若遇上雨天倒也还能用它遮蔽一下。每人手里都拿着个像锄柄的东西，末端是铁蹄尖，休息时就撑在货物下面，尖端插入地里，后背就能从重负中获得解脱。每名苦力背 6 包即 144 磅茶叶从雅州到打箭炉能赚到 1.8 两白银。这段路约 150 英里，崎岖多山，通常需要走 20 天。赚的钱仅够在这重压下度日而已，除了玉米面饼，他们几乎什么都不吃，面饼约 1 英寸厚，直径 6~10 英寸。

（贰）离开青极城后，我们下到一条河边，穿过河，再爬上另一面的山，登上了山脊顶峰，旁边是另一个山谷。从这里延伸向西南方的路就通往云南省。左边是山谷，我们越过山脊，沿着河流前往城镇。

在这条路上，我们不断地与长长的苦力队伍相遇。他们背着茶，神色悲哀、步履整齐地沿着危险的、台阶般的道路上行。看着这些人，我觉得非常悲哀：他们仿佛是身负重物的牲口而不是人，从来不笑，很少说话；我们雇用的性情活泼的四川苦力带着戏谑从他们身边经过时，他们只会站在一旁，表情僵硬；就算我们两个奇怪的外国人经过，他们也无法放松地流露出好奇的表情。这些苦力是山路运输的主体，与收入相对较好的平原苦力相比，显然属于另一个阶层。他们要一直将茶叶驮到打箭炉，从那以后，就只能用非常耐寒的牦牛来运输了。

（叁）有人告诉我们，从打箭炉到巴塘，大部分的费用要用茶叶和珠子来支付，于是我们在打箭炉买了足够让一匹马驮的质量很差的茶叶，也就是我们从雅州来的路上每天都看到苦力背的那种。我们还让巴玛去弄些珠子，结果他买来些肮脏的石头，让我们大吃了一惊，但他说这是绿松石，大大小小都有，从2号到12号子弹般大小，依我看就是十足的废物，但巴玛保证说：他们就像硬币一样管用。我们还花了21两白银买了350串珠子。

《勇闯无人区》

本书记述了由法国探险家邦瓦洛特（Gabriel Bonvalot）率领的探险队在中国西部历时一年（1889年9月至1890年9月）旅行的始末。

加布得埃尔·邦瓦洛特（Gabriel Bonvalot，1853—1933年）是法国颇有名气的探险家，尤以大胆著称。此前他曾到欧、亚、非和美洲新大陆很多地方游历过，曾获巴黎地理学会颁发的金质奖章。可能因他没有进行地理方面的勘测和其他方面的科学研究之故，故在世界名人辞典里找不到他的名字。他曾在亚洲内陆进行过三次探险，此书所记为第三次。

本书法文版原名 *De Paris au Tonkin à travers le Tibet inconnu*（《穿越未知西藏》），于1892年在巴黎出版。简体中文版更名《勇闯无人区》，简明译，新疆人民出版社2001年版，为"亚洲探险之旅丛书"之一。

打箭炉的居民由藏族和汉族组成。汉人大部分是军人，其次是商人，他们主要从事茶叶、黄金、大黄和毛皮交易。他们的商店里也卖欧洲的商品，有俄国的床单和地毯、英国的细平纹白布、瑞士的钟表及其他欧洲货，还有本地产的首饰。

大黄晒得不够干，周围的山上都产大黄，产量很高。内地的茶叶先由脚夫背到打箭炉，然后在这里再用待别的办法包装。首先把砖茶装进特制的箱子里，外面再用新鲜的带水分的皮缝起来。等皮干了一收缩，包装就牢固了，不怕路上颠簸，到了目的地就成了贵重的商品。从这里运到拉萨，再从拉萨运往其他地方，都用牦牛作交通工具。

《西藏通览》（叁则）

《西藏通览》为日本陆军大佐山县初男撰写，出版于明治四十年（清光绪三十三年，1907年），分两编，共二十二章，计有：位置人口、地势、气候、人种、风俗、政体、宗教、语言文字、兵制、贸易、物产、工艺、寺庙、交通、都邑、史略、探险者等。

作者在编撰过程中甄别、参考了前人关于西藏的著述，使本书的体例更加完备，内容更加详尽。书中的许多描述被后世编撰有关西藏地方志的学者摘录采用。《西藏通览》原为日本人所写且印刷数量有限，故文本涉及较少。直到2002年，四川民族出版社公开发行季羡林先生主编的《中国少数民族古籍集成》，《西藏通览》收入其九十六册，此后才受到藏学家们的重视。《中国少数民族古籍集成》录为民国二年（1913年）陆军部译印行本；另，中国台湾华文书局又出版有光绪三十四年（1908年）刊本。①

本文摘自《中国少数民族古籍集成》九十六册，（壹）（贰）选自原书《第十一章 贸易》，（叁）选自《十五章 交通》。

（壹）西藏与各地通商市场，旧日所指定者：东则四有四川省之打箭炉及云南省之大理府；北则为甘肃省西宁府；西则为罗多克礼市亚尔摩那地方、克什米尔等地；南则为布丹涅珀尔及西金之亚东。

（贰）惟最占输入品之大部分者，则砖茶及棉布类是也。砖茶以最粗叶制之，其制法先用杵捣碎，然后作成砖形。长九寸乃至一尺幅七寸，厚三寸。积载于驴背，经无艰崎岖险峻之山谷，始得运至西藏。年自四川省打箭炉运至巴塘数目不下一千万斤，其价约值十六万两。据河口慧海②《旅行》所记言：则拉萨市中砖茶一个下等者值二圆七十五钱，上等者则值五圆乃至五圆五十钱左右。西北高原地方，则下等一个亦值三圆七十五钱。余盖：西藏人最好饮茶，消费此物非常巨额。实日赏食料中之一，重要品也。其煎茶之法，则取砖茶一握，入釜中加以靳油，煮沸之约十分钟，间更用物滤过，盛入木管，取可以上下活动，有木材圆板之棒，上下搅拌，待其调和均匀，然后注碗中，以供饮用。

（雅州府）即古之靖府也，由此过大河青衣江即古所谓"平羌"，今呼为"官渡"。昔诸葛武侯平羌于此，故名。其地产黄连、雅茶。出南门上严道山，过灵官堂下凉水井六十里至观音铺，在山豀之间出门，不远上飞龙阁十五里，于山顶有名刹，名"龙兴寺"，下山则为煎茶坪，麻柳湾山脚下高桥关也。趋山脚过大庙寺至七纵河，其水从瓦屋山下发源，泛舟登岸，共计六十里。至荥经县即古孟州也，二水环绕，昔武侯所以擒孟获处也，西有唐节度李德裕之筹边楼，今改为东岳观矣。从山脚下顺堨过土地桥而上曰"古城"，乃孟获之旧城，武侯曾穿穴入城擒获于此，形势尚存，而城中所出之穴，已成一塘，不时出雾飞雨，故名为"古城烟雨"，其地产黄茶，又有太湖茶，观音茶亦纳贡之品。四十里过鹿角坝、雨池铺至沟口站，顺沟而进，过大渡桥、芭房、安乐坝、黄泥铺，共七十里至小关山。在山豀之内，晴明日少，阴雨日多，迷雾霏霏，疑非阳境。沿沟直上约十里曰"大关山"，又曰"九折坡"，祀关帝庙于上，故名关山，明末张献忠屯兵雅州，欲犯西南一带，汉源街民有李华亭者，年七十余，率领乡兵连破献忠七战，于九坡之上、坡下皆有守隘，故分为大、小关山。过江而下，不远复沿沟而上，即丞相岭也，昔武侯屯兵之处，原曰"功爽山"，其山冬春雪凌甚大，路险滑而

---

① 王雷：《概论〈西藏通览〉的历史研究价值和人文地理价值》，载《新西部：理论版》，2015年6期。

② 河口慧海（1866—1945年），日本佛教学者，1897年只身从尼泊尔入藏，1903年归国，翌年再次西度，先在尼泊尔搜集佛教典籍，1913年入藏，1915年携藏文大藏经归国，并带回许多佛像、佛画、佛具与经版；1924年在宗教大学教授藏语和藏传佛教，致力于藏文、梵文经典的日译工作。晚年在东洋文库编纂《藏日大辞典》，曾于1935年考察内蒙佛教；著有《西藏旅行记》《请来西藏品目录》《西藏传印度佛教历史》等书。

不良于行，曲折盘旋，直插云霄，果亲王过此曾留题曰："奉旨抚西戎，冬登丞相岭。古人名不朽，千载如此永。"下山则名"象鼻子"，有二十四盘，洪武年间金川侯曾匦修鏊以通旅行，过洋楼门有两路：一至牛屎花椒坡；一至清溪县总计七十里。至清溪县即唐之通望县，隋之朝阳县也，城之形像下山如无头龟形，南走大田土司之界，至汉源街通建昌，即古之汉源县也，汉时马岱镇守之，今尚有马女姓土人，殆其谣也。大田离县治三十里，有大井、水田，万历间改设为黎州千户，县署内有黎椒树亦，为纳贡之物，俗传唐僧取经之时，插椒杖于此，而生者其地，近曲曲乌。出北门下坡过沟上山，顺塘至富庄，共七十里至泥头汛。顺沟而进，过老君剑，对岩之上有水急流如剑，路崎岖，其地人物、衣冠另是一种，名曰"猓猓"，乃昔之羌人也。三十里至林口，顺沟而进，上坡过头道桥有堆卡，过桥由沟不远，上飞越岭，甚险岭，过相岭，其地终年有积雪，飞霜下视层云如在天际。山顶中有隘、古刹、关帝庙，过此隘即下山，无留足地，共计三十里至化林坪，即泰宁营也。果亲王有诗云：泰宁城到化林坪，峻岭临江乌道行。天限华羌开此路，寨垣宣建最高平。下山二十里过隆坝铺，越右则为沈村土司住牧之处也，由左边、小河、冷碛共三十里至冷碛土司住牧之处。五十里至泸定桥，地稍温暖，河名"泸水"，向无桥梁，开打箭炉之后，始建铁索，有圣祖仁皇帝御制之碑文，勒石于左，桥之东、西长三十一丈一尺，宽九尺，而施九股索之长者，比桥身余八尺，复木板于上，镇之以梁柱，翼之以扶拦，御赐桥名曰"泸定桥"，过桥十里曰"咱里"，亦土司住牧处也，二十里至大烹桥，小坡上下约有十里，为冷竹关也，入沟即上大岗山，甚陡险焉。唐提督之兵被阻于此，山脚河旁尚有兵营基址，曲折而上，约十里曰"黄草坡"，果亲王诗曰："已过连云栈几重，如何首险大岗峰。行人湧湧生劳顿，万水千山不易逢。"下即口花扁也，其路窄险，在峭壁之上以木石培砌偏桥，偶一失足，则形影俱失。由此有二道：一以十里至头道水，此旧路已颓；一由冷足关对岸之新道沿山岸而行，临峻岭江约二十里至头道水，高崖峡峙，一水中流，店房、铺户，半在山麓，半临水边，山后声如雷，有瀑布飞涌而下，果亲王诗曰："微雪竖壁插青天，一线中通乌道滩。马过溪头蹄带雪，断崖千尺挂龙泉。"自此以往杨柳夹道，深坑掩映一路，以七十里而至打箭炉矣。

打箭炉者，四川省之最西部也。昔日此地为西藏之境界，气候寒冷，三山环绕，二水并流。相传武侯于此造箭，其匠人郭姓，所乘之一羊，已仙去。有庙在炉，形容古怪，夷人敬而畏之。炉城只有三门，无墙垣，以山水为天然城郭。盖为口外各种番夷贸易之总汇、市茶之要区也。人烟辐辏，市井繁华，珠宝等物，为支那本部所无者，仅于此地产之。人物衣冠、风俗、语言又自不同。所居之屋，以虎皮石砌成，之内以木为柱，或三五层不等，名曰碉房，能抵抗铳炮之射击；所耕者，豆、麦、青稞；而所牧者牛、羊；所食者，黄油、炒面、乳茶、羊肉；所饮者，即青稞酿成之酒也。

《青康藏区的冒险生涯》（伍则）

本书主要描述了英国皇家地理学会会员布鲁克（J.W.Brooke）横贯中国内地，及在四川岷江流域及甘孜、凉山地区的两次旅行游记。1906年8月，布鲁克从上海出发开始他的首次旅行。在穿越西藏之后，他于1907年10月返回上海；1907年11月，布鲁克又从上海启程，开始其第二次旅行，游历川西和西藏东部，于1908年在大凉山腹地探险时被误杀身亡。

该书编撰成册颇具戏剧性。本书作者虽为英国探险家 W.N.福格森（W.N.Fergusson），却是在探险家布鲁克的日记等旅行资料基础上编纂而成。作者福格森是当时驻在成都的一位英国传教士，曾和布鲁克一起到川西北旅行。他在原书《写在前面的话》中，介绍了这一段离奇经历："在上述两次探险中，布鲁克中尉第二次旅行由 C.H.米尔斯陪伴。在这次'游历'中途流产后，米尔斯先生回到英国，将他们在中国的见闻写下来发表。这些文章反响很大，读者纷纷要求米尔斯先生进一步将他自己及其朋友的经历写成书，以便留下更永久的记录。但是，司各特上尉招募他前往南极探险。为这次南极探险做好准备，他当年年初必须离开英国，到西伯利亚去购买狗和矮种马。这样，原本由他执笔写书的任务，就落到我的肩上了。布鲁克先生的双亲慷慨地把他的日记和旅行中所拍摄的照片交给我，由我任意处理。"

该书1911年在伦敦由 Constable 出版，原名为《在西藏草原的冒险、游乐和旅行》（Adventure,Sport and Travel on the Tibetan Steppes）。下文分别选自《青康藏区的冒险生涯》第十五章（壹、贰、叁则）与第十六章（肆、伍则），张文武译，西藏人民出版社 2003 出版，为《洋人眼中的西藏译丛》之一。

（壹）一到达道坞，我们就发现了一座大寺庙，它就坐落在一座大约有 50 户人家的小村子附近，里面有大约 3000 名喇嘛。我们住进一座西番新开的大锅庄（Gochuang）的房间里。一座锅庄就是一个部落修建的一幢房子，作为本族通商者路过时的歇息场所。

在类似打箭炉（Tacheiniu）这样的贸易中心，每个部落都有自己的客房。我们发现自己所下榻的锅庄房间很宽敞，因为它刚刚翻修过，显得很整洁。仔细一瞧，我们发现大多数房舍是新修的，另外几座还在修建。我们询问为什么要重修这些房子时，得知三年前一场大地震几乎毁坏了所有房屋，大多数居民也因此丧生。大约半英里远的寺庙也受到了震动，与之相连接的一些回廊垮掉了，但是寺庙和许多房间并没有受到损坏。

（贰）在道坞大约两英里以南，下阿曲河折向西面，消失在群山之中。沿着它的河岸据说有一条人行小道，但是在某些地方几乎难以通行，的确很危险。我们沿着一条流入下阿曲的小溪前进，走到了它隐没进瞻对峡谷地方的附近。大部分道路有 50 到 100 英尺宽。一路上，我们除了路过在草原上放牧的大群大群的牧畜外，有一天还遇到 500 头牦牛、另一天 200 头牦牛组成的大型茶商队。

茶叶在简便帐篷外面大堆大堆地堆起来。这座帐篷是用人们在路上所穿普通灰缸衬衫盖成的，为的是搬运方便。

（叁）在太岭附近，我们遇上一支由 500 头牦牛组成的商队，正驮着茶叶西去。

我们在道坞逗留的两天时间里，我一直数着路过道坞西去的牲畜的数量；从道坞到太岭的 3 天行程里，我发现平均每天看到 200 头驮货牦牛路过。7 月和 8 月加起来共 60 天，由于气候炎热，无论是牦牛还是高原居民都忍受不了酷热，很少有人从打箭炉驮运货物西来。把这种情况考虑进去，每驮平均 120 斤，那么每天达 24 000 斤。如果我们接受这种 24 000 斤茶叶用牦牛和骡子由此路运去给藏人一年消费 300 天的看法，那么我们发现，已经有 7 200 000 斤茶叶通过这段大北路。如果我们瞧一瞧亚历山大·霍西（Alexander Hosie）爵士精心撰写的报告（该报告是他在打箭炉所获统计的基础之上写成的），我们就发现，他估计每年通过打箭沪的茶叶为 8 533 000 斤，价值达 948 591 两银子。我大致估计，跨越这条朝北大道的货物即 720 000 斤茶叶，其中有 1 333 000 斤通过理塘、巴塘和其他地方线路西去的。这样，就可以认为大约有 6 倍多运往西藏的茶叶，是通过朝北大道运往西藏中心地带的。

在一个非常准确数字的基础之上，亚历山大·霍西爵士能够计算通过打箭炉茶叶的数量，官方表册上并没有登记。我们可以把这个数字，加上通过松潘、懋功和杂谷脑进入西藏的茶叶数量——不会少于通过打箭炉的 1/4，或者说是 2 133 250 斤，就可以得出通过川西地区到西藏的茶叶数量。此外，差不多还有这样多的茶叶，是通过印度和俄度运进去的。我知道，沿着甘肃边界和青海一线地区，几乎普遍喝汉口砖茶。这样一来，通过其他路线运往藏区的茶叶数量，即使保守估计，也等于从四川运进的总量，即经过打箭炉的有 8 533 000 斤，经由灌县的有 2 133 250 斤，加起来一共是 10 666 250 斤。把还要多得多，从印度、俄国、云南和甘肃运入西藏的 10 666 250 斤考虑进去，我们可以估算出每年从有渠道运入藏区消费的茶叶不少于 21 332 500 斤。①

（肆）我们在打箭炉度过一天半时间。它虽然是一座小城，却是一座重要的边城。成百藏民——有的来自藏区的中心，有的来自川边土司辖区——每天来到这座汉藏两区的交易中转站。对平均每队背茶脚夫进行考察，我们发现全年平均每天大约有 125 名脚夫到达，每人所背大约 200 斤（或者说 366 磅）。在繁忙季节里，每天有 400 名之多的脚夫到达；在淡季，一路上则很少看到苦力。但是，由于打箭炉是汉人脚夫队伍线路的终端，因而它又成为牦牛运输队出发运输的起点。

作为商城的打箭炉，地位极为重要。从藏区中心地带运输而来的皮、毛、鹿角、察香和金沙，都能够在此找到销路，摆在打箭炉大街上，交换茶叶、棉织品和所有纺织成品，它们在藏区用于出售。

外来陌生人，如果仅仅是一般性路过，就可能会因为它是一个肮脏的军事边防区而不会加以注意。街道不但非常狭窄，而且，如果有人在清晨早早地出来转转，就会发现它污秽不堪，特别是在夏季里。商店看起来都不大，小得可以看到它里面的没有太多的商品，只可以看到藏民旅行用的铜壶、锅子和盘子以及棉布、针和棉线；朝廷军队从寺庙抢掠而来的古剑、纪念物，在此完全用来展览。

---

① 原书中路程里数及诸多计数存在主观与混乱之处，仅供参考。

炉河滚滚而来，流过城中间，把它切为两半，3座悬浮桥跨河而过，徒步的行人、牲畜以及商队从桥上往还。满城铺的都是石头，屋子是木结构的，前壁是活动的，大部分涂成棕色，但其中一些墙是用石头建的。这种建筑风格，是川边沿线地区独有的汉藏融合起来的风格。

最漂亮的建筑是明正司署。该称号是朝廷给呷拉土司册封的。它东界到铜河，西界到雅砻江，北到马孜和革什扎，南临黄教地区，土司官署设在木里，离这儿还有10天的路程。

我们去拜访明正土司，但很不凑巧，他外出了。我们进入一座高墙包围的院落。这是一座防守坚固、高高耸立的半汉族风格的建筑，屋顶是斜坡形的，有屋椽覆盖。屋顶有几座装饰性的金塔。

（伍）我们必须赶回锅庄去，了解一下我们出发之前那里正在进行什么活动。在前面的章节里，我们已经解释锅庄是一种行业交易所，其所属部落的成员和朋友也在此寄宿。

在打箭炉有许多这样的锅庄。从藏区来的人总是寄宿在这种属于他们自己的交易所里，通过管理者，购买茶叶和其他物品，运入西藏。从藏区购买而来的物品，大部分也必须从这些不可或缺的锅庄管理人手中经过。换句话说，他们扮演了一个汉商和来自藏区的藏商之间中介人的角色。只有在这些锅庄停留一定的时间，才会明白在这些地方正在进行什么样的交易，因为站在大街上，是看不到围墙里面到底在干什么。

《彝藏禁区行》

多隆探险队是以法国人多隆（Vicomte d'Ollone）少校为队长，鲁巴吉（Lepage）大尉、胡勒莱尔（Fleurelle）中尉、波依乌（Boyve）军士为队员的四名法国军人组成的，其主要目的就是调查那些"独立的""未开化"的"蛮族"。

1906年12月，"多隆探险队"在越南的河内登陆，第二年春季到达云南府（今昆明），在云南府，探险队兵分两路。胡勒莱尔和鲁巴吉前往云南东部的苗族、彝族领地探查；而多隆与波依乌从云南府出发，北上进入山区。数日后多隆一行渡过金沙江，从那里再北上到达会理后，又继续北上抵宁远（今西昌），并由德·格布里安神父陪伴，一同踏上了"独立的"彝族禁地。1907年9月，探险队再次汇合后，又向康区出向，后又深入松潘等地，又西行深入兰州，可谓由南向北穿越了整个中国西部。本书即为这次探险的游记。其后，多隆研究对象着重于考古学与民族学。在考古学方面著有《断偈残碑集》《中国西部的古迹》及《中国回教的研究》三本；民族学方面著有《中国的非汉民族的史料》及《中国的非汉民族的文字》等三本。这些巨著，把中国西南民族的史地语言作了总探讨，成绩显著。为法国人在此方面的研究画上了圆满的句号。

本书原名《最后的未开化民族》，于1911年法文出版，1912年Boston Maynard and Company出版英文版，书名 *In Forbidden China, the D'Ollone Mission 1906—1909*（《中国禁地：1906年至1909年多隆行记》）。简体中文版更名为《彝藏禁区行》，辛玉、周梦子、叶红译，新疆人民出版社1999年版，为《亚洲探险之旅丛书》之一。

除这座桥①外，打箭炉的路是中国山里看见的最漂亮的地方。路大约有两米宽，从悬崖走下来也不让人害怕。从这条路上通过的运茶人多得令人难以想象。众所周知，西藏人把茶当作主要的营养品。几乎所有的茶都从这条道专门运往西藏。这些看上去并不十分强壮的男人们，带的行李多得令人吃惊。我们看着他们大概估算了一下，行李可达 140 公斤，再加上令人生厌的来来回回上下的 3000 米的高度。

打箭炉县城内既有藏人的首领也有汉人的县令，是藏区的大门。在这里藏民的家远比汉人的家漂亮，感觉也好得多，也干净得多，非常像我们的家，但还保持着自己的特色。可是目前还没人对此做出恰当的评价。

然而，我不打算花笔墨来记述县内众所周知的事情——黄帽派和红帽派的喇嘛庙②，以及当地藏民的事——牦牛商队和男人们一起从远处背着茶叶运来运去。西藏是一个世界，要研究它，当然要留给专家们去做。而我们到这里来的目的是做比较，能做到这一点也就该令人自豪了吧。

---

① 指泸定桥。
② 即指代的"格鲁派"和"宁玛派"的寺庙。

第二章　民国时期茶马古道"锅庄文化"文史资料类编

甲　历史概要

茶市之要区（《西藏地理讲义》）

1908年，京师开设殖边学堂，1912年6月，中华民国教育部以满蒙文高等学堂与殖边学堂性质相近，合并为筹边学校，设丙、丁、戊班三个班级，1915年并归北京法政专门学校。①本文摘自《西藏地理讲义》，书中言其为"北京筹边高等学校丙班西藏地理教材"，应为吴燕绍编。

打箭炉者，四川省之西门。昔日此地为汉番之境界，三山环绕，二水并流。有三门，无墙垣，以山水为天然城郭。所居之屋，皆以虎皮石砌成，之内以木为柱，或三五层不等，坚实能御炮击。市井繁华，人烟稠聚，盖口外各种番民贸易之总汇、市茶之要区也。

【注疏】筹边高等学校丙班由吴燕绍教习蒙藏历史，吴燕绍（1868—1944年）本为近代著名蒙藏史学家。据记载：其在筹边学校、法政专门学校边政科教授边内地理、蒙藏回史、蒙藏新疆地理等课程，分别编有讲义。故此讲义撰编者应为吴燕绍。

吴燕绍（1868—1944年），江苏省苏州府松陵县（今江苏省苏州吴江区松陵镇）人，清末政治人物，吴丰培之父。光绪二十年（1894年），吴燕绍中进士，任内阁中书，这为他对边疆史料的搜集提供了极大的便利，辛亥革命后，吴负责主编《蒙藏回白话报》，又授课筹边高等学校，1929年左右被北大史学系聘为讲师，后升为教授，编著有《西藏史大纲》《清代蒙藏回部典汇》等边疆著作。

打箭炉贸易颇盛（《西藏归程记》）

《西藏归程记》，作者心禅，作者在文首云："余于前清光绪季年入藏。初为驻藏大臣记室，嗣弃而为商。居拉萨，恒转运川藏商货，以逐什一之利。因与藏人习，且习为藏言，盖于今

---

① 杨思机：《清末民初北"殖边学堂"及其影响》，载《民族研究》，2017年1期。

六年矣。余因悉售所积之货，将东归于成都。时川藏之风云甚恶。余友谓必取道亚东，附英人印度铁道，转而航海至沪，循江西归。余自念以中国之人行中国之地。顾以道途艰阻，欲转而假道于外人，吾人之奇耻大辱也，不之许。且恃能藏言，因决由拉萨东归。途中所历拉杂书之。归程六千里，聊志时日而已。"

作品最早连载于1915年的《小说月报》第五卷，从第八号至第十二号，后又收入《古今游记丛钞》第十二册及《清末民初藏事资料选编1877—1919》。本文选录于《小说月报》第五卷第十号，1915年1月25日出刊。

二十一日，由折多塘至打箭炉宿。黎明东发。荒山漫坡，路尚平坦。四围雪峰千叠，与日光相映照。景色晶莹，颇称奇观。五十里至打箭炉。相传武侯南征，遣将郭达安炉造箭于此，故以为名。其地为古之牦牛国。清时为明正土司地。后设打箭炉直隶厅。宣统三年改康定府。以自此以西，皆旧时康地也。民国改县。川边镇抚使开府于此（按镇抚使今已裁撤，有镇守使驻之）。地势据大雪山之最高处，介雅砻江与大渡河支流泸河之间，为川西之锁钥。其对于西藏，犹西宁之对于青海，实控制要地也。有小河，水势汹涌。商贾傍河两岸，结为市廛。贸易颇盛。旧设税关。故自此西行者曰"出关"。东行者则曰"入关"。入口货以羊毛为大宗，出口货以茶为大宗。然近则年不如年矣。旧时羊毛之由四川东运者，岁约七八十万驮，每驮约重七十斤，值银八两乃至四两。番汉各商均于此交易。后因每十驮征抽一驮，番商售与汉商，又征出入口税一次。番商避重就轻，多绕道青海或印度。而炉城之销数大减。加以张家口、东三省等处羊毛运往上海。道近费省，价较廉，洋商乐于就此。而炉城之羊毛，秋初起运，冬间始达，必待北方冰海。洋商不能停机以待，始克藉此出售，亦滞销之一大原因也。茶则为藏人必需之品。四川之雅安、天全、邛崃、荥经①、名山等县，皆盛产茶，恒取其极粗者捣而碎之，制成长一尺，宽七寸，厚三寸之砖形，运销西藏。每年约八九十万金。赵尔丰任边务大臣时，由官伤商招股，创立公司。而股本为某票号占其大半。原有茶商百余家，附股无从，相率停闭。公司垄断其利，高价出售，加以番人来此运茶，向系先交货价之半，信用素孚，已成习惯。而公司必欲现银购货。番商因以裹足。而印度茶之自亚东入藏者，廉价发售，藏人争购。川茶益形滞销，而炉城茶务遂一跃不振。吾国论者恒谓吾国商战实丈不如外人，故无往而不失败。然所以至此失败，其因皆自我造之外人遂乘间以入，而权利因以坐失。观于印茶入藏，可恍然矣。

征南造箭语无稽（《泣血缉存》）

罗长裿（1865—1911年），字退斋，号"申田"，湖南湘乡胜岩十九都画竹园（今娄底市西阳乡白鹭湾）人，晚清进士，捐升道员，发江苏任职，又改四川。当时赵尔丰督川边军事，罗长裿参与其幕府，被驻藏大臣联豫派往藏东讨伐波密土王，但其与协统钟颖不和。辛亥革

---

① 民国时期，今四川省雅安市荥经县在文献中仍有记为"荥经"，下同不再另注。

命爆发后，传罗被钟谋杀。罗长裿次子罗春驷怒而不满，辑录罗长裿遗文共四卷，以《泣血缉存》为其鸣冤叫屈。1915年3月19日，袁世凯政府对罗长裿被害一案审讯，其家属编印《弥天冤案录》（又名《钟颖疑案》）以申诉，后钟被明正典刑，罗则入祀忠烈祠。①

辑录者罗春驷（1889—1950年），号"辀重"，以号行，著名教育家，1915年自费赴美国就读于哥伦比亚大学，学习教育，与胡适、陶行知等同为杜威的学生。回国后他以教育救国为己任，倾家兴学，发展先祖创办的罗氏陶龛学校，主持校政30年，享有"北行知，南陶龛"之盛誉。

原书卷一为罗长裿官西藏时期遗诗；卷二公牍；卷三书牍；卷四殉义据闻。本文摘自卷一。

征南造箭语无稽，锁钥天然可塞泥。晚立雉楼风正起，一轮关月听征鼓。【打箭炉以郭达将军造箭得名，不见正史。地形极为险要。】

【注疏】《泣血缉存》具体成书时间不详，但因罗家在1915年又续编印《弥天冤案录》，为罗长裿"冤案"审讯造势、申诉，故印刊时间为辛亥革命后，1915年之前。

汉藏互联的经商（《藏人言藏》）

《藏人言藏》（ A Tibetan on Tibet ）作者英国人孔贝（G.A.Combe），曾长期在中国康定居住，是一个所谓的"中国通"。书中内容为他采访现代藏学家谢国安（书史称"智慧保罗"）的纪录。本书原于1926年在英国出版，后由李安宅翻译，连载于1942年《边政公论》第7、8至9、10两期。今四川民族出版社2002年出版译作，邓小咏翻译。

谢国安（1887—1966年），四川省甘孜县人，藏名多吉卓巴，英文名（教名）保罗·夏热甫。谢国安在收集整理和研究藏族史诗《格萨尔王传》方面成就颇大，对藏学事业做出了重要贡献。以后，他投身西藏和平解放事业，曾任中共西藏工作委员会研究室顾问。

李安宅（1900—1985年），河北省迁安县（今河北省迁安市）人，字仁斋，笔名任责。1926年燕京大学社会学系毕业，后赴美国深造。1938年赴甘肃拉卜楞寺对藏传佛教进行实地调查，后任教于成都华西大学，1947年到1949年在美、英从事研究工作。1950年参加中国人民解放军，进驻西藏，先后任昌都解放委员会文化组组长、拉萨解放军藏文藏语训练班教育长等职。1956年调西南民族学院（今西南民族大学）任副教务长兼民族政策教研组组长。1961年调入四川师范学院（今四川师范大学）任副教授兼外语系主任。一生专治民族学、宗教学、社会学、藏学的研究，颇有成绩。曾任四川省政协委员、北京西藏佛学研究会理事、四川民族研究学会副理事长等职。著有《美学》《意义学》《西藏系佛教僧教育制度》《藏族宗教史之

---

① 关于钟颖一案，可参考：《"冤案"而非"疑案"：与清末民初藏局相关的钟颖死刑案之分析》，载《西藏研究》，2014年2期。

实地研究》《拉卜楞——李安宅的调查报告》《宗教与边疆建设》等。

本文摘自原书第十一章《与汉人的接触与联系——经商》，原书有大量注解，地名附国际音标，摘录时均省略。书中地名因直译原因，少数与现有地名传统（习惯）称谓略有差异。

很久很久以前，当吐蕃的祖先东扩到包括崇州和嘉定在内的时候，一位名叫孔明的中国著名将军对其部落进行了统一的战争，为了使这场旷日持久的战争有一个令人满意的结局，作为一个足智多谋的将军，他订出和平的条件，即他射出一枝箭，箭射到哪里，蕃（Bod）人就要把这块地盘割让给他。这些蕃人同意了，孔明于是拉弓搭箭，那弓十分有力，射出的箭远远地向西边飞去，在场众人都不知它落到何处。最后，几经搜寻，终于在萨木扎格山找到了它，而萨木扎格山可以俯瞰其北方的打箭炉。原来是孔明的密使偷偷地把箭插到那儿的。藏人以为孔明一定是个无所不能的神仙，他们只得遵守承诺，把崇州到萨木扎格山的所有地区都让给了孔明。

那时这里当然没有房子。孔明来视察这片"一箭射来"的地方时，出于谨慎，他不是通过泸定走近路，而是绕过摩斯棉而来。即使如此，他发现四周山头都驻守着藏人，准备着向他这支少量的军队发起难以应付的抵抗，而他的军队连给养的困难都无法解决。

但是孔明灵机一动便有了一个大胆而巧妙的想法，问题也就变简单了。他让士兵吃羊肉而解决了给养的困难，为此要驱赶一大群羊与军队共同前进，他下令只在夜间行军，并在每一只羊的角上系上一个灯笼，因而掩盖了那支军队为数寥寥的实际兵力。

当藏人看见这支"人数庞大"的军队在黑暗中向他们走去的时候，他们溃逃了。孔明便在今天称之为打箭炉的这个地方安营扎寨的。

查拉地区当时归属于木雅，木雅一名至今还在，此地在查拉往南约三天路程。那时有个木雅王，有一天他出去打猎，在折多关口上面打伤了一只鹿，于是朝查拉方向追赶而去。在经过一段又长又累的追逐后，他放弃了猎物，却发现他置身于孔明扎寨的那条美丽的峡谷中。孔明热烈欢迎他，允许他建一座房子（其遗迹就在天主教传教所的后边，至今仍叫"古衙门"），并承认他作为这个地区的首领。到了清朝统治的时代，首领一家都死光了，只留下了一位老妇人和她的孙子们；清朝于此建立了查拉土司，并让那位老妇人做女王。自然她的孙子后来做了这里的土司，这地方政权一直延续到1922年，那一年查拉王被汉人擒获入狱，他在企图越狱时被击毙，尸体在河边被发现。两个由妃妾生的儿子仍生活在打箭炉，根据藏人的礼俗，他们被视为合法的继承人。

当孔明回去时，他留下48名士兵，这些士兵后来与当地女人结了婚，并永久地居住下来。从此以后，那地方以48个家庭的居住地而著名。在汉语里叫"四十八家国创"，在藏语里叫"Aja-Kaba Zhi-ju-zhe-je"。Aja 不是一个藏语词，仅在打箭炉地区使用；它可能是蛮子或嘉绒方言词。它的意思与藏语的"噶伦"或"伦波"相当，指一个官阶比国王低但比"本"官高的首领。因此在查拉有"王"、阿迪、头人等官阶。阿迹与锡金的"卡基"以及锡金王的大臣差不多。那48个家庭的后裔现今仍被打箭炉的藏人称作阿迦。

在西藏历史上另一位有名的汉族将军是迦朵阿巴，和诸葛亮比起来，他算是现代的人了。迦朵阿巴征服了迎德和囊钦。索南雍仲就是迎德本地人，或者就像汉人所说的"三十九族"（藏语词意思是"汉人"，而汉语叫"三十九个部落"）。尽管索南雍仲不会说汉语，但跟迎德比起来，他喜欢中国内地，他告诉我，在古代他的家乡叫琼波，被划分为两部分：黑琼波和白琼波，分别属于各自的土司或首领统治。这里曾被一个来自固尔什的名叫丹津却杰的蒙古王所征服，尔后当地居民每年都要向他进贡好多马匹。但是丹津遭到清朝皇帝派来的迦朵阿巴的攻击。这位将军来自四川，尽管他可能不是四川本地人。他只带了38个士兵，但在来自甘肃的军队援助下，他成功地赶走了丹津，丹津逃回蒙古去了。迦朵阿巴于是把这个地区划分成39个辖区，他自己统治一个，其余38个让他的38个士兵分头统治；每个首领每年要向中央政府派驻的官员纳税450两银。这就是为什么汉语里将这个地区称之为"39个部落"的缘由。索南雍仲说，这段掌故不是摘自于书本而是代代口传而来。他补充说，自从辛亥革命（1911年）以来，藏人已经重新控制了这个地区，那39个首领再也没什么权力了，只是像其他人一样经由两名宗本向拉萨政府缴纳同样多的税。

他还说，迦德北边毗邻的地区叫二十五族（25个部落），仍然保持着它的藏语旧名囊钦，过去一直是相对独立的，就像德格那样。过去它被划分成25个辖区，每个辖区由一名"本"官管辖，所有的地区由一个杰波统辖；但是迎朵阿巴征服这个地区以后就把它交给甘肃人，以此作为他们援助的回报。甘肃允许杰波重返王位，但必须每年向杰贡多的甘肃官员交纳税银。

自从诺布桑波（"贵重的人"）到来之后，打箭炉的贸易就开始了，他是第一个成为商人的藏人。据说他是桑耶地方人，足迹踏遍全藏，最后到了打箭炉，而至于他走的路线，传说中语焉不详。察看了这儿的情况以后，他返回拉萨，再带来一支商队，在此贩卖麝香、鹿角和皮革；他没有带羊毛来，因为那时汉人还不知道如何去纺织它。出售这些商品，他换回了丝绸、茶叶、瓷器、烟草以及其他中国内地产品。他的运输牲口全是骡子或"啄"，因为牛在长途旅行中用处不大。那时藏区还没有强盗，但他的随从都佩带着弓箭，传说中认定随从的数目有500人之多。贸易仅限于物物交换，因为那时西藏还没有多少银币。

我可以提一下，随后羊毛就从达曲卡、安得拉扎玛尔以及其他游牧地区运来了，并且当上海出现大工厂时，它发展成为一项很大的贸易。在过去的三四年里，这项贸易又大大地下降了。

这个先驱的名字，在一般情况下仍然被当作商界巨头的代名词使用着；有一首流行歌曲的两行歌词这样唱道：

Dzongbon Norbu Zangbo
Ja Ja Bod la drang ken.

颂扬他把中国内地所产的茶引进到西藏这件事情。他在这个地区的总部是木雅土司辖区一个名叫朵拉噶摩的地方，沿朝南的路走大约三天路程。离大路约半里之处，仍能看见一些白石块，表明他当时的总部范围，但现在那儿已经没房屋了，仅在夏天的某些时候有个别放牧人的帐篷，那儿已是一片草地了。

诺布桑波的许多后继者，时不时地带来些从印度得到的金银。直到三四年前，贸易尚未萧条之时，一个商人就可能带来三十到四十骡车的银子和一骡车的金子，每骡车的金银重达650盎司之多。

现在，当藏人向内地商人买东西时，实际上他们只付价钱的一半，留下另一半等这些商人下次回来时再付清。这种贸易方式似乎表明内地商人很可信，但事实上是他掩饰得非常好。首先，藏族人几乎都很履行诺言，如果他不这样做，就不能把生意继续做下去；其次，把货物留在打箭炉，汉族商人便以两倍于成本价的价格卖出货物。例如，他把包括运费及其他一切成本的价值400两银子的商品以1000两的高价出售；他先收下500两，同意另外500两下次来时再收取。随着他的交易的扩大，拥有约十一二个不同的买主，即使其中的两个买主坑了他，这是一件不妙的事，但他所得利益仍然让人满意。

和老牌公司做买卖，就如和朋友做买卖一样，不用文据也照样进行。文据的运用，票制都是从内地引进的相当新鲜的事儿。一般程序如下：藏人A有待售的皮货，但没有钱买他想带回去的茶叶，就把这些皮货转让给无现钱付款的B，A于是从商人C那儿买茶叶，通过一个中介，B向C承诺他以后会守信付款的。B并不签订协议，只说一下，这就够了，因为如果他耍滑头的话，他的信誉就永久地被破坏了。

目前藏人没有带来大量银子，他们似乎难以从印度弄到东西了。而且，四川的内战使得这些内地商人惊恐不已，地方官僚又贪得无厌，因此藏汉贸易现在已从打箭炉转移到甘肃（当时所辖的）西宁，转移到北京、天津去了。拉萨几乎只与印度做贸易了。

茶叶是主要贸易商品。把茶叶做成一块块"茶砖"，用筐子包装好，叫苦工背驮着从内地运送过来。一般的载重量为9包，每包17斤重。从打箭炉分两路把茶叶发送到西藏。在"小路买卖"中，用牛把茶叶运到里塘、杰贡多等地，茶叶仍用原先的包装，但把它们宽松地裹在牦牛皮中。这种贸易中的茶砖质量一般比较低劣。在"大路买卖"中，牛队运着茶叶到拉萨，杰贡多这边的茶叶原封不动。在打箭炉，一个茶砖的价钱，不计质量好坏，像在拉萨的交换那样，一般是1.5卢比，大量采购来出口，批发价每个茶砖平均值1卢比。

运往拉萨的茶叶，就不要原先的包装，而是把它缝进牛皮里，重3斤的12个茶砖缝一张牛皮，这使重量减轻一半。把每一担72斤重的茶砖再包装一下要花4.5卢比，骡子和牛驮运的担子是一样的，但由于旅程长了，包装也小了些。运输依次进行——去达乌、甘孜或绒坝岔、卓钦寺、杰贡多、那曲卡或达木巴、拉萨，运费一般根据每次运送的重量和路程来决定。例如，从打箭炉到达乌有七天路程，运费则在每担3卢比到5卢比之间，视市场中的茶叶和可找到的牲口数量多寡而定。但牦牛喜欢在路上吃草，下午经常又不情愿走路，到达送货地则需花一两个月时间，而运输费用仍旧是原来那么多。

按规矩，茶叶的老板是不亲自押送的，他把这项活儿交付给一个代理人，这人先头出发,并在各个不同地点做好安排,在第一站达乌,他和来自甘孜或绒坝岔的牛主洽商,并约定他们到那个镇上,等着运输队到来,付清第一程的费用后,继续前行,他干这项活儿只管吃,没有工钱,但为此老板借给他一匹马、一个马鞍子、一把枪以及300~400两银子去做他个人的生意。老板一般带着一个骡队尾随在后,这一队运着些更值钱的内地产品,如丝绸等。

从打箭炉到绒坝岔的运费平均每担9.75卢比,从绒坝岔杰贡多则为8卢比,从杰贡多到拉萨为巧卢比;加起来总共32.75卢比,比原先的价格24卢比高多了。不计时的租用仓库的租金为每100担付一个茶砖。在卓钦寺当局按每8担一个茶砖的税率收军饷税,在拉萨则按每10担12个茶砖的税率收税。交给拉萨地方政府的茶叶必须给色拉、哲蚌和甘丹三大寺院,以代替1911年革命以前的津贴,过去他们是从北京中央政府那儿获得这笔款项。一个商人估计,如果他发送1500担货,在付完各种费用,例如包装费、运输费、仓库租金、税款、代理人的伙食费等等之后,到拉萨他就只剩下1000担来出售了。这批茶砖他是以每个6卢比的价钱买到的,几年前价钱是8卢比。或10卢比,但后来跌价了。茶叶低廉,销量更大,因而更是有利可图。运输队要花一年时间才到拉萨,路上的损失和茶叶的变坏,使赢利受损;而且有时货物到的不是时候,市场供应已经饱和,此时甚至连6卢比的成本价也没有人愿出。但一般来说还是有很公平的外快可赚的。

在打箭炉,茶叶运输队离开以后,老板继续为他的运丝绸等货物的商队做准备,这个队他将亲自带到拉萨,不再雇人了。该队由30到100匹骡子组成,并有20个装备良好的骑兵护行。老板带有几个帐篷,以每天25公里的速度悄悄地行进,惟在周围环境引人注目的地方才停留,可能还打会儿猎,没必要急忙赶路。在茶叶运输队走后四五个月,老板才动身出发,他的骡队却能在3个月中轻松地走完同样的路程。他没带多少现金,通过在路途中交易一些货物,就能得到任何别的想要的食品和新鲜肉。只需要一把茶叶,就能换来他的骡马要吃的草料和豌豆。这把茶叶只是他要出售的货物中的一点点而已。他在他的茶叶运输队两三个月前就到达拉萨,在等待的时间里,他卖出他的商品以换回金或银—银子不很受欢迎,因为康区不使用特兰卡;或者用来换回布茹格或拉萨、印度产的其他物品。

上面描述的这些站点,都在有名的"赴藏商路"上。它更加靠北,这样就绕开了艰难的山区。

除商人走的路以外,在康区与拉萨之间还有另外两条路:(1)中国官员走的路,北京来的安办就是从这条路走,即从打箭炉出发,沿着与北路相对的南路走,北路要过甘孜,南路向西到里塘、巴塘并经过江达。这条路要穿越一个穷乡僻壤,那儿草木不生,要翻越几座高山,但此旅程一般停靠60个站点即可到达目的地。这条路现在也荒弃了,因为海森威和其他强盗团伙的活动,致使多年来里塘与巴塘间的路段几乎不能通行。(2)位于商路与官路之间,从甘孜出发,是一条朝圣者走的路;这条路上的大山阻碍了商人行走,但这片地区很暖和,又有农田和森林。它和北路差不多远,由于远离商业中心,这儿的食品又多又便宜,朝圣者多走此路,这条路从甘孜开始,经洛科穿过德格中部,然后到类乌齐—冲波—纳格什—贡波—达格波—拉萨。

杆茶主销藏区（《中国茶业之研究》）

《中国茶业之研究》赵竞南编著，1926 年银行月刊社发行者，该书分上、中、下 3 编。上编"总论"，分析我国茶业衰落的原因，提出振兴方策；中编"生产论"，介绍茶叶的种类、种植、制作、生产机关、产地、产量等；下编"交易论"，谈茶叶的对外贸易及各埠贸易概况。本文摘自第八章《产地状况》第六节《四川》。

赵竞南（1896—1945 年），又名赵烈，乐清柳市镇湖横（今浙江省乐清市柳市镇）人。赵 1925 年毕业于北京大学经济系，毕业后，几经辗转南北，曾在天津、南京、江苏等地担任财会工作；1938 年冬返里，1939 年 9 月开始，先后担任私立乐成战时初中学生补习学校董事长、校长和私立乐成初级中学董事长、校长。1945 年春节，赵只身前去虹桥聘请教员，适逢日寇突袭虹桥，不幸中弹受伤，隐蔽在阴沟里，即被日寇发现，遭刺刀活活刺死。

杆茶多输出西藏，产额达四五十万斤云。

打箭炉是商业中心（《经深峡幽谷走进康藏》）

1928 年，芝加哥自然博物馆派出"凯利-罗斯福探险队"考察队到中国西南及周边地区进行动物标本收集和考察，英国自然科学家赫伯特·斯蒂文斯（Herbert Stevens）参加了探险队。《经深峡幽谷走进康藏》就是他此次考察的游记与工作记录。该书 1934 年由 London H.F. & G. Witherby 出版，书名 THROUGH DEEP DEFILES TO TIBETAN HIGHLANDSC《穿过深沟到达西藏高原》。2002 年该书由四川民族出版社出版，章汝雯、曹霞翻译。

打箭炉位于藏区最东端，西面就是巴塘。从民族来说，属于藏族；从动物学角度来看，动物群也是与众不同。广阔的大草原绿浪滚滚，这是藏区的特点，在中国内地找不到类似的。湍急的河流把小镇一分为二，三座桥飞架河上。这是亚秋茶叶运往西藏，西藏皮货运往东部的商业中心。

西康第一都打箭炉（《西康图经·境域篇》）

本书是近代著名藏学家任乃强先生的代表作。此书系作者根据其 1929 年入康考察一年所得材料，综以有关文献、档案资料而写成。自 1931 年起陆续在《新亚细亚月刊》上连载，而后略作修订成书单行。作者原拟将全书分为境域、地记、交通、产业、民族、宗教、土酋、吏治、外患、史鉴、关于康藏之图书等 11 篇。后因故仅撰成境域、民俗、地文三篇。其中民俗篇为产业、民族、宗教、土酋等篇的合并，地文篇为地记、交通等篇的合并。而外患、史鉴等篇拟撰的内容则纳入作者后所著的《康藏史地大纲》之中。关于康藏之图书，作者后来曾撰有《西康地图谱》等文。

任乃强（1894—1989年），汉族，南充县双桂乡（今南充市嘉陵区双桂镇）人，著名民族史学家，现代著名藏学家，是我国近代藏学研究的先驱之一。任乃强一生涉及诸多领域，他是四川最早的经济学家、历史学家，最早将《格萨尔王传》翻译成汉语的人，绘成了第一部康藏地图。[①]

该书于1931年在南京由新亚细亚学会出版科印行，编为"新亚细亚学会边疆丛书"二十册。今西藏藏文古籍出版社2000年又再版。本文选自《西康图经·境域篇》中《省会》一章。

西康第一都会为打箭炉，省称"炉城"。其地在大渡河支流雅拉沟与折多水会流处，东去大渡河岸60里，全为深峡，水流漂激，飞瀑相嬗，60里间，水面高差1200余米，俗名瓦斯沟，《四川通志》称为泸水者是也。从古川康交通，皆循此峡以达炉城，他无通道。炉城以西，河谷开敞，大道四歧：北循雅拉沟通金川、泰宁、道孚、炉霍、甘孜、瞻化、德格与甘肃、青海各地。西循折多水通里塘、巴塘、察雅、昌都与西藏各部。南循榆林官河通九龙、木里与云南各部。西南自折多塘循毛家沟通吉曾、义待诸村。故凡番商，皆集于此。其地本非市场，自宋元以来，随茶马交易，日趋繁盛；由架设账幕之临时市场，而为建筑碉房之锅庄交易。元时，设长河西鱼通宁远土司于此，即所谓"明正土司"也。红教喇嘛寺，亦元时建立。至明时，尚仅有住民10余家。清初始建黄寺，住民增至30余家。康熙平定西炉，置阜和协与粮务衙门于此，增大明正土司权力，使新抚近边50余土司悉附属之。雍正七年（1729年），置打箭炉厅，汉人来此经商领垦者渐众，市场勃兴，由三四十户增至百余户；乾隆时，增至数百户。清末改流，置康定府，民国以来，为川边特区首府，住民益增。现据中国西部科学院标本采集团民国十九年（1930年）八月所调查，共有汉夷1108户，长期居住之男女4256人。据西人估计，则谓全市有2万人矣。

炉城市街，跨折多水，为街二道，长各一二里，南岸为蜂窝街，大石包街，马市街；北岸为营盘街，诸葛街，老陕街。木桥四道，通连南北：日将军桥，上桥，中桥，下桥。中桥左右，最为繁盛。将军桥则陈遐龄时所新建也。市肆之后，直抵山岩。南为跑马山，尽峭壁。北为子耳坡，稍平夷，亦无通路。惟横当折多水、雅拉沟流入处，有城截之，日"南北关"。东当泸水去处，有城日"东关"。城不相连，以山为障，周145丈，雍正八年（1730年）所筑也。自蜂窝街出东关为入川大道。马市街出南关为赴巴、里大道，世称"南路。"诸葛街出北关，为赴道、炉、甘、瞻大道，世称"北路。"其他，则惟登子耳坡，有小路可通上下牛厂而已。

旧军粮户衙门，在市西，子耳坡下。清末为康定府署，民国初为县署，现为西康政务委员会与财务统筹处衙门。县署移北关内，清之营房也。故明正土司衙门，在府署东，为一小城，现设团务局图书馆与西康农事试验场于此。土司遗族亦居其中。故阜和协驻南关内，民国初为川边镇守使署，现为驻防旅部；西康团务学校，师范学校，俱在南关外，现为造币厂。康定女子两等学校，在图书馆对面。男子两等学校，在政务委员会侧关岳庙内。此国家政务

[①] 林向：《我以上中的史学大师任乃强先生》，转引于《青史留真》（第一辑），四川人民出版社2010年版。

中枢也。天主教堂，与其附设之拉丁学校、修道院、医院、孤儿院、农场等，在南关外，市之极端。又有康化两等学校，大礼拜堂等，在图书馆东。规模之雄伟，组织之缜密，内容之整饬，潜力之硕大，隐足以与政府抗衡。外有英人之福音堂，在康化学校之西。美人之安息会，在诸葛街北，亦各有学校医院。此外人潜布之势力中心也。昔明正土司盛时，炉城俨如国都。各方土酋纳贡之使，应差之役，与部落茶商，四时辐凑，骡马络绎，珍瑰荟萃。凡其大臣所居，即为骡商集息之所，称为"锅庄"，共有48家；最大者8家，称为"八大锅庄。"现明正覆亡，丁男死绝，惟有寡妇数人，守其私产，毫无号召能力。惟各锅庄，拥其财货，操纵商业，虽无故国相臣之淫威，犹具推荡社会之潜力，从来县尹，对于地方事务，多所迁就。然其势力，远逊关外之土司。有瓦斯碉者，锅庄之巨擘也。碉在二水会流之处，建筑之丽，积蓄之富，并推炉城第一。康藏钜商，咸集于此。此则番夷团结之中心也。全城有喇嘛寺七所：益雀寺在城中，南无寺在南较场，皆黄寺，寺僧各七八十人。杜查寺在大较场，多结寺在子耳坡，皆红寺，僧侣较少。嘉咸时，全市喇嘛数千人，册给编单银者千余人，见《康辅纪行》。今共不及千人，盖汉官势力日增，则僧侣势力日减，其众亦日少也。然番民深信喇嘛，疾病祈禳，随时延致，布施甚厚，诚敬不衰。汉民奉喇嘛教者少，而有乩坛甚多。东关内关帝庙，有金玉坛，最称灵应。是则市民之迷信中心也。全市基础，建于商业，市民十分之八九为商贾。南、北、东三关，设有税关，年征税款约30万元。东关收入最旺。由藏输川者，药材为大宗，皮毛次之。由川输藏者，茶为大宗，布帛次之。骡马驮包，出入三关者，日恒数十百头。街市之间，粪秽狼藉。

其地海拔2540米，而高寒如在3000米以上。盖由南依高山，北方开敞，东方之瓦斯沟虽通大渡河谷，而绝峡深狭，又为西向，不易接受南来之温暖气流。四围雪山，又多高出5000米以外，雪气围侵，亦为致寒之故；故虽高于泸定不过1000余米而气候物产相差悬殊。近人邓蟠村竹枝词，有"雪满山头粪摧街"之句，盖纪实也。

全市居民，汉番相埒。番民礼俗汉化者犹多。汉语番语，寅全通行。盖其地不仅为汉番交易之中枢，实亦汉番文化融合之芒地，历届川边政府之乐宅都于此，非无故也。

康定概况（《青海西康两省》）

《青海西康两省》，刘虎如编，为"少年史地丛书"之一，1933年商务印书馆发行，共分《青海》《西康两省的地理位置和沿革》《状况》《居民》《青海（湖）》《西宁和湟源》《柴达木地方和玉树土司》《由康定至泸定》《由康定至昌都》《由昌都至太昭》等10章。

本文选自第八章《由康定至泸定》。

康定是西康的省城，通称"打箭炉"。土人又简称为"炉城"。相传三国时诸葛武侯曾遣将军郭达在此造过箭，这便是这个名称的由来。唐时为黎雅两州边外的地方，清设打箭炉直隶厅，属于四川，后改康定府，民国以来改府为县。地据大雪山高处，在大渡河、雅砻江之间，县治在大渡河支流泸河上。拔海八千四百尺，为西康极东的要隘。城郭是因山川的环境而造成的，所以形势天成，非人力之所能做得到的，有桥跨溪水上，市街分为二部。居民约有四万汉人，居十分之六；藏人居十分之四，所有汉人也都能够讲西藏语。

炉城为川藏通商的咽喉要地。由川运藏以茶叶、布正、油、米、为大宗；由藏运川以皮革、羊毛、药材为大宗，共计二百万两以上。由此前往四川的省城成都共有九百六十里，要十二日至十四日方才能够走到，自此前往西藏的首拉萨，就要七十日左右了。藏人饮茶甚多，除一小部分为云南的普洱茶外，其余都是四川雅安一带地方所产，由炉城运入。自民国以来，康藏屡有变故，以致番商裹足不敢前来，加上由亚东输入西藏的印度茶又起来，竞争炉城的商务，自然不免大为减色。

炉城的地位，既然在一条狭窄的小溪谷中，所产不够所需，因此农产物和一切日用品大半都靠着雅安的供给，物价非常昂贵，雅安在炉城东面四百八十里——鸟道仅一百八十里——货物多由牦牛输送。

【注疏】牦牛意为"野牛"，主要分布在喜马拉雅山脉和青藏高原。其形状、毛、尾全同牦牛，但比牦牛大；一说即牦牛。《山海经·中山经》云："东北百里，曰荆山……其中多牦牛。"郭璞注："旄牛属也，黑色，出西南徼外也。"《新唐书·吐蕃传上》曰："其宴大宾客，必驱牦牛使客自射，乃敢馈。"明代李时珍《本草纲目·兽二·牦牛》又云："牦牛出西南徼外，居深山中野牛也，状及毛尾俱同牦牛。牦小而牦大，有重千斤者……唐、宋西徼诸州贡之。"

商业以茶布为大宗（《使藏纪程》）

黄慕松（1883—1937年），原名承恩，安慕松，广东省梅县（今广东省梅州市梅县区）人，早年毕业于广东武备学堂，后被选送入日本陆军士官学校深造，回国任黄埔陆军小学监督。其后历任南京临时政府参谋本部第四局局长、北京政府陆地测量总局局长等，先后奉命宣慰新疆、西藏，后任蒙藏委员会委员长。

1934年1月，国民政府决定派黄慕松担任致祭、册封刚去世的十三世达赖喇嘛专使，前往西藏。黄到达拉萨以后，利用在此停留三个月的时间，展开一系列宣慰活动，宣誓国家主权，为维护国家统一做出了贡献。其经历撰写为日记体的《使藏纪程》，有民国时期抄本，书后其弟黄镇球在所述《黄慕松事略》云："（黄去世后）因与兄妹婿王维松商，梓兄《新疆概述》《西藏日记》两书，以飨学者。"故成书应在20世纪30年代末，今又收入《中国西南文献丛书》第九卷。

五月二十一日　晴　由瓦斯沟抵康定——六十里
……
行署设于旧明正土司署，晚膳后，拜唐总司令、郑旅长、程处长、赵县长等。县治临泸河岸，民千五百余家，汉藏杂处，街道清洁，有电灯，商业以茶、布为大宗。

西康经济概况（《西康之经济概况》）

《西康之经济概况》，王文萱整编，原刊于《开发西北》1934年第2卷第2期，本期选文均与西康有关，涉及经济、交通、农牧与矿业等。《西康之经济概况》原文底稿为"沪记者川康考察团"报告之一，由陆诒提供材料，王文宣整理而成。全文共分四节，介绍了西康的商业与财政。本文摘自第三节《商业》。

王文萱，民国时为国立中央大学教授，1942年曾任东方语文专科学校筹备委员会主任委员、首任校长，1944年曾任西北大学边政学系主任。其边政著述颇丰。

西康的贸易，保持着各种的形式，如部落与部落间，还保持着物物交换的贸易，也有物物交换与货币购物的贸易，也有完全是货币购物的贸易。大都在偏僻的部落中，还是行着第一种方式。城市与较偏僻的部落间，就采用第二种方式，城市与城市或与进化了的部落间，就采用第三种方式了。

全康市场，以康定为第一。因历来康定为最高行政机关的所在地，所以一般商务，也就荟集于此。康定最大的一宗贸易，当要算茶了。茶贸易的历史很久了，做此买卖的，领有茶行，是专利的。在先最旺时康定每年的茶贸易额有五六十万包之多，约值生银一百二三十万两，在清末的时候，茶税每年额为库平银十万两，民国初年加为十一万两，但近因汉藏失和，交通阻梗，兼以印茶的倾销，所以川茶的销路大减。

其他市场如甘孜、江卡、巴塘等处，也很繁盛的，因为土货如毪子、鹿茸、狐皮、藏毯、氆氇等货，大都在各该处交易，后再经汉康商人，由那些地方转运到康定来销售，即以转买汉商的皮匹、京缎、杂货、烟酒等，输入各部落去卖。

西康土著的货物，以药材、虫草、贝母、麝香、大黄为最多，其他如瞻化、甘孜等县，运到康定的矿金，每年约有二千余两。再每年由西藏运来的印度银条，年约十万两。每年还有些赤金运来，都是从康属的河鸦、杉马、各摩、亚渣、金河子、种嫁农坝、白水沟等处，在那里土人挖掘金矿或淘取沙金所得。赵尔丰主康时代，曾年以五百两聘美国矿科生刘轼轮勘查过。据说金苗很丰富的，且拟有详细图说，后来赵氏去而事亦搁浅，未曾进行。若以新法开采，很有成绩的，这也是值得我们注意的事。

与西康人贸易，有一种习惯，就是物价之变动不大，期票的期限特别长，如数十年茶价，为生银一秤，购茶廿二包半，到现在还是差不多，这并不足奇，因为西康土人的土产价格，也是涨了的，在土著看了虽不知土产的商品价格的涨落，可是他固执着多少货该换多少货，所以和他们做买卖，一方要怎样的得他们的信用，一方面又需要有高超的鉴别力，（厘清茶叶）与土货（之间）的市场需要与价格①，否则一定是做不通的。

---

① "（ ）"中注释文字为本书编者所加。

其次欠债的收回,是很久的。因为土民到城市来做买卖,是有一定的时期的,有是今年来了,明年不来,那就得等他一年,自己又不能到草地去收。所以和他们做买卖,利息的问题,不得不在卖价上打算的和他们做买卖,全恃一个信用,同时需要知道他们的心理,迎合他们的心理。兹举十九年至二十二年度止西康输出入表。①

西康连年兵乱,在输出方面,还能维持着增加的纪录,这正显示出西康输出品的强处,输入方面显然的减退了,这正是显示出西康人民因战乱的关系,购买力减少,其次是西藏的路不通,这也是个要因之一。将来西康开发以后,西藏的路通了以后,西康是有希望的一个市场,这是可以断言的。

川康军总部严禁偷运茶种出关(《川边季刊》)

《川边季刊》由重庆中国银行编印出版,创刊于 1935 年 3 月,为季刊,至 1936 年 6 月共发行 6 期。杂志为川边情况调查研究刊物。主要刊载关于川边经济、社会、交通、政事等的调查报告,栏目有专载、调查资料等。该刊文章多属文摘,未注明出处和作者,但关于西康之内容,多与各类出版物雷同。

本文选自该刊第一卷第二期。

炉关茶课,自满清以来,即定为年征十万八千两,为国课中之钜款。种茶之地,限于雅安、天全、名山、荥经、邛崃等五县,在飞越岭以西,即严行禁种。其意有如产盐销岸之划分,不容有丝毫侵犯,所有川茶种子,不准携带出关,在满清即□为厉禁,违者判为死刑。相沿至今,遵守不懈,川康总指挥部,以炉关榷悦公署,前会迭□破获携带茶种人犯,虽为数不多,但恐日久玩生,一般奸商,希图厚利,以至偷运出关,妨害国课,良非浅鲜。特重申禁令,严禁携带茶种,远则一经破获,决依律□办,不稍宽贷云。

雅属茶业衰落(《川边季刊》)

本文选自该刊第一卷第二期。

雅属茶业,资本与利润,历来在商务中占第一位,每年畅销于西康各地,远及藏卫,但以康定(炉城)为吞吐地。印度红茶,曾数度竞争,结果以康藏人民口味不合,华茶乃得不败,各商亦赖以撑持。白大金寺与白利纠纷起,茶商销路大减,甚至不售,损失甚巨,即以大金寺交易言,每年在二百万银两左右。去岁纠纷得解,茶商方喜幸,曾一度重量输售,今年决料输出必佳,不幸此次≠≠窜川康,≠≠军兴,各茶商皆大受打击。四月采购茶料时,各商皆观望不前,已买者交银无期,一般茶贩均尤恐慌云。

---

① 该表本书列入《丙 财政税课》一节。

川康茶业概况（《中国茶业》）

《中国茶业》朱美予编著，1937年中华书局发行，内分七章：概述世界茶业的现状，介绍中国茶叶的特质及茶叶的产销情况，并分析各产茶省茶业的发展趋势，讨论华茶之国际贸易问题。本文选自第五章《中国各省茶业大势》之第七节《川康茶业概况》。

川康系指四川全省及西康的西部而言，因地理上销售方而之关系，故有连带叙述之必要。本区茶叶，就品质而言，不甚优美，古时代作为塞外贸易之一种商品，清时规定为半官管制度。惟该区茶叶，向销康藏，每年为额甚多，此后边疆开启，交通发达，文化渐进，苟经营得法，前途实有无穷之希望也。

（一）茶业生产现状

查四川之产茶区域，以雅安、天全、名山、邛崃、荥经五县为多，全省出产之茶分边茶、腹茶二类。腹茶产额褪甚少，年仅二万余斤；边茶则为大宗，民初时年达五百万斤。上述之五县即为边茶之出产地，故亦有"五县茶"之名称也。经营茶业者，约三十七八家，陕籍商人居其半数，其余则为山西及四川两省经营。茶之种类，共分为五种，属于细茶者，有毛尖茶、砖茶、金尖茶三种；属于粗茶者，有金玉茶、金仓茶二种，更以地为区分，天全所产为"小路茶"，雅安、荥经各县所产为"大路茶"。各种茶叶，均以竹片编成长包，内装茶叶，每包约十六斤左右左右。其常价值，则系一律定价，生银五十两，可购最上等之毛尖茶六包；可购上等之砖茶十三包；可购中等之金尖芽十五包；可购下等金玉茶二十包；可购末等之金仓十三包。而天全小路之金玉茶，因质劣而内含杞木叶之假茶，故可购至四十余包之多。

按边茶每年出产颇丰，其产量在民初时，年产五万引，每引配茶五包，每包重二十一斤，计共五百万斤。民十二年，年产四万引，配茶五包，每包重十九斤，计共三百八十万斤。民二十二年，年产四万票，每票配茶五包，每包重十七斤，计共三百四十万。

（二）边茶之厄运

边茶之销运地点，以康藏为贸易中心，而康藏经济亦以边茶占主要之地位。茶叶在康藏销行，殆已普遍于各地，而为康藏人民生活中之日常用品也。惟康藏人民虽嗜茶成癖，但其地非产茶区，故日常所饮之茶，在昔大多取给于川省边界之雅安、天全诸县，其销场之分布，计运销拉萨者，以毛尖、金尖、砖茶等细茶为多；销行金沙以东之西康地位者，以金玉、金仓两种细茶为多；销于各地牛厂者，则除金玉、金仓两种粗茶外，尚有天全小路之劣贸粗茶；销于各地喇嘛寺者，则为金玉及少数之毛尖细茶；至各地土司、头人及富有资产者所习用之茶叶，则又纯为毛尖细茶也。茶叶在康藏销路之广如斯，故其每年输入之数量，占川省对康藏贸易输出额之首位，其价值亦非别项商业所能企及，而政府每年之税于斯者为数之巨，亦较他种商业所纳之税款为大也。

按清时之规定，每年征茶税银十万零八千两，预由炉关制票引十万零八千张，分为春、夏、秋、冬四类，发给康定各茶商计每引票一张，配茶五包，征收税银一两，全年征茶课税十万零八千两。现在茶课，尚依旧例。民国十八年度，由西康财务统筹处统计入康茶叶，共五十三万六千四百包，征税银十万零七千二百八十两。但近来情形，大非普比，茶叶已陷于不景气中，销场既不如前，故全年税收亦难收，足例数矣。

查边茶不振之原因有二：一、鼎革以还，国内多故，中央政府无力西顾，川军内斗，川省每年补助之银款遂断绝，川省茶产日减，川康边防军，乃不得不于茶税之上，加以种种剥削，茶商遭受摧残，原气大亏，难于重振。二、边茶之销场，以西康、西藏为中心，西康之市场，推康定为第一，因历来康定为全省最高行政机关所在地，汉旅商民，都聚居于此，茶业为商务之大宗，当最旺盛时期，每年有五六十万包之交易，价值约合生银一百二三十万两之巨。至西藏茶叶输入，亦为各商品所不及，其输入之茶，向以华茶为大宗，康藏茶市之广大，自被英人垂涎后，乃保护其殖民地之印度茶业，用其国土义的侵略办法，使印度茶在康藏倾销，华茶受其打击，乃遂不振。盖华茶运输，诸多不便，如由川运康，道路遥远，茶包运输尽系人力，每引（五包）之茶，成本仅十四两，而运费即须四两以上，由川运藏，运费亦大，而印度之阿萨密与大吉岭茶户，则每以余茶售于藏地，运输极易，彼赖交通之便利，运输之敏捷，制造又系机械，大规模之产生，成本既低，运费又廉，而吾国边茶，制造、运输皆赖人力为之，成本较高，售价自昂，宜乎购茶者之舍国茶而用印度茶矣。且也我国年来内乱，康藏纠纷，南北商路时时发生阻碍，在予边茶输入以不利，而印度茶则英帝国政府之武力，为之保护，为之扩张，其销路，宜乎边茶受印度茶之排挤，不能保持康藏之销路矣。嗟乎！康藏年来多变变，边茶衰落之原因，固其极简单者，但以树有历史根基之边茶，尚且如此，其他事业，可想而知。

康城为聚货之区（《康定之回顾》）

《康定之回顾》，洪思汤著，刊于1938年《新西康》创刊号。《新西康》1938年4月1日创刊，为新西康合作社主办的月刊，其主要任务是研究和介绍西康及西藏的民族问题、历史、政治、经济、教育、资源，以及西康实业交通的开发计划等，辟有社论、特载、论著、消息、时事要闻、文艺等。1947年前后停刊。

（康定）至于百货充盈，概由藏康商民运输入关，易茶而归。旅康商贾，以之转运长江一带，故康城为聚货之区，非行销之地。然每年秋季，负载往来，充塞于途，茶包之出关，银砖之进口，最为多数。盖藏康人民，非购茶不能生活，藏商入关购茶，往返经年，娌以银砖运康，每砖约七百两，每驮能载两砖。民国初年，岁必运银百余驮，以后按年递减，因葴中银槎渐紧，禁令出藏，至民国十八年前，尚有二三十驮之运入，今则未之见也。

南路边茶（《我国西南新茶区之开发及其进展》）

《我国西南新茶区之开发及其进展》寿景伟著，由中国茶叶公司1939出版，"中国茶叶公司茶叶丛刊"之一。本书共 4 部分：开发西南新茶区之目标及其重要性、川康滇黔桂五省新茶区之实地调查及设计、川滇黔三省茶厂茶场之设立及开发计划之实施、开发西南新茶区应有之准备及其前途之瞻望。

寿景伟（1891—1959 年），又名寿毅成，浙江诸暨（今浙江省诸暨市）人，1914 年毕业于国立法政专门学校，而后任教于浙江法政专门学校，讲授财政学及经济学，历时 6 年；后任职于商务印书馆，担任《公民月刊》编辑主任，后又返回浙江法政专门学校，任商科主任兼财政学教授。1923 年，其考取浙江省公费留学美国哥伦比亚大学，回国后任工商部驻沪办事处副主任、经济部商业司司长、中国茶叶公司总经理、国际劳工协会中国资方出席代表、中央银行业务局副经理、上海市商会常务理事兼国际贸易委员会主任委员、上海市进出口业同业公会理事长等职。其著有《财政学》《应用统计学》《日本专卖制度考略》等著作。

本文选自第三节《川滇黔三省茶厂茶场之设立及开发计划之实施》。

南路茶一向以雅安为制造中心，康定为运销中心，以生产销售康藏之边茶为主，现雅安既已划归西康，助此路茶叶市场将更西移……

据估计川省茶产量，在宁雅二属，未划与康省管理以前，达二十万至二十五万担。现茶区虽已缩小，惟环境适宜，增产当属不难，边茶之重要已如前述，而川省地接西北，制造砖茶与边茶，极为相宜，故川省茶区之开拓，实为开发西南茶区最重要之一部份。

西康茶区（《我国西南新茶区之开发及其进展》）

本文选自第三节《川滇黔三省茶厂茶场之设立及开发计划之实施》。

西康茶区 康省地处边陲，接壤西藏，边茶贸易素占重要。全境计十四六县及二设治局，而产茶者有雅安、荥经、芦山、天全、西昌、冕宁、盐源、盐边、会理、昭觉、宁南等十一县。就中以西昌、会理所产，多系供给川、滇番人砖茶之用，而输出甚少，盐源、盐边、冕宁则以产地多被夷人把持，未能尽量采制。其产品最丰，而能执边茶贸易之牛耳者，厥为雅安、荥经、芦山、天全等处，而尤以雅安为制造中心。四川西南边茶与康产者，咸集于斯，而康定又为散集中心。当边茶全盛时代，销额达十万引以上。外因印茶之倾销，内以地方不当，产制不良，于是销量日益减少，至今仅三四万担。考边茶一物，不仅为一种商品，可称为汉藏间经济上之重要联系，抑且涵有政治联系意义。盖藏人生活，不能一日无茶，是以不远千里，越丛山，过万水，自拉萨至康定络绎不断于途者即此故也。边茶关系之钜既有如此，而现状又若彼，其宜力求发展，岂待赘论哉。

雅安边茶（《孙明经西康手记》）

孙明经（1911—1992 年），山东掖县（今山东省莱州市）人，1934 年金陵大学（1952 年并入南京大学）物理系毕业后留校任教；1940年赴美国考察；1941年回国后，任金陵大学理学院副教授、教授。

据本书《前言》所介：《孙明经西康手记》主要取材于孙明经1939年参加中英庚款川康科学考察团时随身携带的两个笔记本。两个小本一小一大，均内容丰富，记录了孙1939、1944年两次入康的考察内容，由孙明经子女将小本和大本两部分内容合并，加上手抄词典和题词纪念册、沿途拍摄的照片、照片说明，构成了1939年为期半年和1944年为期一个月的西康科学考察笔记和印象。

本文摘自《孙明经西康手记》中收录的孙明经等所撰写的《西康电影说明书》中《雅安边茶》一集的说明书。

雅安原属四川，自1939年元旦，与附近五县及宁属八县割归西康。雅安地当西康门户，为全省经济重心。雅安自古人文荟萃，汉代高贯方、高贯光兄弟，皆举孝廉，官至太守。其墓阙犹存，上有汉代阳刻图案，古意盎然。近郊多山，农民有以粗竹打通竹节，结咸水笕，用以输水，灌溉隔河田亩者。

雅安市街整洁，教育发达，省立雅安中学及私立明德中学，均有相当规模。雅属各县盛产钾硝（硝酸钾），雅安犹多，可做炸药，公路石方工程赖之。雅安产竹，可以造纸。产靛，可做染料。产木材，以供建筑。

雅属各县盛产茶，运销康藏，向称边茶，雅安出产犹多。自唐代起，政府即订引，以边茶供给康藏人民，换取马匹、药材及各种物产，为汉藏联系之要素。

制茶手续可分三步：一、为乡间茶农之工作，自旧历二月至五月间共采四次，采后先烘炒，再售于茶贩。二、集镇茶贩工作，视所需成品之优劣，蒸一、二、三次不等，每次约十分钟，蒸后将茶叶上溜板，搓成卷状。三、城市茶厂工作，收茶贩之茶叶，堆集发酵，使茶色浓黑，再行晒干，由茶工分类捡别，配合粗细，压成块状。成品每包中十六斤，用竹蔑包装，西运至康定。

康定茶关。征收"茶引"，每五包收银一两，以两为单位，再折法币收款，每年征收"茶引"达十一万两。茶包运至康定后，需再用牛皮包装，用牦牛继续而运，深入康藏全境，康人及藏人多用奶油加入茶筒内，上下撞击而打成酥油茶，平均每日每人饮二十四碗以上。

川茶之产地（《四川邛名雅荥四县茶业调查报告》）

《四川邛名雅荥四县茶业调查报告》刘轸著，四川省政府建设厅编印出版。出版年代不详，依该书所收数据至1937年止，可能在20世纪30年代末。该书共分五节，叙述了四川全省茶业概况，重点介绍邛崃、名山、雅安、荥经四县茶业的沿革、茶叶的产地、产量、种类、品质、制造、运销等情况。

刘轸，生卒年不详，福建人，民国时期学者、茶叶专家。抗战时期为中国茶叶股份有限公司（简称"中茶公司"）重庆总部专员，20世纪30年代受命调查四川全省茶业概况。1941

年，受中茶公司所派驻浙江省，为吴觉农任场长的东南茶叶改良总场主要技术人员之一，后为开化县华埠精制茶厂总厂长。

本省主要茶产地集中于西部及西南、西北之高山地区，中部平原地带则完全不产。尤以岷江中下游之西岸，自汶川起至宜宾止沿岸各县为其中心产地，如雅安、灌县、荥经、天全、邛崃、名山等县所产之茶，质量均著。雅安、荥经、天全主产销售康、藏之南路边岸茶，邛崃、名山尚产有相当数量之边岸茶。灌县、安县、平武、大邑、什邡、北川、汶川，主产销售松潘、理番、茂县等夷地之西部边岸茶。灌县茅亭及青城二处所产之腹岸茶极负盛誉。至于岷江下游之夹江、峨眉、马边、犍为、筠连、高县等县边、腹茶均产，惟品质稍低。至于川东产茶县殊少，产量亦不多，惟万源、城口、梁山、达县等县产量稍多，统销腹岸。今将各重要产茶县按地理上及习惯上分为五路如下：

西路——包括灌县、大邑、什邡等县，在腹岸市场上称曰"西路茶"，在边岸则曰"西路边茶"。

西南路——产于邛崃、名山、雅安、荥经、天全等县称曰"南路茶"。

南路——即嘉定下游各县所产者，如峨眉、犍为、马边、夹江、屏山、筠连、高县各县，在边、腹岸市场上通称为"下河茶"。其品质远逊于上述各路。此外川南尚有古蔺、合江、綦江、南川等，亦为重要产茶县。"西路茶"及"南路茶"以其质厚（冲泡次数多）又称"本山茶"，下河茶则质较薄而味稍淡，盖前者居江之上游，山高雾重；后者则在下游，山低而温暖，品质之差，出自天然也。

西北路——安县、平武、北川、汶川县等出产粗茶，即销售夷地之西路边茶。

东路——有万源、城口、梁山、达、忠等县，或供腹岸；或出口到陕西；或输出宜昌，运输国外。

附：四川各县产茶量值表

*县别	产量①	单价	总值	县别	产量	单价	总值
*雅安	20 000	33元	660 000	*名山	3 000	34	112 000
*灌县	15 000	17	255 000	*筠达	4 000	17	6 800
*荥经	10 000	25	250 000	*什邡	2 000	20	4 000
*大邑	11 000	27	407 000	屏山	□2 000	25	□□000
*安县	8 000	25	200 000	*绵竹	2 000	15	30 000
*邛崃	2 000	20	5 000	万源	2 000	30	60 000
*平武	4 500	20	90 000	*彭县	1 800	20	36 000
汶川	4 000	25	120 000	*犍为	3 000	30	90 000
城口	3 000	28	84 000	綦江	1.500	20	30 000

① 本表产量单位均为"担"。

续附表

*县别	产量	单价	总值	县别	产量	单价	总值
*天全	5 000	19	95 000	梁山	1 320	30	39 600
汉源	2 600	20	52 000	古蔺	1 300	25	32 500
峨眉	1 050	18	18 900	荣县	214	20	4 280
合江	1 000	20	20 000	*江油	200	30	6 000
*马边	3 000	25	75 000	琪县	133	18	2 394
忠县	780	30	234 000	铜梁	120	18	2 100
*北川	700	19	13 300	泸县	100	20	2 000
夹江	500	37	18 500	石□	100	10	1 000
南川	5 000	15	7 500	西昌	100	20	2 000
达县	500	35	17 500	*蒲江	200	20	4 000
双流	240	20	4 800	丹棱	50	20	1 000
宜汉	200	12	2 400	巴县	50	20	1 000
通江	101	16	2 556	长宁	50	20	1 000
秀山	160	22	3 520	纳谿	50	20	1 000

附注：上表有*记号等县之产量乃系作者亲自到产地调查或多方采访而得（即西路、南路、西南路、西北路等县之产量乃系作者调查所得者，与本省《建设统计提要》之数字略有出入），兹将统计提要所载及作者之调查附录于后，以资参考：

县别	提要①	作者	县别	提要	作者	县别	提要	作者
雅安	20 000	20 000担	名山	3 000	3 000	天全	2 700	3 000
灌县	15 000	15 000	筠连	2.500	4 000	马边	缺	3 000
荥经	10 000	10 000	什邡	缺	2 000	北川	10 800	700
大邑	3 000	11 000	绵竹	300	2 000	江油	20 000	200
安县	1 000	8 000	彭县	135	1 800	蒲江		200
邛崃	5 000	2 500	犍为	1 500	3 000	平武	1 500	4 500

又上表单价一栏乃全部根据《统计提要》。

【注疏】《四川省建设统计提要》何北衡著，1938年由四川省政府建设厅编制发行。作者在《编辑例言》中云："本提要编辑之目，在综合有关四川建设之各项统计材料，以便利

---

① 本表"提要""作者"两栏单位均为"担"。

政府建设行政之设计，及供从事川省建设事务者之参考。"《提要》计分九类：总额、农业类、林业类、水利类、矿业类、商业类、交通类与度政类。书中以农业类之材料最丰，度政类材料最少。刘轸本文中所引用数据，源自《四川省建设统计提要》之二《农业类》。

川茶之分类（《四川地理》）

《四川地理》胡焕庸编著，1940年重庆正中书局发行出版，本书共分四川省的地形地质、气候、成都平原的水利、人口与密度、河流与航运、贸易及各项农产品等三十二节。书中有插图多幅。本文选自第六节《茶》。

胡焕庸（1901—1998年），字肖堂，江苏宜兴（今江苏省宜兴市）人。地理学家，华东师范大学教授，中国现代人文地理学和自然地理学的奠基人。

四川省为我国重要产茶省区之一，所产数量虽不及浙、闽、皖、赣诸省之多，然其销售区域，除本省外，远达于甘、青、康地，为西南边省重要贸易之一，对于殖边事业，关系至巨。

川省产茶之区，约可分为川东、川南与川西三区。尤以川西一带，产茶最富。川东产茶之区，有万源、达县、开江、铜梁、梁山、宣汉各县；川南产茶之区，有合江、綦江、高县、筠连、兴文、屏山各县；川西产茶之区，北起北川，南经灌县、大邑、邛崃，以迄雅安、荥经各县，产茶均富，为四川茶业最重要区域。

四川全省茶场面积，约计为三十万亩，每年生产数量，约二十万担（每担百斤）至三十万担，最盛时会产四十万担，值洋一千六百万元。民国二十五年，仅产二十二万担，值洋三百万元。

川人植茶，仅系农家副业，纯用土法，鲜有大规模之经营。种茶者称为"茶户"。每年采茶，可分春、夏、秋三季，亦有仅采春季一次者。采时率男工、妇孺，就场采摘，摊竹簾曝之，号曰"晾青"，俟其稍干，用手搓揉，使其属□，再经烘焙，即可出售。

茶业种类繁多，以作法论，有红茶、绿茶、砖茶、毛茶、马茶之别。红绿茶以色分别；砖茶制成块状，又有红砖、绿砖之分；毛茶乃未经烘制之茶叶，直接售出者；马茶乃指极粗之茶叶、茶杆混合品言之。

依制造地点而分，又有西路茶、南路茶、正西路茶、大路茶、小路茶之别。西路茶指崇宁、什邡、彭县各县所产茶；南路茶，系指崇庆、大邑、邛崃、雅安、雷波、马边、筠连、高县所产之茶。灌县附近所产者称为"正西茶"；天全、荥经所产称"大路茶"；雅安、崇、宁所产，称为"小西路茶"。

川茶依其销路而言，又有腹茶与边茶之分。腹茶销于内地；边茶销于边者，故名。腹茶亦称"细茶"；品质较佳，专销省内各县；边茶亦称"粗茶"，枝叶相混，专销屯区及康藏。

茶商在产地每逢市集日，向短贩或茶户购入茶户粗制之茶，另行蒸揉炒制。腹茶则用筛筛分等级，或制为圆式，或制为砖式，或仍为散装，运往各县销售。如系边茶，则用篾篓包装，销屯区之边茶，又以重量分大茶、小茶二种。大茶每包计重一百二十斤，小茶每包计量六十斤，销康、藏者，亦用篾包作长方形，每包重十五斤至二十斤。

康定茶业概况（《康定概况资料辑要》）

《康定概况资料辑要》收入《川康边政资料辑要二十九种》，佚名编著，1940年由边政设计委员会铅印出版。今收入《民国边政史料汇编》第二十九册，2009年国家图书馆出版社出版。原书未设章，本文摘自《产业 柒 商业》，书中注明原文源于《二十三年沪记者川康考查团报告》。

四、茶业概况

川康茶业，对藏民□要食品，贸易货量及价值，均为其他贸易所不及，略况如次：

甲、茶之产地及经营商家 销售康藏各地之边茶，出产于四川之雅安、天全、名山、邛崃、荥经五县，故有五果茶商之称，操茶业者，共七八十家，陕籍商人，约占半数，其余则为山西及四川两省商家所经营。

乙、茶之种类及包装 属于细茶者，有毛尖茶、砖茶、金尖茶三种；属于粗茶者，有金玉茶、金仓茶两种。另一区分，则天全所产称为小路茶，雅荥各县所产称为大路茶包，各种茶均系以竹片编成长包，内装茶叶，每包均重十六斤左右，某寻常价值，则系一律定价，每秤生银五十两，可购最上等之毛尖茶六包，（查细茶以荥经产者为最贵，生银每秤可购十三包至十五包）或上等之砖茶十三包；或中等之金尖十五包；或下等之金玉茶二十包；或未等之金仓茶二十三包。至云全小路之金玉茶，因其质劣，多搀合桤木叶之假茶，故每秤生银，可购至四十余包。

丙、茶税 西康财务统筹处，设炉关榷税官，于康定征收，茶课每年制发茶引票十万零八千张，由各县茶商分别承领运茶到康定出售，每引票一张，征茶课生银一两，全年征税银十万零八千两。

丁、贸易实况 近因印度茶叶侵销西藏，川康对藏茶业，不免减色，当局征收，亦不能收足十万零八千两之原数，各茶商照引票运茶，每张引票只准配茶五包，十万零八千张引票，共配茶五十万包，其运赴康藏各地之售价总额，约值生银，二百余万两，（合国币大洋三百万元）运销拉萨之茶，为毛尖、砖茶、金尖三种；销于金沙江以东，及西康地面者，为金玉、金仓二种；销于各地牛厂娃者，为金玉茶；及少数之毛尖细茶，售与各地土司、头人及富有者，则纯为毛尖茶云。

……

六、康定城区商业统计

甲、边茶贩卖业：

1 独资计二十三家，资本总额约大洋七十万元，职工一百二十人。

2 合伙计十五家，资本总额约大洋二十五万元，职工一百人。

西康商业概况（《西康综览》）

《西康综览》李亦人著。李于1937年奉命自陕西入西康考察社会经济，翌年夏再度入康境从事建设，便将考察所搜集之史料，参校有关史籍编纂成综览一书。当时西康省地域已有较大变化，四川之雅安、西昌两地区十多个县划归西康所辖，所以此书记载即包括了康属、雅属、宁属诸地，地域广袤。是书分十四门（篇）六十三章，章下又分若干小节，约40万字。书中对于西康之建设、财政、种族、土司、宗教、军事、教育、交通、风俗、物产等记载颇为详尽，尤以宗教、物产、军事等为最。

本书原有民国三十年正中书局铅印本（1941年5月版），正中书局1946、1947年又发行初版和一版，后又收入《民国史料丛刊》865辑，今大象出版社（郑州）2009年又影印再版。本文摘录原书第十篇《西康之工商业》第二章第一至第五节与茶叶交易相关内容。节数依原书排序。

　　西康商业因交通阻塞，文化低落，而随之不振，更无发展可言。然以西康之情况观，本地之出产极丰，需要外省用品供给之处亦多。贸迁有无，以收地域之效，则又本属大有可为商业区也。向者川康道路不靖，商旅裹足不前，苛捐厘税重重剥削，金融枯窘，商务逐渐减色，加以甘肃、云南等地商务发达，关市无征，货价廉平，西康商人多有改道两省之趋势。溯自建委会移康，轸念商艰，切加整顿，捐税始渐减免。

　　西康商业中心夙即在康定，其主要之商品则为雅安之茶叶，行销康、藏、青海各地，因运业以往，则运货以来，其他各业皆因茶而兴。故康定商业之隆替，以雅茶为转移。康定经商之人多为喇嘛。汉商贸易则多操于陕人之手，设总号于康定，改分店于各地，每年派遣熟习康语之店伙，分赴各乡销售百货，收卖土产。牛厂牧民则春夏牧畜，秋冬贸易，惟不重货币，以物易物，颇有上古遗风。

　　二十八年省政府成立，以本省居民过半仍度其游牧与农村生活，工商事业非常落后，自宁、雅两属划归本省统治之后，以人口之激增，版图之加广，宁、雅两属之工商企业较此猛进。故从事整理公私企业行政，凡具公司性质组织者，概令依法登记，以期维护其权益。各地商会亦拟于最短期间健全其组织，于输出、输入贸易，拟调查其数量与价值编制工商统计报告。于各地生活指数，则拟选择数县先行编制，公诸社会，以期比较各地生活之高下。至其他之同业公会，则俟其相当发展时，始指导其组织之成立。

第一节　商场沿革

　　西康商场自来无定，唐、宋之时，汉、夷交易均顺随地而成。元、明之时，渐有归集，雅安昔为互市茶、马之地，政府会设茶马司于此，当为最早之商场。清初之际，则移汉源。现任汉源县长张汶谈："汉源为古黎州，城势雄壮，城内九街十八巷遗迹尚可寻访。当时汉夷贸易即聚于此。清代以后，逐渐西移，汉源之商场则一落千丈，以致于今"等语。自是各地商人咸集康定，而康定之商场开始，商务日趋繁盛。赵尔丰经边以后，设税局于康定，并亲订税则，以亦提倡商务之意，而无形以康定定为商业之中心矣。

第二节　商业之帮别

西康商业大别之可分二类：即汉商与康商是也，兹分述如下：

（一）茶帮　茶之历史其在西康自唐迄今，可谓久矣。康民视茶如命，往昔政府限制其贸易额，以为羁縻安边之计。并设茶、马互市之官，专司其事，禁止民间私售，以充实马政。此种统制贸易颇有国防政治之重大意义在焉。在康营茶业者，分雅安、荥经、天全、名山、邛崃五帮，此五属茶商系私人经营，票引领自四川，并无联合组织；以荥、雅、各、邛所产为大路茶，天全为小路茶。前清各帮商人会组织边茶公司，于宣统二年成立，将所有散号一律停业，改善制法，革除积弊，一时勃兴，局面焕然。并拟举办商业学校及康藏商团等事。惟以经理未善，操之过急，复以小资本之散号索不满于该公司之组织；民国初建，国内骤然，遂行瓦解，各自经营，间有掺以赝品，茶质杂矣。继而茶商互相夺利，购茶商人乖机挟制，小本者则滥行跌价，茶号则赊账交易，复因印茶输入，大受影响。将来之危机如茶园荒芜，印茶侵略，假茶充斥等，皆应目前应行设法补救者也。二十八年省政府成立，对于雅茶之改进，不遗余力，曾与中国茶叶公司及财政部贸易委员会，暨茶商、茶农等组织雅属茶叶改良委员会，计划雅属各县茶叶产销之一切改良事项，所有经费及事业资金，由各方面共同筹措之。建设厅为增加茶量起见，已决定创设雅属茶叶改良农场；又为改良出品，则创设制茶厂，并指导茶商组织边茶运销公司，改良其包装，检验其品质，评定其等级，集中运销至边地及国外，推广其销路，以期恢复西藏昔之市场。其余为救济茶农金融，则拟办理合作贷款，以增加茶叶产量，为培养茶业技术人才，则拟创办茶叶讲习会，以期普遍。最近康省茶商为谋改进茶叶产、制、运、销，曾合组康藏茶叶股分有限公司。

……

第三节　西康之商人

西康在宋代以前，番汉商旅以打箭炉与西宁为界。汉不入番，番不入汉。元代西征后，始有陕商入康。清季西征后，始有川商入康。川、陕商人入康，皆在武力宣扬之后，番敬汉人，故亦敬汉商。草地商人大都为喇嘛、头人，而陕人之富于涉远性经持商业，不辞艰辛，亦所罕及者。兹述西康各商人如下：

（一）陕商　"豆腐老陕狗，走尽天下有"，此川、康间流行之俗谣也。今日西康汉商陕人多於川人数倍，资本之雄厚，规模之阔大，态度之佳良，目光之铃敏；在康地商人中，皆为首也。谓现在西康商业在陕人手中，殆无不可。此固由于陕人善于远道经商，历史上亦有关系。元代用兵西征，西藏、青海、西康诸部臣服，以此诸地划属陕西，当时之陕西省，实包有今日川省之雅州、荥经，天全、汉源等处。雅州、黎州官吏上任，皆自西宁、洮州取道西康，官道既通，商人咸至。

（二）川商　四川虽为康、藏茶叶、丝绸之源，而川康商业实为陕人所开发。即在今日，采办茶、布、绸绢之大商号，仍多为陕籍也。川人不善经商，尤畏远道，故不能与陕人竞争。现在西康所有之少数川商，大多为从军、开矿或作吏入康，居住日久，羡慕陕商，而姑以小资本尝试成功者，或为川人之为陕商司柜存钞后，自己经营者。

（三）喇嘛商　西康各大寺院皆自经营商业，资本由各喇嘛凑集，公推经理一人，称为"充本"，负责经营，并无薪水。每二年结账一次，换推一人，但不得连任。赚钱若干，全数缴纳管家、大喇嘛，作为念经、祀神、祈年、渡劫之费。大寺每有商业数家，由寺中喇嘛自行团结集资经营，资本以秤计，每秤五十两，有至二三千秤者。所经商业以茶为主要，大自从炉城运茶至藏，又运货回康，为绢绸、布疋、皮毛、药材与其他各种日用物品。又兼管借贷生息，利息概为每月五分以上……

（四）土司商　西康各土司大都经营商业，资本派于民间，委头人之能经营商业者经营之，称驾"涅巴"，亦二年一换，不给薪水。赚钱缴归土司，作念经、修造、祈祷等用。蚀本则由"涅巴"赔偿，亦赚财之一道也。

西赓商会昔时组织漫无规律，自民国十七年国民政府通令全国商法条例，以上海、汉口、康定三处定为总商会，他处名为商会，以便稽查国内外商业进出情形。盖以上海为中外进出海口，汉口为国内商业中心地点，康定为康藏进出商埠故也。观此即知中央早已重视西康，而对商业上尤加注意。西康商会地位实与他处不同，但现时康定商会仍名曰"康定县商会"。自建省告成从事商业之整理，虽有指导组织各同业公会之拟议，而于商会指导，亦未可忽也。最近商会组织设主席一人，由长记药号黄松乔任之，设常务委员四人，执行委员八人，监察委员七人，候补执监委员共八人，就中以西康人为多。

第五节　西康贸易概况

西康贸易概况基于农、牧、商业社会之组织，其所交易之物品，大都属于农牧之产物。其输入商品以布疋为大宗，洋广食用品、烟草、纸张等货次之。康西各地多有英印货品输入，其输出商品以药材、毛皮等为大宗，山货、牲畜，矿产次之。兹就其主要各货最近三年来之价值，作表统计如下，以资参考：

西康省最近三年来之主要物产输出入价值统计表①

品类	输入（单位元）			输出（单位元）		
	二十六年	二十七年	二十八年	二十六年	二十七年	二十八年
茶叶类					1 520.00	2 430.00

西康经济概况（《最近西南经济概况》）

《最近西南经济概况》为苏联鲍勃洛芙斯基著，叶树芳译，浙西民族文化馆1941年出版。全书共分三章，分别介绍了广西、云南和西康的经济概况。本文选自第三章《最近西康经济概况》。

西康省的河流，除白拉马普属拉河之一段外，全无舟运之便。目下康定—雅安间，已筑成一条铺沙石的大路，通云南省的大路亦已快完成。省内的交通，全赖原有之山道，其中最重要

---

① 本表只列出"茶叶类"数据。

者为向西方的雅安—察木多—太昭—拉萨间的山道,过去中国和西藏地方的交通,只此山道,长约二六〇〇公里,经过高山顶上、森林中及半热带的草地。雅安的茶,由此山道通往西藏。

由康定而西南,还有一条雅江—宁静—拉萨间的山道。此外有由康定—巴塘—阿墩子通云南省的山道及由康定—甘孜—通青海省的山道,货物之搬运,或赖兽力或赖人力。

占西康省输出品首位者,为兽皮、羊毛及外国亦甚需要之畜产物。

西康与西藏省茶叶交易,以康定为中心,雅安及四川省的茶均经康定向西藏输出,其他还有药材等。

康定(旧名打箭炉)为西康省省会,接近四川省,是被终年积雪的高山包围中的肥沃的盆地,人口约三万。

西康茶产地土名与分类(《西康茶业》)

《西康茶业》为钟毓著,1942年(重庆)北碚建国书店发行。全书共九章,包括:前言、西康茶叶之重要性、西康茶树之分布及推广问题、西康茶叶之种类、西康茶树之栽御、西康茶叶之制造、西康茶叶之运销发展、西康茶叶政治上应有之革新、结论。介绍西康茶叶的重要性及其种类、分布、栽培、制造、运销及推广等。本文选自第四章《西康茶之种类》。

笔者于主持康省林务时,调查该省茶之种类,冀得其结果,使各茶园纯系栽植,至少分群或块状分畦栽植,则采摘时方便分别采摘,不混置一处,以便茶厂分别制造,而分别其品质上中下,为科学上之论断,其优良煮推广之,使得大量之生产,其次者亦应以制造、改良研究之,调查结果,就当地土人名称中,得下列十四种。今列表分述如下:

品种(土名)	特征(是茶树分类一般性状上之不同者)
铁甲	叶小计长 37 mm 阔 18 mm
多枝铁甲	同前惟其枝多树姿成伞状
普通	叶长 88 mm 阔 28 mm
柳叶	叶细长较普通者常长 30 mm
月芽	叶绿向内凹成月形故名其枝多
大叶	叶长 35 mm 阔 35 mm
枇杷	叶长 111 mm 阔 45 mm
大叶枇杷	叶长 110 mm 阔 30 mm
圆叶	叶长 62 mm 阔 32 mm 形呈倒卵
大圆叶	叶长 85 mm 阔 42 mm
红影	幼芽成紫红色
白毫	幼芽之背有白色毛茸
绿芽	与柳叶相同但其嫩芽为淡绿色
圆叶枇杷	介于枇杷及圆叶两者之间

……

吾国之茶，素分四大类，即红茶、绿茶、香茶及砖茶。以其颜色、制法为依据者如红茶、绿茶；以茶之芬芳气味而言者如香茶；以茶之制成形状言者如砖茶。尚有依产地而分者为六安龙井等等；或依采摘之时者为分别者称为雨前或明前；依叶之形状而称者如毛尖，故同一种之茶，而名称至为复杂，兹为易于明了康荼起见，将西康茶之名称，分述如下：

细毛 是春初清明前采摘之最幼嫩叶所制成者，因其形状细小如毛而名，其品质如他省之毛尖。

芽尖 为毛细摘后，谷雨前后所摘，制成如越冬之花叶芽状，故取名芽尖也。

砖茶 为毛细、芽尖摘后，即谷雨后所摘之茶叶，及其后所采同此叶质之茶叶，制成如砖之茶，其品状如外省之粗砖茶，所差者，仅为茶叶未制成如外省之细小幼末耳。

金尖 乃立夏前后所摘之叶，用制毛细茶、芽尖与砖茶皆嫌稍粗，乃制成金尖，有如外省之细粗茶，所异者，则其制时，稍加粘质制成砖块而已。

金玉 为夏季所采摘之茶叶，较制金尖之茶为老，亦如金尖制法，制成砖块状，惟中间少一蒸煮之手续。

金仓 金仓则为各种茶叶中之最粗老之叶，大部分为秋季前后所采摘之叶，并有小枝参杂其间，以制金玉方式制成者，为康茶中之最粗劣之茶也。

上列六种茶叶，前两种即细毛、芽尖又称为"腹茶"，为行销于川康内地者；后四种称为"砖茶"；金尖、金玉、金仓则称为"边茶"，为运销康藏，闻砖茶为康藏贵族所用者。同时亦有南路、北路茶、西路茶之各称，其所指南路、北路、西路者，皆在以康藏销地而言。大体以荥经县所产茶，运销西康□藏，谓之"西路茶"；天全县所产茶，运销康北，谓之"北路茶"；雅安县所产茶，运销康南，谓之"北南路茶"。此外尚有以运输所走路途而名其茶者，即由天全到康定之路较近，但为偏僻小道，称为"小路"；由雅安经荥经到康定听走之路为较远，但其路大，并往来人多，称为"大路"。故天全茶即由天全到康定，即称为"小路茶"；雅安、荥经茶循大路到康定，并称"大路茶"。自究其实，所谓腹茶、边茶、南路茶、北路茶、西路茶、小路茶、大路茶者，皆为上列之六种茶也。

西康贸易纲要（《西南经济地理纲要》）

《西南经济地理纲要》为蒋君章编著，正中书局 1943 年出版。全书共九章，全面介绍了西南经济地理的环境、农业、林牧、矿产、工业、人民、交通、贸易与都市概况。本文摘自第八章第五节。

蒋君章（1905—1986 年），江苏省崇明县中兴镇永南村（今上海市崇明县中兴镇永南村）人。撰文用冬白、逊园、惜秋、桴子等笔名。南京中央大学地理系毕业，先后在上海圣玛利亚女子学校、浙江省立第一中学、杭州女子中学、四川省立江安中学任历史、地理教师。1949年后，蒋应聘为中国台湾地区政治大学教授及辅仁大学、中国文化学院等校教授，一生共出版书籍上百册,被评为台湾地区十大作家之一。

西康地广人稀,交通阻塞,民智未开,产业尚未发达,故对外贸易尚微不足道,且亦无正确之统计,有之,自民国二十六年始。近年贸易额据西康建省委员会之调查,出口货价值约一百四十六万九千元,入口价值为一百四十二万九千元,出入口相较尚可出□四万元,□数盖已甚微矣,虽七七事变以后,该省对外贸易情形,则又不同,□言之,出口贸易之□□。惟自建省成功,宁、雅两属划归康省后,雅茶(边茶的一大部分)输入,视为本省货物,在出入口贸易比较上,尚不能发现甚大之不平衡耳。

西康之都市——康定(《西南经济地理纲要》)

本文摘自第九章第五节。

康定为西康省会,位于大渡河支流雅拉沟与折多河之会流处。自大渡河至康定,其间距离六十里,高山深谷,水流急湍,而康定以西,河谷宽敞,大道四达,故康定乃天造地设的山地上的市集之所,这是西康对外贸易的门户,汉番互市的中心。康定出入口贸易与雅安同,市内人口万余,汉番各半,番人以其山货、药材等来此贸易,寓于锅庄家中,由锅庄主人介绍出售而酌取佣金,其通用货币仍为清季特制之藏元。金融尚在萌芽,除西康省银行外,尚有中央银行之办事处等,川康公路现已通至康定,工业如水力发电、造革、毛织等业亦在发展中。

茶为输入商品之首(《西康通志稿·工商志》)

1939年元旦,西康省政府正式成立,刘文辉任省政府主席。为彻底掌握西康省情,建设和治理新西康,西康省政府于1939年令境内各县组建文献委员会,搜索地方文献资料,为施政提供参考,为纂修省志做准备。1940年,西康通志馆筹备处成立,著名学者任乃强任主任,拟定了《西康通志纲要》和《西康省通志馆组织规程草案》。1943年,西康通志馆在雅安正式成立。《西康通志》的编纂自1940年起至1948年12月结束,历时九年。[①]全书共四篇15卷,含西康通志撰修纲要一卷、交通志五卷(内列道路、关隘、渡口、桥梁)、社团志、农牧志、物产志、议会志、选举志、职官志、武卫志、司法志、财赋志、水利志、工商志、教育志、医方志各一卷,宗教志(上、下)两卷。初编完成后,一直未能正式出版,故称《西康通志稿》。四川省档案馆、四川民族研究所曾将该书部分内容编入《近代康区档案资料选编》,四川大学出版社1990年出版。直至2016年,方志出版社才出版《西康通志稿》(上、下)。[②]

---

① 吴会蓉:民国时期《西康通志》的编纂及其学术价值,载《西南民族大学学报》(人文社科版),2014年5月。

② 因版本不同,本书《西康通志稿·工商志》录自《近代康区档案资料选编》,《西康通志工商志》录自《西康通志稿》,凡涉该书类推,不再另注。

本文摘自周太玄《西康通志稿·工商志》之《西康商业概况》。

丁. 商品

西康商品，其属于输入之部分者为茶、布、绸、缎、棉、丝、广药等，其属于输出部分者为麝香、虫草、鹿茸及其他药材等。而其主要之工业原料品，则为尾毛皮货等类。兹将此等主要商品之产销情形分志于后：

（一）输入之商品

1. 茶

茶在输入之商品中居于首位。其在商业上地位之重要，历代皆予以重视。过去所谓茶马互市，即系以边茶易取康藏之马匹。自清中叶以后，且定为专岸，即雅安、荥经、天全、名山、邛崃五县，指定专销康藏。其最盛时，可年销七百万斤。经过清末之官督商办时期后，在民国元年时茶商尚有二三百家，但在此后即逐年渐少。抗战以来，不过只及三十年前十分之一，计惟剩荥经六家，雅安十六家，名山三家，天全十家。此一方系经营不得法，他方则为印茶、滇茶竞争所致。

边茶产地以雅安、天全、邛蛛、荥经一带为主，计分为毛子、芽子、砖茶、金尖，金玉五种。于夏秋间收采。其产量总额过去可达六百万斤左右。其品质价格毛子最高，依次递减，金玉至低。

至于运输方面，因缺乏交通工具，至今仍由人力背负，每人约可背十包。茶背子系分两段运，以汉源之泥头镇为中继点。茶背经过泸定铁索桥，有最严之引票检查。

边茶销路自以康藏两地为主。自康定运至甘孜需时月余，运至西藏需时半年。雅安、荥经之茶可制成茶砖，西藏所销最多。天全高山、产色较次，则制为金尖，金玉，大都销至康省各处为止。茶到康定后，汉商即上，另由"蛮味"转运藏地。雅茶且远至尼泊尔，锡金、布丹等地，与印度西北之克什米尔及青海之大部分。至其在康定之运输交易情形，均系集中于茶栈，再由西藏等地之藏商专门经营间[接]贸易者，以其输出品之药材、麝香、皮货及其他商品，于康定售去，再贩运茶叶西去。此等西运之茶，系在栈中用羊皮改成包装。此种堆栈，称曰"锅庄"，系康定特有之组织，由清末之明正土司规定为四十八所。茶商将此项经过包装之货销与藏家，每包须付手续费，称曰"退头"。每五十包更须另付糖钱。由康定至西藏各地，则不山茶背子运输，而全恃牛马，需时既多，运费奇昂。此对于边茶与印茶之竞争，为一奇重之负担。边茶需时一年到拉萨，而印茶则以火车运到藏边后，八日即可到达拉萨。滇茶到达之时间，亦可较边茶省三分之一。惟印茶、滇茶皆系热性，而边茶性凉，故终为藏人所乐用。惟近年来因印茶，滇茶之畅销，此种习惯已有渐行转移之趋势矣。因此之故，边茶销路之前途殊难乐观。

边茶之产销，与政治设施有甚大之关系。前清规定茶引，有二动机：一系便利税收，一系对藏控制。故成立引岸以后，即绝对禁止私运茶籽于大相岭以西各地，恐其产地西移，即系仰给内地，而其所运来之珍贵药材、羊皮等商品来源即弱。故此输入康藏惟一重要之商品，实须于引岸及产销情形予以最要之改善。

康定商情（《西康通志稿·工商志》）

本文摘自周太玄编著的《西康通志稿·工商志》之《西康商业概况》。

戊. 各地商情

1. 康定

西康东界四川，西接藏卫，北通青海，南连云南，交通虽不甚便，而商运往来，懋迁频繁，亦不失为西南一重要之区域，而事实上处于枢纽之地位者厥惟康定。康定人口自抗战以来已年有增加，据最近调查，实已超过二万，其中汉人约占十分之六七，康人约达十分之三四。有商店近二百家，汉商之中似川陕两帮占大多数。惟驻城百里均系山地，地势险峻，土质硗薄，以致出产不丰，除少数菜蔬青稞而外，一切必要食品均仰给于雅安、天全、汉源等地。故以商业性质言，康定之重要性本应在其运转之中心上，出入货品应皆以此为集散地，而事实上本地之消费量反甚重要，而造成本市之显著之入超。

其输入货品，自茶业衰退后即以匹头占第二位，食品及绸缎等丝织物次之，再次则为叶；烟、酒、海菜、洋广杂货、纸张、山货等。其中匹头与食物约各占百分之二十左右，而匹头一项实年有增加。故若合绸缎等计之，则康定之输入品中实以衣用品远居首位。以数量言，匹头约万匹，绸缎万余匹，腊肉干肉四五十万斤，糖十余万斤，面二三十万斤，清油三四十万斤，棉花数千斤，鸡鸭蛋百余万个，豆瓣、花生各八九万斤，黑瓜子二三万斤，纸张十余万斤，金属器具则只二三万斤。

输出货物则以麝香、药材，皮货等为主。其中麝香年约千一二百斤，虫草一万三四千斤，知母、贝母、大黄各三四万斤，藏青果、羌活、秦艽各二三千斤，羊毛三四十万斤，青菌三四万斤，白菌一二千斤，花椒一万余斤，硇砂一二万斤，各种兽皮三四万张。

至以货品之价值言，输出货品以药材、皮货、毛类、山货为大宗。药材最多，毛皮次之。如二十八年药材约占四十二万五千余元，实占是年总输出百分之七十七强。此后且连年增加，如二十九年占百分之七十七，三十年占百分之八十四。皮毛类在二十九、三十年均约占百分之十一。故出口货物之值，药材皮毛两类即共占百分之八十五以上，其他各货所占之值则至为稀少矣。

以康定商品输出入之货值关系比较言之，则入超恒较出超为多。以二十七年底至三十年底三年之统计为例，三十八个月中入超即占二十八个月，而出超则仅占十个月，输入总值二百八十四万五千二百余元，输出总值则只有九十九万零四百余元，故两者品迭入超为一百八十五万四千七百余元。此种情势在最近数年中，尚无若何改善之倾向。此实为康定商业状况重要特征之一。

在上述之数值中，尚有为康人必需之十万零八张引票之茶，折合五十五万包（每包十六七斤），及汉人日用之食米约三千余石，未计算在内。茶与米均为汉人康人之日用必需品，茶由茶关按引票抽税，食米无税，故在调查出入口货值中皆未将其列入。然此二者实际上占输入之值至为巨大，两者合计约达八九百万元。故如将其加入计算，则康定每年之入超乃竟达千万元矣。

故综言之，康定商业之特点，以货值论，输出方面药材与皮毛约共占百分之八十五以上，可代表输出货物之值；输入货品以汉康人民之日用必需品米茶为主，次为衣著服用，二者总值亦在百分之七十五以上，可以代表输入品之值。而两者实距平衡之值甚远。以入超言，其年达千万元以上，其货品之绝大多数为日用必需品，则在康定逐年现代化以后人口繁荣消费日增则此入超之势，将有增无已。盖事实上输入货品中除边茶一项而外，大部分均消费于本市，而输出之各货品则产于康省之各区，故如工业与交通无显著之改变，则此种销势难言改善。此不但康定一城，西康各地之商业状况亦可以之为代表。

边茶历史悠久（《茶之塞外流传》）

本文摘于《边政公论》1944年3卷第5期，作者徐方幹。

再就交通道路而言，由吐蕃入唐大道，除西北路之外，多于西南经蜀之雅州，或越大雪山过大小金川达松维州而内地，为时雅州等地，已成茶之生产地，陆羽《茶经》八之出中云："剑南彭灼上，绵州、蜀州次；邛州次；雅州、泸州下；眉州、汉州又下"。以上各地，均在今之四川省境内，当时中蕃互市旅商所经，视茶为国风物，当时边禁未严，随便携带，多寡不问，恐茶之私流于塞外者，已非一日矣。

民国以来西南茶引史略（《历代茶叶边易史略》）

本文摘自《边政公论》1944年3卷第11期，本期似为边茶专号，所收文有（括号内为作者）：
《边茶与边攻》（徐方幹）《历代茶叶边易史略》（徐方幹）《西北销茶之产区数量及其市场之变迁》（叶知水）《甘宁绥新四省茶销概况》（文心）《滇茶藏销》（谭方之）《康藏饮茶风尚》（余舜）《近三百年来西北边销茶大事记》。

《历代茶叶边易史略》共分《绪言》《唐代边易》《宋代市马》《明代易制》《清代边引》《民国以来》《结论》等七章。本文选自该文第六章《民国以来》。

西南茶引 辛亥革命，西南与西北边茶引制，仍照旧沿行，惟四川省以复引病民，乃将其革除。至川边引，则以川边康可，几经变乱，民生凋疲，茶销日滞，打箭炉行茶，在宣统时已减至八万引，每引仍配茶五包，征库秤银一两，光复以后，（1912年）增为十万引，每引征课银一两零四分，合银元一圆四角六分三厘四毫，配茶数与前相同。七年（1918年）增为十万八千引。十年（1921年）又增至十一万引，然后滞积，课额虚悬。二十五年（1936年）西康建省，雅宁两旧属，划归西康省管理，省委顺商民之请，将边茶旧欠茶课及积票，分别减免，以体商艰，并减至十万引，藉符实际。

松潘行茶，民国建元（1912年）改行为票，每票一张，配大茶一包计重一百二斤，或小茶两包，每包计重六十六斤，每票征税一元，全年行三万余票。嗣因大茶运输不便，逐渐淘汰。二十七年（1938年）七月一日废除票制，松销边茶，得自由贸易矣。

西康商业概观（《西康通志工商志》）

本文摘自四川省地方志工作办公室编，方志出版社 2016 年 12 月出版的《西康通志稿》上卷《西康通志工商志》第二章《商业》。此处只摘录与茶业相关的部分。

西康地土高寒，人口稀少，缺乏规模可观之都市。故商业现状况难与他省比惟以地居川藏滇甘青等省之中心，而物产又复饶富，特产商品，为世所珍。故其商业价值，亦未可轻视。

在逊清一代，因羁縻边人，敬崇黄教①，惠及康藏。故前后藏卫，及印度，均须至炉城购茶。而西藏所出物品，亦待运炉销售，故炉城商务，迄于清末，皆能保持繁荣。乃自英藏商约成立以后，西康商业遂即开始受其影响。茶业固无论矣，即藏产物品亦因英人侵竞之故，渐失去其东销之传统习惯，故西康商务逐渐蒙受其影响。民国以远边事日多，康地商业日益萧条。康藏商运，既时梗时通，而川滇各地又复内战绵延，并无长久时间之安定。而他方面如印度之种茶事业日益发达，故康藏之主要商业亦受影响。故自抗战前夕为止，康省商业皆有日趋萧条之势。清季与民国初年相比照，其差异尤为显著易见。如在清季自川省输入年约二千余万元，而民国初元由藏输出者乃反超出数百万元。此后康藏商业，久陷停滞，及至近年方渐复旧观。

至川康商业在清季时亦相当繁盛。蛮家将货物售与出口商人。取得四川成渝各地兑票。蛮家再以兑票购茶布杂货。每年由川、滇、甘松，销康藏印度之货约三千万元之巨。而民国以来，每年由川输入者，不过一二百万元，由藏销出则有千余万元，较之清代，反差至五分之一多。抗战以来，交通恢复，产业日趋发展，内地商人渐感康藏商业之兴趣，故已有日趋复苏之象。自三十八年宁雅两属划归康省以后，形势更为一变。而宁属与滇川之交通，既有公路之联络，更能收货畅其流之效。于是现代式之商业机构，日益兴起。而康省工业，在省府及中央积极推动之下，已能逐步长成。其于日用必需品之制造改进亦使商行为随之趋于活泼。此后如再能使交通改善，现代式之金融机构健全，通货稳定，秩序安宁则康省以其蕴藏之富，品类之丰，则其商业不特可恢复过去之繁荣，且亦将在吾国之贸易上占一重要之地位矣。

---

① 即藏传佛教格鲁派。

西康省的茶区（《茶叶产销》）

《茶叶产销》1947年由行政院新闻局编印，内分《茶之起源与流传》《茶之种类与功用》《茶树生长之自然环境》《我国茶区分布》《茶叶产量估计》《茶叶外销概况》等6节。本文选自第四节《我国茶区分布》。

丙．西南高原区

本区产茶以云南最为著名，普洱名茶，中外皆知，此外西康之雅茶，亦驰誉于边区，黔桂茶产亦相当数量，仅供本省消费。

（一）西康省 本省茶区，雅安边茶向即驰名，为汉藏夷民族间之联系，边茶实为重要之媒介。此外宁属亦有茶园，然分布极少。

雅安边茶区：本区亦称"五路茶区"，以雅安为中心，包括其附近之荥经、汉源、天全、芦山等县。所产茶叶有毛字、芽子、砖茶、金尖、金玉、粗茶六种，品质不佳，价值则较低，过去□全部运销康藏。

康定县商情（《康定县图志》）

作者刘赞廷（1888—1958年）名永燮，字燮丞，笔名"懒兵"，汉族，河北河间府东光县（今河北省沧州市东光县）人，北洋宪兵学校毕业。任赵尔丰属员，随清季川滇边务大臣兼驻藏大臣赵尔丰赴川藏，历经边务三十余年，足迹遍于康藏之境。

刘号称清末民初康"藏边地一支史笔"，早年追随清季川滇边务大臣兼驻藏大臣赵尔丰拓土戍边，在对康藏地区实行"改土归流"；民国间，改任川边军分统，继任蒙藏委员会调查室主任等职。刘赞廷以自己"历边十四年"之经历，纂成图志数十种，足见刘赞廷颇重地方文献的运用和编纂；另著有《康藏宝鉴》《边藏刍言》《藏地秘史》《三十年游藏记》等作，为川藏的地方文献和方志事业作出了重大贡献。刘赞廷遗存《藏稿》尤为人们所重。2017年四川省地方志编纂委员会编纂，四川民族出版社出版《刘赞廷 康区36部图志点校》。

本书系根据今重庆图书馆所藏民国时期的刘赞庭油印稿和北京民族文化宫图书馆搜集到的少量资料汇编复制而成，1960年印制。原章节后附有《边务大臣赵尔丰整顿茶商一电》《邛州茶商邱德元等禀禁假除弊以维茗纲而挽利权由》两文及《附记》，现略去。

康熙二十九年，藏番昌测集烈占据，杀土司锡拉扎克，四川提督唐希顺率兵驱剿，土司之妻滚噶龚职其子坚参德昌由木雅移此建垒营寨，置土目于此，所差贡侍，名曰"锅庄"。

……

本县历为川藏之商埠，凡康藏土产系由此出口，出黄金、麝香、硼砂、药材、羊毛、皮革为大宗，入口川茶、绸缎、疋头、钢铁器具、瓷器以及杂货等。每年交易数字至一千八百余万两。自西藏门户放,凡前后藏货物由大吉岭出口,以亚东关为市场,当觉平衡。至民国以还,川康多事,凡康北土产悉由玉树具假黄河出口,康南由云南河墩子假滇越铁路出口。本城市场日渐萧条,惟以川茶维持市面。查此茶产于四川雅安、邛崃、名山、天全、荥经各县,以春茶尖采之,名曰"金尖";晒干用笼蒸之,稍加面粉制成戟形,名曰"甑茶"。每甑一斤,十八甑为一包,五包为一引;其次,著名金玉茶;再次,各粗茶。每年销至十万八千引。自印入藏茶,川茶低落,盖印茶产于阿萨密,距藏路近,仿川茶制造,质料洁净,装潢观瞻价值。惜因藏人本食惯川茶,不喜印茶,不时抵制之法,缘此加价且掺杂伪物,印茶乘机贱价冲销,口口只售小洋一角。于是藏人悉改食印茶,川茶一落千丈。近来,康定川茶入藏仅至四五千引。至西康建省,经边务大臣整顿,拟欲官商合办成立公司,免掺伪物,以为故制,乃各茶商扭于旧习,现颓化不堪。

附 录

近代边茶概况（《西康省藏族自治州》）

《西康藏族自治州》，吴傅钧著，1955年由北京生活·读书·新知三联书店出版，内部发行。作者在该书《写在前面》中介绍了成书经历："一九五一年五月西藏和平解放，我和科学院地理研究所同事方俊、张善言两位同志及清华大学地理组刘心务同志跟随一个科学工作队进入康藏。先后在西康省藏族自治区的康定、甘孜、绒巴岔、大金寺、竹箐、德格、岗沱、乾海子、玉隆、炉霍、道孚、营官寨、泸定和西康省雅安专区的滥池子、雅安等地作了一些零星调查。十月下旬在康定，正值藏族自治区人民政府召开全区人民代表会议，各县正副县长等都参加了这次会议，我们利用这机会访问他们，了解了巴塘、理塘、得荣（德荣）、乡城、稻城、邓柯、石渠、丹巴等地的情况。到了十一月初，我们依恋不舍地离开了高原，返回原工作岗位。"

该书共分社会基本情况、自然条件、解放前后的巨大转变、生产事业、交通概况、以边茶为中心的商业等六部分，全面介绍了西康概情。因时值新旧之初，故对昔日西康情况多有涉及。本文摘自原书"（六）以边茶为中心的商业"。

唐宋以来反动统治者的魔手紧扼着进茶的贸易，唐代开始茶马互市。宋代确立具体的茶马政策，并置茶马司，规定民茶一律由官收买，不准私自交易。明代更进一步统制茶叶，不仅规定了边茶的销量，并且制定了茶税的征收，加重了少数民族的负担。明嘉靖中定四川茶引为五万道，其中二万四千道行销边地称为"边引"，每引一道课银1.35两，其中由打箭炉行销康藏的一路收入最丰。清代乾隆时，规定边茶由登记核准的茶商向政府缴税买茶，销往康藏，茶农只能将茶售予指定的茶商，不能私买，茶商贩茶也不能超过规定的数量，由于销路的增加，茶税的收入亦与日俱增。明清统治者对边茶的生产特别加以管制，严刑峻法禁止茶种、茶苗带过二郎山传入康藏，就是藏民买没有煮熟的茶果充饮料，也要被杀头！统治者制造一套胡言："茶树搬过二郎山，都要变成蛮楂子"，来破坏藏胞种茶的尝试。民国时代军阀统治者承继满清的一切办法，仍照引岸运销，年定销票十万张，每张缴库秤银一两，由打箭炉关征收。茶课分雅安、天全、邛崃、荥经、名山五属，商人分担定额，分包引案，按季缴纳，一九二六年票额增至十一万张。一九三四年西康省康区茶课共征收伪法币1.32亿元，实占当时伪省政府全年收入的1/4，一九三五年后因本区境内战事不断，康藏又交通隔断，茶销受阻，茶引减为69,430张，一九三九年官僚资本的"康藏茶叶公司"在康定成立，实行官收、官制、官运、官卖、贱价收购，剥削茶农，于是雅属茶农纷纷砍伐茶树，茶厂则偷工减料、粗制滥造，边茶生产陷入绝路。一九三九年以前边茶最高年产量达65万包，至一九四九年下跌至20万包，一落千丈。

解放前康定商业简述（《甘孜州文史资料》第7辑）

《解放前康定商业简述》（原题名《解放前康区商业简述》）作者来作中，收入《甘孜州文史资料》第7辑，1988年中国人民政治协商会议四川省甘孜藏族自治州委员会印行。本文只录取与茶业相关部分。

解放前，甘孜藏区（指原属于西康康属即金沙江以东地区）的商业，就地区而论，主要以康定、理塘、巴塘、甘孜等市镇为中心，通过这些地区，辐射向邻近的西藏、云南、青海、甘肃和雅安、阿坝、西昌等地区以及本区内的县乡和农村、牧场。以资金占有和从事经营者来讲，藏族中，主要有土司头人商、寺庙商以及与之相互依存的"锅庄"行业；外来者，除官商和西藏商人外，主要有来自陕西、云南、四川等地的座商和行商。经营的商品，入口，主要为川茶、绸缎、匹头、呢绒、铜铁、器具、日杂等；出口，主要是黄金、麝香、药材、羊毛、皮革等。通过它们相互间的经营、交换，对活跃、繁荣甘孜藏区的经济，促进城乡产品之间的交流，满足人民生产、生活的需要，起到了一定作用。当然，由于解放前集团和个体的经商目的性不同，产品交换带有一定的掠夺性质，因而，甘孜藏区的劳动人民，在产品交换时，经济上也受到一定的剥削和损失。

一、康定、理塘等主要市镇商业

1. 康定

康定，古称打箭炉，位于甘孜藏区的东部，历来是中央通往藏卫的要津，又是藏卫僧俗官员进京朝贡之通道。自清初建埠以来，汉藏之间的"茶物互市"即西移于此，并逐步成为全区商品集散交换之中心。据《康定县图志》记载，清朝末年，每年商业交易额达到白银"一千八百余万两"，并主要以茶叶为大宗，国家每年制发给茶引票十万零八千张（高时达到十五万张），征茶课白银十万零八干两，由雅安、荥经、天全、名山、邛崃五县茶商认引后，运至康定销售。根据1930年前后雅安、荥经、天全、名山、邛崃五县在康定所设的主要茶号及其经营情况有如下表：①

……

二、土司头人商、寺庙商和锅庄业

……

---

① 原文此表系引用《西康纪要》中《五属茶商在康所设店号表》（本书已收），且与原表有出入，故不再另录。

3. 锅庄业

锅庄，在甘孜藏区是一特种行业，它在土司、头人、寺庙等藏商和汉族富商之间，起着桥梁和经纪人的作用，特别是和藏商有着相互依存的关系，主要集中在康定。

据考证，康定锅庄原是明正上司下属的土千户、土百户来康，谒见土司时的住宿和办事处所，以后随着时代的发展，贵族的没落，其后人郓利用各自现成的院坝以及和外地土司、头人、寺庙的历史渊源，从事接待他们到康定经商时圈养牲畜、堆存货物的落脚点。这些藏商到康定后，有的因语言不通，需要锅庄主人为之翻译，有的不谙行情，需要锅庄主人为之介绍和帮助筹划。汉商要购买藏商或销售自己的商品，也需要锅庄主人代为洽谈和充作媒介，这样，锅庄主人即利用自己通晓藏汉语言，了解商业信息以及和各方面有往来关系与商界较为熟悉等有利条件，协助藏汉双方，促成买卖的成交，并从中捉取约百分之四的"退头"（即佣金）。这就形成哪家锅庄里住的藏商资本越大，锅庄主人的收入也就越多，并可受到汉商的俯就和拉拢，成为了锅庄主的主要财源。为使这一"财源"能够保持长久，藏商到锅庄后，不论住时长短，食宿、草料都由锅庄承担，并时刻殷情款待。锅庄主还在藏商住康期间，代为收付货款，交纳税金，包装交运。来康离康，都到关卡迎送，协助疏通关节，不使受到刁难。为此，藏商每次到康，都要固定住在最初住过的那家锅庄，不再另迁别家，别家也因其直接涉及到各锅庄与商人之间的利益，如果乱拉乱住，恐引起纠葛和后患，故大家都能严格遵守。

据调查，康定最早的锅庄，共有四一十八家，解放前夕，较大的锅庄仍有下桥瓦斯石碉包家锅庄、将军桥白家锅庄、深巷子白家锅庄、水桥子木家锅庄、大院坝充家锅庄、铁门坎汪家锅庄、白土坎陈家锅庄、白土坎彭家祸庄、大石包邱家锅家、北一巷贾林锅庄、子耳坡安家锅庄、子耳坡邱家锅庄等，他们接待的分别是来自德格、甘孜、炉霍、理塘、昌都等地的富商巨贾，或是各地喇嘛寺经商的管家，每次售出、购进的货物，金额都在数万元至十多万元不等。其他一些锅庄，所住多是一些一般藏商，交易金额不能与前述藏商同日而语。至于民国年间随着康定商贸事业的发展，新建起来的一些"锅庄"，纯系以经营旅店、客栈为主，和原有的四十八家锅庄，在群众心目中有着严格的、性质上的区别。锅庄业的存在和发展，对促进康藏地区来康定经商的土司、头人、寺庙客商以及城乡交往，带来了吸引和方便。

康定是藏汉交易的中心（《西康史拾遗》）

冯有志编著，上下两册。中国人民政治协商会议甘孜藏族自治州委员会文史资料委员会1994年编印。本书较为系统和全面地介绍了土改前的西康至赵尔丰经营川边到西康政局的演变，刘文辉接管西康、西康建省后各厅处的人事更迭、各项重大设施建设、西康建立民意机构及西康举行大选，至刘文辉宣布西康全省起义等方面和重大事件进行了较为详细的记述，尤其详细介绍了西康建省前后的政治、经济情况。此书作者冯有志花费近十年时间，在甘孜州政协文史委的支持协助下，收集整理编撰成书。全书共有十篇77章。

康定成为汉藏两族的交易中心，是客观条件造成的。因为藏汉两个民族，语言不同，生活殊异。康定以西，是藏族聚居地区。初到藏区的汉商，语言不通，思想感情无从表达，有所需求，难以索取。日常生活也有殊异。反之，藏商到康定以东的汉族居地区，也感到同样困难。更加汉商货物，多赖人力背运，一部分则以骡马驮运。这些生长在汉区的以背运为生的劳动者，对关外高寒气候，不能适应，而生长在藏区的骡马牦牛，如到汉区，不但不适应汉区气候，且汉区田陇相连，并无草原可供放牧，无法喂养。更加历代政府对少数民族，采取压迫和欺骗政策，影响所及，造成藏汉之间的隔阂。在这种情况下，彼此要进行商品交易，尤其是金额巨大的贸易，是有困难的。康定是一个民族杂居地区，语言不通，有人翻译；彼此生活上的不同需要，有人供应；牛马有草原放牧；更加有药行锅庄的老板主人，对交易双方的根底，都很了解，从中作为媒介，使双方公平交易，互不诈欺。且驻有重兵，治安很有保障可以安心交易。所以藏汉两族的商人，运销货物，都到康定为止，不再前进，在康定交易后各返原籍。康定就自然成为藏汉交易的中心了。

西康商业概况（《民国藏事通鉴》）

郭卿友编著，是一部民国时期藏族断代史，中国藏学出版社2008年出版。

是书编撰范围以西藏为中心，兼顾西康、四川、云南、青海、甘肃藏区。编撰内容以藏族政治史为主线，并重经济、文化、教育、宗教等社会领域，全方位、多视角、逐层次地再现民国时期藏族的历史变迁，将民国时期重大历史事件按顺序，逐题记述每一事件的始末与因果联系。

商业可分为民族内部的商业活动和各民族之间的商贸交易两大类。在汉藏贸易活动中，川藏贸易历来最为发达。自古以来，康区就是藏汉民族交汇之处，藏汉之间的联系已有近2000年的历史。汉区输入藏区的货物主要有茶叶、盐、糖、丝绸、丝线、棉线、布匹、丝织物、烟叶、米、香料、纸张、瓷器、铁器、染料等等；藏区主要以金银、麝香、虫草、贝母、大黄、羌活等药材、皮毛等畜产品和手工业品及其他土特产品为交换。同时，由西藏方向输入康区的藏货（其来源多为印度，亦有经新疆南部自中亚细亚输入者）有藏片（即细呢）、藏绒（英国产）、喜绒与斜纹布、灯草绒、藏绸、藏褥子（即地毡）、棉纱、藏枣（小亚细亚、波斯等处所产）、藏青果（即橄榄）、藏红花、藏香、藏鞍、纸烟、西药等。西康土著的货物，以药材、虫草、贝母、麝香、大黄为最多。其他如瞻化、甘孜等县运到康定的矿金，每年约两千余两。每年由西藏运来的印度金条，年约十万两。每年还有赤金运来，都是从康属的河鸦、杉马、各摩、亚渣、金河子、种嫁农坝、白水沟等处运来，是当地的土人挖掘金矿或淘取沙金所得。

清宣统三年（1911年），康属各地实行县治，设流官，辟市场，甘孜、德格、理化（今理塘）、巴塘、道孚等地已经形成商品集散地。主要以康定、理塘、巴塘、甘孜等市镇为中心，通过这些地区，辐射到邻近的西藏、云南、青海、甘肃和雅安、阿坝、西昌等地区以及本区内的县乡和农村、牧场。

从经商方式看，商人可分为坐商和行商两类。前者就地贸易，有固定的购销据点；后者转运贸易，流动性较大。如以经营的商品划分，则可分为茶叶商、金银商、药材商、皮毛商、盐商、烟草商、布匹丝绸商、杂货商、粮油商、饮食商等等；按民族划分，可分为藏商、汉商和外籍商人，后者包括印度、尼泊尔、英国等国商人。藏商中，有寺庙商人、地方官员（汉人称土司商）、和平民商三大类，其中又可分为藏人（康区以外的藏族，俗称藏巴娃）和康人（康区藏族，俗称康巴娃），藏人来康以转运为主，康人则二者兼有。来自西藏的藏商主要有三家，为桑都昌、擦绒昌和邦达昌，以邦达昌最大。西藏和印度货物在打箭炉（康定）的贸易，邦达昌一家就垄断了百分之五十以上。他们除收买当地各类土特产品，运至打箭炉易茶和其他日杂用品，又返西藏销售外，还经营外货。汉商以转运为主，但各地亦不乏就地贸易者。其中又可分为三种：进口商，以茶商、布商为主；出口商，经营沙金业、药材业、牲皮业及其他康地土特产；草地商，或在各大肆邑及繁盛地点与康人交易，或向乡下藏民收集商货，转运至各城邑向铺家售卖。其中，按地域又可分为陕商、川商、云南商、重庆商、山东商和京商。汉商习称某某帮，以陕商和川商队伍最为庞大，资金最为雄厚。

入康最早、势力最强者为陕商，早在元代，他们即到此打拼，主要经营药材和金银，长期发展，形成了一股强大的经济力量，多达70多家，致使从打箭炉河西原上桥至中桥一条大街，皆为陕人聚居经商之处，俗名"老陕街"。打箭炉最负盛名的大茶店"天增公"、"义兴茶"、其次是川商，主要经营茶叶、布匹、铁器和其他杂货，并收购康区的土特产品。其中，又分邛州帮、川北邦、重庆帮、成都帮、汉源帮、云南帮等。

重庆帮经营羊毛、牛毛、狐皮、杂皮，代表商号分别约有七八家，每年经营羊毛550万斤，价值白银66万两；牛毛两万斤，价值白银2000两；狐皮8000张，价值白银8万两；杂皮6000张，价值白银5万两。经营羊毛者将羊毛运至内地销售，同时收购药材；经营羊皮、狐皮、杂皮者，则将其皮在康定加工，运往内地销售。

川北帮的代表商号约三四十家，经营土杂（日用杂货和草鞋麻绳等）、玻璃、铁器。土杂（每年价值巧万两白银）在康定和关外采金地点销售；铁器（每年价值两万两），玻璃在康定和关外销售。

成都帮的代表商号约五六家，经营广杂（钟表器具和洋广杂货）和皮货（皮件制成品），每年在康定和关外销售价值10万两白银的广杂和价值两万两的皮货。

汉源帮的代表商号约三四十家，经营大米、油类、黄烟，每年在康定和关外销售大米4000石，价值大洋12.8万元。

云南帮（云南鹤庆、丽江、德钦等地人，主要经营云茶、药材、鸦片、武器和杂货等）的代表商号约五六家，每年经营价值白银150万两的鸦片、滇茶、杂货，年经营额300万两，鸦片运至康定和内地销售；滇茶和杂货则运往康定和关外。云南帮还经营武器。

汉商除根据籍贯地域结成商帮外，又可因营业种类而结帮。在康定，较大行业便有十七八帮，其中，最大的茶业帮又根据籍贯而分为雅安、荥经、天全、名山、邛崃五小帮。除茶商外，其他还有专营黄金、康香的金香帮，专营绸缎、匹头和收购当地土物产的府货帮。

金香帮（以陕西、山西省籍为主）以德泰合、义生、积庆隆等为代表，在康区南北路皆设有分庄，每年将价值110万两白银的黄金和120万两白银的麝香销往成都、上海、广州、汉口、宜昌等地，其黄金年经营数额为15000两，麝香年经营数额为4000两。府货帮（四川、陕西籍）约十余家，每年经营绸缎15000包，价值白银20万两；匹头15000件，价值白银20万两；丝绵4600斤，价值白银8300两。其销路在康定及折多山以西的关外各县（康定称折多山以西为关外），同时收购药材外运，与药材帮形成了竞争。而后者（四川、陕西籍）以云发、大兴等商行为代表，每年经营虫草3万斤，价值白银15万两；贝母4万斤，价值白银16万两；知母6万斤，价值白银6万两；鹿茸5000斤，价值白银4000两；秦艽10万斤，价值白银5.5万两；大黄55万斤，价值白银5.5万两；羌活30万斤，价值白银3.5万两；赤芍1万斤，价值白银1000两。上述药材都是运往内地销售。

邛崃帮（四川邛崃、大邑等地人）的代表商号约十余家，经营哈达、旗布、土洋棉布。旗布和土洋棉布作蟠经麻呢旗，和哈达一起在康定和关外销售。

干菜帮经营食物（包括海菜、食物、油盐、日杂等）、油类（包括菜油、桐油、煤油、香油等），每年在康定和关外销售价值白银5万两的食物和3万两的海菜；销售油类15万斤，价值白银5万两。

草烟帮的代表商号约五六家，经营草烟、黄烟、纸烟、卷烟等，每年在康定和关外销售的各种烟类价值12万元大洋。

制革帮（四川、汉源、天全等地人）的代表商号约二三十家，在康定和关外从事红皮加工。

纸瓷帮（四川洪雅、夹江等地人）的代表商号约六七家，每年在康定和关外销售价值白银3万两的纸张和1.5万两的瓷器。

据1934年4月康定市政公所对康定商业情况的调查，当时康定共有以从事边茶、麝香、黄金、药材、皮货、绸缎、烟草、民族商品、纸张杂货等行业为主的店铺240家，从业者1000多人，资金约大洋390多万元。此外，还有专营银钱调换的商号十余家，制作、经销金银首饰的店铺四五家，电气股份公司一家。如再加上没有统计人内的寺庙商、锅庄业和各类小商小贩及手工业工人等，当时康定从事商业和与之有关的人员，多达2000余人，约占当时康定人口的三分之一左右。各商号中之资金雄厚者，有的分别在雅安、成都、重庆、宜昌、武汉、上海、广州、昆明、拉萨、西宁及香港、印度加尔各答等地设有分号，有的还发行"本票"，代行银行业务，顾主可以凭票在异地的商号兑取现金。

各种不同类型的商业活动的蓬勃发展得益于康区几个交通相对方便的重要商贸口岸，其中尤以康定最为突出。该地交通四通八达：向东经泸定、汉源、荥经可至雅安；向西有南北二道通康区南北诸县至西藏；北线还可由邓柯至青海，至丹巴、大小金川；出南门可至九龙，还可到西康宁属地区及云南。所以，自清康熙三十五年（1696年），清廷即批准打箭炉（今康定）开市贸易，以后，康定更成为汉藏贸易交汇之中心和康区重要的物资集散地，各民族商贾频繁往来，汉藏两商行之间既进行物物交换，内地银币和藏银币也可以在康定市场上流通，以至有"小成都"之称。

清末民初，转口贸易发展较快，康定、甘孜等县形成了转口贸易市场。其商贸活动的中心地点康定、甘孜、理塘等地也成为汉藏民族商贸活动的集中之处。当时，外地客商，洋行进入康定市场，本地一些大商人的商号分设于国内的成都、重庆、武汉、上海、天津、拉萨及国外印度加尔各答等地。至1928年康定成为康藏出进口商埠，每年输出金额300多万元，汉商来往更为频繁。据1935年对康定城各行业调查统计，有坐商250户，从业人员1000人，资金397.41万元（旧币）。另有流动商贩3000多人，城中店铺一个接一个，形成了商业一条街。

1930年前，四川、云南、陕西等地不少人到康定组帮经商。1939年和1946年康定47家锅庄中，兼营药材的35家，大都经营虫草；兼营香菌、干菌的5家。

1928年国民政府通令：按全国商法条例，以上海、汉口、康定三处为总商会，他处为商会，以便稽查国内外商业情况。通令将康定与上海、武汉相提并论，列为全国三大商埠，充分反映了康定在藏汉贸易交流中的重要性和全国商业活动中的特殊地位。据有关资料记载，抗日战争时期，康定人口已经超过两万人，移居康定的人约占十分之六七，藏人约占十分之三四，有商店200余家。

这里着重一提的是茶叶贸易。众所周知，茶马互市历来是藏汉贸易的主要内容之一，对增进汉族和以藏族为代表的少数民族之间的联系，推动各民族经济的发展和社会进步，稳定和巩固边疆民族地区与内地的联系，都具有十分显著的意义。自清末起，茶马贸易有了新的发展，形成了商办边茶股份有限公司，简称"边茶公司"。由雅安、名山、荥经、天全、邛崃五县配茶叶资本家组成，总部设在雅安，在康定、理塘、巴塘、昌都、结古（今青海省）五处设催茶分号，在邛崃、天全、荥经、名山等县设制茶处；在清溪县（今汉源县）设转运处；在嘉定（今乐山市）、宜宾等处设采配处。总资本33.5万两白银，垄断了四川南路的边茶贸易。

民国时期，这一股份公司形式的现代贸易方式在官方的支持下继续发展并有了新的变化1939年西康省政府在康定设立了官办的有资本50万元的以经营茶叶为主的商贸机构—西诗康藏茶叶股份有限公司，其中，官僚资本占28%以上。另一部分是资本较大的汉族茶商肛本。公司总部设康定，分公司设雅安，并在雅安、荥经、天全三县设立10个茶叶厂，所产边茶运往康定销售，茶叶商标为"宝焰"。该公司通过行政手段垄断了康区藏汉茶叶贸易，尤其是控制了汉茶输入藏区的进口关，在某种程序上阻碍了藏汉茶叶的自由贸易。其后由于恶性通货膨胀，法币贬值，商品滞销，加之公司经营、管理不善等原因，公司业务日趋衰落。1944年前后由于民族资本纷纷退股，自行停业。至新中国建立前夕，已经名存实亡，后经人民政府收购，与官办的中和茶厂、西康茶叶公司、康藏茶叶股份有限公司的官股部分组建成立了生产、销售康藏地区边茶的国营机构。此外，1941年格桑悦西在康定成立了"康藏贸易总公司"，自任总经理。1945年前后开业的"西康公司""兆裕茶号""一三七师合作社"等茶店不下数十家。

西康边茶简介(《西康边茶简介》)

《西康边茶简介》为谢明亮、郭建藩所著,原刊于《四川文史资料选辑》第8辑,因文所言皆为西康边茶旧事,本文摘录其第一节"历史沿革",原文标题。

国人嗜茶,由来已久,尤其边区少数民族,因气候、生活等特殊关系,茶叶更为必需之品。历代政府,均以边茶的输出,与经济国防息息相关(从唐到清以至国民党统治时期,莫不把边茶视为控制边区少数民族的工具)。即以西康边茶而论,不仅边茶企业,在经济中占重要地位,而且(对)维系汉藏两族感情,调济农民生活亦起到重大的作用。但解放以前,由于封建束缚、军阀压榨、官僚资本垄断等等关系,使民族工商业的边茶,备受摧残,濒临解放之际,生产已成瘫痪状态。解放以后,人民政府多方扶持,西康边茶始获复苏,并走上了发展的道路,兹就有关西康边茶重要史事,简介于后。挂一漏万,在所不免,尚希予以指正。

一、历史沿革

(一)茶马互市:边茶历史悠久,远在汉唐已有文献可考。中唐以后,茶在国内不只有广大的市场,而且远销于塞外。历史上有名的"茶马互市"即开始于唐。

宋代的"茶马互市"已经成为经常性的贸易,政府明令规定以茶易马。据《宋史》所载,神宗熙宁七年,会"李杞入蜀买茶,至秦风熙河(陕之茶马互市场)博马。"并采蒲宗闵之议:"川陕民茶尽卖入官,更严私行交易,全蜀茶尽榷。"元丰四年,诏专以茶易马,从番人所嗜,又诏专以雅州名山茶为易马之用。同时由于茶叶关系重要,宋代对茶施行了官卖制度,称曰"榷茶"。政府不但收买民间之茶叶,且设置榷茶场以司其事,淳熙四年,命四川宣抚司支茶博马,七年复置茶马官;嘉定三年诏文臣主茶,武臣主马,这是政府独占西南边茶来进行对外贸易的开始。

明代仍仿宋制,以茶博马。据《明会典》记载:"内地所产之茶,有'官茶''商茶''贡茶'三种,官茶即所以贮边易马,商茶给卖,贡茶供御用也。"沿至清代,虽非纯粹以茶易马,但互市办法,仍尚袭用。邛崃南关外"南桥"即从前与少数民族(主要是藏族)进行互市之所,雅安南关亦有所谓"蛮市",实即原互市旧址。当时互换物资,少数民族主要以土特产品,其所换回的唯一商品则为边茶。西康边茶的销区,过去一般人不明情况,以为仅销藏卫,而实际西康边茶中的"砖茶""芽细"等细茶,早已远销不丹、尼泊尔各邻国,不过系由藏商转手外销,可见西康边茶实亦由藏出口的主要外贸物资之一。

(二)"茶引"和"引岸"的由来:边茶贸易自北宋采取"榷茶"制度以后,直到南宋高宗时,始变更茶法,改行"茶引"课税,准许商人认引后自由贸易。据文献通考载:"建炎元年,成都路运判赵开言榷茶易马五害,遂擢开主茶马。二年开更茶法,印给'茶引'使商人市茶。"明代也施行茶引制度,但规定更为详尽。明史食货志:"太祖令商人于产地买茶,给钱请引，引茶百斤，输钱二百，不及引曰'畸零'，别置'由贴'给之，后又定茶引一道输钱千，茶由一道输钱六百。"

后来更由茶引进一步发展到"引岸"制度，所谓引岸，就是要固定地区，额定课税标准，由官方发给特许凭证——"茶引"，非有茶引，不能经营茶业，并限制在一定地区销售，不准运往他地。明嘉靖中，定四川茶引五万道，二万六千道为腹引，二万四千道为边引。这是引案的由来。所谓"腹引"即行销内地茶的凭证，所谓"边引"即只能在边地贸易。清代沿袭引岸制度，并将边引分为两路；以雅州为制造中心，行销打箭炉及藏卫一带者，曰"南路边引"，即以后的"西康边茶"，以灌县为制造中心，行销松、理、茂一带者曰"西路边引"。每引配茶一担（一百斤），纳课银一两二钱。后订每引制茶五包（每包廿斤）。根据雅州府志，雍正八年南路边引情况为：雅安 27,860 引，名山 1,830 引，荥经 23,314 引，天全 31,120 引，邛州 20,300 引。销售地均在打箭炉。根据上数，南路边茶在雍正八年茶引已达十万零四千余张。到清末增至十一万张。后来因康藏发生军事冲突，茶运困难，印茶乘机侵入，遂致茶叶减产，引多茶少，商人赔累，至西康建省筹备会时，减为六万九千四百二十张。商人认引以后，按引纳税，虽然引可以转让，但非到人亡产绝，不能注销。

历代的统治者，都认为茶叶的输出，有关经济与国防。采取各种措施，加以控制，如榷茶易马，分岸设引，其目的都为了便于政府掌握。后来茶商对引岸制度的束缚，感到不满，如在民国元年以后，茶商常常申请废除引岸制度。直到1940年，国民党政府在西康设立货物税局，对边茶改行对物计征，边茶的引岸制度才告打破。

（三）行业的形成：茶叶在中国农村经济上占有特殊地位。从唐开始，茶叶的种植和焙制均被重视。茶的种植，已成为茶区农民的主要职业或付业收入的重要部分。农民生产的茶叶，并不是本人直接需要的生活资料，而完全是供应各地市场的商品，已属商品经济的范畴。宋代对于茶叶经营，在规模上、技术上更远远超过唐代，除建立了"榷茶"制度以茶易马外，而且还自设茶园，进行"官焙"；"官焙"的劳动力，主要是强征或募集而来的工匠，所以基本上是封建性的。直到南宋初年，赵开在西南变更茶法，设"引"招商，然后茶叶始许自由贸易。商人认引贩茶，多设置焙茶作坊，雇请工人加工制造。这是资本主义因素开始了萌芽，也是边茶行业的初期形成。以后时而开放，时而管制，直到明代中叶，始许商人自由贸易，边茶的开放，对于边茶的发展是有其一定关系的。据考查雅安陕帮"艾兴隆"茶号，在雅设号，即在明世宗嘉靖年间。以陕人而能乐予在四川设厂经营，可见当时雅安市场茶业已相当发达。迄至清代中叶，在四川南路一带，如雅安、邛崃、天全、荥经、名山等地的茶号，已达八十余家，以此发家的也不在少数。茶业的资金，在当地已首屈一指。当时边茶的销地打箭炉（康定），本来是一片荒凉地区，由于边茶在此集散，四十八家"锅庄"（行栈性质）先后形成，市面因而繁荣，茶商在当地操纵着整个经济，当时年产量虽无可考查，但从茶引的数额来推断，雍正至嘉庆年间，边茶行引十万零四千余张，最高曾达十一万张，每引配茶百斤，产量约在一千万斤以上。清末赵尔丰任边务大臣期间，尚行茶引八万张，边茶产量较前虽有降低，但相差并不甚大。

雅安边茶概况（《雅安边茶概况》）

《雅安边茶概况》为刁车五所著，原刊于《雅安文史资料选辑》第一辑，因文所言皆为西康边茶旧事，本文摘录其第一节"历史沿革"，原文标题。

边茶，顾名思义是对康藏地区的边销茶，它是藏族人民不可缺少的饮料，主要功能是分解脂肪、舒适肠胃，与藏族以牛羊肉为主食的游牧生活息息相关。因此它在藏族人民生活中占着很重要的位置，故藏族人民不惜以劳动成果金、银、兽皮，麝香、虫草、马匹等珍贵的土特产品，远道运至打箭炉（康定）换取边茶，赖以应生活之需。因而边茶不但占有它的经济地位，还有它的政治影响。

因此之故，历代的统治者，对边茶的控制都很严格。即以明、清两代而论，为了在政治上戍边绥靖，羁縻藏族，经济上榨取利税，军事上攫取战马，而想出种种办法进行专利控制。如明代的"茶马司"（官营贸易机构）以边茶易藏马，每年以数十万斤茶叶换取战马数千匹，以及金银、麝香和珍贵的兽皮等，获利不少。这个茶马互市的机构直至清代不但沿袭存在，而且榨取性更扩大，更具体。据清史《茶法》载：官营易马头数，每年为一万一千〇八十匹，茶马交换比率为上马一匹换茶一百二十斤，中马一匹换茶九十斤，下马一匹换茶七十斤。

由于盘剥性大，形成茶贵马贱，藏族多不愿以马换茶；加以称为清代盛世的乾隆中期无战争，需马不切，茶马互市，遂告停顿。但清王朝并未放手，又将管理边茶的"茶马司"演变为管理商营的官方"盐茶道"，专司边茶和食盐，采取"引岸制度"。所谓"引岸"，就是明确规定各茶商的产量及销售地。其目的在于增加税源，控制茶叶生产和流通过程，杜绝藏商贩运私茶，规定在某地采购原料和在某地销售，绝不容许在规定的地区以外购销。

"引"是指明购销数量的单位凭证（每引为一百斤），"岸"是指购销地区。

税分两种：（一）地产税（称课银）由茶农缴纳；（二）征商税（称税银）由茶商缴纳。

除以上两种正税外，尚有其他附加，甚至引岸凭证的纸张都要取费。据《雅安县志》记载："额行边引二万七千八百六十张，每张引征课银一钱二分五厘，税银四钱七分二厘，羡银九分八厘，截银一钱二分，共征银二万四千零四十三两一钱八分"。

由于清王朝的腐败，英帝国主义者乘机入侵，其中以印茶为大宗。英商为了取得合法权利，于1893年（光绪十九年）强使清王朝签订《藏印条约》，对西藏开埠通商，并取得了免税贸易和"治外法权"，英印商品及印茶从此大量倾销西藏。据有关史料记载，英商运往西藏的货物及印茶，从一八八九年的销藏总产值，为十四万九千二百五十四卢比（印币），至一八九四年增加为七十万〇三百四十八卢比。六年之间增加了四倍。而边茶运藏总产值，仅黄金一项由原来的八千盎斯减为四千盎司。清政府鉴于利权外溢，谋求挽回，当时的经边大臣赵尔丰把抵制印茶，作为他经边的重要措施之一。他的主要措施是扶持民族资本，巩固边茶在藏区的地位。由雅安、荥经、天全、名山、邛崃五县茶商联合在雅安组织官商合办之"商办边茶股份有限公司"，合力竞争。但不到四年，这个公司便随着清王朝的灭亡而消逝。

民国初年，边茶的产、运、销已成半停滞状态。那时军阀割据，互争地盘，兵祸时起。即以雅属地区而言，先有川边镇守使陈遐龄与四川军阀刘禹九之争，后有二刘之战（刘湘与刘文辉），真是兵连祸接，交通梗阻，茶农，茶商在拉侠、派款的威迫下，不堪其扰，致使雅属茶号相继倒闭者达十余家之多。这个局面，直到1939年西康建省，边茶经营始稍事趋于正常。

从1945年到1949年这段期间，边茶行业，组织相当复杂，既有官商合营的"康藏茶业股份有限公司"（简称康茶公司），又有国民党中央资本与地方合资的"中国茶叶公司"（简称中茶公司），还有二十四军一三七师师长刘元琮搞的"一三七师合作社"。私商中则有西康公司、利康茶号、隆裕茶号、云龙茶号和陕西帮之天兴茶店、义兴茶店、恒泰茶店、聚成茶店、丽生源茶号等。但1949年初，全国解放已成定局，于是五家陕帮除丽生源茶号外，相继将其全部动产席卷回陕，仅剩厂房四座在雅。

乙　财政税课

1911 度支部核定西康岁入预算表（《西康之经济概况》）

类别		岁入数（两）	备考
受协各款	四川协拨各款	775182.357	
田赋	征粮	48500.000	
	征粮	19000.000	
杂税	盐税	6000.000	
	茶税	1000.000	
合计		849682.357	

西康茶厘记（《西康建省记》）

《西康建省记》为傅嵩炑著。全书分为上、中、下3卷，成书于民国元年（1912年），《四库全书续编书目提要》有著录，"本记因宣统三年七月有改边务为西康省之疏，故名曰《西康建省记》"。

傅嵩炑（1869—1929年），名华丰，四川省古蔺县人，光绪三十年（1904年）任赵尔丰的幕僚。赵尔丰在川边推行"改土归流"，傅嵩炑随赵尔丰督兵征讨，经营川边，足迹遍及康区。1911年傅嵩炑以道员护理川滇边务大臣，继赵尔丰之后在川边推行"改土归流"。六月，傅嵩炑奏请建立西康省，西康全局底定，傅嵩炑于巴塘修建衙署。是年冬，辛亥革命席卷西南，赵尔丰在四川的统治瓦解，傅嵩炑率四川防军回川救援，到达雅安即被辛亥革命军俘虏，解送成都。本书即写于此时。

该书上卷记述了西康的区域、历史沿革及清末在川边实施的新政——改土归流，即废土司、设流官、置县；中卷阐述了其奏请建立西康省的原委、意义和办法等，并且叙述了西康的地理环境、政治制度、经济、军事、文化等方面的内容；下卷记述了西康的物产、风俗习惯、宗教和手工业等。本书为当事人撰写的实录，对康区社会历史、人文地理、文化、民俗、交通、经济等都做了较为全面而翔实的论述，是研究清代川边历史和清朝治康方略的重要史料。

该书共有四种版本，即民国元年（1912年）11月由成都公记印刷公司刊印的石印本、同年四川官印刷局排印（铅印）的删节本、1932年陈栋梁重刊的铅印本，后收入《民国边政史料汇编》第二十五册,又有1988年中国藏学出版社出版的标点本。本节选自四川官印刷局排印本,原名为《西康盐税茶厘记》,其前为《盐税记》,后为《茶厘记》,只录后部。

盐茶两宗,人之日用所必需。……若茶则番地不产,系由四川打箭炉所购征税,必碍川茶销路。宣统元年,德格改流,登科、石渠两属与西宁、昆连由康地运茶往西宁者,德格头人向于渡金沙江时而收其厘,改流之后,仍如旧归官收,年收厘银不及千金,均经边务大臣赵尔丰奏报有案。若为川茶销路计,此项茶厘仍应裁革,然以今日西康所收论:一曰盐税;二曰茶厘。

按西康地方,甫经开办正提倡商务之时,若关有征、市有和、盐铁有榷、酒有课、茶有算,则商贾裹足不前矣,故一切货物概不征收厘税。惟盐乃番地所产,销滇者多,故收税,而收且从轻。若茶厘裁革,川康划界定后,应明订章程,于打箭炉设局,出关之货,归川征收;入关之货,归康征收,而厘税之则均宜从轻,乃能提倡西康商务也。

1919年川边茶税(《民国八年度川边国家岁入岁出预算分表》)

《民国八年度川边国家岁入岁出预算分表》由财政部编印,1919年出版。

民国八年度川边国家岁入预算分表

款别	项别	经常门		比较		说明
		八年议决数	五年议决数	增	减	
第二款正杂各税						
	第一项茶税	一五〇,〇〇〇	一五〇,〇〇〇			
共　计		四九二,七三二	四九三,二五一			

1927、1928年度岁入分款百分表·茶课(《西康纪要》)

《西康纪要》为杨仲华著,1937年商务印书馆出版。该书分上下两册,共十章,介绍西康的历史、地理、经济、民族社会、政治、教育、宗教、风俗习惯、人民生活状况、物产等。书前有杨章荣的《西康调查记序》《西康概况序》和作者自序。书前有督办川滇边务大臣赵尔丰像、作者像、西康景物照片十余幅。

杨仲华,中央政治学校西康班康定籍学员,后任职西康党务特派员驻康定办事处,曾任西康简易师范学校校长等职。

茶课　西康茶课向有定额，原由四川发给引章。民国六年经殷镇守使，呈准中央，改归川边，管辖之后，每年额定征银十一万两，计引票十一万张，每引一张计茶五包，征银一两，所有票额，由雅安、荥经、邛崃、名山、天全五属茶商，分别摊认。雅、荥、邛崃资本雄厚，认票较多；天全、名山，资力缺乏，认票极少，其缴纳课向系分期缴款。茶至炉域，仅由茶号持引至关，关署查数通过而已。至于人亡资尽，不能营业者，则由商会及各茶帮帮董，严密清查，具报政府核明，将其遗票，或招商承顶，或分摊各帮，总期于国课无损，而茶业得以维持焉。

附　西康财务统筹处东关榷税署民国十六、十七两年度岁入分款百分表：

民国十六年度岁入分款百分表

类别	收入数目		百分比	
茶课	九八三六三	七一九	四一	五七%
东关常税	四五四八八	一九四	一九	二二%
外南关常税	七二五四	三二二	三	〇七%
外北关常税	六三九三	四六八	二	七〇%
南北南路出口常税	二九四九二	八三九	一二	四六%
东关护商税	四九六二〇	六三一	二〇	九七%
合计	二三六六一三	四二三	一〇〇	〇〇%

民国十七年度岁入分款百分表

类别	收入数目		百分比	
茶课	一二八六四七	六七六	四四	四七%
东关常税	六三六二〇	六七六	二二	〇〇%
外南关常税	七一〇一	〇五二	二	四〇%
外北关常税	九一九五	三七六	三	一八%
南北南路出口常税	三四一〇五	八八五	一一	七九%
东关护商税	四六五七一	九八三	一六	一〇%
合计	二八九二四〇	七四〇	一〇〇	〇〇%

西康之关税（《西康之实况》）

《西康之实况》，翁之藏编。1930年民智书局出版。全书分三部分：一、西康在全国之位置及其特质；二、西康之地势；三、西康当代文化。第三部分是全书的中心，介绍了西康的实业、交通、人口、宗教与文化教育、政治、经济、法制、军备、建筑、风俗、生物等。本文摘自第三部分。

西康定之关税，性质，为内地常关一类，旧属雅安常关，在本境有康定分关、甘孜、昌都、盐井、硕督、太昭、雅江、巴安七分卡，年入可至一、三〇〇、〇〇〇元。

1930年输入边茶（《西康经济季刊》）

《西康经济季刊》系西康经济研究社编印，1935年创刊号，至1948年7月共出刊17期。为经济工作研讨刊物。该刊从"地尽其利、物尽其用、货畅其流"的治理目的出发，研讨解决西康经济工作各方面的特殊问题，刊有特载、专著、调查报告、法令政策等。

现所见季刊较重要专辑有：

1936年11—12期：工矿问题特辑

1943年5—6期：物价问题特辑

1943年7期：合作问题特辑

1944年8期：农牧问题特辑

1944年9期：货币金融特辑

1945年10期：水利电气问题特辑

1946年13期：边茶问题特辑

本文选自1946年8月第十三期游时敏所著《今后之西康边茶》，该期为《边茶问题特辑》。

从经济方面来观察，康藏每年输出的物资，以十九年统计，有麝香五、〇〇八斤，虫草九、三四八斤，知母二一八、一七〇斤，贝母一二二、一八五斤，鹿茸二八、二三一斤，鹿角一〇〇、一一七斤，秦艽二、五八八斤，大黄一八七、五一九斤，羌活一四、三〇〇斤，赤苟二五、三〇〇斤，藏药五〇〇斤，毛尾八、〇〇一、〇〇斤，皮货八〇三、六〇〇张，总值约三、四五〇、四二八元，以上价合为现在价值，□约为二、四五〇、四二六、〇〇〇元。其输入货物总值约二、五五九、〇四三元。茶叶一项即有二、一七一、一九四元，约总值百分之八十。可以说康藏输出物资□茶业之巨□。形成康藏与内地二、四五〇、四二八、〇〇〇元货物的对流，若税□以百分之二十计，政府年可得四九〇、〇八五、六〇〇元之税收。

1933年西康年度收入（《西康社会之鸟瞰》）

《西康社会之鸟瞰》，柯象峰著，1940年出版，后编入《民国史料丛刊》866卷，由大象出版社2009年出版。现收入《柯象峰文集》2017年社会科学文献出版社出版。

全书共分九章，介绍了西康地理、人口、民族、家庭生活、经济生活、政治生活、教育风俗以及结论。

柯象峰（1900—1983年），中国社会学家，又名柯森，安徽贵池人，1952年后任南京大学外语系、经济系教授；1979年被聘为中国社会学研究会顾问；毕生从事社会学、经济学、人口学的教学和研究工作，对人口问题，贡献尤多。主要著作有《中国贫穷问题》《中国人口》等。

本文选自原书《民国史料丛刊》第五章《西康人之经济生活》。

根据西康财务统篡处，民国二十二年度岁入岁出之款项□表□□内心，可得悉西康财政之梗概。考西康该年度收入约为五十万元有零，其主要来源为：（一）各县地粮十五万六千余元，或占全数百分之三十一强。（二）茶税十三万九千余元，或占总数百分之二十八弱。（三）关税十万元有零，或占全数百分之二十强。其余收入为各项杂税、杂捐，如牲税、契投、屠宰税、酒税、矿税，金课及官产租金等。

1933年西康税收·茶税（《西康纪要》）

本文选自第三章《西康经济》。本文只收入茶税部分。

料目	岁入经常门		备考
	全年度预算数		
第二款 茶税	一三九三八三	二三二	
第一项 茶税	一三九三八三	二三二	
第一目 茶税	一三九三八三	二三二	查西康边茶课款，每年额定茶票壹拾壹万张，照章每票征库平银壹万，全年额收库平银壹拾壹万两，转合九七平银，折合大洋壹拾陆万余元。惟因胡前任破案，销畅不旺，故未收足定额。据十八十九二十三年度实收数平均计算如上数

1930年至1933年度止西康输出入表·茶类（《西康之经济概况》）

输入之部	茶类	十九年度				二十年度				二十一年度				二十二年度			
		数量		价值		数量		价值		数量		价值		数量		价值	
		包 733733	000	元 2171194	240	包 570923	000	元 1712769	200	包 723029	000	2169089	620	包 12927	000	38782	240

西康茶课（《康藏之茶盐问题》）

本文摘自1934年4月《康藏前锋》第一卷第8期。

根据四川茶案例定，每引一张配茶五包，每引一张课银一两，总计全年约课茶银十余万两。这仅西康方面调查，而西藏方面尚无确实统计暂略，藉此可见西康茶业之一般了。

西康之茶税（《西康之茶税》）

本文刊于《康藏前锋》第一卷第 12 期。

西康茶课现尚依照清时规定，年纳税银十万〇八千两，预由炉关制发票引十万〇八千张，分发康定各茶商，每引票一张，准运茶五包，（每包重约十五斤至十八斤）纳税银一两。当各茶商由雅、邛、名、荥各县运茶赴康定，经过雅关及炉关时，两榷税及均验引放行。并不征取税欵。盖茶税向例系由各茶号于四季分拥缴纳故也。近来川茶产额日少不足向额，陈遐龄时曾略改定章，将十万〇八千两税款，平均摊派于实销引票之上，以故每引票之税欵，较前略有增加，但亦为数不多。此外尚有雅安护商费，每包加二角，惟雅康道路遥远，茶包运输，尽系人力，每引之茶（五包）成本仅十四两，而运费即须四两以上，现在驻康茶商共约三十余家，以孚和、永昌、义兴、聚成，数家资本为最雄厚，每家年销茶额为一万包至三万包以上云。

西康当局增加康藏边茶引票（《西康当局增加康藏边茶引票》）

本文刊于《康藏前锋》第一卷第 12 期。

四川对于康藏贸易以茶为大宗。清时曾规定边茶引票为十万零八千张，每引运茶五包，合重有八十斤至一百斤不等。征课银一两，惟因时局多故，各县茶商逃亡，倒闭者日众，引票早已认不足额。现川康边防军，为整理茶课计，特于雅安增加茶引一万张，认销者以一千张为低额。同时天全、名山、荥经各县积票，亦招商认销，以四百张为最低额。准各县现有茶商有认销优先权，倘认销不足额定之处，再行布告招商认案云。

炉关收入大为减色（《边茶之厄运》）

本文摘自《康藏前锋》第二卷第 1 期。

按清时之规定，每年征茶税银十万〇八千两，预由炉关制票引十万〇八千张，分为春夏秋冬四类发给康定各茶商，每票引一张纳银一两，准配茶五包入关，十万〇八千张可配茶五十四万包运入康藏，其售价之总额约为生银二百万两，合国币三百万左右，但近年来情形已非昔比，茶业陷于不景气之中，销路日窄，输入之量大减，炉关之收入亦因以大为减色。然边茶之罹此厄运，实有其因焉，盖自鼎革以还，国内多故，中央政府无力西顾，川军内斗，川省每年补助之银欵遂断绝，康地政府以财政不足，无良法筹措，乃于不得已之中，运用其唯一之刮削方法，加税于茶商，及多设关卡抽厘金以谋抵补，前陈遐龄戍康时，以边茶输入不足向数，有损茶税十万〇八千万两之数目，于是乃改定章，将十万〇八千两税银平均摊派于实销引票之上，是以每票引所征之税比前加多，此外又有所谓每包二角之护商费，以及其他杂捐不一而足，由是各商之累日重矣，近年当地政府虽稍有种种改革，但各茶商因遭前之摧残，原气已亏，难于再行重振；另一方面印度茶又大量侵销，盖彼以交通便利、运输敏捷、运费低廉、制造系用机器大规模之生产、成本亦较低，反观我国边茶，则仍以人工制造、人力运输、成本高、售价昂，以致昔日购用边茶之藏人，今以价金关系，而转买印茶矣。

茶税低减（《调查西康茶业近况》）

本文摘自《康藏前锋》第二卷第 6 期。

茶税征收岁入数额 征收茶税由西康财务统筹处之炉关榷税署主持，年制发运茶引票十万零八千张，由各属茶商承额，运茶到康出售，计每引票一张，配茶五包，征收税银（茶课）一两，全年征茶课税生银十万零八千两。民国十八年度，财务统筹处统计入康茶叶共五十三万六千四百包，征税银十万零七千二百八十两，近年印度茶行销西藏，川茶销场，大不如前，故全年税收，亦不能收足十万零八千两数而有渐自低减之趋势矣。

西康财政以茶税最早（《西康综览》）

本文摘自原书第九篇《西康之财改与金融》中第一章《财政概况》。

西康财政以茶税最早，远及唐、宋时代。明嘉靖中定四川茶引为五万道，以二万六千道行销内地，称为"腹引"；二万四千道行销边地，称为"边引"。边引又分南北两路，南路山打箭炉行销藏、卫，收入最旺，每引以道征课税羡截银一两零三分五厘，至清康熙四十年，命郎□钦图等监督仟打箭炉贸易，以收茶课为大宗，米、豆、粮、粑、官房、地租征收仅甚微，是为设关之始。所有收入除留支喇嘛茶价、兵丁口粮尚需及阜和、泰宁两协俸饷廉银外，悉数按季解四川藩库。乾隆以茶税票数时有增加，税银亦时递增，及清末赵尔丰经边，奏准清延，将四川油、糖等税拨充经费，宣统元年奏设边务收支总局，综理地方赋税，兼司出纳，改流议治，土地归公，复定以播种数量为完粮标准，然仍须仰赖川省协济。

减免五属茶课（《西康综览》）

本文摘自原书第九篇《西康之财改与金融》中第一章《财政概况》。

（二十五年九月，建省委员会由雅安移康，委员会长刘文辉亦于十一月莅康宣扬中央德意，发布治康方针，西康财政乃经整理有绪，其主要实拖有如下列：）

……

2）减免茶课　印茶侵藏，边茶日徵，建委行西移，康定茶商纷陈疾苦请免茶课。刘文辉氏体念商艰，俯愿所请，将五属旧欠茶课及积票分别减免，计共减免雅、荥、天、名、邛五属整理茶课一万五千三百余元，五属二十四年、二十五年两年度正课一十一万一千七百余元，及雅安积票一万五千六百余元，共计一十四万二千八百余元。其减免月数，均自二十四年一月分起，分别灾情轻重，有免征十一个月、十二个月，或十五个月者。除免征茶业积票及倒闭之票额外，全年实有票额六万九千二百余张，较之民国十五年十一万张实已减少三分之一，茶商蒙此宏施，到今称之。

西康的茶课（《国民参政会川康建设视察团报告书》）

《国民参政会川康建设视察团报告书》1939年由国民参政会川康建设视察团印行，为1939年由部分参政员组成川康视察团到四川西康各县视察民政、经济、教育、兵役等状况后所写的报告书。本书共分：总论、东路组视察报告、南路组视察报告、西路组视察报告、北路组视察报告、西康组视察报告等六编与附录川康两省各县各种概况统计表 7 种组成。本文选自《西康组视察报告》，该报告书共有交通、保安、财政、司法、教育、禁政、卫生、农牧、乌拉等十节。

西康组1939年3月18日由重庆出发，经成都、雅安于4月4日抵康，先后考察康定、道孚、炉霍、甘孜、瞻化、雅江等县。组长莫德惠，组员有：参政员奚伦、王近信，并偕行政院参议魏鉴、内政部秘书汪奕林、赈委会委员储应时、军委会国民经济研究所考察员于锡猷、财政部代表邵振古、交通部代表葛耕尚等十六人。

康人嗜茶，我国政府向以茶为羁縻边民之物，及至近年来茶于康藏更有其重大政治意义。康藏两地无论政治、军事均已失其联系，其为联络康藏之唯一媒介者，惟茶而已。最近印茶侵入西藏，我国川茶渐受威胁。茶商智识浅陋，故步自封，且多不守信义，搀杂混假，所在多有。故川茶运藏，声誉日坠，颓势不加挽回，实属不堪设想。故为国防前途计，为茶商本身计，产制运销，均宜极求改良。而组织大规模之茶业公司，以科学方法改良其品质，以政府力量加强其统制，在今日实为必要。本年中国茶业公司，有与康定茶商合资开办公司以谋振兴边茶之意。惟少数较大茶商，以康地茶业向行引岸之制，一加统制□传统利益，恐难保持，故群起加以反对。因之中国茶业公司不□到康，遂退而设分公司于雅安。康定茶商乃联，合地方茶商二余家，合资开办康藏茶业公司，以为改良边茶之资本。但小本茶商对此亦颇反对。因边茶引票，原有定额，如由公司统制，则小本茶商，势将全被淘汰也。该公司对此则劝导小本茶商，优先入股，以便享受购得引票之权利，若资金困难□可以负产折款入股。现小本茶商已□望加入。故康藏茶业公可，已在积极组织中。现康省茶课收入年约九万六千元。因此为减低引票至六万八千四百二十张以后之收数。将来康藏茶业公司成立，即将认定引票十二万张（即恢复原有引额），则茶课收入，亦可增至十六万元。按引岸制，即近年所称之包

□制。始自唐代，虽名目历有更变，税额历有增损，但精神迄犹一仍其旧，积非成是，根蒂已深。欲加改废，犹须时日。故欲振兴边茶，惟有以因势利导之道，渐作改良统调之□，只求品质加纯，销有尽利，颓势可资挽回，税收犹为余事。此康省茶课与其最近茶业之大概情形也。

1939年西康各县经济建设现况表（《国民参政会川康建设视察团报告书》）

本文只摘选与茶相关部分。

本表度量衡以市制为标准，茶每包含21市斤。

康定 县道500里，乡道600里。茶年销500 000包。
道孚 县道400里，乡道280里。茶贸易额2 000元。
炉霍 县道260里。茶贸易额50 000元。
理化 公路15里，县道500里，乡道300里。茶贸易额160 000元。
雅安 公路60里，县道190里，雅河航线100里。茶贸易额400 000元。
荥经 公路10里，县道90里。茶贸易额200 000元。
天全 公路120里，县道190里，乡道2 765里。茶贸易额500 000元。

西康新旧茶税（课）对比（《西康概况》）

《西康概况》，西康省政府秘书处编，1939年出版。全书共分《政情总述》《行政概况》《疆域沿革志》《特殊问题》《杂俎等》五章。简概了西康政情、历史与文化。

本文选自第二章《行政概况》之《财政概况》一节。

宣统二年岁入预算数

经常门	
	岁入预算数
四川□拨各款	七七五，一八三，二五七两

（《西康概况》）

田赋	六七，〇〇〇，〇〇〇两
盐税	六，〇〇〇，〇〇〇两
茶税	一，〇〇〇，〇〇〇两
合计	八四九，六八二，三五七两

民国二十三年统计收入

种 类	全 年 收 入	备 考
茶课	一三三,〇〇〇,〇〇〇元	
关税	三二四,〇〇〇,〇〇〇元	
田赋	二九,五三四,七五八元	田赋正粮一二,〇三七,八四三石,下粮四七九,〇五一石,内拨正粮一〇,〇〇〇石作军粮,余正粮每石折买洋三十元,下粮每石折买洋十元,藏洋元每元合法币四角四仙八星,计如上数
杂税	五八,八一六,〇〇〇	
合计	五四三,三五〇,七五八	

西康进出口贸易税收沿革(《西康进出口贸易》)

《西康进出口贸易》由于锡猷调查,1940年国民经济研究所纂辑出版,后又收入《民国时期经济调查资料三编》第二十七册,由国家图书馆出版社2016年再版。

西康位于本国之西部,东接四川,西连卫藏,北界青海,南邻云南及英属印度,地居卫要,当康藏与内地之锁钥,握汉藏货物互换之孔道。尤以康定(昔名打箭炉)一城,为汉藏往来之门户,今为全省之首邑。地在康属东,偏二千余公尺高原上,依山为城,中敞一涧,形势□胜,东联川境之咽喉,西通甘孜、巴安之枢纽,为汉藏往来之终点,故即两族互市之地,凡内地销康藏之商品,或康藏销内地之货物,咸集中于此为交易,固百□业俱盛,贸易频繁。自逊清末年即设打箭炉关收税,分常税、茶税两关,常关收入归炉所同知克用,茶关收入则解缴四川藩库分配。统往嬗变,始于本年(二十八年)元旦省政府成立时,转奉财政部令,改为西康省边关税局,征收藏汉贸易货物之进出口税。因自昔设关收税于其地,故习惯上,在康定以西各地谓之"关外",康定以东各地则曰"关内",凡商旅由康定西行者曰"出关",自西部来康定者曰"入关"。至经康定而互换之汉藏货物,其自内地输入康藏者,以茶叶、疋头等为大宗,自康藏输出内地者,以药材、皮毛、黄金等为主品。

康定炉关榷税营公署会计科目分类表(《康定概况资料辑要》)

本文摘自《财政》。

茶类 云南春茶 细毛茶 粗毛茶

西康财政沿革(《西康省财政概况》)

本书由西康省政府财政厅秘书钟廷栋编撰,西康省政府财政厅1940年印行。全书共分"财政沿革""财政行政""收入概况""租税概况""货币金融""县地厅财政""禁烟""上地陈报"

等八章，各章又分若干小节，较全面地介绍了西康建省以来，健全财政制度、实行预算制、建立金库与会计稽查制度等改革后的全省财政详情。本文选自第一章《财政沿革》，原文分为清代、20世纪初、20世纪20年代、20世纪30年代、20世纪40年代等五个时期，本文只录各期与边茶、茶课（厘）相关内容。

第一时期

西康向无所谓财政，打箭炉关，历史最早，清康熙四十年，清廷命卸中钦图筹督管打前炉关贸易，是为打箭炉关设关之始，其时收入以茶课为大宗，除留支喇嘛茶□、兵丁口粮需及阜和泰宁协俸饷、廉银之外，悉数按季□四川布政司供支东北边防经费，及荥□雇银脚价，此外仅征米、豆、杂粮、官房地租，收入甚微，至茶税始自唐代，明嘉靖中定四川茶引为五万道，以二万六千道行销内地称为"腹行"；二万四千道行销边地，称为"边引"。边引又分南、北两路，南路由打箭炉行销康卫，收入最旺，（每引一道，征课税□截银壹两零叁分伍厘），乾隆以后，厘数时有增加，税课亦□递增，名目繁多，□□难数，可稽，大约不过三四万两而已……

第二时期

民初川中油、糖两税，停止协济，西康收入，仅茶课一项，维时川中腹引，已一律取销，□边茶为番夷日需，仍旧保留，照岸运销，年定销票为拾万张，每张征库平银壹两，由炉关征收报解。民三年九月，北京政府以西康为特区，援隶河□□察哈尔例，设财政分厅，隶四川财政厅，六年经北京政府规定，改分康为财政厅，并于打箭炉，设关监督一员，监□中央，民七将打箭炉关，改归川边特区财厅，直接管辖，改关监督为榷税官。是时炉关主要收入□为茶课，分天全、邛崃、雅安、荥经、名山五属，商人分担定额，计票额为十万八千张。分别引案，按季纳课，民十五年增新票二千张，其所全年引票一十一万张，值川局多变，每由驻军以印收向茶商抵偿，或自财政厅提票，□□茶商案银课银，不时变更定章，抑且有□税制，后防军内调，政治失常，致关外各县抗粮抗差，相习成风……

第四时期

西康建省委员会，于民廿四年七月二日，在雅安成立，筹备西康建省事宜，适值≠≠先后窜入康境，及诺那假康人治康之说，破坏行政系统，不但康属糜烂，形成混乱状态，即雅州亦曾被围，几于不保，天芦宝名荥等县，大都论为≠≠，现状几不能维持，遑云推动政务，及诺那□□圆寂，≠≠≠走，全康秩序，始□安足，建委会于廿五年九月，由雅移康，委员长刘文辉，亦于十一月莅康，宣伉中央德意，公布治康方针，关于财政监理，特别注意。以康境□受≠≠蹂躏，全康各地，几无净土，康民财产、牲畜、粮食之损失，不可数计，于是一方面电请中央拨发国款，一面审核灾情轻重，分别减免地量及牲税，以舒民困。并以边茶销场日落，茶商蒙受损失，既深且钜，政府体恤商艰，将雅、荥、天、名、邛五属旧欠茶课，分别减免地票，分别减免。并明令废除旧有苛杂，如炉关旧有"剿赤费"、护商费、雅江船捐、九龙杂捐，及巴安牛行二渡渡捐等，一律明令裁撤，停止征收，并□酌邻省税则，依法整顿，改订规则税率，于廿十五年十二月一日，先将旧有税收机关，分别裁留，成立地方税局，厉行一税制，用期统一征收，力除苛扰……

西康边关税（《西康省财政概况》）

本文摘自该书第四章《财税概况》中第四节《边关税》，只录取与边茶相关内容。

边关税局直辖六个稽征所，稽征之下，又分十个稽征分所。总局在康定，设局长一人以总其成。查边关税为从价税，自二十八年度起，特提高货物估价，以增税收。计二十六年度税款之收入为二十一万一千二百九十一元八角七毫；二十七年度收入为二十一万八千二百七十四元；二十八年度预计收入为二十四万四千元。兹将边关税局之租税客体与税率及课税单位分述于后：

[一] 边关税之租税客体

一，进出口常税[百货税] 　　二，茶课

三，邮包税 　　　　　　　四，禁烟印花税

五，矿税 　　　　　　　　六，附带征收印花烟酒税

[二] 边关税之税率

……

六，茶课每引票一张（茶五包为一引）征银一两四分零四毫，合法币一元四角六仙五星四

……

八，出关驮捐

茶一驮证法币三角

茶课（《西康省财政概况》）

本文摘自该书第四章《财税概况》中第五节《茶课》。

康藏两区，地高天寒，五谷不易生长。惟有青稞性能耐寒，产量颇富，因此康人食粮，全恃糌粑。而食糌粑非有大量茶饮难于消化，又以限于土质，康藏各地从不产茶，于是距离较近之雅属茶产，适合需要。若干年前，汉藏贸易，即以雅茶为大宗，大小商人就雅安、天全、邛崃、荥经、名山各县及嘉定一带分摊定额，购制成包，用人力背运康定，转销关外康藏各地，每年约七百万斤左右。

雅茶原为康藏人民所需，故其销量甚巨。其课税方法，自古即采包税制，即所课引岸制度是。查茶税始自唐代，明嘉靖中，定四川茶引为五万道，以二万六千道行销内地，称为"腹引"；二万四千道行销边地，称为"边引"。边引又分南北两路，南路由打箭炉行销藏卫，收入最旺，每引一道，征课银一两零三分五厘。清乾隆以后，票数时有增加，税银亦随之递增，大约三四万两左右。民初川中腹引，已一律取销，独边茶为康藏人民所必需，仍旧保留，照

岸运销，年定销票为十万张，每张征库平银一两，由炉关征收报解。民国三年时，炉关主要收入为茶课，分天全、邛崃、雅安、荥经、名山五属；商人分担定额，计票额十万八千张，分别引岸，按年纳课。民十五年新增票二千张，共计全年引票十一万张。民国二十四年经≠军及诺那之变，名、邛、天、芦、雅等产茶区，及康东南北一带，无不受其蹂躏，运道既阻，销路全停。建委会为体恤商艰，特减免茶课，取销积票，合计减免法币一十四万二千八百余元，于是全年票额六万九千四百余张，较之民十五年十一万张之数，实已减去三分之一强，全年共约短收法币四万四千九百余元。

我国既以茶叶行销西藏，于是课征茶税以补助边区政费。且以雅茶为边民时刻不可缺少之饮料，因此我国政府向来即以茶叶羁縻康藏。及至近年，茶于康藏，更有其重大之使命，因康藏两地，无论政治、军事或经济，均不能不有所联系。近年西康军队不能踏入西藏，而中央政治人员亦不能过昌都以西一步，故康藏隔阂殊甚，惟茶则为联系康藏唯一之使者，确能使之发生密切关系，故茶非但为局部关系之商品，且与社会、国家有整个关系。尤其在建省以后，本省已由边防线之责任，进而负起国防线之责任，于是边茶更进而为国防商品。

近年西藏与□中央能发生关系者，全恃茶叶之维系。英人窥藏，早具野心，故积极以印茶行销西藏，借作侵藏之媒介，于是我国边茶备受威胁。近年印茶逐渐改良，品质甚佳，渐有夺去边茶销场之势，而我国茶商知识缺乏，故步自封，素不讲求信用，掺杂混假，所在多有，故我国边茶声誉日坠，而失败遂亦难免。处此危机，亟应设法改良，挽回茶叶销场，用固国防，故必须组织茶叶公司，以科学方法改良与统制。

夫大规模之茶叶公司，在前清赵尔丰时代，本已组织有官商合办之公司，成绩甚佳，一年之中曾盈余三四十万元，后因反正赵氏赴川，公司解体，自此茶商各自为政，疲敝至今。二十八年一月，康定茶商二十余家联合，就地筹办康藏茶茶叶有限公司，以为改良边茶之张本，现已组织就绪，对于边茶之产制运销，妥有计划，将来□制改良，必收宏效。此不独于国防有益，即于西康税收亦有极重大之关系。因西康茶课之收入，约九万六千元，今康藏茶叶公司成立，已认足十一万张引票之数（即恢复原有引票之额）则茶课收入，亦可增为十六万余元。

西康边关税（《西康通志稿·西康财赋志》）

本文摘自1947年西康省财政厅编《西康通志稿·西康财赋志》。

关税原分为内地通过税与边境税二种，前者系指一切运输利用道路、河流、桥梁时上纳之税而言，实具有规费之性质；后者则专指货物输出输入及过境所纳之税，即现代所谓关税是也。现代关税多属边境税，而边境税则有关税与陆路关税二种之分。西康边关税，其性质即属于陆路关税。查关税本为中央税，而非省税，惟因西康地方贫瘠，中央特将边关税划归本省，作为省地方收入之一部。二十八年一月，即正式将原有之地方税局，改组成立，直辖三个稽征所，稽征所之下，又分为十一个稽征分所。总局在康定，设局长一人，以总其成。

按边关税为从价税，自二十八年度起、省府为充裕税收起见，特比照市价，将各项货酌予提高。计二十八年度收入税款十五万六千元，二十九年度收入税款三十五万八千元，三十年度收入税款七十四万元。三十一年一月，奉院令移交川康区税务局接管。嗣中央以边关税属于消耗税之一科，无存在之必要，复于是年十一月明令撤销机构，停止征税。

西康茶课（《西康通志稿·西康财赋志》）

本文摘自1947年西康省财政厅编《西康通志稿·西康财赋志》。该文与《西康省财政概况》第四章《财税概况》中第五节《茶课》大同小异，为《茶课》一文的少量增写。

康藏两区，地高天寒，五谷不易生长。惟有青稞性能耐寒，产量颇富，因此康人食粮全恃糌粑。而食糌粑非有大量茶饮难于消化，又以限于土质，康藏各地，从不产茶，于是距离较近之雅属，茶产适合需要。唐时茶马互市始开汉藏贸易之先河，当时即以雅茶为大宗，大小商人，就雅安、天全、邛崃、荥经、名山各县及嘉定一带分摊定额，购制成包，用人力背运康定，转销关外康藏各地，每年约七百万斤左右。

雅茶原为康藏人民所需，故其销量甚巨。其课税方法，自古即采包税制，即所课引岸制度是。查茶税始自唐代，明嘉靖中，定四川茶引为五万道，以二万六千道行销内地，称为"腹引"；二万四千道行销边地，称为"边引"。边引又分南北两路，南路由打箭炉行销藏卫，收入最旺，每引一道，征课银一两零三分五厘。清乾隆以后，票数时有增加，税银亦随之迭增，大约三四万两左右。民初川中腹引已一律取销，独边茶为康藏人民所必需，仍旧保留，照岸运销，年定销票为十万张，每张征库平银一两，由炉关征收报解。民国三年时，炉关主要收入为茶课，分天全、邛崃、雅安、荥经、名山五属；商人分担定额，计票额十万八千张，分别引岸，按年纳课。民国十五年新增票二千张，共计全年引票十一万张。民国二十四年运道既阻，销路全停。建委会为体恤商艰，特减免茶课，取销积票，合计减免法币一十四万二千八百余元，全年票额仅为六万九千四百余张，较之民十五年十一万张之数实已减去三分之一强，全年共约征收法币四万四千九百余元。

我国既以茶叶行销西藏，于是课征茶税以补助边区政费。且以雅茶为边民时刻不可缺少之饮料，因此我国政府向来即以茶叶羁縻康藏。及至近年，茶于康藏，更有其重大之使命，因康藏两地，无论政治、军事或经济，均不能不有所联系。近年西康军队不能踏入西藏，而中央政府人员亦不能过金沙江一步，故康藏隔阂殊甚，惟茶则为联系康藏唯一之使者，确能使之发生密切关系，故茶非但为局部之商品，且与社会、国家有整个关系。尤其在建省以后，本省已由边防线进而负起国防线之责任，于是边茶更进而为国防商品，近年西藏与中央能发生关系者，全恃茶叶之维系。英人窥藏，早具野心，故积极以印茶行销西藏，借作侵藏之媒介，于是我国边茶备受威胁。近年印茶逐渐改良，品质甚佳，渐有夺去边茶销场之势，而我国茶商知识缺乏，故步自封，素不讲求信用，掺杂混假，故我国边茶声誉日坠，而失败遂亦难免。处此危机，亟应设法改良，挽回茶叶销场，用固国防，故必须组织茶叶公司，以科学方法改良与统制。然大规模之茶叶公司，在前清赵尔丰时代，本已组织有官商合办之公司，成绩甚佳，一年之中曾盈余三四十万元，后因反正，赵氏赴川，公司解体，自此茶商各自为政，疲敝至今。二十八年一月，康定茶商二十余家联合筹办康藏茶茶叶有限公司，以作改良边茶之张本。该公司年来对于边茶之产制运销，妥为计划，收效甚宏。此不独于国防有益，即于西康税收，亦有极重大之关系。西康茶课收入，二十七年共为九万六千元，自康藏茶叶公司成立后，每年认足引票十一万张，始恢复原有引票之数额，茶课收入，乃增为十六万余元，三十年又增为三十万元。惟三十一年四月中央开办茶类统税以来，凡在雅安税局完纳统税之茶包，均可自由运销，畅行无阻，以是此项引岸制度，即无形废除，而省府亦无此项茶课收入矣。

1937年四川各县茶产年产量及总值统计（《四川经济月刊》）

《四川经济月刊》由重庆四川地方银行经济调查部编辑，四川省银行经济调查室出版发行，出版发行时间从1934至1939，今所见共75期。本文选自1937年第八卷第1期，作者佚名。

1937年四川各县茶产年产量及总值统计

县名	每年产量（担）	总值（元）	县名	每年产量（担）	总值（元）
北川	10 800	202 521	平武	1 500	30 000
达县	500	17 500	开江	25	1 000
汶川	3	246	雅安	20 000	850 000
天全	1 700	16 000	铜梁	120	960
汉源	60	2 400	万源	2 000	60 000
峨眉	1 050	28 375	宣汉	200	2 400
马边	955	42 984	灌县	16 452	523 173
荣县	214	12 858	梁山	1 320	52 800
綦江	1 500	30 000	蒲江	20	800
大邑	12 000	219 000	青神	1 500	225 000
丹棱	4	320	犍为	1 500	45 000
兴文	200	2 400	筠连	2 500	41 660
高县	6 000	78 000	合江	10 000	200 000
纳溪	30	300	黔江	85	2 245
秀山	16	359 065	忠县	78	23 400
城口	3 000	28 500	广安	54	1 350
垫江	40	2 000	锦竹	300	1 500
屏山	20 000	10 000	邛崃	5 000	150 000
峨边	80	2 800	长宁	35	350
南川	500	7 500	荥经	10 000	250 000
夹江	500	45 000	安县	1 600	4 000
名山	20	688	合计	115 461①	3 574 095

① 原表中此栏合计有误，本文依原样未修改。

1937年西康省边税局输出输入货物总值分类统计表·茶类
(《西康省财政概况》)

单位：法币元

货物类别		种数	货物总值①	重要商品名称
总计		371	1 289 549.37	
输出	茶类	1	128.00	春茶
输入	茶类	2	1 086.00	细毛茶、粗毛茶

1938西康省边税局输出输入货物总值分类统计表·茶类
(《西康省财政概况》)

单位：法币元

货物类别		种数	货物总值	重要商品名称
总计		371	1 289 549.37	
输出	茶类	1	2 122.00	春茶
输入	茶类	2	1 750.40	细毛茶、粗毛茶

西康省边关税新税则目录·茶类(《西康省财政概况》)

货别	附注	税属	用途	诘本	单位	征收税率	合征数
春茶		进	常	一，五〇〇	每斤	百分之七.五	一一三
细毛茶		进	常	六〇〇	每斤	百分之七.五	〇四五
粗毛茶		进	常	四〇〇	每斤	百分之七.五	〇三〇
蔷薇茶		进	常	一，五〇〇	每筒	百分之七.五	一一三
加菲茶		进	常	二，〇〇〇	每筒	百分之七.五	一五〇
龙井茶		进	常	一，五〇〇	每筒	百分之七.五	一一三

1939年西康省地方普通岁入总概算书
(《西康省各项统计调查表》)

《西康省各项统计调查表》1939年由西康省政府出版，其均为统计表格，包括民政、财政、教育、建设、保安等部分。本书只摘取与边茶相关内容。

---

① 表中"货物总值"为371种输出与输入货物的总计。下同。

科 目	全 年 概 算 数		备 考
	岁入经常门		
第四项 边关税	一四八，〇〇〇	〇〇	
第一目 边关税	一四八，〇〇〇	〇〇	此目系准财政部咨渝会安第二八二三号核定数改正
第四项 茶课	九六，〇〇〇	〇〇	
第一目 茶课	九六，〇〇〇	〇〇	查本省茶课系边茶特税，原属国课，奉准拨助政费。此项边茶大都运销藏地，少有在省内行销。事实上，头期中尚难改办营业税与边关税，仍照原□概算科目列制

1939年西康年度财政收支概算表·茶课（《西康综览》）

本文摘自原书第九篇《西康之财改与金融》中第一章《财政概况》。

		岁入经常门
科	目	全年度概算数备
第四项 边关税		
第五项 茶课		九六、〇〇〇.〇〇
	第一目 茶课	九六、〇〇〇.〇〇

西康货币（《西康纪事诗本事注》）

《西康纪事诗本事注》，作者贺觉非（1910—1982年），亦名策修，湖北竹溪丰溪（今湖北省竹溪县丰溪镇）人，1934年入川；后调刘文辉部；1940年入西康，沿途留心考察，成七言绝句诗百数十首，对山川隘要、民生疾苦多有记载，后又博征文献，撰《西康纪事诗本事注》1卷；次年任理化县（今四川甘孜藏族自治州理塘县）县长，实地勘察山水物产，造访藏胞、高僧、老吏，搜集民俗佚闻，又遍读四川地方志，至1944年，独力修成第一部《理化县志》。抗日战争胜利后其回湖北，1950年初，入中南军政大学学习，先后任湖北省政府参事室研究员、省政协文史资料委员会委员等职。所著有《辛亥首义人物传》上下两卷等。

关于该书早期出版情况，作者在《后记》有记："一九三六年至一九四零年旅居西康时，就所见闻，为绝句百十首，自脱稿后，初发表于《新西康》，因友人索阅，就成都印行五百册以应。一九四一年余在理化，承中国边疆学会好意，商讨书店再版发行。一九四六年余在汉口，忽寄到此书四册，惟纸张最劣，错字又多，虽留鸿爪，实不惬意。"文中所言："初发表于《新西康》"是指本文首发于1938年4月《新西康》创刊号；"成都印行五百册"，即指1940年由成都茂声出版社收入"茂声丛书"出版（简称"茂声版"）。1963年，贺觉非先生曾函商重庆市图书馆，借得初版《西康纪事诗本事注》，亲自全文抄录，改正了初版书中的许多错漏，并写了"后记",这是本书的改正本,1988年西藏人民出版社出版的便是改正本(简称"改正版")。本文选自"改正版"。

《西康纪事诗本事注》茂声版与改正版差异较大,茂声版共分史实类(十二篇)、政教类(十篇)、名胜类(九篇)、风土类(四十二篇),共七十三篇,各编均有题名,大多一诗一注,少数例外,改正版未分类,共八十八篇,部分诗作为新增。

国家源流不到边,载湉面貌尚依然。年年鼓铸归何处,四嘴三分学用钱。

清之季世,英人如墨洋入中国故事,输其维多利亚女皇像于印度,再由印侵入西藏,故昂其值,夺其康藏物产。行之且数十年。逮赵尔丰经边,有鉴于各省多自铸银元以拒外币,乃请成都造币厂,代铸如英人在印所铸之卢比形式之币,重量亦同,仅易英皇像为光绪帝像而已。名曰"洋钱"实即藏币或藏洋。在里塘初用时,赵曾戮拒用者二人。其后交易往来,非藏洋莫办。按自光绪三十一年至宣统三年,一元币约一千万枚,半元币约十二万枚,一嘴币(即四分之一)约十万枚,其成分为银九铜一。民元改为银七五、铜二五。民初共成藏币约七百万枚。为数既多,卢比渐至绝迹。当时藏币价值,每银十两,可换四十元,照重量上能换三十一元又一嘴,因银成分少故低其值也。又有人收以熔化牟利,或改作装饰品。喇嘛等窖藏尤多,于是藏币日少,至银十两只换二十四五元。民国十八年改在康定铸造,十九年五月出货,所需生银来源,一为银砖,由藏商自印度运来,每年约数十万两,成色十足;二为大宝,即新甘两省之五十两一锭者,自玉树运来,年约十余万两,成色稍次于前;三为甘肃锭,俗呼为散疆,每锭仅重四两余,年输入四万余两;四为大锭,即规银(系清代饷银),每锭十两,各县均有。此外为云南白锭及外国银条少数,二十四年推行法币,藏币行使如故。后因白银不易购入,币值乃有增无已。西康建省委员会乃于二十七年呈准财政部由西康省银行发行藏币券二百万元,以三年为期,而藏币券虽印有藏文,但仍属纸钞,以是康人不乐为用。因之于法币之外又多一麻烦。余于二十五年冬到康时,藏币每枚合法币四角四仙八,继改为五角整。余又见关外半边者不少,但两半相合仅成椭园,盖各人抽取三分之一以去矣。法币以十角为一元,藏币以四嘴为一元,藏币一枚虽仅当法币五角,然购物则法币不若藏币之廉。如藏币一枚购酥油十二两,法币一元反只能购半斤。余又虽以五元之法币给乌拉娃拒不受,易以藏币一枚,喜而受之。汉人某以袜上之商标纸作法币以欺康人,其生活又不宜于保存纸币,所以不乐用钞纸也。云南省所制钢洋,康、宁亦用,原合法币三角三仙,后均日趋上涨。

茶课无形废除(《建省后之西康财政》)

《建省后之西康财政》由西康省政府财政厅编印,分12章。除"财政沿革"一章系记述该地区财政史实外,其余各章均述1939年建省至1943年的财政状况。内容包括该省财政的性质、政策、会计、税务、田赋、自治财政、土地陈报、金融、合作运动、公务员生活改革等方面。

本文摘自第六章《税务》之第四节《茶课》。该节前大半内容与《西康省财政概况》第四章《财税概况》中第五节《茶课》雷同，不再重录。

二十八年一月，康定茶商二十余家联合，就地筹办康藏茶茶叶有限公司，以为改良边茶之张本，该公司年来对于边茶之产制□销，妥为计划，收效甚宏，此不独于国防有益，即于西康税收，亦有极重大之关系。西康茶课收入，二十七年共为九万六千元，自康藏茶叶公司成立后，每年认足引票十一万张，殆恢复原有引票之额税，于是茶课收入乃有增加，二十年仍为九万六千元，二十九年增为十二万元，三十年增为三十万零八千元。□三十一年四月，中央开办茶关统税以来，凡在雅安税局，完纳统税之茶包，均可自由运输，□引无阻，以是此项行岸制度，即无形废除，而省政府亦无此项茶课收入矣。

【注疏】1912年辛亥革命成功，在孙中山农业政策下，中国茶叶生产有较大的回升。但由于地方割据，军阀混战，各地关卡林立，茶叶重复收税达到了骇人听闻的程度。其时各地茶叶苛捐杂税名目繁杂，状况混乱，至1942年政府才统一茶税，颁行"统税"，但各茶叶产销省除统税外，仍保留一些其他茶叶杂捐。

附 录

茶课为主要收入（《西康省藏族自治州》）

本文摘自原书《（六）以边茶为中心的商业》。

  康定关设立后，汉藏贸易绝大部分通过康定市场（少数经西宁和滇北），因此在一九三二年以前，康定关掌握了康藏和内地贸易的主要的进出货物。一九三三年之后则金沙江以西地区土产东运数量骤减，而洋货进口数量激增。在反动统治时代康定关征收的税金名目繁多，主要的有：（1）茶课（每一引票计茶五包，征银一两合 1.46 元），（2）进出口税（西去出口税 5%，东来进口税 7.5%~15%），（3）驮捐税（出关每驮茶征 0.3 元、食品 0.8 元、杂货 1.6 元），（4）邮包税，（5）禁烟印花税（每两鸦片 0.2 元）。每年税收可观，是过去地方政府的主要财源。康定谚云："打箭炉关好，一天一个大元宝"。其中以茶课一项为最主要收入，常占税收总额的 40% 以上。进出口税率的不等，又是统治者欺压少数民族的具体事实。

  由康定转销内地的商货（本区外销货），以药材皮毛为大宗，药材的货值占总额的 7%~8%，皮毛占 10%，其余外销货价值不大。由内地输入本区的内销货以茶为压倒一切的大宗，舍此而外货类繁多，而货值都不大，此较重要的则有：布疋、绸缎、烟、酒、糖、百货等。由西藏方面运入的英印货则有：纸烟、咔叽布和毛料，解放前数量年有增加。所有自外区输入的商货除茶分销康藏各地外，其他货物主要销康定本地。但由康定转销内地的各货则绝大部分由康藏各地汇集至此，特别是来自本区境内的最多。

丙　商业贸易

西康之"充本"（《西康小识》）

  《西康小识》蓝铣著，原刊于《边政月刊》1929 年创刊号。
  《边政月刊》为综合性刊物。原四川省康定川康边防指挥部主办，1929 年在康定创刊。

16 开，月刊。民国十七年，刘文辉奉命在西康建川康边防总指挥部，为"戍边的专官"，负责"收西康，营卫藏"，该刊即为此而编辑的宣传材料，刊登西康各地现况及"收复"计划、西康特区委员会及边防各军的各种细则、藏区政治现况等，辟有例载、专载、剧本等栏目。

充本　充本者富商也，输入输出惟此辈是赖，资本饶裕者曰"大充本"，然财利虽雄厚，而出身微贱有，例不许衣绯著紫，仲尼氏云："夷狄之有君，不如诸夏之亡"，亲此愈信。

西康之职业（《西康小识》）

夫职业一端，人各有特技，地各有专长。同一丝织品也，有吴绫蜀锦之分；同一文具也，有湖笔徽墨之号，远之如瑞士之时计，法国之化装品，土尔其之香烟，巴拿马之草帽，犹太人之薄计学，皆以特别著称，西康虽不以工业名，然各地亦有特长之工艺，述之于下：以备提倡国货者之一助，丹巴之牛毛绒，细如哔叽，而耐用过之，其工善砌碎石墙，故西路娃之工作，冠于西康；金属工作，以德化为最，大则数丈之佛像，小而器用，备极鬼斧神工之妙，尽细巧玲珑之致；甘孜之抓绒氆氇，亦物美价廉；冷碛之丝；木西南之制革；康定之陶器，至□仔之组织，及牧畜游猎，皆西康男女之能事。以行商为业者，则有安珠家、纳洼家、甲木家、阎家，皆大充本也。（按："充本""蛮语"商人之意）

西康之贸易（《西康小识》）

康藏而论产茶于川，而饮茶者，不能与产茶者直接；布织于鄂，而衣布者不能与织布者直接，夫产茶者川也，而有陕商之贩运，织布者鄂也，更赖秦晋之转输且有金三品之币制以平衡物价，辗转数千里，以供双方之需求。康定一埠，纯为转输百货枢纽，贸迁有无之总汇。詹谓蒙藏间，已无商贾矣，况征商之说，见诸孟子，既无商贾，何有关税年收入数百万者，皆取诸贸迁有无之商人也，更足证明蒙藏之间，实不能谓之交易矣。西康全省，贸易额，年可达千万，其首邑康定为百货之总汇。

番汉贸易（《羌海杂志》）

《羌海杂志》作者生入，连载于《地学杂志》，从1918年第九年第九十二、三号始，终于1920年第十一年第七期，发于"说郛"栏目，期间偶有中断。作者在首期自述："鄙人于复青海，三易寒暑，辛亥秋，江汉战事起，遂入关，返金城。拾此行所记与副存地图、案牍之属，积盈筐矣。时特驰前敌，檄书星火，鞍辔倥偬，敝簏业楮，束置而已。越明年，返沪，居一载，文事少闲，始得取向所存者，稍稍删葺成编。"本文选自《地学杂志》1919年第十年第五期第一〇七号。

《地学杂志》为中国地学会机关刊物。1910年3月1日在天津创刊。上海文明书店发行。地学会会长张相文发起创办，白毓昆、章鸿钊等编撰，以"广交见闻，拓张知识""借收增壤益流之效"为宗旨，设图迹、论丛、杂俎、说郛、邮筒、本会纪事、图书介绍等栏目，重点辑载有关民生消长、物产盈虚、疆圉沿革方面的文章，如经济、交通、物产、疆域地理，旁及政治、人口、文化、都市、军事、自然地理，以及地质、地貌、行政区划图。

麝多俗名"麝熟"；麝少俗名"麝荒"。麝熟之年，药商西来收买，茶十斤可易其一，较内地之价，直数十之一耳……
……

番地交易、以货易货，银钱向不通行。彼不识银色真赝、银两轻重，不足怪也。汉人入其境，采办番货，无物不收，即非经商，而饮食之料、驼运之价，在在有其交涉，动须以货相抵，予以银，虽为亦不受也。牛、羊彼之所贱，我之所需也；布疋、糖、茶，我之所贱，彼之所需也。是故还以物易物，事诚有两便者，即以驮价而论，内地行程每日每驮价银七钱，两驮需价一两四钱，番地两驮，只费二号茶甀一封，已足相抵。茶之重不过三斤，计其价，不过七钱，是两驮只发一驮之价也。折半之价，彼已如愿以偿。至老贩户有以糖一斤抵一驮；粗布一疋抵数获驮者，是又在常例外矣。倘不以物而以银，虽数倍之，而犹视乎彼之愿不愿。近旁一带容或有之，远处竟分毫无有。饮食类如《夜谈》《随录》所云：北蒙茶一斤易一羊，十斤易一牛之说，□颇疑之。至是竟有其事。大抵以彼不急之物相抵，则内货贵而番货亦贵；以彼之急需者作抵，则内货贵而番货贱。公家兴蒙、番交涉，何屑于此等处较锱铢。价虽不相若，然尚不至过，差凡商贩之交易，则一出一入，利尽毫末，事专益此损彼。沿途商人之收货者，数人或十数人为一起，无处无之，以最贱之布、茶、糖，易其珍贵之金、玉、毛革、茸角、香黄、药料、材木、氅毛、良驷，向其利或相倍蓰，或相什伯。负贱物而出，载珍物而归……

【注疏】羌海，又名"西海"，即今青海湖之古称。《羌海杂志》所记青海地理、气候、经济及民族（族群）、风俗等甚为详实，又多为作者亲历亲闻。其所记汉族与少数民族贸易情况，特别是汉商深入藏地的易货交易，颇为鲜见，极具史料价值。

康定之商业（《西康之实况》）

本文摘自原书第三部分，只录与茶叶贸易相关部分。

川康商业交易康定为中心区，巴安、昌都次之，察雅、硕督、宁静又次之，全境土产之出口，恒由康定经过。输出品之主要者，为：
……

茶 白茶、白茶杆、黑茶、红茶等类

……

输出输入之品，均由各地汇集本市，有行家专肆出资收买，一如中国内地然。

商店之大者，有店伙多至三二十人，其职级，有掌秤（专秤出入货物者），朝奉（即经理），跑堂（即招待），打杂（即任杂务者），先生（即写字），学徒。其货室有货仓，其资本在十万千文者一家，五万千文以上者二家，以下者三家，数千至一万千文者七八家，营米、布、茶、皮、药材、五金、鸦片等业，盖无大资本，则屯积之货必不多，即不能应顾客之需要也。

……

输出

本道对西藏之输出品

茶 布匹 米

本道对缅甸之输出品

茶 盐 毛织品

本道对青海之输出品

茶 盐 烟草

输入

四川对本道之输入品

大米 棉花 草织品 红茶 白茶 黑茶 菜油 砂糖 白糖 冰糖 豆油 麻皮 麻布 烟叶 磁器 五色纸 装饰用具 铁器 玻璃器 书籍文具

西康商业性质与行为（《西康问题》）

《西康问题》，陈重为著。中华书局编入《史地丛书》，1930年出版。其书分为四部分：一、西康在全国之位置及其特质；二、西康之地理；三、西康当代文化；四、新西康之建设计划。前三部分与《西康之实况》多有重合。本文选自第三部分。

西康商业状况为由牧畜期进入耕稼期之形式，一言定货，视为必信，盖亦康人之美良行为也。分类说明其行为如下：

甲 买者资金之付与——土人与汉人之行为
    一 先买货后付资——如布匹、茶叶、烟草等
    二 即买即付资——如饮食、茶水等
    三 先付资后交货——如减价之布匹等
    四 货易货——如皮毛，易米、布
    五 以货折资——非卖者所欲之货
乙 卖者——汉人与土人之行为

一　整买零卖——如米、布、烟草——负贩及商店
二　零买零卖——小担、小摊、小负贩、小店
三　整买整卖——收庄商
四　零买整卖——收庄商

西康茶叶年贸易额（《西康问题》）

本文选自第三部分，只摘茶叶贸易相关内容。

西康之市场贸易极盛者，以康定为第一，巴安、昌都次之，太昭、碧油江、甘孜又次之。对四川之贸易，以康定为第一市场；对青海之贸易，以石渠、邓柯为第一市场；对西藏之贸易，以昌都、太昭为第一市场；对印度之贸易，以克绑为第一市场；对缅甸之贸易，以邑郎为第一市场；对云南之贸易，以碧油江为第一市场。其贸易状况，约如下表：

市场	商品	每年贸易额	输出或输入
康定	茶叶	一八〇,〇〇〇	输入
太昭	茶叶	一四〇,〇〇〇	输出十之九
克邦	茶叶	七〇,〇〇〇	输入
甘孜	茶叶	五〇〇〇,〇〇〇	输出十之五

康藏人经营商业（《康藏》）

《康藏》，刘家驹著，1932年由新亚细亚学会编辑出版。全书共分十章，全面介绍了康藏的地理、民族、文化、宗教、生活、风俗、实业、物产、交通与行政。今编入《民国史料丛刊》867卷，由大象出版社2009年出版。

著者刘家驹（1900—1977年）为社会活动家，藏名格桑群觉，藏族，巴塘人；1929年任西康巴安国民协进会副会长；1932年出任蒙藏委员会委员兼九世班禅行辕参议，后专任班禅行辕秘书长。九世班禅被任命为"西陲宣化使"后，刘家驹改任该使署兼任秘书，先后随班禅至内蒙古、北平、杭州等地弘扬佛法。《康藏》一书具有百科记述、文约义丰、图文并茂三大特点，产生于中国藏学初创时期，具有奠基意义。

本文选自民国二十一年新亚细亚学会编辑出版的该书第七章第四节《商业》。

至于当地人经营商业者，往往将所有货物堆积家中或客栈内，无正式之门面，无招徕之广告，购买者必经亲友或栈主介绍，当面择货定价。凡货值一元，必先索价数元，然后经介绍人从中评定，彼此在袖中捏指，互相增减。其法以握指为数，口中即云：母若干、子若干，正捏每指作一十、一百、一千，反捏则表示一倍。取得双方同意后即付价取货，并由购主酬

谢介绍人以金钱、酒食。交易既成，查其货可增添者，必屡向卖主请益，此风殊称奇特。

康定商业以陕帮为首（《赴康日记》）

唐柯三（1882—1950年），字仰槐，回族，山东邹城人，是我国现代教育家、社会活动家、爱国人士，1882年出生于山东邹县的官宦家庭。父亲唐承烈青年时期曾经担任四川的雅安知州，经汉两通、学识渊博、为人正直谦和，深得四方爱戴。唐柯三自幼深受其父回儒风范熏陶和崇俭习勤、济世救贫思想的影响；早年进入京师大学堂学习，1905年毕业后担任清朝内阁中书督办盐政处川滇盐务委员，开始了其官宦生涯。1930年9月，其任国民政府蒙藏委员会委员兼总务处长，后任蒙古会议秘书长，国民政府特派调查康藏事宜专员、参谋本部边务组专门委员、行政院新疆建设计划委员会委员；1938年在武汉成立"中国回民救国协会"，任副理事长，后转至重庆，抗战胜利后迁南京。1947年8月，唐柯三任蒙藏委员会委员；1950年在南京净觉清真寺病故。

1931—1932年，唐以国民政府调查康藏事宜专员身份，赴康，曾著《赴康日记》一书，记载了民族事务的亲见亲闻。该书于1933年在南京由新亚细亚学会出版科印行，编为《新亚细亚学会边疆丛书》四十册。新亚细亚学会评价该书为："（唐先生）往返十有四月，驰驱二万余里，举凡足之所经，耳之所闻，目之所见，与交涉始末情形以及康藏之民族语言、文字、风俗、习惯等，靡不有详明之载。读之可明白西康近情与此次交涉经过，诚极有价值之作也。"

（二十年六月十一日）康定居民约千余户，汉民居四分之三，康人居四分之一。城垣不完，中隔一条河，急流冲石，声闻数里。夜间聒耳，几不成眠。地原名打箭炉，相传武侯南征，遣将郭达在此安炉造箭，故名。城外有郭达山，清代设打箭同知，隶属雅州府，光绪中改同知为直隶厅，三十四年改设康定府，民国二年复改康定县。东距成都千里，五方杂处，既为汉番通商巨埠，亦为出入征税要隘。故自康定西行者谓之"出关"；由康地东来康定谓之"入关"。三山环抱，二水夹流，一日之间气候数易，午前尚多晴朗，一至午后，非风即雨。此时犹着棉衣，间有着皮衣者。回教人民约百户，有清真寺一。商业以陕帮为首，年来迭遭兵灾，不及以前之繁盛矣。

西康茶业调查统计（《西康商业中几项主要商业的调查统计》）

本文选自1933年11月《康藏前锋》第一卷第三期，作者继珊。《康藏前锋》1933年9月创办，月刊，系部分在南京中央政治学校、蒙藏学校读书的西康籍、西藏籍学生发起兴办；1939年8月停刊，共办6卷，其中4卷11期至6卷3期为战时特刊。从1933年到1939年，《康藏前锋》出刊6卷57期，共发表论文613篇。

关于茶商方面者：

（1）茶商的采办人及其采办地：

一、采办人……为四川、陕西二省之商人。

二、采办地……为四川之雅安、天全、名山、邛崃、荥经五县，故有"五属茶商"之名。

（2）茶的种类等级与分路：

一、种类……粗茶、细茶二种。

二、等级……分为五等，即：毛尖茶、砖茶、金尖茶、金玉茶、金仓茶是。

三、茶有大小路之区分，天全所出产之茶为小路茶；其他如雅安等地所产当为大路茶。

（3）各种茶的价格及其产量：

一、价格：

A. 毛尖茶……每秤生银六包，五十两全银子为一秤，每十两银子为一锭，每锭合国币大洋一四元，计每包茶合大洋十一元六角六分左右。

B. 砖茶……每秤银子十三包，依上法计算，每包合国币大洋五元三角左右。

C. 金尖茶……每秤银子十五包至十六包，合国币大洋四元六角至四元三角不等。

D. 金玉茶……每秤银子二十三包至二十七包不等，其价格每包由二元三角至三元左右。

E. 金仓茶……每秤银子三十余包，每包价约国币大洋贰元左右。

F. 天全小路之金玉茶……每秤银子可买四十余包，每包合国币大洋一元六七角，因其茶劣而有杞木叶假茶，故其价较低。

二、茶每包之重量……茶每包分为四甑，每甑重四斤，每斤十六两，各种茶的装制相同，其重量亦相同。

（4）茶的税收与销路：

一、税收：

A. 征收的机关……由直属于国民革命军二十军之西康财务统筹处设税关于西康康定东关。

B. 茶票……茶税的征收，由西康财务统筹处制就一种茶票，每一茶票，税银一两，每票配茶五包，不以茶之等级而税有轻重。

C. 茶税总额及每年输入康、藏茶价之值：

Ⅰ 税收总额……每年由西康财务统筹处发行茶票十万零八千张，约合银十万八千两。因印度茶业之倾销西藏，西康茶商亦大受影响，故税收亦不能收足十万八千两之多。（按茶票每张算银一两）

Ⅱ 每年输入康、藏茶价之所值……约计值银二百万两，合国币大洋约二百八十万元。

二、销路：

A. 销拉萨者……毛尖茶、砖茶、金尖茶。

B. 销于岗拖河以东者……金玉茶、金仓茶等。

C. 销售于牛厂哇者……金玉茶、金仓茶及天全乙小路粗茶等。

D 售与各喇嘛寺者……金玉茶及少数之毛尖茶。

E. 销售为土司、头人及富有资产者……毛尖茶。

西康商务情况（《西康纪要》）

本文选自第三章《西康经济》。

西康商务，以康定为中心，汉藏商贸，莫不总汇于此。故商业繁盛，冠于全境。惟前数年间，川康道途不靖，商旅裹足，苛捐杂税，重重束缚，百货因之不畅，银根枯窘，商务遂致减色，加以甘肃、云南等处，商务扩张一日千里，队商贩运，接踵而来，市无征，货价廉平，故西康商人，多有改道两省之趋。势幸近年政府轸念商艰，切加整顿，捐税渐除，商业必日发达，保障有人贸易，自能通畅。西康本地经商之人，多为喇嘛，资本领自寺院，贸易亦颇巨大，惟其范围仅限于康藏之贸易，无直接远致于四方者。汉商贸易多操陕之之手，总号设于康定，分店设立各地，每年草木滋荣、百物繁茂，店号伙友，分赴各乡财售货物，收买土产。牛厂、游牧之民，则春牧畜，秋冬贸易。贸易之时，运牛厂出产之物至各县城市交易。其贸易也每以油、盐等物，易入粮食之类。对于金钱，不甚重视，银块、银砖更拒绝不用，尚有太以有易无之遗风。再牛厂商人贸易各县，或关外商人侨居康定，均有各主，世代相承，而不紊乱。客于主人，不纳屋金、柴、水、稞粮，间由主人供给，仅于交易之际提取佣金，名曰"退头"，其例甚高，大抵出之购户。故西康商场，屋主实为不可或少之人。输入品，自四川来者，以茶叶、布疋、哈达、旗布、烟草、瓷器、铁器、颜料为大宗，绸缎、杂货亦不少。

西康茶业帮（《西康纪要》）

本文选自第三章《西康经济》。原文附有五属茶商在康所设店号表，本书列入《己专论调查》中。

西康商务，以茶业为大宗，故茶帮亦较其他商帮为大。其他各帮，或以地域关系组成庄口，或以商业种类，别树一帜，甚有一二商家，因营业之独占，即为一帮者。兹就康定商场习惯，分茶业、合众、夷商三帮，说明于后：

（1）茶业帮　茶叶又分居雅州、荥经、天全、名山、邛州五帮，原为四川荥雁名邛天全五属茶商私家经营，票引领自四川并无联合组织。大路、小路，成分既判，【荥雅名邛为大路茶；天全为小路茶】缓急之间，行市尤难。前清光绪季年，各帮商人，有鉴于此，曾联合组织一边茶公司，将所有散号，一律停业，改良制茶方法，革除营业积弊，一时事业勃兴，局面焕然。惜乎当时操之过急，又加经理不得其法，散号怨怼、控诉不休，而此伟大之事业，遂如昙花一现，至此以后，散号又复林立，商业情形，亦复前市之旧观。

西康夷商帮（《西康纪要》）

本文选自第三章《西康经济》。

此指西康关外各县本地商人而言。其商业虽无系统之组织，而商人大抵以地域为区分。经理则称为"充本"，董主则称为"错"，而总冠以地域之名称，则曰其某某娃。譬如里化之商人，则称为"里塘娃"；甘孜之商人，则称为"甘孜娃"。南北两路之商人，一至康定，则就地域之区分，各归其世代寓居之锅庄，出售土产，购买茶贷。仅由各县夷商，共同推举一二常川驻康之商人为帮董，以为点缀，实无而谓帮也。

茶实价仅一两（《赴康日记》）

（二一年一月）二十七日　晴。茶商彭君子明来谈，今年各茶号营业皆获厚利。其故有二：一因年来康地发生战事，商务停滞，积货不销，自中央特派员赴炉交涉后，恢复和平，商道既通，而康藏需茶尤切，故积货悉数运销；二因藏康人士以需要迫切之故，悉以现金购买。刻下只愁无茶，不愁难销。惟雅州脚夫不能源源来炉，而关外乌拉不敷驮运，乃一困难。现正四出催雇云云。照现时市价，茶每包值银二两二钱，其中脚价一两，关税二钱，茶实价仅一两耳。

商人之地位（《西康图经·民俗篇》）

《西康图经·民俗篇》1934年在南京由新亚细亚学会出版科印行。今西藏藏文古籍出版社2000年再版。本文选自第二章《职业》。

西康商人，属于尊贵阶级，地位在土司、喇嘛之下，农牧百姓之上。商人不当差，不纳税，改流以前，亦无关卡厘金之制。商队所至，随地可以放牧牲畜。番语称官曰："本"，汉官曰"甲本"，番官曰"密本"，有地位之商人曰"充本"。充本犹商官也。

充本为经理款项，主持买卖之人，并非直接与人民贸易者，大都以喇嘛或头人充之。其与民间直接贸易者，称曰"坝充"，犹云地方商人也。其地位较充本低，比于齐民。但能受低级社会之尊礼。大都以小娃子充之。

康藏尊重商人之原因，与宗教颇有关系。盖僧侣为坐食阶级，日用物品，不能自致，固不得不仰给于商贾；点缀寺院，当求华美，以动平民羡慕，势需绢绸等物，须转运于千里之外，亦不能不仰给于商贾。土司、头人家装饰，其尊贵亦然。是故各喇嘛寺与土司头人家，皆委派充本，经理贸易之事。因喇嘛头人经商而商人之地位遂高。宋代以前，番、汉交易，以西宁、洮州与黎、雅、阿敦子为界，汉不入番，番不入汉。元代西征后，始有陕商入康。清季西征后，始有川商入康。川、陕商人入康，皆在中央武力张扬之后，番敬汉人，故敬汉商。康藏商人，大都为喇嘛、头人与汉人，此其所以尊贵也。

操茶业者陕商占半数（《西康之茶业调查》）

本文选自《康藏前锋》第二卷第1期。

查销售康藏各地之边茶，出产于四川之雅安、天全、名山、邛崃、荥经五县，故亦有五县茶山之称，操茶业者，共约三十七八家。陕藉商人约占半数，其余则为山西及四川两省商家经营。

西康之茶与茶帮（《西康商业之现状及其前途》）

本文选自《康藏前锋》第二卷第2期，作者仲康。

茶 茶之进口今年为三万四千六百包，每包平均以十七斤计合八百五十五万三千方百斤，其余价值为一百三十三万六千五百元，此种茶之输入，除云南之普耳占极小部分外，其余则全数为川茶，产地在四川名山、天全、荥经、雅安、邛崃等县，茶种类繁多，大可分为粗茶与细茶两种，普通一般食用者均以粗茶，至细茶则一般贵族阶级，如土司、头人及喇嘛寺等始食用，川茶除运销西康以外，并销前后两藏，今日中藏关系之最密切的一部，如就事实以观察之，则当以商业方面之茶的输入为最要也。

……

茶帮 茶帮有五，即雅、荥、天全、各、印等五属茶商是，各茶昔计八九十号，资金七十余元，现仅存雅帮之孚和、永昌、义兴、福聚、恒泰、聚亨、福昌、永兴、永合、天兴聚成，等十一号；荥帮之荥泰、又新、源盛、亿盛、长盛等五家；天全帮之复元贞、万顺长、庆发昌、杨天德、高泰昌、庆发长、德泰、高克昌等八家，及邛崃之羽成一家而已，五属总计，现存全体商号廿四家，资金约廿万元，相减之数，达百分之七十而有余矣！

1935年4月西康城区商业统计（《川边季刊》）

本文选自该刊第一卷第二期。

康定交通梗阻，工商事业，多不发达，兹将本年四月，经市政公所调查全市商业概况，分胪如次：

（一）边茶贩买业：（甲）独资计二十三家，资本总额大洋七十万元，职工一百二十人。

（二）合伙计十五家，资本总额大洋二十五万元，职工一百人。

川茶的销路（《四川农村经济》）

《四川农村经济》吕平登编著，1936年商务印书馆出版。该书共16章。介绍四川农村的财政金融、交通、教育、土地、人口、农村阶级、佃租制度、水利经济、农民负担、灾害等情况。本文选自第十章《产业产销》。

（川茶）销路上，有边茶、腹茶之别，谓之"茶岸"。西路茶以灌、彰、平、崇、绵等县，属西路交易，以灌县为中心；邛、荥、雅、眉、青属，属南路交易，为南茶。以邛崃为中心。由灌、邛转输内地者曰"腹茶"，引为腹岸。至藏、青、甘、新、松、理、茂、懋、汶者，曰"马茶"，引为边岸。边茶以松潘、打箭炉为主，松潘茶以易牛、羊皮、药材，交易月为十月、六月。藏、青销额，数百万元，但现英印茶入藏，销路大受影响。

川茶税向由财厅责征征办理，茶商自由缴款，领引票（各岸销茶官方凭证票）每担征一元，不附加。自后政府为图简便，商人欲图垄断，逐成包案制，由茶商向政府包税，总领引票。小商在包商分票销售，但索价数倍。包商统制维持价格，抬高市价，不事改良，而收买茶，亦系专买，包商区中，即由包商垄买，外人不得参预，抑价收买，剥削茶户，弊害万端。如松潘茶，由六家号包销，每引配运一百二十二斤，年销一万六七千张；康茶课，年收二八九、○四二元；成华腹岸，年销七千张，七十万斤。川东北腹茶二百万斤，共计边腹每年产十五万担，一千五百万斤，值六百万元，输出占三分之一，茶在川产中地位可想。

1936年至1937年西康省进口贸易总值分类表（《西康进出口贸易》）

类别	二十六年		二十七年	
	种类	总值（元）	种类	总值（元）
茶	八	四八，一七四.八八	一○	四六，○二九.○○

西康茶叶出口来源及销路（《西康进出口贸易》）

本文摘自原书《进出口货之来源及销路》一节。

本省出口之茶，系来自雅安、天泉【全】、荥经、邛崃、名山五县，其来量雅安年约二百万斤（天秤，下同），天全一百万斤，荥经七十万斤，邛崃五十万斤，名山八十万斤，总计五百万斤。而每年出口在六百万斤上下，不敷之业，即在嘉（嘉定）、叙（叙府）两属再买腹岸余茶，以济边茶之不足。茶业种类不同，销路亦异：砖茶及毛子专销西藏首府拉萨；金尖多销拉萨，少数销德格、昌都两县及青海之玉树；金玉多销康属金沙江以东各县，销昌都者为数不多；粗茶只销康定、丹巴、道孚、炉霍等县。

康定茶叶交易方法（《西康进出口贸易》）

本文摘自原书《进出口货之交易方法》一节。此文中原夹有《康定锅庄一览表》，现本书将表单列于《己：调查专论》中。

康定之汉人商号店销，多系渝、蓉、滇等地之大号，而康定进出口货皆经彼辈商人之手，故采办进口货物，只凭圭信一封或电报一通，货物即由渝、蓉、滇起运，很少派人□渝、蓉等地采办，是交易方法□□繁琐手续，然出口货交易，多为汉夷（即康藏人）商人交易，语言即感隔膜，习惯又复不同，故汉夷交易，皆经锅庄之介绍，锅庄形同行店，住宿夷商，供给柴火、清油、水等，不收费用，只介绍汉夷商人交易，例取"糖佣"、"糖银"系糖果费，以为酬奖之意，日久即成例，"退头"即手续费，成交之茶，每包由锅庄取"退头"银四分二厘，又茶价每秤银（五十两）取"糖银"一角五分，其他货物，每□值银百两者，只取"退头"银四两，买卖均由汉商负担，其交款交货，锅庄不负任何责任。康定现有锅庄卌六家。

此外康定商号生意兴隆，而成为帮别者，有茶叶、药材、香帮、金帮等。药材帮凡出口之药材皆予经营，兼营羊毛，又分渝、滇两帮，渝帮有大生昌、和源等店址均在中正街，丰记在中山街，景荣盛在东门口；滇帮长兴昌在中正街，宝兴祥在中山街，春和祥在南门外。

康定之商业（《西康概况》）

《西康概况》王业鸿著，刊于1938年7月15日出刊的《新西康》第三期。本文选自其第四章《职业》。该书今又收录赵心愚、秦和平主编《康区藏族社会历史调查资料辑要》，四川民族出版社2004年出版。

康定为汉藏互市之地，故甚繁荣，商业发达。货品以茶为主，绢布、药材、羊毛、烟、酒次之。出口者为烟、茶、布、酒之属。而茶又有大、小路之分，由雅荣运康者，为大路茶，销路甚广，达至前后藏；由天芦运康者，为小路茶，仅销附近各县。其销路既不同，而帮口亦各别，近年始改组为茶业同业公会。然其内部，仍各自为派。计汉人之在康经商者，素有天全、荥经、雅安、邛州、成都、重庆、陕西、云南等帮，皆以地域为名，或运销其土产，或在康贩买药材。表面观之，虽有各种同业公会，而帮派仍名亡实存。进口货以皮毛、药材为大宗，皆转销内地各省。营是业者，为关外富有资财外之商贾，及土司寺庙等，随时驱其骡队，运羊牛各皮、鹿茸、麝香等药材至炉——康定之简称，即打箭炉也——易茶与杂货、布帛。而此类商人，素无组织。每年藏商亦必运藏货来炉一二次，皆结队同行，以货易茶以归。

汉商亦有运茶及货品出关出售，以收买药材进关者，然仅限于金沙江以东各地，过江则无官府保护，无人敢冒险前往矣。

1937年西康省输出货物数量及诂本统计表
（《西康进出口贸易》）

本文摘自原书《附表一 西康省二十六年输出货物数量及诂本统计表》，只录入与边茶相关内容。

类别	货别	数量	诂本（元）	总值（元）
饮食类	春茶	一六〇斤	〇.八〇	一二八.〇〇〇

边茶之销售（《四川邛名雅荥四县茶业调查报告》）

包茶运至康定后，由主人家（多为妇女俗称"锅庄"，即藏人在康定设客栈女房东，供康藏茶商贩之投宿），导引康藏茶商，至各茶店（即雅荥等县茶店之分店）交易，藏商从前甚守信约，故茶店为扩张其营业当行赊账办法，成交后不付现款，分期付清，惟近年来康藏经济状况，亦大不如前，茶店多被拖欠甚多无力还清，故已停止放账矣。

藏商买茶多用银两计算，每银五十两合称"一平"，通常每"平"可购金尖十五包，金玉二十五包多半，毛尖六包，芽字十包半，用银两议定后仍折合银元支付。每平银折合银元之换算率，现较从前高出甚，益藏商颇固执，每平银所购包数不愿因茶价高低而转移，现因茶价高，每平银所购包数虽不变，但每平银折合银元已由七十元提高九十元，甚至百元矣，折算后有以互换货物者，有付现金者，由茶商自购货或购蓉、渝、沪各处其期票。此种汇兑从前汇水较高现已大减，甚或平过。

茶商买茶除汉商直接来店交易不用中人外，通常女主人之介绍有佣金制度，佣分分两种：一称"退金"，一称"糖银"。"退金"每包茶给银三分，糖银则为一□。糖银乃由从前"主人家"介绍藏商来店交易时携其儿童同来，成交后店中赏儿童以糖果，日久逐成牢不可破之定例，后主人家□要求茶店将糖果折为现金。

销场有两处，在西康境内者曰"草地"（牛厂娃），主销粗茶；在西藏则粗细两种均销。现因运费昂贵，受交通便利、运费低廉之印度茶及云南茶所排斥，仅质良价高之少量细茶，尚在西藏占一席地。川茶在西藏之销场现唯芽字、毛尖既一小部分之芽砖及金尖。金玉茶在西藏已完全绝迹矣。据茶商云前藏从前可销二千驼每驼六包共万二千包，最近则仅数百驼。

1939年西康出口茶叶之市价（《西康进出口贸易》）

本文摘自原书《主要进出口货之市价》一节。

本省主要出口货，二十八年上季在康定之市价，茶价：砖茶每瓶银子（五十刃①）十三包；毛子六包；金玉二十二三包；金尖十五、六包；粗茶三十一、二包；每包皆重十六斤至十八斤不等。

1939年五属边茶运销表（《雅茶与边政》）

本文摘自郑象铣《雅茶与边政》一文，原刊于《边政公论》1941年5、6期，原表无名，现表名为编者所加。

类别	产地	每包重量	每五十两银子曾购量	品质	销场	备考
芽茶	雅安	十六斤	六至七包	最上品	拉萨	销路极窄惟藏中贵族及大喇嘛寺购之
砖茶	雅安荥经	每包十六砖每砖重一斤	十三至十五包	由上品茶制成	康藏各地	为雅荥特有
金尖	五县均产	每包四甑共十八斤	十六包上下	较粗	西康康属各县	康藏通行
金玉	五县均产	十八斤	三十余包	粗细参合内多巨梗	仅销康属各县	西藏服用极微
小路茶	天全	十八至二十斤	三十余包	叶粗梗多	道孚丹巴一带	内多□□叶性凉
红茶	荥经	每包四甑较砖茶稍重	约十七包	纯以粗茶造成	销各牛厂	
散茶	雅荥名邛等县	不定	不定	即砖茶原料	普遍	数量无多

汉藏贸易雅茶为正宗（《雅茶与边政》）

砖茶创于荥经，行销藏康各地，深得边胞之欢迎，嗣后雅安依式仿造，亦颇畅销，名山、邛崃两县虽亦经如法制造，但因原料品质较次，其香色味远逊雅安、荥经所产，故往往滞销，是以停造。茶价向有规定，不得临时涨跌，每银五十两为一秤，每秤购茶若干包，亦有例定，非遇特殊小情形，不得增减，近年法币虽已推行，但茶商仍多将之折为银两，以计价格。以上各类雅茶之销售量（即指《1939年五属边茶运销表》中数据），清末民初年达三十余万包，近年约减三分之一以上，总值百余万。康定为雅茶之重要贸易中心，该地扼东西交通之卫要，为运输工具变换地，盖东来者悉由人力背负，西运者因踏入高原牧场，茶之输运，端赖牛驮。现今康定之贸易，以茶帮势力为最大，专营此业者达三十八家，当地称曰"锅庄"，乃汉藏商交易之场所。每届初秋，高原牦牛东下（夏季因气温较高，牦牛难以适应），日恒数十匹。装茶以后，结为商队，运销康中各县及西藏。此项茶店之总资本额达百万余元，悉由陕藉商人

---

① "刃"即"两"。

经营，大多历史悠久，总号之外，尚有支店，分设康中各地，以□资运，通常由康至藏，五千余里，运输之牛，且行且牧，日行不过三四十里，往返一次，动需半年以上。千余年来，汉藏间之贸易，即以雅茶为正宗（其他各货，仅属附带）。

雅安边茶的生产（《雪域求法记》（修订版））

本文选自《雪域求法记》（修订版）第三章《步入西康》。本书口述者邢肃芝是一位20世纪上半叶亲身参与了汉藏两地历史演变的传奇人物。1937年他只身赴藏学习藏传佛教，本书即为他这次经历的回忆录，近由生活·读书·新知三联书店2008年出版，也是对该社2003年版的修订。

雅安城区并不大，横躺在两条河中间，周围群山环抱，从南到北，只有一条街道，街的南端比较繁华，也就是雅安县的商业中心。各种商店、旅馆、饭店以及两家银行都在这条街上。另外还有电报局、邮局及一所警察局。平时街道上来来往往的人也不少，还有很多骡马驮着茶叶及土产。很多康藏的商人来到雅安采购货物的，使这里的市面非常活跃。小小的雅安城能如此的繁荣有它特殊的原因：第一，雅安是进出西康省的咽喉，凡是要往来康定和宁属八县的人，都必须经过这里，所以这儿的旅馆业、饭店业以及运输业都很兴旺。第二，雅安是水陆交通枢纽，除了有一条直达成都的公路外，还有一条公路和水路可以直达嘉定（乐山），此外雅安到康定的公路此时也正在修建中。第三，由于雅安是西康省货物进出的吞吐口，因此它对于西康的经济格外重要，西康的经济活不活跃，就要依据这儿的商品吞吐量的多少而定。因为西康除宁属八县农产品外，全省没有任何工业，所有的日常用品都要由四川输入，其中川茶及布匹尤其是大宗。雅安人经营茶叶生意的除夏永昌外，还有五六家之多，而且规模都很大。因为川茶是康藏老百姓日常生活必需品，而康藏地方政府、四川省政府每年征收茶税也是一笔很大的数字，这些税收都靠荥经、雅安及小川西所产的茶叶。至于康藏输出的土产，如麝香、鹿茸、兽皮、虫草等各种药材及黄金等等，也经过雅安而运销各省，所以雅安虽小，实际上控制着西康省的经济命脉。

雅安是茶叶加工的大本营，康藏所需要的茶叶，都由这里输出到康藏各地。绝大多数康藏的老百姓虽没有到过汉地，不知道汉地的情形，但都知道打箭炉（康定又称炉城）和雅安这两个地方，正是因为茶叶的关系。当时在雅安经营茶行的，比从前多了好几家，这是因为川茶的色香味普遍受到广大康藏人民喜爱。英国的东印度公司在很多年前就在印度和锡兰种植茶叶，希望打入康藏的茶叶市场，可直到印度宣布独立，都始终不能与川茶竞争，因为川茶在康藏人民的生活中已经成了必不可少的用品，而且印度茶在色香味上都无法与川茶相比。

雅安的几家大茶行，每天都有成千篓的生茶和上万块的熟茶砖输入输出，尤其在春夏两季的产茶期最红火。住在永昌茶行，我每天看他们不断地收购生茶，茶叶堆积得像小山一样；再将生茶摊开，先在阳光下曝晒，晒干后用筛米的筛子将泥土和杂质筛出；然后由女工拣出粗枝及杂叶，接着就开始进行煎炒烘蒸的程序，最后制成茶砖。每块茶砖打上字号及商标，用土黄纸包装，每包约十斤，用人力或牲口运到康定的分行中去销售，也有将生茶运到康定再进行加工的。大多数的康藏茶商因为气候和语言的关系，只到康定而不来雅安。大茶商每年到康定买一次茶，每次采购上千或上万驮的茶叶，每驮约五十斤，用生牛皮打包，接缝的地方用猪血涂抹，防止被雨水浸湿，外包牛皮晒干后，就用牦牛和骡马运往各地。每一个大茶商每次来康定时都带有大批牲畜和夫役，每个夫役身上背着步枪或毛瑟枪，腰间还挎着一把腰刀，用来防盗。康藏地方，人稀地广，政府的势力有限，商人只好想法子自己保护自己。

打箭炉的茶叶交易（《彝人首领》）

顾彼得（Peter Goullart，НёТРГЛЯР，1901—1945年），俄国作家，1901年生于莫斯科一个贵族家庭，两岁时丧父，自幼接受私塾教育，曾生活在巴黎和莫斯科等地，1917年布尔什维克革命期间，他与母亲一起离开俄国，历经艰难流落到了上海，1975年病逝于新加坡，终生未婚。其一生颠沛流离，曾长时间在中国西南地区居住。他精通俄语、英语、法语、汉语，对西方文化和中国文化有着独到的见解。主要作品有《被遗忘的王国》《神秘之光》《彝人首领》等。特别一提的是，他的作品中充满对中国人民，特别是西南众多少数民族，如藏族、彝族、纳西族等的友善之情，表达了对当时他们悲惨命运的深刻同情，这在同一时期的西方游历作品中，是极为少见的。他在丽江生活了九年，其有关纳西族的著作，如《被遗忘的王国》，已成为真实记录当时纳西族社会生活的重要史料，为后人了解和研究中国西南地区的文化提供了珍贵的资料。

1939年9月，顾彼得从上海绕道香港、昆明到达重庆，又受中国工业合作社的委派辗转来到康定，开展调查和设点工作。这次让他难忘的经历记入《彝人首领》中，英文版于1959出版，书名 Princes of the Black Bone，Life on the Tibetan Borderlands（《黑骨王子：西藏边沿的生活》）。2004年，该书由和锴宇翻译四川文艺出版社出版。本文摘选书中所记康定以茶叶为主的交易细节。

在自家的院子里有一个温暖怡人的池塘，我于是准备把它当作我的洗澡盆，但房主指出我不能这样做，因为地势比我们高的人家养了许多猪，这些动物在小溪里洗澡，溪水顺流而下形成瀑布注入到我们的池塘，果然，靠近水塘一看，不少顺水漂流而下的猪鬃和令人不愉快的东西浮在水面上。还有，根据我们的租约，我的房主——一家茶叶批发商，保留了在水塘里面泡生牛皮的权利，而生牛皮是商队用来包装茶叶的必需品，每次准备运输茶叶时，水塘里面总是泡满了这些令人恶心的、散发着怪味的生牛皮。

……

很显然，打箭炉的人口主要由康巴的藏族部落组成，尽管汉人的行政几十年前接管了打箭炉的部分相邻地区，但许多藏族都居住于西藏。打箭炉作为连接拉萨与其他藏区的商贸中心，故而有许多来自西藏的藏人、商人和喇嘛，这里民族之间通婚的情况也普遍。

打箭炉的汉族人口多半是四川人，其中一些人已把打箭炉当作永久的定居地，有的人则流动于汉地和藏区做生意，或是从事着流动的行当，有的在高原上淘金，有的在路途上担茶。

由挑夫担到打箭炉的茶被送到离教会不远的一所大房子里，存放在那里由政府官员征税，这是政府最大宗的收入，就像其他重要商品的输出输入一样，茶的贸易也是由省里的军阀所垄断的。

拿到运茶的报酬后，挑夫们步履蹒跚地到桥边他们喜爱的小饭馆里从容不迫地挥霍他们那点可怜的酬劳，用餐后则躺到屋后的席铺去抽他们心爱的鸦片烟。抽烟之后体力恢复了，他们就表情呆滞漫无目的地在街上行走，经过市场时期望能被雇用，为商人和店主运送货物到雅安，但不是所有人都能幸运地得到回程的货运，于是有的人背着空空的架子，摇摇晃晃地走上漫漫驿路。我注意到，这些人在抽了鸦片烟后精神饱满，背上又没有了重重的负荷，所以在归程时健步如飞，几乎是跑，像山羊一样从一个台阶跳到另外一个台阶上，尽管他们的样子很阴沉，毫无生气，但并非如我最初想像的那么愚蠢，他们在做生意上拥有一种很敏锐的直觉。由于归途无货可运，他们充满自信地从熟识的店主和经销商那里买一点麝香和金砂，下山以后卖掉赚上一笔，这是最热门的生意，但十分危险，为了能奢侈地享受鸦片烟，也为了能让山下平原上的家庭积蓄一点资本，他们宁愿赌上自己的性命。路上一点也不安全，那些亡命之徒比这些苦力还更加穷困，常常抢劫这些挑夫。人们经常可以看到，许多挑夫看上去一无所有、不名分文，在路上某个寂静的地方却被割断了喉咙。即使在城里，他们处置一个人惯用的方法也让人感到不寒而栗：雨后河水猛涨之时，他们把这个人引诱到河边，然后一把推下去。人的喊叫声在奔腾咆哮的急流中一点也听不到，受害者被锋利的岩石撞成碎片，一瞬间便被冲走，消失得无影无踪。每个人都知道，生命在打箭炉是低贱的，这不是一个安全的地方，如果有人结下仇怨，晚上是不敢过河闲逛的。

那些气喘吁吁的挑夫运来的茶叶，不允许在政府的贮运点无限期地堆积起来，西藏的大商人会把这些货物安排运输到昌都—西藏东部的首府，或者直接运到拉萨。打箭炉的商队利用牦牛作为交通工具，牦牛能够适应高原气候，而且比骡子和马匹廉价，打箭炉的海拔是9400英尺，往西而行所经之地海拔一般不低于12000英尺，茶叶被重新分装成两包各重25坨（每坨，即每半公斤相当于1.33磅）的简易包裹，一驮茶叶重25公斤，因为没有一头有自尊心的牦牛会愿驮运更重的东西，这些茶包被专职的批发商用湿牛皮缝合起来，牛皮干燥之后，茶包就会被压缩成理想的形状，而且不会被岩石和荆棘所刮破刺穿，茶包被打好标记后便准备发运。

与此同时，准备完毕的消息很快就会传到商队那里，商队就会把牦牛赶拢到一起，从高山牧场上赶到打箭炉的城门口，牦牛是不允许赶进城里的，所以必须在南门或北门等待货物。从城里到西藏的两条路一到高原上就会不知不觉地汇合在一起。这些毛绒绒的牲口一边嚼着草，一边静静地躺在城门前的地上，等待货物的到来。把重新包装过的茶包运到牦牛那里是打箭炉藏族妇女们要干的活计,她们处心积虑地维护着这一有利可图的特权,并形成一种类似行会的组织。她们穿着一种短皮上衣,皮毛向内,里面是平时穿的衣服。每个女人背上都堆了两到三个茶包,躬着身子,前额横有一条宽宽的带子作支撑。出到城门之外时,她们把茶包整整齐齐地放成一堆。把茶包放到牦牛身上的工作则让给商队的商人或是赶牦牛的人,他们把茶包紧紧地系在牦牛背上的一个小木架上。所有这些事情很快就会办妥,这些黑色的牲畜就会像飞溅的黑色火山灰一样涌上通向北方的石径。

工钱到手之后,那些快乐的藏族妇女们就会回到镇上去庆贺。首先,她们会成群结队地到卖酒的铺子,喝上一顿包谷酒休息一会儿,然后一个领头的妇女就会端上一碗酒,站起来喊道:"姑娘们,找汉子去吧。"于是就拥到街上,把路过的藏族汉子一把抓住,拖到酒铺里陪她们喝酒。这些男女宴饮的歌声和欢笑声回荡在打箭炉窄窄的街道上,一直持续到晚上,这时他们又聚集到一个锅庄(客栈)去跳舞。打箭炉有十六个富有的商队锅庄,藏族商人把藏区的特产运到锅庄卖给当地的商家,然后再转口到内地和香港去卖。每一个锅庄都由一个藏族妇女把持,她除了是锅庄的所有者外,同时也是一个经纪人和有权势的商人。这些锅庄是规模宏大的建筑,带有一个可容纳牛马的大院落,有一到两个厢房用来存放货物和给带货的西藏商人住,其余的房间则归女主人和她的家人所有。

赶街时,可以看到其他部落的人来打箭炉卖水果、蜂蜜和猎物,这些人的穿着打扮与藏人和汉人很不一样,他们穿着麻布裤子和束腰外衣,系着一条白色或是红色的腰带,戴着黑色或青色的头巾。他们身材一般比藏族矮,皮肤是金黄色的,他们大部分居住在人迹罕至的小山村里,小山村则屹立在沿大渡河两岸陡峭的山坡上,或是位于群山环抱的小盆地里,这些很少为人所知的部落有丹巴、巴底、巴旺、鱼通和理番,这些部落的分布范围一直延伸到北边的松潘,后来我得知他们属于藏缅语族的一个分支,属于羌人种。羌人部落的分支一直扩张到云南北部和西藏的一些地方,就如同我在《被遗忘的王国》一书中描述的那样,两年后我在云南丽江又遇到了羌人,他们被称作纳西,可以看得出来,羌人各部落在方言、服饰、外貌,特别是宗教仪式上是统一的,所有的部落都举行一种名叫"麦别"的祭天仪式。在一个神圣的小树林里以羊、猪和谷物作祭牲,小树林前放着一个三角形的白石,白石的周围插着香火,这象征着神圣的宇宙中心和神灵的居所——索米罗山。

1941年6月至1942年5月康定趸售物价表·边茶
(《西康物价》)

《西康物价》由西康省政府统计室出版,张为炯主持编纂,1941年7月出版1卷1期,今所见至1942年5月1卷11期,共出版10期(1942年1卷为7、8合期)。《西康物价》为统计刊物。主要刊登西康省各重要城市的批发、零售物价、物价指数的变动,以及公务员、工人生活费指数的统计表等。

张为炯(1888—1972年),四川德昌人(今四川省凉山彝族自治州德昌县),清末秀才,早年参加同盟会和中华革命党；曾任滇川黔靖国联军援鄂第一路军总司令部参谋长，国民党西康省政府秘书长、民政厅厅长；1949 年 12 月在康定起义；后任西康省人民政府副主席、副省长，成都市副市长，四川省副省长等。

本文只摘边茶部分，将各年或各类完全相同格式之统计表格，按年序统一排列，以便参照，表格内容与原文完全一致，但表格名称、排序略有差异，故将所摘内容原统计表格名目列下：

1941 年 1 卷 1 期：《康定疋售物价三十年六月每周物价》《康定疋售物价三十年七月每周物价》《康定零售物价三十年六月每周物价》《康定零售物价三十年七月每周物价》《康定疋售物价三十年六月平均价与前三年同月平均价比较》《康定疋售物价三十年七月平均价与前三年同月平均价比较》《康定零售物价三十年六月平均价与前三年同月平均价比较》《康定零售物价三十年七月平均价与前三年同月平均价比较》

1941 年 1 卷 2 期：《康定疋售物价 30 年 8 月》《康定疋售物价 27 年 8 月 28 年 8 月 29 年 8 月 30 年 8 月之平均价》

1941 年 1 卷 3 期：《康定疋售物价 30 年 9 月》《康定疋售物价 27 年 9 月 28 年 9 月 29 年 9 月 30 年 9 月之平均价》

1941 年 1 卷 4 期：《康定疋售物价 30 年 10 月》《康定疋售物价 27 年 10 月 28 年 10 月 29 年 10 月 30 年 10 月》

1941 年 1 卷 5 期：《康定疋售物价 30 年 11 月每周物价》《康定疋售物价 27 年 11 月与前三年同月之比较》

1941 年 1 卷 6 期：《康定疋售物价 30 年 12 月每周物价》《康定疋售物价 27 年 12 月与前三年同月比较》

1942 年 1 卷 7—8 期：《康定疋售物价 31 年 1 月每周物价》《康定疋售物价 31 年 1 月与前三年同月比较》《康定疋售物价 31 年 2 月每周物价》《康定疋售物价 31 年 2 月与前三年同月比较》

1942 年 1 卷 9 期：《康定疋售物价 31 年 3 月每周物价》

1942 年 1 卷 10 期：《康定疋售物价 31 年 4 月每周物价》

1942 年 1 卷 11 期：《康定疋售物价 31 年 5 月每周物价》

单位：元

1938 年至 1941 年同比·6 月						
品类	品名	单位	市价			
			1938 年 6 月	1939 年 6 月	1940 年 6 月	1941 年 6 月
饮食类	茶（边茶）	每平①	90.00	140.00	350.00	850.00

① 边茶每平为 25 包，每包 20 市斤。

1941 年 7 月							
品类	品名	单位	市价					均价
^	^	^	2 日	9 日	16 日	23 日	30 日	^
饮食类	茶（边茶）	每平	850.00	850.00	850.00	850.00	850.00	850.00
1941 年同前三年同月比							
品类	品名	单位	市价					
^	^	^	1938 年 7 月	1939 年 7 月	1940 年 7 月	1941 年 7 月		
饮食类	茶（边茶）	每平	90.00	120.00	526.00	850.00		

1941 年 8 月						
品类	品名	单位	市价				均价
^	^	^	6 日	13 日	20 日	27 日	^
饮食类	茶	每平	850.00	850.00	850.00	850.00	850.00
1941 年同前三年同月比						
品类	品名	单位	市价				
^	^	^	1938 年 8 月	1939 年 8 月	1940 年 8 月	1941 年 8 月	
饮食类	茶	每平	100.00	178.00	635.00	850.00	

1941 年 9 月						
品类	品名	单位	市价				平均
^	^	^	3 日	10 日	17 日	24 日	^
饮食类	茶	每平	850.00	850.00	850.00*	850.00	850.00
1941 年同前三年同月比						
品类	品名	单位	市价				
^	^	^	1938 年 9 月	1939 年 9 月	1940 年 9 月	1941 年 9 月	
饮食类	茶	每平	100.00	170.00	700.00	850.00	

* 此处原表记 450.00，但平均数仍为 850.00，可见有误，现更正。

1941 年 10 月						
品类	品名	单位	市价				平均
^	^	^	1 日	8 日	22 日	29 日	^
饮食类	茶	每平	850.00	1140.00	1140.00	1140.00	1082.00
1941 年同前三年同月比						
品类	品名	单位	市价				
^	^	^	1938 年 9 月	1939 年 9 月	1940 年 9 月	1941 年 9 月	
饮食类	茶	每平	100.00	170.00	700.00	1082.00	

1941年11月							
品类	品名	单位	市价				平均
			5日	12日	19日	26日	
饮食类	茶	每平	1140.00	1140.00	1140.00	1140.00	1140.00

1941年同前三年同月比					
品类	品名	单位	市价			
			1938年11月	1939年11月	1940年11月	1941年11月
饮食类	茶	每平	100.00	130.20	700.00	1140.00

1942年1月							
品类	品名	单位	市价				平均
			7日	14日	21日	28日	
饮食类	茶	每平	1140.00	2200.00	2200.00	2200.00	1935.00

1942年同前三年同月比					
品类	品名	单位	市价			
			1939年1月	1940年1月	1941年1月	1942年1月
饮食类	茶	每平	100.00	170.60	850.00	1935.00

1942年2月							
品类	品名	单位	市价				平均
			4日	11日	18日	25日	
饮食类	茶	每平	2200.00	2200.00	2200.00	2200.00	2200.00

1942年同前三年同月比					
品类	品名	单位	市价			
			1939年2月	1940年2月	1941年2月	1942年2月
饮食类	茶	每平	120.00	170.20	850.00	2200.00

1942年3月							
品类	品名	单位	市价				平均
			4日	11日	18日	25日	
饮食类	金玉茶	每平	2200.00	2200.00	2200.00	2200.00	2200.00

1942 年 4 月							
品类	品名	单位	市价					平均
			1 日	8 日	15 日	22 日	29 日	
饮食类	茶	每平	2200.00	2200.00	2200.00	2200.00	2200.00	2200.00

1942 年 5 月						
品类	品名	单位	市价				平均
			6 日	13 日	20 日	27 日	
饮食类	茶	每平	2200.00	2200.00	2200.00	2200.00	2200.00

1941 年 6 月至 1942 年 5 月康定零售物价表·边茶
(《西康物价》)

本文只摘边茶部分，将各年或各类完全相同格式之统计表格，按年序统一排列，以便参照，表格内容与完全原文一致，但表格名称、排序略有差异，故将所摘内容原统计表格名目列下：

1941 年 1 卷 1 期：《康定零售物价三十年六月每周物价》《康定零售物价三十年七月每周物价》《康定零售物价三十年六月平均价与前三年同月平均价比较》《康定零售物价三十年七月平均价与前三年同月平均价比较》

1941 年 1 卷 2 期：《康定零售物价 30 年 8 月》《康定零售物价 27 年 8 月 28 年 8 月 29 年 8 月 30 年 8 月之平均价》

1941 年 1 卷 3 期：《康定零售物价 30 年 9 月》《康定零售物价 27 年 9 月 28 年 9 月 29 年 9 月 30 年 9 月之平均价》

1941 年 1 卷 4 期：《康定零售物价 30 年 10 月》《康定零售物价 27 年 10 月 28 年 10 月 29 年 10 月 30 年 10 月》

1941 年 1 卷 5 期：《康定零售物价 30 年 11 月每周物价》《康定零售物价 27 年 11 月与前三年同月之比较》

1941 年 1 卷 6 期：《康定零售物价 30 年 12 月每周物价》《康定零售物价 27 年 12 月与前三年同月比较》

1942 年 1 卷 7—8 期：《康定零售物价 31 年 1 月每周物价》《康定零售物价 31 年 1 月与前三年同月比较》《康定零售物价 31 年 2 月每周物价》《康定零售物价 31 年 2 月与前三年同月比较》

1942 年 1 卷 9 期：《康定零售物价 31 年 3 月每周物价》

1942 年 1 卷 10 期：《康定零售物价 31 年 4 月每周物价》

1942 年 1 卷 11 期：《康定零售物价 31 年 5 月每周物价》

单位：元

1941年6月							
品类	品名	单位	市价				均价
			4日	11日	18日	25日	
饮食类	茶（边茶）	每市斤	1.93	1.93	1.93	1.93	1.93

1941年同前三年同月比						
品类	品名	单位	市价			
			1938年6月	1939年6月	1940年6月	1941年6月
饮食类	茶（边茶）	每市斤	0.19	0.31	0.78	1.93

1941年同前三年同月比						
品类	品名	单位	市价			
			1938年7月	1939年7月	1940年7月	1941年7月
饮食类	茶（边茶）	每市斤	0.19	0.35	1.17	1.98

1941年8月							
品类	品名	单位	市价				均价
			4日	11日	18日	25日	
饮食类	茶	每市斤	1.93	1.93	1.93	1.93	1.93

1941年同前三年同月比						
品类	品名	单位	市价			
			1938年8月	1939年8月	1940年8月	1941年8月
饮食类	茶	每市斤	0.22	0.41	1.41	1.93

1941年9月							
品类	品名	单位	市价				平均
			3日	10日	17日	24日	
饮食类	茶	每市斤	1.93	1.93	1.44	1.93	1.93

1941年同前三年同月比						
品类	品名	单位	市价			
			1938年9月	1939年9月	1940年9月	1941年9月
饮食类	茶	每市斤	0.22	0.26	1.56	1.93

1941年10月							
品类	品名	单位	市价					平均
			1日	8日	15日	22日	29日	
饮食类	茶	每市斤	1.93	2.28	2.28	2.28	2.28	2.21
1941年同前三年同月比							
品类	品名	单位	市价				
			1938年10月	1939年10月	1940年10月	1941年10月	
饮食类	茶	每平	0.22	0.27	1.60	2.21	

1941年11月						
品类	品名	单位	市价				平均
			4日	12日	19日	26日	
饮食类	茶	每市斤	2.28	2.28	2.28	2.28	2.28
1941年同前三年同月比						
品类	品名	单位	市价			
			1938年11月	1939年11月	1940年11月	1941年11月
饮食类	茶	每平	0.22	0.30	1.57	2.28

1942年1月						
品类	品名	单位	市价				平均
			7日	14日	21日	28日	
饮食类	茶	每市斤	2.28	5.00	5.00	5.00	4.32
1942年同前三年同月比						
品类	品名	单位	市价			
			1939年1月	1940年1月	1941年1月	1942年1月
饮食类	茶	每平	0.22	0.40	1.93	4.32

1942年2月						
品类	品名	单位	市价				平均
			4日	11日	18日	25日	
饮食类	茶	市斤	5.00	5.00	5.00	5.00	5.00
1942年同前三年同月比						
品类	品名	单位	市价			
			1939年2月	1940年2月	1941年2月	1942年2月
饮食类	茶	每平	0.20	0.39	1.93	5.00

1942年3月							
品类	品名	单位	市价				平均
			4日	11日	18日	25日	
饮食类	茶	市斤	5.00	5.00	5.00	5.00	5.00

1942年4月								
品类	品名	单位	市价					平均
			1日	8日	15日	22日	29日	
饮食类	茶	市斤	5.00	5.00	5.00	5.00	5.00	5.00

1942年5月							
品类	品名	单位	市价				平均
			6日	13日	20日	27日	
饮食类	茶	每平	5.00	5.00	5.00	5.00	5.00

康定茶叶销售之阶层（《西康茶业》）

本文选自第七章《西康茶业之运销》。

查西康茶业，由基本生产者（茶农）到消费者中间经过，至少有下列之阶层：
1. 腹茶：茶农→茶贩→营运人→茶店→消费者
2. 边茶：茶农→茶贩→营运人→康藏茶业股份有限公司→锅庄→蛮商→小蛮商→消费者

由上阶层看，可知其中间有不少曲折，尤其边茶之曲折更多。依此可知，有（1）中间转手多，剥削亦多之问题。（2）运输多之问题。剥削多，售价必随之而高，运输多，成本亦必为之增高，而间接影响其售价增加。故此两问题，皆是直接、间接影响销场也。

西康汉商的分类（《西康通志工商志》）

本文摘自四川省地方志工作办公室校，方志出版社2016年12月出版的《西康通志稿》上卷《西康通志工商志》第三章《商业》。

西康之商业及商场、商人均可分为汉商与康藏商二种。其中均分为就场贸易与转运贸易二式。其中藏人来康以转运为主，康人则二者俱有，汉人自以转运为主，但各地亦不乏就场贸易者。兹特分述如下。

（一）汉商

汉人在康及来康经营商业其来源甚远。其肇自何时，最初迹象已不可考。惟就近代言之，约可分为二个主要之时期。一为唐宋时代，一为清代。唐宋时期因交通不便、人口不多，康地与内地商务交易懋迁，均不频繁。商品运销之数量为亦殊不大。而就场贸易者更属不多。故在此时期，康地汉商不甚发达，类多为小负贩式。其活动范围，亦殊有限。由元迄清，汉人来康经商者日益增多，于是经商形式，遂不限于小贩。康人对于内地商品需要，亦复增加。于是汉商乃由负贩而更进而握有西康进出口业之枢纽。清光绪三十一年，曾设川滇边务大臣以经营西康，于商业一端，亦特别重视。于是康地与边省之商业，遂由自由贸易时期而染上政治之彩色。盖政府有计划之经营，遂使其影响特别显著。而当时所推行之移居政策，与康地汉商之发展，实有至大之影响。在政府有计划之鼓励招诱之下，不但一班流氓及受刑事处分者大量移入，而且失业劳动者及一般追逐利润之徒亦复闻风兴起，相率入康。据当时统计，二数年间其入康垦商者，乃不下二十余万人。遂使康地汉商颇成繁荣之象。民国元年，尹昌衡经略西康，于是又陆续移入数万。其中多数亦即成为就场贸易之商人。此后汉人在康遂渐经营各业，种类日多。而内地商人之负贩前往者，规模亦日渐增大。民初以来，川人入康经商因而成为赘婿，遂成为就场经营之商人者，其数亦即不下数万人。总之在清末民初，实为康地汉商之急剧开展之时期。且在汉人移入众多以后，此等移民对于内地商业亦感需要，更能熟习两地情形，深知供求之品类。而内地负贩入康者，因其利倍蓰亦复乐于趋之。于是汉商影响所及，分布之区域日益扩展。不但康东各地，且更深入康西康南各处。于是除雅安、康定、巴安等商业要地而外，其他如甘孜、理化、道孚、炉霍、丹巴，道孚更及于稻城、盐井、宁静、昌都、硕督、大昭、石渠、怀柔、邓柯等地。

在此一时期以后，汉商在康既臻繁荣，商业种类日多。大别述之可分为三类。即进口、出口与草地商。

进口商　汉人之对康经营进口者，以茶商布商为主。茶商与雅安、荥经、邛崃、名山、天全各帮为主。资本既多，规模亦大。茶叶运销几全以之为主。布商旧以陕帮之经营纱布者为主，后因川人移康日众，于是邛徕帮即起而代之。府货业仍由陕西帮经营。其商品为成都产之丝绵品及布匹。近来川商之经营是业者亦日渐多。油酒业以汉源帮为主。其他如肉类水果烟业之输入康地行销者，亦以汉源帮为主。杂货业自内地人移康增多以后，多由成都帮及川北帮司之。

出口商　康地之出口商，亦或全为汉商掌握。而出口商在西康，则历史均久远。其中以沙金业在价值上言，实居于首位，多由陕人经营之。其次为行销甚远之麝香及药材业、牲皮业等。经营药材业者，以川帮为主，规模亦多宏大。麝香业则为山西帮。而牲皮业则以陕西帮主之。其他种康地商品之运销各地者，商品之价值与数量，均远逊于上述诸业，多成为各商帮之附庸。

草地商　汉人之定居康地者，亦营就场贸易之商业。其中可以大别之为居肆与填冲二种。居肆汉商系就各大市邑及繁盛地点与康人交易者。近来交通日渐发达，各大城市之居肆商，几全由汉商把握之。填冲系向乡下蛮家收集商货，转运至各城邑商铺家售卖。此种小规模之商业，汉商经营之者，为数亦不少。

西康藏商的分类（《西康通志稿·工商志》）

本文摘自周太玄编著的《西康通志稿·工商志》之《商业》。

康藏商

康藏商均称为"蛮商"，其中又有"康巴娃"及"藏巴娃"之别。兹分述之如下：

（1）康巴娃

康巴娃有以居地为名者，有以家族或庙宇为名者。

以居地为名者，有甘孜娃、德格娃、理塘娃等，皆以居堆县名及大村落为名，资本不大。其所经营者，大体系以其本城之土产来购定或其他商业购地换取茶布杂货等物。

以家族或庙宇为名贵，又有南路及北路之分。北路有扯里家、孔撒家、登朱家、白利家等。南路则如安朱家、甲多家、降错家及其他。此等康商，系一庙宇或下家族之资产为其资，本。其所经营者，亦为进出口商业。其经营范围：西至拉萨，东至康定。其所用之运输之牛、马及枪械等，均属自备自有。其资本规模均颇不小。此种康商，在康藏商业交通上实居于至重要之地位。

（2）藏巴娃

所谓藏巴娃，系藏人来康经商之商人。其东来之主要地点为康定。其所销售者为土货，种类亦多。其所购办者则以茶为主，其他杂货等类则为附带品。资本颇大，规模亦不小。其作风不与上述之营康藏进出口之康商颇相似。

喇嘛寺

康省各喇嘛寺，除诵经修法外，大都从事农商！其经营商业之情形，系由寺出资若干，选熟习商情之喇嘛从事经营，并规定折本由经营屯喇嘛赔偿。其所营品物，以康族日用必需品如布匹、茶叶等为主。出售物品悉以藏洋定价，如折合法币，其值将高。运输工具惟赖牛马，较大之喇嘛寺，多自备之，间亦代客运输，取费不昂。若寺未置备，则其附近居民之牛马，每年平均应轮番僧寺至少服务一次，或自行在佛前许愿，愿服务若干次。至往返经商路线，则系自康定购茶运藏为主，以之交换其应需品物。以时间言，一年仅能往返两三次。因之每次进货较巨，且在（有）进货一次即可供一年之销售者。因有宗教信仰上之便利，得人民之支持，故利润特厚，其他商帮难与争衡。故喇嘛寺在康省实一特殊重要之商业机构，在关外各地常具有决定性之力量。

驮帮

关外交通不伪运输多赖牛、马驮载。康人之较富者，每单独置备，或与人合作，集合牛、马若干头，代客运输，称曰"驮帮"。

驮帮各县局皆有之。驮帮运输必备武器獒犬护送，取费不昂，且甚安全。因之汉康商民，多喜驮（托）其运载。在起运地点，并可与其立约，如有损失，须负赔偿之责。

驮运每日行程仅三四十里，即停止前进，卸货放草，故牛、马从无过劳伤损者。惟以言速率，则至有限耳。

汉藏茶叶交易所为锅庄（《康藏饮茶风尚》）

本文摘自《边政公论》1944年3卷第11期，本期似为边茶专号。

《康藏饮茶风尚》作者余舜，共分《茶之烹调》《茶之器具》《茶与仪礼》《市茶略经》《茶事杂记》等五节。本文选自该文第五节《茶事杂记》。

汉藏茶叶交易所为锅庄，锅庄乃康定所独有，此种起于何时，殊难确考，然以安家锅庄之家谱考，查在五百年前，即已创业。他如江家锅庄，则成于明洪武年间，余如包家锅庄、杨家锅庄，亦皆成立于明代。至"锅庄"之名，因何而得，亦无法究其所由。

当五百年前之元明时代，关外各县及康藏商人，常以各地土产物，如手毛、皮革、麝香、虫草、鹿茸、贝母、赤金等物，运集康定，以求出售，而易回粗茶、布疋等物，各处商贾，前来贸易，于一定之处，架搭蓬账，竖立锅椿，（以长柱形石三块，埋于土中，或裁椿三根，成三角形置锅其上，按锅庄之名，或由此转音）为时既久，日渐繁荣，遂由荒凉山村而市缠，建筑房屋，以招待远道而来之康藏商旅；或为明正土司，分封大小头人觐见时，来康止宿之处，名曰"督吉"。其最早之锅庄，有四家：即瓦斯碉包家锅庄、铁门坎汪家锅庄、大园坝罗家锅庄，及名门坎木家锅庄。此四家锅庄原属明正土司之分担差务者，后因关外各大小土司朝贡，差务日繁，原有锅庄，不敷应用，由四家而增为十二家，行直属三家，代分差务，嗣因贸易渐盛，锅庄建立益多，清代已增为四十八家，而锅庄性质亦已变为商贾旅舍，贸易之各。关外商人，至康货物，即堆存锅庄，庄主代为介绍顾主，以贸易茶市，抽取佣金，双方各取百分之四，其佣金名"退头"。近年来，因经济影响及各庄主不谙商情，天灾兵祸，印藏、滇越铁路铺设通车之关系，各地输出多不经康定，以致四十八家锅庄，渐次衰落，仅存十三家，其他锅庄虽在，徒有其名。民国以来复有新建者，现共有四十七家。

西康的商品交易（《西康社会之鸟瞰》）

本文摘自原书（载《民国史料丛刊》）第五章《康人之经济生活》。

康人经济虽大致能自给自足，但茶、盐、烟草、布匹、金属品，仍有赖于他处供给。且各区产品，间亦有不足或剩余之现象发生，因而不得不有商业行为，连带的而有货币、运输及交通问题之发生。

康人交易之商品，在牛厂娃方面，则春夏放牧，秋冬贸易。多以剩余之牛厂出品，如酥油、牛皮等及由狩猎得来之麝香、鹿茸、狐皮，与采摘之虫草、贝母、知母、羌活、大黄等药材，运往康定，或其他交易市场换取所需之茶、盐、烟草等必需品。农民亦有用药材，及剩余农产品与汉人及牛厂娃交换同样之必需品。总之，输入内地者，即上项开列之金（沙金）、香（麝香）、茸（鹿茸）、羊毛，与虫草、贝母、知母、大黄、羌活、蓁艽等药草。由川入康者，为茶、布、烟草、瓷器、铁器、颜料及绸缎等。此外由云南入康者，有茶、米、铜器及鸦片（汉人吸用）。食盐来自青海（盐井亦自产一部分）。由藏人康者，有西藏氆氇、红花、藏香，及英印之杂货。

康定至今仍不失为西康之大市场，至少为川康商业之枢纽。康人多来此交易，每至康，辄利用锅庄为助，锅庄为西康一特别的经济组织。康人来此贸易，咸宿食于此，且各有一定之主顾，历次不变。庄主人除供给宿处，及柴、水外，并任翻译及说合，而打包、堆货，亦利用其场所。交易成后，庄主人则提取佣金（名曰"退头"）。虽以土货易川货，亦按价提成。故此种锅庄实兼具旅舍、行、捐客及堆栈之功用。

康人亦有商店，但为数极少，而范围小，且多系兼营者。故纯粹商人阶级中人颇不多见。因除私人经营外，康人商业多为喇嘛寺，及土司所兼营。故商人地位亦随之而增高，颇为平民所敬重。而西康土司、喇嘛，既握有土地权，且以其雄厚之资本与组织及武力，得占商业上大部分之利益，因而权力更加增高矣。

康人交易一大部分，仍保持以物易物之风，故需用货币较少，所需用之货币则为藏洋（约等于法币五角）、云南钢洋（约法币三角）及些许法币。至于辅币，则有铜元，及将藏洋截成二分之一、四分之一而使用之，今已取缔。大量交易，亦有用银块论平计算，每平约八十两。度、量、衡制度亦极粗简。量、衡皆用十进之蛮秤。至于度，亦不甚精确。

茶为由康输藏大宗（《西藏内情及其对外关系研究报告》）

蒙藏委员会编印的《西藏内情及其对外关系研究报告》，年代不详，书中有述民国二十九年之事，故应编于20世纪40年代。近首入徐丽华主编《中国少数民族古籍集成》第97册，四川民族出版社2002年版；又收入张羽新、张双志编纂《民国藏事史料汇编》第18册，2005年学苑出版社出版；再入《中国边疆研究资料文库.边疆史地文献初编.西南边疆》第二辑，中央编译出版社2011年版。

本文以《中国少数民族古籍集成》为本，摘自原书《第四章 西藏之经济》，现标题为编者所加。

由康输入者，以茶为大宗；由云南输入者，以火腿、沱茶为主。

康定的商业（《康定琐志》）

本文选自易君左等编著的《川康游踪》，1943年9月桂林中国旅行社初版，列入旅行杂志丛刊。该书潘恩霖作《序》，收天涯游子《川东壮游》、王清泉《蓉康旅程》、李致刚《康定琐志》等游记32篇。《康定琐志》作者为李致刚。选文为《康定琐志》文之二，原题为《建置，人口，商业》。

易君左（1898—1972年），原名家钺，字君左，号"意园"，晚号"敬斋"，笔名右君、花蹊、二郎神、琴意楼、空谷山人等，湖南汉寿（今湖南省常德市汉寿县）人。幼年随父至广东，1910年回湖南，1916年秋，赴日本留学，入早稻田大学习政治经济。1920年，创刊《奋斗旬刊》，与罗敦伟等发起中国家庭研究社，创刊《家庭研究》月刊。1972年病逝于中国台北。著有《中国政治史》《西洋家族制度研究》《西洋民族制度研究》《杜甫今论》《中国社会史》《中国文学史》等。①易才高资绝，文、诗、书、画无不精工，被称为"三湘才子""中国现代游记写作第一名家"。

康定在唐宋以来，随着茶马的交易，日趋繁盛。据□书记载：最初由临时架设很简陋的账幕，作为临时市场；和建筑碉房的锅庄（其义详后）交易，每月有一定的日期，集会过了便星散。到了清初明正土司极盛时代，市面繁荣，已不是从前赶集的形态，现在康定住民十分之八九，都是商贾。据民二十七年的调查：康定东南北三关征税税款的统计，约年在六十八万元上下。收入最旺的，要算东关，由藏输入川省的货品以药材为大宗，其次是皮毛；由川省输出的第一为粗茶，其次是布帛杂货。骡马驮包出入上面的三关的，每天最少也有三百五十头至五百头之数。

康定的物价（《蓉康旅程》）

本文选自易君左等编著的《川康游踪》，作者王清泉。此文又单刊于1939年《旅行杂志》13卷第9期。

康定位于万山环抱中，城垣狭小，发展为难，但生活程度之高，虽特等都市犹望尘莫及。此地不论任何日常用品、食品五谷，俱须由成都、雅安、西昌、汉源等处运来，因着交通不便，多用人力背来，途中恒须廿日左右才能运到。运费往往超过货值，售价怎能不贵？

康定锅庄的巨擘（《康定琐志》）

本文选自易君左等编著的《川康游踪》，作者为李致刚，为《康定琐志》一文中之七，原题为《明正土司，锅庄》。

据《四川通志》载："国朝康熙十五年设明正宣慰使司，管辖番民……康熙三十一年裁撤……四十年复设……共辖安抚司六，土千户一，土百户四十八……"

又据《炉边纪要》云："昔明正土司盛时，炉城俨然国都，各方土酋朝贡之使，供应差役人夫、部落茶商，四时辐辏，骡马络绎，珍瑰荟萃，凡其大臣所居，即为骡商集息之所，称为'锅庄'，共有四十八家，最大者八家，称之曰'八大锅庄'……"

读了上面的记载，可以明了当日明正土司极盛时代的情形，和当时康定繁荣景象，自清末宣统三年边务大臣赵尔丰奏诸将明正、鱼通……等土司缴印改流后，现在的明正土司仅成

---

① 摘编于徐友春主编：《民国人物大辞典》（上下），河北人民出版社2007版。

历史上名词。明正的家庭，丁男死绝，仅有几个寡妇守着私产毫无号召能力了。至如各"锅庄"，现仍拥有雄厚的资本，操纵着康定的金融，虽没有"故国和臣"的淫威，但还是有强大的潜力，来推荡社会，据本地的人告诉著者，从来驻守此地的文武官吏，对于地方事务，有关各锅庄的，多所迁就，可想见他们的力量。

康定"锅庄"的巨擘，为瓦斯碉，位置在二水会流的地方，构筑华丽的房屋，积□很富裕，在康定商场占第一位，康藏巨商都集中在此，可以说是团结的中心，其他的"锅庄"是不足比。

1945年南路边茶产量一览表（《有关经边大计之南路边茶》）

本文摘自1945年《边政公论》第四卷12期《有关经边大计之南路边茶》一文，作者姚在藩。

第一表　1945年南路边茶产量一览表（担）

省别	县别	刘珍氏之数字	何德饮氏之数字	王一桂氏之数子	郑以明、孙李氏之数字	戴啸洲、袁纪辉氏之数字	其他数字	作者之数字
西康	雅安	一〇,〇〇〇	三一,〇〇〇	〇三,〇〇〇		三八,〇〇〇	三〇,七六〇	
	天全	五,〇〇〇		一〇,〇〇〇				
	荥经	一〇,〇〇〇		八,〇〇〇				
四川	名山	三,〇〇〇	七,〇〇〇	二,〇〇〇	二,〇〇〇	三,〇〇〇	一〇,〇〇〇	四,〇〇〇
	邛崃	二,〇〇〇	一六,〇〇〇			二,〇〇〇	五,〇〇〇	一,〇〇〇
	大邑	五,〇〇〇						一,〇〇〇
	崇庆	一,〇〇〇	一,二〇〇					二,〇〇〇
	洪雅	二,〇〇〇			五〇〇			一,〇〇〇
	夹江	一,〇〇〇						
	峨眉	七,〇〇〇				二,〇〇〇		六,〇〇〇
	健为	五,〇〇〇					二,〇〇〇	
	马边	五,〇〇〇				一五,〇〇〇	五,〇〇〇	
	蒲江	一,〇〇〇					五,〇〇〇	
	屏山	二,〇〇〇				二,五〇〇	三,〇〇〇	
	雷波	二,〇〇〇				一,五〇〇	五,〇〇〇	
	宜宾	一,〇〇〇				二,〇〇〇	三〇,〇〇〇	
	筠连	四,〇〇〇						

说明：1. 刘幹氏所列产量包括腹销细茶在内，其中南部边茶约占八〇—九〇%。

2. 戴啸洲、袁纪辉二氏所列之雅安产量，包括雅属各县所产者在内；峨眉产量，包括夹江在内；宜宾产量，包括筠连在内。

3. 其他数字一栏各数字之来源如次：（甲）雅安产量根据《康藏茶业公司调查报告》；（乙）邛崃系蜀康茶叶改进社与临印茶厂之估计；（丙）健为系中茶灌厂之估计；（丁）马边、屏山产量摘《四川农业经济调查》，雷波、宜宾二县则录自《中国茶业问题》。

南路边茶的销售（《有关经边大计之南路边茶》）

南路边茶主要市场为康藏两省，西康主销金尖、金玉两种粗茶，草地中之牛厂娃更销天全小路茶；西藏粗细均销，土司、头人及富有之家多为细茶主顾，各地喇嘛寺则以粗茶为主。

康定为南路边茶贸易中心，商业发达，冠于西陲。康藏客商购茶，过去以白银计算，生银五十两为"一秤"，可购毛尖六——七包，芽茶八——一〇、五包，茶砖一三包，金尖一五包，金玉二一——二五、五包，金仓三〇——三三、五包，天全小路茶四十余包。晚近已普遍使用法币，茶价亦改用法币计算。

康定为商业中心（《川滇之藏边》）

《川滇之藏边》，古纯仁（Francois Gore）所作，李哲生译，刊于《康藏研究月刊》1947年12月15期。

古纯仁（又译古高来），法国天主教传教士，1907年秋入康。1936年，原西康教区副主教兼云南铎区总司铎法籍教士华朗廷升任主教赴康定，古纯仁升为西康教区副主教兼云南铎区总司铎。①

古氏长期居于康区，对康区研究全面和深入，被称为"天主教西藏第一通"。1951年当地和平解放，古纯仁等神父被遣送出境，时已年逾70岁。其著有《川滇之藏边》《四川藏区游记》《旅居藏边三十年》等。②

商业之二主要中心，为四川打箭炉与云南之阿墩子。进口商品，在打箭炉为雅州之茶、布疋、绸缎、鸦片等。在阿墩子为云南之糖、茶与布。出口商品为麝香、羊、牛皮、皮革、皮货、鹿角、药材、织氆。

在阿墩子用一切物品交场，较打箭炉为常见。货币为四川与印度之藏元、中国之银洋，及金□元□□□□（十两或五十两）皆可随意流通。

川边之商业贸易（《川边之打箭炉》）

法国天主教传教士古纯仁（Francois Gore）所作，李哲生译，刊于《康藏研究月刊》1948年17期。

川边入口商货为茶、绸、缎、布疋及鸦片、烟土等。

每年中国国政府允许茶商营业之确定数，为十万另８４张引票。若茶商希望增加，尚可增加同样数字之额外引票。在打箭炉之茶商，法定每张引票为茶五包。每包重量至少为中国秤十八斤，

---

① 1910年天主教取消西藏教区称号，将原"西藏教区"改称"西康教区"，云南总铎区随之隶属西康教区。
② 向玉成、肖萍：《近代入康活动之部分外国人及其重要史实考述》，载《乐山师范学院学报》，2013年9期。

每包之价，至少为银二两余。茶之来源，为雅安、名山、荥经、天全、邛州等处。业茶之商人，约为八十至九十家，每年贸易总额，为银一百三十万两。政府征收茶课，约十二万两。

1946年康定物产贸易品类及来源（《西康统计季刊》）

《西康统计季刊》创刊于1944年，由西康省政府统计室出版，今所见至1948年共发行七期，年代（期数）详情如下：1944年（1期）；1944年（2期）；1946年（3期）；1946年（4期）；1947年（5期）；1947年（6期）；1948年（7期）。各期要目如下：

1944年1期：《三年来康定市公务员生活费用与生活指数》《西省粮产与人口》《康省之保安武力》《康属地方财政概况》《康藏茶业公司》《康属的喇嘛寺庙等》

1944年2期：《论西康人口分布状况与战时移民政策》《抗战以来康定市趸售物价指数》《西康合作事业概况》等

1946年3期：《康定市物价指数专号》

1946年4期：《雅安户口普查统计总报告专号》

1947年5期：《荥经户口普查统计总报告专号》

1947年6期：《西昌户口普查统计总报告专号》

1948年7期：《康定社会概况调查》

本文摘自1948年《西康统计季刊》第7期《康定社会概况调查》，只录入茶部分。

茶 雅安、荥经、天全

1946年康定市茶叶贸易概况（《西康统计季刊》）

本文摘自1948年《西康统计季刊》第7期《康定社会概况调查》。

月别	砖茶种类		
	砖茶（元）	金尖（元）	金玉（元）
一月	10 000	8 500	未售
二月	10 500	11 000	未售
三月	12 000	11 000	未售
四月	11 000	10 000	未售
五月	11 000	10 000	8 000
六月	11 000	10 000	8 000
七月	12 000	10 000	8 000
八月	12 000	10 000	8 000
九月	12 000	10 000	9 000
十月	15 000	13 000	9 000
十一月	16 000	74 000	9 000
十二月	16 000	15 000	9 000

1946 年康定市商业概况报告表（《西康统计季刊》）

本文摘自 1948 年《西康统计季刊》第 7 期《康定社会概况调查》，只列出与茶相关部分。

营利事业总类	商店数（家数）	资本总额（元）	帮业总额（元）	职工人数	
				职员	工人
茶业	17	229 680 000	579 000 090	24	14

喇嘛商（《西康诡异录》）

《西康诡异录》，任乃强著，由《四川日报》社出版，时间不详，为《四川日报社丛书》之一。该书为任先生 1929 年在西康考察时所记，分《社会风俗》（110 节）、《宗教与迷信》（141 节）、《土司与头人》（101 节）、《物产与生产》（180 节）等 4 编，各节均以标题。

本文选自《物产与生产》。

喇嘛寺经营之商业，以茶为主要，大都自炉城运茶入藏，又运藏货回康，绢绸、布疋、皮毛、药材，与某他各种日用物品，亦都采办，又兼营借贷生息，利息慨为每月五分以上，又至大一分者。

西康陕商录（《西康诡异录》）

打箭炉诸大商号，多系数家合伙经营，其组织亦颇有趣，兹举德泰和一家为例：

德泰和系陕商所创，开设炉城，已一百余年，号东早已□绝，现在，系该号诸掌柜合力经营，大抵皆陕西□县人也。共设号口六处：打箭炉为总号，收买麝香、鹿茸、虫草、贝母、狐皮、□狲与一些草地输出之货，亦发售茶布绢绸等川货于草地；雅州分号，采购茶布；成都分号，办理汇兑；重庆分号，办理炉货出口装运报关等事；上海分号，发售麝香、贝母、毛皮等出洋货物。皆无门市。又于陕西西安设坐号，专司汇兑利息，周转成本之事。各分号统受总号指挥，分号之大掌柜，统由总号掌柜指派。总号初收学徒，称为小伙计，练习商业，兼供奔走役使。掌柜察其商情已熟、性质勤慎者，升为帮柜，得上柜台，料理门市。帮柜考绩较优者，升为二柜，经理账目，地位较高，事务较闲，担承亦较重。二柜能积银钱至数千两存于号内者，升为掌柜。业皆掌柜主持，无所谓经理也。掌柜、二柜、帮柜、伙计皆无薪水，只有零用衣服费，每年数两至数十两。其报酬专在分红，每年总计各号盈亏一次，共有红息若干，先提二厘本息，余依等级分配各员可，掌柜分最多，剩余之数，分配二柜以下，成分不一。员司分息后，如肯积存号内，至数千元，仍得升为掌柜，即股东也。分号掌柜，每六年一换，但得连任，积有劳绩者，许回坐号休养，照常分红。掌柜物故，许于十年后退本，不退本者，仍可送遣子弟入号承继。每年各分号中，有亏本者，有获利者，但获利者常多。综计算红息，系综合各号会计，故常年皆能分红。失本之号，并不责其掌柜赔偿，惟查有拉亏舞弊者，得议处罚，停其红息。伙友有违背号规者，亦即开除。其组织似粗，而实严密，各方皆能顾到，故少失败。人各乐于努力，乐于积存，故其业有兴无败也。

我国之旧式商业，川陕人最为擅长。凡此规模，即其所创。后来川商之合伙经营商者，亦多半采用此办法，今固不止炉城之陕商如此。然导师则不可忘，故举出之。

泸定背茶为副业（《泸定县图志》）

本书系根据北京民族文化官图书馆搜集到的民国时期刘赞庭油印稿复制而成，1961年印制。

本县风俗悉已同化，为汉人礼节，人民俭朴，皆以农耕为业。春、冬两季赴汉源或雅安等处背茶或米，运至康定，为副业。

附 录

西路边茶的汉藏贸易（《杂古脑的汉番贸易》）

李有义（1912—），藏族研究专家，1912年出生在晋中清徐县（今山西省太原市清徐县）1931年考入燕京大学新闻系，1936年留校任助教；1944年，担任蒙藏委员会驻藏办事处工作；1947年到清华大学教书。1958年6月，中国科学院哲学社会科学部民族研究所成立，李有义从民族学院研究部调到民族所。后任中国社会科学院民族学研究室主任，为我国民族学学科的重建和发展做出了贡献，也为维护祖国统一，增强民族团结，做了大量工作。

1941年夏，李有义被邀参加华西四所大学合组的大学生边疆服务团，利用暑假两个多月时间，步行走遍了四川西北部后，写出《黑水纪行》等文章。《杂谷脑的汉番贸易》即为此次的调查报告，刊于1942年5月《西南边疆》第十五期。今又收入李文海主编《民国时期社会调查丛编 二编 少数民族卷》上，2014年福建教育出版社出版。

"杂古脑"又称"杂谷脑"，今四川省阿坝藏族羌族自治州理县杂谷脑镇，本为西路边茶的一处重要集镇，其贸易方式与南路有诸多类似之处，故摘选收入。

一、杂古脑概况

在四川西北部有两个汉番贸易中心，一个是松潘，一个是理番属的杂古脑，这两个贸易中心各有它的特点。松潘是草原番民和汉人交易的中心。由松潘一出黄腾关就是一片大草原，往者直通拉卜楞，西北可通青海的东北部。贸易所及的范围在一千公里以上，杂古脑是山地番民和汉人交易的中心，杂谷脑河、黑水区域、大小金川流域一带的山地番民都来这里和汉人交易，贸易所及的范围在五百公里以上。本文主要的就是叙述这一带的汉番贸易的情形。

杂古脑位于理番西北六十里，市街傍杂古脑河东岸，形势很冲要。沿河下行可经理番通化而达威州，杂古脑河即在此地注入岷江。沿河上行经来苏沟而达马塘，或由来苏沟经芦杆桥西行而达懋功靖化，即大小金川流域。在交通上杂古脑是由番地到内地的一个门户，它之所以成为一个汉番贸易的中心，也就是为了它位置的适宜，在政治区域上，杂古脑是属于理番县第二区。区公所即设于市内，不过事实上区公所的统治力，只能达到汉人所住的区域。在番民聚居的区域，政令仍不能达到。实际的统治权仍然在番民手中。

杂古脑的居民一半是汉人，一半是戎民。汉人大部居住于市内，戎民则聚居于附近的寨子中，全市的人口约一千余，这里的戎民大多能作汉语，不过在他们自己社区中仍用他们的土语。因为和汉人长久杂居的结果，他们汉化的程度已经很深，一切生活习惯和汉人相差无几。除了戎民以外在这里还可以看到羌民、西番和藏人，他们大多是来此交易，交易完毕就离去，并不长久居住，但因为接触的频繁，亦是助成杂古脑文化复杂的一个重要因子。

这里的汉人十分之九以上都是经营商业，当地的戎民则以农业为主要的生计。杂古脑一带的土地都是山地。主要的农作物，只有玉蜀黍、小麦、青稞及豆类，因为耕地面积的狭小，农业并不发达，就以杂古脑来说，所有的土地就养活不了本地的人口，特别是这一群经营商业的汉人，所以一部分粮食，仍要靠外面的输入，杂古脑的繁荣可以说大致和本地的农业没有什么关系，主要的还是依赖汉番贸易。

二、输入和输出

杂古脑的输入品，大致有四种：第一是茶叶，第二是布匹，第三是食粮，第四是杂项，现在我们把它分述在下面。茶叶是输入边地最主要的货物，它的贸易额占总输入的一半。在抗战以前由杂古脑输到番地的茶叶每年均在三百万元左右。四川的茶叶向分边茶与腹茶，各有各的销岸。经营边茶的只能向边地销售。经营腹茶的只能向内地地销售，不准互相侵占。这种制度很有点像盐业的岸引制。四川的边茶又分西路与南路。南路以雅安为中心，专销西康一带番地，西路以灌县为中心，专销西北松理懋一带番地，杂谷脑就是西路边茶的一个销站。

边茶是一种粗制的茶叶。俗呼之为"棒棒"，亦叫作"大茶"。茶中梗多于茶，饮时须久煮方有味，番民因多食酥油及肉类，非饮此种茶不易消化，因茶梗中含有多量之 Tanic acid（丹宁酸）可助脂肪之消化。故茶成为番民每日须臾不可离之必需品。吾人每至番民家中，必见其灶上置有一铜锅内煮"大茶"，终日不绝。客人来时则以茶盛木碗中和牛奶为待客之上品。

边茶之产地甚广，成都附近各县均盛产之。每年春夏各大茶号即派人赴各地搜购，分运雅安及灌县。经制造打包后即运赴边地销售，普通以六十余斤为一包，外裹竹篓，毛重约七十余斤，其包装之形式为扁长方形，极适于驮运或背负，关于贸易及运销吾人将于另一节中述之。

布匹亦是向边地输进的一宗重要货物，每年由杂古脑输到边地去的布匹约值五六十万，番民的服装一部分是自给的，大多番民都用手工纺毛线织成一种毛布。最细的叫氆氇，专供富裕的番民穿着。粗一点的叫毯子，为一般番民的衣着品。此外一部分则依赖输入，如绸缎、棉布、棉线等类。绸缎大半是富裕番民及喇嘛的消耗品，棉布则普通番民均需要之。

这种专销边地的绸缎，布匹亦是一种特制的货物。在成都和灌县有很多绸厂和布厂专门制造这种货物。番民最喜欢红色和黄色及紫色，所以销行边地的绸缎，大都不外这几种颜色。棉布则多是土制的窄面粗布，颜色多为白色或紫色。棉线则多为五色线，专供番民妇女编织衣带及其他装饰品。这些货物在汉人区域是不大容易销售的。

食粮的输入主要的为玉蜀黍及少许之米，杂古脑贸易所及之范围内，大多为山地区域，气候严寒，耕地面积也小，所产食粮仅有小麦、青稞、豌豆数种，即玉蜀黍亦甚稀少，故一部分粮食，仍须仰给于外面之供给。每年由杂古脑到边地去的粮食，多则二十余万元，少也数万元,依边地农业收获之丰欠而异。番民日常之食物以麦面及糌粑为主,肉类为辅,惟草原番民则消耗肉类较多,粮食较少。番民粮食不足之原因除自然之限制外,其人为之原因亦其重要,如番民之嗜酒,须消耗一大部分粮食,彼等所收获之青稞,大半耗之于制酒,其次鸦片之种植,农业技术之落后等,均系助成其粮食不足之原因。

杂项货物大致可分为三类:一类为铜器。如铜壶、铜勺、铜锅、铜锁之类;一类为装饰品,如珊瑚、象牙、鱼骨、珠子、金银饰品、丝绣品等类;一类为宗教用品,如乐器、颜料、香料、哈达。这些货物的输入不大容易估计,因由零星商贩进入者甚多,不过仅就经杂古脑而输入的,每年也有五六十万元。

由杂谷脑输出的货物可以分为四项:第一药材,第二皮毛,第三木材,第四鸦片。现在我们分述在下面:

药材是番地的主要输出物。假如没有大量的药材出产,番民就没有什么货物可和汉人作大规模的交易。杂古脑在平时药材的输出大致可和输入的茶叶作抵。换言之,番民以所产的药材换汉人之茶。这一带所产药材的种类很多,约有五六十种,但最重要的只有十余种,如麝香、虫草、贝母、大黄、木香、羌活、五加皮、当归、木通、川芎、赤芍、柴胡、泽泻等数种。挖药是番民的最重要的副业,他们的闲暇,大半消磨于挖掘药材,每年到积有相当数量的时候,就委托一个商帮或自己运到杂古脑来交易,换所需而归。

皮毛是番民的第二宗特产,不过大量的出产是在草地。山地番民牲畜的数目比较少得多,因为山地番民仍是以农业为主,牲畜为副,因此牲畜的数目比较少得多。因为山地番民仍是以农业为主,牲畜为副,因此大批的皮毛贸易是在松潘而不在杂古脑。不过山地番民仍有一部分皮毛可输出,如羊毛、羊皮、牛皮、马皮、鹿皮等仍有相当数量的输出,其总值约略可抵布匹之输入。在平时山地的商帮常有到草地大批运了皮毛来杂古脑交易的,但自红军过境以后,这种大宗的皮毛贸易就不见了。

木材虽是一宗大量的输出,但在经济上和普通番民却没有很密切的关系,因为木材并不是普通交易品,而是几个大木材公司在这一带经营的事业。这一带木材业的发达,不过是最近二十多年的事情,最近则已成为这一带最大的一种实业,木材公司多至十余家,最大的如利川、松泰、远成等几家,都有百万元以上的资本。他们开采森林的方法,第一步是先向地方当局,在番区大多是向头人买山,以几千元的代价就可以买到一座森林密盖的大山,然后就雇工开材,所雇的工人番汉均有。这些工人都具有特殊的技术,待遇亦很优厚,在工作性质上大致可分为两种:一种是砍工,专负责砍伐树木,一种是漂工,专负责漂运木材。所有林场均在岷江各支流两旁,砍好之木材,均堆积河边,遇发大水时就推入河中编成筏,一直可利用水力漂至灌县。各木材公司都在灌县设有收材厂,木材漂到后,就分别捞获上岸,在此即可经陆地运到成都附近各地出售。木材业自抗战后呈特殊的繁荣,主要原因为外国木材来路断绝,而后方建设孔兴,木材需要增加,木价大涨.经营此类者均大获其利,因此尽量扩充营业。我们认为四川西北之森林,实为一大富源,如能善予开发,不仅可供地方之需要,将来且可杜绝一部分漏卮,其发展实未可限量。

鸦片的输出是一种非法的贸易，然因其价值甚昂，在贸易数额上占有很大之位置，我们愿在此一述，以引起政府及国人之注意，在四川西北番民区域中凡政府势力达不到之地区，鸦片均普遍播种，番民嗜鸦片者甚少，故所有产物尽流入内地。此种非法贸易完全由地方秘密社会组织所垄断。据说番民之种鸦片亦系由此种人物把持之，因共有严密之组织，并有相当之武力护卫，地方政府对之竟莫之如何，甚或与彼辈合作以求分润。番区因法币不能流通，现银又不易得，贩运其他货物亦甚不便，乃以枪械为鸦片之主要交易品，因而枪械军火源源流入番地，政府既不能控制此等区域，而任军械源源流入，其潜伏之隐忧实不堪设想。而因此种非法贸易之扩展，正当之贸易反形衰落。我们甚望中央及地方政府能速予设法禁绝此种非法贸易，盖其影响不仅为经济的，对军学、国防亦均有密切之关系也。

三、商号与小商人

杂古脑的汉番贸易，就交易的规模来说，可以分为大帮的贸易及零星的贸易。大帮贸易完全操在几家大商号的手中，其中势力最大的是茶号和香号。杂古脑的茶号和香号都有二三百年以上的历史，他们不仅操纵了大部的汉番贸易，甚至于地方政治亦受了他们很大影响。这里给我们一种很好的研究材料，即一种商业经济势力如何侵入到政治势力里去。

我们先说茶号。杂古脑的茶号目前有恒丰久、德厚长、益诚号、鑫盛祥、祯记、同利永等几家。这几家茶号都有很雄厚的资本，总号设在成都或灌县，由灌县到杂古脑中间沿途都有他们的转运站，一年中不断的有茶包由灌县运到边地去。茶包过境的税收，维持了这一带地方的财政，而茶包的转运则成了这一带贫苦农民的重要副业，因此在经济上茶号和地方上发生了极密切的关系，这种经济关系就造成了商业势力进到地方政治势力中的一道桥架。茶号为了要维持他们的营业，保护运输的安全，唯一的方法就是和沿线各地方的士绅合作。他们沿途转运站的代理大半就是地方的领袖或士绅，而这帮人又大半是地方秘密社会组织的首领，他们在地方上有绝对的威权和势力，得到他们的合作以后，运输的安全就毫不成问题。我们在灌县到杂古脑的途中偶然可以看到堆弃在路旁的茶包。这些茶包，没有人敢去动它，因为偷茶包的人是没有方法可以逃掉的，凡是要旅行这一带边地的人，如果能在成都或灌县得到这些茶号的一纸介绍函，则沿途的便利，比任何政府的护照还要有效。

茶号转运茶包，大半是用人力背负，一个壮年的力夫，每次可以背两包茶。普通人只能背一包。本年七月份的脚价，两包茶由灌县背到杂古脑可得国币七十五元，约八天可以运达。据茶背子告诉我们每背一次约可剩二十余元，如因雨或其他原因使日期延长，则脚价仅可糊口，有时尚须赔钱。如背一包茶则每次仅可得三十七元五角，所剩当更少，不过背一包茶行程可减少二日至三日，有时在茶包子之外，还携带少许的盐巴、菜油或线之类，沿途售卖，亦可得相当之利益。

背茶包子的当地俗呼之为"茶背子"。大多是灌县、汶川、威州、理番一带之贫农，年龄大约均系三十岁以下之壮丁，因非壮丁体力不能胜任，每年于农事结束后普通由阴历八月起始至次年二月即相率赴灌县背茶包子。故在秋季以后这一条路上背茶包子者络绎不绝，各茶号之茶包，大多均在秋冬二季大批运至杂古脑积存待售，春夏二季，一面因人力缺乏，一面因雨水较多沿途阻滞，茶包之运输亦因减少。

各茶号的茶包运到杂古脑以后，用两种方法向外推销，一种是批发给政府机关或大商人，一种是零星售卖出去。如目前军政部购马组就是官方最大的一个顾客。据一个茶号的经理告诉作者。在民国廿八年军政部一次就向各茶号订购了十二万包茶，分三年交货，这个数目约占去各茶号每年总产量的一半以上。这种批发贸易大多在成都或灌县交款。据说有几家茶号因大量认售军政部茶包而赔累不堪，因近三年来物价变动甚巨，当时之订购价在目前已不足成本远甚，又因契约关系不能增价，故莫不叫苦连天。

零星贸易是由茶号门市售出去的，雇主多半是番民。这种零星交易多是以物易物，番民以皮毛或药材向茶号换茶。杂古脑的茶号很少售到现款，而他们亦不希望售到现款，因为所有茶号大都兼营药材贸易，特别是比较珍贵的药材，如鹿茸、虫草、贝母、麝香之类，以茶换药材比售现款还有利，此外还有一个原因就是法币在番地不通行，普通交易都须用现银元，但现银元的流行额很小，不足以应大宗贸易的要求，所以凡是较大额类的贸易都是以物易物。军政部购马组最初以法币向番民买马，吃到闭门羹，最后才改以茶包换马。

茶叶除了它本身是货物之外，同时还是一种交易的媒介。旅行家或商人可以用茶支付任何种费用，不过唯一的缺点就是体积较大，运输很不方便，如以茶和番民作大规模的交易，运输就是一个很大的问题，同时也是一笔很大的支出。

香号在杂古脑的商业中其地位仅次于茶号。比较大的香号有杜盛兴、协成全、义德志、张太常、汤洪发等几家。这几家香号都有悠久的历史、雄厚的资本。香号主要的营业是收购麝香，他们在上海、天津、香港等处都设有分号，随时报告市价的涨落。香号销场大半是出口。他们营业的盛衰是直接受到国际市场的影响。最近自抗战以来，国外销路受阻，营业已大见衰落。最近因政府要统制麝香，所有香号都一齐关门了。

杂古脑的香号都是河南人，当地谓之"北帮"，多年来因为他们资本雄厚，经营得法，已经把握了整个麝香贸易，其余的小商帮，不是作他们的代理，就是他们的附庸。他们收购麝香有两种方法：一种是放款与番民，嘱按时以麝香来偿债；一种是收购现货。麝香的交易大部分也是以物易物。香号在成都、灌县买好布匹，及番民所喜爱的日用杂物，运到杂古脑，这些货物就用来换番民的麝香。香号收到麝香以后，须先经过一番泡制，然后方能一直寄到天津、上海及香港出口。

香号的营业亦需要和地方士绅合作，因为如果不合作，地方士绅可阻挠番民来售麝香，香号派人到番地去时，亦会遇到困难，他们从成都、灌县运货物来杂古脑时也没有安全的保障，因此香号并不因他们运输不很繁重而和地方上的关系比较疏远。实际麝香的价值很高，偶有一次意外损失就很大，如损失几个茶包子，所值不过数百元，损失几个麝香则所值须以万计。杂古脑的香号和地方政治有很密切的关系。据说在很早香号的势力，就侵到地方政治机构中，最初是地方向香号借款，香号尽量放予，以各种地方税收作抵押，到借款到了相当数目的时候，香号的人就被请出任地方财政局长及税务局长之类，取得了地方的经济权。这样香号就间接地把持了地方的政权,虽然他们外表上仍是经营商业,但地方政府无形中要受他们的指挥……

茶号和香号是杂古脑汉番贸易中两个大势力,他们垄断了整个汉番贸易额数的一半以上,亦就是杂古脑出入贸易主要经营者,其余的贸易大都是小规模的或零星的。

杂古脑的零星交易以药材、皮毛为主要交易品。灌县一带的小商人以很小的资本贩一点布匹杂货之类,运到杂古脑。多数是自己背运,向番民换药材或皮毛而归。有的茶背子在把茶包运到杂古脑以后,以所剩的工资来贩一背药材到灌县去卖,亦可以得到相当的利益。

这种经营小贸易的商人可以分为两种:一种是长年经营的商人,一种是季候性的商人。常年经营的商人,一年到晚不断地在这条路上跑,他们所贩卖的货物受着灌县及杂古脑两地物价的影响,如灌县某种药材涨价,这些商人就设法收买这种药材,如杂古脑某种日用品涨价,他们就大量运这种物品去出售。他们一年中最忙的季节是从阴历八月初到年底止,因为在这个时期内番民来杂古脑贸易的很多,是整个汉番贸易的旺月。阴历正月中他们大多各返自己家中休息,过了正月方又起始作第二年的生意。

季候性的商人大多不是专业的商人。在灌县一带有一帮农民在农事结束后,就相率贩一点货物到杂谷脑来卖,然后再贩一点番地的货物回去。每年由阴历九月起到年底止,一共可以跑五六趟。这些商人冒险性很大,他们不仅到杂谷脑为止,一部分更深入番地如大小金川及黑水流域一带,如系每年都来的商人,他们在番地都有熟人,安全亦不很成问题。据一个这样的商人告诉我们,每年以三个月为期,五十元的资本,可得六七百元的利息,因此交易成了灌县一部分人最重要的副业。

四、番商与歇家

上一节中我们叙述了汉人如何在杂古脑和番民贸易。这一芦我们要叙述番民如何在杂古脑和汉人作交易。番民来此交易的亦可分为两种:一种是商帮,一种是平民。

商帮是番地的大商人,他们每年定期来杂谷脑交易。这种商帮大都拥有马匹,每次来交易时少则十余匹,多则五六十匹。他们到了杂谷脑后就歇在他们熟悉的歇家中。货物亦卸在歇家中,然后从容地将货物售出去,再把所要买的货物买起。一次交易就告完成,于是赶着驮队回到番地里去。

这里我们得特别把杂古脑的歇家介绍一下。歇家是类似客店或栈房的一种住户。不过他们并不分开留客,而专系招待来此交易的熟识的番商。而且番商第一次歇在那一家歇家,以后就永远在这家。不会任意选择。番商歇在歇家以后,一切食用都由歇家供给,并不取费。商的货物亦由歇家介绍卖出去,他要卖的货物也由歇家介绍买进来,歇家就在卖出买进的时候,得到一笔佣钱。但这笔佣钱比收店费及饭费还要大。因此歇家对番商招待总是很殷勤。每餐都是大酒大肉,使得他们非常高兴。此外歇家还有一个便利,就是歇家如果到番地时,也可歇在番商家中。这时番商就变成他们的歇家,也同样招待他们,替他们买卖货物。有的番商直接和商号有来往。他们可以不经手歇家买卖货物,这时他们对歇家就要特别送一点礼物作为酬报。

大的商帮多数和茶一号香号有往来、他们交易有时是靠信用的。茶号或香号可以预先交他们一笔货，约好于几个月后或一年后以皮毛药材及麝香来偿还。这些番商很守信用。他们到时一定来偿还。偶然有狡黠的番商，赊了货以后逃避不来，别的番商亦要设法阻止他，因为他们怕影响番商整体的信用。这些番商多数没有固定的资本，他们大多是一个或几个番民社区的总代理。一个社区内，每家需要的东西都很零碎，若每家都自己到杂古脑来交易，很不经济，因此他们就集合起来，委托一个商帮到杂古脑去交易。商帮就用这种方式收集起番地的货物，输入的货物亦是用这种方式分散到每一个番民家中去。

这种商帮大多是从阴历七月下半月起到年底止，来杂古脑交易。这是因为这个时期正是农闲的季节，人力和畜力都有闲暇。同时这个时期内道路最好走，既无大水也无大雪。所以都乘这时候出来交易。从阴历止月起大雪就封了山路，一直要到次年四月方能恢复交通。

商帮之外普通番民也来交易，特别是在距离杂谷脑二百公里以内的番区，普通番民出来交易的比较更多。这些零星交易的番民，一方面是为交易，一方面是来观光。番民看杂古脑就好像内地人看天津、上海一样。认为是一个很繁华的地方。杂古脑一带五屯四土的番民，一生不得机会到杂古脑来观光，认为是很大的遗憾……

这些零星来交易的番民，一年四季都陆续不断。不过最多的时候还是由阴历八月起到年底止，他们来时亦多是三五成群，结伴偕行。其中有一个是曾经来过杂古脑的，做他们的向导。他们到了杂古脑后有时亦找一家歇家住宿，有的则住在小店里，他们的货物因为数量很少，大多不经歇家而直接摆到市街上卖去，他们所要买的货物，亦自由在街上买进。

这里我们得特别介绍杂古脑市的市场和中人，杂古脑每日都有一个市场，作汉番零星交易的场所。时间大约在每日十二点以后，这时各零星商贩就将他们所有的货物，摆在大街两旁，等候主顾。市场上番民出售的货物大多是药材和皮毛之类。汉商的货物则日用各货均有，在这市场上价格的高低，常是操纵在几个中人手中，这些中人都是汉人。有几分像流氓地痞，他们和本地的士绅大都有相当关系，和各大商号亦有相当往来，因此他们可以肆无忌惮，操纵市场，胁迫汉番商人。这些零星汉番商人都非他们的敌手，自然只能任他们剥削。这种中人在杂古脑市场上约有五六名。

成都灌县一带来的小商人，大半在这种市场上收购他们所要购买的货物。他们和中人勾结，故意压低市价，使番民吃亏，俗谓之"耍蛮子"。在贸易旺盛的季节来杂古脑贸易的番民很多，汉人小商人也在这时期内特别活跃，就是茶背子有时一也把剩余的工资买一挑木香或羌活，挑到灌县去卖。一挑羌活番民卖出去只能得十五元，汉人买进来即须二十元。五元即为中人之佣钱，其比例高至总值之四分之一，然此辈中人皆烟癖甚深，且须交纳其一部分佣钱与其后台老板。此外应酬甚广，故收入较多，剩余则极少。

零星交易之番民人多为农民，彼等之货物率皆日常利用闲暇日积月累而收集，如药材、皮毛等类，极少系贩卖者。彼等于农暇时即将一年所积之货物运到杂古脑售出。易所需而归，彼等一年至多来此一二次，运输之方法则以人力背负或担挑为主。至多较富裕者偶以牲口一二匹驮运。这种零星来贸易的番民，每次的数目虽不很多，然总合起来，他们对整个汉番贸易的贡献，也不下于那些商帮。

西康商业活动与锅庄（《西康省藏族自治州》）

本文摘自原书《（六）以边茶为中心的商业》。

解放前的商人和商帮　喇嘛庙、土司、贵族都是经营进出贸易的大商户，商业获利很多，吸引了他们投资做生意。主要的有：大金寺、邦达昌、理塘寺、白利寺等几家，他们都有具体的经商组织，宜备驮帮或征用乌拉代运商货，在各地有分号、货栈，贩运洋货（纸烟、毛料等）和关外土特产（药材、皮毛等）到康定或内地，由那里再运茶和百货出关，其中邦达昌是康藏第一大商号，过去西藏和印度的贸易 50%由它经营，在内地甚至印度各大都市都设有分号，但在本区内贸易规模不及大金寺，较小的商帮往往联合派一二人常川驻留主要据点（如康定、甘孜、理塘、巴塘）或一定的锅庄以为联络。

汉人行商分陕、川两帮，而以陕帮居绝对多数和绝对优势。元、明时青康藏高原归陕西管辖，和内地联系都经由洮州、陕西一路，陕商由此进入草地，他们善于经营，穿藏服、说藏语，每年年初带了茶叶杂货到各牛厂送礼，或者预先借钱给猎人和采药者，等别采获后交货抵债，牧人到城市交换货物时亦喜欢投老陕家止宿，同饮同食有如家人，而土产售价完全由陕商决定，陕商由此获利至厚。资本雄厚的陕商贸易范围亦很广大，往往在康定、德格、甘孜、玉树等地广设分号。至于小本行商则以川商居多，仅带一些针线、土布、杂货等，往返各农村间零售给藏民以逐什一之利。

单纯经营零售业务的坐商以独资经营的居多，而且十九是汉商。规模大小不一，小者是家庭经营的小杂货铺，货物多向行商批来；大者除一般门市买卖外亦兼营收购和贩运土产。藏族坐商大多是农人的副业，规模更小。

解放前的汉商除根据籍贯地域而结成商帮外，又可因营业种类而结帮。以康定为例：较大行业便有十七、八帮，其中最大的茶业帮又根据籍贯而分为雅安、荥经、天全、名山、邛崃五小帮。[①]

本区特有的锅庄是中间商机构，实际上仅存在于汉藏贸易交接点的康定、道孚二地，而尤以康定最多，康定过去地方商业即建筑在锅庄制度上。锅庄相当于内地的商行或堆栈。远在五百多年前，关外各地和西藏的商帮常运土特产到康定和汉人调换茶、布等，那时康定不过是一个小村；但它的地位则正好在汉藏两族人口分布的交界处。各地来的商帮往往在一定的地点搭起帐篷，以后交易渐渐发展，临时性的帐篷便改造为永久性的房屋——锅庄。某一地区的商帮仍照过去老习惯投宿当初搭帐篷地点的锅庄，锅庄建筑都是四合院二层楼房，大多由昔日土司的头人经营，不少主管是汉藏婚生的女子，长于理财，精于计算。锅庄名号以主人的姓称呼，供给客商食宿、糌粑、酥油、燃料等，并介绍贸易；投宿商人不必付钱，但

---

① "西康纪要"，第二一七页，一九三七年商务版。——原书注

在成交后锅庄向买方取佣金4%。这里是汉藏贸易的枢纽，交易数量大，所以锅庄的收入不坏。客商和锅庄又常常结为老关系。但锅庄之间可同意转换客商的居住权，如甲庄同意把某帮人移交乙庄，则该帮商人从此便改住乙庄。

康定锅庄原先只有四家，后来汉藏贸易中心由雅安转移到此，贸易扩大，并且锅庄又开始负责招待来往土官住宿，原有少数锅庄业务繁忙，特别是随着边茶贸易的发展，锅庄陆续增加，最盛时有48家，一九四一年尚有30多家。后来因洋货倾销康藏，边茶生产萎缩等等原因，锅庄纷纷改业或停歇，到一九五一年初康定解放时仅剩十多家。其中大小不一，最大的包家锅庄（又称瓦斯碉）有房屋八十余间，盛时贸易额年达80万银元，小者仅有屋数间，贸易额年不过一二万银元。

道孚有十多家锅庄；性质和康定不同，除招待熟客外并自做生意。他们的建筑巨大，犹如土司官寨子，其中由藏人经营者二家，余都由居此五六代的陕商经营。牛厂娃从青海运来的盐和从康北草地运来的畜产品、土产品，都经由锅庄转销康定、丹巴。锅庄除买卖利润外不向牛厂娃索取介绍佣金，但买卖成功后当地灵雀寺却向买方取佣（茶六包取一甑，粮八斗取一斗）。

季节性的边茶销售（《西康省藏族自治州》）贰则

本文（壹）（贰）均摘自原书《（六）以边茶为中心的商业》。

（壹）（康定）地方商业主要是茶和土特产的交换，因此具有显著的季节性，每年冬十一二月，关内外驮帮会集来此，是贸易的旺季，本地有"三春不如一冬"之说。

（贰）边茶贸易在数量上是有季节性的，基本上是和本区土产内销的季节符合。每年阳历七至九月是运茶的旺季，八至十月是土产汇集康定的旺季，十月以后便开始茶和土产交易的高潮，直到雪封山时才又转入淡季。

千百年来，边茶供不应求。康藏全区每年需茶量可由抗战前边茶贸易此较正常的时期的交易数字来推断；边茶年销50万包（800万斤），滇茶年销五万大包（每大包63斤，共合315万斤），印茶21万斤，合计共1,134万斤。①其中销于本还者有边茶的1/3，即266万斤。印茶全部销售金沙江以西地区，滇茶主要销西藏，少数销康南得荣、乡城等地。

销售本区南部的是下关沱茶，用竹篓装蒲叶包。销往西藏的边茶是紧茶，产于滇南佛海、车里、南峤、景谷、双江、缅宁、顺宁一带，不经康定而由阿墩子输往西藏……

……

边茶贸易的消长决定了康藏和内地贸易的兴衰。一九三九年以前边茶产量高，在康定藏商靠了汉商的茶包去做生意，可说是汉商放账给藏商时期，那时的具体表现是：茶价高，金价低，运佣廉，土产多。一两黄金可换18～20包茶，自雅安到康定的运费是100包茶扣18～

---

① 徐世度："康藏边茶笔述"，中国茶叶公司西康省公司，一九五〇年未刊稿。——原书注

20 包，自康定到拉萨的运费是一驮茶（6 包）扣一包茶。一九三九年后形势转变了，边茶产量减少，品质低落，印茶及洋货倾销，藏商以洋货赊给茶号，向茶号买预茶，可说是藏商放账时期，这时期的具体表现是：茶价低，金价高，洋货多，运资高。一两黄金可换茶五六十包，自康定运一驮茶到拉萨要化二驮茶的运费。一向本区的土产和茶的交流，在这时期变为土产和边茶的萎缩，而外货（特则是英印货）的倾销，从而损害了土产和商业的发展。

打箭炉清末民初商品年进口一览表
（《康定县文史资料选辑》第 1 辑）

本文原名《1909 年至 1912 年打箭炉每年商品年进口一览表》，作者佚名，刊于《康定县文史资料选辑》第 1 辑，中国人民政治协商会议甘孜藏族自治州康定县委员会 1987 年 10 月印行。原表分"关外进口"与"内地进口"两类，所列商品繁多，本书只录边茶部分。

内地进口

名称	进口数量	大致价值	大致总值
边茶	二十二万包	每包平均银三两	六十六万两

以上共值银二百零六万两，每年出超五万两左右。
以上是宣统三年年终估计数，不太准确，但出入不大。

边茶的交易（《西康边茶简介》）

谢明亮、郭建藩所著，原刊于《四川文史资料选辑》第 8 辑，因文所言皆为西康边茶旧事，本文摘录其第二节《边茶的特点》。

边茶在康定销售，无论汉、藏商人，对之都非常珍视。茶包在关外几乎等于货币，可以论甑、论包，交换其他物品。销量方面，总的情况是供不应求，生产量不敷消费量，因此形成以产定销。

销售方法，须通过一种中间经纪人，就是康定特有的形式"锅庄"。"锅庄"的性质，类似行栈而又有不同。"锅庄"主人介绍藏商向茶号及其他商家买卖茶货，抽取藏商的佣金 4%。"锅庄"主人精通汉、藏语言，熟悉双方情况，暗地可以操纵。因此茶号老板对"锅庄"主人，无不进行巴结或拉拢，有的还在"锅庄"上门，或姘上"锅庄"女主人，借此在销售上获取便宜。在 1937 年以前，藏商向茶号购买茶包，主要是用黄金白银，如系货品，须先行出售，换得金银，再与茶号交易，有时茶号还要放账给茶商，经常放前账，收后账，称为"夷账"，一般三平、五平至二三十平（每平合银 50 两），甚至有高达百平以上者。抗战以后，康藏土特产外销困难，加以藏商运来大批英印货品，准于马上推销，有时不能不将货赊给茶号，向茶号购买"预茶"。情况就变为藏商反而放账给茶号，茶号也变为兼营康藏土特产和英印货品的百货商。这也是销售方面的巨大变化。

边茶经营的竞争是非常复杂的，业务上有竞争，区域上有竞争，茶帮之间有竞争，民族资本与官僚资本有竞争。每年茶会期间（即收购原料期间）各茶号抢购茶叶互不相让，明争暗夺，形同作战，茶市一起，彼此在价格上，水分上，称斤上，各显手段，各家的经理、长柜、二柜，都互相过从，暗中窥察别人的情况，策划如何对付自己的基本茶贩。在制造方面，虽大体相同，但从中取巧，各茶号自也有花样，在主要的原料之外，有的加入"河茶"（即川南一带的茶叶），有的加入"红茶"（虫屎茶），有的渗入碾碎的茶果，彼此严守秘密，不肯公开。在行业内部，有陕帮与川帮的竞争。陕帮牌号较老，其中如"义兴""天兴"等资金雄厚，厂房宽敞，票号上部均在雅安。川帮则包括了雅安、荥经、大全、名山等县的茶商，中间除雅安的"孚和""永昌"，荥经的"荣泰""公兴"，天全的"德泰""福元"等号而外，其余都资金薄弱，生产不多。陕帮向来闭关自守，少与外界往还，他们的职员、学徒，都来自陕西，不用外人，地域观念浓厚，川帮对他们历来就有界限，无论在产、制、运、销方面都各有壁垒，如遇利害关键，更是互不让步，如军阀割据时代，派捐派款，川、陕两帮总是互相攻击。关于边茶公司解体问题，甚至两帮酿成诉讼，纠缠甚久。

行业中封建行会束缚甚为严重。从"天增公"入业的事可以看出。天增公原是陕商中实力雄厚的商号，过去只经营丝、布、金、香等货，后来看中了边茶，意图转入边茶业，但因其资金较大，茶商等惟恐其入业后操纵垄断，受其影响，群起反对，尤以川帮反对更烈，陕帮也畏其实力，暗中使用阻力，以致入业问题，始终不得如愿。后来天增公向雅安驻防军屯垦司令行贿，又向川帮有力分子疏通，入业问题才告解决。

在1930年时，军阀的势力，开始侵入边茶，于是官僚资本与民族资本展开了竞争。军阀势力在收购愿料、发运茶包等方面，可以为所欲为，但在业务上还欠熟练。而茶商在制造上，有丰富的经验，在销市上招牌老，信誉高，悠久的历史，深入藏商脑筋，凭着这些优越条件，新兴的官僚资本，一时尚莫可如何。但民族资本在当时的经营，已是煞费踌躇，而且成岌岌可危的局面。在这种竞争的场合，结果弱肉强食，有些茶号，仍不免予受到淘汰。

边茶的销售（《雅安边茶概况》）

刁车五所著，原刊于《雅安文史资料选辑》第一辑，因文所言皆为西康边茶旧事，本文摘录其第二节《边茶的产、制、销》。

边茶运往康定，主要依靠人力背运，驮运极少。运输路线有大路小路之分：大路指雅安、荥经茶包，由大路出发，经大相岭、飞越岭、泸定到康定，小路指名山、天全的茶包，由小路出发，经马鞍山、泸定到康定。一般都是利用农闲，在阴历八九月这段时间，农民相邀结伙，到茶号承运茶包，大多数为了多挣运费，不顾体力，竟有一次承背二十包的（三百二十斤），往往由于负荷过重，行程中不得不三步两打拐，日行十多华里，加以翻山越岭，途程遥远，茶包一经发出，沿途搁置者居多，致使每年各茶商不得不派人沿途清理，真伤脑筋，但也无可奈何。

边茶在康定与藏商交易，主要是通过"锅庄"（行栈）进行的，这种"锅庄"在极盛时有四十八家之多。锅庄主人均通汉藏语言，他们基本上都是各大喇嘛寺及各土司的利益代表者。茶货互换，都非经他们从中介绍不可。收取"退头"（介绍费），一般是成交额的百分之五，故锅庄收入历来是很可观的，当然这些居间剥削，必然又转嫁到广大消费者身上。

雅安边茶的销售（《雅安边茶的经营管理、制造和销售》）

雅安市民建、工商联所著，原刊于《雅安文史资料选辑》第二辑，因文所言皆为西康边茶旧事，本文摘录之。

南路边茶的销售地区在康定，产区没有茶包的交易。边茶茶包销售季节，冬春是旺季，其余为淡季。早年系以金银硬洋交易，抗日战争以后，物价上涨，渐有以茶易货的，一九四八年以后，普遍均以货易茶，在关外（康定以外的藏族地区）茶包还起到货币的作用，人们论甑、论包交换其他物品。

南路边茶历来供不应求，生产量赶不上消费量，因此形成以产定销。一九一八年——一九二八年时期销售量最高达到过年产五十万包，一九二八年——一九三八年逐年减少，一九三九年——一九四六年，康藏公司时，正常年份不过产三十万包，最低年产量仅有二十万包。销售的方法是，茶号在雅安、荥经、天全、名山等地把茶包制成后运到康定，通过"锅庄"，售与藏商，藏商再销到甘孜、青海、西藏等地。"锅庄"，类似内地的行栈性质，锅庄主人介绍藏商向茶号及其他商家买卖茶包，要抽取藏商百分之四的佣金。锅庄主人能操流利的汉族语，对于计算，对买卖双方都讲信用，但也暗中操纵交易。清末民初，放账（赊销）在茶号中最普遍，茶号放账给藏商，经常放后账收前账，数字也由最低三平、五平银子（每平五十两）放账到高达百平以上。到一九三七年以后，伪币贬值，茶包减少，茶商逐渐停止放账，一九四二年以后，反而形成藏商向茶号定购预茶，打了一个颠倒，这是解放前边茶经营的特点。

边茶的销售价格，早期以银子为标准，每平银子是五十两，合银元七十元。每平银子购金玉茶二十至二十六包左右，但各家的比率不同，如金玉茶在一九三九年以前，"义兴茶号"是二十包，"孚和茶号"是二十二包，"恒泰"、"福元"茶号是二十五包。一经成例，长期不动。

各种边茶销售比率如下：

一平银子=金仓 26—30 包

金玉 20—26 包

金尖 15—17 包

砖茶 13—14 包

芽细 10 包

毛尖 8 包

锅庄——康定的经纪人（《南路边茶的生产和运销》）

王家祐所著，原刊于《雅安文史资料选辑》第七辑，因文所言皆为西康边茶旧事，本文摘录之。

销售茶包，要经过康定的经纪人——"锅庄"老板。

"锅庄"，类似内地的"货栈"。锅庄，据说在明代到藏族商人驮运货物、驱赶牛马到内地参加茶马互市的贸易，路过康定，在两峡谷中搭起帐篷住下过夜，用石头支锅熬茶，故称"锅庄"，取"安锅置灶"之意。以后此地成为进入藏区的口子，必经的要道，是明正土司下属土百户所派人员的驻地，随着汉藏贸易与交往的频繁，茶马互市场西移打箭炉（又称炉城，今四川康定）清代已成为商贸的中心。藏商从关外（指折多山以西藏族聚居区）运来的土特产和黄金、银砖（印度银砖，每块重七百两），同汉商交换茶包、铜铁器、百货、食糖、盐巴等，到康定后住进锅庄，在锅庄内堆放货物、饲养牛马，像内地住"货栈"一样。

清代康熙五年（1666年），清政府设明正长河西鱼通宁远宣慰司（通称"明正土司"）。康熙三十九年（1700年）明正土司衙门由木雅（今康定县塔公、营官、沙德三区旧称）迁到康定，建营寨，修房屋，成为居民聚居点，逐渐形成城市。雍正时期，南路边茶产量销量大增，内地百货和藏区皮毛、土特产交易日盛，锅庄也逐步发展起来，清光绪时已达四十八家。锅庄供藏商住人、歇马、堆放货物，不收食宿费。藏商同茶商交易，由锅庄主人从中引荐，介绍藏商买卖茶包、货物，要抽取藏商买卖货物金额的 2%至 4%的佣金。锅庄主人是女性，精通藏汉语言，熟悉茶号和藏商双方的经营情况，善计算，对买卖双方都讲信誉，并暗中起操纵作用。因此，茶号老板想方设法同锅庄主人拉关系。藏商住某家锅庄比较固定，有的几十年不变。某个藏商同某家茶号交易，由某锅庄主人牵线，从中撮合做成生意，也是几十年不变。1937年以前藏商购买茶包，主要用黄金、白银，若是土特产的毛皮、麝香、鹿茸、虫草、贝母或英印货品都要出售换取黄金、白银后才付茶号茶包的价款。茶商卖茶包给藏商，或藏商以货折款，是以白银为标准。白银讲"平"，一平白银为五十两，按茶包的品种、质量议定每平银子买多少茶包（在藏族地区茶包起货币作用）。锅庄主人从中协助议定茶价后，藏商即付给白银或以银折合土特产在商号提取茶包。若藏商一次付不完茶商的茶包贷款，则由锅庄主人担保，出具藏文欠条，议定交款时间，这时赊销茶包的欠条叫做"夷票"，或"夷账"。夷账要计算利息，到期本利一次付清，一般都能守信誉，但也有多年不还，成了"呆账"的。抗日战争时期，康藏地区的土特产外销困难，英商货物倾销西藏，藏商又将英印货品运到康定销售，换取南路边茶，而边茶生产已衰落，销售量不多，供不应求，于是藏商采取先付款，或以货折款，预订茶包，约定交茶时间，叫做"预茶"。茶号由过去放账给藏商，转变为藏商放账给茶号了。茶号手中有了康藏地区的土特产品和英印百货，也变为兼营其他商的商人了。

南路边茶在康定销售，一般都是批发给藏商，批量多少不等，有的也卖给喇嘛寺。零售商在茶号买茶包，量不大，一次买一平或几平银子的茶，转手零售给藏族人民，从中获取一定的批零差价。在康定城内的零售商约六、七家。解放前藏商中资本最大的是西藏的邦达昌、三多昌、岔绒昌。"三昌"经济实力雄厚,在西藏还干预政事,同大喇嘛关系密切。"三昌"在康藏地区搜集土特产品,从英印商人购进货物,运到康定,一部分用以折银换取茶包,一部分卖给内地来康定的汉商。除"三昌"外,康藏地区的土司、头人、喇嘛寺也做茶包、土特产生意,到康定购买茶包运回去,在庙会上售给农牧民和居民,或农牧民找上门,到土司衙门、营寨、城镇、喇嘛寺购买。农牧民用牛羊、酥油、奶酪或毛皮、药材换茶,茶和土特产没有一定的比价,由买卖双方面议,但多是农牧民吃亏,藏商、喇嘛寺、土司、头人大赚其钱。

　　茶包购到手后,藏商要用牦牛或马驮运到康属各县(现甘孜州),西藏、青海等地销售,路程遥远,为了避免长途运输茶包受损,在康定要加固包装,途中只走五、六天的,用牦牛皮丢在水中浸泡柔和,把牛皮割成块,整包的茶三包重叠起来,用牛皮块交错绷开捆起,再用细牛皮条缝起来,这叫"花包"。一头牦牛或马驮两块,共六包茶。运输路途远的茶包,要将茶砖从原来的篾兜内倒出,两甑(半包)一层,重叠为六层(三包),用牛皮全部包完,再缝好,使之不怕雨淋雪压。牛皮包装的茶呈长方形一大块,然后用小刀在上面虎口上藏文地址和收货人姓名或代号,用红颜料顺刀痕涂满,缝口也要用红颜料涂上,这叫"满包"。一头牦牛驮两大块,共六包。在途中野宿时,一般都选定较为平坦的草地坝霸搭起账篷把每驮茶块卸下,沿帐篷周围堆成围墙,主人在帐篷中住宿、熬茶,牛马放在草坝中去屹草,围墙外有藏狗多条守护,牛马吃草时,藏狗也跟随,防人牵走牦牛或马,牛马吃完草,由主人在围墙周围环绕用铁钉隔丈把钉一个,铁钉上有小铁环,用华毛编的粗绳穿在铁环中固定,牦牛和马均拴前蹄一只。藏商运茶的牦牛或马少则几十匹,多则几百匹,赶牛马的藏民有几人至几十人不等,都骑马,并带有三脚叉的步枪等自卫武器。

丁 交通运输

雅州府至打箭炉之交通（《西藏志》）

陈观得（1861—1935 年），又名陈钟信，四川成都人。清光绪八年（1882 年）中举人，光绪十一年（1885 年）拔贡，十五年（1889 年）参加会试中进士，殿试后选入翰林院授庶吉士，曾任顺天府府承，辛亥革命后，陈观得返回四川。陈观得熟稳史、地文献，工于书法，亦雅好金石书画，珍藏甚多，有《敏求斋遗书》等著作传世。1925 年，四川军务督理杨森在成都设立"四川通志局"，编修《四川通志》，宋育仁被聘为总裁，宋延聘陈观得参与编修事。期间，陈观得编修的《西藏志》完成了初稿。[①]陈氏后人过录刊行，今有巴蜀书社 1986 年版。

该书涉及茶马古道内容均采录《西藏通览》，故只存目。

康熙以来之川康大道（《川康交通考》）

本文选自任乃强《川康交通考》，原刊于 1932 年 1 月《新亚细亚》3 卷 4 期。今收入《任乃强藏学文集》，中国藏学出版社 2009 年版。

康熙四十年，平定西炉，"四川巡抚能泰奏言：泸河三渡口，高岩夹峙，一水中流，雷靠矢激，不可施舟楫。行人援索悬渡，险莫甚焉。兹偕提督岳升龙榷度形势，距化林营八十余里，山址平坦，地名安乐坝。拟即其处，仿铁索桥规制，建桥以便行旅。诏从所请"（《御制泸定桥碑》）。桥成后，川康商旅，皆渡桥入瓦斯沟，磨西旧道遂废。

冷竹关者，为一大绝峡，向未开路。咱里、烹坝工民赴炉城者，皆自黄草坪、大岗下瓦斯沟，以避绝峡。桥成之初，川康往来，尚取此途。雍乾之间，西藏用兵，转饷运输，深感其陡降不便，始凿冷竹关峡壁为路，平行达瓦斯沟。又其后累经官府铲高垫平，削岩加宽，通引水道，架筑桥梁，使此路益臻完善，行旅趋之，如水赴谷。于是泸定桥头，市场勃兴。设巡检，设税关，以至于建设县治。而岩州、亢州、察道、沈村、磨西诸市场，相继冷落。化林坪、冷碛、咱里、烹坝诸市，又起而代之矣。

此路，由雅州出凉关，经紫石里，观音铺，逾麂子冈，出麻柳湾，入荥经平原，又自黄泥堡登大峒岭之北坡。其间曰二台子、曰小关、曰大关、曰板房，一带道路，尚温暖平易。

[①] 杨学东：《山县初男〈西藏通览〉对近代西藏方志编纂的影响》，载《西藏研究》2018 年 2 期。

自长老砦以上,旨冰河雪岭,盛夏若冬。其最险处,曰三大湾、曰二个四盘,即王阳返辔之处。虽经二千余年之培修,而艰险如故。草鞋坪为岭道绝顶,海拔2800米,自此下瞰清溪城,如在脚下。南下40里中,坡度全在50度以上。只此一点,即已毫无修路价值。徒以其有二千余年之历史,官府又未曾经营有更佳之新路以代之,人民习惯往来,遂能维持其地位耳。

自清溪(即言黎州,今汉源县治)至富庄、泥头,昔时系由汉源街绕道。使雅炉路线,怡成一锐角形;亦自清代,改由猛虎冈直达富庄,将此锐角尖端消去一部,不能谓非此路进化之一点也。自泥头逾飞越岭(2700米)下化林坪,俗称小山,以其高度较桐岭为小也。然其坡度恰与徊岭相似。旅人之评:以为小山更较大山难行也。自化林坪下达大渡河谷,循河岸至炉城,经历代修葺,成为佳路,已如上言。

此路之吸引力甚伟大,无论达官大贾,负贩苦力,往来雅炉之间者,皆愿绕此锐角,度此险岭而行,虽知他道较为平捷,亦不愿赴,其原因在于:

1. 此路亦经二千余年政府之提倡与修冶,颇为宽阔,即奇险急坡,亦有碎石铺砌,便于舆马往来。

2. 沿途店肆繁密,尖宿俱便,虽大山巅部,亦随处可得食物、饮料与坐息之所。

虽此路必废,亦有数点可以推知:

1. 自雅安至炉各路,以此为最纡远。

2. 海拔400米之雅州河谷,渐升至800米之麂子冈,又下降至500米之荥经河谷。又升至2800米之大相岭,又剧降至1000米之流沙河谷。又升至2700米之飞越岭,又剧降至1000米之大渡河谷,垂直的曲屈太剧。

3. 逾大山三重,不唯奇险,又皆匪窟,历用重兵洗剿,皆无成功,地势使然,非人力所能治也。

背茶包的脚夫(《茶包》)

本文选自周文的散文作品《茶包》,原载于1934年12月《太白》第一卷第6期。周文(1907—1952年),原名何开云,笔名稻玉、何谷天、谷天、周文等,四川荥经人,16岁在西康军阀部队当文书,1932年参加革命,在安徽安庆任左翼文化总同盟安徽分会组织部长,1933年参加中国共产党,曾任"左联"党团成员,并从事创作。曾将苏联著名小说《毁灭》《铁流》改编成通俗本,得到鲁迅的赞许。1937年后其任中华全国文艺界抗敌协会成都分会总务部主任;1939年赴延安,任大众读物社社长,主办《边区群众报》《大众习作》;后任陕甘宁边区政府教育厅厅长、秘书长,晋绥《抗战日报社》社长,《重庆新华日报社》副社长,中共中央晋绥分局秘书长、宣传部部长;中华人民共和国成立后,任中共中央马列学院秘书长;现有《周文全集》四卷行世。

《太白》,现代文艺杂志,半月刊。陈望道主编,1934年9月20日创刊,1935年9月5日停刊,共出2卷24期,上海生活书店发行。

……这些地方自然也有人家,就住在那些斜谷的尽头,和高峰的山脚。五六间不大整齐的草房,顺着路边立着。房上的稻草被牛年堆集的雪花压成了烧焦似的枯黑。山风吹过去,就可以听见那些稻草嘶嘶地像低泣的声音,房门口都照样地摆着一张长长的脏而旧的条桌和两条不整齐的长凳。一两个扎着围腰布的红线眼皮的女人就在那儿应酬着她们的顾客。听见斜谷转弯的那边有着拐子跺在石上清脆的声音,她们萎缩地围在柴火旁边就知道她们又有顾客来了。这些顾客就是背茶包的脚夫。那茶包一块有八尺长,用篾篓装成,好像是一条挺长的扁圆枕头,一条大约有十五斤。那些粗壮胳膊的汉子,一气是可以背十五六条之多的。他们把那茶包一条叠一条地扎好背在背上,就像背一个顶大的方桌面子似的,从腰起离头三四尺高,那宽度在他背着的两旁还可以遮着两个人。然而走十来步却要休息半天。十几个人结着伴,一串串地在半崖的羊肠小路上扫着上面垂下来的树叶一步一步的走着。他们休息,全凭一根拐子,这东西,恰有屁股那么高,是圆滚滚的一根木棒,接近屁股的一头有一个五寸来长的横木。大家在树叶下沙沙地走了一会儿,便把拐子在石边一立,让拐子下端的尖铁块插稳在石和石的中间,屁股就原地不动的,靠到横木上。然后用竹圈子刮着脸上的汗珠,嘘出一口哨音,那哨音使对崖树梢的麻雀们也吃惊地乱飞起来,他们于是休息了。这茶包是专销给康藏土人的。他们拿这茶叶去熬酥油充饥,是他们食品中的重要部分。这些脚夫们就这么一年到头无休无歇地从古旧城里的商家背出来,爬过山去,运到打箭炉,他们在脚店里把茶包一搁,茶商的伙计们跑来点收清楚,在轻蔑的眼光下接着够回家的脚钱,他们就又啃着玉蜀黍的大馍,跑回那个古旧的城市,在老板那儿又捆扎十几包起来,又到这悬崖的半腰一步挨一步的流汗前进。望着那一重又一重走不完的高山,望着那沉重云头的死灰色的天际,那天际呵,真遥远得很呢。太阳从崖这边爬到崖那边,灰黄色的光线在它们的瘦脸上仅仅是一会儿很快就掠过去了,不见了。它们张着那呆滞的网满红丝的眼睛,呆板地叹息地想着:"啊,又是一天了!"当他们站在路上休息的时候,那永远伴着他们的那根拐子,拄在那石级上发出的清脆声音,就好像安慰他们一下似的。他们这里面,有很多自然是乡里种田的,然而有些却是无田可种挤到这山里斜谷来住家的汉子。他们把自己的红眼眶的女人留在家里卖点小菜之类,他们就这么一回一回地往返地背茶包……

雅州府至打箭炉之交通(《西藏纪要》)

《西藏纪要》1930年蒙藏委员会编译室印行。编辑署名为尹扶一、杨耀卿,但书中两序中却只言为"伊君扶一所著"与"伊君扶一所编"。

尹扶一(1881—1941年),字仲雅,湖北恩施人,官宦世家出身。1904年考取官费留学日本。1937年后投靠侵华日军,为世人所唾弃,后自杀身亡。杨耀卿(1877—1954年),字德炎,湖北利川县城东门人,社会贤达人士。是民国时期利川有名的"三老"之一。幼年考中秀才,后就读于两湖师范学堂,再后留学日本,宣统二年(1910年)毕业于日本政法大学。其通晓文史,擅长书法,杨一生廉洁清风,人所景仰,却莫名因《西藏纪要》一书与尹拉上瓜葛,实为可惜。

《西藏纪要》的材料主要来自《西藏通览》，原本抄录，却不提及参考之书目与出处，此行殊为可耻。因该书涉及茶马古道内容均采录《西藏通览》，故只存目。

运货全靠背子（《西康行记》）

徐益棠（1896—1953年），浙江崇德县（今浙江省桐乡市崇福镇）人，金陵大学著名教授，中国最早发起边疆研究的著名学者和中国民族学会的创始人，中国当代民族学家。1938年夏天，在西康省政府的资助下，刘国钧组织了西康社会考察团。考察团由徐益棠、柯象峰和两位学生组成。他们从成都乘汽车经双流、新津、名山等地到雅安，换乘滑杆经汉源、泸定，由泸定桥跨过大渡河，最后到达当时的西康首府康定。此次考察徐所作《西康行记》，连载于1940年《西南边疆》第八期至第九期。《西南边疆》原由昆明西南边疆月刊社出版，第13期起出版地改为成都，14期起由中国民族学会成都西南边疆研究社主编。

本文摘自1940年《西南边疆》第八期，为《西康行记》上部。

雅安为一山麓之商场，至现在为止，近代交通工具之汽车至此为终点。故平原之输入品，山地之输出品，均集中于此。自此以西，运输工具，全赖苦力，载客则用滑竿，运货则用背子。……

十二日晴。沿途风景极佳，青溪两岸，老木万草。河田水田不少，均已收获。途中背运煤、铁、盐、茶，人生必需品者甚多。

茶叶运输方法及运费（《西康进出口贸易》）

本文摘自《进出口货物之运输方法及运费》一节。

本省位崇山峻岭之高原，悬岩邃谷之阻隔，交通梗塞，运输困难，货物搬移，既感艰钜，尤患费时。现时境内无铁路之新式运输工具，公路仅川康公路一条将通康定，而对行旅裨益不少，对货物之运输，以人力、畜力为主，人力有背负及肩担之别。康道每羊肠曲径，肩担多阻，因以背负为多，畜力皆系驮运。尤以康属海拔过高，人行呼吸维艰，货物运输完全赖牲畜驮运，以牛驮居多数，骡马驮运较少。

关外运送货物费时颇久，而牛马行进，又无秩序，故货物包装为关外运输上重要事项，包装皆用牛皮，有"蛮包"、"花包"之分。"蛮包"系择牛皮之坚者，供远途运输之用，每包重约廿斤（天秤）上下，费在三元左右；"花包"所用牛皮较次，每包费约一元五角，"花包"系销近距离货物用之，"蛮包"、"花包"皆六包为一驮。关内运输货物之包装，多用竹编为篮，篮内附纸，内盛以货物，包之大小不定，大者达百斤，如运煤之包，每包费在一元五角上下；小者仅十六斤，如茶包是，每包费约一元二角。至运费一项，因货物种类不同，运费亦异。普通之货物质粗而经风雨侵蚀不易损坏者，运费较低，质细易毁之货物，运费最贵。

出口茶之运输，天全至康定行约十六、七天，人背每包（十六斤）运费前为一元五角，现（廿八年五月）为二元；雅安至康定人行约二十天，马行九天，每包人背或马驮运费前为一元九角，现为二元三角；荥经至康定人行十八、九天，马行八天，运费前为一元六角，现为二元一角。康定至拉萨马驮行约八个月，每驮（百二十斤）运费前为藏洋六十七元（合法币折半），现约百元；德格、昌都、甘孜、丹巴、道孚、炉霍、理化、玉树等地，皆用牛马驮运，康定至上述各地，行程不同，运费亦异，德格行约月余，每驮运费前为藏洋二十元，现三十四、五元；昌都行约三个月，前为藏洋四十元上下，现为五十元左右；玉树行约二个月半，运费同昌都；丹巴行半月，运费前为藏洋十元左右，现十四、五元；道孚行程十天，前运费藏洋七元八，现十一、二元；炉霍行程亦半月，而运费前为藏洋十六、七元，现为二十元；甘孜行程在二十四、五天之间，运费前为藏洋十七、八元，现约二十四、五元；理化行程两个月，运费前为藏洋十二、三元，现约十六、七元。

茶业运输耗费时间，由于习惯上，关内人背，皆逾量负荷，日行二三十华里即休息，据云：如少背行运，仍得运费，□不继维持途中缮宿费用；关外牛马驮运，则皆随走随牧，因而耗时独多。

悲惨至极的运茶者（《彝人首领》）

本文为顾彼得从瓦斯沟至康定途中所见运茶背夫的情况。

这个孤零零的小村子好像置于漏斗之中，令人感到阴森恐怖，来自打箭炉的打折多河在此汇入雄伟的大渡河，大渡河对岸的山脉如一道垂直矗立的屏障，有一条路从江边直插山巅，人们告诉我，那是到汉地的另一条"大路"，而且是条捷径，运茶的脚夫喜欢走那条路，但对普通的旅行者来说，那条路实在是太陡了，瓦斯沟土地很少，在河石中间凡是能耕种的地方都种上了果树和蔬菜，西藏寒冷的冬天影响不到这个地方来，所以农作物都能在此生长。

村子的背后正对着一条与外界隔绝的峡谷，这条峡谷像一条阴森怪异的通道，抬头望去只有一线蓝蓝的天空。翌日清晨我们向这条峡谷进发，这里距打箭炉并不远，仅20英里，但是一直都是上坡的石径，一路很少涉过的汹涌的急流，路也越来越宽，但峡谷中狂野的急流令我惊叹不已，急流咆哮的声音在峡谷绝壁间回响，而且变得越来越大，震耳欲聋，人们大声吼叫却什么也听不到，奔腾的河水似垂落的飞瀑，拍打着岩石并发出巨大的轰鸣声，可谓是惊天动地，飞溅的浪花腾空而起似雨滴一样扑面而来。在有些地方，小的峡谷将石壁一分为二，从剖开来的这条裂缝中可以看到雄伟的雪峰直插云天。在沿途的悬崖上有许多小块的平地可以停歇，这些地方一般都有几间破烂的村舍，几棵果树围绕其间。路上的运茶者络绎不绝，他们一个跟着一个，像一条长蛇阵一样。这些人都是来自四川的苦力，他们把茶砖从雅安运到打箭炉，雅安的茶砖是用汽车从产茶的四川中部运来的。茶叶自古以来便是汉地向藏区输出的最大宗的货物，因为藏人喜爱饮用汉地的茶叶。连枝带叶的粗茶和被压成碗状的茶坨被放入长方形的柳条箱中，柳条箱又一个个高高地垒起来放在木制的背架上，背架在背茶脚夫的头上微微向前弯曲。这些可怜的人按负荷的重量收取报酬，所以他们有时背重达180斤的一堆柳条箱，他们背货时一般携带一根短粗的手杖，顶端是铁的，手柄是十字形的。由于他们背负的货物很重，高山上空气又十分稀薄，所以他们每走几分钟就要停下来歇息，把货物靠在相邻的岩石上或是放在专门为停歇而堆好的石块上。他们一步一步挣扎着往前走，拐杖也随着步伐嗒嗒作响，插入地上的拐杖起着平衡的作用。他们十分可怜，褴褛的衣服遮不住身体，焦黄的面孔有些发青，茫然无神的眼睛和消瘦的身躯好像行尸走肉一般。做这种没完没了的工作，他们的动力完全来源于鸦片烟，没有鸦片烟他们简直没法活下去。他们每到一个正规一点的驿站——肮脏的小吃店便开始用餐，一般是一碗清清的白菜汤或是蔓茎的汤，一点豆腐或是大量的红辣椒，然后退到卧房，躺到脏兮兮的草席上掏出一根烟枪或是借一根烟枪来抽大烟，我常常听到小店里幽暗的房间里连续不断地传出的抽吸声，并伴随着一般甜甜的树脂味。他们悠然自得、忘却一切地躺在那里，羊皮纸一样的脸在黑暗中闪现。如果有月光的话，他们又继续上路，沉闷的脚步声在寂静的空气中上下回响，不管阴雨绵绵还是阳光灿烂，风霜雪冻，成百上千的背茶者就这样日复一日；年复一年地来往于雅安和打箭炉之间。当死亡来临之时，他们只是往路边一躺；然后悲惨地死去，没有人会关心他们的死活，这样的事周而复始，没有人会因此而掉泪。由于过度的疲劳，他们在休息时已经累得说不出话来，沿途的一切景物对于他们来说都毫无兴趣，他们像机器人一样机械地拖着步伐从一块石板迈向另外一块石块，他们仿佛是异类，你无法安慰或是帮助他们，他们似乎已经脱离了人类的情感，比骡子和马匹还更加沉默。当背负着重重的货物行走时，他们唯一能发出的声音便是粗重的呼吸声。在打箭炉的那段日子里，这种悲惨至极的景象一直萦绕着我，使我感到了无比的悲哀和不可言说的无能为力。

除了这些职业的运茶者外，路上还有许多农民，这些男男女女背着各种各样的东西返回打箭炉之外荒凉的高原上。他们把蔬菜和水果放在篮子里来挑运，猪则用一根杆子扛起来或是稳妥地放在妇女背上的背篓里，这样就只看得见猪的鼻子和小眼睛。他们担运的货物有小鸡、火腿、大块的腌猪肉，还有火柴、锥形的红糖，另外就是要在这个省城出售的其他商品。路上还挤满了马匹与骡子，在被不知多少代人和动物的脚磨得光溜溜的石级上，骡马们在艰难地行进着。

运茶的驮脚娃（《西康图经·民俗篇》）

《西康图经·民俗篇》1934年在南京由新亚细亚学会出版科印行，今西藏藏文古籍出版社2000年再版。本文选自第二章《职业》。

牧民之饶于资财，富有牲畜者，多兼营运输业：包运各商家、喇嘛寺茶驮货物，或包揽官府乌拉。其料理牲畜运行者曰驮脚娃。大道沿线各牧场，适于此种营业；多有连合数家，各以过剩牛马，集为驮群，以营此业者。

驮运路线，为南北二道。通常自打箭炉驮茶至里塘、巴塘、乍丫、昌都、道孚、炉霍、甘孜、德格、界谷（玉树）、拉萨等处，复自各处驮运药材藏货回打箭炉。每日只行三四十里，得水草便利处即息。卸货于野，熬茶作食。放散牛马，以人守之。待天既暮，牲畜已饱，始呼哨集合，聚以过夜。翌晨，仍放畜吃革，饱而后行。故虽转运万里，牲畜不疲。盖亦游牧之变象也。

驮脚娃习惯路宿，不携账幕，能卧积雪中，须发冰凝，视如无事。高原多北风，能推动砂石；驮脚娃临息，叠其货驮如长墙以御之，便可无苦。惟独畏雨，然边地只五六月为雨季，雨季即息业。故关外驮运。以冬为盛。夏季殆绝迹也。

康定陆路之交通（《西康交通概要》）

《西康交通概要》为1934年秋"边疆教育实业考察团"考察报告，主要内容为考察团在考察后编成的区内各城镇或居民点路距里程表，编入《边疆教育实业考察团西康组丙种报告书》，1935中由国民党中央政治学校附设蒙藏学校出版。

康境交通均为陆路，以康定为史心点，由东经泸定可入四川，由西经太昭可入西藏，由南经盐井可入云南，由北经石渠可入青海；由康定往东者，由康定之康定门（东门）谓之入关；往西南两路者，出康定之永安门（南门），往北路者出康定之拱极门（北门），均称之"出关"。交通工具全系牛马，牛即牦牛，马即"蛮马"，（内地马匹不惯寒冷，多中途而死，故须土产之马），俗称"乌拉"。若系公务来往，乌拉一头每日仅给官□藏洋半元（合大洋一角余），□□者称为"当差"。若系商旅，每日租费约为藏洋一元（合大洋两角余），乌拉主人俗称"乌拉娃"，一逼当差，或应商旅之□，则□行□管理乌拉及看守货件之责。

边茶之运输（《四川邛名雅荥四县茶业调查报告》）

边茶之压制及特别包装乃所以便利运搬，盖由雅、荥各县至康定沿途多高山峻岭，货物不能肩挑只有背负，上述之茶包最适于特制之背架，翻山越岭、攀援崖壁极便。

包茶背走以古历腊月为最忙运忙时，各处背夫皆至揽头（即背夫之介绍人）处开具保条，每人缴纳手续费一角（前每包茶缴二百文），然后持条至茶店背茶。背子每人可背七八包，每包由雅安至康定运费约一元六角至二元。由康定至拉萨每包运费约七元，由雅安至康定旅程如下：

由雅安——→麻柳场——→黄牛坡——→汉源县——→泥头
　　　　七十里　　　四十里　　　八十里　　　七十里

雅安背夫仅至泥头，泥头有转发店，再在营地雇夫背至打箭炉，计由雅至泥头一八〇里，日行二三十里，共需六七天，遇雨则更久。回雅则仅需天许，背负之重以及山路之崎岖由此可见。背夫每月需食宿费三角五分。在雅安起行先拨发背费之半称曰"上脚"，至泥驿交茶时再清"下脚"。

背夫有时为减轻重量于途中放弃一部分或全部茶叶，从前途中派有人负责保护茶远，督促交茶。现在全由茶商自负其责，"揽头"亦不负任何实际责任。去年冬季曾发生此弊，故如何避免运输途中之舞弊，亦一重大问题也。

由泥头至打箭炉之旅程如下：

泥头——飞越岭——花林坪——冷街——泸定——瓦斯沟——康定
　　　共六十里　二十里　四十里　　共一百二十里

其详细路线及沿途险岭情形，《西藏通览》有如下之记载："由雅州出门南口上严道山，过灵官堂下凉水井至观音铺上飞龙阁，下山至煎茶坪，共六十里至麻柳湾高桥关，过大庙至七纵河至荥经，从山脚下顺坝过土地桥而上山曰'古城'，孟获之旧城，武侯曾穿穴入城擒获于此，形势尚存而城中所出之穴，已成一塘，不时出雾飞雨，故名为'古城烟雨'，（其地产黄茶，又有太湖茶，观音茶亦纳贡之品）。四十里过六角坝、两地铺至沟口站，顺沟而进，过大渡桥、芭房、安乐坝、黄泥铺，至小关山共七十里（在山豁之内，晴明日少阴雨日多，迷雾霏霏，疑非阳境），沿沟直上约十里曰'大关山'，又曰'九□坡'，过江不远复沿沟而上即丞相岭，（原曰'功粿山'，其山冬春雪凌甚大，路冷滑而此不良曲折盘旋，直插云霄）下山则名'象鼻子'有二十四盘，过洋卷门有两路：一至牛屎花椒坡；一至清溪县总计七十里。出北门下坡过沟上山，顺塘至富庄至泥头汛共七十里。顺沟而进过老君剑，路崎岖（猓猓即羌人住处）三十里至林口顺沟而进上坡过泥头道桥有边卡，过桥由沟不远上飞越岭（甚险岭），过相岭（其地终年有积雪、飞霜），至顶过隘即下山，无留足地，至化林坪即泰宁营共十里。下山二十里过龙坝铺越右则为沈村（土司住牧之处），由左边、小江、冷碛共三十里至冷碛土司住牧之处。五十里至泸定桥（地稍温暖，河名'泸河'，向无桥梁，开打箭炉之后，始建铁索曰'泸定桥'），过桥十里曰'咱里'（土司），二十里为大烹桥，小坡上下约有十里曰'冷竹关'，山甚陡险，曲折而上，约十里曰'黄草坡'，下即□花扁，（其路窄险），峭壁之上以木石培砌偏桥，偶一失足，则形影俱失，由此有二道：一行十里至头道水，此旧路已颓；一行由冷足关对岸之新道沿山岸而行，临峻岭江约二十里至头道水，高崖峡峙，一水中流，店房、铺户，半在山麓，自此以往杨柳夹道，深坑掩映，经七十里而至打箭炉（康定）。（相传武侯于此造箭），由打箭炉至拉萨共经一百零余驿站，计四千九百四十六里，需时三月至四月。"[①]

茶叶运至康定，由康定至西康内地及西藏之运输则改用犛牛[②]，土名曰"乌拉"。并须将茶包改装，解去蒻笼装入牛皮，远距离牛皮将茶完全封装，缝闭；短距离可不完全缝闭。每牛可载八包至十包。康藏之使用犛牛驮运与蒙人之使用骆驼同。为不可缺之兽畜，其质虽稍强悍，然能负重耐劳，毛色黎黑，周身蒙被长毛，宛若篸状。

---

① 此处引《西藏通览》与原文有出入，原文可参见本书第一章。
② 犛牛：杂色牛也，此处指代牦牛。

茶叶包（《入康记》）

《入康记》作者段公爽，该书为西康国民日报社丛书之一，1941 年由该报社出版。为作者康定地区考察游记，计有《雨中别山城》《两种成都人》《雅安一月记》《茶叶包》《风的故事》《康定拾零》等 20 篇。

段公爽（1906—1973 年），曾用名段森林，湖南省城步县和平乡（今湖南省邵阳市城步苗族自治县）人。1928 年考入《南京日报》做练习生，先后在《南京日报》《中山日报》《新京日报》等多家报社任职，1955 年曾任湖南省人民委员会参事室参事。

本文选自第十三《茶叶包》。

由汉源到宜东，计程七十五里。这一天因为滑竿夫的逃亡，心里颇为懊恼，所以拿在手中，准备坐在滑竿上看的书，一个字也没有看进去。然而也因此使我对于路上景物，得以多多地接触。而最引起我的注意者，就迫由雅运康的茶叶包，现在我就趁这个机会把雅康道上的茶叶包给读者介绍一下，并顺便说说西康的茶业。假如我写一部《入康记》而没有说到茶叶包，那算是白费笔墨！而茶叶包虽则从雅安到康定，随处都可碰到，所以随时都可以说，然而又以插在此地为最适宜。事实上，也以由汉源到宜东这一天我特别碰得多，也特别引起我的注意。

茶叶为康省①对藏贸易的惟一输出品。计每年运藏茶叶，政府规定共十一万引，每引配茶五包，每包自十六斤至二十斤不等。平均每包以十八斤计算，则康省茶叶对藏输出，每年可达一千万斤。每斤价值，平均以三元五角计算，则康省对藏茶叶的贸易额，年达法币三千五百万元，这不能不说是康人一笔巨大的"准外汇"——自然，这是一个书呆子的算法，实际的情形，据说康茶运抵拉萨后，每包售藏银一百六十两，约法币一百六十元。由康定出关的茶叶，能够运到拉萨一带者，大约二十万包，其余则分运巴安、德格及青海等处。然而光是运往昌都、拉萨这一带的二十万包，照现价计算，这笔"准外汇"，已经三千二百万了！倘连其余的三十万包合计起来，五千万决不是一个夸大的数目。在地瘠民贫的西康，却能在茶业方面□拥这大的力量，上帝也真是没有忘记西康了。

然而，西康人过去在茶业方面取得的利益固然不少，但其中却也潜伏着一个很大的危机，这就是印茶的竞争。从印度到西藏，交通方便，运输上占了许多便宜，因之价格也就低廉了许多。近年来，印茶在西藏也渐渐取得地位了，加之我国的商人，特别是兼营制造、贩卖的农村小工商业家，没有国际商业的知识，常常为一点小便宜所驱使，于制造茶叶时，掺杂些树叶进去，致使品质日劣。印茶恰恰从这个罅隙里，猛烈进攻。就现在而言，我们的壁垒，尚没有被攻破，这是因为印度天气炎热，茶性干燥，不合西藏人的胃口。而康茶清凉，足可导糌粑之消化。但印度现在竭力讲究制造，倘茶性一旦改良，是针对我国茶叶的一个大劲敌。所以我们如不积极起而抵制，不仅康人在经济上有受打击之虞，即汉藏两族的兄弟关系，也颇有被剥弱的可能。这不能不说是一个极其重大的问题了。

---

① 康省即为"西康省"之简称。

对于康藏茶业的情形,既已明暸了一个大概,那末,我们再倒转来叙述在旅途上所见的茶叶包罢。

由康省输藏的茶叶,限于雅安、天全、名山、邛崃、荥经等五县所出产。因系行销于边地,故称"边茶",以示有别于销行内地的"腹茶"。其贩卖、制造和运输的中心,历来都在雅安。雅安有制造厂七所,其他产茶县区,各县有二一所不等。茶的制造程序,每一个中国人差不多都知道,这里不用多说,边茶的特色,是每四甑打为一包,装在一种长约三尺、宽约四寸的特制的篾篓里,其形式颇像普通家庭中所用板凳。所谓茶叶包,就是背这些装了茶叶的篾篓而言。茶厂把茶装系好后,即交佚行雇背子背运,普通背子都背十二包左右,妇孺则背二四包或六七包不等,力大者有背至二十包的,每包以十八斤计,则已负重至三百六十斤,最少亦有三百二斤(雅安芽茶每包只十六斤),在飞越岭上,我曾亲眼见过两名这样的"力士"。宜东宿店里的茶房还说有背二十二包的。这样"难能",我们深深地觉得"可苦"。

背子背运茶叶包的方法,亦有可述。他们将其层层叠积,中间用竹篾贯穿起来,外面用篾索扎紧,有承以背架的,有的则在底上扎一根横木。再用两根结实的篾鞭挂在肩上,用背负之而行,手持丁字拐,休息时,持拐棍撑于地上,把茶叶包支托起来,恰好和两只脚配成一个三脚架,虽名之曰"休息",其实不过吁啸一下,换一换气而已。这些背子,因所负满重,故行程甚缓,每日最多走四十里,故由雅入康需至少半月,在生活的鞭子下他们比起大都市的黄包车夫来,恐又将与望尘莫及之感了。

我这次入康,所见的"洋洋大观",除了"这山望见那山高"的叠障层峦外,还有两种,一种是大相岭上的马队;另一就是由汉源到宜东这一天所见的茶叶包:从朝至暮,几乎无处不看见他们。远远望走,茶叶包层层叠叠地扎在他们的背上,好像江上的帆篷,片片西去。本来由雅入康的茶叶,根据前面的诂计,年约五十五万包,平均每人背负十包,是需背子五万五千人。现在正当新茶上市,又适值农暇季节,且风和日暖,无怪茶叶包罗列成行、滔滔皆是了。

边茶运输贷款(《西康经济季刊》)

本文选自1946年8月《西康经济季刊》第十三期李先春所著《西康茶业生产合作社业务计划之我见》,该期为《边茶问题特辑》。

本省茶业之边销运输:康茶边销之运输,至为困难。今以由生产地雅安到西藏省会拉萨言,全程为五千余华里,皆为原始交通,其运输方式,由雅安到康定五百余里,由人加背负,每一壮年背夫,能背茶包十二包,日行三十华里到四十华里,半月始能到康定,由康定到拉萨,四千九百余里,则由犛牛运输,其行速更缓,为所经之路,较雅安到康定更为困难,多半崇山峻岭,与崎岖山道,且须经万尺以上之雪山顶,故其到达期,需要十个月以至一年,因此其运费之高超过制茶成本,约在四倍以上,此亦为影响其与印锡茶争取市场,而□失败之重要因素也,因其运输困难,常致产茶无法运出,以达市场,而停滞于茶厂与路途。以雅康段言，于二十九年有数十万包茶，停于茶厂与路途之事，致康定之集散地与消费者，皆发生茶荒，康藏商人焦急，以骡子直接至雅康段间之两路口自运，目前仍有此情形，此亦为影响市场衰弱之一因也。

……

茶业之运输，上文所陈至详，不再冗述，其所需费用浩钜者，因由雅安至拉萨，全程为五千余华里之原始交通，沿途崇山峻岭，崎岖小道，运输困难，达于极点，职是之故，所需运输费用，超过制成品数倍，他如茶包之包装，系以竹筐，人工与原料，所费至为微，尚不足道，只诂计其运输方面所需最小数周转资金之六成贷款，计一亿八千万元。

茶之运输（《西康诡异录》）

本文选自《物产与生产》。

川货之能维持康藏销场，不大退启者，惟茶一种，其茶树产于四川西部各县，嫩叶制细茶，销川境，老叶制砖茶，销康藏，砖茶制造处，全在雅州，茶质粗劣，饮之割喉，番人偏嗜之，非此不生，自宋以来，成为中国操纵西番之法宝，雅州茶商，将茶叶装甑内蒸热烘干，脱甑即成砖形，大小亦似一，或以四砖编一篓，或以六甑，编一篓，篓长如鞭，篾皆粗劣，度能运至打箭炉而已，每篓称为二包，雇人背负，步行至炉城，每人负二三十包，重有至百五十斤者，至炉城，商家雇"甲作娃"用牛皮缝包，分满包、花包两种，满包者系运往西藏之茶，品质较花包者佳，价亦较昂，故用牛皮密包，如闭箱中，始耐长途撞荡也，花包者多系劣茶，销于西康地方，途程较短，故只甩牛皮条泡湿，怪篾篓重叠纲紧而已，其包作长方形，每包十二甑或十六骇，是为半驮，亦曰一双，每二双为一驮，包与驮脚娃用牛马运送，分赴各市场，其半马日行三四十里，见有草可牧之地即息，卸驮放牧，途无宿栈，亦未携有刍秣故也，以此行迟缓，自打箭炉运茶至甘孜，需时半月，运至西藏，需时半年，运脚皆先包定，指定地方交货，不问途史如何运输。

驮脚娃（《西康诡异录》）

本文选自《社会风俗》。

蛮家用他自己的牛马，替人驮运东西的，称为"驮脚娃"，这种职业，大概是牛厂娃做，他们常以其过剩的牛马，三家五家，集中起来，成一大群，去包喇嘛寺或其他大商号的茶货运脚，从打箭炉起，运到关外各码头去，又驮药材到打箭炉来，再运茶回去，他们每天只走三四十里，早晨将牛马放野，约略吃个半饱，招集拢来，驮货前行，刚才过午，便择水草便利的地方息下，放牛马去吃草，拿几人经理牛马，拿几人看守货包，并熬茶作饭，休息到第二天日出才走，所以他的牛马，连走一年半年，并不疲乏，驮脚娃上路，少有带账房的，边地只有五六月才多雨，这几个月,他们不揽生意,其余的十个月,只有下雪,雪落到身上,抖了就是,他们能在泡雪底下睡觉,说比睡在雪面上暖和,所以下雪天气,他们丝毫不怕,至于大风,也不很怕,只须把货包堆叠在当风一面,仿佛一垛大墙,人聚在背风的一面烧茶,吃糌粑,睡觉,毫无不便,驮脚娃是不怕匪劫的,他们牛厂娃,全都和甲霸通声气,或竟都会甚过匪来,所以不怕,因这原因,商帮货物,交与驮脚娃运,比较自己运还更妥当,所以驮脚娃生意很好。

西康茶业之运输(《西康茶业》)

本文选自第七章《西康茶业之运销》。

康茶边销之运输,至为困难。今以由西康雅安到西藏省会拉萨而言,全程为五千余里,皆为原始交通,其运输方法,由雅安到康定五百里,由人力背负,每一壮年茶背大,能背九包到十二包,日行三十里到四十里,半月始能到达,由康定到拉萨四千九百余里,则由□牛运载,其行速更缓,盖以所经,较雅安到康定更为困难,皆为崇山□□,与崎岖之羊肠小道,且有须经万尺以上之雪顶,故其到达期,要十个月以至一年。因此,其运费远过制茶之成本,(依茶公司人言约超四倍以上)故此亦为影响其与印茶等争市场,而遇失败之重要因素也。因其运输困难,常致产茶无法运出,以达市场,而停滞于厂商与路途。以雅属□言,于二十九年有数十万包茶,停于厂商与路途之事。致康定之集散地,与消费的,皆产生茶荒,"蛮商"慌急,驱驮子直接至雅康段之转运站买运之事,此亦为影响市场□□之一因也。其较易运输之雅康段尚如此,康拉段□□可知……

雅康段:雅康段,即为由雅安到康定之一段,此段有两途,即一般所谓大路与小路是也。今分言之:

A 大路:此路是由雅安、荥经、汉源至康定之路,往来行人,较小路为多,亦较好走,但无公路之宽广与平坦,俗所谓:"□板桥"急坡与连续走百数十级之高坡仍是不少。故其运输方法,亦只有用人力与畜力两途而已。惟笔者以为此亦有增进效率之道,即分段、分日、分班运输是也,依现时情状,人力背运,每月仅能走三十五里左右,每人皆由始点到终点,由雅安到康定,约须半月始能到达,人非机器,在连续背负下,其致远力与背负力,自然递减。若分段、分日、分班背运,其效率必增,原仅能背十包者,必能背十一包以上,日行三十五里者,必能行四十里以上,盖以体力较易恢复也。其法,即将雅康全段,分为若干站,日行一站,每班负一站之运输,如甲站到乙站之运输,乙站到丙站之运输是也。如此,不仅效率增大,其背夫亦较易雇到。因当天可到,次日即回,当□状丁,皆可以利用隙时为之也。畜力运输,亦复如此,其效率当可大增。至于站之距离,可的情形定之。每站视情形,用少数人负责,则所费□几,收效则大矣。此似而不失为现情势下之一改进方法。

B 小路:此路是雅安□天全□泸定到康定之路也。此路之原路,颇不易走,往来客人亦较少,但现则已有公路,惟路基大坏,时出事情,尤其二郎山一段,不易行走,故目前尚未能通车，汽车运输，只限于雅安至天全之一段，其余则板车与骡车皆可以行之。此效率较之人畜力易见也。同时，亦可以如上述之大路之分段、分日、分班办法，以增进之。

西康的商道（《西康通志工商志》）

本文摘自四川省地方志工作办公室校，方志出版社2016年12月出版的《西康通志稿》上卷《西康通志工商志》第二章《商业》。

交通与商业关系至密。本省交通路线除东西干线之川康公路外，其他康滇国道及康泰公路，均在从事筹备之中。对于商业尚无影响。故本省商运仍以牲畜为主。本省山路崎岖，尤非牛马运输难期安全。即公路已通之各地，亦因现代交通设备未通，难于满足商业上之需要，故驮运仍为辅助之重要工具。故驮道之在西康尚将在若干年中，居于商运上重要之地位。即将来各交通主线一一建成以后，康省因牲畜丰富之故，其本省商运之次要之交通线，仍将难舍驮运莫属。故驮道在西康商业上，仍将保持其重要之地位。

其所有之交通主要干道如下：

（一）雅康公路线

此为自雅安迄康定之一东西主要干线。亦为川康商运之枢纽。但自抗战以来，因液体燃料缺乏，仍以牲畜运输补救，曾用一百辆牲畜车，从事运输。

（二）雅宁驮道线

此为由雅安经荥经，汉源，越巂，而达西昌，更延至会理之驮道线。此线为宁雅两属商货运输之主道。因地势之限制，公路建筑尚难实现，故此线之重要性，尚可保持相当悠久。

（三）泰甘驮道

泰宁为关外北道之重要交通点。由泰宁到甘孜，为北道驮运之主要干线。经道孚、炉霍并可使青海、西藏货物由其转运，故为康省之主要商道之一。

（四）泰丹驮道

由泰宁通丹巴，并吸收大小金川之商货，亦为康定东北之重要驮道之一。

（五）康南驮道

此为由康定经雅江、理化、义敦而达巴安之驮道。为往日关外东西交通之主要商运线。惟横越多数河谷，山路崎岖，运输量殊受限制，未能成为繁荣之商道。

（六）雅瞻甘驮道

此为由雅江经瞻化至甘孜之驮道，为康北之辅运商道，亦为青藏商运支道之一。道沿河谷，不甚艰险。将来易于繁荣。

其余在甘孜理化迤西，以昌都为中心，尚有北达囊谦玉树，西经硕督而达太昭，南由察雅静宁，而达盐井之各主要驮运商道。虽有省际交通之商运价值，但地势高寒，人口稀少，商运难畅。其繁荣当更有待矣。

康定县之关隘（《西康通志交通志》）

关隘

县属万山丛错，河流急湍，道路峡峻，无处不为险隘，如县东之柳杨（前清康熙设立巡查处，今废）申亢，两山夹峙，中有河流房舍，足为县东屏蔽，县南之木居城子，西南之折多山（高海拔四千五百五十公尺）有合站，现已撤毁。

天然要隘，为康定西南屏障，南北大路之咽喉，风雨不常，行人苦之。北之海子山大炮山均属险要之地，足为西南北之藩篱，至于西北之银官寨（营官塞）乃木亚各村必由之路，又雅砻江各要津亦甚险要。

县城东门大卡为监督惩收出入关税。

县城东南之麦地坡、乾沟，位于马鞍山之阴，在昌呷山、钟灵山间，三峰矗耸，上接马鞍山，一径中通蜿蜒而上，坡势急峻，形势雄伟，为康定至天全小路扼要地。

县东瓦斯沟，北行通金汤，南行通泸定，地形上为交通扼要之点。

江嘴、边坝、土炮台三处位于康定之西北，系康定通金汤之要区。

磨盘口：西通道孚、雅江两县，西南至九龙县，系康定通此三县之咽喉。

榆林宫：在康定之南，为南通宁属之海棠西南、九龙两路之隘口。

渡口

中渡：县南二百八十里，清代即每岁冬春搭桥，夏秋以船为渡，为进藏要津。

瓦斯沟：县东六十里，以木船为渡。

桥梁

江嘴桥：在康定东北老金汤道上。

榆林宫桥：位康定之南，在榆林宫附近。

纳东桥：于康定西南折多塘前。

头道桥、二道桥、三道桥、鱼通桥：在康定东北通丹巴道上。

工筑桥（公出桥）：在城南数里，南较场附近。

上桥、中桥、下桥、将军桥：皆在康定城区。

铁泉桥：在城北，跨雅那河，过桥即郭达山脚，有铁泉在焉。

柳杨桥：在县东三十里。

营官寨铁索桥：在县西一百二十里。

鱼通河渡口

鱼通河至色奈以上，水势平稳，以下比较陡急，江嘴、黄荆坪、若及、亢州，均有木船利济行人，然四至十月，浪涛汹涌，船小水急，行者戒焉，江嘴渡者较为拥挤，舟子生活，由全区人民以粮食（莜子、玉蜀黍、小麦等类）一二粑或一粑供给之，过客则以携带物件之轻重多寡索船支，自朝至暮，均可渡也。其余如黄荆坪、若及、亢州等处，无专业化之舟子，殆以渡者仅当地少数居民云。

新都桥：县西一百四十里，东俄洛附近，木桥一处，沿公路一带。
拔桑木桥：县西百九十八里，因公路所建木桥。
玉加隆木桥：县西一百六十里，因公路所建木桥。
折姆冈木桥：县西北二百二十二里，因公路所建木桥。
塔公寺中桥：县西北二百四十四里，因公路所建木桥。
塔公寺下桥：县西北二百四十一里，距塔公寺三里，因公路所建木桥。
塔公寺上桥：县西北二百四十七里，因公路所建木桥。

泸定县之关隘（《西康通志交通志》）

关隘

最要关隘凡三，东有飞越岭，东北有大牙口，北有马鞍山。

飞越岭：天然险隘，为泸定东南咽喉，南为至汉源要道，东经蒲麦地至荥经，地势甚高，在海拔二千八百公左右，飞雨不常。

大牙口：县东北通与天全荥经交界要隘。

马鞍山：在县东北三十里，海拔之高在三千零七十公尺，山路陡陕崎岖，形势扼要，为天全泸定交界要隘。

冷碛：在县东南，蒲麦岭山口通二郎山公路，形势险要。磨西面、松林口、芝麻沱、河口、垮东，为县南通海棠扼要之区。

南门关：县西通玉龙石隘口。

渡口

沃足：在县南大渡河流域，系附近居民私有船支，以渡来往行人。

冷碛：在县南大渡河流域。

沈村：在县南大渡河流域。

船头上渡口：在治北公路线上，汽车必经之点，有大木船二只及小船三两只。

咱里渡：县北大渡河流域，有皮船二只。

烹坝渡：县北大渡河流域。

桥梁

泸定桥：县境有泸定桥，为铁索搭成，长四十八丈，宽一丈，系前清康熙四十五年四月造。奉旨建修铁索桥。

其他

麻花桥、大桥、铁索桥等皆在泸定东部。又通康定与海棠道上之混水沟木桥、金钗花桥、大坝桥、沃足桥、潘沟桥等系川康公路往还之地

沈村桥：在沈村侧（旧为沈边长官土司牧地）。

永济桥：在冷碛侧（旧为冷边长官土司牧地）。

康定县之道路（《康定县图志》）

本文选自《刘赞廷 康区36部图志点校》上册之《康定县图志》。

本县北路，溯东坡河北行，路道平坦，八里二道桥，二十里鱼子石，二十五里至中谷宿，人烟七八家，有热水塘一处，由此逾大炮山。四十里新店子，路绕山麓，荆棘夹道，四十里至顶，高拔海面七千余尺，终年积雪；下坡二十里至滥台站，北通丹巴县，由中谷分道。东北行经大岩沟，六十里大草坝，六十里两河口，六十里至孔玉。由孔玉西北行，经仁娘通丹巴县。北行经英玉，北通懋功县。东行经大白溜，东通金汤县。

其东路，出城沿炉河东下，十里茶园子，十里申坑，十里杨柳，经日地头道水，三十五里至瓦斯沟。东通泸定县，此路平坦，惟两山对峙，浪涛澎湃，声震山谷。

果亲王诗：

危峰峭壁插青天，一线中通鸟道悬。

马过溪头蹄带雪，断岩千尺挂龙泉。

南路，沿水沟南行，路道平坦，三十五里榆林宫，四十里至大岩窝宿，偏坡而上，四十里澳白中，三十里至玉龙石宿，人烟七八家，二十里梭坡，四十里至城子。南通九龙县，为通云南丽江大道，由榆林宫分道东南行，经麻花桥、大石包、八字房，七十里至磨西面。东通泸定县。

其西路，出南门瓷折多山，沿折水偏坡而上，四十里至折多塘宿，转向西行，经二台子四十里至顶，高拔六千八百余尺，人多气喘，遇有风雪可将人闷死，行之极险。盖因空气稀薄，阻之呼吸，牛马亦然。在旧时，凡逾此山者，皆口含甘草、冰糖少许，可助气喘之力，因口中有物所嚼，气能通转，冰糖润口，甘草能解山瘴之毒，行以为常。嗣后，发明以香烟或吕宋烟，遇有风雪，口含一支，可免此患。盖能生炭流、能助呼吸之力也。果亲王之言曰："西出垆关天尽头。"此所谓进藏有五大横断山脉，此其第一关也。

迤道崎岖西复东，峰峦千仞步凌空。

马蹄带雪青云路，万里楼兰一目中。

由此下山，经三倒拐，三十里至提宿，人烟稠密。西行路道平坦，四十里安良坝，经营官寨，五十里至东俄洛宿，居民四十余户。由此偏向西南行，越高日寺山，七十里至卧龙石宿；西通雅江县，由三倒拐分道北行，经滥泥坝复越一岭，九十里至长坝宿，八十里至中谷，北通乾宁县，即为入藏之北道也。现在建有康青公路，东由瓦斯沟经县治，越折多山北行至中谷一段，较以前便之多矣。

泸定县之道路（《泸定县图志》）

本文选自《刘赞廷 康区36部图志点校》上册之《泸定县图志》。

本县北路，出县治北行五里四弯头，十里五里沟，由此逾二郎山。十五里甘沟，五里油通口，五里草鞋坪，五里至马鞍山顶，北通天全县。由四湾头分道，顺河行，五里加庆阿坝五擦道，四十五里岚州，五里九州，北通鱼通。

其东路，东行五里安乐坝，五里瓦窑岗，五里瓦角，五里甘罗寺，十里冷碛，十里隆坝铺，十五里盐水溪，五里化林坪，五里瓦窑坪，十里至飞越岭，东通汉源县。此路由隆坝铺上山，路道崎岖。至化林坪，为古之飞越县，旧制为汉源县，分县置都司一员，率兵镇守，亦名化林营。由此逾飞越岭，左右盘旋，冬则冰雪，夏则泥泞，一危道也。由冷碛分道顺河南行，五里沈村，十五里瓦思沟。由此东南行入山，二十里加郡，三十里得妥，十五里紫雅厂，五里雨洒坪，三十五里至扁罗岗，为通汉源县小路。由隆坝铺分道东北行，十里鱼进沟，二十里呷加沟，左为毛公沟，右为海子山，十五里至蒲麦山顶，东通荥经县。

南路，由县治南行十里上田坝，五里仔牛，十里柳圯坝，二十里扯索，十里咱威，十里奎武，三十五里磨西面，十五里喇嘛寺，六十里雅加埂，为通康定县之捷道。由磨西面分道，顺河南行，十五里垮东，十里至猛虎岗，南通寯县。

其西路，由县治过河沿西行，道路平坦，五里皆水沟，十里咱哩，十里小烹坝，五里沙湾，五里大烹坝，五里回马坪，五里冷竹关，五里仰天窝，十里至瓦斯沟，西通康定县。

交通记事诗（《西康记事诗本事注》）

本文选自1988年西藏人民出版社《西康纪事本事注》（"改正版"），原诗题名《西康归程》。

筇杖芒鞋趁晓晴，瓦斯西转路斜分。喜看水拥千层浪，难得天无一片云。
微冰水面方凝处，红叶枝头欲堕时。行到天都飞玉峡，溅珠如雨沁心脾。
一路涛声挂耳边，群峰对峙管窥天。于今结伴东归去，塞上勾留第四年。
下接碧流上接天，此途应是五丁剷。我行颇具王阳感，河理洋洋未挂帆。
层层落叶路全封，人在千山万涧中。二十四盘盘未已，忽然岭半起天风。
莫讶苔生老树巅，时闻鸟语夕阳边。白云飞向雪工顶，几乘滑竿欲上天。
上山尚在斜阳里，山上霏霏竟不同。最是下山冰路滑，趔趄绝壁夜朦胧。
深溪瀑布飞微雨，断路危桥履薄冰。晨曦落日无由见，卅里阴山路可憎。

民国二十八年秋余自蓉返炉，过瓦斯沟得一二两首，同年冬离康定东返，经康定马鞍山、天全，循川康公路到雅安。马鞍山高二千九百余公尺，自泸定早行，午过盘顶，傍晚上山，时斜阳在松林间，李冰人君为余夫妇留一影，继上则烟云渐起，飞舞头际，日光不可见矣。既达山巅，过容通口，云雨直扑衣袂，峰迴路转，竟至雪霰塞途，山中草树皆银装粉砌，李君生长南洋，睹此大呼叫绝。而寒气逼人，不可稍憩。循雪路下，一步三跌，盖雪水成冰，以致无着足处，时天黑犹摸索半山中。路既跬步难移，腹又辘轳作态，余妻滑跌，幸为道旁树所阻，否则殆矣。无已，倒爬而下，得抵一破屋中住宿，其地名龙胆石。翌日沿溪下行，岩道若断若续，时以独木桥为联系。桥上薄冰，桥下深沟，至今犹有余悸。土人云，马鞍山阴面，终年不见太阳，宜其如是也。

两地转运茶包（《芦山县志》）

1949年前，《芦山县志》有多个版本，即1930年杨廷琚、刘时远编纂的民国十九年版与1943年宋琅、张宗翔、刘天倪编纂的民国三十二年版。本文选自民国三十二年版，为第二册《卷一·风俗》。

每岁农功，无分男女，恒努力于畎亩间。农余暇日，则男子裹粮负茶，由邛崃火井槽及天全两地转运茶包，至打箭炉。

背茶歌（《中国民间文学集成 荥经县资料集》）

本文摘自1986年刊印的《中国民间文学集成 荥经县资料集》，为荥经县民间文学三集成编委会收集的流传于民国时期的民间歌谣。

荥经背茶打箭炉，两月一趟赶路途。
一捆茶包百十斤，磨得穷人脚难伸。
来回一转几百里，翻山越岭把命拼。
只有活人把屋进，一家老小才放心。
背起茶包遇伏天，篾圈刮汗湿垫肩。
拐声十艮声声不断，心焦家里断火烟。
背起茶包翻大山，穿云入雾不见天。
冰雹雷雨陡然变，最怕鞋爪来登翻。
二十四盘三倒拐，个个雪坑在路边。
夜晚歇脚草鞋坪，脚板馍馍梗死人。
"油渣"铺盖搭身上，臭虫虼蚤把人抬
多少人儿挤倒睡，好象死了没人埋。
背茶哥儿不自由，日出背到日落头。
起子贪黑往前走，个个累得汗长流。
流尽血汗无着落，没有欢喜只有愁。
背茶哥儿最耽心，一怕土匪二怕兵。
碰到土匪抢干净，碰到队伍抓壮丁。
九死一生苦难尽，活人抬到死人坑。

附　录

川康大道为"茶路"(《西康省藏族自治州》)

本文摘自原书《(五)交通概况》，原书文中图注与注释因体例原因删去。

由于地形复杂，公路未通，在解放前任何形式的车辆都无法使用。在关内泸定、康定偶有四川去的滑竿，但关外交通工具以牲口为主。凡年在三岁以上八岁以下的大牲口都可供运输之用，据估计区内成年牲口所占备种牲口的比例是：毛牛[①]49%，犏牛48%，黄牛53%，马52%，骡44%，驴27%。由此推算则全区可供驮运的牲口约有牛8万头，马、骡、驴等5万头。

毛牛是本区驮运的主力，其重要性犹如骆驼之于沙漠，重头可负重8~10斤，虽不及骡马，但沿途放青，不需饲料。因此运输成本极低。运输时总是成群结队，少者数头；多者二、三百头，由少数"驮脚娃"骑马在后吹口哨，投石子、挥皮鞭，驱策前进，早发早息，一日数歇，行动迟缓，日行不过三、四十里。藏胞是习惯于长距离旅行的，他们对于距离的观念实际上是时间的意义，自一站至另一站，但称多少天路程而不计实际里数，同样是一天路程，山地的比平地短，这正是反映了这一阶段交通水平的计程方法。夏季草类茂长。毛牛体力充沛，是毛牛驮运的最适当时节，但毛牛习惯于冰雪而不习惯于酷暑，冬季大雪封山时，毛牛能识路避洼，踏雪开道，但在2.500公尺以下的低谷地，气温较高，毛牛生活不适，行动就差劲了。

本区空气稀薄，不利长途步行，藏胞出门二三里便骑马，因此马是主要代步工具。内地来的骡马一过折多由，登上高原楼即感气喘不止，难以利用，因此一切内地和康藏物资的运输必得在康定转手。关外的骡马帮及毛牛队和内地的背夫或骡车在康定交接运输任务，这个转运点的地位助长了康定商业的发展。

土产的狗驴子，体小，但能负重，所负重几及体重的2/3，是仅次于毛牛的运输工具。本区过去铁器缺乏，所有驮运用的牲口都不装铁蹄，乘马亦仅装前蹄铁。

土司和寺庙都自备大批骡马运输商货；中小头人家亦多备有牲口，少者五、六头。多者一、二十头，以承运货物为副业。往往数家结帮旅行，荷枪实弹以保安全，行无宿店，遇农家则叩门投宿，无民舍时则燃火野宿，运货负责，但行动较慢。

所有商业性的驮运，不论是用骡马或毛牛，都是以运茶为主。尤其在自东向西的大道上，

---

① 文中"毛牛"即"牦牛"。

运茶牲日络绎不绝，因此藏人称川康大道为"嘉兰姆"（意为"茶路"）。康藏的"茶路"比中世纪时西北的"丝路"还具有更重要的意义。

边茶的运输（《西康省藏族自治州》）

本文摘自原书《（六）以边茶为中心的商业》。

边茶汇集雅安，然后由人背或牲口驮入康藏。在茶业盛时，背茶是雅属农民主要副业，约有五万个背茶工人往来于雅安、康定间。相熟的工人结成一帮到雅安茶号承运，言明脚费，先付七八成，运到目的地后再付下脚。每人可背轧8—12包，因负荷过重，日行不过三四十里。自雅安至康定走15—20天。每包运费是30斤米，约合康定市上售茶价的1/3，背茶工人在途生活极苦，一路吃玉米饼，又因包装不牢，易遭损失，天雨路滑，背运又往往延误销季。有的茶号在沿途自设转运站，分段雇人运送。

用牲日驮运，每驮背8包（藏人牲口）至10包（汉人牲口），自雅安至康定走11天，代价是100包茶运费取30包。藏人的驮帮因怕关内气候热，秋冬始入关做生意。二郎山以东且可利用各式人力、兽力、车。鸡公车一人推送，装14—18包；板车五人拉送，装120—140包；骡车二头牲口拉1200—180包，运至二郎山脚滥池子改由人背或驮帮驮运越山西去。

边茶运抵康定以后，开始销售到广大的康藏市场。康定的汉人茶商，过去是康定的主要商户，一九三四年时有七八十家，一九三九年后被康藏茶商公司兼并了不少。茶商中以陕帮力量最大（雅安的茶场、茶号很多亦由陕商经营），其次是川帮和康帮。买方主要是专业的藏人贩茶商——邦达昌、桑都昌、大金寺、理塘寺和拉萨三大寺所派遣的采办商。汉商和藏商之间的经纪人是锅庄。过去有少数汉商怕运费高涨，和藏商言明在产区交货：所谓"卖预茶"，亦有少数藏商自遣驮帮到雅安直接批购。

边茶的运输（《西康边茶简介》）

谢明亮、郭建藩所著，原刊于《四川文史资料选辑》第8辑，因文所言皆为西康边茶旧事，本文摘录其第二节《边茶的特点》。

边茶业务，由于引岸制度的限制，必须事先认引立案，获得许可，方能开业经营，称为"部引官商"。生产的成品，不能自由运往内地，指定在打箭炉销售。茶商从收购原料起，经过加工制造，还须自行料理运输，直到销售为止，时间约需一年左右；制茶必须宽大厂房和一定生产设备，因此所需固定和流动资金都相当巨大。因收购原料的季节性关系，只能是一年一度的生产，原料制完后，即行歇顿，解雇工人。每年生产时间，一般仅三个月到半年左右，会计年度则采用跨年，这些都与其他行业不同。至于茶包的种类，也不同于内销腹茶。边茶的制成品分为：毛尖、芽细、砖茶、金尖、金玉、金仓六级。毛尖、芽细、砖茶，每包内容16甑,外套篾斗,重14至16斤;金尖、金玉、金仓每包内容4甑,外套篾斗,重16至20斤,每包重量,各家略有出入。毛尖、芽细等细茶,不只销至藏、卫,而且远销尼泊尔、不丹等邻国。由于成本高,销路较窄,民国初年以后,时有减少,金仓因运费高,售价低,民国十年以后,一般已无人制造,金玉茶早年是大宗,抗日战争以后,边茶品质降低,大多以金玉原料改造金尖,金尖原料改造砖茶。这样一来,金玉茶也就逐渐消失。

制成的茶包,全部运往康定销售,沿途翻山越岭,主要依靠人力背运,运输路线有大路、小路之分。名山、天全、邛崃的茶包由小路发运(经马鞍山、泸定至康定者称为小路),雅安、荥经的茶包多由大路发运,(经大相岭、飞越岭、泸定至康定者称为大路)。因大路途程遥远,均在泥东设站转运。由于交通不便,运输问题,茶商最感烦恼,茶包一经发出,有时被弃置中途,甚至质押在脚店者,茶商每年都要派人沿途清查,名为"清路哥",或称"清板仓",中途搁置的茶包,经常以千计,有时多至万包以上。西康建省以后,沿途脚店,还有更换商标盗卖茶包之事发生,使茶商更感头痛。1941年以后茶商致力于使用骡车,而骡车老板不顾信用。1946年以后利用藏商牦牛驮运,但运费须以茶包交付,亦感运价过高,因此运输问题,是边茶业中难于彻底解决的问题。

南路边茶的运输(《南路边茶的生产和运销》)

《南路边茶的生产和运销》为王家祐所著,原刊于《雅安文史资料选辑》第七辑,因文所言皆为西康边茶旧事,本文摘录之。

南路边茶以雅安为制造中心,加工制成茶包后,清时,运到康定销售。

北宋"茶马互市"设雅安和汉源。南宋开碉门(今天全县西城)。明代茶马互市由雅州碉门西移到泸定县岚安,又移泸定县烹坝。清初再移至打箭炉(今四川甘孜州康定),康定成为南路边茶贸易集散地直至中华人民共和国成立。从雅安到康定,宋时有两条路:大路,经观化飞龙关到荥经县,翻大相岭到汉源县清溪,西行逾飞越岭至泸定县沈村,渡大渡河,翻摩岗岭,径磨西,逾雅加埂,达康定县木雅乡,入康定县城,小路,经飞仙关到天全县始阳,过天全县城至两河口、海予山坪,在泸定昂州(今泸定岚安乡)渡大渡河,到烹坝,过冷竹关,逾大杠岭,进康定城。清代康熙四十四年(1705年),泸定大渡河铁桥建成后,大路,经荥经、翻大相岭、过清溪、走宜东、逾飞越岭,到泸定县城过铁索桥、经烹坝、瓦斯沟入康定城,小路经天全县,过两河口、翻二郎山,在泸定县城过铁索桥,经烹坝,瓦斯沟进入康定县城。民国二十八年(1939年)西康建省后,修了一条从雅安经天全、翻二郎山到泸定,进康定城的公路,仅仅是毛路,桥梁、涵洞都没有建成。所以一直没有通汽车。

雅安、荥经、天全、名山、邛崃的茶号制成的茶包要运往康定销售。全靠雇请人力背运,除少数城市苦力外,都是农民利用夏、冬两季背运,这些人叫做"背夫"、"脚夫"。从雅安背茶到康定不论走大路、小路,途中翻山越岭,道路崎岖,脸道、沟壑比比皆是,路途又遥远,背上十包、十三包，最多的背二十包，重二百、三百多斤，"背夫"用背夹装茶包，备有拐，走累了，拐子一柱，背夹放在拐予上，站着稍息脚，胸前挂一篦条圈，专用于括掉脸上汗水。一天只能走二、三十里路，到达康定要走十五至二十天。茶商在中途高山脚要设站转运，以解决一些脚夫中途生病、因事、走不动，再另找人继续背运。如走大路就在飞越岭下的宜东设站。运茶的脚夫，在途中常常发生病死、冻死、跌下山崖摔死的，也有被土匪脱衣裳、搜去钱粮的，有的因赌博把钱输了没有路费等等原因，把茶包丢在住宿的店子里（称为"脚店"），或付不起食宿费质押在店里。茶号每年要派人沿途搜索丢下的茶包，叫做"清路寄""清板仓""清下脚"。中途脚夫丢下的茶包经常以千计，多的达万包。1939年，脚店中丢下的茶包常常发生被人更换商标、盗卖茶包的事。1942年，川康公路毛路建成后，茶号有的改用雇骡马驮运或请骡车运输，走天全这条新建的公路毛路，但也发生骡马或骡车老板不守信用，借故被匪抢劫，骡马跌下岩等吞食了茶包。1946年有的茶号开始雇请藏族的牦牛驮运，但运费甚高并要用茶包支付，再加上解放前雅安康定无论大路小路经常土匪出没抢劫，道路不靖。因此，茶商运输茶包感到最头痛。

  雅安等五县的茶号在康定都设有分号，专门将运来的茶包出售给藏商，也有极少数售给城内零售商贩。在康定所设的分号，茶号老板派有亲信的人"坐庄"，常住处理茶包销售的事宜，茶号老板每年要亲自去住一段时期。雅安等地设分号坐庄的极盛时期多达八十余家，临近解放由于南路边茶的衰弱，坐庄的只有二十多家了。

戊　民俗文化

贸易多为妇女之业（《西藏风俗记》）

《西藏风俗记》作者李安陆，首刊于《地学杂志》1912年12月第三年第十一、十二期（总第二十九、三十号）。

李安陆（1881—1943年），原名离，字安陆，江西萍乡（今江西省萍乡市）人，1904年补博士弟子员，1908年东渡日本留学，加入中国同盟会。辛亥武昌起义后，归国至北平，组织亚东新闻社，1917年国会恢复后，补入参议院为议员。1929年再赴日本，从事农村经济之研究。1935年任国民政府军事委员会武昌行营参事，并兼任中国农村出版社主任，创刊《农村合作》月报，后任中国农民银行副处长。1943年病逝。

西藏男子概属懦弱，而女子反觉强健，故其劳动胜于男子。普通男子所操之业，此地大抵为妇人，女子之职业，或耕田，或登山采薪，或负重致远，或修缮墙壁，建筑房屋。凡我国男子之所为者，彼中概以女子代之。而男子反仅帮助而已。贸易亦多为妇女之业。且在家，则自危厨、纺织、裁缝以及为老幼之梳装，皆优为之。内外大小之事均为妇女之负担。

西康交易习俗（《西康建省记要》）

本书系根据今重庆图书馆所藏民国时期的刘赞庭油印稿和北京民族文化宫图书馆搜集到的资料编制而成，1960年印制。原成书时间应与刘赞庭《西康建省记》约同。本文摘自《招商》一节。

康藏土产以羊毛、皮革、鹿茸、射（麝）香、药材为大宗，康地产金，悉由打箭炉沿长江出口，销于康藏以川茶、绸缎、钢铁、粮布以及百货，亦由打箭炉输运进藏，而营其业者一为河北人，由京师购诸珊瑚、象牙、玉石雕刻之佛象（像）人物以及金塔、珍珠、玛瑙、念珠、春册、画谱、琉璃珠、鼻烟壶及各种玩艺于拉萨，设庄名曰"古董客"；一为陕西长安、泾阳、鄠县人在此经商。相传唐时候，君集征边，随军营业熟谙边情，嗣后布满全藏。因陕人和谒忠实，货无伪诈，受藏人爱护，皆呼为"老陕"，故此长久，凡此"老陕"年至十七八岁，先至打箭炉学习简便之藏语，能以言者为度，由同乡商等供给货物，定期一年归本，成为贯（惯）例，但此种小贩悉行于乡间，经人介绍以某处为宜，即携货前往，至时择主而居，房□不出分文。盖藏俗买卖出入有主人三份手续费，以致殷勤招待土人，不敢歧视。

"小成都"的锅庄（《边藏风土记》）

查骞，字介庵，怀宁县人（今安徽省安庆市怀宁县），光绪乙巳年（光绪三十一年，1905年）三月，其由川督授任为里塘粮务同知，四月从成都出发赴任。当赵尔丰督办巴塘军务时，查骞曾与往来，有所建议和襄助。但赵尔丰平定巴塘、乡城后，在陈报有功人员中，无他名字，后亦未得赵氏重用。查在里塘两年，病归成都，赋闲十载。丙辰年（民国五年，1916年）阴历九月，查骞随川边财政分厅（后改为财政厅）厅长熊廷权（名种青）至打箭炉，后被任命为邓柯县知事。

1918年，《边藏风土记》稿成并作序，共四卷，此后多年，未印刷出版。今所见初版是依据查骞手稿林超加以校点而成，1991年，中国藏学研究中心出版。

本文摘自查骞所著《边藏风土记》卷一第二节，原书卷一、三、四缺目录，点校者题。本节题为《小成都》，现标题为编者所加。

炉城仅东北南三关门，扼塞险要，无城垣雉堞。城中街市，袤长不及三里，仅上中下三桥及将军桥通行两岸。盖一河中贯也。东北两关门，相距至近，居郭达山、跑马山、子儿坡诸峪。南关为入藏通衢，直接折多山麓。河源西出折多山南海子，合于北流，入鱼通河；北源出雅纳沟大泡，经炉关东北合流，亦入鱼通河。以故城中水势奔腾，雷鸣蛟怒，晨夜使人不安也。

炉之市廛湫隘，屋宇低矮，公廨仓储，神庙寺社，凡汉人建筑，成卑微。供明正土司役者，称锅庄。昔年四十余家，大半夷首蛮酋居之。锅庄特为蛮商及贡使往来设，以故多宏大轩敞。如白氏、杨氏、衷氏诸家，窗棂饰以玻璃，帘幕丽以普（氆）氇，五色陆离，陈设光怪。楼上居客，楼下养驮马、乌拉。……且锅庄多以夷妇为主，经纪商务，传译语言，明习夷汉之情，过于男子。妆束长裙、大发辫横盘额际，圆领蛮靴，……类多青年姣好……锅庄妇女曰"阿家"、曰"纳摩"，女子未字者曰"不母"，服役男妇，金曰"约卜"，曰"小娃"，房主人曰"乃补"。

炉城锅庄，砌石为垣，架木为之，形式如高楼。出关以外则呼蛮屋曰"碉房"、"碉楼"，高有三四级者。

锅庄繁盛，夷女多情，炉城遂有小成都之称。风俗渐趋于奢靡。改流之后，赵大臣首禁夷妇拖辫发、着长裙，易发为髻，长衫齐踵，楚楚汉妆，略异华俗。锅庄头目，亦以改流，脱去土司徭役之贱，升至齐民，富庶蛮家，近今居然世族，握选举权矣。

康人饮茶之类别（《西康问题》）

本文摘自第三部分。

有客必饮，饮料有酒茶水三种。酒均自酿，有大麦酒、高粱酒、南麦酒、玉麦酒、稗子酒、糯米酒、乳酒等类。饮必尽醉。茶则自四川输入，年消费额约三，八〇〇，〇〇〇斤强。种类有毛尖、雨前、红茶、白茶、棒棒茶等种。毛尖、雨前为贵族、绅士、官吏之消费品；红茶、白茶、棒棒茶为一般人消费品；棒棒茶之茶叶，极粗老且多茶枝，味极浓而价又最贱，（民国十一年康定市价每一斤值廿五文），销路极大盛。茶多用有盖有托之四川式茶碗，客至必敬茶频频添开水，直至客去。

饮料以茶为必需（《西康小识》）

饮料以茶酒为必需，茶不事烹泡，煎以大釜，迨达一定之沸度，加酥油及盐，入筒搅之，及其溶和，漉之以器，纳于特制之瓷，热之以佐食，同于饮汤，亦以款客。有一日之间，饮至十里脱者。

饮茶为康、藏人唯一之嗜好（《康藏轺征》）

刘曼卿（1906—1941年），藏名雍金，1906年（清光绪三十二年，藏历第十五饶迥阳火马年）出生于拉萨。母亲是藏族人；父亲刘华轩是汉族人，先后担任清王朝驻藏大臣秘书和九世班禅秘书。刘曼卿1927年7月出使西藏，1930年抵达拉萨，返回后著《康藏轺征》一书，商务印书馆1933年出版，今1998年民族出版社以《国民政府女密使赴藏纪实》一名出版。

康定附近产麦棉茶米药材等物，土地生产力亦大，惜种植不甚得法，每亩收获颇微，茶叶在前清有定制，系由四川专利，关隘设吏稽征之，有敢携茶树种子者罚有差，故康、藏儿无此类植物，然饮茶实为康、藏人惟一之嗜好，几与吃饭相等，不可一目或无，彼等饮量之豪，殊属可惊，平均每日每人吸食十六七碗。予曾以此事询陈先生，此物需要之巨，何以竟至如斯。据称康、藏地居高原，干燥而严寒，常饮此汁，既可解渴，复能增加体温；况其所饮，非徒清水煮叶，实和有奶油、食盐，亦足充饥调胃；且食品类多青稞麦面炒熟研末作糌粑，非用水乳搓之成块，不便入口。所饮数量虽多，若较之内地日恒喝汤啜羹饮茶食果，其量不与之相乘除耶。予闻之不觉哑然。陈先生徐云，川茶因今日税收过高，运输不便，四斤之值（康人称为一甑）自一元至三四元不等，已较前突出数倍，康、藏人惟有忍痛受之耳，且有时以川局之变化，交通梗滞，尽出高量代价，亦无处可市，予等遂戏算康、藏两地每年消耗略七百二十万，以人口总数一千万人均摊之，人日费茶资二分，在内地或认为此渺小之数，康、藏人则负担非轻也。迩者英人欲携此大批利权，竭力在印度培植大批茶树，连年转卖西藏者为数已巨，惟藏人积习成性，非川茶不饮，故英茶销行仍不甚条畅；但恐久而甘之，藏民之骨髓将为之吮吸殆尽，而川省多数茶商亦且为之坐毙，国人其犹不猛省乎。

锅庄见闻录(《康藏轺征》)

据康人传述炉城原为明正土司属地，当极盛时代城中竟有僚属四十八家，即今之四十八家锅庄是也。辖境既广，收入亦富，全康除德格土司外无与伦比。惟德格土司及今尚有僚属馀绪一家名曰"瓦斯郊"，推境中第一富户，现营旅店业务，亦甚兴盛，虽前年会遭焚毁，及今已渐复原状。惟明正土司则窀穸生蛙，宗社为墟，苍狗白云，变幻殊难测也。明正土司辖境原与四川土壤相接，赵督收康时，首先褫职，从此降为平民，益以治生乏术，私产耗尽，卒至于堕落不可收拾。所存孺子二辈，一曰"联科"、一曰"联芳"，后均夭丧，土司末路可见一斑。

康人嗜茶如命(《赴康日记》)

(二十年七月二十八日)康人依茶为生，不可一日离。茶产自邛雅一带，芽尖嫩叶，销往内地，所余丛枝老叶，蒸后压成方砖形，专销康藏。余试饮之，味苦涩甚，毫无茶味，而康人则嗜之如命也。

锅庄见闻(《川边游记》)

徐金源著，全书1册，1932年北平著者书店出版。作者于民国五年赴四川省石渠县藏区供职，游历西康。该书即为此次游记。书分21编，记述了康区的地理、官制、政治、宗教、文艺、建筑、饮食、服饰、风俗等，并附图21幅。

本文选自一篇《地理》之《商务》一节。

商务以茶、布为大宗，业此者皆系秦人。无旅馆、客店，旅此者，类寄宿于锅庄。锅庄均夷人所设，计四十八家之多。与旅纯馆同一寓客，惟不售食品，专设锅皂器具，以备旅客之自灶。向来西藏与内地互市，恒以此为中心点。故商务颇为繁盛，且出打箭炉即系草地，内地银洋元，概不适用，凡出关者，必于此地以中洋易藏洋，始可通用，按中洋一元易藏洋三元。

女子主事(《川边游记》)

本文选自七篇《风俗》。

其地普通习惯，为男子者多怠惰，为女子者多强健。普通之事、经营之业，皆出于女子。如耕田、采樵，负重致远，以及修缮墙壁、驿递驾驭，鲜不以女子任之。至于居家之庖厨、纺织、裁缝、梳发，更不待言矣。间有男子耕种操作，驭牛马以载货物，不过为女子主辅助，非女子丛不能底于成也，其习俗之不同于内地者如此。

茶品唯用粗红茶（《川边游记》）

本文选自十四篇《饮食》。

茶品惟用粗红茶，而茶壶则最为美观、华丽工致，如周鼎商彝，上嵌以金银之细花，刻镂精细，一壶之值，某价似司需数百元。宴客之际，往往六七壶罗列，以良其尊崇优待。然此惟如内地之富豪世族有之，贫者则无此等陈设矣。

习惯酥油茶（《川边游记》）

本文选自十四篇《饮食》。

遇严寒天气，该处人士，多喜食酥油茶。余初履其地，试食之，臭恶异常，甫下咽，则几欲呕吐，勉强忍受。既入腹，则暖气益起，布于四肢，通体亦皆津津，欲汗。其滋养之力，亦大矣。迨食之既久觉虽无甚滋味，然亦不作前之呕逆矣。

按酥油茶之制法，用径数寸之圆木筒，长二尺余，用圆木薄片一，大小与筒口等，中穿小孔，用细木竿一，其粗盈指，竿头戴之，如内地风箱然，抽出压入，和之使茶与酥油融而为一，乃倾出盛之以壶，火煮之使沸，然后食之。

酥油茶（《康藏》）

本文选第五章第二节《饮食》。

酥油茶　四川雅安、荥经所出之甑茶名"金玉茶"，用水熬沸变成红色后，将茶汁滤入茶桶，漉盐一撮，投酥油三四两，或放糌粑、鸡蛋、核桃搅混，愈搅愈稠，然后倾入茶罐，放火钵上，以供欤客及解渴之用。故旅边汉人常云："茶桶一响，酥油三两"。可见奶油在食料中之重要。普通一人，每日必须饮茶三十碗，至于延僧诵经，或寺院礼拜，多以茶之浓淡，油之多寡，定施者之信心及褒贬。因是酥油厚积茶面，几不能饮，故喇嘛每人必带一木盒，名曰"化皮"，将茶而之油，未饮前吹入盒中，俟冷后连摇数十下，即结成整块，余茶倾出，每人可得净油八九两。此油又可作煎炒及灯油之用，故统计家庭生活中，茶、油费必超过粮食及菜蔬之总数。

康定锅庄亲历记（《雪域求法记》）

本文选自《雪域求法记》（修订本）第三章《步入西康》。

（班禅大师）大师圆寂后，赵专使及班禅大师行辕的工作人员将大师的灵躯移到康北甘孜，中央政府特派戴季陶为专使前往致祭。戴先生一向信奉佛教，曾在杭州接受班禅大师传授时轮金刚密法灌顶，以他的身份和与班禅的因缘，确实是中央特使最适当的人选。戴季陶这一行浩浩荡荡，除了几十个随员，还有负责护卫的中央宪兵一个连，军乐队一队，交通部无线电台一架，医疗队一组，声势浩大。于是康定所有汉人经营的旅馆都被他们占用。这样一来，我只有动脑筋去找锅庄投宿了。

所谓锅庄，并不是贩卖烹调用的铁锅，而是康藏人的寄宿旅馆。锅庄有大有小，靠近中山街一带的，是小型的；散布在郊区或背街的，是大型的。小型的只能住几个人及几匹骡马；大型的不仅能招待数十人外，还可以堆积货物，拴圈百匹以上的骡马。但不论大型或小型都很简陋，房间内除一两副羊毛垫子、一个火盆、一把泥茶壶而外，不提供其他的物品。康藏人出门旅行都是自带卧具，自备炊具。卧具通常都安放在马鞍子下面，炊具则装在马背袋里面。把身上穿的长袍子脱下来，就可以当被子。锅庄的主人不仅管理旅馆，招待来宾，还代客买卖。客人所要买进或卖出的货物，他从中抽取佣金。

我在锅庄中住了三日，觉得每个锅庄都各有地区特色，例如康北德格一带的客商，大都是投宿白家锅庄，而康定附近木牙乡来的客商，大都是寄居罗家锅庄。其他如南路理塘、巴塘等地，都有自己的锅庄，康藏人民也像汉人一样有很浓厚的乡情观念。住在锅庄的人，客居无聊时，也有一种娱乐方式，叫作跳锅庄。就是召集一班善于歌舞的男女围成一圈，男女一唱一和，载歌载舞，常常闹得通宵达旦。主人则用藏酒及干牛肉、葡萄干、杏脯等物招待，或直截了当给康洋作为酬劳，跳锅庄在西康各地颇为盛行。

边茶有微妙之作用（《南路边茶与康藏》）

《南路边茶与康藏》，金飞著。刊于1938年5月1日出刊的《新西康》第二期，后又刊于1939年《康导月刊》第一卷第七期。

《康导月刊》，原西康康定县政府行政人员训练所同学会《康定月刊》社主办。1938年9月25日创刊于康定县，月刊，16开本。以研究康藏的民族、宗教、文化、经济、教育、社会制度，介绍藏族的传统文化、风土人情、自然资源、地理气候等为主要任务，辟有研究专载、西康建设问题、教育、介绍、文学等栏目。创刊号有向传义、刘文辉等人的题词和戴传贤的手书序言。系大型月刊，每期约200余页，资料极丰。该刊迁至成都后继续出版，于1947年1月停刊。

茶既为康藏民族所必需，故莫不以茶为命，年来虽印茶、滇茶侵消，而康藏人民，仍为嗜边茶，上流僧俗，得茶多加盐，糜烂梗茶而并饮之，若民则烂梗亦不易得。以边茶性凉，解燥除腻，尤盛需要，莫不奉为上品，故边茶实为康藏人民必要之连系。藏人因嗜边茶故，常结驮队，载其土产来康易茶，土产不足，则转贸中央亚细亚与印度海外之物以足盛之。盖驮队运茶入藏，不空来去，亦不能不运藏货返赓，多数不必由藏运康之货物，亦皆庸集康定，因藏货广集康定，川、康、滇之货物，亦麇集康定与之交易。因茶而交易盛，因交易盛而汉藏接触频繁，因汉藏之接触频繁，而汉藏之感情易生，了解亦易。感情既生，了解既易，刎政治之施设不□推行。故边茶由陆路运藏，不独使荒山峡谷关之康定变为政治、经济之中心，而实别有微妙之作用也。

酥油茶为主要饮料（《康定之轮廓》）

《康定之轮廓》黄绍颜所著。刊于1938年5月1日出刊的《新西康》第二期。黄大愚，字绍颜，今四川省乐山市犍为县人。20世纪30年代在四川大学就读，后留学日本帝国大学政经系毕业，归国后，曾涉足过仕途，1941年在西康省训练团任上校文书、科长、警察训练所长；1942年任盐源县县长等职，1947—1949年在成都任《新民报》《西方报》主笔，抨击时弊，揭露旧社会制度之黑暗，深得民心。1949年12月随刘文辉部起义。

（康人）主要食品，是糌粑和酥油茶。糌粑是一种麦类名叫"青稞"做的，川青稞晒干，磨成细粉，食时掺和盐或糖，盛以木瓢，以五指反复捻之，必使其柔和而后食。因过于干涩，所以必佐以酥油茶。酥油为一种块状牛乳酪，先用长木桶装以热茶再加入酥油，以细木棒捣之，使水乳交融，于食糌粑□饮之，为康人最普遍、最主要饮料，如倭奴之饮"米所"然，每饭不忘也。

康藏嗜茶若命（《艽野尘梦》）

《艽野尘梦》，作者为"追忆西藏、青海经过事迹"、取《诗·小雅·小明》"我征徂西，至于艽野"之意为书名，含有青藏高原风尘录的意思。在书中作者详细地叙述了自己1909年从军，奉赵尔丰命随川军钟颖部进藏，升任管带（营长），参加工布、波密等战役，以及在驻藏期间的故事。

作者陈渠珍（1882—1952年），人称"湘西王"，是亲历清朝、民国和中华人民共和国三个不同时代的"振奇之杰"，与熊希龄、沈从文并称"凤凰三杰"；1906年参加湖南新军，后投靠清川边大臣赵尔丰，入藏平叛；1911年武昌起义爆发后，跋涉万里回到湘西，其后统一湘西，经营湘西数十年。期间，沈从文曾在其账下担任文书，贺龙亦是其旧交。1949年10月其赴乾城同解放军和人民政府进行政权交接，1950年6月赴北京参加全国政协会议，1952年病逝于长沙。

该书于1940—1942年在《康导月刊》上连载时，任乃强先生对其中误记的史实、地名，人名作了校注。1982年重庆出版社收入"川边历史资料丛书"出版，今有西藏人民出版社2011年、商务印书馆2015年、中国画报出版社2016年等版。本文摘自原书《第一章 成都至察木多》。

康藏一带，气候酷寒，仅产裸麦，故僧俗皆以糌粑为食，佐以酥茶，富者间食肉脯，以麦粉制为面食者甚少也。糌粑制法，以青稞炒熟磨为细粉，调和酥茶，以手搏食之。酥茶者，以红茶熬至极浓，倾入长竹筒内，滤其滓，而伴以酥油及食盐少许，用圈头长棍上下搅之，使水乳交融，然后盛以铜壶，置火上煎煮。食糌粑时，率以此茶调之。且以之为日常饮料。藏民嗜此若命，每饮必尽十余盏。余初闻此茶，觉腥臭刺鼻。同人相戏，盛为酒筵，约以各饮一盏，不能饮者罚如其数，予勉呷一口，即觉胸膈作逆，气结而不能下，自认罚金，不敢再饮矣。

"金""香"贸易出锅庄（《西康行记》）

本文摘自《西南边疆》第八期，为《西康行记》上部，原题为《康定诗两律》，原文未分序，编者加之。

（一）三山中挟折多水，万击争流作战场，沸沫飞腾天地动，银光遥接峡衣凉。亭桥横渡东西市，赁肆难分上下床。极目雄关千里外，秋风八月马蹄香。

（二）边城风物异他乡，此是当年茶马场。妇女"打""汤"多韵事，"金""香"贸易出锅庄。折腰背水谋升斗，给发系绒竞靓桩。日暮风秋梵□起，曼声号角度经堂。

宿道孚锅庄（《西康行记》）

本文摘自1940年《西南边疆》第九期，为《西康行记》下部。

九月二十九日 阴雨。昨夜终宵大雨，醒来颇觉不快，迟至六时三刻起身，而雨适止，八时半出发，路途泥泞，水边路毁，翻山越岭，莫险更过宁君遇难处，幸于二时半抵道孚，宿袁家锅庄。

【注疏】此日为徐大寨至道孚行程。清末至民初，因康定锅庄日盛，声名鹊起，康区部分县也以"某家锅庄"命其客栈旅店。在这其中，道孚锅庄较早见于英国皇家地理学会会员布鲁克1907年所记（本书第一章有录），但这些锅庄大多只纯为旅店与货栈，并无其他功能，可谓：有康定的锅庄之名，而无康定锅庄之实。本书《上编》同时收录有布鲁克所记道孚锅庄与康定锅庄的史料，其间差异，可资比较。

西康之边茶（《西康图经·民俗篇》）

本文选自《西康图经·民俗篇》中《饮食》一章。

番人嗜茶如命，无贫富贵贱僧俗，食必熬茶。其茶产于四川之雅安[雅州]、荥经、天全等县。茶树生于山间砾地，每年采叶三次，初采芽尖，为上品。次采嫩叶为中品。最后采者为丛枝老叶，与修剪之蘖条，为下品。由农家自行焙制后，售人各大茶庄。茶庄取诸茶叶，装木甑内蒸之，使结成长方砖形，专销康藏。榷者称为"马茶"。学者称为"砖茶"。俗人称为"马茶"。亦有取嫩尖嫩叶制为雨前、毛尖等品。销于腹地者，皆属散茶。

大抵荥经茶商，专办上中品茶。天全，专办下品茶（古称乌茶者是一也）。雅州，各品皆备，其名目殊繁，雅茶最上者曰"毛子"，其次曰"芽子"，专销西藏贵族；其次为"金尖"，销康藏各大寺院与土司家；其次为"金昌"，叶少梗多，销康藏平民。

俗称：边茶一砖为一甄。每四甄相续排列，护以粗篾编成之长簿篓，是为一包。每四包为一引，民国初年，自打箭炉出关之茶为14万引，最盛时至18万引，现为10万引。

边茶粗劣，难以言语形容。其下品者，每有桤木叶与树枝等混入，全无香味，只苦涩如咽单宁酸液而已。顾番人甚珍惜之，芥末不肯轻弃。每食，掬茶叶一把投釜中，反覆煮之，使水变浓褐色，尽溶茶质，投以食盐，始饮或调糌粑。

至番人嗜茶之故，清《续文献通考》曾解之云："自唐世回绘入贡，以马易茶。盖西北人嗜茶，有自来矣。西北多嗜乳酪，乳酪滞隔，而茶性通利，能荡涤之；故虽不用于三代而用于唐。不独中国用之，而外国亦莫不用焉。宋人所以始置茶马司也"。

搅拌酥油茶特制之器（《西康图经·民俗篇》）

本文选自《西康图经·民俗篇》中《饮食》一章。

茶汁加盐，与酥油搅拌，使成乳浆，称酥油茶，为番人最上饮料。搅拌酥油茶，有特制之器，曰酥油茶桶，番名"酪摩"。为一长圆木桶，径约二寸，空口，另一木柄，端嵌圆盘，盘具四孔，其大恰能装入桶内，番名"梭咯"。桶底外侧，附有皮带二条，以便足踏，制其移动。用时，倾茶汁人桶中，加盐与酥油若干，足踏皮带，手纳梭咯入桶，尽力抽送，至数十百度，水乳交融矣。

平民之酥油茶桶，仅为一粗陋木筒。贵家用者，每以铜或金银包皮，嵌饰种种花纹。亦有以纯铜制者。

西康茶之属（《西康综览》）

本文选自《西康综览》十三篇《西康之社会》。

醉油茶：熬茶极浓，投以食盐，搅和酥油，充分调匀，使成乳白色之浆质，康人视为最重要之饮料。

清茶：清茶专备以待汉客之用，不加酥油及盐。

康地茶之用途大抵如是，其茶输入地方为四川，而雅安尤多，俗有"雅茶"之名。其种类有毛尖、雨前、红茶、白茶、棒棒茶等。毛尖、雨前为贵族、绅士、官吏用之。红茶、白茶、棒棒茶为一般人用之。棒棒茶之茶叶粗老且多茶枝，因以得名，味浓价廉，畅销康地。所用茶器，多用四川茶碗，上有盖碟，下有托盘，客至敬茶，频频斟水，此则为沾染汉习者矣。南北边鄙土人，亦能制苦丁茶，当夏季五月采集各种幼叶，捣而制之，其味极苦。川中人有以为药者，谓其苦能清火云。

砖茶（《西康诡异录》）

本文选自《社会风俗》。

康藏人民，非茶不活，其茶昔慨自邛雅输入，现惟康人全销雅茶，四川在西康经济界，绝大之胜利，一茶而已。

邛雅茶树夕每年采叶三次，初采芽尖，为上品；次采嫩叶，为下品，皆销内地；最后采者为业枝老叶与修剪下之颓枝，由各农家自行焙制后，卖入各大茶号，各茶号取诸茶叶装木甄内蒸之，使结成长方砖形，称为"蛮茶"，专销康藏，学者概称之为"砖茶"。

蛮茶自雅州装包，一甄即一砖，每包四节，护以篾包，雇夫背至打箭炉，改装皮包，每二皮包为一驮，每驮约四十八甄，驮销于各处。

"蛮茶"粗劣，不可以言语形容，茶商装甄时，每以桤木汇与树枝等混入，全无香味，只苦涩有单守味而已，顾"蛮人"甚珍惜此，芥末不肯轻弃，每食掬茶叶一把，投釜中反覆煮之，使水变浓褐色，尽溶茶质，又投盐巴其中，始饮，或调糌粑。

康人饮茶之习（《西康纪要》）

本文选自第九章《西康人民生活状况》。

西康人民之饮食，以青稞、小麦、豌豆、牛乳、奶渣、牛羊肉为大宗，而嗜茶之习，尤为惊人，无论贫富，一日至少须饮五六次，每次人必十数碗。其茶均来自四川荥经、雅安、天全、名山等地。惟闻制茶之法，甚形粗劣，大抵当茶树萌芽之时，撷其嫩叶，焙干之，是为"毛尖"、"细茶"，多销内地，来康者甚少，若销西康之茶，则连枝刈割，用铡切碎，然后上坑烘焙，以米浆糊和之，作成高尺余宽五六寸之砖甄，每甄约四五斤，四甄一包，入篓封固，外系竹丝即可发脚运炉，（即康定后仿此）转贩康地。

其茶可分五等：一曰"砖茶"，即经撷嫩叶后之粗茶，制为长方二三寸厚之砖块，每四砖为一甄，十六砖合为一包。康人最上上之茶也；二曰"金尖"，即较砖茶稍粗，金玉稍细之原；三曰"金玉"，即粗叶枝杆少者；四曰"金仓"，即枝叶对成夹制之茶；五曰"粗茶"，即叶少枝多之茶。

甘孜、德格、理化、昌都等处，人民饮用金仓以下之茶者甚少，粗茶惟销道孚、丹巴、瞻化、炉霍、九龙、雅江及康定附近一带。饮时于臼中舂细入水烹之，且加糌巴（粑）于茶中，搅使融和而饮，名曰"糌巴（粑）茶"。甘孜等处饮茶时，先将茶一甑或数甑揉散，内加"白土"（即盐也，由西藏、青海等地贩来，白色如雪，而成块状）及水，入巨釜燉之，迨水煮尽，然后晒干，贮皮袋中，饮时取茶一掬，入开水罐内略一摇荡，即成红黑色之浓茶，加盐饮用，其味苦涩，但所饮之茶，亦视级之高低、家之贫富，即一家之中，亦有分别。高级之人及富有之家长，所饮之茶，多和以酥油、牛乳（制法详后）之类。

边疆的砖茶（《边疆问题论文集》）

《边疆问题论文集》高长柱编著，1939年出版，今又收入《民国史料丛刊》709册。本文选自《第十一期 康藏人民之生活与风俗》中第一节《康藏人之饮食》。

高长柱（1902—？），字石辅，安徽全椒章辉集（今安徽省滁州市全椒县章辉镇）人，1917年毕业于全椒县第二高等小学校，后又毕业于安庆第一中学校，继在日本士官学校步兵科毕业，回国后在军政两界服务，曾因精通日语和蒙语，又多年从事军政事务和边疆事务，有所著述。其边疆事务方面的著述有《边疆问题集》《中国边疆志》《战后边疆建设》等八种。高还曾担任过民族杂志《边铎月刊》社副社长兼汉文总编辑。

砖茶 四川雅安、荥经、天全等地所出之茶，名曰"砖茶"（取其形如砖之意），为康、藏人主要饮料。其制法为拣茶时，将各种茶叶，由农家先行焙制后，售于各大茶号，装木甑内蒸之，每甑重约四斤半至五斤，使结成长方砖形，专行销于康、藏、甘肃南部及青海等处。

……

酥油茶 以茶质加盐与酥油搅拌，以足踏酥油桶之皮带，手纳棱格入桶，尽力抽送，直至水乳交融时即成。此为康藏人最上饮料，每日每人饮茶，普通在四十碗至七十碗间。

孙明经锅庄记录（《孙明经西康手记》）

8月5日，到民生巷19号，照某锅庄。

窗外可见康巴人养鹦鹉为宠物。有客商来，鹦鹉叫："客人来了，客人来了。"
8月6日，到瓦斯雕，包太太不肯照。

康藏茶饮用法（《四川邛名雅荥四县茶业调查报告》）

本文选自原书第四节《边岸茶之产销》，原题为《康藏茶叶之需要及其饮用法》。

康、藏居民视茶为命已非自今日始，唐宋元明代茶马国防政策之实施即利用此点。而今日之需要及饮茶之普遍性较前有增无减，盖康、藏人民以生牛、羊肉及干燥之糌粑（用青稞制者，即大麦之一种）、奶酪等为食品，少有菜蔬、水果，其助消化也，唯茶是赖，无茶则生饱胀之病，无怪其视茶为命也。

其饮用法颇饶兴趣，取"包茶"一把投入釜中，煮之熬之待沸后约十分钟（穷人还熬过数回，待汤汁毫无茶色后乃止。其用茶之经济，见茶之珍贵由此可见）后乃止，用布滤过倒入木管内加入黄油或酥奶，有时直接加在锅内，用木棒搅拌使奶油及茶完全融合然后注入碗中，与稞粑、牛羊肉等，随食随饮。

藏人宴会时，每人各给水果食一大皿，而待席后始食，先饮"油茶"，顷用土巴汤，再次用"奶茶"，饭有黄、白二种，用米作饭以水淘清，再入沙糖、藏杏、藏枣、葡萄、牛羊肉饼等物，盛诸皿中，用手抓食之，继饮蛮酒。

茶为康人大宗食品（《西康社会之鸟瞰》）

本文选自原书（《民国史料丛刊》）第五章《西康人之经济生活》。

普通处于艰困之生活环境中者，其生活程度必低，生活程度低者，其大部精力，大多消耗于解决食的问题。康人生活于高寒地带，正复如是。艰苦奋斗之结果，几全为食的追求，但充其量仍系单纯、简素之食品。考康人食品，以糌粑粉为主，佐以酥油茶，和以些许盐屑，几已解决全部饮食问题。糌粑为本地出产青稞麦，炒磨成粉，有时稍杂豌豆。酥油茶系将茶熬煮，加拌乳油及盐，盛以竹筒，以捧轴和之而成。故康人之大宗食品为青稞、茶、乳油及盐而已。

康藏人民茶之烹调方法（《康藏饮茶风尚》）

本文摘自《边政公论》1944年3卷第11期，余舜所著《康藏饮茶风尚》之第一节《茶之烹调》。

康藏人民茶之烹调方法，有如下列诸种：

（一）酥油茶　熬茶既热，投以食盐，搅和酥油，使成乳白色之浆汁，为康藏人民最重要饮料，称曰"珠甲"，藏语茶曰"甲"，搅和曰"珠"也。

（二）碱茶　茶汁中加盐而不加酥油者，曰"甲拉"，为平民之日常饮料。

（三）清茶　茶汁中不加盐与酥油者，专为招待汉客用，呼为"清茶"。

康地饮茶风俗（《康人农业家庭组织的研究》）

《康人农业家庭组织的研究》谭英华著，原连载于1944年《边政公论》第三卷第六期、第八期（二续）、第九期（三续）与1945年第四卷第二、三合期与四、六合期（续完）。本文是早期边疆研究成果的代表性论文，也是调查与研究康地家庭组织的名作。全文共分研究范围、家庭的组合与分解、家庭生活、家庭的结构、家庭与社会等五章节。

谭英华（1917—1996年），祖籍湖南，博古通今，学贯中西，是当代著名历史学家，四川大学历史系教授，其教学与科研为四川大学世界史、西方史学史和史学理论研究奠定了坚实的基础。本文选自1944年《边政公论》第三卷第九期，为论文第三章节《家庭生活》，作者文中注明此段参考张朝鉴《三十年来之得荣》，张文原刊于《新西康》第5期。《康人农业家庭组织的研究》今又收入赵心愚、秦和平编《清季民国康区藏族文献辑要》上册，四川民族出版社2003年出版。

茶是必须仰给内地供给的——民十五统计每年有十一万引，从川边些雅等地运乎，每一皮包，合茶四砖，每一驮约两皮包。制酥油茶先把茶叶捣碎，放锡壶加盐煮之。沸后倒出和牛油糌粑，倾入酥油桶搅拌，一分钟就可饮用。煮茶的锡锅及搅茶的酥油桶，均是康人的工艺品，前者以德格为最著名。这种茶也不是家家能喝得起的，极贫的家里，茶内加入大量的苦菜和着煎。康南（如得荣）有些地方根本没有酥油桶，每日只破费一枚钢洋买沱茶（云南茶）大家喝。

边茶记事诗（《西康纪事诗本事注》）

本文摘自1988年版（改正版）《西康纪事诗本事注》，原诗题名《南路边茶之消长》。

绿树丛中笑语哗，山头园户一家家。提笼相顾遥相识，四月清和好采茶。
道途络绎负茶过，西出炉关今若何？七碗卢仝风雨夜，此行惟见酱通多。

西康雅属，盛产茶叶，唐高宗时，由秦陇输入吐蕃，逮后吐蕃内侵，遂养成其普遍之嗜好，初以掠取，继由交易。宋熙宁以后，于黎（汉沅）、雅（雅安）、戎（宜宾）、泸（泸县）等州置博易务，司茶马交易。元丰四年诏专以茶市马，又诏专以雅州名山茶为易马用。高宗建炎初，赵鼎始创引制，以引额商，百斤为一大引，官取引钱，令运边塞，与蕃交易。元袭宋制。明较宋制为密，纳钱请引，每引录二百，茶引不相当，即为私茶。私茶出境与关隘失稽者并论死。武宗正德中，四川茶引定为五万，二万六千为腹引，二万四千为边引。后减为三万八千引，三万引属黎、雅，四千引属松潘诸边，四千引留内地。税银共一万四千余两。行茶之地，自碉门山（天全）、朵甘（德格）以迄乌斯藏（西藏）。当时茶四十斤贩马一匹。清代边引分西南两路，西路行松、理、茂等处，南路行打箭炉以西各地，其制造中心设雅州。顺治时，川茶共十万六千二百引。嘉庆时，川茶边腹引共一十三万九千三百五十四张，雅属各县引额分配如下：雅州边引一万七千八百六十张，每张课银一钱二分五厘，税银四钱七分二厘，共银一万三千二百四十九两九钱二分。荥经边引一万七千九百零七张，腹引四十九张。又雅州边引六百零七张，名山一千张，又增边引二千五百张，共二万一千零六十三张，课银二千六百三十二两八钱七分五厘。边引每张征税如前。腹引每张征税二钱五分，合征如上数。芦山腹引十一张，天全边引二百二十三张，每张课一钱二分五厘，税三钱五分。清溪边引四张，课同前，税每张银四钱屯分二厘。茶在某县采办，即由某县园户完纳课金，再由商人完纳税金，均由地方官就地代征。光绪初年，川督丁宝桢奏免积欠，另订新章，由川派员设置茶关，年定引额十万零八千张，每张配茶五包，收库平银一两，按四季征收，由打箭炉同知汇解四川盐茶道。自茶关成立，各商额定引数，即为专利，非人亡产绝，不另报免。后因销路超出额定数目，每年准发余票三万张，由商家自由请领。引票原由部发，至民国六年始由康定就近制发，其时间则今冬发明春之引，夏季所用，春日发之。以政治关系，引票数目，时有消长，清末曾减至八万张。赵尔丰经边时增至十万引。民七恢复原来引数，十五年增至十一万引。后此即递降至六万九千四百二十张，全年收法币九万七千余元，时二十五六年间事也。二十七年西康建省委员会训令地方税局云：

案查西康边茶引票，原由十万张增至十一万张。上年经康茶商损失甚巨。本会由雅移康后，迭据各商吁请减免引额及积票欠课前来，当经查酌情形，准予豁免雅、荥、名、天、邛五属旧欠积票及正课银十四万二千八百余元，并将额票减为六万九千四百二十张，以恤商艰在案。嗣以各属茶商间有因故停贸，未将原认引票，照票领缴足额，除康宁公司新认一千张外，核与旧额相差尚巨。现值前方抗战正殷，本省属在后防，亟应积极开发资源，力谋增加生产。对于旧日认销茶票，更应设法招商认领，借资恢复全案，以裕国课，而利民生。

抑考雅安、荥经、名山、邛崃、天全各县，虽同为边岸，而其所产茶之性质，则各有不同，故其名称制造亦异。试分述之：

一、芽茶：雅安产，每包十六斤，每包值二十元左右。品质最佳，行销拉萨，非贵族、大喇嘛不购也。

二、砖茶：雅安、荥经均产，每包十六斤，每斤作砖形，值十元左右。品质较次，行销康藏各地。

三、金尖：各县均产，每包四甑，共重十八斤。品质较次，价值亦较低，行销康藏各地。

四、金玉，各县均产，每包十八斤，价三元左右，粗细掺合，行销关外各县。

五、小路茶：天全产，纯以粗叶制成。质价均次于金玉，牛厂牧民多饮此。

六、红茶：荥经产，粗叶制成。价值较小路茶为高，亦销牛厂。

七、散茶；各县均有，价无一定标准，零整均售，行销各地。

茶既为康藏人民之主要食品之一，故汉藏贸易以茶为大宗。以前藏人来康定买茶者，年在百万两以上。其后因汉藏关系时张时弛，印度茶得以乘机而入，边茶大受影响。然藏人嗜边茶久，非此无以解渴。余旅行西康，见雅安、天全一带园户，当首夏天气，男女老幼，群赴山中摘茶，俟叶稍干，即运至城中售与茶商，经过制造装包，先由苦力承运宜东镇（汉源属），再运康定，每人负重均在一百五十斤以上，操是业者以万计，且有致富者。盖此辈生活刻苦，玉蜀黍为唯一主粮，烙成饼子置肩际，且行且食，日行不过三四十里，所谓三步两打杵者，因无法使之速也。打杵时好呼啸，前后相和，凄寂之大相岭，飞越岭，得此略见活力。

茶到康定，概置各自之仓库中，以待藏人选购。出关外又经过改装，以茶包纳入带毛之牛皮中而以皮绳缝之，成方形，每包重六十斤，每一牛驮两包。业此者谓之赶猪娃。康藏道上，驮茶之牛，动以千百计，漫山遍野而行，殊为壮观。茶之为物，在内地并不如何重视，一到关外，顿成珍品，既如粮食之不可或缺，又如金钱之不可或无。汉人出关者，例于康买茶若干驮，可作赠礼，可作货币，并供自己生活需要。康人于茶，日饮五次，打茶之具，其名曰酱通。二十六年春驻军携迫击炮至稻城，康人以为酱通。其为状也，可以知矣。余见大喇嘛或土司处，其斟茶者固属小娃子之类，而一一般民家，则以家长司其事，其亦具宰肉之风乎。酥油茶乃茶、盐及酥油拌和而成，亦可加鸡蛋、桃仁、姜片等，食之止渴、充饥、御寒。初出关者，多不喜食，余则酷嗜之，一次能尽数碗。

【注疏】"茂声版"题《南路边茶之消长》诗为一首"四月清和好采茶，装包发脚一家家。无间汉藏都缘此，古盛今衰互市差。"由此便可见"茂声版"与"改正版"差异之殊。

锅庄记事诗（《西康纪事诗本事注》）

本文选自1940年版《西康纪事诗本事注》，为方便对照研究，将原注中贺觉非调查后所列"四十七家锅庄主汉藏名名单"抽出（即本文中……部分），单列于《己：专论调查》中。原诗题名《康定锅庄题名》。

炉城四十八锅庄，故事而今半渺茫。访遍炉城无旧主，木家有女字秋娘。

康定有四十八家锅庄，创始于元明之际。盖康定原为汉藏茶马交易中心，明正宣慰司分封头人管理各地，并分别建立庄房于康定，为诸头人觐见驻足地；亦得为各地商旅来康定之招待所；又或为明正宣慰司所建造，以赠其头人者，故锅庄房屋规模，大都宏大，藏语名为"独吉"，凡十三家。藏计户以烟锅，每"独吉"内，设大锅一口，以供煮茗、取暖，锅桶形，汉人名之曰"十三锅庄"。其后贸易日繁，锅庄建立益众，即四十八家锅庄之所由来也。锅庄后渐变为营业性质，一如内地之行木栈，藏人向例，首次住某家锅庄，后虽屡世不移，世所传四十八家锅庄，今所存者不过三十余所，民国以来自建新庄者有十，总计尚存昔日锅庄而日驻藏商者有二十二家，至于锅庄主人，恐均非原来血统矣，……过去曾盛传四十八家锅庄多美人，又执经济之牛耳，一切传说多归之，今则泰半凋零，均非故主，亦时势使然，包家锅庄包云环之女，虽未成年，风质尚佳；木家锅庄女主人名"秋云"，长身玉立，于二十七年冬成婚；汪家锅庄亦有女甚娟好，尚待字闺中，余不足道。

饮料记事诗（《西康纪事诗本事注》）

本文选自1988年改正版《西康纪事诗本事注》，原诗题名《康人之食衣住行》。

酥油茶热糌粑香,细割牛肉引话长。
自在生涯谁管得,穷通醉后走踉跄。

康属食粮以青稞为主,所谓糌粑,炒热之青稞而磨成者。康人日食在三次以上,晨则舐而食之,谓之拓"喀提",午及晚间捏而食之,谓之"糌粑萨",但均非喝酥油茶不可,酥油为牛奶精华,粗者为奶渣子,奶饼子。夏季之酸奶子,尤清润可口,恍如内地之冰淇淋,其性凉,故头晕腹胀等现象,一碗酸奶子足以治之。康人不惯食猪肉,牛肉则贫富均备,大都生食,人各有刀,当其拔刀割肉之际,真东方朔所谓"何以勇也"。

炉城竹枝词三首

选自陈经《潜斋漫集》中《炉城竹枝词》。陈子猷(1882—1948年),名经,又名嘉勋。1933年8月至1934年11月陈曾代理成都市长,官授中将,卸职后,以种菊自娱,并命书室为"潜斋"。

丫头搬茶

一声充本叫搬茶[1],跑到丫头乱若麻。
伛偻驼行鱼贯出,沿街到处唱咿哑。

打酥油茶

繁华海上打茶围,羌地茶围式样非。
木棒铜壶抽送后,酥油盐屑味全归。

吹莽筒

生平原不喜吹功,独到炉关听莽筒。
不是牛皮偏作响,呼呼恰似透棂风。

---

[1] 充本,对"蛮商"通称。——原词注

附　录

"边茶"的广义与狭义（《西康省藏族自治州》）

本文摘自原书《（六）以边茶为中心的商业》。

藏胞日食大量油脂，为解油腻助消化起见，习惯饮大量的茶，每人日饮数十大碗是常事，它是藏胞日常生活所不可少的。但康藏不产茶，所需全靠内地供应，即所谓"边茶"。

广义的边茶包括内地销往边疆去的各种茶，主要的有：川康交界处雅安附近所产的雅茶；湖南的黑茶和老青茶；云南的紧茶和沱茶等。狭义的边茶则指专销康藏的雅茶。

南路边茶适合边藏人民口味（《南路边茶记实》）

本文为余孟荪遗稿，原刊于《雅安文史资料选辑》第二辑，因文所言皆为西康边茶旧事，本文摘录之。

由于边藏人民有数百年长期饮用南路边茶的习惯和交往。而且南路茶比外国茶其色、香、味均优异，适合边藏人民的口味，所以边茶公司同英印茶竞争中一战而胜。公司又派专员、雅安文生（秀才）郭孔良进藏，由藏出国往印度，沿途调查英印外商的动向和外茶的性质及制造方法和过程，以及边藏人民嗜茶的情况。经过年余，郭孔良调查研究回国报告后，公司知道英印侵销边藏的茶叶全系机制，不免沾有机油臭味，茶叶吸收力强，容易吸收油臭，茶叶有了油臭味，边藏人民饮之无不厌恶，最不欢迎。加上印度、锡兰出产的茶叶体单，不如边茶肥厚，体单则味淡，泡饮二次则无味，我国茶味浓，二次泡饮熬食还有味，受到边藏人民的喜爱，常有把茶熬食后，又以石臼杵烂再行熬食的习惯。印锡茶呈淡青黄色，雅邛两地之南路边茶色浓郁红黄，且系手工操作，无机油臭。边茶，据康藏地区少数民族说，越陈越好，从茶叶下树到制造成包，运往西藏地区最少在一年以上，茶自然就陈了，陈茶能治饱胀病，起药物作用。康藏地区少数民族主食酥油糌粑，不易消化，饮南路边茶即可缓解，能治疗饱胀病。

己 专论调查

茶马互市（《康藏史地大纲》）

《康藏史地大纲》，任乃强著，被誉为"康藏史首部专著"，1942年由雅安《建康日报社》出版，今收入《民国史料丛刊》866卷，近又收入《任乃强藏学文集》中，2009年由中国藏学出版社出版。

本文选自原书（《建康日报社》版）第二章《康藏古史》之第二节《茶马市易》。

吐蕃崩溃后，部落数千家，小者百余户，各有酋长，不相统属。内受佛教僧伽之化导，人心宁谧；外因邻接诸国之衰乱，不相侵扰。边境安靖，阅四百年。惟其时中夏需马，蕃人嗜茶，互通有无，商业勃兴。茶马市易，成为西陲第一要政。

我国古以茶之叶煮羹饮，谓之"茗"。吴曰茶为"荈"，蜀西南曰"蔎"。唐时通称为"槚"，而书其字作"茶"，制法益精矣。陆羽撰《茶经》三篇，言茶之原，之法，之具。常伯熊因而广之，著茶之功。于时天下尚茶成风，其业大盛。

茶性通利，疏滞腻，故西北之游牧民族尤嗜之。唐朝肃、代以后，吐蕃、回纥盘踞关陇以西，与汉族混居，适以养成其人普遍嗜茶。由是茶叶流行西北诸部，蕃、回依为性命焉。吐蕃输入茶叶，在唐高宗时（蕃王杜松孟波之世，即钦陵当国初时），似由劫略边州之偶然发见。其后每因军事，劫关市城邑，以厌其欲。宪、穆以后，兵戎罢息，蕃人始以土产与近边汉商交易，汉蕃商业，于以勃兴。自蕃输入者，为畜产品与药物、兽皮之属；自唐输出者惟茶与绢。

德宗建中四年（783），税天下茶漆竹木，什取其一，以为常平本钱。贞元九年（793），立茶税法。穆宗长庆初，增天下茶税百五十（即增加1/2），其后遂置榷茶使。迄于宋初，两浙、荆、湖、福建之地产茶凡22州军，总为岁课1027万余斤（时系征实）。真宗天禧末，榷茶岁收320余万贯（取于产茶之户者），诸州商税75万贯（税于售茶之商者），食茶不预焉（民购于官资日用，非以贩茶者）。茶叶发展情形于此可见。于时川峡、广南，茶业未盛，尚听民自买卖，不在榷禁之列。

宋用王安石，务为强兵，注意马政。神宗熙宁七年（1074年），王韶经营熙、河（熙州，今甘肃临洮县，河州今临夏县）。上言："西人颇以善马至边，所嗜惟茶。乏茶兴市。"于是遣三司干当公事李杞入蜀，经划买茶。于秦凤（今甘肃东南部宋为秦凤路）、熙河博马。以著作郎蒲宗闵同领其事。宗闵议川峡路（今四川省地，宋为川峡四路）民茶，尽卖于官场（官营之茶场），更严私交易之令。蜀茶始尽榷矣。于是茶司权在诸司之上。诸道茶场渐增。至元丰八年（1085），蜀道茶场41，京西路金州（今陕西安康县）为场6。陕西卖茶场为332。岁息至百万，市马2万余匹。

川峡路初不市马。熙宁七年（1075年），熙、河用兵，马道梗绝，乃诏成都府秦延庆兼提举戎、黎等州买马，经度其事。于是黎（今汉源县）、雅（今雅安县）、戎（今宜宾县）、泸（今泸县）等州，均置博易务。惟黎州为通蕃孔道，所得良健战马，岁4000匹。他如戎、泸州及南平军（今南川县），市马于西南诸蛮，所得多驽骀。诸蛮贪互市之利，姑以羁之，故曰"羁縻马"。

先是，中国与四夷互市，贸易之物皆有规定。宋太宗许女真互市，限以香药犀象及茶。神宗因西夏请市，令需榷场以易马，川纲绸与急需之物皆禁。番、回之以马市茶，初由人民私易。官府需马，又自人民募之。王韶始径以茶易马。惟仍杂用缣布。熙宁八年（1075年），提举茶场李杞言"卖茶买马，自为一事，乞同提举茶马。诏从之"。元丰四年（1081年），遂诏专以茶市马，以物帛市谷。又诏专以雅州、名山茶为易马用，从蕃人所嗜。此雅州专制边茶所自始也。

宋南渡后，战马悉仰秦、川、广三边。置茶马场于阶、文、和（三州皆在今甘肃南境），黎、珍（珍州在今贵州北境）、叙（即故戎州）、南平、长宁（今四川长宁县，宋为州）8处。高宗建炎初，管川秦茶马赵开，大更茶法，以引给商，即园户市茶，置合同场以稽其出入，为茶市以集蕃商。每斤引钱，春70文，夏50文。市利头子钱不预焉。所过征银一钱。所止一钱五分。引与茶违者抵罪。自后，引息钱至150万缗。绍兴二十四年（1154年），复雅州碉门灵犀砦易马场（碉门，今天全县治。灵犀砦即灵关，为碉门分场）。此场元丰六年（1083年）创设，以市马不多，元祐初罢。此时，雅州产茶日盛，蕃马至者日多，故复之。

盖北宋时川峡与蕃人交易茶马，主于黎州，其道由今泸定之沈村、摩西面至打箭炉。南宋时打箭炉经瓦斯沟、岩州、天全至雅州之路通，始开碉门易马场。自是以后，黎州渐衰，碉门日盛矣。古禁蕃人人微，雅州为蕃商所不得至。边茶虽产于雅，易马场则限以黎州与碉门也。孝宗初年，川秦8场，马额9000匹。光宗时，为额12994匹。

蒙古兴于漠北，地产善马。主有中国后，不甚重视马法。惟茶以权利所在，亦因宋制而为之。茶商凭引购茶，然随意贩卖，未闻通蕃之禁。僧官土司，岁时朝贡，骑从如云，道路络绎，所利胥在贸茶。

明太祖知茶禁足以控制蕃人，更定茶法，较宋尤为严密。令商人于采茶地买茶，纳钱请引，每引输钱200（后增至1000）。茶引不相当，即为私茶。私茶出境与关隘不稽者并论死。卖茶之地，令宣课司30取1。诸产茶地设茶课司，定税额，陕西2.6万斤有奇，四川100万斤。立仓收贮，专以市马。设茶马司于秦、洮、河、雅诸州，分掌其事（雅州司设于碉门。秦州司后移西宁。洮州司并于河州）。永乐迁都北平，收马冀北，秦蜀茶禁稍弛，私贩日多。成化中，陕西饥待赈，令商纳粟中茶（商纳粟于官，给以茶引，令自购售，谓之"开中"）。于是茶法大坏。嘉靖十五年（1536年），因御使刘良卿言，令诸近边州县，严私茶之禁，重通蕃之刑，以制边夷。其后限中茶额百万斤而止。万历五年（1577年），内蒙王俺答款塞，请开茶市。部议给百余笼（每千斤装360笼），不许互市，虑其得茶转以制蕃也。然终以市马不急，督课不严，关市舞弊，私贩潜增，茶法张弛不一。洪武时制，碉门马值：上马，茶120斤；中马，70斤；驹，50斤。其后至用茶8万余斤，仅易马70匹，且多瘦损。

满清兴于北方，不假蕃马，遂以川茶与江南所产同征税课。然其限制边引数额，严禁私茶，以制蕃人之意不废也。先是，明正德中，定四川茶引5万道，2.6万为腹引，2.4万为边引。边茶少而易行，腹茶多而常滞。隆庆三年（1569年），裁引1.2万。以3万引属黎雅，4000引属松潘诸边，4000引留内地（此时陕西茶业不振，蕃人购茶，悉趋四川矣）。清顺治时，川茶共10.6127万引，额征课银1.3128万两余，税银4.5942万两余。边茶市场移于打箭炉、松潘等处。招商凭引运售，不责市马。秦陇诸茶马司皆罢。

嘉庆时，川茶边腹共13.9354万引，课银1.74万余两，税银5.87万余两。其边引中，行打箭炉者，为雅、荥、名、天、邛5州县，共10.44万余引；行松潘者，灌、彭、汶、天、邛等州县，共1.88万余引（惟雅安、天全、石泉、安县、汶川5县有课）。其后行茶消长不一。至清末世，打箭炉行8万引，每引配茶五包，征库秤银一两。民国初年，增为10万引。民七年（1918年），增为10.8万引。十年（1921年），增为11万引，然常滞积。二十五年（1936年），复减为10万引。

蕃人嗜茶如命，一日无茶，社会为之不安。往时以马易之，清代不复市马，而蕃地贫瘠，缺乏商品，乃不得不转运印度、新疆、伊朗等处珍奇之物及汉商所嗜者，发之炉城，以兑茶叶。故打箭炉虽山陬小市，而山海各货咸集，交易之盛，冠于西陲。其输出品，除赤金、麝香、鹿茸、虫草、贝母、大黄、秦艽、毛皮、硼砂等属于康藏土产外，所云"藏货"，实多有非藏产者，例如：藏红花来自印度西部，藏葡萄来自新疆，藏青果、藏枣、藏（豆）蔻等来自波斯、小亚细亚等地。藏毯，为天津织造之毡毹（近年西康、青海亦有厂自造）。藏绸，为山东所产生绸。藏片，为英国所产之细呢。藏佛，多属印度、缅甸、暹罗所制等是也。西藏旧无关税，而驮队且行且牧，运费低廉。故八方货品，皆乐就之。其输入品，除茶叶外，丝织品如花缎、哈达，棉织品如土布、经布等，亦居主要。近世印度茶叶与英国布疋，大量倾销入藏。炉城之土布商业为之摧破殆尽，茶业亦颇受影响。其尚未至破产者，仅由藏人嗜好雅茶之固执，高贵人家，以饮印茶为羞，非雅茶含有特殊质料也。近年印藏商道日便，康藏运输日滞，而雅茶之成本日高，购买日难。此实对藏商业之大危机也。

康定锅庄现状（《康定锅庄现状》）

本文刊于《康藏前锋》第一卷第10、11期，作者佚名。

西康面积，纵横数千里，备极宽大，惟因尚未完全开化，居民稀小，全境无一栈房旅店，往来官府及旅客概系寄住民家，食物均系自行携带，只有较大之村落及县治地方，有锅庄之组织，但仅驻扎藏客，不住汉人，因其性质特殊，不类内地，兹特纪述于次，以供旅行康、藏者之参考焉。

查"锅庄"二字意义，有如内地之洋行或旅店，盖即藏人栈房，代藏商买卖之所也，开设锅庄之康人，因往昔受当地土司之限制，均各有其资格及来历，以康定现昔论，而在往昔土司时代，共有锅庄四十八家锅庄主人，多系土司名下之小头人，或与土司当差最久，经土司许可其开设锅庄，以当酬庸者，盖锅庄获利甚厚。凡藏商之赴各地贸易者，首次所住为某锅庄，则二次三次数十次，以至数世子孙，若重该处，均必驻扎原地，决不另易住址，以故锅庄之大小，恒视所扎藏客多寡而定，有锅庄主人绝嗣或停贸者，该庄藏客则卖与别家锅庄，有取值数千金或万余金者。

查藏客贸易，恒系行商，并不开设店铺，所运货物，完全堆存锅庄，如锅庄主人，代为介绍资主，成交概任寓所，售价值，不论多少，锅庄一律抽取百分之四，名曰"退头"。此外锅庄则负责供给藏客伙食及住费，但藏客所食为糌粑，所值无几，较之锅庄所得"退头"，不过百数分之一耳。至于藏客购买货物，不论值千值万，其所住锅庄，亦必抽取退头百分之四。往往住扎藏客一次，抽取进出退头，有达千余金者，少亦百余金或数百金不等，盖藏商贸易，资本雄厚，动至需要成本数万，藏商性质纯朴，信任之人，终身不背，其于贸易之信赖锅庄，有如交易不得锅庄同意或非锅庄介绍，虽获厚利亦必不售卖。

此间锅庄原虽四十八家，经世局变迁，或主人绝嗣，多转卖藏客而陆续停闭。现在所存者，仅只十八家，内以冲家、邱家、安家、年家各锅庄最大，终年所住藏客，及代客买卖各种物货，从未间断云。

康定锅庄（《西康概况》）

本文选自五章《杂俎》。本节原附有《四十六家锅庄调查》一表，与任汉光《康市锅庄调查表》虽大同，但略有异。本书因油迹泛滥，字烂如泥，多处无法细辨，故摘部分，而全表更无法录入，甚为可惜也。

锅庄，这个名词在西康只康定仅有，而为其他县份之所无的。□□□来解释这个名词，它原是锅桩的变音，即西康人烹煮食物时，恒以长柱形石头三□埋于土中，和栽椿三根一□成三角形，上面履则置以锅炉，锅庄就因此得名了。

康定□□□□年前之□□之□□□□关外各县及西藏商人常以各地土产——如羊毛、皮革、麝香、虫草、贝母、赤金……等方物□打箭炉□粗茶、布疋，□□□□的打箭炉，还是一个荒凉的村庄形式，当□没有如目□这样的热闹繁华，所以关外各处及西藏□□□□□贸易之时，那一地区的就经常来□所住之一定地点搭起帐篷，竖起锅庄。以后打箭炉逐□走上繁荣，这些他们搭帐篷、竖锅庄的地方便兴建房屋起来，名称"□吉"，□供□些商人来贸易的招待所。或为明正土司所属对大小头人觐见□时来康住宿的地方，因此使得锅庄变或为锅椿了，一直到现在，这些锅椿经常所住的商人，仍是旧锅椿时代所住的那一地区的商人的后裔而不会□□，例如南门上自家锅椿，那地在明清时为邓、德、白等县商人来康贸易时搭帐篷、竖锅椿之处，而今所住的仍是邓、德、白几县的商人些，又子耳坡王家锅椿在未□建存房舍之时，即为瞻对娃来康贸易时搭帐篷、竖锅椿之旷地，而今仍只能容宿来康贸易的瞻对娃些，各地的商人来康贸易从锅庄时代便问（稳）定住在一个地方，一□□□□□住锅庄仍不能稍改相沿下来的旧习，抑或锅庄的主人——他们所称的"阿家"……商人些住锅庄不给房钱，锅庄主人只能抽取其百分之二的"退头"，例如一个商人的一片货物足值一万，售出后锅庄主人照例□□退头洋两百元。打箭炉为内地与关外交通的枢纽，且为川康间商业之中心，每一汉藏商人交易，大多以万千资本计，故锅庄主人每年之收入便很可观了。

打箭炉的锅庄在初只有四家，即瓦斯碉包家锅庄、铁门坎汪家锅庄、大园坝罗家锅庄，与石门坝木家锅庄。这四家锅庄在当时□分明正土司的差务，后□明正土司代关外各大小土司朝贡之职，他的差务就逐渐的□□起来，原有的四家锅庄遂不能胜任□□□□□□，且□□市商茶□且益繁荣，于是又□这四家锅庄□产生了十二家锅庄，各直属三家以代分负其差务，就□□□□□再延续下来，□□凑成了打箭炉号称的"四十八家锅庄"。

四十六家锅庄调查（略）

康人经营锅庄（《西康概况》）

本文选自其第四章《职业》。

康人在城厢中，有经营锅庄——夷商栈房堆店——者，凡关外各商，将抵城时，锅庄之男女主人，康语呼"阿家"者，即出郊迎客至家，款以饮食住宿，并代之贸易，交易既成，恒抽百分之几，以为已有，名曰"退头"，是为锅庄之正当收入。本城原有四十八家，现在仍续继营业者，仅三十余家耳！康人在城厢中，至一般贫苦康人，则以劳力为生，平常所习见者，多系妇女，或负运茶包货物，或背水缝茶。而缝茶者，康人呼之曰"甲珠娃"——甲珠者，缝茶之译音也——此类人民，最为复杂，大部分为混合血族。其散居四乡之康人，或则为农民，或则事牧，皆视地域环境而定。

十三锅庄与四十八锅庄（《西康诡异录》）

本文选自《土司与头人》。

近有马泽昭君，著《打箭炉调查一文》"原题西康内地调查，其实只记打箭炉一城之事，想系报馆将题标错"，在新川报发表，谓："（康熙二十八年，成都派员前往调查户口，将十三部落，改为十三锅庄，……时江忖与清室声气相通，权势日重，承受意旨，将十三锅庄分四十八锅庄以弱其势，每锅庄百户，设土百户一员）云云"，实系误记，考锅庄起源，为各地头人为候差便利，在土司衙署附迎，建筑长住候差之房屋，原明正土司所管，地方辽阔，各区头人，例来土署候差，并料理临时征调之事，如系不常候差，固可支搭账房，差毕即可撤去，明正差徭繁数，各区头人，几乎终日派人在此伺候，故建碉房，为长住计，打箭炉为商业区，故又兼营商业也，锅庄，谓安锅熬茶长住之房屋，乃系汉语[打箭炉通行汉语]，若以房屋之性质言，则可称为"头人办事处"，或候差房，又为头人之商店，亦可称为各部落之会馆，十三锅庄者，明正土司原管地方[鱼通、孔玉、雅拉拉沟等处皆是]十三头人之候差处，四十八锅庄者，康熙四十年招降附隶明正之关外四十八百户之办事处，非自十三锅庄所分成也，此可以乾隆《雅州府志》为证，志云："该土司所管锅庄头人十三名，共四百六十五户，新附土司夷民六千八百四十二户"，又云："新附口外安抚司六，土千户一，土百户四十八"，并载其名、地、民户、赋贡数目，此六安抚司，为瞻对、喇滚、□副、巴底、革什咱、绰斯甲，一土千户即咱里土司并有印信、号纸，为独立部落，仅附明正朝贡，惟四十八土百户，无印信、号纸，位势卑□，渐移为明正部属，故有四十八锅庄侯差也。

打箭炉地位高寒偪窄，不产五谷，而能成为人口二万以上之都会者，与此事颇有关系，故详正之。

赴锅庄参观（《西康纪行》）

1938年夏天，在西康省政府的资助下，刘国钧组织了西康社会考察团。考察团由徐益棠、柯象峰和两位学生组成。他们从成都乘汽车经双流、新津、名山等地到雅安，换乘滑竿经汉源、泸定，由泸定桥跨过大渡河，最后到达当时的西康首府康定。此次考察柯所作《西康纪行》连载于《边政公论》，本文摘于1941年1卷第3、4期。又：此文后收入《柯象峰文集》，社会科学文献出版社2017年出版。

八月二十二日 晴云

……

继赴一锅庄参观，经杨校长介绍，其主人（王姓）出迓，道入楼上住室，陈设富丽，板壁皆漆红黄色，内室有留音机、鸦片灯，可代表康人中资本家之享受。据云："此地原为牛厂，属明正土司，约有四十八头人。继觉汉康人贸易时需用经纪人，及康人（彼名草地人）住宿招待之所，故设此庄。"后随需要之增加，及营业之繁荣，乃日趋富裕，故锅庄实为汉藏之交易所，亦如下江之行。同时又系康人之招待所，主人实兼经纪人及通译者（因主人均通双方语言），交易成时，主人取佣金百分之二。如不成交，而康人过此住宿，亦加以招待。盖多重情感，而不计较锱铢，尚存藏人古朴之风。主人赴草地，彼等亦殷勤招待，除供宿处外且供食品焉。后偕赴楼下，其存货如茶、牛皮不少，形似堆栈。复经主人导观招待康人之住所，有德格娃二三人，（中有一人系头人）在彼食糌粑饮茶，其陈设有地铺、矮棹、火盆，供奉六字明经及算盘、账簿等，以及彼等行坐姿势与装饰，目观之下，如身历关外矣。出外摄影一帧，与辞而别。

访问包家锅庄（《西康纪行》）

本文摘于《边政公论》1941年1卷第3、4期。

八月三十一日

午膳后，请顾牧师、徐益棠及余赴瓦斯家（即包家锅庄）访问。按瓦斯家系康定最富豪之康人，昔繁盛时，屋宇恢宏，为历届来康前钦差大臣驻跸之所，但抵门时，只见院落空阔，盖院中有房舍，于七年前惨遇□□，现所剩留者，为一经堂及新修之一二排楼房而已。先赴经堂，入内见系一正方厅堂，中有莲花生（佛），即介绍印度佛教来西藏者。四周围以栏干，栏干嵌有直立可以旋转之辘轳□□七八十双，内储裹紧之经文或祈祷文。忏悔之士，可绕行并以手推重辘轳，每一辘轳旋转一次，可以抵数万功德，绕行及旋转不已，其功德可增至无限量，如以其抵消罪孽而有余，仍可超极乐界也。适堂内有一背负小孩旋转不已之康妇，以及一喇嘛口朗朗作三叠式之礼及膜拜，盖亦举行忏悔耳。惟功过之相抵，不从实际上种功德，仅从消极方面祈求，识者当不谓然。出堂经货栈，栈前空地有不少之男女工人，装填茶叶、羊毛于牛皮袋中，而缝连之。终抵主人住宅，登楼掀帘入室稍待，由主人出室招待。主人为一中年妇女，中等身裁（材），虽着康人装束，却较整洁。室甚宽大，正中沿壁有家神龛，作朱红色，镶以金边，神牌内启，不许触。龛前桌上则有贡物，如香及酥油等，龛旁为一大壁柜，柜洞开约三四展，罗列黄铜茶壶及水□等空隙，此固系一种陈设，想其寓意，不外寓有招待来宾饮茶之工具，或祝高朋□□，胜友如云也。与大柜相对之窗旁有大铜锅，架于木架上，中有炭火，上悬二壶酥油茶，遇客至可斟热茶献客也。炉旁横置长短凳二条，为客人烤火、饮茶、接谈之所，谓之为客堂或社交处，□曰不宜。经展问邦族，得悉本庄□昔为第一号锅庄，前主人常交结官府，故能常得其保护。家中宝藏也多，惜已成灰烬。而包氏受此打击，逐渐趋衰微。男主人复于数年前去世，留二女四子。幸女主人甚贤能，内则治家教子，外则主持庄务，闻写算俱佳，故至今日仍能维持下去。其子女多请家庭教师训诲，长女将及笄，佐母治家，长子送康定木雅乡当喇嘛，四子在跑马山从大刚法师为小喇嘛，系大高法师转世之活佛（呼图克图），即余等日前在大刚法师处所见之俊美小沙弥也。辞别后由顾牧师导至一陕西茶庄参观，内部建筑紧密。在内室晤谈，则见烟灯燎然，有两君子侧卧吞云。据接谈之刘君云：本庄年约销茶二万包（当然不止此数），所得税年缴三百余元。茶自雅安运来，每一小包原值一元余，运至康定加上背夫运费约值二元二三角，销往关外增价为三元余，可运至拉萨，沿途亦有销路，但至拉萨约需六个月云，其运费当然由藏商担负。此地汉康交易，首由锅庄居间,成交后可得行佣,行佣为物价百分之四。但康人购物多系用土产(如牛羊皮、麝香、药材)雇牛马运来,以便交换雅茶,不至空骑而返,而此种交易,仍具有以物易物之古风焉。及谈资本则该茶号讳莫如深,此固商人之习性,不足为异也。辞别号,仍谐赴昨日之辛家,辛氏亦陕商,娶一康女极贤能,生一女一子,女适西康省银行程处长,适亦在家,子会返西安,就读于中学,父逝世后由母主持家政及商业,子继亦返家助理,其母现正飞行昆明、成渝间经商,平时乐善好施,亦一不可多得之贤内助也。

拜访瓦斯碉(《西南游行杂写》)

本文摘自《西南游行杂写》,向尚等著,本书为"中华职业教育社农学团国内农村考察团"向尚、李涛、钟天石、汪本仁、姚惠滋等五人合写。该考察团 1934 年春从上海出发,历经粤、桂、黔、滇、康、川、鄂、皖诸省,费时十个月,以期考察全国农村状况、明了农民生活实在情形以及各种族之特殊性。

(康定)城内商店大小形式、贸易收入,与内地城镇市大致无异。杂货铺占为多数,以前中央军未曾驻康,生意很是萧条,现在驻军众多,营业日益发达。但只限于日常用品,如纸烟、零吃等类,非康人正宗贸易。其正宗贸易为茶业、金业、麝香业、药材业、疋头业五大宗,尤以茶业最发达。每年贸易总额约一百二十余万元。金业、麝香业约六十余万元。经商者,几全为汉人,各省均有,以陕西人占为数,只靴鞋业多是藏番经营。分东、西两条街,以河流为界,河东者总称"河东街";河西者总称"河西街"。有四座大桥,一名"将军桥",一名"上桥",一名"中桥",一名"下桥"。桥下水声淙淙,人常称之曰"东方威尼斯"。河西有民政街(原名弓甲市,弓甲为藏语,即锅贴之意,北方人称"烧饼",因此街为做锅贴生意者的聚集处)、陕西街、兴隆街,兴隆街后面为茶店街。北门河东有南内街、将军桥街、马市街、大石包、中桥、凤窝街。商市以中桥街最繁华,以民政街最冷淡。此外有两条神秘街,一为西门北土坎,一为北门水桥子。听说民国九年以前,每夜常有番女结伴在此等街道守候情人,情人以汉人占多数……

藏人在康定多为行商性质,由关外办牛驼牦尾、羊毛、麝香、药品运到康定售卖,再由康定收买茶叶、布匹,运出关外。在康定居留者,十九都汉化,仅服装上有点差别。但藏人到康,绝不寄住汉家,必须住于藏人所开之店,此类店号名曰"锅庄"。(即汉语客栈之意)在康定原有四十宗家,今只有二十多家,规模最大者,为瓦司碉,主人姓包,已经亡故。现由夫人经理。夫人姓王,为西康望族,北洋时代,随父在北平侨居数年,曾肄业于某中学,父为国会议员,于归时,始返康定,现年三十余岁,能通中、藏语文,汉语也说得动听。我们相见日,夫人装饰简朴,穿藏服,梳分辫头,以绿绳缠辫,薄施脂粉,内穿雪白寝衫,眉清目秀,唇红齿白,虽当中年,而风韵未减,不亚二十许人。言谈谦和有礼与普通番女相较,相去很远。全店事务,一手包揽,对外交际,也是亲自出马。数年来,店务居然不因夫故发生影响,且声誉蒸蒸日上,全康人士莫不知瓦斯碉女主人的大名,更无一人不以与夫人一交倾谈为荣。夫人外圆内方，冰清玉洁，虽每日周旋于众雄之间，而从未发生暧昧事件，实为番女中不多见的妇女。我们受伊款待，甚为周到，饮以酥油茶而外，尚有若干名贵食品，可惜口味不合，只能心领。

边茶之沿革（《四川邛名雅荥四县茶业调查报告》）

本文摘于《四川邛名雅荥四县茶业调查报告》第一节《全省茶业概况》。

四川边茶（售给塞外番夷者）贸易，历史亦为悠久，且自古即占最重要地位。中国产茶省份惟四川与诸番接壤之处最多，故汉夷私自贸易边茶，起原何时，现虽无可稽考，惟以其地理环境，及产茶历史观之，当为唐代以前之事。至唐时，番夷已视茶如命，政府乃限制其贸易额，以羁縻番夷，并设茶马之官，专司茶马互市之事，禁止民间私自携茶与番夷，以充实马政，盖此种统制贸易有国防、政治之重大意义在。

宋时天下之茶，盖由政府统制设置茶场，收买民茶，实行专卖，并置茶马司，以易番马。据《宋史》，置茶马司于陕西原、渭、德顺三郡，以蜀茶易番马。至元符中，（公元1098年）以驽马充数者过多，乃禁沿边鬻茶，专以蜀茶易上乘。蜀边番地所产多非良马，故不在蜀设市马场也。至淳熙七年（公元1180年）乃又在蜀置茶马官，凡买马州县，黎、文、叙、长、南、宁、平、珍皆与知州判同措置，任责通判许茶马辟置，视买马额数之盈亏而赏罚之。据《宋史》《文献通考》载：乾道（公元1156年）初川秦入场马额共九千余匹，川马五千余匹，秦马四千匹，淳熙以后（1174年），为额共万二千九百九十四匹。

明之茶马贸易仍有增无已，惟废止茶之"榷茶专卖制"为颁发"引由制"，茶商拔钱领"引出"，"持引由"向园户买茶，运茶出口时，须经验票处截验，于是川茶遂得与西番行直接贸易，而政府仍设茶马司于秦、洮、河（陕西）、雅（四川）诸州。据《明史·食货志》：碉口、永宁、筠连，所产茶曰"剪刀粗茶"，惟西番用之，而商贩宋（送）出境，《四川茶监都转运使》记："宜别立茶马局，征其税，易红缨、毡衫、米、布、椒、蜡，以资国用，所收之茶，依江南给引贩卖法，公私两便。"于是永宁、成都、筠连，皆设茶局矣。又绍一天全六番司民，免其徭役，专令蒸乌茶易马。初制：长、河、西，等番商以马入雅州易茶，由四川岩州卫入黎州始达，茶马司定价为马一匹茶千八百勋，于碉门茶课司给之，番商往复过远，而给茶太多，岩州卫以为言："请置茶马司于严州，而改贮碉门茶于其地，且验马高下，以定茶数。"诏：茶马司仍旧，而定上马一匹，给茶百二十勋，中七十勋，驹五十勋。洪武十七年（公元1384年）直四川茶盐都转司，十七年定乌撒、乌蒙、东川、芒部茶盐布匹、易马之数。乌撒岁易马六千五百匹，乌蒙、东川、芒部皆四千匹，凡马一匹给茶一百勋。三十年置成都、重庆、保宁、播州茶仓四所，令商人纳米中茶。自嘉靖（1522年）后确立引制，边引数额大增，边茶贸易由是蒸蒸日上。

茶引沿革——明初（公元一三六年）①创始，清沿之今仍之，惟额数、税率有增减耳，另详于茶税一节。

【注疏】"茶引"始于宋代，北宋熙宁七年（1074年）榷川茶，令茶商于官场买茶，产茶州县发给长引，每引按茶价征十之一引税，免除过税，直接运熙州(治所今甘肃临洮)、秦州(治所今甘肃天水)等地茶场中卖。至元十三年（1276年），初立茶法，茶引有长、短之分，长引每引一百二十斤，短引每引九十斤，后废长引，专与短引。引按销售方式又分为"行销引"与"坐销引"，四川又有行于四川腹地之腹引，行于边地之边引，行于土司属地之土引。清末引制渐废，唯西部边疆地区茶引仍行至民国时期。

锅庄是康定的灵魂（《入康记》）

本文选自第二十《康定拾零》，为"拾零"之十。

康定的灵魂在于"锅庄"。所谓锅庄者，系集旅馆、堆栈、掮客、交易所、高利贷者之大成，也是汉藏贸易的一座桥梁。据称共有四十八家，（实不止此数）你访问过那些一二流的锅庄后，觉得上海、汉口的怡和堆栈、太古洋行，也不过如此。

锅庄为特别经济组织（《西康社会之鸟瞰》）

本文选自第五章《西康人之经济生活》。

康定至今仍不失为西康之大市场，至少为川康商业之枢纽，康人多来此交易，每至康，辄利用锅庄为助，锅庄为西康一特别的经济组织。康人来此贸易，咸宿食于此，且各有一定之主顾，历代不变。庄主人除供给宿处，及柴、水外，并任翻译及说合，而打包、堆货，亦利用其场所。交易成后，庄主人则提取佣金（名曰"退头"），虽以土货易川货，亦按价提成。故此种锅庄实兼具旅舍、行、掮客及堆栈之功用。

康人亦有商店，但为数极少，而范围小，且多兼营者。故纯粹商人阶级中人颇不多见。因除私人经营外，康人商业多为喇嘛寺，及土司所兼营。故商人地位亦随之而增高，颇为平民所敬重。而西康土司喇嘛，既握有土地权，且以其雄厚之资本与组织及武力，得占商业上大部分之利益，因而权力更加增高矣。

康定交易一大部分，仍保持以物易物之风，故向用货币转少：所需用之货币则为藏洋（约等于法币五角）、云南钢洋（约法币三角）、及些诈法币。至于辅币，则有铜元，及将藏洋截留二分之一、四分之一而使用之，今已取缔。大量交易，亦有用银块论平计算，每平约八十

---

① 原文如此。

雨。度、量、衡制度亦极粗简。量、衡皆用十进之蛮秤,至于度,亦不甚精确。

运输货品,因道路崎岖,□用牛运,故交通极慢,例如由康定运茶至甘孜,需一个多月。到拉萨需十个月,至一年。

康定之锅庄(《西康综览》)

本文摘自原书第十篇《西康之工商业》第二章第六节。

锅庄为康定所独有,为他县所无。在未入康及不明康定情形者,或以为制造出售铜锅、铁锅者。二十六年入康调查各情,遄返内地整理报告,友人乍见即作如是感想。究其得名之始,或因康人烹煮食物,恒以长柱形石头三块埋于土中,或栽椿一根成三角形置锅其上,遂以名之也。锅庄萌于何时,殊□确考,然以安家锅庄之家谱,考查五百年前即已创业,江家锅庄则成立于明洪武年间,余如包家锅庄、杨家锅庄亦皆成立于明代。

当五百年前之元、明时代,关外各县及西藏商人常以各地土产,如羊毛、皮革、麝香、虫草、鹿茸、贝母、赤金等方物运集康定,以求出售,而易回粗茶、布疋等物,当时康定仅一荒凉之山村,当无现时之繁荣,然各处商贾前来贸易,自亦于一定住宿之地搭架帐篷,竖立锅桩,为时既久,建筑房屋,或为远商来康招待之所,或为明正土司分封大小头人觐见时来康止宿之处,名曰"督吉"。其最之锅庄有四家,即瓦斯碉包家锅庄、铁门坎汪家锅庄、大园坝罗家锅庄、及石门坎木家锅庄。此四锅庄原属明正土司分担差务,后以关外各大小土司朝贡差务日繁,原有锅庄不敷应用,由四家而增为十二家,各直属三家,代分差务。嗣因贸易日繁,锅庄□立益多,清代已增为四十八家,而锅庄性质亦已变为旅馆,关外商人至康,并无铺店,货物郎堆存锅庄之内,锅庄主人代为介绍顾主,抽取佣金百分之四,来客购买货物亦取百分之四以作佣金,其佣金□曰"退头"。近年以来,因经济影响,及各庄主不谙商业之道及天灾兵患,印藏铁路与滇越铁路之影响,各地输出多不经过康定,以致四十八家锅庄渐次衰落,仅存十三家,其他锅庄虽在,徒有其名。民国以来,复有新建者,现共有四十七家。

说"锅庄"(《说"锅庄"》)

《说"锅庄"》谭英华著,连载于蒙藏委员会1943年《边疆通讯》第1卷2至4期。

一、"锅庄"起源的试探

熟悉川康边情的人,不论是民族调查者、商人,或旅客,只要留意的时候,一定会惊讶到"锅庄"——或作"锅装"、"锅椿"一名词应用的广泛,特别是在"锅庄"发源地的康定。若你是一位商人,则你贸易的对象或用人多半与"锅庄"有关。若你是一位旅客,则你所栖息之处，在过去或现在必定是"锅庄"。若你一位留心观察的人，随时随地几乎又可以见到康人最普通的娱乐——种舞蹈，也被叫着类似的名称"跳锅庄"。

锅庄的含义看似十分复杂，然而不是不可理解的。就它的应用上说，不外作旅店、商号或堆栈、炉灶、舞蹈四种解释。在康定四种意义也完全具备的（一二两义实为一义，容后讨论）。在川三松、理、懋、汶、嘉戎①、西番的区域里，便只有后面二种意义，在川南雷、马、峨、屏，以及西康宁属的罗罗生活范围内，含义更狭，仅指烹食物的炉灶。然则锅庄究竟是怎样种东西呢？正确的说，锅庄原应写作"锅桩"。原来康人烹饪食物的方法极简便，就地掘一浅坑，埋下石块三片，或木柱三根作基础，再架上锅炉，便可应用。这种装置，及这一火坑，便叫作"锅桩"。治餐之所是一家人生活的重心，这是放牧民族中的通例。后来账幕建设房屋，这种风习保存下来，于是这类建筑也有了"锅庄"的名称。庄是桩的音变，又寓有房屋的意思，这是锅庄的原始意义。至于"跳锅庄"（或"跳锅庄"的得名），则因其环绕火坑而舞的缘故，去本旨便远了。

锅庄何以又会成为旅馆、商店或栈房，是它自始即具备这些特质，抑是以后发展起来的呢？对这一问题，我的回答是，迄今还没有正确的解答。近年来，尽管有些人对它的产生的背景和变化作过一二次试探，另外一些人对它的贸易状况有过几度调查，但实际上去问题的核心还远得很。由于不平常的机会，笔者在不久的过去有过生活在锅庄里面，以它为对象来考察的机会。发现锅庄实在是康人农民家庭的模拟形态，在康定社会里有其特有的生物的（或社会的）及经济的功能，与康人社会组织是相适应着的。因而感觉有将它的起源、演变与衰落的发展过程，以及它的内在的、外在的特质的，作一全盘估价的必要。

先且看看他人的见解。关于锅庄的起源，我们可以举出三派有力的说法。一、久居康定的谢国安先生（SgeaYab）最先提出这个问题。②先生父亲是西藏人，母亲是蒙古人，对康藏文化最有认识，故他的看法可以代表一般康人的意见。他以为很古的时候（约当元朝前后），有一位萨密人（Samyo）名罗布什布（Horbu zangbo）的曾横越康藏，来到打箭炉（路线今不可考）。不久回拉萨携带了许多鹿角、兽皮之类，到打箭炉来交易，这就是西康商业的萌芽。罗布贸易的范围很大，往往从藏中运货来康贩卖，转运华茶回藏，大家都认为他是第一位运华茶入藏的商人。他在康交易的总栈设于木雅乡（Mi Nyag）名叫 Dorse Garmo，此即康定的第一家锅庄。

锅庄在古时共有四十八所，是大家承认的。但四十八所之名便不大为人所知，即说得出来的，也不免错误。这一方面的知识，除谢先生外再无人有更彻底的了解，承他的美意，指出初起的四十八家锅庄名称如次：

藏名（录音）　　　　　　　　　　汉名
1. Jag—go—ja—ba　　　　　　　 匝（咱）家锅庄
2. Ka—wa—ja—bo　　　　　　　 姜家锅庄

---
① 文中"嘉戎"即今"嘉绒"，下同，不再另注。
② Comb. G .A. A Tibetan on tibet. ——原文注。

3.	Wa—de—wa—tsang	瓦底瓦家锅庄
4.	Ghu—nye—ba—ba	白家锅庄
5.	Gong—ja—wa	白土坎包家锅庄
6.	Gong—to—to—na	白土坎罗家锅庄
7.	Gong—to—sha—ma	石（史）家锅庄
8.	A—Sam—to—ma	白土坎彭家锅庄
9.	A—sam—sha—m	衙门口陈家锅庄
10.	A—la—ya—ma—tsong	充家锅庄
11.	Sa—geΛ—go—tsong	罗园坝家锅庄
12.	Ya—dΛong—tsong	大园坝杨家锅庄
13.	Kong—tag—wa—tsong	将军桥充家锅庄
14.	Ngu—tong—wa—tsong	鱼通娃家锅庄
15.	She—va—nong—ba—toma	张西泰家锅庄
16.	Sha—va—nong ba sha ma	杨马泰家锅庄
17.	Sha ba.to ma	上铁门坎汪家锅庄
18.	Sha ba.sha.ma	下铁门坎汪家锅庄
19.	La hye to ma	上架烈家（王家锅庄）
20.	La hye sha.ma	下架烈家（罗家锅庄）
21.	Dva.she kong.sav	恭加寺罗家锅庄
22.	An.hea tsong	阿那架
23.	Sen.kav.tsong	张家锅庄
24.	Che.ka.wa.tsong	龚家锅庄
25.	A hyag ba ba to ma	上阿娘爸爸（江家锅庄）
26.	A hyag.ba.ba sha.ma	下阿娘爸爸
27.	Ah.Dhay tsong	杨坡架
28.	Ye.ka.wa.tsong	大石包包家锅庄
29.	Ca.she.vowa	高日家锅庄
30.	La.me.wa	那墨蛙家锅庄
31.	Dve.wa.va.wa.toma	张（孙）家锅庄
32.	Dre.wa.va.wa.sha.ma	诸葛街王家锅庄
33.	Dva.jao.ba.che.wa	瓦斯碉包家锅庄
34.	Was.jao.ba.cbung.wa	彭家锅庄
35.	La.vong say	木家锅庄
36.	Do ge.ngo ba	贾家锅庄
37.	Zoov—Ve pa to ma	上紫耳坡（王家锅庄）

38.	Zoov—ve pa sha ma	下紫耳坡
39.	Dvang—ye so na tsong	安家锅庄
40.	Dvung.ye ge.zang.bal.joʌ	贾家锅庄
41.	Dvung.ye.tsong	
42.	Dvung.ye.tsong	译字翻
43.	Sei ye a ja	三爷家锅庄
44.	Tvam.tsong	邱家锅庄
45.	Hang.be.yowa.to.ma	李家锅庄
46.	Hang.be.yowa sha ma	杨家锅庄
47.	D tsug to.ma	彭家锅庄
48.	De.tsug sha ma	彭家锅庄

(附：原文图版)①

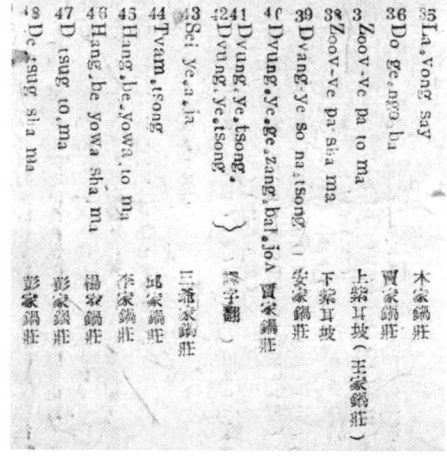

① 此表与谭英华在《康人农业家庭组织的研究》中引用的锅庄表出入较大，故本书在整理时放入原文图版，以利读者对比。另：谭表数据资料与文中引用相应数据资料十分混乱，无法对应，今录两文均照之。

【注疏】此表与谭英华在《康人农业家庭组织的研究》（简称《研究》）中引用的锅庄表出入较大，故本书在整理时放入原文图版，以利读者对比。以两表对比，《研究》一文中藏名注音更加规范、标准，故笔者以为一种可能原因在于：此表为谭整理，但未经采访者（谢国安）核对；而《研究》之表为与谢国安之文（或谢本人核对）对照（校正）后的内容。至于《研究》中表格有些明显的错误，如《说"锅庄"》中"Jag—go—ja—ba"，汉名为"匝（咱）家锅庄"，而《研究》中反误为"匣（咱）家锅庄"，"匣"可能为杂志编排时所误。

————————————————————————————

锅庄主人充建猷先生之说异是。他告诉我的是，他们最初十三家的祖先于明代中叶自青海移来（其迁徙的动机及路径无人明白），到达打箭炉后，定居下来，设锅桩，立账幕而生活。稍后种族繁息，集议归附清朝，派遣代表，来内地纳款。清廷授以官职，使统其部众。以甲家为之长，其余各家副之，是为明正土司及其所属土职的起源。他们从此有了一定的居处和范围，锅庄的萌芽。此后承受政府命令，宣扬德意，招徕远人，与关外各土司便多交往。各土职及其人民入关者，明正令十二家分别接待，他们带来的土产也代为推销、交易，这样一来，此十三家和关外土人中间，便产生了一种固定性的主客关系，而锅庄的商业行为也因此开始了。

纯粹根据中国史籍的意见的，可以任乃强先生之说作代表。[①]认定锅庄为各部落的会馆，最初凡十三处，分布于明正土司管内鱼通、孔玉、雅拉沟等处。清康熙四十年，招降附隶于明正的关外四十八百户。诸百户设办事处于关内，遂有"四十八处"之称，即"四十八锅庄"。并非由过去的十三处演变而来，有《雅州府志》可证：

该土司所管锅庄头人十三名，共四百八十五户。新附土司夷民六千八百四十二户。

新附关外安抚司六，土千户一，土百户四十八。六安抚司，为瞻对、喇滚，正副巴底、革什咱、绰斯甲。一土千户即咱里土司．都有印信，号纸是独立的。除附明正朝贡外，并无其他从属关系：四十八土百户不然，他们无印信号纸，势位卑微，一切依赖明正土司，久久便降为明正的附属。

从上面三种说法，我们可以归结成为不同的两派。后面二说，都承认锅庄起源于土著，其最初的功能，是社会性的。最前一说，推测锅庄起始便是一种商业组织，而这种组织实是西藏人始创的。要知道哪一说较接近真理，不外从两方面考察。一是各锅庄的历史，一是各锅庄的实况。关于各锅庄本身的、祖先的、种族和身份，笔者更逐一访问、探索过，其结果如下表：

锅庄创始者的身份

不明（21）（22）（23）

外族 汉人（43）

嘉戎（13）（33）

---

① 任乃强：《西康诡异录》，锅庄。——原文注。

土著 贵族（2）（5）（8）（□）（10）（16）（17）（19）
（20）（21）（27）（28）（29）（33）（34）（35）
（39）（44）

平民（3）（4）（6）（7）（12）（13）（15）（18）
（25）（26）（31）（32）（36）（37）（40）（41）
（42）（45）（46）（47）（48）

喇嘛（30）

（注）四十八锅庄名称、次序以前录谢国安氏所说为准。锅庄名称，概以次序符号代表，以下各表仿此。

（附：原文图版）[1]

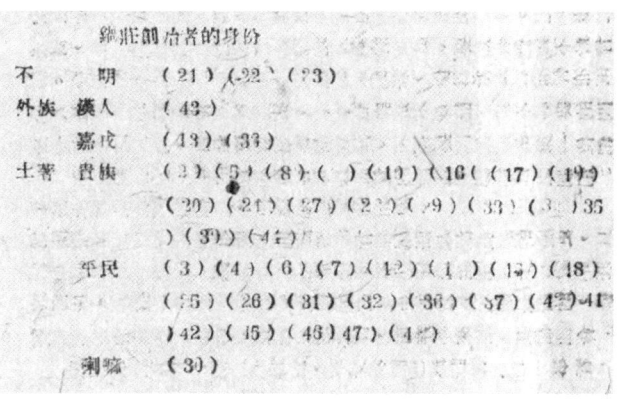

又在他们中间历史较久，而有地位的，多与明正土司有直接或间接的关系，他们的先人均是较有地位的土著，这是公认的事实。以笔者所知，如白家锅庄（4）的先人为明正手下专门招待德格宾客的人，白土坎包家（5）、充家（10）、瓦斯包家（33）、邱家（44），均是明正土司的管事或大头人。此外，如大园坝罗家（11）为明正的圩者，白玉坎彭家（8）、译字翻（41）、（42）为明正的通事之类□多。不然便是明正的亲戚，如姜家锅庄（5）、木家锅庄（35）、安家锅庄（39）等，均为明正有过婚姻的联系。因之我们敢于肯定的说，最初的锅庄实在是一种起源于西番土司——特别是贵族的组织。

说起锅庄是否具有商店的性质呢：书籍的记载和通行的传说是不会记得有的。我们不妨另外从锅庄的名称上面来分析。基于对康人社会的认识，我们知道他们家庭和社团的组织，往往能反映出这一团体内各成员所从事的生产部门、这一团体的史迹、神话等事项。这一团体的名称便是显著的代表。但事实上四十八锅庄名称的含义里，却找不出他们所经营的商业项目，交易对象，甚至与这些有关的痕迹来。请看依照上次办法所列的表。

---

[1] 此表与谭英华在《康人农业家庭组织的研究》中引用的表出入较大，故本书在整理时放入原文图版，以利读者对比。

锅庄名称含义的分析

祖先的名称（2）（8）（9）（22）（27）（29）（43）（47）（48）

居住地的名称（3）（25）（26）（37）（38）

祖先的官职（10）（11）（19）（20）（39）（40）（41）（41）（45）（46）

种族或发源地的名称（14）（33）

住所位置、方向（1）（4）（5）（6）（7）（13）（16）（17）（15）（21）

外观、形势等意义（23）（24）（31）（32）（36）（37）（44）

　　虽然这没有到下结论的时候，至少我们已经证实，这一事实，即锅庄是在西番土著中生长起来的社团，而非外来的其他社会的商店。在这一点上，任乃强、充建猷二先生的意见大体是对的，他们相同之处在认定了锅庄的原始形态。不过，任先生谓四十八家锅庄为关外土司所设的办事处，则显然违背各锅庄起源发展的历史。要将上列两表略加检究，便能知道它的错误。

　　至于谢国安先生的意见便有可以商量的余地，认锅庄之制创始于一藏人的商栈，自是违背事实的说法。不过要问锅庄的第一位创始人是谁，却难有肯定的答案——也许是不可能，或不必要的问题。今天现存的锅庄中，如大园坝罗家锅庄，便自承是罗布什布的后裔，各锅庄也都是认罗布是康地商业的始祖。要知我们虽不敢肯定他是锅庄的始祖，却难否认他和康地锅庄的密切关系。退一说，即使他是第一个锅庄的创立者，现今的四十八锅庄也决不是由他一系或一手演化出来的。他在康地经商为时虽早，但其他锅庄衍为商栈，乃是后来的事。

　　对于锅庄的界说，我们不如先设一个假说，再利用以后的篇幅来证实它。依据笔者的意见，锅庄是一种起源于土著康人的家庭组织。它在初期，具有农民家庭的一切特质，是康定社会结构的核心。稍后由于社会的进展和交换的需要，商业和交易的行为渐次在他们中间产生。近数十年来，随着中西文化的深入，经济生活繁复，这一种家庭型的商业组合在本质上便起了变化，而呈现出突破家庭本位的拘范，转化成为近代商店的倾向，即是现在的锅庄。

二、锅庄的社会性

　　若上述假说与事实相符，我们便可以在此承认锅庄实是西番农业家庭的剪影，并有将他们作一分析和检讨的必要。一般人都知道康人所从事的生产部门不外农耕与畜牧，或二者兼顾，或专事其一。业农者普通称为"庄房娃"；牧畜的唤作"牛厂娃"。庄房娃，有定居，从事简陋的农稼；牛厂娃，居处无定，以畜牧为业。然这种区别并非绝对的，业农的家庭也多有畜养成群的牲口的。游牧者，每年也得定居几处，附带经营农事。然为了研究的方便，这种分划却又不可少。我们探讨的对象，即足以庄房娃的家庭为主题。

　　农民的家庭是有着比较严密的组织的。她除本身具有生物的、经济的诸种功能外，也是社会的基层组织和中心机构。对于它的了解，可说是研究西番社会或西番民族的起点。为了避免繁复，让我们在下面几行，将它的结构、特质、功能……扼要的绘出个轮廓来。[①]

[①] 作者《康人的家庭》（管理中英庚款董事会川康科考察社会组报告）——原文注。

（一）西番农民家庭是一个附着于定量土地，举行家内两性分工的经济单元（特称它为抽象家庭）。

（二）此单元之构成以直系血亲（父母祖父母子女等），及与此单元内男子（或女子）结婚的女子（或男子）为主体。世系通常以两代为主，三代为主，人数在十人以下。

（三）此单元的生物功能是绵延种族，保育幼体。经济功能是家的生产，自给自足。一生产品有余或不足时，乃有交换的行为。

（四）此单元内务成员，人人均负有生产的责任。不过男人以其生理上的优势，而为家庭的保护者，又因传统的习俗，而专操对外的事务。反之，女子倾向于家庭的管理，专治对内的事务。

（五）各成员间的关系是平等的，亲属虽然偏向父系，家内主权却无区别。

（六）此单元的生命具有相当韧性，不论分子如何流动（死亡、出家、出嫁），它的生命却寄托在永久的财产——土地上，保存下走。

锅庄是否全部，或一部的具有这些特质呢，要让事实来覆案。现在我们将上面六类特质综合为三方面，再进行观察。

（一）家庭范围。着眼点有三：1. 家庭基础；2. 成员人数，3. 同居亲属，经过调查的凡四十三家，四十三家中过去保有庄园的田地的有（2）（3）（4）（5）（8）（6）（10）（11）（15）（16）（17）（19）（20）（24）（25）（26）（27）（28）（29）（30）（31）（32）（33）（34）（35）（39）（41）（42）（44）等廿九家，其余便不可考。至于人数，以每家五六人为普遍。

成员数	三人	四人	五人	六人	七人	七人以上
家　数	五家	十家	十一家	十二家	三家	五家

同居亲属较难统计，曾仔细观察过十六家的情形。主要的不外父母及由生育而产生的子女，或由婚姻而产生的夫妇，同父母的兄弟、姊妹。例外的有，祖父母、岳父母、母亲的姊妹、夫妇的兄弟。

（二）成员关系。1. 家内主权不是绝对操在任何一方面的。女主人或赘婿主家不仅行于今日，五六十年以前更已是很普遍的事。我们在后面可以找出若干实例。2. 家内男女或嫡庶的差别观念，也几乎是不存在的。在过去，送儿子出家，留女儿管家的极多，今日犹然。例如有名的包家锅庄的女主人现在还将第一、第二两个孩子送去学佛。彭、陈等锅庄儿子出家，即以女承家，可概一般。大抵儿子年幼，女儿年长时，大半招婿上门，共管家业。3. 他们（锅庄中人）的亲属观念似较关外人士浓厚，但比之道地的汉人一，便差得太多。笔者访问过二十多位锅庄主人，但悉是直系亲属的，不过五人。至于详细知其生卒年月与历史的，只有二人。对于父母系的旁支亲属也是一样。但混血种的主人则不然，可见生活环境对他们的影响。

（三）家庭功能。任何家庭的生物功能从古到今均是一样，没有讨论余地。经济功能反是。如今的锅庄经济显然已超越了自足自给的阶段，而开始跨入商业经济的范围。不过正由其商业形态的幼稚和原始可以找出它的蜕变的痕迹。锅庄交易与正规的商号最大的差别有二，就贸易或旅店的对象言，它是固定不变，有历史的传统与地域性的。他们和锅庄主人的关系不外亲戚关系与乡土关系：笔者所知各锅庄来往的商客状况略如下表：

锅庄名称	有关系客商籍贯
（1）	木雅乡之驮脚娃
（2）	德格、理化、昌都商人
（4）	德格、绒坝×[①]、甘孜、理化
（5）	德格、白玉
（8）	理化、昌都
（9）	理化
（11）	甘孜、绒坝×、炉霍
（12）	木雅娃
（13）	道孚、甘孜
（16）	云南附近察哇绒一带商人
（17）	甘孜
（19）	木雅娃
（20）	云南烟贩
（24）	甘孜、昌都商人
（19）	甘孜、德格商人
（29）	道孚、瞻化
（30）	道孚、泰宁、炉霍
（31）	道孚、德格
（32）	道孚
（33）	德格、白玉、西藏商人
（34）	德格
（35）	炉霍、青海结古、大结、高日寺僧商
（36）	炉霍商
（37）	瞻化、更钦
（44）	甘孜、德格、昌都
（47）	甘孜、白利

诸客商与锅庄主人的亲戚关系，我们不能亦不便逐一叙述——留待以后实例研究。总之，他们与锅庄决不是今日商人与主顾、旅店与客人的关系，因此他们所受的待遇亦不同。商人住锅庄照例不给房租或其他费用。反而主人每日供给他的糌粑、油茶、牛马草料——关系亲

[①] 此处代表叉（岔），绒坝×即今甘孜藏族自治州甘孜县绒坝岔。下同。

切身份较高的客人待遇更好。只有客人货物出脱之后,才抽百分之二的"退头"(佣金)。锅庄主客关系的固定,更可从一事看出。即居住客人的固定性。来往于某锅庄的客人的迁徙居是绝少的事,要有那是阿家们(他们对主人的称呼)为了特殊原因,要把锅庄出典,或出卖的时候,但只要主人转来,他们马上又都回来了。

就贸易的方式上也可以看出初期商业的形态。实际上锅庄的经营与今日正规的商店或堆栈有别。它与前者重要的差别,在不开设店、陈列货品、作门市的交易。与后者的异处,在不直接的贩卖货物与批发商,它只凭私人关系,代客介绍生意、抽取佣金。一方面相当于古昔的"牙人"(牙人今日在某些场合仍然存在),他方面可与旅店主人相比拟。我国历史上唐宋时代有所谓"邸店"的组织,或是由这种雏形发展了出来的。①

更有一事足以加强我们论证的,即每一锅庄称号的固定,若干年来,沿用不改。尽管主人都已死尽或换尽,甚至营业不复继续——如衙门口陈家锅庄、铁门坎汪家锅庄、民生巷安家锅庄等例甚多,但此房屋存在时,此称呼便被保存。这不足以证明抽象家庭存在吗?

最后借几个重要的锅庄,作一模范形态的实例研究。以当结束。

(一)铁门坎汪家锅庄,四人锅庄之一。他们的祖先说是土著。从创业到现在,已传了八九代。现在的屋子,被公认作明代的建筑物。清末,主人的后裔死尽,只有一媳主家(德格人,今犹健在)。因无子女,从关外把她的侄女接来同居,并为他赘婿,婿为一"折格娃"(混血种),姓汪(汪承中),汉人,便有汪家锅庄之名。生有一子,出家为呼图克图;一女赘金川人为夫,乃用汪姓。此外,关于这家庭的详细情况,便不甚可考。传其先辈曾为达赖的驻康使节,诸祖中出家的极多,又与金川及德格有历代的亲谊,故与金川、德格方面的商务关系最为密切。

(二)大园坝罗家锅庄,四大锅庄之一。传为罗布簪布之后——姓罗的由来。一说"Sat go □ go"义为"圬者",他们先世曾为明正土司司粉刷房屋之职。历史在四十八家中最为悠远,拥有土地最多,二十年前,主人绝嗣,由寡媳招关外人入赘。媳死,此赘婿娶妻.赘婿又死,其妻再招夫,而此锅庄的名称不变——汉人称"大园坝",康人称"色根古",因所招夫媳均是昌都人,故往来商客也以昌都人为主。

(三)瓦斯碉包家锅庄,锅庄之首。他们自称是康熙中由木坪迁来的,共七家,其中三家(白土坎包家、水桥子包家及瓦斯碉包家)为兄弟辈,其余四家(高日家、依卡娃家等)均为亲戚。此七家历代互通婚姻,或与其他锅庄或关外土著通婚,四大锅庄中,血胤最为纯洁。今女主人即出于王家锅庄。主持人过去男女都有,贯于分出的成员财产都是平均分配。包家迄今已有七八代。有包寿岩者,曾为明正土司亲信:其弟为某大寺总堪布,康垣有名的日库呼图克图出于此家。今女主人长子又是呼图克图,故人习称他家为"活佛窝"。

(四)斫坎木家锅庄,四大锅庄之一。昔日明正土司有女,招金川土司之子为夫,此康名Fa-song-say(嘉戎,金川人之义)的由来,故当地汉人以"驸马府"之名呼之。又说只有他

---

① 陶希圣:《唐代经济史》,第99—103页。——原文注。

家准以石砌门限，又称之为"石门坎"，何以又以木为姓呢?那是因为相传明正土司为果亲王之后，故折果字（甲、木）以为姓。他们经商的历史最浅，不过开始于清末最末一位明正土司时，距今三十年前。女主人夫死，招赘一蒋姓汉人，生一女，即现在的女主人，已成年，赘邱家锅庄之子，无婿。

（五）衙门口陈家锅庄 Ah-sang sha-ma A-sam 为锅庄创业人之名，从他起到现在，这锅庄已有百余年的历史了。主人的后人早在四十年前，已经死尽。剩有寡媳招汉人（宋希平）上门，生一子，为改姓名陈文明（此中委曲不详）。陈成年后，娶安家锅庄之女为妻。这家历史悠久，过去与明正土司有多少关系，与关外理化亦有特殊关系。

（六）白家锅庄 Chn-nge—ba—ba，"七叉巴巴"义为两河之交，盖指锅庄所在位置而言。白家为打箭炉土著，有白玉头，为明正时头人专管对德格方面事务，白家与德格娃也有亲戚关系。白子死无嗣，其妻接娘家侄女来与同住，为招邱姓婿（邱秉忠）。从此在汉人口中，邱家锅庄的名称代替了白家。

（七）茶店街邱家锅庄，是一所具有百余年历史的老锅庄。因为位置的适中（"羌厂"市街中心之义），生意也很发达。自称为寄寓康定的湖南人的后裔，实际上他们的祖先是明正土司手下大头人。这家与充家锅庄关系最密切。

三、锅庄的经济性

商业经济在整个康区还没有脱离物物交易（Barter）的阶段，康人的欲求原很简单，加上生产力发展的迟滞，货币的缺乏，交通的困难，遂使专门的商店和商人没有发达的可能。农民、牧民的家庭，大多是能生产本家消费的物品的，不足时才有借贷与交易的方式来补充。锅庄便应这种需要而担负起它的经济上的使命。康定以其位置的适中，和近年来汉藏对康贸易的频繁，锅庄的地位益见重要，锅庄经营的范围也益见繁复了。

锅庄的商客有别于一般商店，其有历史上的渊源，前章已曾述及。若就地域的区别来看，他们仍然是可以分别的。大概通常来往的不外汉人、康人、藏人三种。汉人以川、陕、滇三籍为多，亦偶有来自山西、湖南及长江下游的。藏人地籍无从细别，所可知者有各大寺所派遣商人、各大商及商号的代表、直接贩运货物的商人三种。康人最为繁复，是商客的主体，亦可分为三类。一是不以经商为职业的庄房娃、牛厂娃。一是职业的商人——他们仍是庄房娃，不过自己不亲自经营农业，或以小部分时间经营农业。一是各大寺遣派出来的商贩——他们有的是喇嘛，有的不是，自己对商务无处置全权，须听命于出货的寺院，与普通商人有别，一是从青海结古或康青交界的俄洛来交易货品的商人。各类商人的人数各各不同。汉商以二三人至十数人为普通。藏商及青海商常结伴同行，人数至少在数十人以上。康商则无一定，远道来的人数较多，近处的人数较少。

锅庄贸易方式因商客的等第而异。最低级的，康定附近的庄房娃、牛厂娃以其生产品托锅庄代售，或售与锅庄，而交纳退头，其办法如上章所述。四十余家中，除极少数外，均收容这类商客。其次为康藏行商，锅庄多不供食，只代客寻找主顾，或推销。交易成功，抽收佣金。大概康商规模较小，锅庄获利较微。藏商规模较大，锅庄获利也大。常住藏商的只有瓦斯碉包家、铁门坎木家、龚家、姜家、充家等数家。汉籍商人与锅庄相同，但多不假手锅庄介绍，仅纳房租。另有一种坐商，也是自行批发，实际上与旅舍的客人无异。

锅庄自身也营商业。实力雄厚的，便出关直接贩卖，或以茶换卖，更有远人藏地贩运西藏货物，南下三迤，北出西川，大批贩货的。不然便收售城乡农产，为门市生意。锅庄贸易最盛时，每家住客可达五六百人，每年贸易总额近百万元。最衰落时住客有少至十余人，年收二三千元的。试以普通每岁贸易总额为标准，则锅庄可依次分为大小四等。第一等，岁入八九十万元至二三十万元。第二等，二十万元至五万元。第三等，五万元至一万元。第四等，一万元以下。其比例如下：

第一等　　瓦斯碉包家锅庄——八九十万元（约数）
　　　　　白土坎彭家锅庄——八九十万元
　　　　　衙门口陈家锅庄——七十万元
　　　　　将军桥充家锅庄——六十万元
　　　　　铁门坎汪家锅庄——四十万元
　　　　　白家锅庄（中山街）——三十万元
　　　　　石门坎木家锅庄——三十万元
　　　　　杨马泰家锅庄——二十万元
　　　　　姜家锅庄（中山街）——二十万元
第二等　　茶店街邱家锅庄——十六七万元
　　　　　子耳坡王家锅庄——十五六万元
　　　　　秦家锅庄（民权巷）——八九万元
　　　　　上架烈家王家锅庄——七万元
　　　　　杨家锅庄（民权巷）——七万元
　　　　　彭家锅庄（民生路）——五万元
　　　　　高日家锅庄——五万元
　　　　　杨家锅庄（民生巷）——二万元
　　　　　贾家锅庄（民生巷）——二万元
　　　　　包家锅庄（茶店街）——二万元
　　　　　咱家锅庄（祥云街）——一万元
　　　　　大园坝罗家锅庄——一万元
　　　　　口家锅庄（民生巷）——一万元
第四等　　其他锅庄，一万元以下

商品的种类均不会越出家内生产的范围，而且多是农业、畜牧的产品，可见商业的附性。至于各类特产亦是具有地方性的，与当地的自然环境和生产技术有密切关系。如瞻化以毛毡工艺见长，故该处商人运来的以毛毡为主。他如甘孜的皮制品、德格的铜器也是一样。所以即从锅庄的商品一点，也不难看出康人社会经济的结构。

1. 农产………糌粑、酥油、奶渣、酸奶、豌豆、小麦、木炭、苞谷、洋芋、葡萄及他种水果

2. 畜产………牛皮、猪皮、羊毛、牛毛等

3. 矿产………盐、银砖、沙金、硫磺、石膏等

4. 药材………贝母、虫草、麝香、鹿茸、知母、大黄、当归、秦艽、丹皮等

5. 兽皮………狐皮、豹皮、虎皮、猞猁、沙狐皮等

6. 工艺品……A 一般：毪子、羊毛线、毛毡等

      B 特产：红毛毯（瞻化），牛羊皮袋、账及其他制成品（甘孜），铜锡制佛像、供品、装饰品、用具（德格）等

来自西藏者大体相似。

1. 药材………藏红花、藏青果、雪莲花、雪猴子、雪茶、豆蔻、川芎、厚朴等

2. 畜产………皮革、羊毛

3. 工艺品……氆氇、藏香、铜佛等

4. 矿产………金银、矿砂等

5. 特产………羚羊角、犀牛角、廓香、鹿角、藏葡萄等。

外来的，则是本家不能制造，或不生产的生活必需品。

1. 四川商人的………炉茶、布匹、丝线、棉花、黄烟、锅及其他铁器、染料、哈达、糖、妇人装饰品

2. 云南商人的………铜锡及制成品、沱茶、鸦片烟、火腿、糖

3. 陕西商人的………宝石（松绿石之类）、布匹、红枣、柿饼、醋、烧酒

4. 长江下游各处商人的………绸缎、布匹、呢绒、毛织品及少数装饰

还有由藏商带来来自印度、不丹、尼泊尔、锡金等处的产品。著名的有藏杏、藏枣、瑙砂、珊瑚、金丝缎、獭皮、蓝靛、茜草等物。[①]

四、锅庄现状

今将就社会与经济二方面，将锅庄现状作一探测。先言社会方面。有一个值得注意的现象是最近若干年来锅庄数量、名称、本质的显著的变化。一般人习惯了四十八家的称呼，至今沿用不改，即不知道中间已经历了多少变易。前章以举谢国安先生所说四十八家之名，今日已大半不能适用。据笔者调查有十二家早已不复存在，四家无可考，仅存二十三家。

停闭者：（3）（14）（15）（18）（21）（41）（42）（43）（46）

不可考者：（10）（26）（33）（40）（22）（23）

新兴者亦复不少，至二十九年春止，在谢表之外的，约有下列诸家：

杨家锅庄（Szhe-nap-sha-ma）   民生巷六号

[①] 根据炉关入口统计。——原文注。

丁家锅庄（Bau-ha-hun-loh）	民生巷廿号
秦家锅庄（Ch-ka-wa tsong）	民权巷七号
张家锅庄（Te-wa-szhe-wa）	民权巷十四号
岳家锅庄	民族巷十二号
黄家锅庄	民族巷十五号
龚家锅庄（Lha-fn-ma）	民族巷廿一号
贾家锅庄	中正街二四一号
孙家锅庄	祥云街一号
林家锅庄	祥云街二号
刘家锅庄	祥云街十二号
杜家锅庄	祥云街十号

上列也许还有疏漏的地方，合旧的三十二家计之，当在四十五家以上。不过此中还有若干家名存实亡，又当别论。

以上是数额上的变迁。至其本质上的变化，更为明显。新兴锅庄姑不置论，旧日锅庄今天有几家依然保存着一贯的组织，单纯的血胤，实很难说。这种内部变革，除掉锅庄名称不变外，可说是事实上的易主。此事自然以锅庄的典卖为最普遍。如彭家锅庄（民生巷十六号）之售与恒记药行，秦家锅庄（民权巷九号）之售与龚家，包家锅庄（中正街安息会隔壁）之售与李家是。但不管怎样易主，康人对他的称呼不变。

其次为继承。有由亲戚继承的，如充二姐的继承张家锅庄（民权巷十四号），但不及赘婿继承的普遍。这类事例至多，如汪家锅主原不姓汪，招赘婿汪承宗，主家而改姓，白家锅庄（民权巷十三号）从婿姓而改姓杨，张家锅庄（民权巷二号）从婿姓而改姓孙，张家锅庄（中正街）从婿姓而改姓王，白家锅庄（中山街二八一号）从婿姓而改姓邱等。招有赘婿而不曾改的，便是主权未曾移转——在女主人手中的表示。

若进而追求锅庄名额和本质变化的动力，原也不太复杂，不外个人，或社会的不景气，以致不能维持。或主人绝嗣，或离家，无人照应，于是有典卖、让渡、继承——特别是招婿等必要。可是，即是这些原因，便已与康区社会经济的整体有了不可分的关系。从这里，我们不难找出一种文化潮流的进步。汉文化，在康区（以康定为中心）发生的作用，□它对康人家庭结构的影响。

本来两种发展程度不同的变化经长期接触，自然会有交流、混合、吸收、融合等现象发生，汉文化正式流入康区，只是清末的事，所以康区文化一向还保存着本来面目。近数十年首受汉文化影响，当推康定各锅庄与各方面接触的机会最多。故尤不能不受重大影响，试看前举新兴的汉家锅庄中，即有七家（丁家、秦家、黄家、岳家、龚家、贾家、杜家）为汉人所设。再如锅庄的售出，承受者又多为汉人（其著者如李家、龚家、黄家等），与昔日四十八家中占一家的情势相比较，则汉人势力发展的程度可以想见。

为这一文化融流的先驱的是血缘的混合——通婚。康人对上门婿的待遇素来苛刻，而且锅庄是从不与汉人联姻的。但这些年来，成群的小商人、土人和无业者，从四川、云南、陕西各地跑来，凭着他们的智慧和技术，竟打破"汉不入夷"的口号，突入了康人的家庭。以笔者所知目前三十多家锅庄中，即有十家招有汉婿（混血种尚不在内）：

高日家锅庄——钟述灵

白家锅庄——杨海廷

史家锅庄——王泽普

王家锅庄——王斗南

杜家锅庄——孙相贵

张家锅庄——孙其光

刘家锅庄——彭凯元

陈家锅庄——宋希平（已故）

木家锅庄——蒋某（已故）

罗家锅庄——某

甚至连家庭的主权都改变了过来，此二十多家中汉人或混血种与家庭的赘婿，操持的便有九家之多（白家、史家、白土坎彭家、大园坝罗家、铁门坎汪家、杨家、张家、木家、刘家），这又岂是三数十年前有过的事。

这一事实固然代表锅庄本身的变化，但实在也反映着当前民族文化的动向，婚姻范围扩展的结果，家庭结构随之动摇，而被诱导日趋于汉化的倾向。这一倾向表现的方面很广，第一没有姓氏的康人开始使用姓氏。汉姓的来源有三，一是如前面所说的随婿改姓；二是任意取姓，如陈家锅庄（衙门口）之姓陈，便是没有任何根据，出于近年改名的。三是附会汉姓，有的音讳祖先之名，如罗家锅庄之远祖罗布簪布，充家锅庄之托名充保。有的截取锅庄之名，如咱家锅庄名 Jag-go-ja-ba，为取姓的由来。更有如木家折果字以为姓的，但取方便，并无若何含义，如此类者，不一而足。

其次，家内主权的推移，亲属待遇的改变。家内父亲的势力逐渐膨大，先祖的观念也渐渐萌芽。笔者在锅庄里曾询问过十多个滇血统的汉人，多能原原本本道出他们的家世，若祖若父之名，于母方反无所知（土著的康人多只熟悉母方的世系）。常喜背他们先世的故事，说其祖先因避难来自内地，或因军功起家，或以游幕发迹。谁知道社交界里许多典雅名字的主人，身上却流着汉藏两族的血呢？兹再以调查过的三十二家为例，现在男女主人之比已相差甚远，可见女子已走上了附庸之路了。

男主人			女主人
（1）	（11）	（35）	（12）
（2）	（13）	（26）	（20）
（4）	（16）	（37）	（23）
（5）	（17）	（39）	（28）
（6）	（19）	（44）	（29）

（7）　（21）　（45）　　（32）

（8）　（24）　　　　　（34）

（9）　（30）　　　　　（3）

（注：本表为省略计，仍借用第一章符号）

他们的辞汇中也反映出这种扩大的亲属范围。有若干习惯用语，在藏文里，方言中均找不到根据，必出于汉语的来源。有若干字是康人字汇里有的，现在算是加以增修。有的是不曾有的，可是新用。不过详细的类别，尚有待于专门研究。寻常可知的如 Ah-yea-po 两字，藏语中原有，又与用语中"阿爷""阿婆"相近，故他们率性采用后面的间节用以称呼外祖父母。康人对他父亲的姊妹的丈夫，或母亲姊妹的丈夫多无固定的称呼（藏语是有的）；而他们便用 Ba Ba 字，即川语"伯伯"。至丁兄弟、姊妹更通用汉语"阿姐"、"阿妹"一辞，此外借用的还多，不及逐举。

随着汉人势力的伸展，给锅庄带来了经济上的恐慌。从民国十年以后，锅庄贸易便走上了衰落的途径。我们知道，近二十年年，川康边境几乎五日不陷在长期的混乱中。为军阀的争夺，为汉藏的攻讦，为国共的交兵。差徭苛杂、兵匪侵寻不息，使得交通阻塞，康藏商人无法来往。人民购买力剥夺殆尽，商人利得不足担负重征，商务无法维持。而在云南、西宁、或皋兰的汉商复直接与藏商往来，多方夺去康定的生意，这是内在的原因。对外方面，这种初期的新兴商业更敌不过帝国主义的殖民地贸易。在市场上，在品质上，区区的货物已不能与他们竞争——如茶叶。何况又遇上种种意外，自印藏路成功后，印茶纷纷入藏了。滇越路打通后，越滇藏交通不复取道康定了（由滇边盐井、昌都入藏）。锅庄剩下来的大家贸易，还有几何呢？这是外在的原因。

前面我们还计算三十二家锅庄之名，其实目前何曾有这个数目实际存在呢？规模大点的，在贸易总额锐减，负债亏累的局面下，还能勉强支持。小范围的，受不住不景气的压迫，早已歇业，将房屋典让，或租出了。试看第一类锅庄年贸易额减低的情况。

　　　　　减至

1. 包家锅庄——→八十万元—三十万元约数

2. 彭家锅庄——→八十万元—二十万元

3. 陈家锅庄——→七十万元—三、四十万元

4. 充家锅庄——→六十万元—四十万元

5. 汪家锅庄——→四十万元—十万元

6. 白家锅庄——→三十万元—十万元

7. 姜家锅庄——→二十万元——二万元

8. 木家锅庄——→三十万元—口万元

9. 邱家锅庄——→十六七万元——一二三万元

10. 王家锅庄——→十五六万元——一六七万元

11. 秦家锅庄——→八万元—三万元

12. 杨家锅庄——→七万元——一二万元
13. 王家锅庄——→七万元——一一万元
14. 高日家锅庄——→五万元——一一万元
15. 彭家锅庄——→五万元一二万元

剩下是名存实亡的，约有如下几家：
1. 丁家锅庄——民生巷五号
2. 杨家锅庄——民生巷
3. 安家锅庄——民生巷廿四号
4. 包家锅庄——茶店街四十三号
5. 龚家锅庄——民权巷五号
6. 张家锅庄——民权巷十四号
7. 江家锅庄——民权巷十号
8. 孙家锅庄——民权巷一号
9. 黄家锅庄——民族巷十五号
10. 刘家锅庄——中山街二七五号
11. 包家锅庄——中正街二六二号
12. 罗家锅庄——白土坎二十一号
13. 史家锅庄——白土坎三十四号

这是近年来锅庄各方面的实况，也是研究康区社会经济者，应当考虑的课题。

锅庄是康人家庭组织的代表（《康人农业家庭组织的研究》）

本文选自1945年《边政公论》第四卷二、三合期，为谭英华《康人农业家庭组织的研究》中第四章节《家庭的结构》中的结语部分。

在这里我愿再用一个假说作结束。康人的家庭是一个附着于定量土地，举行家内两性分工合作的经济单元。此单元以直系血亲（双亲子女，或男子）为主体——两代的。它的生物功能是绵延种族，保育幼体，他的经济功能，是家内生产，自足自给。计算亲属虽偏重父系，夫妇子女间却没有统治者与被治者的关系。因生产技术幼稚，农业并不为父亲独占，夫妇子女均是生产的成员。男子有着生理上的优势，而为家庭的保护者，又因传统的习俗，而专操对外的事务。

能代表他们的家庭组织，便于研究的是康定的"锅庄"。在未进行探究以前，我们对这种组织，不可不有认识。何谓"锅庄"，一般说法，以为它是旅馆、商店、客栈的混合体。认真讲起来，锅庄应作"锅桩"，康人煮食物以石头三块，埋于地下，上插三根木桩。炉锅放在上面，这就是"锅庄"（锅桩）得名的由来。至这种组织的起源，说来颇不一致。谢国安先生说，昔日有罗布簪者，自藏中运贩货物来康，贩卖得钱，转运华茶回藏。他的商栈设在康定木雅乡，叫 Dorse Gamo 是为锅庄始祖。①充家锅庄的主人充建献先生之说不同。他说锅最初只有十三家，他们的祖先来自青海，奠居于此，设锅桩立账幕而生活。后种族日繁，归顺清廷。清室授以官职，以甲家为首领，即明正土司。其人民入关者，明正土司令十三家分别招待，商人携带杂货品来的，并代之交易，由此而衍生今日的形态。任乃强氏又有新的意见。以为锅庄为各部落之会馆，最初十三处，均属于明正土司。康熙四十年，关外四十八户降于明正，故又有四十八处之称，非源于十三处，并引《雅州府志》为证。②但四十八处与十三处何以会混合而为今日的四十八家，则夫莫及。我们为充、任二说，大体可以相通，谢先生亦有理由，罗布簪布，确为康地商人之祖。不过一就锅庄之起源的政治意义言，一就商业性质言而已。

不管他起源于商人，或者土司，总而言之，他们有一定的居所和产地，他们的祖先百分之八十是康人（下面将有统计），他可以代表一般西番的家庭。锅庄数在清末有四十八，现在零落到只有十多家，但名称尚存。据谢国安先生所报告如下（与外间所传，少有出入，可靠的程度较大）：

    1. Jag-go-ja-ba　　　　　　　　匣（咱）家锅庄

    2. Ka-wa-ja-tso　　　　　　　　姜家锅庄

    3. Wa-de-wa-tsang　　　　　　　瓦底瓦家锅庄

    4. Ghu-Nye-ba-ba　　　　　　　白家锅庄

    5. Gong-jo-wa　　　　　　　　白土坎包家锅庄

    6. Gong-to-toma　　　　　　　白土坎罗家锅庄

    7. Gong-to-sha-ma　　　　　　石（史）家锅庄

    8. A-sam-to-ma　　　　　　　白土坎彭家锅庄

    9. A-sam-sha-ma　　　　　　　衙门口陈家锅庄

   10. A-ja-ya-ma-tsoug　　　　　　充家锅庄

   11. Sa-gar-go-tsong　　　　　　大垭集罗家锅庄

   12. Ya-drong-tsong　　　　　　　大垭集杨家锅庄

   13. Kony-tag-wa-tsong　　　　　将军桥充家锅庄

   14. Ngu-tong-wa-tsong　　　　　鱼通娃家锅庄

   15. Sha-rc-nong-ba-tsma　　　　张西泰锅庄

   16. Sha-ra-Nong-ba-shama　　　杨马泰锅庄

   17. Szha-ba-toma　　　　　　　上铁门坎王家锅庄

   18. Szha-ba-shama　　　　　　　下铁门坎

   19. Da-Nye-toma　　　　　　　　上架烈家（王家锅庄）

---

① Sherap Alibetan intibey cp——原文注。

② 任乃强《西康诡异录》，"锅庄"——原文注。

20. Da-Nge-sbama	下架烈家（罗家锅庄）	
21. Dra-she-kong-sar	恭加寺罗家锅庄	
22. A-hla-esong	何那架锅庄	
23. Scu-kar-tsong	张家锅庄	
24. She-ka-wa-bsong	龚家锅庄	
25. A-Nyag-ba-ba-toma	上河娘爸爸（江家锅庄）	
26. A-Nyag-ba-ba-shama	下河娘爸（江家锅庄）	
27. Ah-phay-tsong	扬坡架锅庄	
28. Ye-ka-wa-tsong	大石包包家锅庄	
29. Ga-szhe-rowa	高日家锅庄	
30. La-me-wa	那墨哇家锅庄	
31. Dre-wa-ra-wa-zoma	张（孙）家锅庄	
32. Dre-wu-ra-wa-shamo	诸葛街王家锅庄	
33. Was-jas-ba-che-ma	瓦斯碉包家锅庄	
34. Was-yao ba-chung-wa	彭家锅庄	
35. Da-rony-say	木家锅庄	
36. DO-ge-Ngo-bo	贾家锅庄	
37. Zoor-ra-pa-to-ma	上紫耳坡王家锅庄	
38. Zoor-re-Sha--ma	下紫耳坡王锅庄	
39. Drung-ye-so-Na-tsong	安家锅庄	
40. Drung-ye-ge-zang-bal-jor	贾家锅庄	
41. Druny-ye-tsong	译字翻	
42. Druny-ye-tsong		
43. Sei-ye-a—ja	三爷家锅庄	
44. Tsram-tsong	邱家锅庄	
45. Nang-be-rawa-tona	李家锅庄	
46. Nang-be-sowa-to--ma	杨家锅庄	
47. De-tsong-to--ma	彭家锅庄	
48. De-tsong-sha--ma	彭家锅庄	

（附：原文图版）[①]

[①] 谭英华在本文及其他关于锅庄的文章中（如本书收录的《说"锅庄"》）多次用到此表，但多处记载也各有差异，故本书在整理时均放入原文图版，以利读者对比。——编者注。

笔者曾访求过每家最初的主人的身份和种族。四十八家中，除一家是汉人外（42），其余大体为西番及少数羌戎。西番平民、贵族都有，以平民为大多数。故锅庄这种组织，实具有西番家庭的一种特质。列表如下：

土著平民	土著贵族	土著喇嘛	汉人	其他民族	无定
（3）	（1）	（30）	（43）	（13）	（21）
（4）	（2）		（45）	（35）	（22）
（6）	（5）				（23）
（7）	（9）				
（12）	（10）				
（14）	（11）				
（15）	（16）				
（18）	（17）				
（25）	（20）				
（26）	（39）				
（31）	（39）				
（32）	（48）				
（36）					
（3□）					
（40）					
（41）					
（42）					
（46）					
（47）					
（47）①					

（附：原表图版）

---

① 原表如此。此表中只有40家，又有重复，可能为出刊排版时有误。故本书在整理时均放入原文图版，以利读者对比。

锅庄主人身份分析 （附六〇页文内）

土著平民	土著贵族	土著剌嘛	藏人	其他民族	无定
(3)	(1)	(30)	(43)	(13)	(21)
(4)	(2)		(5)	(35)	(22)
(6)	(5)				(23)
(7)	(9)				
(12)	(10)				
(14)	(11)				
(15)	(16)				
(18)	(17)				
(25)	(20)				
(26)	(29)				
(31)	(39)				
(32)	(40)				
(36)					
(37)					
(40)					
(41)					
(42)					
(46)					
(47)					
(47)					

它与普通商店性质有别，最初每家均拥有大量的农田，对于交易不过处于中间介绍的地位，自己并不运货贩卖。来往于锅庄的客人也都有地域的划分，如北路商客住那几家，南路住那几家。商客并且与锅庄有其他历史关系或亲族关系。最足以代表西番家庭特质的是他们的婚姻和家内主权，现在把四十八家中最有名的"四"大锅庄的过去和现在作一检讨。

（一）铁门坎汪家锅庄 Syhaba-tama。他们的祖先据说是土著，开始到现在已传八九代，现在的屋子大概是明时的建筑物。清末主人的后裔死尽，只有一媳主家。她是德格人（今犹健在）因无子女，从关外把她的侄女叫来同居，并为他招婿。婿是混血种（汪承中），便有汪家锅庄之名。生有一子一女，子出家（呼图克图），女又赘金川人为夫，仍用汪姓，其先辈不甚可考，传有人曾为达赖驻康使臣。出家者颇多，与金川及德格的亲戚，商务关系最密切。

（二）大园坝罗家锅庄 Sa-gar-go-tsong。相传其祖先为罗布簪布之后，是为罗姓的由来。一说"Sa-gar-go"义为圬者，他们先世曾为明正土司粉刷房屋之职。历史在四十八家中最为悠远，往来的汉人称之为"大田坝"（房屋所在地）而不名。在康人中则"包根古"（译音）是"惟一"的代名词。拥有土地最多，二十年以前主人绝嗣，由寡媳招关外人入赘。媳死此赘婿娶妻，赘婿又死此女再招夫。所招夫媳均昌都人，来往商人，也以昌都人为主。今主人即第二次上门夫。

（三）包家锅庄 Was-jao 传说清初（康熙中）由穆坪迁来。同来者七家，有三家（白土坎包家、水桥子包家 Was-jao 为兄弟辈，其余四家（如高日家、依卡娃等）均为亲戚。此七家互通婚姻。或婚其他锅庄，或关外招夫不与汉人通婚。四大锅庄中，血系最为纯洁，女主人即出于王家锅庄。主持人过去男女都有，对于分出的成员，财产都平均分配。包家到现在已传八代，有包寿岩者为明土司亲信，其弟为大寺总堪布。康定有名的日库呼图克图，出于此家。今女主人之长子，又是呼图克图，故康人称他家为"活佛窝"。

（四）木家锅庄 Ja-rong-say 明正土司招赘金川土司之子为 Ja-rong-say（金川人）得名之来。何以汉人称为木家呢？那是相传明正土司为果亲王之后，折果（甲木）以为姓故。距今三十年前，女主人又招赘，一蒋姓汉人（荥经人）生一女，即今女主人，现已成人。故当地人又称驸马府。又说他家准以石砌门坎的又叫石门坎，明正女招金川土司之子为夫，即木家之祖。此康名 Jorong（嘉戎）Sag 所由来。他们经商的历史甚短，开始于清末最末一位土司时，招邱家锅庄之子为夫。

以上的铺述无非想证实西康人家庭的特质，如婚姻范围的狭隘——内婚的倾向，女子在康中的地位，锅庄无不具备。更有一事，为其他家庭不易看出者，即锅庄均有一固定称呼，若干年以来沿用不变。尽管主人都已死尽，或主人已历几次更换，甚至锅庄的营业不复存在，但此房屋存在时，此称呼便存在。这更足以说明前面的假说，家庭的分子是游离的，而附着于定量土地的抽象家庭，则是永远的。四十八家中没有十家保存了原来的血裔，因这种名称的含义表示这家庭的历史，实即这种抽象家庭的具体化，故再为表以结束我们的论断。

祖先名称	祖先官职	住处地名	住处方位形势	种族或原住地名
（2）	（10）	（3）	（1）	（14）
（8）	（11）	（25）	（4）	（35）
（9）	（19）	（26）	（5）	
（22）	（20）	（28）	（6）	
（27）	（30）	（37）	（7）	
（29）	（39）	（38）	（13）	
（43）	（40）		（16）	
（47）	（41）		（17）	
（48）	（42）		（18）	
	（45）		（21）	
	（46）		（23）	
			（24）	
			（31）	
			（32）	
			（36）	
			（37）	
			（44）	

（附：原表图版）

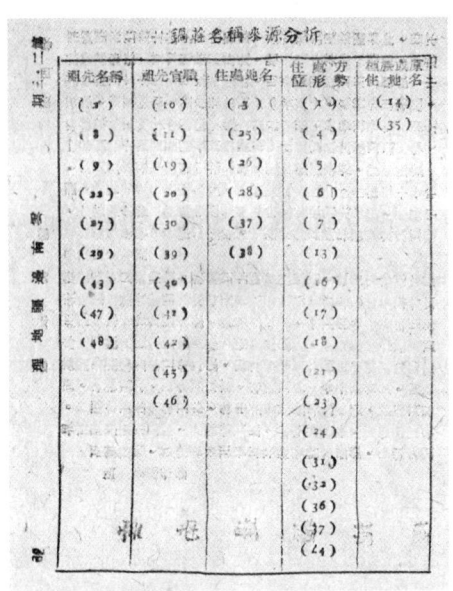

"锅庄"释义（《西康经济季刊》）

此文为《西康经济季刊》1946年8月发行的第十三期16页中的"宗润补白"。作者为白宗润。

康定有锅庄五十余家，经营一种特殊的商业——锅庄业。

凡外地康、藏商人来康贸易，必须觅定一锅庄为住所，货物由锅庄代为保管，商客食宿亦由锅庄供给。锅庄主人每月奔走市场，代为买卖，□□来客，限于语言，□□□□，大都□□□受命而已！买卖成交时，由锅庄主人按价加收买主百分之四，以为供给缮宿□赏，通常称为"退头"，□再加数百分之二，以为代疱佣金。

西康除康定有锅庄数十家，此外仅道孚有锅庄数处，惟并未如康定之□为代客交易也。"锅庄"二字之解释，有人以为："康定在洪荒之时，初无房宇，后商客以石支锅，渐有庄房，□□然成市，所以得名"。此则仅□□名□□，另无考稽耳。宗润按：锅庄或为藏语"各扎"之译音，"各扎"为贵族之意，旧日康定明正土司有臣□四十八家，土司□属，常为□□，其□或驻土司衙门外，仅此四十八家□□有□宇，而康定锅庄在昔亦恰为四十八家，目前之所以不只此数者，盖由□兄分居，添新房会所致耳，如包家锅庄即有数处，可为例证。

康定之锅庄（《康定县图志》）

本文摘自原书《风俗》一节。

因此地久为商坊，皆谙商情，本城原有十八家锅庄，凡康藏行商皆往此锅庄为旅店，不取宿缮费。盖容货之货交与主人代买卖，出入提取二分，用代为缮费，形同内地之经纪。凡营此者，悉为女子，善为交际，名曰"锅庄小姐"。其装束半为汉世冠裳，其守旧者仍是圆领大袖，以粗绸裹首，高统皮靴，名曰"吭咾"。喜跳舞，名曰"跳锅庄"。

康定锅庄调查表（《康定锅庄调查》）

本文刊于1936年《康藏前锋》第三卷第12期。

名称	主人姓名	地点	房间数	常住藏商数	开设年代	兼任汉人否
包锅庄	包文光	下桥	五六十间	三家	三四代	无
汪锅庄	汪成忠	明正街	五十间	,,	,,	,,
陈锅庄	陈文明	白土坎	四余十间	二家	,,	,,
彭锅庄	彭嘉谟	,,	,,	,,	,,	,,
白锅庄	邱炳忠	南门内	三十余间	,,	,,	,,
王锅庄	王成先	子耳坡	,,	,,	,,	,,
穆锅庄	穆秋英	诸葛街	五十间	一家	,,	,,
王锅庄	王斗南	诸葛街	三四十间	,,	,,	,,
充锅庄	充树勋	明正街	三十余间	,,	,,	,,
包锅庄	包治荣	子耳坡	,,	,,	,,	,,
彭锅庄	彭永年	诸葛街	,,	,,	,,	,,
杨锅庄	杨海廷	深巷子	,,	,,	,,	,,
包锅庄	包治忠	白土坎	二十余间	,,	,,	,,
邱锅庄	邱文彬	茶店街	三十余间	,,	,,	,,
安锅庄	安定国	诸葛街	二十余间	,,	,,	,,
包锅庄	包格让	下桥	,,	,,	,,	,,
孙锅庄	孙永光	下桥	,,	,,	,,	,,
罗锅庄	罗顺则	明正街	三间	无	四代余	有
贾锅庄	贾福林	大院坝	六七间	,,	三代	,,
罗锅庄	罗玉贯	百士坎	十余间	二家	四代	,,
姜锅庄	姜春圃	南内街	七间	不定	六代	,,
扎锅庄	扎吉佳	南门外	一排	无	四代	,,
黄锅庄	黄德华	下桥	六七间	不定	三代	无
石锅庄	王泽普	白土坎	,,	,,	,,	,,
秦锅庄	秦启宗	后街	三间	自用	四代	,,
贾锅庄	贾鹏德	子耳,	四五间	三家	,,	兼住亲友
罗锅庄	罗忠华	大院坝	十五间	不定	十四代	有
包锅庄	包治荣	大石包	七八间	无	二十余代	,,
李锅庄	李春华	大院坝	,,	自用	四代余	无

康市锅庄调查报告（《康市锅庄调查报告书》）

本文全录于 1936 年 12 月任汉光所撰《康市锅庄调查报告书》，为今所见关于康定 48 家锅庄（报告书时实余 47 家）最为全面、系统的调查之一，刊于《西康建省委员会公报》1937 年第 3 期，今四川省档案馆、四川民族研究所合作将之编入《近代康区档案资料选编》，1990 年四川大学出版社出版。

任汉光，男，四川省南充（市）双桂乡人，生卒年不详。1930 年 8 月，其任中共铜梁县行动委员会委员，参加组织和领导铜梁土桥暴动，暴动失败后被捕，1931 年经营救出狱回南充老家后脱党。其 1937 年到西康，曾任国民党雅江县县长、西康省党部文书科长、省党部秘书、国民党政府人事室主任等职；1949 年离开康定回南充，1949 年后被镇反。

一、锅庄萌于何时，殊难确考，惟据安家锅庄主人称，按家谱该庄当创业于五百年前，复据江家锅庄主人称，该庄明洪武年间已成立，则谓元明之际，康定已有锅[庄]创设，当无大误。

二、据康中练达者谈，康定原为汉藏茶马交易中心。元明之际，康定附近一带，东薄泸定，南达九龙，西奄雅江，北抵道坞丹巴，皆为明正土司辖地。该土司分封头人，执掌诸地，并令诸子及小头人，建立庄廊于康市，为渚头人觐见驻节地，亦得为各地商旅来康招待所，名为"独吉"，凡十三家，是为当时所称"十三独吉"。康人计户，恒以烟锅。每独吉内，设大锅一鼎，供煮茗火爰等用。锅成桶形，闻采自甘肃，庄内商旅，亦得各设同式小锅，不另计数，汉人名之为十三锅庄。后贸易日繁，锅庄建立益众，凡增为四十有八，是为世称之四十八家锅庄。

三、锅庄后纯变为营业性质，一如内地之栈房字号，成例藏商之来康地者，首次住某庄，后二次三次以迄其子孙，重来康市，均必驻扎原庄，非得各方同意，不得迁移。

四、清末叶，庄务寝衰，夷考其原，主要有二：

1. 有清以来，朝廷政治力侵入康中浸深，各土司统治权剥削日甚，加以汉藏往来，已就频繁，商务日趋隆盛，各庄目击康市经济形式，势且由封建的转入商业的，明正土司已不能维系其当年权威，不能不侧重经商一途。而庄主多不谙经商之道，对商品如种类，数量、品质、输运、物价等皆无记载，对客商如籍贯、来处、去处、人数、资本，每年贸易出入金额等，亦未经心。主人而精明，能致力于雇客之罗致，交易之促成，客咸利之，情愿来归，庄务尚可维持常态；庄主而阘庸，并此亦置之不理，或经理无状，以致累月经年，卖买无成，客商稽滞既久，耗费不赀，主人供应无缺，于是主客交困。更有因藏客迁移他家，酿虞讼狱，以致荡产破家者。

2. 康人逼于衣食，囿于教俗，有子辄命为喇嘛，虽赘婿成风，仍绝嗣时闻，庄业之窳败，庄主之转易，此亦为一大原因。

五、初谓锅庄，原属寄寓藏商，继有专驻驮足之庄，庄业既败，藏客飚去，乃始住客夫子，后之新兴锅庄，概无藏客，多住汉商，且有杂处各种客户者，于是锅庄演成上举五种类型。

六、世传四十八家锅庄，今存者至多不过三十七。民国以来，承买或自建新庄有十，共计现有锅庄四十七。其驻藏客商尚存锅庄面目者，二十有二，驻驮足之家七，余十八家皆徒负锅庄名。此二十二驻藏商锅庄，景况较佳者，不过十家，锅庄零落景象，于焉可见。至主人血统，则恐悉非原有血统矣。

七、康中藏客来路，可别为三：一属北路甚多，尤以甘孜为最；二属南路，以理化为代表；三属西路，西路之中心市场为昌都。

八、北路商品以毛皮及毛织物为大宗，各种药材次之；南路货物以药材为大宗，各色皮头次之；西路客多藏货，金银，各地皆可来。云南商概属泥商，火腿第其副品耳。

九、藏商鲜系自有资本，类多衔各地喇嘛寺命，代来康市贸易，所获利润，除藏商各种费用及小量酬金外，余概归喇嘛寺。亦有鲁寺喇嘛易装来康市贸易者。

十、民国建元而后，康市商务，日趋颓败，比来犹呈一落千丈之势。询得原因，有如左数端：

1. 印藏铁道达藏境后，计由旧印度加尔各达达拉萨，费时十余日已足，而康定运货往藏，竟需六七月乃可到达，致举凡西藏及昌都以西各地所产货物，悉由印输出。如向被目为珍品之藏狐，藏猞猁各皮，红花藏毯乃至藏金藏银，今殆绝迹于康市。

2. 滇越铁路，一经完成，云藏商贩率取道盐井、昌都西而不经康定。

3. 天津天兴祥商号，设分号兰旱，西宁以还，斋助行商，纷来青南、康北收买皮毛、香茸各色货物，于是康北以及西藏一部货品，不再来康。

4. 民六而后，康省丧地大半，藏领域内，商旅未便遄来康定。

5. 藏康商旅，率来康定，非在物品之销售，乃为川茶之购买，今印藏域内，茶树成荫，已无来康必要。

6. 川茶运销，既感不利，而税额则绝对相对，俱有增无减，令使茶价高涨，视云茶价额，贵及一倍，故康南商旅，咸道出云南。

7. 茶商但计前价廉，易于销售，曾以枯叶夹茶中，一人作俑，群起竞利，于是膺晶充斥，益令藏康商旅畏缩不来。

8. 西康要荒之区，地瘠民贫，不图历来官吏，既未抚爱，反脧剥工人不已，致使人民生活弥艰，购买力大减。

9. 加以兵役累作，差徭繁重，乡民穷困无计，骄悍者即走险为匪，匪盗出没，益使商旅裹足不前。

10. 去岁诺拉称乱，≠≠窜扰，今虽敉平，而浩劫之后，十室九空，人民未遑喘息，何敢逐利，致康市商务，有如今日之凋弊。

十一、康中入口货，以茶为大宗，余为粮食，布帛，草烟及各种杂货（未列入后附表内）。查茶案旧例，每行票一张，准配茶叶五包，计年可运茶五十四万包入康，闻昔繁盛时，实不止此，当可达六十万包，总值在三百万元以上。后寝衰，民二十三年已不及二十万包，本年恐不过十万包耳。初以一秤银购茶，所得茶数，亦呼一秤，计一秤茶为毛尖六包，砖茶十三包,金尖十五包,金玉二十三包,金仓三十包,小路金玉茶四十余包。今沿旧习,仍以此为标准,唯往昔一秤银五十两合大洋七十元,今对购茶特合为一百零几元,是茶价已较前提高二分之一矣。

十二、民初自藏自川,恒有生银及银币输运尤来,以康藏银为多。据云当年康市,生银银币合计值不下一千万元。陈步三造乱后,藏银即少来康。康民既有藏银风气,奸商复时截抽舞弊,银量遂日减,今全市恐不复有二十万元银量,于是有大批期票出现(按上所称数值,固难认为正确,然借此亦足观康定前途之市容)。

十三、就全部估计,康市商务繁荣期中,每年出入金额,总计最低值亦在六百万元以上,二十一二年,已不过四百万元,今最高且不及二百万元矣。

一九三六年十二月任汉光《康市锅庄调查表》

(一)

汉名:邱家锅庄。番名:羌厥。

主人姓名:邱文彬。

所在街巷:茶店街。

门牌号数:第三十九号。

客房间数;二十余间。

成立时间:未能确考。

路史:无大变化。

客家籍贯:甘孜最多,少数德格。

目前客户:五家,约十人。

货物品类:羊毛、羊皮、毪子为大宗,麝香少数,往昔有客驮藏洋来。

目前物价及数量:本年多数客人尚未到,现住者系去岁来此未还,仅新来二家输有毯子约四十驮而已,目前价格,每驮可售一百二十元之谱,每驮二十件,均六元一件。

货价消长情形;毛主子昔年价极廉时,每驮不过售六十元。

货量消长情形:极盛时,本庄曾进毪子三百余驮。

供应住客物品:糌粑、柴、清油、水。

取偿住客方式:出口货照价退头百分之三到四,茶每包退银三分。

营业状况:民七八年,本庄客货较多,每年交易出入总额约七八万元,比来受兵事匪乱影响,客货极少,交易出入总额不过一万元。

交易方式:由庄主居间,代客介绍买卖。

备考;一、课税加重,兵匪扰乱后,居民转徙流离、生活水准提高等为担子数量减少,价格提高之原因。

庄主所退之头,非出诸番客而出诸汉商,买卖皆然。且所退之数,主人俱须分予番客二分之一。

番客买草烟、布帛、杂货等，为数无多，概不退头。

（二）

汉名：包家锅庄，番名：乙卡瓦。

主人姓名，包二哥。

所在街巷：茶店街。

门牌号数：第四十三号。

客房闻数，十余间。

成立时代：原与瓦斯碉为一家，约二百年前，分建于此。

略史：历来乏人经营，势浸衰微，中复经火，损失颇大，爰益不振。

客家籍贯：甘孜、德格。

目前客户：现仅甘孜客一家名桑德，计二人。

货物品类：虫草，余同前。

目前货价及数量：虫草一百余斤运来已久，初欲待价求售，今且腐烂过半矣。

供应住客物品：同前。

取偿住客方式：出口货退百分之二到四，余同前。

营业状况：成庄以来，未尝有佳境。

交易方式：同前。

备考：该庄主人包二哥在草地多年未归，刻仅一八十余岁老母在，诸多情况，莫由询明。

（三）

汉名：牟家锅庄。番名：甲入色。

主人姓名：甲东修。

所在街巷：民生巷。

门牌号数：第一号。

客房间数：十八间。

成立时代：未能确考。

略史：十年前，甲东修之母死，以承继问题与江春浦姨氏争讼年余，靡费不少，事后庄务无人主持，大有凋败之象。

客家籍贯，大金寺，白日喇嘛寺，炉霍。

目前客户；炉霍客二家，白日客二家及"客夫子"八家。

货物品类：羊毛，羊皮，毡子，盐，虫草、贝母、知母、麝香，银砖。

目前货价及数量：羊毛约五十驮，羊皮约三十驮，其他货物皆未来。

货价消长情形；年来羊毛、羊皮价俱高涨。

货量消长情形：羊毛，羊皮运来数量已较前少约十分之九，往昔年可来吞旦予五六百驮，盐百驮左右，虫草，贝母，知母各十驮左右，麝香约百元，银砖三千余两，今皆无矣。

供应住客物品：糌粑，柴、清油及小菜，酥油茶少数。

取偿住客方式：同前，客夫子每月纳房租五角至一元半不等。

营业状况：六七年前，庄务尚佳，每年番客贸易出入总金额近二十万元，现不过四万元左右。

交易方式：同前。

备考：一、此据该庄老管家根德夫人所述。

二、锅庄内住凡背水、打柴、甲朱娃等力夫之家，称"客夫子"。

三、甲东修系一未婚女子，现住杨海廷家，庄务即由杨海廷代理，闻备受杨氏愚弄。杨牟二家，属世渲关系，杨家欲为甲赘邱文彬弟文质，事以不得明正家同意，在酝酿中。明正家，甲入色之舅氏也。

（四）

汉名：杨家锅庄。番名：日那卜夏妈。

主人姓名：杨则行。

所住街巷：民生巷。

门牌号数：第六号。

客房间数：五间。

成立时代：未能确考。

略史：诸葛街起火，本庄房廊折毁，此外无大变化。

客家籍贯：多系道坞驮脚。

目前客户：有土工一家（陈师），甲朱娃（何兴科），客夫子（恶伯）各一家。

货物品类：驮脚常携少数食盐，酥油，糌粑等来庄。

供应住客物品；仅夜给清油少许。

取偿住客方式：仅住驮脚，每日每客付糌粑一碗，若同时系有驴马，则取一藏洋。

营业状况；本年前后，仅来驮脚五六十人，往日最盛时，恒达四五百之多。

交易方式：住客有小买卖，亦由主人居间。

（五）

汉名：卫家锅庄。番名：日耳波。

主人姓名：王有先。

所在街巷：民生巷。

门牌号数；第八号。

客房间数：八间。

成立时代；未能确考。

略史：无大变革。

客家籍贯：瞻化、德格。

目前客户：除番客热母，阿格二家共八人外，尚住客夫子八人。

货物品类：毡子、毛毯、金。

目前货价及数量：氆子约五十驮，每驮可售百元之谱。

货价消长情形：最近数日，氆子价已较廉。

货量消长情形：十年前，氆毯、金等运来甚伙，金约四十两，市价未悉。其他香茸、毛皮亦多，番客常运回川茶数千驮。

供应住客物品：糌粑、柴、清油、水及茶。

取偿住客方式：退头同他家锅庄，房租每月可入三元。

营业状况：十年前，每年番客贸易出入总金额约十余万元，近约有六七万元之谱，昨今因受≠≠影响，商贩大减。

交易方式：同前。

备考：锅庄成例，藏客买货，如银数不足，庄主常为藏客作信用担保。藏客与汉商间直接交涉，下次始付完货价，不烦庄主担保者亦有之。

（六）

汉名：贾家锅庄。番名：独根固。

主人姓名：贾朋德。

所在街巷：民生巷。

门牌号数：第九号。

客房间数：九间。

成立时代：未能确考。

略史：历经焚劫，常有派款，庄务日衰，大不如前。

客家籍贯：炉霍。

目前客户：番客三家，甲朱娃一家。

货物品类：羊毛，各色皮张、食盐、麝香、鹿茸等。

目前货价及数量：现到货物极少，闻羊毛每百斤可值二十元，牛皮每张约一元半，狐皮约十元，猞猁皮约十六元，盐一元仅可买五斤。

货价消长情形：羊毛、食盐价格较往时价高一倍，羊毛昔日一百斤不过十一二元，一元可购食盐约十斤。

货量消长情形：羊毛十余年前运来本庄，恒有数百驮，盐亦不少，年来仅其四分之一耳。

供应住客物品：糌粑、清油、水。

取偿住客方式：退头同他家锅庄，客夫子月出房租一元。

营业状况：≠≠未窜康，庄务已渐衰，然章谷喇嘛寺亦常资助番客，来康贸易，驻扎本庄，故情形尚佳，≠≠扰后，景况愈下矣。

交易方式：同前。

备考：一、本市定例，凡需过称货物，如羊毛药材等，秤均以行号所有为准。本市有行号二家，曰"大兴"，曰"荣发"。货物过行，规定付行钱计百两银为二两，由汉商支付。锅庄亦设有秤，较行称较大（庄称八十斤等行称一百斤），买卖之家，欲以庄秤为准，称货亦可。

惟仍须纳二成退头于行中，货品不多，亦有未付者。

二、康中食盐，北来自青海，南来自盐井。

（七）

汉名：彭家锅庄。番名：第子智。

主人姓名：彭永年。

所在街巷：民生巷。

门牌号数：第十四号。

客房间数：六间。

成立时代：未能确考。

略史：中几经匪劫一次，邻家失火庄廊被毁一次，所受损失，皆非些微。

客家籍贯：甘孜，白日地。

目前客户：番客二家（公确一德、匿惹），客夫子一家。

货物品类：毪子、牛皮、知母、贝母、香茸、毛皮之类。

目前物价及数量：毪子约十驮，牛皮约三十驮，牛皮价已降至一元一张。

货价消长情形：牛皮价高时，每张曾售至二元余。

货量消长情形：繁荣时每可来毪子四十驮，牛皮约百驮，今数量大减。香茸之属，竟至不来。

供应住客物品：同前。

取偿住客方式：同前。

营业状况：客货多时。

交易方式：同前。

备考：康中牛皮自多，川茶日减，皮价日落。每年番客交易总金额约足五万元，现不逮二万元。惟据云半用以包茶，未大桩运出，如果不虚，殊觉可惜。近更因川茶日减，皮价日落。

（八）

汉名：彭家锅庄。番名：丹尊家。

主人姓名：彭南田。

所在街巷：民生巷。

门牌号数：第十六号。

成立时代：丹尊家设此庄已不知有若干年代。十年前，现主人由丹尊家买得，现彭家复全部出当与黄松齐。

略史：黄松齐设恒记药行于此，已无番客，全院有房廊二十余间。

客家籍贯：彭姓初买时，曾住番客，籍贯未悉。

（九）

汉名：丁家锅庄。番名：边巴冲洛。

主人姓名：丁伯恒。

所在街巷：民生巷。

门牌号数：第二十号。

客房间数：十间。

成立时代：建于民国二十一年。

略史：无大变化。

客家籍贯：除住道坞旅客外，余多住汉商。

目前客户：汉商有沙小洲（大兴行经纪）、陈金山（生药帮）、王仲侯（小商）。

取偿住客方式：每年可收房租百元之谱。

备考：主人丁伯恒，其先江西人，家于道坞，现惟一老仆杜翁江冲留此，年收来房租买茶米等运送上人。主人有子，名鸿年，博学多能，去岁殁于兰州。

（十）

汉名：杨家锅庄。番名：吉泰长号。

主人姓名：杨桂林。

所在街巷：民生巷。

门牌号数：第二十二号。

客房间数：二十三间。

成立时代：前八年买得地基新建。

略史：八年之前，仅有庄外现存老屋数间。

客家籍贯：未住番商。

目前客户：任筱庄（建委会委员），客夫子一家。

货物品类：主人往来关内外，转卖各种货物。

取偿住客方式：每月可收房租十元。

营业状况：民十三四年，资本虽较少，而获利最多，现有活动资本约二万，但获利较前遥少。

备考：按此原非锅庄，第路人如此呼谓云尔。且主人属陕西泾阳人，随父逐利来康，后买宅家焉，数十年于兹矣。现主人在草地，无子，庄务由赘婿卢西庚主持。

（十一）

汉名：安家锅庄。番名：仲一出。

主人姓名：安克勤。

所在街巷：民生巷。

门牌号数：第二十四号。

客房间数：十三间。

成立时代：五百年前。

略史：除觉庄务已不如前外，余未前闻。

客家籍贯，道坞。

目前客户：番客二家（江巴、业妈），汉商一家（张炳祥）。

货物品类：盐、羊毛。

目前货价及数量：盐二十余驮，每驮可售二十元左右，每驮约百斤，羊毛二十余驮。

货价消长情形：盐价较前涨一倍以上，去年尤贵。

货量消长情形：往岁可来盐三百驮以上，羊毛约千驮，其他药材，皮头亦常有。

供应住客物品：糌粑、柴、清油、水。

取偿住客方式：盐每驮退头一角五，主客均分，余货同他锅庄。

营业状况：光绪末年为本庄最旺年代，番客每年交易出入总金额常在八万元以上，现不过一二万元。

交易方式：庄主作经纪。

备考：去岁≠≠窜康，盐之来路断绝，驻军曾四方搜集食盐，储茶店内，发卖市民。现≠≠虽平，食盐产量，尚未复旧，故价特贵。

(十二)

汉名：秦家锅庄。番名：齐卡。

主人姓名：秦启宗。

所在街巷：民权巷。

门牌号数：第七号。

客房间数：四间。

成立时代：二十三年新建。

略史：祖业为现民权巷第九号龚家锅庄，民三遭火，民四被劫，加之家人丧亡，因之番客日少，渐至不支，二十年遂出卖龚家。

客家籍贯：甘孜，最近有客来至昌都北热母地。

目前客户：番客一家（登迫），山西客一（罗登和），余屋堆货。

货物品类：皮类、茸、麝香，山西客贩来充耳石。

目前物价及数量：皮类计约七百张，，胜香近八百元，茸数枝，充耳石不悉。年来麝香价值颇形低落，对银约为十换。

货价消长情形：历史麝香价值，在十五换左右。据云香之销场，原属法国，现法限制奢侈品输入，遂致香值大减。

货量消长情形：民三四年前，运来毛皮，动以千驮计，香茸之属以百计，时甘孜某两家资本雄厚，后两家自起内哄，本庄亦大受其害。

取偿住客方式：退头同他锅庄，房租每月可入三元。

营业状况：繁荣时番客每年贸易出入总金额约八万元之谱，今不过一万元。

交易方式：同前。

(十三)

汉名：龚家锅庄。番名：(原为齐卡)。

主人姓名：龚达三。

所在街巷：民仪巷。

客房间数：七间。

门牌号数：第九号。

成立时代：民二十年从秦启宗名下买得。

略史：年有派款，将不能支。

客家籍贯：汉人。

目前客户：苏参军一家，余系商家堆店。

货物品类："天兴仁"堆贝母、知母等若干。

取偿住客方式：每月可收房租十元。

营业状况：本人前经商康中，少有所获，在孔玉置有家产，现住此间，未经营何种事业，偶一行医。

（十四）

汉名：张家锅庄。番名：桑加甲。

主人姓名：充二姐。

所在街巷：民权巷。

门牌号数：第十四号。

客房间数：十一间。

成立时代：未能确考。此庄或原属张家锅庄祖业，二十年前，张家无嗣，充家以姻娅关系继承。

略史：绒坝岔乡人，多年无番客。

客家籍贯：现住客夫子四五家。

供应住客物品：每月可收房租银六元。

备考：充家无男，本人现已出家，住跑马山，多种有关锅庄情形，莫由询悉。

（十五）

汉名：江家锅庄。番名：阿陧巴巴。

主人姓名：江质清。

所在街巷：民权巷。

门牌号数：第十号。

客房间数：二十余间，俱败坏不堪。

成立时代：未能确考。

取偿住客方式：前数年被军队驻扎，最近招有住户十余家，可收房租十余元。

备考：主人江质清，原为喇嘛，后还俗，与沃尼结婚，生一女。后质消欠番客债账甚钜，将全庄当与龙朋错，而未能尽偿，拟入藏，寓沃尼原庄内，约三年为期，如未返康，即迎沃往藏。现在瞬即三年，人信不至，沃尼受番客索债，房主逼租之迫，竟成诉讼，判庄主权归番客，沃尼应即迁出。然现蛮客未来，沃尼亦未迁出，庄务由龙朋措暂代管理。闻江质清已在藏刀娶育子，已成巨户，乃沃尼则日仍背水街头。

（十六）

汉名：畅家锅庄（原称白家锅庄）。番名，拔出佳。

主人姓名：杨海廷。

所在街巷：民仪巷。

门牌号数：第十三号。

成立时代：明季。

略史：白家无嗣，由杨氏赘婿继承。民三民六，历受掠劫，损失颇钜。

客家籍贯：甘孜、德格。

目前客户：甘孜客一家，名白桑。

货物品类：毛、皮、毡子、麝香、鹿茸、虫草等。

目前物价及数量：毡子三十余驮，往岁常例，二三月客去，十冬月客来，现客未到，故本庄尚无存货。

货量消长情形：往岁可来香、茸，虫草数驮，毛、皮数以百驮计，现尚未到。

供应住客物品：清油、糌粑、柴、水。

取偿住客方八：同他锅庄。

营业状况：番客最多时代，有十余家，年贸易出入总金额约七万元，现到齐仅有四五家客，年不过二万元出入。

交易方式：主人作经纪。

备考：主人原代牟家经理庄务，现牟家无人，庄务仍多由本庄主人把持。又本庄与充家锅庄、充家与本巷十四号张家锅庄互为姻娅，现张家无人，以故主人亦常染指张家锅庄庄务。

（十七）

汉名：孙家锅庄（原名张家锅庄）。番名：朱热夺妈。

主人姓名：孙英光。

听在街巷：民族巷。

门牌号数：第二号。

客房间数：五间。

成立时代：张家锅庄，成立时代，不复记忆。二十年前，赘孙家承继。

略史：本庄原属殷实，数十年前，家人相继丧亡，寡妇弱女，经营无术，蛮客他徙，遂浸同零。

客家籍贯：道坞、德格。

目前客户：现无番客，住有裨商、小贩、工匠、客夫子共四家。

货物品类：毛皮、知母、贝母、麝香、虫草、鹿茸等。

目前货价及数量：已多年无番客，各货俱未来。

取偿住客方八：每月可收入房租银六元。

营业状况：昔日锅庄营业情形，已不可得知。去年前主人曾设号中正街，迭经亏折，现已憩业。

（十八）

汉名：岳家锅庄。番名：梭罗伯。

主人姓名：岳维柏。

所在街巷：民族巷。

门牌号数：第十二号。

客房间数：六间。

成立时代：民国八年买有地基新构。

略史：诸葛街遭火时，本庄被市间流痞劫去家什，后复被盗，民十一年又罹东谷娃叛，掠去货物，致令庄务毫无起色。

客家籍计：川籍。

目前客户：现住商人三家（黄泽民、刘子云、张玉林），客夫子二家。

货物品类：转贩康中一切行货。

取偿住客方式：每月可收房租六元。

营业状况：主人原亦经商，辗转关门外。忆光绪末年，曾大获利，由希微资本，民七八年累积至八千元，后膨涨至三万，近数年贸易反有亏折，寸移事异，故已停业。

备考：主人湖北籍，幼年随父贸易来康，经商康中数十年中，前后被劫于途损失钜大者五次，于此足见康道之难。

（十九）

汉名：黄家锅庄。番名：黄贵甲。

主人姓名：黄德华。

所在街巷：民族巷。

门牌号数：第十四号。

客房间数：十二间。

成立时代：未能确考。

略史：瓦斯碉被火，本庄房廊被拆，余未经何种大变化。

客家籍贯：德格。

目前客户：无番客，招佃客夫子十家。

取偿住客方式：每月可收房金十五元。

营业状况：三十年前，主人之祖及父皆娴习商务，番客多来本庄，势颇荣盛。不幸祖父及父相继死亡，时主人年幼，不习商务，番客遂他徙，本庄番客绝迹已二十余年。

（二十）

汉名：彭家锅庄。番名：瓦斯足欲妈。

主人姓名：彭先生娘。

所在街巷：民族巷。

门牌号数：？

客房间数：十二间。

成立时代：未能确考。

略史：庄务早就衰落，复因瓦斯碉遭火，本庄房廊拆毁大半，父及夫主复相继死亡，庄务更一落不振，三十年来，已无蛮客。

客家籍贝：德格。

目前客户：久无番客，巩有客夫子八家。

取偿住客方式：每月可入房金十元。

营业状况：数百年前，或亦繁盛，代有绝嗣之危，庄务遂日落。父及夫主死后，番客绝迹，更无振兴之可言也。

备考：一、本庄主人，无子无女，养一异姓子，今后继承问题，尚不易解决。

二、据云本庄与瓦斯碉，亦原系一家，与黄[贵]甲世属姐娅。

（二十一）

汉名：包家锅庄。番名：瓦斯碉。

主人处名：包文光。

所在街巷：民族巷。

门牌号数：第十五号。

客房间数：三十余间。

成立时代：约五百年前。

略史；本庄曾遭大火前后三次，损失已钜，复罹匪劫数次，庄务大受打击。

客家籍贯：甘孜、东谷。

目前客户：现住番客八家，计约四十余人。

货物品类：各色皮张、羊毛、毪子、食盐、各种药材及藏货（红花、香、青果……）。

货价消长情形：今昔货价，均不十分知晓。

货量消长情形：各色货物，虽仍继续到来，然较往昔，似已少二分之一以上，确数不悉。

供应住客物品：同他锅庄，惟暂时可不付与，于退头时，按值折为钱数，番客照数多分退头。

取偿住客方式：番客卖货，照入额退百分之四，茶每包三分，一切同他庄。

营业状况：繁荣时代，庄房约八十余间无虚实，番客每岁贸易总额当有八十万元之谱，年来不过三十万元左右。

交易方式：庄主作经纪。本庄向有管家，专事为番客介绍买卖。

备考：一、本庄恒目为康市锅庄之冠，虽历经焚劫，业犹未坠，然较之当年，钟鸣而鼎食，土木衣文锦，已不胜有今昔之感矣。

二、本庄现为一女主人，二子尚幼，闻俱系佛都图。女主人客平京[津]甚久，娴汉语，亦渐习为商云。

三、本庄有一著名客商为乔根家。

（二十二）

汉名：龚家锅庄。番名：那朱瓦。

主人姓名：黄玉林。

所在街巷：民族巷。

门牌号数：第二十一号。

客房间数：七间。

成立寸代：庄或系龚家祖业，成立时代不详。

略史：民二十二年由龚于氏卖与黄玉林。

客家籍贯：贡觉、乍丫。

目前客户：现无番客，亦未招佣，主人住家于此，作商号堆店。

货物品类：原虫草，贝母、麝香、鹿茸及藏货来该庄甚多。

营业状况：初番客贸易甚盛，闩藏军据贡乍而后，番客骤减，加以龚氏不育，遂致零落不堪。黄家现在中山街六十三号开土杂商店一家，贸易尚佳。

（二十三）

汉名；高日家锅庄。番名；高日拉。

主人姓名：高日氏。

所在街巷：民族巷。

门牌号数，第二十二号。

客房间数，十五间。

成立时代：未能确考。

略史：无大变化。

客家籍贯：道坞，近有瞻化旅客来。

目前客户：番家二家（木竹、单日从），陕客一家，客夫子六家。

货物品类：盐、酥油、牛皮．毡子等，陕客则就地卖买。

目前物价及数量：盐四十驮，每驮八十斤，可售十六元。牛皮二十驮，酥油十五驮，每驮八十余斤，可售八十元。毡子十余驮。

货价消长情形：本年酥油价格高涨一倍，在最贱时期，每驮不过三十余元，约值四角一斤，现每斤须洋九角许。

货量消长情形：本庄各货，阶牛皮减少无多外，其余各货，较之往昔，少至十分之八。

供应住客物品：清油、水。

取偿住客方式：番客卖货照其入值退百分之二，茶每秤退一元。

营业状况：往昔每年番客交易小入总额约四万余元，现约一万元。

交易方式：主人作经纪。

（二十四）

汉名：刘家锅庄。

主人姓名：刘海山。

所在街巷：中山街。

门牌号数：第二百七十九号。

客房间数：十一间。

成立时代：十余年前，买得基址，民十九年，新庄落成。

略史：原属山阳锅庄，历经火灾匪劫，人亡家败，现主人由山阳主人之侄手中买得。

客家籍贯：川、陕、甘籍客人。

目前客户：稗贩，小商及公务人员之家凡七家

货物品类：各商贩多往来康定，九龙间，贩卖盐、铜锅、大黄等。

取偿住客方式：每月可收入房金二十余元，本庄尚有街房三间，每月可入十五元。

（二十五）

汉名：邱家锅庄。番名：七义巴巴。

主人姓名：邱秉忠。

所在街巷：中山街。

门牌号数：第二百八十一号。

客房间数：十五间。

成立时代：未能确考。

略史：中经大火焚烧殆尽凡二次，几至停业，幸赖亲友扶助，得以继续。

客家籍贯：德格最多，次为绒坝岔、甘孜，间亦来理化客。

目前客户：长住番客凡三家（贡博、加伦多吉、慈日朋错）。

货物品类：虫草、各种皮张、各种药材、麝香等。

目前物价及数量。虫草本年运来不过十驮，一驮七十余斤，可售洋四十余元。其他各货，俱未到。

货价消长情形：虫草价格较前大贱，昔日常价为每斤值十元余，现每斤仅售六元左右。

货量消长情形：往常虫草年可来二十余驮，他种货物尚未到，恐亦不及往常之多。

供应住客物品：糌粑、柴、清油、水。

取偿住客方式：同他锅庄。

营业状况：民国十三四年，营业状况较佳，番客贸易出入总额将近三十万元，现不过十万元之谱。

交易方式：主人作经纪。

备考：据云虫草多销两广，年来两广购买力薄弱，又咸认为奢侈品，多不买卖，以致价格日落，再计其途程，宁由云南输出。去岁复受≠≠窜扰，虫草多腐烂不采，数量以之大减。

（二十六）

汉名：江家锅庄。番名：卡瓦江初。

主人姓名：江春浦。

所在街巷：中山街。

门牌号数：第二百九十七号。

客房间数：十二间。

成立时代：明洪武年间。

略史：民九遭大火一次，继之坐本庄邦大昌号倒闭，庄务遂日落千丈，一蹶不振。

客家籍贯：理化、德格、昌都（久已未来）。

目前客户：番客二家，住户七家。

货物品类：羊毛、羊皮、毪子，酥油（北路货）、麝香、虫草、知母、贝母、金（南路货）。

目前货价及数量：现本庄仅来麝香十余斤，与极少之羊皮、知母等。

货价消长情形：羊皮类别复杂，售价极不一致，大体言之，价值较前提高约四分之一。

货量消长情形：麝香数量较往岁尚无大变化，其他各货，年有减少。惟本年尚未运来，殊难预计。

供应住客物品：对番客同前，对住户则概无供给（他锅庄亦然）。

取偿住客方式：除扣头同他庄，每月尚可入房金三十元（街房在内）。

营业状况：民四五年代，番客较多，邦大昌行业亦旺，计番客年贸易总额当有二十万上下，比来不过一二万元也。

交易方式：同前。

备考：一、除茶外，草烟（叶烟）亦为番客必需品。草烟买卖以捆数计，每捆万十把，约二十五斤，目前价格，每捆可值八元许，往年四元许，约涨一倍。

二、"邦大昌"为康市一营汇兑事业之庄号，主人杨迫，江卡人，随父来康市，势雄望重，经营康、泸、印、藏间之汇兑，后以经理不善，复挥霍非分，大亏时负债二十余万元，其父复被刺于草地，杨迫匿逃。现该行尚有三管司在本庄，债务纠纷，尚未全部解决。

（二十七）

汉名：杨家锅庄。番名：昔热洛麻。

主人姓名：杨马泰。

所在街巷：中山街中段侧巷内，

客房间数：六间。

成立时代：未能确考。

略史：曾经抢劫二次，又后山崩，一部庄廊压掩，至今未能修建。

客家籍贯：云南附近察哇绒一带商贩。

目前客户：番客二家，住户十二家。

货物品类：鸦片烟、火腿。

目前物价及数量：近日运来阿[鸦]片特多，总在万两以上，每百两约可售洋一百六十元。

货价消长情形：往岁鸦片常价为每五十元，本年六七月已涨至六十元，近复涨至百六十元，当为禁烟之结果。

货量消长情形：最近到烟已超过往岁三分之一，亦当由云南禁烟，康市贮户转多之结果。

供应住客物品：柴、清油，余无所供。

取偿住客方式：一百两烟退四角，一包茶退三分。

营业状况：近十余年，稍形减色。

交易方式：同前。

（二十八）

汉名：汪家锅庄。番名：夏毕从。

主人姓名：汪慎终。

所在街巷：中正街。

门牌号数：第十七号。

客房间数：十七间。

成立时代：未能确考。

略史：无大事故。

客家籍贯：多属甘孜，偶有昌都、上波密、查耳等处客来。

目前客户，现住番客六户。

货物品类：各色皮张，各种药材、食盐等。

目前物价及数量：羊毛三百余驮，羊皮约五十驮，狐皮三百余张，沙狐皮约二十张，茸数十架，知母、贝母各数驮，麝香三百余元，本岁无食盐运到。

货价消长情形：茸类别甚多，大别为春茸、草茸、岩茸三种，价格由八九元到百余元，相差亦甚悬殊，今昔相较，似无大变化。狐羊类别亦伙，价格较前为低，最佳者不过十元一张。

货量消长情形：各货较前少约三分之一。

供应住客物品：清油、糌粑、柴、水。

取偿住客方式：番客卖货，准其值退 2—4%，茶每秤退一两银。

营业状况：昔年番客每岁贸易总额约近三十万元，昨今两年不到十万元。

交易方式：同前。

（二十九）

汉名：罗家锅庄。番名：甲宜绝马。

主人姓名：罗王氏。

所在街巷：中正街。

门牌号数：第二百三十五号，

客房间数：五间。

成立时代：数十午前母氏由中正街第二百三十八号工家锅庄适此，无男，赘婿承继，人[谓]为锅庄，实非。

略史：若干年前，邻居失火，庄廊被毁一部。

客家籍贯：云南。

日前客户：二家，一姓蒋，一姓周，忘其名，住此已数年。

货物品类：烟、火腿。

目前物价及数量：最近大批南土到康，全量约十五万余两，目前每百两可卖百六十元。

货价消长情形：宣统初年每百两南土可售五六百元之谱，民国以来，日有跌落，去岁仅可售五十元，今复高涨。

货量消长情形：常年来康市南土，全量为三十万两以上之数。

供应住客物品：无。

取偿住客方式：每月收房金五元。

交易方式：商家各自经营。

备考：一、本庄娘家名甲宜绝马，市人亦以此呼之，实不同于一般锅庄。

二、本庄现仅一昏庸老媪，谈说模糊。凡关商务各情，悉据云南客所述。

三、据云民初本市凡有云南庄客五六十家，行商约二十家，现庄号行商共不过七八家耳。康市现贮烟土，川货南货合计，恐在五十万两左右。

（三十）

汉名：王家锅庄。番名：甲宜绝马。

主人姓名：王春华。

所在街巷：中正街。

门牌号数：第二百三十八号。

客房间数：八间。

成立时代：未能确考。

略史：庄中遭兵变抢劫二次。

客家籍贯：木雅乡。

目前客户：三家皆系客夫子，本庄已二三十年无番客。

取偿住客方式：每月可收房金五元。

（三十一）

汉名：王家锅庄。番名：朱热觉妈。

主人姓名：王张氏。

所在街巷：中正街。

门牌号数：第八十三号。

客房间数：四间。

成立时代：始于明正受封时。

略史：初房廊亦多，凡经火劫三次，遂致庄务大败，未能新建。

客家籍贯：道坞。

目前客户：三家（曲姐、仁日、成李）。

货物品类：毪子、食盐、毛皮、知母、贝母等。

目前物价及数量：盐约十驮，毪子约二十驮，知母约十驮，其他各货，本年未到。

货价消长情形：年来知母销场不旺，价格低落，每斤约值八角，较前低过一倍。

货量消长情形：往岁盐有五十驮，毪子四十余驮，知母三十驮之谱，其他各货虽无多，未尝缺。

供应住客物品：柴、清油、水，不供糌粑、

取偿住客方式：同他锅庄。

营业状况：往昔繁盛时，番客贸易出入总额可达六万元，近来不过一万余元。

交易方式：主人作经纪。

备考：一、据云清果亲王请命朝廷，敕加明正土司封号，故有明正世袭果亲王爵之传说。

二、据云知母以北四省为最大销场。

三、女庄主夫主斗南，于本年七月逝世。

（三十二）

汉名：贾家锅庄。

主人姓名：宋贾氏。

所在街巷：中正街。

门牌号数：第二百四十一号。

客房间数：八间。

成立寸代；未能确考。

略史；未前闻。

客家籍贯：木雅乡民，已二三代无番客。

门前客户：朱副官一家，外客夫子三家。

取偿住客方式：每月可收房金九元。

（三十三）

汉名：陈家锅庄。番名：阿商速马。

主人姓名：陈文明。

所在街巷：中正街。

门牌号数：第二百四十三号。

客房间数：十五间。

成立时代，未能确考。

略史：陈步三作乱，本庄大遭掠劫，安鹊寺失火，房廊复被拆毁，同时遗失货财不少。

客家籍贯：理化最多，间有来至绒坝岔之客。

目前客户：四家（恶阿多、安东、洛色、般若）约十二人。

货物品类：各种药材、南土、藏毯、藏洋、金、皮货、酥油。

目前物价及数量：藏洋七八千元，金三十余两，藏毯十数床，茸十余架，南土二驮，贝母、知母、虫草各数驮，麝香七十余元，猞猁皮二十余张（余未备录）。

货价消长情形：皮货年来价格较低，猞猁皮亦不过十余元即可买一张，藏毯、斋绒毡、氆氇等之价格，则较前稍高。

货量消长情形：历年以来，货物番客，渐行减少，惟不显著，今岁则锐减，殆受≠≠蹂躏所致。

供应住客物品：同他锅庄。

取偿住客方式：同他锅庄。

营业状况：本庄极盛时代，每年番客贸易出入总值将近七十万元，本年不至超过三十万元之数。

交易方式：主人作经纪。

备考：闻该客户不多，而各家资本异常雄厚，尤以安朱家及绒热家为钜，现绒热家尚未到。

（三十四）

汉名：彭家锅庄。番名：阿松拓。

主人姓名：彭家模。

所在街巷：中正街。

门牌号数：第二百五十三号。

客房间数；十一间。

成立时代；未能确考。

略史：乡城娃造乱，本庄抢劫一空。

客家籍贯：尽属理化，曾有昌都客数度来本庄。

目前客户：六家，共约十七八人。

货物品类：同前。

目前物价及数量：茸（四十余对）、虫草（约十驮）、贝母（约二十驮）、金（约五十两）、水獭皮（十余张）、青菌（三十余驮）、秦艽（八十余驮）、狐皮（六十余张）、猞猁皮（二十余张）、沙狐（三百余张）等。

货价消长情形；近来秦艽约五十元一百斤，青菌约五十元一百斤，较前稍贵。贝母亦较前贵，每百斤可售六百元之谱，沙狐之皮较狐皮为贱。

货量消长情形；昔本庄曾来茸十余驮，虫草百余驮，齐菌百余驮。秦艽几二百驮，贝母七八十驮，金数百两。

供应住客物品：同他锅庄。

取偿住客方式；同他锅庄，又金一两退五角。

营业状况，极盛时代，每年番客贸易出入总价，当有八十万元，近年仅其五分之二。

交易方式：主人作经纪。

备考：一、本庄番客资本不及陈家锅庄雄厚，然客户甚多，其繁荣情况，在康市仅次于瓦斯碉而居绵二位。

二、十数年前，番客常贩藏洋或银砖来康，计有二三百驮，每驮约一千二百两，即康市每年可吸收三十万两上下银数，故贸易不感通货不足之苦。观藏银运来极少，康市几不见银也。

（三十五）

汉名：包家锅庄。番名；哔惹阿。

主人姓名：包至忠。

所在街巷：中正街。

门牌号数：第二百六十二号。

客房间数；尚有五间可住人。

成立时代；未能饰考。

略史：七八年来，庄院满驻军队，番客转之他家，所有房廊悉被摧毁。现虽军队移出，已不便住人，欲恢复庄务，恐已极难。

客家籍贯：德格、白玉。

目前客户：无番客，现住李副官一家，客夫子三家。

目前物价及数量：七八年来，庄院满驻军队，番客转之他家，所有房廊，悉被摧毁。现虽军队移去，墙避俱无，不能住人，欲图恢复庄务，恐已不可能。

取偿住客方式：每月可入房租八元（街房五间在内）。

营业状况：未驻军队以前，庄务已早凋零之象，然尚有番客十余家，不时来往，年有数万元之贸易。

备考：本庄与瓦斯碉同族，清嘉庆时，其某代祖光，曾任本市类似城防之职。

（三十六）

汉名：李家锅庄。番尔：朗配惹。

主人姓名：李海廷。

所在街巷：中正街安息日会隔壁。

客房间数：十三间。

成立时代：民二十二年。

略史：原为包家锅庄，三年前主人于包洪银手中买得。

客家籍贯：炉霍、道孚、泰宁、吉谷。

目前客户：番客二家（巴达其长，独吉），客夫子六家。

货物品类：羊毛、毪子、食盐、牛皮等。

目前物价及数量：食盐、毪子各十余驮。

货价消长情形：康市食盐，仍感缺乏，价值仍贵。

货量消长情形：受≠≠影响，食盐数量大减。

供应住客物品：同他锅庄。

取偿住客方式：本年为开业年度，退头办法尚未决定，又每月可收房租四元。

营业状况：现尚未着手代番客进行买卖。

交易方式：主人作经纪，又主人拟自设合法衡器，免过行称。

备考：主人原贸易于草地，家于孔玉，买此庄后乃迁来，故本庄往日情形，概不知晓。

（三十七）

汉名：充家锅凡。番尔：充喜佳。

主人姓名：充建猷。

所在街巷：将军桥。

门牌号数：第十三号。

客房间数：约二十间。

成立时代：未能确考。

略史：初势甚盛，民国以来先后被劫数次，安鹊寺遭火，庄廊复拆去一部，本庄损失统额万元以上，至今未能修葺，大白战争而后，番客不来，势更难恢复也。

客家籍贯：（道坞）甘孜。

目前客户：此无番客，住黄参谋（瑞瑜）一家，客夫子五家。

货物品类：藏中各货（红花、青果、香、毯、藏银）及皮、毛、茸、虫草、麝香等等。

供应住客物品：同他锅庄。

取偿住客方式：同他锅庄。现每月可入房租金五元，黄参谋未议租。

营业状况：极盛时期，番客每岁贸易出入总余额，当超过六十万元，现已无营业之可言。

交易方式：同他锅庄。

备考：一、本庄尚有街房三间，每年可收入房租二百元。

二、本庄番客家数原少，惟资本极雄厚，有名之那瓦、嘉本家，人谓以其所有藏洋，沿途铺置，由康定直可达拉萨，盖已夸诩过甚，然其多金，已可想见，时康市唯瓦斯娇之[与]香根家足以匹之。

（三十八）

汉名，罗家锅庄。番名：色根古。

主人姓名：罗仲华。

所在街巷：将军桥。

门牌号数：第十四号。

客房间数：十五间。

成立寸代：未能确考。

略史：安鹊寺失火，本庄稍受损失，余无大变化。

客家籍贯：甘孜、绒坝岔、炉霍。

目前客户：蛮客一家，客夫子十家。

货物品类：麝香、各种皮张、毡子、羊毛等。

目前物价及数量：仅来麝香数十元，余货均尚未到。

供应住客物，同他锅庄。

取偿住客方式：同他锅庄，每月可收房租八元。

营业状况：营业情形，久已不旺，大白战争而后，不景气愈甚。

交易方式：同他锅庄。

（三十九）

汉名：杨家锅庄。番名：牙错。

主人姓名：杨膏如（已死）。

所在街巷：将军桥。

客房间致：十间。

成立时代：未能确考。

客家籍贯：木雅乡民。

目前客户：谢国安（蒙古籍）、林子成（川籍）二家，客夫十六家。

收偿住客方式：每月可收租金八元。

备考：本庄主人为一龙钟老妇，言语颠倒，诸多情形，无由询问。然观其房廊残破，可知凋零已久。

（四十）

汉名：孙家锅庄。

主人姓名：孙九莲。

所在街巷：祥云街。

门牌号数：第一号。

客房间数：六间。

成立时代：未能确考。

略史：三年前，咱家锅庄失火，房廊拆毁一部，余无大变化。

客家籍贯：雅江。

目前客户：甲艮娃，营驮脚生计者十余人。

货物品类：便中常携米、糌粑、酥油、豌豆、青果、木炭等，自用有余，然后出售。

目前货价及数量：目前豌豆每石约值洋三十元，青果每袋值洋七元五角，每石二十九元之谱，糌粑每袋八元，每石三十二元。

货价消长情形：往日糌粑每袋约值洋五元，每石二十一二元。

供应住客货物；清油（夜间点灯用）、水，余无所供。

取偿住客方式：每日每客付主人糌粑一碗，约四五两。

营业状况：往昔有一日到驮脚五六十人者，今日到十余人，亦属难见。

交易方式：主人亦寸居间，作成番客买卖。

备考：驮脚常有剩余糌粑出售，每卖糌粑一袋（二斗余），主人退头四到六百文，又驮脚亦常寄衰老牦牛于锅庄待卖于屠，卖杀后主人得退牛肉半斤。凡此住驮脚之锅[庄]，皆同是例。

（四十一）

汉名：林家锅庄。番名：甲嫁。

主人姓名：林佩凤。

所在街巷：祥云街。

门牌号数：第二号。

客房间数：三间。

成立时代：二十余年前，由许家承当过手，此庄或系许家祖业。

略史：承当之后，民十一年、二十三年，曾被火二次，皆现主人重建，许家已无人，故本庄无条件应届现主人，主人死后，仅存孀妇，庄务无起色。

客家籍贯：木雅乡。

目前客户：驮脚，来去无定，外住客夫子一家，小商贩二家。

货物品类：目前亦常便中携茶（极少）、哈带、草烟等去。

供应住客物品：对驮脚同前，对住户无供给。

收偿住客方式：取于驮脚同前，对住户每月每户取租金一元。

营业状况：夫主在时，驮脚米往既较多，本人复时贸草地，庄务尚佳，目前已大不如前。

交易方式：同前。

（四十二）

汉名：咱家锅庄。番名：达古吉巴。

主人姓名：咱一清。

所在街巷：祥云街。

门牌号数：第九号。

客房间数：原有十余间，被焚，仅重建四间。

成立时代：未能确考。

略史；三年前造币厂场同时被火，蔓烧殆尽。

客家籍贯：木雅乡。

目前客户：驮脚，来去无定。

货物品类：同前。

供应住客物品：对驮脚同前。

取偿住客方式：取于驮衔者同前。

营业状况：未遭火灾之前，来往驮脚甚多，庄务繁盛。今驮脚少来，来亦无地安置。

交易方式：同前。

（四十三）

汉名：刘家锅庄。番名：刘卡错扎。

主人姓名：刘桂兰（赘夫彭玉缘）。

所在街巷：祥云街。

门牌号数：第十三号。

客房间数：四间。

成立时代：未能确考。

略史：民十一年曾遭火劫，二十三年咱家失火，房廊又被拆毁。

客家籍贯：木雅乡。

目前客户：驮脚，去来无定。

货物品类：同前，亦时运来小麦。

目前物价及数量：目前小麦每石约值洋五十二三元。

货价消长情形：麦价较前涨约一倍。

供应住客物品：同前。

取偿住客方式：同前。

营业状况：父母在时，亦有番客来往，历劫之后，凋零不堪也。

交易方式；同前。

（四十四）

姓名：杜家锅庄。

主人姓名：孙相贵。

所在街巷：祥云街。

门牌号数：第十号。

客房间数：五间。

成立时代：杜庄不知始于何时，中经邰家，两经赘婿承继，至于孙家。

略史：原为一大庄院，住云南商，民九焚于火，今仅修葺铺面二间。

客家籍贯：云南、木雅乡。

目前客户：云南主兴元号，住户二家，木雅乡小贩二家。

货物品类：烟、糌粑、木炭、豆、麦等。

目前物价及数量：木炭来自东俄洛，时价约五元（上色）一百斤。

货价消长情形：木炭往日价廉时，约三元一百斤。

供应住客物品：无所供应于客人。

取偿住客方式：现每月可收房金六元。

营业状况：庄廊未焚烧前，每月可入房租二百元之谱，凡云南巨商大贾，咸集于此。

（四十五）

汉名：孙家锅庄。番名：生吉夺妈。

主人姓名：孙肇铭。

所在街巷：祥云街。

门牌号数：第十七号。

客房间数：五间。

成立时代：未能确考。

略史：初本庄景象颇佳，不幸经商累被匪徒要劫于途，咱家失火，房廊复被拆毁，势遂大衰。

客家籍贯：康定四乡居民。

目前客户：驮脚及小商贩，去来咸无定。

货物品类：糌粑、麦、菌，及少数大黄、秦艽等。

供应住客物品：清油、水。

取偿住宿方式：同祥云街第　号孙家及其他性质相同之锅庄。

营业状况：民三四年，来往驮脚及商贩最多，常有二三十人住宿本庄，今已不常来，来最多亦不过十余人。

备考：本庄地基，届南较场喇嘛寺所有，每年本庄应派一人担该寺收获之差，以当酬价。

（四十六）

汉名：罗家锅庄。番名，蒙夺。

主人姓名：罗玉桂。

所在街巷：白土坎。

客房间数：八间。

门牌号数：第二十一号。

成立时代：未能确考。

略史：本庄规模，原已狭隘，频年康中多事，庄内常驻军队，遂益零落，目前驻军虽去，然已无番客再来。

客家籍贯：理化。

目前客户：军人二家，客夫子六家。

取偿住客方式：每月可收房租十元。

营业状况：十余年前，有番客数家，主人亦时往草地贸易，庄务尚属平常，目前本庄全无商务之可言。

交易方式：同前。

（四十七）

汉名：史家锅庄。番名，贡夺欲马。

主人姓名：王泽普（赘婿）。

所在街巷：白土坎（建委会右侧）。

门牌号数：第三十四（？）

客房间数：六间。

成立时代：未能确考。

· 305 ·

客家籍贯：原无番客。

目前客户：难民、客夫子共六家。

取偿住客方式：每月可收房金六元。

四十六家锅庄调查（《西康概况》）（存目）

《西康概况》第五章《杂俎》中原附有《四十六家锅庄调查》一表，与任汉光《康市锅庄调查表》有异。其调查分庄主、地址、房间概数、建筑期、所住商人、交易货品、营业状况与其他等八部分。但本书因油迹泛滥，字烂如泥；加上褪色，又有大半处字迹神遁，实无法细辨，故只能存目。

南路边茶产制数量调查表（《西康经济季刊》）

本文选自1946年8月第十三期白宗润所著《边茶沿革简述及当前改进问题》，该期为《边茶问题特辑》。

地区别	厂商名称	产制量		备考
		制量（茶包数）	产量（折用茶叶数）	
雅安	康藏茶叶公司	一六〇,〇〇〇包	三二,〇〇〇担	在统制康藏茶叶时最高纪录曾至年制二五〇,〇〇〇包，近年逐年退减
	永义	三,〇〇〇包	六〇〇担	近年亦渐衰减
	西康公司	一八,〇〇〇包	三,六〇〇担	资力雄厚，为茶厂后起之秀
	启和祥	五,〇〇〇包	一,〇〇〇担	
荥经	姜镕记	五,〇〇〇包	一,〇〇〇担	
	裕通公	三,〇〇〇包	六〇〇担	
	蔚与生	一五,〇〇〇包	三,〇〇〇担	
	宝兴	一三,五〇〇包	一,七〇〇担	
	泰康	一一,五〇〇包	二,三〇〇担	
	合记	七,〇〇〇包	一,四〇〇担	
	裕康	四,三〇〇包	八六〇担	
	兰荣兴	六,五〇〇包	一,三〇〇担	
	恒盛	四,二〇〇包	八四〇担	
	新康	四,七〇〇包	九四〇担	

续表

地区别	厂商名称	产制量		备考
		制量（茶包数）	产量（折用茶叶数）	
	中茶公司荥经茶厂	五，〇〇〇包	一，〇〇〇担	茶叶系向峨眉采配
天全	□□	七，〇〇〇包	一，四〇〇担	现分三户产销，唯统用德泰牌名
	庆发	五五，〇〇〇包	一一，〇〇〇担	现分庆发蓝、庆发同、范、瑞、钧四户，内中庆发蓝约占五万包，顶向名山县采茶叶
	云记	三，五〇〇包	七〇〇担	
	泰茂	六，八〇〇包	一，三六〇担	现分泰茂永、泰茂长、泰茂松三户
	荣和	五，七〇〇包	一，一四〇担	
	志元	七，二〇〇包	一四〇〇担	
	邱仲瑄	二，〇〇〇包	四〇〇担	
	元顺昌	七，五〇〇包	一，五〇〇担	
	泰昌	七，五〇〇包	一，五〇〇担	
	长顺	二，五〇〇包	五〇〇担	
	明顺	九，八〇〇包	一，九六〇担	
共计		三八〇，二〇〇包	七，六〇四〇担	

附注：（1）右表各户统计概况，系三十四年度产制数量由者托人口头调查，各户数字出入，势所难免！唯与实际比较，亦不致相差过钜也。

（2）右表系照旧制叶子一担配茶五包折算，今则实际上每担约配茶六包，如改按配茶六包折算，则南路边茶产量即仅为六三，三六六担而已。

（3）查南路边茶旧岸为雅、荥、天、名、邛五县，而右表仅列雅、荥、天三县，良以邛崃早于民二八年据金陵大学调查报告，即已未产边茶，而名山县边茶则原已被荥商采购，况中茶公司更外向峨眉配茶，本年荥商亦纷纷向名、峨采配，故本文亦直冠称南路边茶。

康定锅庄一览表（《西康进出口贸易》）

本文摘自原书《进出口货之交易方法》一节。

锅庄姓名	地　址	锅庄姓名	地　址
瓦司碉	民族巷	彭锅庄	中山街
陈锅庄	中正街	明正锅庄	仝右
汪锅庄	仝右	邱锅庄	茶店街
白锅庄	中正街	王锅庄	中正街
彭锅庄	民生巷	包锅庄	大石包
穆锅庄	仝右	孙荣光锅庄	民族巷
白锅庄	民义巷	杨马太锅庄	史山街
王永先锅庄	民生巷	充锅庄	大恒坝
七卡哇锅庄	民义巷	汪锅庄	中山街
高日家锅庄	民生巷	罗锅庄	大恒坝
贾林家锅庄	仝右	恒布家锅庄	民生巷
罗锅庄	中正街	射必家锅庄	水桥子
□锅庄	民生巷	包锅庄	白土坎

康定茶叶商一览表（《西康进出口贸易》）

牌名	地址	经理人	引票张数	分店搭份
义兴茶	中正街	张贞安	一一，四〇〇	雅安
天兴茶	茶店街	梁馨圃	六，〇五二	仝
孚和茶	中正街	余根仙	一〇，〇〇〇	又
水昌茶	又	夏仲远	四，五〇〇	又
恒泰茶	又	吕明庭	二，八〇〇	又
聚成茶	又	赵贻亭	三，〇〇〇	又
永义茶	茶店街	赵遐昌	一，二〇〇	又
永和茶	又	毕介眉	一，七〇〇	又
永兴茶	又	陈锡长	一，一〇〇	又
义亨茶	又	严子和	七，五〇〇	又
此成美	又	张叔侯	六〇〇	又
福聚亨	又	乾季平	八〇〇	又
顺昌茶	上桥街	李尚忠	八二四	又
丰盛茶	中山街	李锦昆	一，一〇〇	又
泰丰恒	中山街	辛国璋	一，〇〇〇	又
新盛茶	又	王锡之	一，三〇〇	又

续表

牌名	地址	经理人	引票张数	分店搭份
永泰孚	民生巷	范世泽	六二五	又
和记茶	中正街	王锡之	一，〇〇〇	又
合益记	又	姜德滋	一，〇〇〇	又
德纯生	民族巷	黄中文	六〇〇	天全
泰茂松	中正街	高尚礼	八〇〇	又
万明顺	又	高怀武	八〇〇	又
桑箴久	又	高谣	六〇〇	又
元顺昌	又	高尚礼	六〇〇	又
裕记	中山街	秦朝佐	四〇〇	又
泰茂长	茶店街	高□倍	六〇〇	又
泰昌茶	又	高泽民	八〇〇	又
元复兴昌	又	高季馥	四〇〇	又
钧记茶	又	李毓钧	五八〇	又
德泰茶	又	高海筹	五六〇	又
李馀记	民族巷	李家馀	四〇〇	又
李骧记	又	李家骧	四〇〇	又
庆□蓝	又	李蓝耕	七〇〇	又
庆□同	又	李宝卿	七〇〇	又
杨荣和	中桥街	杨腾智	八〇〇	又
公兴茶	中正街	姜育垣	三，〇〇〇	荥经
又新茶	又	姜俊德	一，二〇〇	又
王亿咸	又	王怀钰	六〇〇	又
宝兴茶	又	徐啟珍	五〇〇	又
裕康茶	又	朱文藻	六〇〇	又
荣兴茶	中山街	兰光庭	八〇〇	又
永华茶	又	姜建文	四〇〇	又
康实荣	紫气街	胡仲明	一，〇〇〇	又
世丰合	民生巷	向翰章	八四〇	又
德兴茶	茶店街	姜德修	八〇〇	又
蔚兴生	又	姜仲藩	一，〇〇〇	又
荣泰茶	又	兰□云	二，一六〇	又
长盛源	又	刘两川	七〇〇	又

西康锅庄调查表(《西康统计季刊》)

本文摘自 1948 年第 7 期,为方便读者,编者加了序号。原书为油印,现油迹浸染,甚为难辨。

康定市锅庄业概况
三十五年度

序号	姓名	地址	来客地城别	来客商业性质	备注
1	邱文彬	参政路 20 号	昌都、甘孜、青海、大金寺	疋头、药材、羊毛、牛皮、皮货、纸烟	
2	王承先	民生巷 10 号	白玉、瞻化	疋头、药材、羊毛、黄金、毪子	
3	贾茂森	13	炉霍	盐、药材、牛皮、毪子	
4	杨益德	8	道孚	药材、酥油、毪子、盐	
5	木淑秀	2	甘孜、大金寺	疋头、药材、黄金、白银、皮革、纸烟、毪子	
6	彭永年	自治巷 4 号	甘孜、炉霍、白玉、邓柯	布疋、药材、黄金、皮货、毪子、白银	
7	彭蓝田	自治巷 2 号	来往行商		现未住康商
8	安克勤	1 号			现未住康商
9	张德寿	中山街 109 号	道孚、炉霍	药材、毪子、黄金、白银、牛皮、酥油、盐	
10	孙耀先	自治巷 18 号	道孚	盐、毪子、药材	
11	黄泉林	3			现住康商少虔
12	包文光	2	甘孜	药材、疋头、盐、油、黄金、白银、羊毛、牛皮	
13	彭秀贞	自治巷一号			现未住康商
14	高日家	民族巷 39 号	道孚、炉霍	药材、盐、黄金、白银、羊毛、毪子	
15	包联荣	参政路 24 号	瞻化、邓柯	药材、而疋、毪子	
16	白秀华	民权巷 15 号	甘孜、理化	布疋、药材、纸、烟、盐、黄金	
17	李正光	省府路 91 号	甘孜	疋头、药材、黄金、白银、纸烟	

续表

序号	姓名	地址	来客地域别	来客商业性质	备注
18	甲联升	96	昌都	药材、布疋、纸烟	
19	贾茂康	将军桥街□号	□□	疋头及印度、西藏物资	非正式锅庄
20	充建猷	9	甘孜	药材	销少数商人
21	仲荣□	10	甘孜、理化	药材	销少数商人
22	陈文明	光明路2号	理化	疋头、药材、黄金	
23	彭家谟	10			现未住康商
24	□家锅庄				现未住康商
25	龚达三				已焚
26	秦启宗	民权路十号			现未住康商
27	龙家锅庄	12			现未住康商
28	包□孝	光明路20号			现未住康商
29	范仕珍	向阳街51号	木亚①、西藏、九龙	药材、干菌	
30	裴□富	向阳街37号	木亚、四乡、九龙	药材、干菌	
31	孙绍明	27	木亚、四乡、九龙、雅江	药材、干菌、粮食	
32	彭凯元	18	木亚、四乡、理化	药材、干菌、粮食、木炭	
33	邵玉昭	21	木亚、四乡	药材、干菌、粮食、木炭	
34	汪仁青	9	乡城、理化、昌都、云南	药材、香□、沱茶、布疋	
35	扎家锅庄	12	木亚、四乡、理化、雅江	粮食、干菌、木炭	
36	任二姐	2	木雅、四乡	粮食、木炭	
37	孙九道	向阳街1号	长□、四乡、九龙、雅江	粮食、木炭、干菌	
38	江春圃	中山街163号	昌都、理化	药材、布疋	
39	邱秉忠	327	德格、西藏、理化	药材、布疋、纸烟、黄金	
40	岳维伯	自强巷五号			少数汉商住宿
41	黄清明	向阳街四号	木亚、九龙、□□关外四乡	麦子、糌粑、干菌、沱茶、火腿、木炭	
42	李海廷	中正街			已退出锅庄公会

① 表中"木亚"即"木雅"。

注：康定之锅庄业与内地都市之堆栈业很近似，康定为西康省会，亦为我国西陲一带之物货集散□□，所有印度、西藏、青海、云南、四川各地之物产，均以康定为集散地，上□各地商人运来康定买易，人货大多驻扎锅庄内，及至贸易完毕，客人向锅庄缴纳"扣头"（即驻扎费），其数高低不等，昔为货物的出卖数值百分之四，迄今稍有增加。本市锅庄业大多为康籍人民所经营，富户甚多。惜近年来，本市汉商逐渐繁荣，兼以银行业逐年增加，在此社会的及经济的剧急变□下，于是康定市之锅庄业，无形中以走上凋零之景。

五属茶商在康所设店号表（《西康纪要》）

本文选自第三章《西康经济》。

属别	茶店名称	店董	藉别	引额	销路	每平包口	备考
雅属	义兴	苗幼功	陕西泾阳	一一六〇〇张	南北均销亦可入藏	六包半十一包二十一包二十四包不等	康名"提古"，营业已近百年，信用极好，为边茶第一
	孚和	余宝先	四川雅安	一一五〇〇	同上	十五包二十二包	康名"藏巴拉"
	恒泰	苏舍芳	陕西泾阳	八〇〇〇	同上	二十一包半无退	
	永昌	夏仲远	雅安	四〇〇〇	昌都乍丫一带		
	聚成	赵炎	陕西泾阳	四五〇〇	昌都乍丫一带	二十一包半无退	
	永和	毕介眉	陕西泾阳	二四〇〇	康南	二十三包	
	丰盛	胡光荣	陕西泾阳	一六〇〇	同上	同上	
	同福昌	李尚中	云南鹤庆	一三〇〇	康南	二十三包	
	福聚亨	卢德元	雅安	一三〇〇	同上	同上	
	永兴	陈锡良	同上	一三〇〇	同上	同上	
	义亨		同上	一四〇〇	同上	同上	
	永义	赵遐昌	同上	一四〇〇	同上	同上	
	永裕昌	陈光汉	同上	一四〇〇	同上	同上	
	天兴仁	高智轩	陕西泾阳	九〇〇〇	南北均销	二十三包亦有十三包	原为天增公布店，因营业停滞改为茶业

续表

属别	茶店名称	店董	藉别	引额	销路	每平包口	备考
荣属	裕兴	姜桂英	四川荣经	七〇〇〇	西藏	十三包	专制砖茶
	荣泰	兰云	同上	七四〇〇	同上	十三包一咀	同上
	长盛元	王猷轩	同上	一九〇〇	同上	十四包	
	亿盛元	王某	四川荣经	一九〇〇	西藏	十四包	
	全安隆	姜伯衡	同上	同上	同上	同上	
	义新	姜德滋	同上	一二〇〇	同上	十三包	
	尉生	姜豹生	同上	一二〇〇	同上	同上	
	鸿兴	姜崇文	同上	四〇〇	同上	同上	
邛属	余安先						查邛属距康过远，脚厘太重，故有业无茶，而将引票分派雅属各商
	瑞兴	袁瑞兴	名山	一三〇〇			
	羽成		同上	一六〇〇	康定附近及丹巴道孚一带	三十包至五六十包不等	
	复元	黄复元	天全	六〇〇	同上	同上	
	泰茂松	高某	同上	同上	同上	同上	
	泰茂玖	高尧	同上	同上	同上	同上	
	庆发昌	李某	同上		同上		
	庆发长	李某	同上		同上	同上	
	庆发荣	李某	同上	以上三家共一六〇〇	同上	同上	
	德泰	高海□	同上	一二八〇	同上	同上	
	泰昌	高某	同上		同上		
	克昌	高克昌	同上	以上二家共一二八〇			
	兴华	王某	同上	一二八〇	同上	同上	
	恒升	王某	同上				
	恒义	王某	同上	以上二家共一二八〇	同上	同上	

孙明经锅庄调查（《孙明经西康手记》）

康定的锅庄及地址

邱文炳先生	邱家锅庄	中正后街 3 号
充建猷先生	充家锅庄	中正中街 44 号
包文光先生	包家锅庄	民族巷瓦斯碉
甲联升先生	甲家锅庄	中正中街 42 号
陈文旺先生	陈家锅庄	中正下街 35 号
邱秉忠先生	邱家锅庄	中山街 321 号
江春圃先生	江家锅庄	中山下街江家锅庄
王成先生	王家锅庄	民生巷鱼龚寺隔壁

四十七家锅庄主汉藏名名单（《西康记事诗本事注》）

此原为贺觉非《康定锅庄题名》中的本事注，为方便对照研究，故单列。

民国以来自建新庄者有十所，统计尚存昔日锅庄面目者尚有二十二家。至于锅庄主人，恐已非原来血统，兹访得其名称如次（括弧内为藏名）：一，邱家锅庄（羌厥），二，包家锅庄（乙瓦卡），三，木（亦作牟）家锅庄（甲入色），四，杨家锅庄（日那卜夏妈），五，王家锅庄（日尔波），六，贾家锅庄（独根固），七，刘家锅庄（第子智），八，彭家锅庄（丹曾家），九，丁家锅庄（边巴冲洛），十，杨家锅庄，十一，安家锅庄（仲一出），十二，秦家锅庄（齐卡），十三，龚家锅庄（原亦名齐卡），十四，张家锅庄（桑加甲），十五、江家锅庄（阿理巴巴），十六，杨家锅庄（拔出佳），十七，孙家锅庄（朱热夺妈），十八，岳家锅庄（拉罗伯），十九，黄家锅庄（黄贵甲），二十，彭家锅庄（瓦斯足由妈），二十一，包家锅庄（瓦斯碉，女主人包云环，随其父客旧京甚久，美风仪，娴交际，藏妇中之翘楚也），二十二，龚家锅庄（那珠瓦），二十三，高家锅庄（高日拉），二十四，刘家锅庄，二十五，邱家锅庄（七义巴巴或称自家锅庄），二十六，江家锅庄（卡瓦江楚），二十七，杨家锅庄（昔热洛麻），二十八，汪家锅庄（夏毕从），二十九，罗家锅庄（甲宜绝马），三十，王家锅庄（朱热道妈），三十一，王家锅庄，三十二，贾家锅庄，三十三，陈家锅庄（阿商速马），三十四，彭家锅庄（阿松拓），三十五，包家锅庄（鄂惹阿），三十六，李家锅庄（朗配惹），三十七，充家锅庄（充喜佳），三十八，罗家锅庄（色根古），三十九，杨家锅庄（牙四），四十，孙家锅庄，四十一，林家锅庄（甲嫁），四十二，咱家锅庄（咱古吉错），四十三，刘家锅庄（刘卡错扎），四十四，杜家锅庄，四十五，孙家锅庄（生吉夺妈），四十六，罗家锅庄（蒙夺），四十七，史家锅庄（贡夺于马）。

附 录

锅庄（《西康史拾遗》）

　　锅庄系明正土司下属的头人所建，用以供来康朝见土司的土千户、土百户等住宿之所。后土司被缴印夺封，无人来朝，锅庄遂招住来康贸易的藏族商人，形同旅店。但藏商与汉商交易，语言不通。需锅庄主人，为之翻译。行情不熟，依靠锅庄主人，为之作出决定，一切交易，都听命于锅庄主人。而汉商与藏商交易，也要锅庄主人作为媒介，亦须曲意逢迎，唯命是从。故锅庄主人，实际掌握了藏汉交易的命脉。

　　相传锅庄原有四十八家。历时既久，因天灾人祸等诸种原因，许多锅庄，都已衰败，至康定解放前，尚屹立未败的有：瓦斯碉包家锅庄，庄主包文光。将军桥白家锅庄，庄主邱秉忠。深巷子白家锅庄，庄主白秀华。大院坝充家锅庄，庄主充树勋。铁门坎汪家锅庄，庄主李正光。白土坎陈家锅庄，庄主陈文明。彭家锅庄，庄主彭家模。大石包邱家锅庄，庄主邱文彬。水桥子木家锅庄，庄主木秋云。另外还有十几家小锅庄，所住多系金雄厚，运来的都是名贵药材和黄金白银，数量多，价值大。其他粗药如大黄、秦艽、羌活及牛皮羊毛等粗货，更是成批运来，一次都是数十驮或百驮。出售农产品或畜产品的藏族小商，微不足道。这些大锅庄，所住多系昌都、德格、甘孜、理塘……等县的富商巨贾；或是给大喇嘛寺（如甘孜寺、大金寺、理塘寺……）和上司经商的经理。这些商品在康定出售后，又需购买边茶、草烟、布匹、绸缎、百货等藏族人民的日需品，运回藏区销售。每个大商人每次售出和购进的商品，金额达数万元或十余万元。锅庄对商人进出的商品，要按金额收百分之四的"退头"（佣金）。商人售出十万元的商品，锅庄收退头四千元；再买进商品十万元，锅庄又收退头四千元。十万元的商品，一进一出，锅庄净得退头八千元。所以这些大锅庄，都是很富有的。藏商一般对付出如此巨额退头，当非所愿。所以规定藏商售出之货，退头由买方汉商支付。买进之货，退头由卖方汉商支付。这样，形式上退头藏商一文未付，实际上商人唯利是图虽是公平交易，但汉商在成交时已将退头计入货价，锅庄主对此也心照不宣。当时无论藏汉商人，都称呼锅庄主人为"阿家卡巴"，或简称"阿家"（阿家卡巴是藏语译音，意为尊敬的主人）。藏商来康定贸易，住在锅庄内，不但未付一文退头，且居住时间，就是一年半载，也不付一文房租。且阿家还按藏人生活习惯，随时酒肉款待。如要同汉商交往，有阿家陪同翻译交纳税金，收付货款，结算账目，货物包装交运，一切都由阿家包办。到康离康，阿家还要出城迎送，不受关卡刁难。所以藏商住在锅庄内，一切都感到方便如意，真有"宾至如归"之乐。

　　锅庄因藏商是自己的财源，所以规定初次到康住在那家的，以后每次来康，都要住在这家，不能另迁别家。这种不成文的习惯法，牵涉到各家锅庄和商人的利害，如果紊乱，纠葛无穷，所以主客都能严格遵守。

康定瓦斯碉锅庄口述史（《康定瓦斯碉锅庄的概况》）

本文由包保邓朱仁青口述，蓝文品记录整理，原题名《康定瓦斯碉锅庄的概况》，刊于《康定县文史资料选辑》第 2 辑，中国人民政治协商会议甘孜藏族自治州康定县委员会印行。本书依口述体对原文小标作了修改，正文内容未变。

口述者：包保邓朱仁青（末代明正土司的孙女婿）
记录整理：蓝文品

我的家事

据先辈说：我的祖先是木坪（今宝兴县）的。一直是明正土司的得力助手，为康定"四十八家锅庄"之冠。

我家世代和明正土司通婚。我的女人，即是末代明正土司的嫡系孙女。

据先辈说：前后的三百年间，我家诞生过二十余个"转世活佛"。据我所知，我的伯曾且是西藏噶厦尊卓、足甲堪布，他拉萨的庄园叫旦多那绒；叔祖日库呼图克图解放前是西康省参议员，刘文辉办五明学院为主任委员，解放后是西康省军管会委员及康定藏族自治区的民政处长，后为甘孜藏族自治州政府的秘书长、文教处长；大哥扬批是西藏哲蚌寺金钢格西的转世灵童；二哥是巴塘竹哇寺甲呷活沸转世；我的胞弟是大勇法师的转世灵童。国民政府考试院长戴季陶还给他配有骄伕、马伕、厨师，按月兑经费来支付花销。

母亲央金（汉名包淑清）解放后被选为州、县人民代表。

锅庄的形成发展和规矩（制度）

清朝前期，打箭炉除兵营、衙门有房舍外，只有少数各族工匠居住的栅户，唯有锅庄才有宽敞的围墙、院坝和碉房。那些吆起牛马来此"支乌拉"的差民，他们便于拴牲口，就都住于锅庄内。由于当时藏汉商人，除极少数有固定的住处，大部是做游牧式生意，其买卖都是从物易物。唯一用现金交易的，就是从差民处购买肉牛。由于差民住锅庄是无偿的，所以，杀牛后，必须把牛头交还锅庄主，名曰"退头"。所以直至解放后，锅庄收取佣金，大家还习惯称它为'吃退头"。

后来，由于社会的发展和进步，藏汉民族的和睦交融；加之军旅和"贡差"来住频烦；清廷扩设直隶厅、阜和营，大批陕西商人及江西、湖广、四川等地来康区经商，淘金者增多，商贸百□，于是打箭炉便成为川康藏进出口货物的集散地。（清末民初定为'商埠"）

康藏各地寺油的大"冲本"（藏语"冲"即商，"本"即官，也即汉族的掌柜或经理。）各地活佛、土司面"冲本"（经营商业的大管家）纷纷以自己的"骡帮"从各地运来黄金、虫草、银砖、贝母、知母、鹿茸、熊胆、麝香、牛黄、硼砂、阿□、各种珍贵皮张、藏红花、藏青果、羊毛、牟子（氆氇）、氆氇，及各种药材等来炉城换买茶叶、旗布、广布、绸缎、草烟、黄烟、丝线、头绳、日用小百货及碗儿糖……等。

所有买卖为货物，都需仓库堆放和拴牲口；同时运往康藏的茶包和货物，由于道远驮运，都要用湿牛皮缝包洒干。

于是、缝茶（包）晒茶，都需宽敞院坝，所以要选一固定的锅庄，作为永久性的住地。久而成习，就形成为某地某"冲本"驻某锅庄的不可无故变易的规矩（制度）。

假使那家锅庄的长驻"冲本"，无特殊原因，随意另迁别家，别家是不会接受的，万一接受，两家锅庄足要"打官司"的。

历史上，长驻我家的'冲本'有甘孜喇嘛寺的"车尼冲"、"呷巴冲"、"麦龙冲"（这三家不叫'冲本'叫"格鲁"即总经理）、'呷举冲'、"虾本冲"五家；又有甘孜东谷寺的'能聂冲'、'拉龙冲'三家；还有炉霍觉日寺、乾宁惠远寺、甘孜孔萨活佛、香根活佛的"冲本"。清末民初，甘孜仲萨、日交两活佛的'冲本'，又从铁门坎锅庄移住我家。不丹国王的夺多冲本，及重庆帮的汉族大商人黄松乔、金玉盛两家也驻我家。

双方的义务和权利

1. "冲本"的驻房（楼上），堆放货物的库房（楼下），挂牛、马的场地是无偿的，住务内的高级床褥、神龛、一应家具及厨房内的炊具，概由锅庄主一次性无偿提供，已后添置的各样什物，则由三年一换的"冲本"自制。"冲本"食用的糌粑、酥油、牛肉、茶叶、用水等由锅庄主免费供给。（后来折成现金交付"冲本"）

2. "冲本"的货到后，凡联系买主，从中撮合议价、过秤、代买货物，直至双方钱、（茶叶）货两清。（以上全过程概由锅庄主负责进行）

3. 锅庄主要对"冲本"的安全，货物的安全及其他利益完全负责。一旦发生问题，锅庄主即是他的保障人、法人、律师等全权的代理人，如果买卖双方在交易中发生纠纷，锅庄主也是仲裁、调解人。

4. "冲本"给锅庄主的唯一利益，就是买卖成交后，由买方付给锅庄主百分之四的"退头"（佣金）。据我晓得，我家每年可得一千多包茶的"退头"，生意好时，不止此数。

5. 锅庄内，各家"冲本"的住房、仓库、拴牛马、缝茶、晒茶的场地，都是严格划分开的，互不干扰，谁也不能越雷池半步。若是要暂时借用，必须事先取得对方同意，否则是要受罚的。

抗战前的若干年，康藏地区的买卖，除以物易物外，概用银本位的硬通货在市场流通，长时期物价无大的波动，所以藏汉商人，都视信誉为生命。只要守信用，生意非常好做。因路途遥远，牛驮马运，"冲本"们一年只有一次来回西藏的生意，每年旧历三、四月从西藏各地运货抵康定，只要锅庄主点头，"冲本"即把货物折成茶包或其他所要买的东西赊销给各帮字号,各帮字号下半年陆续付茶。因此各帮字号对锅庄主都十分尊重,尤其在过称、作价方面,阿甲卡巴有"一捶定音"的权力,双方决不倔强,唯命是从。

锅庄主除作货栈主人,经纪人外,他(她)们还有特殊的功能,就是若藏商与官方发生不愉快的事时,往往都要先请锅庄主出面斡旋和疏通,往往收到良好的效果。因此当时当政者对锅庄都是比较尊重和优待的。

康定四十七家锅庄一览表(《康定四十八家锅庄》)①

《康定四十八家锅庄》,作者刘仕权,原刊于《康定县文史资料选辑》第2辑,1987年由中国人民政治协商会议甘孜藏族自治州康定县委员会印行。

锅庄俗称	藏名	锅庄主人	住址	房子面积(M²)	住客商、经营品种、收入情况
贾林家	夺根固	贾明德	王承先下左侧部分,就是现在泥石渠道	500	住炉霍、乾宁等客人,经营羊毛、牛皮、少数土特产品;年收入一千元左右
王家锅庄	日耳坡托玛	王承先		800	住兴隆客人,经营黄金、毡子等;年收入五千元以上
杨家锅庄	日耳坡夏玛	杨益德	王承先下右侧	400	住道孚、玉科、色达等客人,经营酥油、牛皮、羊毛等;年收入一千元左右
牟家锅庄	甲入色	牟秋云	现县委宿舍	1000	住甘孜百利寺、大金寺客人,经营土特产品和英、印货;年收入一万元以上,为明正土司右辅
彭家锅庄	底子托玛	彭永年	现老干部宿舍	400	住甘孜白利寺、道孚等地客人,经营土特产品及英、印货;年收入五千元以上
丹增家	底子夏玛	丹增	现县委礼堂右侧		川边镇守时期,被其枪杀,产业被彭兰田买得,余不详
包家锅庄	朗白然托玛	包凤英	现泥石流沟出口处的南部,州医院宿舍		清末大部分被安息会挤占,小部分民国初年卖给李海廷,余不详(老锅庄)

---

① 该文题为《四十八家锅庄一览表》,实只列表四十七家锅庄。

续表

锅庄俗称	藏名	锅庄主人	住址	房子面积（M²）	住客商、经营品种、收入情况
杨家锅庄	朗白然夏玛	杨姓			清末已衰落，卖给戴家作牛皮作坊
安家锅庄	仲依措	安克勤	现县商业局宿舍	400	住道孚客人，经营鸦片及小宗土产；年收入五百元以上（老锅庄）
张家锅庄	朱然托玛	张文书	现消防队后面	400	住道孚客人，经营小宗土特产；年收入五百元以上
王家锅庄	朱然夏玛	王斗南	现保险公司后面	400	住道孚客人，经营鸦片、小宗土特产；年收入五百元以上
包家锅庄	瓦斯碉托玛	包文光		4000	住甘孜寺、香根家、汉人寺及东谷等地客人，经营土特产及英、印货；年收入二万元以上，为明正土司左铺
包家锅庄	益卡瓦	包联云	大石包	500	住甘孜扎呷寺、绒坝岔、公不领、白利寺等客人，经营土特产品；年收入三千元上下
邱家锅庄	昌措	邱文彬	现城关区府后面	1000	住甘孜、昌都、玉树等地客人，经营土特产品及英、印货等；年收入约五千余元（老锅庄）
	布吉瓦	阿家聋毕	现区公所	500	清末即衰落，余不详
包家锅庄	稿日家	包文清	现中心支行宿舍	400	住道孚客人，经营小宗土产；年收入二千元以上
龚家锅庄	腊米瓦	龚文志	原黄记仓房，现居民房	400	清末已衰落，房产卖给黄玉林家，故称黄记仓房，余不详
彭家锅庄	瓦斯碉夏玛	彭得臣	现中医院	500	民初即转出租房屋生活，余不详
原文缺	捏巴家	白姓	通元官下侧，现州商业局宿舍的一部分		清末即衰落，余不详
	齐卡瓦	秦熙宗	现县公安局	500	民初将房卖给龚达三住，后来搬州礼堂后台部分小院居住；余不详

续表

锅庄俗称	藏名	锅庄主人	住址	房子面积（M²）	住客商、经营品种、收入情况
姜家锅庄	阿娘巴巴	情吉	州礼堂前台部分	400	清末即未经营；余不详
原文缺	安伯家	阿家安伯	现州礼堂前部		清末被天主客挤占，修真元堂，清末即衰亡；余不详
原文缺	商卡家		现州委宿舍后部	300	民初那末经营，民二十年卖给巴楚家
白家锅庄	巴楚家	白玉堂	现州委宿舍后部	600	住甘孜桑多昌，经营土特产品及英、印货；年收入七、八千元
原文缺	商益家	朗卡志玛	现州委大门及其左侧		清末即被美以美的浸礼会挤占修福音堂，此人生时被指为活鬼，被折磨至死；余不详
汪家锅庄	约巴托玛	汪诚忠	原铁门坎，现州委及计委大部	1500	住甘孜仲刹、云南长兴昌等，经营土特产品；年收入一万元以上（老锅庄）
原文缺	约巴夏玛	不详	沿河街州委宿舍		清末即未经营；余不详
原文缺	甲宜夏玛	罗群珍	沿河街州委宿舍		曾经营过鸦片，民初即停业；余不详
原文缺	甲宜托玛	王淑宜	沿河街州委宿舍	300	民初即未经营，曾当过明正土司住北京代表，现在王淑宜及根桑兄妹尚健在，系州政协常委；余不详
原文缺	仲依家	罗绒	沿河街州委宿舍		清末即衰落，余不详
罗家锅庄	萨根固	罗仲华	大园坝，现州林业局宿舍	1000	住甘孜客人，经营土特产品；年收入约二千元（老锅庄）
原文缺	牙朱措	降巴	将军桥充布家下面	300	清末即衰落，产业卖给谢国安；余不详
允家锅庄	充布家	充建猷	将军桥，现州商业局住址下半部	400	住甘孜甲本家，经营土特产品；年收入约二千元（老锅庄）
原文缺	仲依夏象		现州商业局住址上半部	300	产业卖给充布家，清末即衰落；余不详

续表

锅庄俗称	藏名	锅庄主人	住址	房子面积（M²）	住客商、经营品种、收入情况
陈家锅庄	阿桑夏玛	安静坤	现州招待所对面	800	住理塘安朱、客绒扎家等人，经营土特品，年收入二、三千元，早年收全退，后来火烧修复后，收半退
彭家锅庄	阿桑托玛	彭白柱	现州幼儿园	700	住理塘客人，经营土特产品，年收入约千元以上。1937年被火烧，修复后规模较小，住小商小贩，以后卖给州幼儿园
罗家锅庄	贡托托玛	罗有柱	现州政协坎下	300	住西藏、昌都扎亚一带客人，后来经营鸦片
原文缺	贡托夏玛	王泽甫	现州政协下巷子右侧		民初即未经营；余不详
包家锅庄	贡觉瓦	包联考	光明路49号，现居民房	700	住德格客人，经营土特产品，年收入五、六千元（老锅庄）
扎家锅庄	打各觉巴	扎济生	向阳街8号	400	住云南、雅江、九龙客人，经营鸦片、小宗土产，后来把房当给胡绍基；余不详
原文缺	甲呷家	任二姐	向阳巷2号	300	住九龙、雅江、木雅等客人，经营糌粑、酥油、小宗土特产品，年收入二、三百元；民初即衰落
姜家锅庄	卡瓦降措	姜春圃	现州交通局宿舍	600	住邦达昌及西藏客人，经营土特产品；年收入最多时在一万上下（老锅庄）
白家锅庄	却宜巴巴	邱卯贞	现州公安局宿舍	900	住德格、昌都客人，经营土特产品、英印货，年收入一万元上下
原文缺	孔达瓦	不详	现养路总段	700	民初即未经营，转靠房租生活，二十四年陈起图、金传久等都租过他的房子；余不详
原文缺	瓦吉瓦	不详	现养路总段招待所		清末即衰落；余不详
原文缺	吉补瓦	不详	将军桥右侧		清末衰落，一度做酸菜卖；余不详
张家锅庄	喜饶托玛	张锡太			清末即衰落，后来房产卖给杨选之的父亲，解放后卖给县商业局；余不详
杨家锅庄	喜饶夏玛，又名亚麻态	鲍品良	现国营食堂后部及医药公司全部	600	民初即未经营，后来改营鸦片，住云南客人；余不详

以上锅庄，分布河东九家，河西三十九家，姊妹锅庄十对，二十家；甲锅庄二十八；被外国挤占的三家，即：朗白然托玛、穷伯家、商益家；内部兼并的二家，即商卡家、仲依夏家。

注：（上面称的"托玛"和"夏玛"，还有称"约玛"的，即"上下"之意）

康定锅庄与民族商业（《甘孜州文史资料》第7辑）

《康定锅庄与民族商业》作者杨国浦，收入《甘孜州文史资料》第7辑，1988年中国人民政治协商会议四川省甘孜藏族自治州委员会印行。

锅庄沿革，萌于何时，未见史书记载，殊准查考。因而，关于锅庄的来历、名称、服务对象的各种传说，谁是谁非，不便赘述，本文仅就康定锅庄在"商业活动"方面作些粗浅的点滴记述。

锅庄，与藏语贵族的"果扎"译音相近。从这个意义上讲，传说它是明正上司的下属，主要为土司头人服务，不无道理。据有的史料记载，它除了为土司头人服务之外，还为商业活动尽力。锅庄不直接从事商品购销，而居商亚经营的中介地位，（即商业经营的中间人），曾为康区产品交换、为藏汉民族贸易的发展产生过积极的作用，作出过历史的贡献。

锅庄，这个专用名词为打箭炉（康定）所仅有，但就商业活动及其经营性质讲，与其相似的还有丹巴、道孚、甘孜县的"赖布"、"坝子主"等等。

一、打箭炉锅庄商业之起因

据载，元朝时期（距今约六百年前），打箭炉还是一片荒凉，因其地现位止正处于藏汉民族友好往来之要冲，又是藏汉两地商品输入输出的必经之道。故此，康区人民早已有剩余产品在此交换了。那时，康区各地来的商民吃住困难，各自在一定地点搭起帐篷，竖起"锅桩"解决食宿及交易注，是产生锅庄的重要原因，这种说法是有道理的。任汉光民国二十六年三月关于《康市锅主调查报告书》中谈道："惟据安家锅庄主人称，按家谱该座当建于五百年前，复据江家锅庄主人称，该庄明洪武年间已成立，则谓元明之际，康定已有锅庄建设，当无大误。"当然，锅庄建设并不意味着藏汉民族贸易之始，而悠久的"茶马互市"早在唐宋时期即已形成，不过那时交换只在部落首领、酋长之间进行，交换点先是在西北，后传入雅州（雅安）、碉门（天全）、黎州（汉源）等地。明朝初叶，藏汉人民之间的交往逐渐频繁，汉区进入藏区的茶叶、布匹、绸丝、手工艺品日益增多，康区各地及西藏、青海等处的土产、畜产、中药材输注汉区，无不云集打箭炉中转，而当时在地方村落寥寂，食宿困难、交换很不方便的情况下，商品贸易受到了一定的影响，于是各路客商便把原先搭帐基、竖锅桩的地方由于裕商贾修建房屋，其目的为了解决往来客商食宿及交易场所，就这样原先的"锅桩"进而演变为锅庄了。"这些锅压经常住的商人，仍是在锅桩时代所往的那一地区的商人的后裔，而不曾变更"《西康概况》。据云直到解放前都是保持着这种沿袭下来的惯例，如白土坎包家锅庄，明朝时期即为邓柯、德德、白玉等县客商搭帐篷、竖锅桩之地，子耳坡王家锅庄，为瞻对（新龙）等地驮脚娃来康定时搭帐篷、竖锅桩之地，日后这些锅庄在原址建起房舍仍然是住这些地方的驮脚娃和客商，长期无大变动。客商在旅居过程中，偶因锅庄主因故穷困，借贷无门，要以锅庄作当押时，常住客商可以暂时改住别的锅庄，待当押期满，主人赎回锅庄后又转回常住锅庄。也有的客商不另找他处，随当押主人继续留住原处，但经营生意要由新主人介绍，发至交易后的佣金则须交纳新主人。

二、打箭炉锅庄商业经营活动

打箭炉最初的锅庄，专为商旅提供食公、堆存物品及交换货物之场所，后来又为明正土司分担差务，相继成为他的附属"官衙"，并承住土司懔属。"以土司分封头人，建立庄廊于康市，为诸头人觐见驻节地，亦得为各地商旅来康招待所"（民国二十六年三月任汉光编《康市锅庄调查报告书》）。凡明正土司辖区内大小头人觐见土司时均在锅庄住宿。这时的锅庄身兼两种职责，既为来在旅商经营商业服务，又为明正土司支寻遣差务。清代以后，朝廷统治势力日益深入康区，土司权力逐渐削弱，锅庄听差侍命任务有所减少，为商旅承揽生意而奔走则相应增多，这时的锅庄就像行栈一样，既为客商堆存商品、供给食宿，又为客商经营而奔波，锅庄主人类似经纪人。从此，它为商品交换起媒介作用的任务就变成主要的大事了。锅庄主人一般都精通藏汉两种语言，熟悉产销情况，了解商品行情，周旋于购销之间，有时还暗中操纵。但一般说来还是公平交易，买卖双方均听其开盘和定局。一笔生意成交与否、价格贵贱、利润多寡，大都凭锅庄主人一句话。因此，康区之行商、座商、各行业老板、藏汉商旅对锅庄主人无不进行讨好、巴结，甚至利用种种手段拉拢，有的还到锅庄上门为婿，借此在购捎业务活动中获取更多的便宜。锅庄在商业经营中的地位是第三者，专门媒介商品交换，买卖做成以后，挺每笔生意成交总额抽取一定的"退头"，退头多少也不是划一的，有的按价值总额抽百分之二，有的按价值总额抽百分三到四不等，这要根据具体情况而定。有的锅庄只包客商住宿和物资贮存，佣金收取则少一些，如果食宿、堆藏全由锅庄负责，相应收取佣金就高一些。这是普遍情况。另外还有一部分锅庄，住宿客商不多，也接待一些驮娃或只住宿驮脚娃，如子耳坡杨家锅庄、白土坎王家锅庄等。庄院不大，房舍不过十数间。因而住客不多。杨家锅庄除住道孚客商外，多住宿驮脚娃，交易物品以酥抽、奶饼、康盐，少数土产及青稞，糌粑之类，多数是住客自己掉换物品，少数由庄主介绍买卖，佣金收取往往是以酥油、糌粑等物品酬谢主人，但在锅庄院内拴牛拴马每头要收取藏洋一元。

锅庄居住的商旅多为行商，贩运物资都是成批到达，每到一批货物至少几十驮，多的有百驮甚至几百驮，客商不设店零售，均为批购批销，只要谈成生意皆为大宗，一批货物大都成千上方，因而，锅庄主人每年佣金收入是很可观的。据一九三九年调查资料证实，经营历史久，交易频繁之包家锅庄，每年最低成交额折算大洋（以下凡用数字元为单位者，均已折合大洋计算）在三十万元以上，最兴盛时期曾达八十万元左右；白土坎彭家锅庄常年营业额在二十万元以上，生意繁荣最佳时期亦曾达八十万元之谱；白土坎陈家锅庄，年交易额，一般在四十方元至七十万元之间；大院坝充家锅庄，年经营额约在六十万元左右。这四家锅庄就当时情况，可谓营商有道，网罗客商最多者。另外还有将军桥百家锅庄、铁门坎汪家锅庄商营可称中等，一般年营业额约十方元上下，繁荣时曾达三十方元以上。南门姜家锅庄，北一巷木家锅庄经营额最高年也达二十万元左右。子耳坡邱家锅庄、王家涡庄，深巷子秦家锅庄，生意兴隆之年营业总额都在十万元以上。其他几十家创业时也有一定经营能力，年营业额七八万元或五六万元不等。打箭炉之贸易通过锅庄成交的营业总额，兴隆时期每年在六七百万元以上，收入佣金如果均按最低比例百分之二计算，则最高年收入可达十多万元。兴意头旺之包、彭、陈、充四家锅庄，营业额约占全部锅庄经营总额的一半，最高年佣金收入可达六七万元。

打箭炉锅庄兴旺时期，云集商旅甚广，搏他各地客商频频青睐，康区藏商更是络绎不绝。康区、昌都、西藏客商聚集锅庄者，可分为三路：一路属康北，此路商人最多，其中又以甘孜为甚，他们所营商品以牛皮、羊皮、杂皮、羊毛及毛织物为大宗，各种中药材、土产品次之；二路属康南，这一路商人则以理化（理塘）为代表，此路客商经营商品又以虫草、贝母、麝香、鹿茸及其他中药材为大宗，各种布匹、绸缎、杂品次之；三路属西路，此路以德格、昌都、西藏等地客商往来频繁，经营商品多以西藏转口之英印货物、赤金、白银为主，本地土特畜产品次之。其他地区的客商有陕西帮、山西帮、四川帮、云南帮以及青海、甘肃等地各路商贾。这些区外商客多数从汉区运输茶叶、布匹、绸缎、日用百货、工艺品、烟草、红糖、铁器、锅器及其他杂品和付食，从康区换回贵重中药材，贵重皮张及其土特产品。唯云南客商多经营火腿、副食品、鸦片及其铜器、铁器等商品。各锅庄来客、经营概况如下表：

锅庄主姓名	地　址	来客地址	营业物资	备注
邱文彬	参政路20号	甘孜、昌都、青海、大金寺	匹头、药材、羊毛、毯子、牛皮、皮货、茶叶、纸烟、染料	
王承先	民生巷10号	白玉、瞻化	匹头、药材、羊毛、毯子、黄金、毛毯	
贾茂森	″　　13号①	炉霍	盐、药材、牛皮、毯子、羊毛	
杨益德	″　　8号	道孚及驮脚娃	盐、药材、酥油、毯子	
木淑秀	″　　2号	甘孜、大金寺、青海、炉霍	匹头、药材、皮革、毯子、黄金、白银、纸盐、康盐	
彭永年	自治巷4号	甘孜、炉霍、白玉、邓柯	匹头、药材、皮货、毯子、黄金、白银、药材	
彭蓝田	″　　2号	来往行商	采购土特产、药材为主	以后来往客商少，房屋多租佃
安克勤	″　　1号			″　″

① 表中"″"表同上。

续表

锅庄主姓名	地 址	来客地址	营业物资	备注
张德寿	中山路109号	道孚、炉霍	盐、药材、氆子、黄金、白银、牛皮、酥油	
黄泉林	自治巷3号	贡觉、察雅	皮张、药材、茶叶	
包文光	″ 2号	甘孜、德格、白玉、邓柯	皮张、药材、黄金、白银、牛皮、羊毛、匹头、茶叶	
彭秀贞	自治巷1号	德格		后来未住康商
高日家	民族巷39号	道孚、炉霍、瞻化	药材、皮张、茶叶、黄金、白银、羊毛	
包联荣	参政路24号	瞻化、邓柯	皮张、茶叶、匹头	
白秀华	民权巷15号	甘孜、理塘	药材、皮张、黄金、纸烟、藏毯、藏片、匹头	
李正光	省府路91号	甘孜	药材、白银、黄金、纸烟、匹头	
田联升	″ 96号	昌都	药材、白银、纸烟、匹头	
充建猷	将军桥街9号	甘孜、道孚	药材、皮毛、黄金、白银、布匹、绸缎、藏毯	后来衰败仅少数商客
罗仲华	″ 10号	甘及、理塘、炉霍、绒坝岔	药材、皮毛、氆子	
陈文明	光明路2号	理塘、甘孜、绒坝岔	药材、各种皮张、单毛、黄金、白银、鸦片	
彭家谟	″ 10号	云南烟贩	药材、各种皮张、羊毛、黄金、白银	后来未住康商
罗家锅庄	″ 13号	云南烟贩	鸦片、火腿、银器、茶叶	后来客商甚少
龚达三	民权巷9号		代商人存放药材、皮毛等物资	失火已焚
秦启宗	″ 7号	甘孜、昌都	皮毛、药材、山西客办松耳石	后来未住康商
江春圃	中山街163号	理塘、昌都、德格	药材、布匹、皮毛、黄金、白银、汇兑	
邱秉忠	中山街327号	理塘、甘孜、德格、西藏	药材、布匹、皮毛、黄金、纸烟	
黄清明	向阳街4号	木里、九龙、云南、木雅	麦子、糌粑、土产、沱茶、火腿、木炭	
李海廷	中心街	炉霍、道孚	药材、杂皮、黄金	
汪仁青	向阳街9号	乡城、理塘、昌都、云南	药材、香菌、沱茶、布匹、黄金、白银、鸦片	

续表

锅庄主姓名	地 址	来客地址	营业物资	备注
查家锅庄	" 12号	木雅四乡、理塘、雅江	粮食、干菌、木炭、酥油、奶渣	
范仕珍	" 51号	木雅四乡、九龙	药材、干菌	
龚志富	" 37号	木雅、九龙、雅江	药材、干菌、粮食	
彭凯元	" 18号	木雅、理塘	药材、干菌、粮食、木炭	
杨家锅庄	二道桥	过往行商		后来未住客商
结波娃庄	南门	木雅、九龙驮脚	酥油、奶渣、粮食、木炭	
白家锅庄	民权巷	昌都、德格	杂皮、羊毛、药材	

锅庄商业经营之好坏，直接影响到庄主和客商的经济利益，因而，商业场中竞争十分激烈，真是八仙过海，各显神通。如果锅庄主人不谙经商之道，交际不广，活动能力不强，则客商生意不佳，获利甚微，甚至尚有亏本，自然庄主手续费用就无从收入了。如果庄主善于经营，又能取得买卖双方信任，促使交易顺利，庄务兴隆，则主客均可盈得利益，自然皆大欢喜。如果庄主间庸不善交际，经营无方，则天长日久，买卖无成，"客商稚滞既久，耗费不货，主人供应无缺，于是主客交困，更有因藏客迁移他家，酿成讼狱，以致荡产破家者。"可见，康定锅庄经营商业虽然不投入多少资本，也不用雇请管事和店员，仅以中间人出现，但在交换竞争的场合中，却也承担了不小的风险。

独特的经纪行业：康定庄锅（《恢宏千年茶马古道》）

《恢宏千年茶马古道》亮炯·朗萨（蒋秀英）著，第一部全面介绍川康藏茶马古道的专著，又是一部川康藏史地小百科。作者2003年考察行走川藏茶马古道，行程近万里，耗时半年，通过实地采访、行走调查，既翔实的记述了"茶马古道"的历史渊源和作用，又介绍了康巴地区的自然生态、人文景观和藏族的历史文化。2007年中国旅游出版社出版，中国外文出版社又推出英文版。

元、明朝时，康定已经成为通往乌斯藏（西藏）的要道，也是僧俗官员等进京朝贡和贸易的要道——官道——正道。我们历史上所称的"茶马互市"在清朝时就应该称为"茶药互市"或"茶土互市"。这里常集聚着用工特产品交换所需茶叶、布匹、哈达等日常生活用品的乌斯藏等藏区的商人。元、明前的达折多已散居着一些人户，但还未形成城镇，来往的商帮，停留在这里以物易物，交换商品时，就择地而搭起自己的帐篷，支起三石锅庄，生火熬茶，来年到时在原地又立账就去年锅庄烧茶而居,这种带有原始自然经济形式的临时的交易市场一年比一年繁盛,康熙四十一年(1702年),清政府将茶叶贸易中心西移康定后,各种物品交易越来越繁盛了,过去那种临时性帐篷已不能适应,那些喇嘛寺庙商、贵族、土司、头人商等,就不再用帐篷,而是在搭帐立锅庄处修起了楼阁,建起了碉房,作为自己经贸的办事机构,并派有人常驻。藏地来的商人们从此也就有了各自投宿之处,也就约定俗成了不成文的规矩——开始住在哪里的就世世代代都固定投宿在那里,后来的许多今人在记忆中的木结构四合院楼房锅庄建筑是在经历了康定大地震后建的。

子木家锅庄常住的是甘孜、大金寺、白利寺、章谷寺等的藏商;包家锅庄常住的是不丹、西藏、理塘、甘孜、炉霍等地的寺庙商和"聪本"(藏语意为"商官")、藏商等;汪家锅庄有昌都、波密、甘孜等的常住;罗家锅庄住有甘孜、绒坝岔、炉霍等的商人;其他锅庄还住有乡城、德格、新龙、玉树、云南、木雅等地的寺庙商和客商、聪本等。大锅庄住的一般都是昌都、德格、甘孜、理塘等地资金雄厚的富商巨贾,他们运来的多是黄金白银和名贵药材。

兼有货栈、经纪人和内地商行性质,同时又是藏商的代理人的康定锅庄业,是藏汉贸易形成的特殊行业。同时,因为锅庄是在康定明正土司的管辖区内,所以就需承担明正土司家的差务。最初的锅庄只有4家,是明正土司的家臣。随着藏商的大量涌入达折多,锅庄业更加繁荣起来,增加到了48家。年代最为久远的是瓦斯碉(包家)、甲绒色(木家)、铁门坎(李家锅庄,藏名叫亚巴措)、大院坝(罗家,藏名叫萨根贡巴)等锅庄。关于康定锅庄主汉族姓氏的来历就有许多故事,这里就不赘述。

在这种以民族间进行贸易的特殊环境里,汉藏商相互语言不通,这就要靠锅庄主为他们翻译,藏商对行情了解等都是交给锅庄主办理,一切交易也都听凭锅庄主;汉商和藏商交易,也离不开锅庄主,可以说,掌握着藏汉交易的主要角色就是锅庄主。锅庄主对住进来的藏商不收任何住宿费,就是住上半年或一年都不收分文,还要以藏族的生活习俗款待好,让商人们感到"宾至如归";与汉商,锅庄主是陪同翻译,从谈生意到收货款、账目结算、货物包装发运等都是由锅庄包办。这一切都不只是义务服务,因为锅庄对商人进出的商品要收4%的佣金,如果商人双方售出和买入10万元的商品,锅庄主就要在双方各收4000元的退头,就这一次的一进一出中,锅庄王就是8000元收入(后来只收取一方的"退头"),所以大的锅庄主都很富有。商人们都尊称锅庄主人为"阿佳喀巴""阿佳",意思是"尊敬的主人"。

几百年的历史变迁中,锅庄业有兴有衰,它的兴衰都与国家的政治、经济紧密相关。光绪年间,由于英印货物大量涌进藏区,印度茶叶大量流入,来康定购茶的藏商少起来,锅庄业衰退,有的甚至倒闭。抗日战争时期,康定藏汉贸易也受到影响,藏商经营的土、畜产品减少,许多藏商开始经营利大而易销售的外货,英国、印度的纸烟、咔叽、呢绒、手表、锑锅、酥油茶壶、博士呢帽等许多民族用品大量涌入,藏商到康定的人数又增加了,锅庄业又兴盛起来。

1939年国民政府建立了西康省,省政府设于康定。茶和药材是政府的重要财政收入。1942

年后,到了国民政府实行新税制,边茶引岸制度自然消除,藏区商人来康的少了,由于在前面章节里介绍过的诸多政治、历史、经济等多种原因,四川的边茶业元气逐渐衰弱,1954年川藏公路全部修通,减弱了康定在藏区集散物资的中心地位,锅庄业也就渐渐衰败,在特殊历史条件下产生的称谓独特的民族贸易中介行业,终于在20世纪50年代里退出了历史舞台……

无论是"茶马互市",还是"茶药互市"(或"茶土互市")形成的汉藏民族经济、政治交往的大通道,最终成为以汉藏民族为主的民族文化大走廊,康定,形成了民族文化和谐交融和多姿多彩的特殊文化现象。各地的商帮带来了各自家乡的文化,陕西、山西帮等商人,在这里既保留家乡的习俗,同时又接受了不少藏族的习俗,有不少还会说藏语了。据说,"天叫朗,地叫萨,驴子谷六马叫打……"的顺口溜就是有人为学藏语专门编出来的,陕西商人为学藏语,把这个藏语译音和汉文书写的有韵的顺口溜作为课本,每个初到康定的学徒都必须背诵它。民国时期,各小学高年级设有藏文一课,师范学校的学生那是必须要学的课程,民间有位叫谢国安的先生在"大院坝"里还设了学藏文的馆,专门教授藏文藏语,在这里学成的人很多,汉语和藏语在当时确实是成了康定的通用语,甚至一些人说话是两种语言夹杂在一起说,无论藏人或汉人都能听懂七八成。藏民族的许多礼节也融进了其他民族中,街上常听见铿锵而热情的康巴藏语亲切地问一声:"阿噶特(辛苦了吗)?"听起来让人感觉暖融融;听者热情地回一句汉语:"不辛苦。"路上不相识的人都用这样的礼节互相问好。

可以想象,在那些年代里,康定街上行走的人就穿戴都是各种各样,如同一个多民族服饰展览的大舞台,色彩艳丽,款式美观大方的各类男女藏袍裙和那些有钱商人头上身上的珍宝配饰,土司、头人贵族商出门骑马着华丽服饰,头戴狐皮、羊皮帽;内地商人着长衫马褂皮帽,官府要员穿袭着貂,清朝时进来的官员那就是满人的装扮了,回族人头戴洁净的白色小帽,僧人喇嘛的红色僧衣和高高的僧帽,色彩和款式都有巨大差异的等等装束把个两水交汇、山碧翠、清澈流水哗哗啦啦的康定装扮得多姿多彩。货物充盈丰盛的街上一定是回应着各种语言,藏语都是几种,安多语、康方言、地角话;汉语也是几种方言,陕西口音的、雅安地区的、成都重庆的等等,于是形成了康定特殊的口音。而生活上每天的早茶无论什么民族都是喝酥油茶。多种文化的交汇也形成了许多良好风尚,街坊邻里礼尚往来,嫁娶乔迁婚丧都会来赠礼朝贺吊唁,疾病灾祸远行都会来出力帮忙祝福。

陕西人带来春节"耍马马灯"、"敲老陕鼓"等习俗还一直在康定延续着。内地商人有哥老会、帮会、会馆,有信仰道教筑圣谕庙的,有筑关羽庙敬奉的,有信奉观音的,有将军庙、关岳庙、娘娘庙、山王庙、财神庙等等,还有内地汉族佛教僧人建的炉兴寺等。

锅庄测义(《说不完的"佳话" 边茶杂记》)

《说不完的"佳话"边茶杂记》,龚伯勋著,为"甘孜州政协文史丛书"之一;《甘孜州文史》总第27辑,2003年巴蜀书社出版。本文选自原书《木家有女字秋娘》一章。

"锅庄"一词是汉语,藏语则有"古草""古曹""姑萨""独吉"等多种叫法。将其译成汉语,"古草"即"代表","古曹"为"贵族",说不完的"佳"话"姑萨"是"院坝","独吉"指铺石板的"大院坝"。"古草""古曹""姑萨"三词,语音与"锅庄"相近,于是就这样喊了下来,此说不无一点道理。就这几种藏语叫法推测,这"锅庄"原本是指明正土司下属土百户的"代表"(古草)或"贵族"(古曹)驻打箭炉"听差伺贡"的办事机构。随着茶马贸易的兴盛,便成了各路"充本"(为寺庙或土司做生意的"商官")的最佳栈扎之所。

贺先生在《本事注》①中说:"藏语呼作'独吉'者凡十三家,计户以锅,每一'独吉'有大锅一口,锅作桶形,取暖煮茶用也。"照先生的描述,打箭炉的"锅庄",其实就是在茶市上以桶形大锅取暖熬茶为标志的庄户。以锅计户,一口大锅就算一户。先生所说的十三家称作"独古"的"锅庄",便是大院坝里用石板铺地、历史最久、地位最高、规模最大、可称"古曹"的贵族庄户。接着他又说:"其后贸易日繁,于是锅庄日增,此四十八家之由来也。"在炉城,不管是早期的十三家老锅庄,还是"西炉之役"后出现的那些锅庄,其建筑规模,都远非一般住户可比。想当年,四十八家"姑萨"、四十八口大桶锅同时生火熬茶,昼夜炉火熊熊,炊烟不断,茶香四溢,打箭炉的茶市是何其壮观,何等兴旺!

"门内标杆非旧主。"锅庄院内,都照例立有木旌杆,这杆作何用,贺先生没有细说,想必是用来挂经幡(麻里旗)的,因锅庄主人和驻庄的"充本"(藏商)都信奉喇嘛教。到先生进炉时,"锅庄"的性质已多有改变,已"由招待所而变为行栈",且多已衰败。当时只剩下三十多所,有十所还是民国以来的"自建新庄",真乃今非昔比。"至于锅庄主人,恐已非原来血统。"以往,"某地某商住某锅庄,累世不移,故每一锅庄均有其固定顾客",那些"累世不移"的顾客,最早也是由明正土司根据其主人的地位和与自己关系的亲疏而圈定的。如今已不完全如此了。鉴此,先生不禁发出"标杆易主"的感慨。

打箭炉的锅庄何以走向衰落呢?任汉光先生在1936年12月所作的《康市锅庄调查报告》中就列举了十条原因,归结起来主要是康定茶市的动摇与衰落。茶市为何衰颓?不外乎三个方面:一是交通变化,印度把铁路修到西藏边境,方便印茶进藏,加之少数生产边茶的不法茶商在茶叶中掺杂使假,藏商便不愿来康定买茶;滇越铁路修通,云藏商贩取道盐井、昌都,不再绕道康定。二是社会不稳,民国以来,川藏纷争,军阀混战,边乱不歇,民不聊生,盗匪横行,旅途不安,加之官场腐败,横征暴敛,茶税畸重,茶价畸高,川茶竟一度比云茶贵一倍,茶商难以承受,只得出道云南。三是内地商号向西北扩展,如天津的天兴商行就设分号于兰州,加上西宁那边的行商纷纷到青南、康北收购皮毛香(麝香)茸(鹿茸),于是康北和西藏的货物部分不再来康。任氏所说不无道理,但并非根本所在。打箭炉市场的衰颓,就大势而言,缘于晚清的腐朽衰败,难敌列强侵略。直接的原因,在于英人撞破我喜马拉雅的国门,"刺刀指向拉萨",逼迫清政府在光绪十六年(1890年)和光绪十九年(1893年)相继签订《印藏条约》和《印藏续约》,印茶随之而入,挤占西藏市场,边茶举步维艰,年销量从十万引、千余万斤,跌到八万引、九百六十万斤;

---

① 指贺觉非《西康纪事诗本事注》,本书有录。

后经赵尔丰苦心经略，总算恢复到十万引、一千二百万斤。民国之初，军阀混战，边事多变，边茶贸易又遭打击。民国七年（1918年）边茶年销量降至八百万斤，到民国二十七年（1938年）销仅有四百万斤，而印茶在西藏的销量，已占到藏茶总销量的百分之四十。"皮之不存，毛将焉附"，赖边茶贸易而生的打箭炉锅庄，自然随边茶贸易的衰落而走向衰落。

康定锅庄传闻录（《甘孜州文史资料集萃》）

《康定锅庄传闻录》高济昌、来作中著，原载《甘孜州文史资料选辑》第三辑，后收于《甘孜州文史资料集萃》第一辑，2007年出版。

过去，康定有几十处藏族群众居住的大、小院坝，被人们称为"锅庄"，公认有四十八家。有的虽被列在"四十八家"之内，但实际上早已不存在；有的虽然据有锅庄名号，又不为群众所承认。其原因为何众说纷纭。为了探索这一问题，我们进行了一些调查研究。现将有关康定锅庄的传闻，综述于后，供作参考。

一、有关"锅庄"名称的几种传说

1. 侍贡说。据《康定县图志》记载："康熙三十九年（1700年），土司锡拉扎巴克被藏番昌侧集烈杀害了，旋经四川提督唐希顺率兵征剿，以土司之妻滚噶袭职，其子坚参德昌自木雅移此（康定）建垒营寨，置土目于此，所差侍贡，名曰锅庄。"照此解释，锅庄则是明正土司下属土目派在康定的"侍贡"，其栖息之所，是为锅庄。

2. 古草说。这是和"侍贡说"有直接关系的另一种说法。其根据是《清史稿》卷513"土司"条中叙述：明正土司辖有土百户四十八家。藏语"古草"即汉语"代表"之意，"古草"与"锅庄"谐音，因而"锅庄"应是土司下属的土百户所派代表在康定的住所。

3. 古曹说。"古曹"是藏语贵族之意。"古曹"也与"锅庄"谐音，故而有人说"锅庄"即明正土司属下的"贵族"在康定的住所。

4. 姑萨说。"姑萨"，藏语意为院坝，是指每一家锅庄都具有一座院坝，因而得名。

5. 锅灶说。有人认为，康定在没有设置明正土司之前，有名的藏商罗布藏波经常带人来往打箭炉经商营业，他们赶着驮载土特产品的牛群到康定以后，即用三个石头支锅熬茶，故谓锅庄即是"安锅置灶"之意。据说在凉山彝族居住的地区，也有同样的习俗和名称。

6. 旅栈说。清末，康区实行"改土归流"，有不少藏商经常赶着牲畜，运载着土特产品来康定交换茶、盐、百货等，他们到康定后，都要住进自己常住的"锅庄"，并在锅庄内堆存货物，饲养牲畜，故而有不少人又把锅庄视同旅栈。

至于未被列入"四十八家锅庄"之内的那些锅庄，据了解，主要是在清末"改土归流"之后新设的部分旅店、客栈。他们虽然也各有一座院坝，人们也习惯称之为"锅庄"，但在康定群众的心目中，他们是同"四十八家锅庄"有着严格的区别的。

二、康定四十八家锅庄的名称及职责[①]

萨根过。藏文含意，前者意为土台阶上的人家，后者为一大地头人。据说是明正土司五大亲信之一。通俗称谓：大院坝罗家锅庄。另有传说，萨根过曾是原来的明正土司，后来失去土司职位，故被称为"大地头人"。

效白托马。藏文含意，上效白家或上效白大臣家。据说也是明正土司的五大亲信之一，又是四大管家之一。通俗称谓：明正街铁门坎汪家锅庄。"效白"是噶厦政府对四大噶伦的称呼。传说噶厦政府曾派一效白到明正土司处任职，住在这家锅庄，后在这里上门，人们遂称之谓效白家。后来弟兄分居，成为上下两家。

效白约马。藏文含意，下效白家或下效白大臣家。是由上效白家分出。

仲衣措。藏文含意，秘书之家。担任明正土司的秘书，负责管理文案。通俗称谓：子耳坡安家锅庄。

郎白莎。藏文含意，内臣院。负责管理土司的衙内事务。通俗称谓：水桥子包凤英锅庄，或李海庭锅庄。与明正土司有亲属关系。据说包凤英是土司之女，也有人说是土司之妾，后嫁与李海庭，故名。

贡觉娃。藏文含意，住在山谷里的人家或来自贡觉的人家。据说是明正土司五大亲信之一，又是四大管家之一。负责管理土司家的土地田亩。通俗称谓：白土坎包家锅庄。锅庄在现甘孜报社附近，故说是山谷里的人家。一说前辈来自贡觉。

曲里巴巴。藏文含意，两水之间的人家。明正土司的四个管家之一，负责为土司管理食品和粮食。通俗称谓：将军桥白家锅庄，后又称邱家锅庄。锅庄为现在的州检察院及其对面地址，位于跑马山脚下。当时山脚下另有一水沟，故称两水之间。

杜根过。藏文含意，有石台阶的人家，或有石台阶的头人家。通俗称谓：北一巷贾家锅庄。传说萨根过的先人作土司时，该锅庄曾担任辅佐．因门前有石台阶而得名。

打谷叫巴。藏文含意，城门背后的人家。负责为土司看守城门。通俗称谓：南门查家锅庄。

育卡娃。藏文含意，城边上的人家。明正土司的一般管家。通俗称谓：子耳坡包家锅庄。据说康定过去曾有四门，这家锅庄位于西门边缘，以西再无人家，故有此名。

亦龚娃。藏文含意，给亦龚寺献金宝顶的人家。土司的一般管家。通俗称谓：深巷子亦龚娃锅庄。据说该锅庄曾建有金屋顶，大而放光，土司命其献与亦龚寺，后即以寺名为其锅庄名。

高日莎。藏文含意，四令院。通俗称谓：下桥高家锅庄。据说该锅庄在高日寺附近有亲属和土地。

阿桑托马。藏文含意，上阿桑家。通俗称谓：白土坎陈家锅庄。"阿桑"是木雅乡一个村名，据说上下阿桑两锅庄很早以前在那里有亲属和土地。

[①] 本节原为表格，其次序为：锅庄名称及其藏语原文、藏文含意、所司职责、通俗称谓与备考。

阿桑约马。藏文含意，下阿桑家。通俗称谓：白土坎彭家锅庄。

贡托托马。藏文含意，上白土坎。通俗称谓：白土坎罗家锅庄。上下白土坎两个锅庄都住在白土坎坡上，故名。

贡托约马。藏文含意，下白土坎。通俗称谓：白土坎石家锅庄。

曲卡娃。藏文含意，河边人家。通俗称谓：深巷子桑家锅庄，又称龚家锅庄。据说当时康定的折多河河面宽，街道窄，这家锅庄的地址，在当时已是水边。

桑卡措。藏文含意，碉楼人家。负责为明正土司担任警卫。明正土司的土司衙门后山有围墙，这家锅庄在围墙的北边上，设有碉楼。

日日铺托马。藏文含意，上子耳坡家或金顶附近人家。通俗称谓：子耳坡王家锅庄。"日日铺"藏语，汉译为子耳坡，这家锅庄在亦龚寺下面，寺的金顶闪闪发光，故人们又以此指锅庄所在。

日日铺约马。藏文含意，下子耳坡家。通俗称谓：子耳坡杨家锅庄。

则然托马。藏文含意，上则然锅庄。通俗称谓：梭罗坝张家锅庄。"则然"意为猴院。传说：藏商罗布藏波经常用绵羊驮货物来打箭炉，羊由猴看管。到打箭炉后，羊入圈，猴住院，故以名其地。藏语"猴院"为"则乌然娃"简称"则然"。

则然约马。藏文含意，下则然锅庄。通俗称谓：梭罗坝王家锅庄。

控达娃。藏文含意，房后人家。通俗称谓：将军桥充家锅庄。此锅庄前面还有一家锅庄名娃底娃，故称房后人家。"改土归流"后，锅庄无后人，由亲戚大院坝充家锅庄继承产权，故人称为充家锅庄。

（上）瓦斯碉。藏文含意，信奉黑教的人家。明正土司的辅佐。通俗称谓：瓦斯碉。据说其先人无后，念黑教经典千万遍后有了后人，从此代代信奉黑教。后弟兄分家为两个锅庄。

下瓦斯碉。负责为明正土司管理色多衙门的土地和三座庙宇。通俗称谓：下桥彭家锅庄。

三因措。藏文含意，"明心"的人家。通俗称谓：贡嘉寺三元锅庄。"三因"佛语，意为明心。传说锅庄女主人三因郎卡志玛在挤奶时暴亡，是被西藏萨迦寺的喇嘛收鬼收去了，后成了神，故名。

甲绒些。藏文含意，甲绒公子家。明正土司的辅佐。通俗称谓：北一巷木老爷锅庄。往昔藏族把木坪（宝兴）、丹巴、大小金都称甲绒，木家是木坪土司之后，所以称"甲绒公子"。打箭炉的人因木家与明正家是兄弟，故称之为"木老爷"。

青绕弄巴。藏文含意，藏王青绕旺却故居。通俗称谓：大石包杨马太锅庄。这家锅庄的祖辈青绕旺却曾做过宗喀巴的代理人，又是达赖的经师，做过藏王，死后葬在专为他修的拉萨登宁寺。故名。

充布措。藏文含意，裁缝家或商人家或黑教神家。明正土司管家之一，传说是给土司管理服装布匹的。通俗称谓：大院坝充家锅庄。对这家锅庄有三种说法：一说是给明正土司管理衣服布匹的；一说是为土司经商的；一说是黑教神之一，这个神为绰斯甲人供奉。充家是来自绰斯甲的。

那密娃。藏文含意，有权的喇嘛家。负责监督行人到三道桥后必须下马步行进城。通俗称谓：三道桥那密娃锅庄。据说原来跑马山的庙子是南无寺的经房，庙子里经堂有年高德劭的喇嘛在那里休憩。在折多山的甲登通和三道桥都能看见这个庙子。明正土司规定：凡行人到这两个地方，都要下马、下轿，否则就要被拉下来。这个锅庄就受命执行此事。

昌措。藏文含意，管理市场的人家或管理犯人的人家。明正土司四小管家之一。通俗称谓：子耳坡邱家锅庄。

贾力托马。藏文含意，上贾力家。负责为明正土司管理茶叶和打马伞。通俗称谓：明正街贾力锅庄。原只一家，名贾力措，以后弟兄分家，分为上下两家。

贾力约马。藏文含意，下贾力家。

布仔娃。藏文含意，牧童之家。负责为明正土司放牧的。通俗称谓：二道桥家杨家锅庄。一说，布仔娃，藏文是儿子多的意思。一说是，该锅庄原名甲那它钦即明正土司的别墅所在地，该锅庄是负责管理土司这所别墅的。

帕楚措。藏文含意，养猪之家。负责为土司管理养猪。通俗称谓：深巷子自家锅庄。

鸡子托马。藏文含意，上鸡子家。负责为明正土司管理放牧牲口。通俗称谓：北二巷彭永年锅庄。

鸡子约马。藏文含意，下鸡子家。也是负责为明正土司管理放牧牲口。通俗称谓：北二巷彭兰田锅庄。彭兰田并非锅庄后人，系买的锅庄产业。

娃底娃，藏文含意，揉狐皮的人家。负责为明正土司管理皮张。通俗称谓：将军桥娃底娃锅庄。

吉波娃。藏文含意，做酸菜的人家。负责为明正土司管理和制作菜蔬。通俗称谓，南门外吉波娃锅庄。一说，吉波娃的得名是每年5月13日，四十八家锅庄都要参加赛马活动，该锅庄的马总是跑在后头，引起大众欢笑：喊"吉波"、"吉波"，因此而得名。

牙楚措。藏文含意，羊儿家。负责为明正土司管理饲养羊。诵格称谓：大院坝牙楚措锅庄。

唐马仲科。藏文含意，驿站长。负责为明正土司管理乌拉差役。通俗称谓：南门唐马房。土司辖区内的农牧民都要为土司服乌拉差役，凡被派来康定供应乌拉差役者，都由这家锅庄管理。

卡娃降措。负责为明正土司管理音乐舞蹈。通俗称谓：南门姜家锅庄。明正土司常调锅庄妇女到土司衙门唱歌跳舞，称为跳锅庄。这家锅庄即负责管理此事。

阿娘巴巴。通俗称谓：深巷子张保正锅庄。清末"改土归流"后，锅庄主人阿甲拉绒，汉名张正荣，作了康定县中区保正，因而得名。至于该锅庄的原名含意，尚未得知。

宫布锅庄。通俗称谓：下桥黄记仓房。原锅庄主将祖业出卖给黄家作了仓房。原锅庄含意不详。

张西太锅庄。通俗称谓：大石包张西太锅庄。张西太系邛崃人，在锅庄上门，以致后人只知张西太锅庄。锅庄原名不详。

甲卡措。通俗称谓：南门外甲卡措锅庄。据说此锅庄在唐马仲科锅庄背后，紧靠河边，门外有一柳树。其余不详。

包包任钦锅庄。通俗称谓：南门外包包任钦锅庄。有一说，包包任钦即是被尹昌衡杀了的明正土司之弟甲老四，他与原锅庄之女成婚后据有此锅庄。

三、四十八家锅庄和明正土司的关系

在明正土司统治时期，康定曾流传着这样三句俚语：

"主人是明正土司；
管理人民的长官是瓦斯碉；
喇嘛是金刚寺。"

从这三句话中可以看出，瓦斯碉锅庄和金刚喇嘛寺是在明正土司属下负责管理民政和宗教事务的锅庄和寺庙。

同时，康定还流传有"弄密呷"（意为土司最亲信的五户人家）、"捏巴切波亦"（意为四户大管家）、"捏巴穷娃亦"（意为四户小管家）、"捏巴"（意为一般管家）这样一些根据权力大小不同的等级称谓。虽然他们在一定的时间内，要经过金刚寺的喇嘛"打卦"来决定各自的职位，但"弄密呷"一般是指萨根过、效白措、贡觉娃、瓦斯碉和甲绒些五家锅庄；"捏巴切波亦"则是由效白措、贡觉措、瓦斯碉和甲绒些五家锅庄的主人担任；"捏巴穷娃亦"又主要由充布措、昌措、曲里巴巴和卡娃降措四家锅庄的主人担任；至于捏巴则有贾力、郎白莎、育卡娃和亦龚娃等锅庄的主人担任。其余锅庄分别为土司承担某项专责。所以康定至今尚有不少老年人认为：瓦斯碉和EFL绒些两家锅庄，历来就是明正土司的左右二辅，其中瓦斯碉是专门代表土司同大清皇帝打交道的。

据瓦斯碉最后一代锅庄主人包文光（现任康定县政协委员）说，他家的"包"姓就是大清皇帝赐予的。原因是他的祖先在辅佐明正土司期间，土司犯了杀头之罪，皇帝追究，其祖先即代土司承担罪责，并愿代受极刑。皇帝嘉其忠，特赐姓"包"，意思是包了明正土司所犯的罪过，又包了明正土司永远忠于清室皇帝，并因而封其后人永远辅佐明正土司，必要时甚至可以代行明正土司的职权。清帝还赏赐给四字金匾和一些书画、古玩，特许他回家料理后事，约定3年后再到京伏法。其祖先在康定闲住3年之后，即主动去京受刑。清帝将其首级在京示众，另用纯金雕塑一颗头颅，镶于尸体上，运回康定葬于北郊大地湾包家坟园。包文光小时曾看到他母亲在他家遭受大火焚烧后还保存的御赐翡翠白菜和一幅画有马、一幅画有麻雀的中堂画。

又据现年84岁的下瓦斯碉最后一代锅庄主人彭士顿忆述：他家是负责给明正土司看守色多衙门的3座寺庙和那里的土地房屋的，每天要保证3座寺庙的烧柴和用水的供应。他9岁时就被派到明正土司家带小孩，并负责给土司暖脚，经常挨打受气，不堪其苦，遂逃去德格牛厂当放牛娃，直到30多岁才又回到康定。

根据调查，明正土司确实经常调各个锅庄的妇女、儿童到其家服役，供其驱使。据说这就是前面所说的"侍贡"二字中"侍"的意思。当然为土司服役决不只限于儿童和妇女,包括锅庄主人在内,也要对土司加以"侍"候。贾力锅庄的最后一代女主人贝却就说,她家的前代人就是负责在土司出行时打马伞的。还有部分锅庄分别负责为土司管理养猪、养羊、放牧、揉皮子等项工作。虽然实际上这些工作不一定由锅庄主人亲自去做,但他要负责管理操作这些工作的娃子,直接向土司负责。

另据了解,四十八家锅庄中的部分锅庄,与明正土司除前述的隶属关系外,还有着直接或间接的血缘关系。这是土司家族借以维护其封建统治的另一种特殊形式和手段。对于他们前几代人的婚姻关系,现在已无从查考,但从就近几代人之间的婚姻状况,也可窥其一斑。如卡娃降措的锅庄主人阿甲任钦的妻子是明正土司家的大小姐;甲绒些锅庄的女主人木秋云的母亲是明正土司的二小姐;上瓦斯碉锅庄的主人包义光的妻子是明正土司家的姑娘,与木秋云是表姊妹;郎白莎锅庄的女主人包凤奠是明正土司甲宣斋的女儿,又曾招赘高日锅庄最后一代主人赤称的舅舅格桑。其他,如包包仁钦锅庄、充布锅庄、则然托马锅庄、则然约马锅庄、控达娃锅庄、昌措锅庄、曲里巴巴锅庄等,在最近几代,也都和明正土司家族有直接或间接的姻亲关系。至于明正土司同康区其他土司家族,如德格土司、炉霍土司、巴底土司之间的婚姻关系,在历史的记载中更是屡见不鲜的。

四、四十八家锅庄同清政府的关系

四十八家锅庄同清政府的关系,除前面已谈到的外,据有关史书记载,他们大约都是在清康熙四十年(1701年)前后,次第归附,并得到授职的。清王朝还给他们授过印信、号纸,他们也都要分别向清政府缴纳一定的赋税。

还有一种传说是,康定的锅庄,是在清政府平定昌侧集烈的叛乱后,将四十八名有功的军士头目留居康定,各赏赐给院坝一处,并为之成立家室、隶属于明正宣慰使司。他们受命可以直接向四川巡抚甚至向皇帝报告土司的忠顺情况。按照这些记载和传说,"侍贡"、"古草"、"姑萨"、"古曹"等说法,都各有一定的根据。

还有一种说法是:清雍正十二年(1734年),皇帝诏果毅亲王允礼偕章嘉呼图克呼赴川,送七世达赖由乾宁返西藏,往来打箭炉,受到明正土司的接待。允礼与明正土司之女么么相爱,后生二子,遵照亲王之命,将"果"字上下分开,长子承袭土司职位,在上姓甲,次子充任辅佐,在下姓木。

另一有种说法:明正土司的祖先阿克旺嘉尔参于明洪初年随征明玉珍(在今重庆)有功,永乐五年授长河西鱼通宁远宣慰使司。清康熙三十九年(1700年),土司锡拉扎巴克被害,乏嗣,由其妻滚噶袭职;五十六年(1717年)滚噶死,由嫁至(穆平)董卜土司家的女子桑结兼管明正土务。雍正三年(1725年)桑结死,由桑结之子董卜土司坚参达结兼理明正土司印务。雍正十年,坚参达结死,由其子坚参德昌承袭明正土司职位。另查《清史稿》所载明正土司的名字,在明代和清初,如阿克旺嘉尔参、丹乍扎巴克、锡拉扎巴克、坚参德昌等都是蒙古人的名字。自乾隆以后,明正土司的名字前面都有一个"甲"字,如随征金川的甲木参德侵、随征廓尔喀的甲木参诺尔布、领班到北京给嘉庆皇帝祝寿的甲木参沙加、清末改土归流时缴出印信的甲木琼珀等。如果根据这些记载和传说，以及藏汉历来就有通婚习俗（如不少锅庄后来都有了汉姓）等，则明正土司家族和四十八家锅庄还分别有着藏、蒙、满、汉四个民族的血缘关系。

锅庄对明正土司的态度也不是一成不变的，而是根据和土司家族的关系，土司势力的兴衰，清廷对土司控制的严密程度，而不断有所倾向和变化。如清末改土归流后，阿娘巴巴的锅庄主人阿甲那绒作了康定中区的保正，取汉名张正荣；仲衣措的锅庄主人安随堂，曾担任过代理川滇边务大臣傅嵩姝和川边镇守使陈遐龄的翻译；充布措的锅庄主人充宝林担任过民国政府的团总，在成都办过藏文学校。甚至由于阿娘巴巴锅庄主人张正荣保正的告发，明正土司之弟甲老四竟被民国政府川边经略史尹昌衡正法等等。

民国年间，随着土司制度及其封建势力的消亡，除几所和明正土司家族特别亲近的锅庄外，其余锅庄大多是树倒猢狲散，迅速地和土司家族脱离了依附关系。

五、四十八家锅庄与西藏地方政府的关系

康定是藏汉居住的分界点，又是藏汉商品交换的门户。历代西藏地方政府对康定、乃至对整个康区早已垂涎三尺。康熙三十九年，支持昌侧集烈谋杀明正土司锡拉扎巴克；民国初年策动康区的十司、头人进行复辟活动，都是西藏地方政府一手操纵的。

……

在商业交流方面，康定是藏汉通商的中转和集散枢纽所在。据《康定县图志》记载，还在康定没有设明正土司以前，西藏著名商人罗布藏波即经常来往于打箭炉经商。英人古泊斯（Coopers）也曾于1869年（清同治八年）谈及："四川每年输入西藏的边茶约值六百万英磅，而以金、银、羊毛、皮张、药材作为交换手段。"西藏商人（包括康区各县的商人）到康定后，必然要有住宿和堆存货物的地点，于是就和锅庄发生了主客关系。日久天长，锅庄和康藏等地常来常往的商人，自然而然地互相友好往来，甚至有的就在锅庄上门，或妍上锅庄的女主人，借以在经营上获得便宜。据群众传说，萨根过、郎伯莎等锅庄，不论在改土归流前或是以后，都和西藏贵族之间保持着友好亲密的往来，而不接待其他商人。

西藏地方政府拉拢明正土司的手段，除前所述外，在可能情况下，还派来"辅佐"，参与地方事务的管理。据说效白措锅庄的"效白"二字，原是西藏噶厦政府对四大"噶伦"的称呼。效白锅庄之所此称为"效白"，就是西藏地方政府曾派来一个噶伦，长住在这所锅庄里，后来就在这个锅庄上门入赘并担任了明正土司的辅佐，故而得名。

六、改土归流后的康定锅庄

清末，赵尔丰在康定实行改土归流，使康定的锅庄发生了根本性的变化。随着土司制度在政治上的没落，依附于土司制度的锅庄在经济上也必然地失去了统治者所享有的特殊权利。于是原有的锅庄，有的随土司制度的垮台而自行消失（如桑卡措、三因措等）。有

的成了流官的住宅。如控达娃锅庄长期为二十四军旅长马骕、余松琳，师长唐英和西康行政督察专员陈启图所占据；瓦斯碉锅庄也被川边镇守使陈遐龄作过宿舍；原西康省政府代主席、民政厅厅长张为炯长期住在育卡娃锅庄；效白托马锅庄则长期作了康定城防司令部等。有的把房屋租赁给商家住户。如宫布锅庄全部出售给黄记商栈作了仓库；昌措锅庄把一排楼房租给了国民党中央政治学校康定分校作了学生宿舍。但是，较多的锅庄变成了接待康藏商人的"旅栈"。锅庄主人也利用自己精通藏汉语言，熟悉商业信息等有利条件，在买卖双方中起到经纪人把持甚至操纵的作用，并故而常常受到买卖双方的拉拢。在双方购销过程中，从中获取 4%的佣金，形成为不成文的制度。有的还在原来所管辖的地区出租和经营土地，借以维持生活。

与此同时，随着土司对农牧民统治关系的消失，商品经济的不断扩大，康定市场的日益繁荣，到康定经商的农牧民和行商日渐增多。在他们到达康定后，也需作时间不等地停留，于是另一批旅店、客栈便应运而生。如在这一时期增设的孙相贵锅庄、邰玉钊锅庄、孙绍先锅庄、孙绍明锅庄、皮子富锅庄、刘海山锅庄、汪彭措锅庄、范家锅庄、岳家锅庄等等。这些锅庄，虽然经营方式、收费标准也和原有的锅庄相类似，但在群众心目中却没有把它们列入四十八家锅庄之内。如果包括这些锅庄，截至解放时统计，康定的锅庄实际上已达到六、七十家了。

康定锅庄简史（《藏茶》）

本文选自李朝贵、李耕冬合著的《藏茶》，四川民族出版社 2007 年出版。本书是我国第一部全面、系统，且真实而客观地反映藏茶发展史的作品。李耕冬，出生于 1949 年 6 月 18 日，毕业于成都中医药大学，高级工程师。李朝贵，旅美华侨、医学专家、博士。他为开发具有千年悠久历史的藏茶文化，从美国返回家乡四川创业。

炉茶，是指在打箭炉口岸茶市销售的藏茶。

打箭炉，元代时的一个小村子，宋以前是一片不毛之地。传说三国时候，诸葛亮与吐蕃先民以箭划界。诸葛亮事先派人将一支箭远送至折多河畔，然后才拉弓射箭。双方在折多河发现了诸葛亮的箭，于是划界于此，并将此地称为打箭炉。

康熙三十二年（1693 年），由于藏商经常在距离雅安较近的打箭炉与汉商交易藏茶，达赖喇嘛向清廷奏请在打箭炉设茶市。

康熙三十五年（1696 年），清廷着手经营打箭炉藏茶市场。巡抚于养志上疏说："查勘打箭炉地带，自明季至今，原系由土司所辖之地……但番人借茶度生，居处年久，且达赖喇嘛曾经启奏皇恩准行，应仍使贸易。"（《清圣祖实录》）从此打箭炉成为南路边茶总汇地，藏茶市场由雅州碉门深入藏区。

打箭炉是清代川西少数民族地区最为繁荣的商贸市场，到康熙三十八年（1699 年）藏茶贸易达 80 余万包。康熙年间碉门茶马贸易重镇的地位逐渐由打箭炉取代。

康熙三十九年（1700 年），四川提督唐希顺派兵平定打箭炉营官昌侧集烈杀死明正土司之乱，安抚了附近 50 余个藏族部族，改土司制为流官制，由清廷直接派官员治理。

也是在这一年，清廷驻川的两高官发生矛盾，互相指责。提督岳升龙上疏举报巡抚于养志在打箭炉走私藏茶，每年数额达到 80 余万包，私收茶税数万两（银）。当时每包茶重 10 斤，共 800 多万斤。因当时朝廷尚未对藏茶发行茶引，而藏区对藏茶的需求很大，巡抚于养志趁机私自发行茶票卖给茶商，获取厚利。由此可知藏茶交易量之大。

"炉城四十八锅庄，故事而今半渺茫。门内标杆非旧主，木家有女字秋娘。"在这段民国时期任理塘县长的贺觉非所写的感叹锅庄的诗句中，埋藏着藏茶与锅庄一段鲜为人知的历史。

康定有 48 家锅庄，创始于元明之际。盖康定原为汉藏两族人民茶马交易中心，明正土司分封头人管理各地，并分别建庄房于康定内，作头人定期觐见驻足之所，同时可充各地商旅住地。

打箭炉锅庄，兴起于明清明正土司时期。在藏茶交易中扮演着特殊的重要角色。

"康熙五年（1667 年），打箭炉明正土司丹怎札克巴率旧附 13 锅庄投诚。"（刘承奄清乾隆年间所著（《鱼通属土司纪略》））

驻藏大臣松筠在《卫藏通志》中记载：康熙三十九年（1700 年）后，明正土司势力得以扩大，藏茶交易逐渐兴旺，促进了打箭炉锅庄从 13 家发展到 48 家。

由于土司制不利于清王朝中央集权的巩固与统一，四川土司地区一直动荡不安，各土司之间、土司与土民之间、土司与清朝廷之间的矛盾越来越尖锐。雍正四年（1726 年），朝廷重臣鄂尔泰上《改土归流疏》，建议清政朝廷改土官设流官、废土司制建州县制。雍正采纳，并于雍正五年（1727 年）十二月向兵部颁发了全面推行改土归流的谕旨。雍正七年（1729 年）四月，清廷废除高、杨土司，收缴土司的印符、号纸，安置土司及其直系亲属于江西南昌。改天全为天全州，改碉门为禁门关。从孟蜀时代算起至清雍正七年（1729 年），碉门近 800 年的土司制度结束。

"锅庄"与"锅庄房"（《藏族传统文化辞典》）

本词条选自谢启晃、丹珠昂奔等主编《藏族传统文化辞典》，甘肃人民出版社 1993 年出版。

锅庄 藏语，即商人住宿、集货的店铺。在四川藏区行商的人，各自都有熟悉的人家做为落脚处，即锅庄。商人的柴水，住宿、翻译、找买主等事，都由店主负责。商人除向锅庄店主交付食宿费用外，还要按实出货物的比例付给店主劳务费。

锅庄房 亦称"锅庄"，指专勺用子煮饭的房间，多见于西藏、甘肃等藏族农区。上述地区藏民多住两层楼房，和锅庄，常设在上一层。房内中央建有一个长方形火塘，内安 1 个或 2 个支锅的铁三角架，用子烧水做饭用。

"锅庄"与"锅庄房"(《藏族大辞典》)

本词条选自丹珠昂奔、周润年等主编《藏族大辞典》，甘肃人民出版社 2003 年出版。该书共收词目 8384 条，主要涉及藏族的历史、政治、经济、法律、哲学、宗教、伦理、典章制度、行政规划、家庭婚姻、文学艺术、语言文字、风俗习惯等方面的内容。

锅庄 商人住宿、集货的店铺。其称谓主要流行干四川省甘孜州康定等地。在四川甘孜一带行商的人，各自都要在经常做生意的城镇找一个固定的落脚点，即锅庄。锅庄庄主与商人的关系相当于朋友。庄主为商人提供食宿、翻译、存货、送货、找货、取货款等方便。商人则向庄主支付食宿和一定比例的中介费。

锅庄房 指专门用于炊事的房间，亦称"锅庄"，多见于西藏、甘肃等藏族农区。此地区藏民多住二层确房，"锅庄"常设在上一层，房内中央建一个长方形火塘，内安一个或两个支锅的铁三角架，用于烧水做饭。火塘旁边放置水缸，靠墙一侧挂一排铜制炊具，擦得明亮如镜，显示主人清洁和富有。火塘另一侧放有帚把和酥油桶。

下 编

1949年后茶马古道"锅庄文化"研究文献专题辑要

民族学与文化学

标题：锅庄

作者：黄显铭

来源：《民族语文》，1986 年 4 期

辑要

锅庄，系藏语སྐུ་དྲགས的音译，义为贵族。

锅庄一词的出现，约起于明代。彼时藏人来到康定之西的营官寨，营官属下的六十多家头目，叫作སྐུ་དྲགས。又，南宋末年来到木雅乡河西务后世称之为明正土司的，约在清初移住康定，也把他的头目叫作སྐུ་དྲགས，康定就有四十八个སྐུ་དྲགས。后来人们把对他们的尊称སྐུ་དྲགས变为称呼他们住宅的名字，于是旧时康定就有了四十八家锅庄。这些锅庄，楼房宽敞，住宅舒适，不少康藏客商进行货物买卖皆在其地，变为饭店，起了客栈的作用。

何以又把跳舞叫作跳锅庄呢？旧时德格土司的情况可以说明。德格土司有三十家大头目，八十家小头目，他们各有自己的宽敞住宅，各有自己的跳舞会，以供土司娱乐。明正土司当亦不能例外，四十八家锅庄也各自举行舞会，跳舞以娱乐土司，因此后来就把跳舞叫作跳锅庄，以至渐渐变为群众的娱乐。

标题：《锅庄浅说》

作者：黄显铭

来源：《西藏研究》，1989 年 3 期

辑要

锅庄，系藏语 SKU-drag 的音译，义为贵族。

锅庄一词的出现，约起于明代。彼时藏人来到康定之西的营官寨，作大营官、二营官者，以后世袭其职，其属下六十多家头目，都叫做 SKU-drag。又，南宋末年，来到木雅乡河西务后世称之为明正土司的，约在清初，他们移住康定，闻大营官、二营官之风而悦之，也把他的头目，叫作 SKU-drag。当时康定就有四十八个 SKU-drag。此后人们把对他们的尊称 SKU-drag，变为称呼他们住宅的名字，于是康定旧日就有四十八家祸庄。这些锅庄，楼房宽敞，住宅舒适，不少康藏客商货物买卖皆在其地，变为饭店，就起了旅社、客栈的作用。

藏语 SKU-drag，汉音译为锅庄。锅庄一词的措辞用字，极为恰当，既照顾了音韵，而汉文字面意义又相当清楚。锅者，多以铁制成、圆形中凹之炊事用具也；庄者，此处指规模较

大或做批发生意之商店也，如钱庄、布庄、茶庄、饭庄等。锅庄就是生火烧锅煮饭熬茶供客商食宿做生意买卖的客栈。

何以把跳舞叫作跳锅庄呢？以旧日德格土司为例可以说明。德格土司有三十家大头目，八十家小头目，他们各有自己的宽敞住宅，各有自己的跳舞会，以供土司娱乐。明正土司当亦不能例外，四十八家锅庄，也各自举行舞会，以便跳舞。因此后来就把在锅庄里举行的舞会，或类似于锅庄的跳舞会，称为跳锅庄舞，或说跳锅庄。

"跳锅庄"这一词儿，正与汉语里的某些词儿一样，如"吃大户""吃食堂""吃馆子""靠山吃山，靠水吃水"等等。我们知道，"大户"是旧时的地主富豪，"吃大户"并不是说吃掉地主富豪本身，而是指荒年期间，饥民到地主富豪家去吃饭或夺取粮食。同一道理，"食堂"和"馆子"，本身都是不能吃的，其意是说，到食堂里去吃饭或用餐，到馆子里去吃东西。又，水只能解渴，不能充饥果腹；山，不管是土山或石山，皆不能吃。这里的"吃"字，是指依靠山，依靠水，来维持生活。明乎此，就不难理解，"锅庄"本身不是舞蹈，而是说在锅庄里跳舞，以后就叫做跳锅庄舞或说跳锅庄。

锅庄一词，最初只在康定使用，以后逐渐流行于广大藏族地区。跳锅庄的舞蹈是：起舞时，男女多人，围成圆圈，相对而立，沿着弧线，先慢后快，边歌边舞。舞蹈的动作矫健，曲调高亢，不同的曲子都配以不同的舞步。旧时的歌词内容，多表现自然景象、爱情、宗教等。则主要是表现新社会的新生活。

锅庄一词，收入汉文辞书，乃是近年来的事。它始于一九七八年出版的《现代汉语词典》和一九七九年出版的《辞海》。

但是，这两部辞书将锅庄一词径直解释为舞蹈、圆舞或圆圈舞，是欠妥当的。它未抓住锅庄一词的本义，仅就其引申意义作了片面解释，不甚确切。笔者认为，《辞海》说："藏语称卓（bro）或果卓（sgor-bro）。"这是不对的。锅庄，不是藏语 bro 或 sgor-bro 的音译，而是 SKU-drag 的音译。

标题：《对康定"锅庄"一词之我见》
作者：安珠多吉
来源：《西藏研究》，1990 年 1 期
辑要

康定"锅庄"一词，不是凭空想出来的，而是有所本的。有人说"锅庄"是乌拉差役制度下演变而来的，看来亦有它一定的道理。因为"锅庄"是藏语的音译，这个词只能用于那些在封建农奴社会中享有政治、经济特权的阶层，是他们的专有名词。总之，"锅庄"是藏语的音译，是藏语的一个专有名词，绝不是什么三个石头支锅代灶而得名，也不是借用汉词来命名藏族事物的。以上是笔者的一点浅见。

标题：《藏族茶文化论析》
作者：泽旺夺吉

来源：《中国藏学》，1994年4期

摘要：茶文化是人类文明的伟大创造。我国是茶的故乡，茶文化尤其悠久、丰富。由于茶在藏族人民日常生活和社会经济活动中的至关重要的地位，藏族的茶文化丰富多彩、饶有特色，成为我国乃至世界茶文化园地中一枝奇葩。为什么不产茶的藏区却创造了灿烂的茶文化？藏族茶文化的内涵和外延有哪些？本文拟就有关问题作一探讨。

关键词：藏族 茶文化

辑要

茶还使藏区出现了集交易所、货栈、食宿店为一体的独特商贸组织——锅庄。锅庄，藏语意为"代表"，是土司属下各地头人派来侍奉差役的"办事处"。随着土司势力的衰落和茶的贸易的兴隆，原来的锅庄逐渐改变了性质，成为商旅云集的处所。锅庄既是供过往茶商和驮队食宿之地，又是贸易的中介者。

标题：《藏族茶文化概论》

作者：杨嘉铭 琪梅旺姆

来源：《中国藏学》，1995年4期

辑要

清代以来，藏区高原市镇的发展规模和范围都有扩大。明末，岩州市废，打箭炉市兴。入清后，打箭炉成为藏区盛极一时的边茶贸易中心。"雍正七年（1729年），置打箭炉厅，'为番夷汇总，因山为城，市井辐辏'，商务繁盛，为边茶转输西藏、青海各蒙藏地区'出口总路，是以四方茶商俱聚于此'。藏汉贸易间交易通过'锅庄'为媒介。雍正至乾隆年间，打箭炉由十三家锅庄发展到四十八家……锅庄由待贡向行栈职能的转化，表明雍乾时期打箭炉商务已达到了相当规模。"汇集于打箭炉的藏商集团除了今甘孜州内的土司商、寺庙商，还有今西藏、青海、云南和四川木里的藏商集团；汇集于打箭炉的汉、回等民族的商业行帮也不少，按地区分类有陕帮、云南帮、川帮等，川帮中又分川北帮、邛崃帮、雅州帮等。据乾隆年间统计，四川的邛崃、名山、雅安、荥经、天全等县销往打箭炉的边茶总引额数达十万零三百四十道，计约一千万斤以上。民间时期，每年引票销售量均在十万张左右，其中最低额年份亦在六万九千多张。在今甘孜州藏区，除打箭炉外，还有泸定、理塘、巴塘、道孚、炉霍等县的集市不同程度得到发展。

标题：《中国少数民族茶文化论要》

作者：冯敏 李锦

来源：《贵州民族研究》，1996年1期

辑要

茶马贸易还直接刺激了交通的发展和各地商品经济的进步。汉藏民族间的茶马贸易，开拓了藏川、藏陕两路的交通，形成了著名的"茶道"。大量茶驮在川藏道上来往，促进了茶道沿途市镇的兴起和繁荣。甘肃的拉卜楞，青海的结古，四川的松潘、康定、理塘、巴塘、甘孜,云南的德钦、雅西,西藏的昌都等市镇,都是因茶马贸易而兴起的。以康定为例,康定旧称"打箭炉",清以前,汉藏民族间的互市和贡道都在此地,这里经营茶叶等物质贸易的行栈称"锅庄",明清时,锅庄也接待来往贡使。由于贸易和差务增加,清代锅庄从四家增至四十八家,康定也由五百多年前的荒凉村庄发展为市井辐辏、汉藏杂居的著名城镇。

标题:《试析茶马互市对川滇藏边城镇发展的影响》
作者:周毓华 彭陟焱
来源:《西藏民族学院学报(社会科学版)》,1999年4期
辑要

"打箭炉"一名最早见于《明史·西域传》:"洪武时,其地打箭炉长河西土官元右丞剌瓦蒙遣其理问高惟善来朝,贡方物"。另有"天全六番招讨司八乡之民,宜悉调其摇役,专令蒸造乌茶,运至严州,从贸番马,此之雅州易马,其利信之。且于打箭炉原易马处相去甚远,而增于此,则番民如蚁之慕,归市必众⋯⋯"据任乃强先生考证:打箭炉"本非市场。自唐以来,随茶马交易,日趋聚盛。由架设账幕之临时市场,而为建筑碉房之锅庄交易。元时设长河西鱼通宁远土司于此,宁玛派喇嘛寺(南无寺前身)亦元时成立。至明时,倘仅有住民十余家。"打箭炉城随着边茶贸易的发展而兴起。在清以前,汉藏民族间的"互市与贡道,亦皆在打箭炉"。

标题:《甘孜州文化旅游资源及近期景点开发构想》
作者:王辉全
来源:《康定民族师范高等专科学校学报》,2001年4期
摘要:本文论述了甘孜州文化旅游资源的基本特色,根据甘孜州的实际情况及其文化旅游资源特色对甘孜州的旅游资源作了片区规划,并将甘孜州文化旅游定位为:生态旅游、丰富多彩的康巴文化旅游和格萨尔王故乡游。最后对康定、泸定、丹巴、德格等地的主要景点提出了开发构想。
关键词:甘孜州 文化旅游 特色 定位 开发构想
辑要

根据甘孜州地理环境及其文化旅游资源的分布,甘孜州的文化旅游可划分为康东、康北、康南三大片区。康东片区为:汉藏文化交融(包括泸定桥、康定情歌、藏汉茶马古道、康定锅庄等),近现代康巴风云凭吊,"民族走廊"风情和"康巴民族风情"之旅、温泉疗养等。康北片区则为:走进神秘的康巴文化(包括德格印经院、格萨尔故乡、藏传佛教各教派及其寺庙等)。康南片区则为:丰富多样的生态和民族文化,高原江南,香格里拉之旅。

⋯⋯

康定城及周边旅游区,包括康定城、闻名世界的跑马山公园、塔公寺及草原游牧文化风情等。旅游定位要打康定情歌、藏族民风民俗、游牧风情、温泉度假等金字招牌。

康定城位于贡嘎山北坡，是甘孜州的首府，全州政治、经济、文化中心，也是进出西藏的重要门户，明清时代就是汉藏贸易的重要口岸。民国初年是川边特别行政区首府，后为西康省省会。康定是历史上汉藏贸易的集散地之一，商业十分发达。《康定情歌》、锅庄文化、茶马古道使它扬名海内外。

标题：《漫话茶文化在青藏高原的传播与发展》
作者：吴健礼
来源：《西藏研究》，2001年01期
辑要

随着边茶贸易的扩大，在藏区市场上还出现一种由藏族经营的兼有贷栈、旅店和经纪人作用的行业，如康定的'锅庄'、中甸的"房东"等。"锅庄"和"房东"免费为远道的藏族商人和农牧民提供货栈、住宿、介绍行情和买卖；在与内地商人交易时，居中翻译，促成交易，收取内地商人一定的"退头"（服务费）；藏商购买的茶叶，也在"锅庄"里进行牛皮包装，以便长途驮运；茶叶出关时，"锅庄"帮助缴纳税款，向藏商提供了一条龙的服务，历史上对促进汉藏贸易起了积极作用。

标题：《把"锅庄"打造成康巴民俗文化的载体》
作者：陶勇
来源：《康定民族师范高等专科学校学报》，2002年4期
摘要：锅庄是康定地区藏汉商人住宿、交易的独特中介场所，是汉藏贸易的主要中介机构，是汉藏文化交流的载体之一。重新打造"锅庄"文化，利用其文化内涵，把"锅庄"打造成集藏族建筑、民族文化、餐饮、娱乐为一体的藏文化载体，为甘孜州旅游也增添更多的文化内涵和新的亮点。

关键词：锅庄 康巴民族文化 载体 旅游 思路

辑要

"锅庄"一词是指在康定地区为藏汉商人提供住宿、交易等的特殊中介场所。

"锅庄"的历史沿革，起于何时，未见史书记载。据推断，在元朝时期，康定还没有形成城市，只有一些藏族居民，但是，因其地理位置正处于藏汉民族交往的要冲，也是藏汉两地商品输入输出的必经之道，所以，来往的商人都要在这里歇脚过夜，商人们各自在一定的地点搭起帐篷，支起"三锅桩"以解决食宿问题。据任汉光在1936年写的《康市锅庄调查报告书》记载"惟据安家锅庄主人称，按家谱当建于五百年前，复据江家锅庄主人称，该庄明洪武年间已成立，则谓元明之际，康定已有锅庄建设，当无大误"。

藏汉"茶马互市"早在唐末时期已经形成，明朝开始互市中心转移到甘孜州境内，到清乾隆年间互市中心迁移至打箭炉（康定）。当时的康定属于明正土司辖地，"该土司分封头人，执掌诸地，并令诸子及小头人，建立庄廓于康市，为诸头人竟觐见驻节地，亦得为各地商旅

来康招待所，名为'独吉'，凡十三家，是为当时所称'十三独吉'。康人计户，恒以烟锅。每独吉内设大锅一鼎，供煮茗等用。锅成桶形，闻采自甘肃，庄内商旅得各设同式小锅，不另计数，汉人名为十锅庄。后贸易日繁，锅庄建立益众，凡增为四十有八，是为世称四十八锅庄。"(《康市锅庄调查报告书》)锅庄发展到1940年左右有四十七家，其中能住客商的有二十二家，住驮脚娃的有七家，其余只有锅庄之名，而无锅庄之实。

康定最初的锅庄，是专为商旅提供食宿、堆存物品及交换货物的场所，后来又为明正土司分担差务，相继为土司的附属"官衙"，并常住土司的下属，明正土司辖区内大小头人见土司均在锅庄住宿。这时锅庄身兼两种职责，既为来往商旅经营服务，又为明正土司支遣差务。清代以后，锅庄听差的任务有所减少，为商旅承揽生意的事务增多，这时的锅庄就像行栈一样，既为客商堆存物品、提供住宿，又为客商经营而奔波，锅庄主人一般都精通藏汉两种语言，熟悉产销情况，了解商品行情，周旋于购销之间，生意买卖是否成交大都听锅庄主人的一句话。锅庄主人在商业经营活动中的地位是中介地位，购销双方生意做成后，他按每笔生意成交总额抽取一定的"退头"（经纪人用的佣金或手续费），退头多少也不是固定的，有的按物价值总额的20%收取，有的按货物总价值的3%~4%收取，这要根据具体情况而定。有的锅庄只包客商住宿和货物贮存，佣金收取则少一些。另外，还有一部分锅庄住宿客商不多，也接待一些驮脚娃或住驮脚娃，交易物品为酥油、奶饼、康盐、少数土产及青稞、糌粑之类，多数由住客自己交换物品，少数由锅庄主介绍买卖，收取的佣金往往是酥油、糌粑等物品，在锅庄内栓马每头要收取藏洋一元。

锅庄居住的客商多为行商，贩运货物都是成批到达，每到一批货物至少几十驮上百驮甚至几百驮，客商不设店零售，均为赊购批销，只要谈成生意皆为大宗，因而锅庄主的收入是很可观的。经营最好的锅庄一年有八十万元的收入，经营较差的一年也有七八万元的收入。清代末年至民国初年，随着商业的发展，锅庄的商务竞争加剧，又因政局变幻莫测、内战不止、商旅裹足、商务日趋颓败等多方面的原因，相当部分锅庄客商减少，甚至无客登门，有的锅庄只能依靠房屋租金维持生活。康定的锅庄商业至此衰败。

标题：《"茶马古道"的历史作用和现实意义初探》
作者：格勒
来源：《中国藏学》，2002年3期
摘要："茶马古道"是一条主要穿行于今藏、川、滇横断山脉地区和金沙江、澜沧江、怒江三江流域，是以茶马互市为主要内容，以马帮为主要运输方式的古代商道。它作为一条连接内地与西藏的古代交通大动脉，历经唐、宋、元、明、清，其历史作用和现实意义不可低估。它在历史上不仅促进了"茶马古道"沿线高原城镇化的发展，为汉、藏以及其他民族间的经济和文化交流做出了重要贡献，更重要的是历代中央王朝通过"茶马互市"和"茶马古道"，更加巩固了西南边疆，维护了国家的统一。在今天，"茶马古道"无论在自然资源还是文化资源上都是一条具有国际影响力的古道，因此它的旅游品牌效应具有不可复制性，拥有巨大的国际旅游市场潜力。

关键词：茶马古道 茶马互市 藏族 历史作用 现实意义

辑要

茶马互市的发展和"茶马古道"的繁荣，促进了川藏和滇藏沿线高原城镇化的发展。如泸定、康定、德格、甘孜、巴塘、中甸、昌都等比较著名的高原城镇就是随着"茶马古道"的开通、繁荣而相继出现的。其中康定作为"茶马古道"上的交通咽喉，在唐、宋时只是一个架设帐篷的临时露天市场。"明以前这里几乎是一片荒凉的牧场，仅有元代留下的碉房和红教寺院，而明代以后随着边茶在此集散，48家锅庄先后形成并日渐繁荣起来。'锅庄'实际上是明代以来的汉藏通商贸易的产物。"（见拙著《甘孜藏族自治州史话》）随着茶马贸易，以"锅庄"形式的固定货栈纷纷兴起，于是市场勃兴，人口递增，成了康藏地区的商品重镇。在它最兴盛之时："炉城严如国都，各方上酋纳贡之使，应差之侯，与部落蕃商，四时蟠凑，骡马络绎，珍宝荟萃，凡其大臣所居，即为驮商集息之所，称为锅庄，共有四十八家，最大有11家，合称八大锅庄。有瓦斯碉者，锅庄之巨擘也，碉在水会流处，建筑之丽，积蓄之富，并推炉城第一。康藏巨商成集于此，此则番夷团结之中心也……全市基础，建于商业，市民十分之八九为商贾。"（《西康图经·西域篇》），由此可见一斑。

标题：《康定锅庄文化遗产旅游开发策略》

作者：夏毅榕

来源：《阿坝师范学院学报》，2017年4期

摘要：文章依据康定锅庄文化遗产可以作为独具一格的甘孜州旅游资源这一结论，针对性地提出了对其进行旅游开发的三大策略：重塑锅庄形象，接续地方文脉；打造品牌演出，吸引资金投入；加大旅游行政力度，整合已有资源。

关键词：康定锅庄 文化遗产 旅游开发

辑要

康定"48家锅庄"的掌故，是绵远200多年的民间文化记忆；是藏汉交融的地方文化主流；是别具一格、不可能出现同质竞争的文化旅游资源。

陈南江指出：旅游项目的主题应当尽量反映最强的文脉，选文脉尽量不要和已经成功的旅游景点代表的文脉冲突、重复。从甘孜州发展旅游业的规划及实施情况来看，政府对康定县的资源遴选定位于康定情歌，还有所谓"康巴文化"（指以格萨尔王故乡为核心，包括各种康巴歌舞艺术、民风民俗）。

上述内涵恰好缺失了最有地方历史文化特色的康定锅庄。

已有的多数相关论著中，康定锅庄同样被忽略了。只有陶勇早在2002年就提出：把"锅庄"打造成康巴民俗文化的载体，但文中并未详细论述其开发可行性及策略。

就历史文化溯源而言，《康定情歌》名满天下始于1947年民歌采风再创作后的公演，跟康定作为藏区重要商贸城市的历史关联不大，正如有识者写道："是茶叶和商路的碰撞书写了这里的历史，而这些历史从上千年前的唐代至今依旧如从这里通过的茶马古道一样脉络清晰，有迹可寻"。

标题:《"茶马古道"旅游品牌打造的思考》

作者:王川

来源:《西南民族学院学报(哲学社会科学版)》,2003 年 2 期

摘要:茶马古道,是中国历史上内地农业地区和西部边疆游牧业地区之间进行以茶、马为代表性商品的贸易而形成的商道。作者在参与了实地考察后,指出这次考察不仅在学术研究上贡献甚巨,而且对"茶马古道"沿线的川、藏、滇三省区旅游业发展亦有所推进。

关键词:茶马古道 旅游品牌 打造

辑要

目前,旅游产品的老化、单一,是中国藏区旅游业落后其他省区的重要原因。解决这一问题就必须要在旅游产品的创新、旅游商品的开发上大做文章。以茶马古道沿线各区(点)而言,旅游新产品的开发应注重以下三大特色:独特的自然景观(三江、高山峡谷、冰川、森林、温泉等),风味浓郁的民族风情(锅庄文化、茶俗文化、岭·格萨尔文化、康巴文化、纳西文化等),沉淀厚重的历史文化(如芒康盐井生产的传统方式、芒康的邦达昌故宅、四川康定及新龙的锅庄、甘孜的踢踏舞、木雅的藏戏、巴塘的弦子等)。

在注重上述三大特色的前提下,挖掘茶马古道四季旅游的潜力,不断推出茶马古道沿线各区(点)的旅游新产品,如"来古冰川二日游""易贡国家地质公园探险游""康定温泉疗养游""吉荣(波罗)峡谷探险游"以及地质公园、主题公园、博物馆(如暑都卡若遗址博物馆)、节庆等,将自然生态、人文景观相结合,形成茶马古道旅游文化的优势,并促使潜在的旅游资源优势外显化。

标题:《巴蜀茶与饮茶源流》

作者:冯敏

来源:《浙江工商大学中国饮食文化研究所专题资料汇编》

会议时间:2003 年 12 月

摘要:茶是中国的"国粹""国饮"。巴蜀地区不仅是茶种植的发源地,也是全国茶业发展的主要区域。巴蜀茶文化是中国茶文化的重要组成部分,在诸多方面领先于全国,在我国茶史上占有重要地位。研究巴蜀茶与茶饮史,梳理其发展脉络,无疑对中国茶史源流有着重大意义。

关键词:巴蜀 茶史 发源地

辑要

茶马贸易还直接刺激了交通的发展和各地商品经济的进步。汉藏民族间的茶马贸易,开拓了两条藏川交通路线,形成了著名的"茶马古道"。一条是从四川现今的雅安地区出发,经泸定、康定、理塘、巴塘、昌都到达拉萨,再由拉萨到达尼泊尔、印度;另一条是以现今西双版纳为起点,向西北经大理、丽江、迪庆到西藏昌都、林芝至拉萨,再经拉萨南下分别到缅甸、尼泊尔和印度。大量茶驮在川藏道上来往,促进了茶道沿途市镇的兴起和繁荣。甘肃的拉卜楞,青海的结古,四川的松潘、康定、理塘、巴塘、甘孜,云南的德钦、雅西,西藏

的昌都等市镇，都是因茶马贸易而兴起的。以康定为例，康定旧称"打箭炉"，明代，汉藏民族间的互市和贡道都在此地，这里经营茶叶等物质贸易的行栈称"锅庄"，最初只有4家，清康熙时，川边重镇西移至打箭炉，随着清政府在炉城设官治理，边茶引岸止于炉，藏汉商人易货于此，打箭炉成为商贾往来要地、南北两路边茶总汇和商品集散之地，锅庄也接待来往贡使。由于贸易和差务增加，清代锅庄从四家增至四十八家，康定也由五百多年前的荒凉村庄发展为市井辐辏、汉藏杂居的著名城镇。这里"商旅满关、茶船满河""百货完备，商务称盛"，成为川、藏贸易中心，被誉为"小成都"。川藏古道的开辟，使其成为主要的藏汉联系的纽带，以致"驻藏大臣往返皆以四川为正驿，而互市与贡道亦皆在打箭炉。"民国以后，各地藏商来康定人数增加，据西康建省委员会民国二十五年（1936年）调查，时锅庄47家。

标题：《试论茶马古道的旅游开发价值》
作者：罗仕伟
来源：《重庆社会科学》，2004年1期
摘要：茶马古道是中国历史上内地农业地区和边疆游牧业地区之间进行茶马贸易所形成的古代交通路线，它作为内地汉族地区与边疆少数民族地区经济往来的重要万式，在沟通各族人民之间的经济、文化联系方面发挥了十分巨大的作用。本文试图在认识茶马古道的基础上，就茶马古道的旅游开发在历史文化、社会经济、生态环境保护和旅游形象塑造等方面的价值及其未来前景作出探讨。
关键词：西藏 茶马古道 旅游 开发价值
辑要

茶马古道独特的区位，构成了藏区特殊的经济地域单元。尽管拥有独特的高山峡谷地理景观，突出的藏民族人文经济活动特色以及显著的康巴民俗社会风情，但是该地域全方位的封闭，导致经济水平一直处于相对低下的状态。历史上伴随古道茶马贸易的兴起，不仅将内地大量的工农业产品传入藏区，丰富了藏区的物资生活，还将内地的先进技术、工艺、科技和能工巧匠输入藏区，推动了藏区农作技术、采金技术、皮革加工业和手工业的发展，带动藏区缝茶、制革等新兴产业和民族手工艺品的生产开发，促进古道沿途城镇兴起与发展，改变了藏区重农轻商的观念，形成了众多专营性的锅庄、茶号和商号等特殊经济机构，提高了藏区社会经济的全面发展。如今要从根本上改变经济落后的现状，提高经济实力，增加收入水平，脱离贫困线，走上富裕路，最好的选择是打破传统观念意识的束缚，乘西部大开发的战略机遇，借藏区垄断性的高品位旅游资源，循民族地区的优惠政策和良好自然生态环境，从茶马古道开放、开发入手，接纳外界的新思想、新观念和新事物，改变藏区因特殊的自然经济地理环境客观上形成的以农牧业为主体的主导产业经济发展结构模式，改变农牧业产值占国民生产总值绝对比重的依赖性输入型经济状况，将自然景观和人文景观独特、旅游文化内涵异常丰富的茶马古道建成我国最神秘、最有发展潜力和最有开发价值的黄金旅游线，形成符合国家经济发展战略要求并以旅游业为龙头的产业格局，形成适应社会发展需要并体现藏区开放、开发水平和经济繁荣程度的新经济增长点。

标题：《基督教在四川藏族地区的传播》
作者：杨健吾
来源：《宗教学研究》，2004年3期
摘要：本文扼要地论述了基督教和天主教在四川藏区传播的概况，总结其传播的手段和特点主要是：广泛收集各种情报，以尽快熟悉中国社会；广设教堂，兴办学校、医院、育婴堂、救济院等慈善事业，帮助传教活动的进行；广占土地和房屋，以地租、房租进行剥削，作为教会重要的经济来源；基督教在四川藏区的传播始终是在与各民族传统文化习俗特别是藏传佛教信仰的冲突中进行的。与传教士们长期付出的艰苦努力相比较，基督教在四川藏区的传播是不成功的。此中原因发人深省。
关键词：基督教 天主教 四川藏区
辑要

民国三十六年（1947年），由美国长老会、路德会、美以美会，加拿大福音会、长老会及英国满福音会等差会传教士组成的流动布道团体基督教环球布道会。美籍牧师吴扬道、兰德乐、卫浩德和加拿大传教士吴遵道、司崇道及英籍传教士史承恩等六人在康定建立了康定环球布道会。吴扬道、吴遵道、司崇道等三人在来中国之前，还在印度本格省专门学习过藏文。到康定后，他们主要是通过医药、救济等方式传教，活动于康定、甘孜之间。在康定，他们以内地会福音堂作礼拜之所；吴扬道还经常到康定南门各锅庄向少数民族群众宣传教义，宣扬"福音"。

标题：《康定锅庄的历史与特征》
作者：林俊华
来源：《康定民族师范高等专科学校学报》，2005年5期
摘要：康定锅庄集旅店、货栈、商品中介、衙门等多种功能于一书本，是康定地区特有的一种文化，曾在汉藏文化交流中产生过重大作用。康定锅庄产生于清代康熙、乾隆时，清末开始走向萧条，20世纪50年代彻底退出历史舞台。
关键词：康定锅庄 历史 特征
辑要

二、康定锅庄的基本特征

康定锅庄是一个十分复杂的多文化综合体，要对它作一个准确而又简明的定义还比较困难。既然如此本文亦不必在此多费时间，而是尽量对康定锅庄的基本特征做出一些比较完整的描述。

1. 康定锅庄似旅店而非旅店

锅庄是专为藏商提供食、宿的场所因而它具有旅店的性质或功能。但是，如果仅仅因此而将其理解为旅店则是不准确的。

从服务范围上看，旅店只向客人提供食宿服务，而锅庄不仅要提供食宿服务而且还要提供堆放货物的场所，为客人提供交易中介、翻译等多项服务。

从获利方式上看，一般旅店都是通过直接为客人提供食、宿服务而获得利润；但锅庄并不直接向客人收取食宿的报酬，而是在客商从事贸易的价款中提取"退头"（佣金）作为报酬。

从服务对象上看，旅店一般是向所有的客人开放的，入住客人也具有较大的流动性和不确定性；而住在锅庄中的客人均为藏族商人且每一锅庄所住的藏商基本都比较固定。

从服务方式上看，一般旅店都会为住店客人提供完整的食、宿服务并不需要客人自备做饭和睡觉方面的生活用具。而在锅庄里，锅庄主一般只是向首次来住的藏商提供一套基本的生活用具，以后需要更新或添置的，则由藏商自己完成。

2. 康定锅庄似商场而非商场

锅庄是商品交易的场所因而从这个意义上讲，康定锅庄就是商场。但是如果把它当作日常意义上的商场来理解也有明显之不妥。

首先，一般商场都是商家与消费者之间以货币为流通手段的交换。而发生在锅庄里的交换行为是在藏商与汉商之间进行的，且多是以货易货的"物物交换"。

其二，一般商场的经营模式是卖家直接面对买方，没有中介环节。而发生在锅庄里的交易则往往是买卖双方不见面一切由锅庄主决定，即为卖方找买家，为买方找卖家，商品价格的确定等等，锅庄主起着决定作用。

3. 康定锅庄似货栈而非货栈

锅庄也是藏商堆放货物的场所，具有货栈的职能。但是，它与一般意义上的客栈是不相同的。货栈是专门堆放货物的场所并以此为获利手段。而锅庄虽然为藏商提供货物堆放的场所但它并不直接从其所提供的货物堆放和保管的服务中获得利润；并且，为客商堆放、保管货物也不是锅庄的唯一职能，它还要为客商提供食宿、喂养牲口和交易中介等服务。

4. 似中介而非中介

锅庄的另一职能是为藏、汉商人提供交易中介服务。这是锅庄最为重要的职能之一，锅庄的收入的直接来源。单就这一点来说，把锅庄理解为"中介"也许更为恰当。但锅庄与现代中介机构仍是有明显区别的。其中最大的一点就在于锅庄主不仅要充当买卖双方的贸易中介人，而且还要为贸易双方当事人提供信誉担保和充当翻译，并且贸易中的价格往往也是由锅庄主决定而非货主。此外锅庄虽然是从贸易中介中获得利润（退头），但"退头"一般都是由汉商承担，藏商无论是买方还是卖方一般都不承担"退头"。

5. 似衙门而非衙门

据《康定县图志》记载，康熙三十九年（公元1700年），土司锡拉扎克巴被西藏驻打箭炉营官昌侧集烈杀害。后以土司之妻贡噶袭职，其子坚赞德昌自木雅移住康定，建垒官寨，置土目于此，听差侍贡，名曰锅庄。这就是说早期的锅庄是为明正土司"听差侍贡"，是明正土司政治统治中的一级办事机构。在康定地区至今还普遍流传有一种说法，康定历史上的四十八家锅庄分别为明正土司所属的四十八个土百户设立在康定的"办事处",其职责是为明正土司听差侍贡和迎送往返于汉藏两地之间的汉藏官员。但是随着康定商业贸易的不断发展,锅庄在经济活动中的功能不断加强,而在政治上的功能却不断弱化,以至于在清末至民国时期人们看到的更多的是其经济活动。

标题:《论藏族茶文化》
作者:央倩
来源:中央民族大学民族学(硕士),2005年
辑要

伴随着商贸城镇兴起的,是藏族新兴商贾阶层的成长。具有代表意义的是打箭炉的锅庄贸易。这种原土司臣属为"听差侍贡"的办事机构,在清代完全发展为汉藏贸易的独特商贸组织,成为商旅云集的处所。锅庄既是供过往茶商和驮队食宿之地,又是贸易的中介者。雍正至乾隆年间,打箭炉由十三家锅庄发展到四十八家。众多的汉藏商人、货物都要通过锅庄来集散,生意都要通过锅庄主来撮合成交,"其俗,女子年十五以上,即雇于茶客,名曰沙鸦儿,凡茶客交易货物,俱听沙鸦翻译,较定价值,无异牙行。"汉藏贸易的发展推动了锅庄行业的发展。反过来,锅庄行业的发展又促进了汉藏贸易的兴盛。

汇集在打箭炉的商贾中,有汉商也有藏商。汉商可根据籍贯地域分为陕帮、川帮,还有为数不多的京帮和滇帮。也可根据行业种类而结成不同商帮,较大行业便有十七八帮,其中最大自然是茶帮。藏商中来自西藏的主要有三家,他们是桑都昌、察绒昌和帮达昌,其中又以帮达昌最著。他们除收买当地各类土特产品,运至打箭炉易茶和其他日杂用品,又返西藏销售外,还经营外货。"由于英帝国主义者经济侵略的深入,大批英印货品,源源流入西藏。……英货的转运地点主要在康定,交易所用的媒介物质不是货币而是边茶,货品中主要为匹头、毛料、纸烟、棉纱、颜料、西药等。"甘孜州内主要是两大集团:一是以各地土司为代表的大大小小贸易集团,著名的有德格的布楚楚,甘孜的甲本家,雅江的所仁克尊,理塘的甲多家、香根家,乡城的扎西宜马、降错尼马等;二是以各地大小寺庙为代表的贸易集团,其中著名的有长青春科尔寺、灵雀寺、大金寺、甘孜寺、东谷寺等。

锅庄贸易本身的发展,又推动了相关其他一些行业的发展。首先是缝茶(包)业。邛、雅、荣、天、芦等县的大小路茶由汉族茶商运往打箭炉后,藏商以土特产易得运回锅庄,这些茶叶为便于驮运,在旅途中又不至损坏,必须打包成驮,需要专门职业的人来完成。缝茶工人藏语称"甲朱娃",人数多时达一百三、四十人,而做工都是以'甲朱娃'的工头与锅庄主的关系为转移。如果运往德格、白玉、巴塘、乡城、邓科、青海、西藏等地,就缝满包,其他较近地方,则缝花包,省工省料。一年四季,各锅庄里都常有缝茶工人作业,以谋生计。其次,藏商驻锅庄,大量的货物买进卖出,需要搬运,市内运输,完全依靠人力,搬运工人大多数都是藏族妇女,身披羊皮褂,手拿一根牛皮绳或牛毛绳,操藏式背法,她们在锅庄里穿梭往来,出卖劳力,为锅庄搬运货物。此外,制革、饮食、五金等新兴产业也随之兴起发展。

标题:《南路边茶及"川藏茶马古道"(雅安—昌都部分)茶俗文化研究》
作者:汪海鹰
来源:西南农业大学茶学(硕士),2005 年
辑要

茶马古道上的许多交易市场和驿际、商旅的集散地、食宿点,在长期的商贸活动中,逐渐形成为居民辐辏的市镇,促进了藏区社会的城镇化发展。如打箭炉在元代尚为荒凉的山沟,明代开碉门、岩州茶马道后,这里逐渐成为对大渡河以西各驮户人集散之地,清行开瓦斯沟路,建泸定桥,于其地设茶关后,迅速成为"汉番辐辏,商贾云集"的商业城市。西藏和关外各地的驮队络绎不绝地来往于此,全国各地的商人在这里齐集。形成了专业经营茶叶的茶叶帮,专营黄金、麝香的金香帮;专营布匹、哈达的邛布帮;专营药材的山药帮;专营绸缎、皮张的府货帮;专营菜食的干菜帮;以及专营鸦片、杂货的云南帮等。出现了 48 家锅庄,32 家茶号以及数十家经营不同商品的商号。兴起了缝茶、制革、饮食、五金等新兴产业。民居、店铺、医院、学校、官署、街道纷纷建立,成为一座闻名中外的繁荣热闹的"溜溜的城"。又如昌都由于是川藏、滇藏、青藏三条茶马古道的交通枢纽和物资集散地,亦随着茶马贸易的发展而成为康区重镇和汉藏贸易的又一中心。

标题:《川藏茶马古道上的背夫、锅庄及寺庙茶文化》
作者:齐桂年
来源:《中国茶叶学会会议论文集》,2006 年
会议名称:第四届海峡两岸茶业学术研讨会
会议地点:中国四川蒲江
会议时间:2006 年 9 月
摘要:川藏茶马古道是我国古代巴蜀地区茶叶藏销的主要运输线之一,体现了汉藏人民相互交往、友好往来和团结合作。古道上的背夫、锅庄及寺庙茶文化就是这一历史见证。
关键词:川藏茶马古道 背夫 锅庄 寺庙茶文化
辑要

锅庄一是指藏舞中的名字——锅庄舞;二是指生活中的锅庄,即"三石一锅";三是指川藏茶马古道上茶马互市的产物,以经营茶叶为主,如康定的锅庄。康定锅庄的演变:明代明正土司将其衙门迁至打箭炉,手下有很多千户、百户都要到打箭炉来听差,长期下来就建房于此。空下来的房子借租给熟人,逐渐演变成为客栈。后来形成较稳定的客源,客有牛马,后又增加了马店的功能。行商的客人货物可帮忙介绍,又增加中介的功能,商人货物不会一次卖光,又增加货栈功能,后又增加市场功能、代理功能。锅庄以"抽头"来维持自身经营。锅庄主人大多为头人,且多为女人,男人出外行商。藏族住锅庄,第一次在哪家,几辈人都在哪家。锅庄为藏商无偿提供骡马和饮食。康定的锅庄最多时达到 48 家,解放初只剩下 24 家。

包家锅庄。女主人包碧君，82岁，宁玛派信徒，是锅庄主。明朝以前就有包家锅庄的经营，明洪武年间，康定明正土司时期，包、木、邱家锅庄最大。包家臣替明正土司受死，皇帝赐檀木金头，并御赐包姓，赐玉白菜等。包碧君家为下瓦斯碉，上瓦斯碉为其姐开。主要帮藏商转活，抽取4%的佣金，不用上税（交易双方上税）。藏商自带粮食，锅庄免费提供住、水、柴，帮找缝茶工，又称"加珠娃"。藏商主要是甘孜东部和德格一部分，热天生意极好。锅庄全是两层的小瓦房（康定锅庄都为汉式结构，没有藏式结构），主人住正房。茶商主要以雅安余"孚和"为主。

邱家锅庄。芒康邦达昌有九个子女，二孙子在不丹，是活佛，博物馆馆长。大瓦斯家大儿子为金刚寺的活佛。

木家锅庄。锅庄主木秋云，藏名秋雍卓玛，曾入私塾学习汉、藏语言；父：余默侯，留日，日本士官学校毕业，余"孚和"家老五，余"孚和"商标为弥勒佛。和姜家祖上有姻亲。（与明正土司有关的家族有木、姜、瓦斯、明正四家）旧址在格萨尔酒店附近，有1万多平方。自家住正房，藏商住客房和小房，有四、五十间。藏客商主要是甘孜大金寺、白露的寺庙。藏货主要有虫草、麝香、贝母、盐巴、牛羊皮等。汉藏两家都极信任锅庄主，锅庄主要随时掌握行情，得4%退头（佣金），由汉商付钱。锅庄带动搬运业、缝茶业、皮纺业、运输业。寺庙商队有承包的意味，若利润高于寺庙给的底限，可归自己，可捐寺庙；若低于，就要用自家财产抵押。

由于锅庄业的兴起、存在，带动了皮纺业、缝茶业的发展。四川雅安茶叶进入康定后，改用牛马驮，要用牛皮裹茶叶，再缝合，茶包条改块。茶包条改块后，用皮（生皮、在温泉中浸泡制皮）包茶，整张牛皮包装的叫满包，牛皮割成条后再包装的叫"花包"。当时汉源李家在康定的皮纺业较好。

标题：《漫话茶文化在青藏高原的传播与发展（三）》
作者：吴健礼
来源：《西藏日报（汉）》，2007年3月28日2版
辑要

清代以后，在川、青、甘、滇藏区，形成了几个传统的边茶运销市场和几条运销线路。如边茶经西宁市场销往青海藏区；经拉卜楞、卓尼市场销往甘南藏区；经理县和松潘市场销往川西北藏区；经康定市场销往甘孜、昌都、玉树；经中甸市场销往滇西北藏区。销往西藏的边茶，都要经过昌都、玉树和黑河中转。有的大茶商在康定购茶，用自己的骡帮直运拉萨。销往西藏各地的边茶，一般都从拉萨边茶市场转运各地。边茶还一度经帕里和噶尔、聂拉木等地销往不丹、拉达克和尼泊尔。

随着边茶贸易的扩大，在藏区市场上还出现一种由藏族经营的兼有货栈、旅店和经纪人作用的行业，如康定的"锅庄"、中甸的"房东"等。"锅庄"和"房东"免费为远道的藏族商人和农牧民提供货栈、住宿、介绍行情和买卖；在与内地商人交易时，居中翻译，促成交

易，收取内地商人一定的"退头"（服务费）；藏商购买的茶叶，也在"锅庄"里进行牛皮包装，以便长途驮运；茶叶出关时，"锅庄"帮助缴纳税款，向藏商提供了一条龙的服务。历史上对促进汉藏贸易起了积极作用。

标题：《民国时期康区的族群、社会与文化——以〈西康图经〉为视角》
作者：邹立波
来源：《康定民族师范高等专科学校学报》，2007年6期
摘要：任乃强先生撰著的《西康图经》为研究民国时期西康诸种情形的重要资料，其内容精详，体例完备，对清末至民国时期西康之疆域变迁、境内族群状况、地形地貌等论述颇为翔实，堪称民国时期西康"百科全书"。本文拟以该书为切入点，从民国时期学者研究西康之视角着眼，以札记形式对该时期康区族群及其分布、社会组织和康区文化特点作一简要论述。
关键词：《西康图经》 族群 社会组织 文化
辑要

至于民国时期康区的民间社会组织，诸族群间有所不同。番族之社会组织应即以寺院为其社会生活之中心，然亦存在其他组织，譬如康定之四十八家锅庄等经济组织。晚近徙入汉人的社会组织多系由汉地照搬而来，集中在汉人相对较为集中的聚居区，如城镇、矿区等。此类社会组织繁多，其兴衰往往与汉人势力在该地区的消长相维系，会馆便是其中之一。丹巴绒坝岔矿区曾居住汉民五六十户，建有川主会馆和戏台，矿业衰败后，随即湮没无闻。又如哥老袍哥组织，随汉人传入康区，任氏举汉人丁蛮王事迹，称"草地汉商重哥老，丁（丁蛮王）以名袍，宿重于汉商"。不过，无论是会馆，抑或袍哥组织，均只在汉人间流行。实际上，诸族群所特有之社会组织大多限于本族群内，族群间虽有不同程度上的文化渗透，在社会组织上却保持原有的形式，这一特点除明显反映在宗教组织上，如回族之清真寺外，其他类型的社会组织亦大多如此，即便是作为藏汉贸易中介结构的康定锅庄，经营者也均是藏商。只是在政治组织方面推行汉地流官制于康区而已。

标题：《康巴文化综述》
作者：杨嘉铭
来源：《西华大学学报（哲学社会科学版）》，2008年4期
摘要：康巴文化是我国藏族文化中的一个分支系，具有较为鲜明的地域特色。它既是一个历史话题，又是一个时代命题。文章从"康"和康区的由来和发展作为引子，从康巴文化的基本定位、康巴文化形成和发展的自然因素与人文背景、康巴文化的基本特点等方面对康巴文化作了较为全面系统的归纳和深入浅出的发凡。
关键词：康巴文化 缘起 文化特质
辑要

康巴地区无论在部落社会还是封建领主制社会时期，自给自足的自然经济形态都是康巴

地区经济文化的主流。人们的物质生产与交换方式，都是在这种经济形态格局下运行。但自宋代以来，随着川藏、滇藏"茶马互市"的逐渐兴盛，在一定程度上冲击了自然经济的格局。川藏、滇藏茶马古道文化，一方面刺激了康巴地区的经济发展，促进了汉藏、藏族与其他少数民族的经济交往，同时代之而起的还有文化的交流。更重要的是，随着汉藏之间、藏族与其他少数民族之间以茶叶为中心的经济贸易的不断纵深发展，还加快了康巴地区城镇聚落、集市贸易口岸的发展，诸如云南迪庆州的香格里拉县（原中甸县），西藏昌都地区的昌都县，四川甘孜州的康定县、甘孜县、理塘县、德格县，青海玉树藏族自治州的玉树县等，在清代均成为康巴地区的经济、文化重镇。川藏、滇藏大道的形成，使其成为西藏与内地交通的生命线，对维护国家的统一，确保中央对西藏的管理，加强汉藏等民族的经济贸易与文化交流产生了至为重要的作用。

标题：《川藏茶马古道》
作者：陈书谦
来源：《中华合作时报》，2008年3月25日C03版
辑要

川藏茶马古道的源头是以四川蒙顶山（又名蒙山）为代表的四川盆地西缘过渡地带。古代蒙山范围较宽，跨雅州、邛州、名山、芦山等州县，以"蔡蒙旅平""西蒙山""天下大蒙山"传世。蒙山是我国乃至世界人工植茶最早的地方，由于雨多、雾厚、日照短，茶叶品质优良，制茶工艺也独步天下。《元和郡县志》载："蒙山在严道县南十里，今每岁贡茶马，为蜀之最。"茶马互市兴于唐、盛于宋，"互市"的茶叶称"边茶"，又称"刀子茶""藏茶"。成都以南雅安、邛崃等地所产称"南路边茶"，成都以西灌县、崇州等地所产称"西路边茶"。"南路边茶"主要通道从名山（蒙顶山）、雅州（雅安）、严道（荥经），翻大相岭，至旄牛县（黎州、今汉源），到泸定、打箭炉（今康定），再往理塘、昌都、拉萨，以至西亚各国。南路茶道以背夫、康定锅庄和关外马帮闻名于世。《康定导游》载："凡汉人，子女皆习背负。农闲为生，其用极简，一个背架（夹），一个背垫，一根'丁'字拐，一双脚码子足矣。丁字拐端镶有铁锥，既可作杖，又可撑背夹换气歇息。"

标题：《藏羌锅庄概念探析》
作者：刘伟 秀花 吴天德
来源：《阿坝师范高等专科学校学报》，2009年04期
摘要：采用文献资料研究、逻辑推理方法，对锅庄、藏族锅庄、羌族锅庄、藏羌锅庄相关概念进行阐述和分析，认为藏羌锅庄是一种流行在四川省阿坝藏族羌族自治州境内的、一种参与性很强的大众化集体性民间民族体育舞蹈，它横跨体育、艺术和教育三大领域，融体育、舞蹈、音乐于一体，是一种民族特点浓厚、乡土气息浓郁的藏羌民族传统体育活动形式。
关键词：锅庄 藏族锅庄 羌族锅庄 藏羌锅庄 概念

辑要

《藏族大辞典》和《藏族传统文化辞典》认为"锅庄"是商人住宿、集货的店铺。其称谓主要流行于四川省甘孜州打箭炉（现康定）地区。在四川甘孜一带行商的人，各自都要在经常做生意的城镇找一个固定的落脚点，即锅庄。锅庄庄主与商人的关系相当于朋友。庄主为商人提供食宿、翻译、存货、送货、找货、取货款等方便。商人则向庄主支付食宿和一定比例的中介费。

林俊华先生解释"锅庄"是清代在康定地区出现的一种集客栈、货栈、中介等诸多功能于一体的特殊企业。曾文琼、杨嘉铭在《打箭炉锅庄考略》中认为：明末清初，打箭炉市取代宋、元、明三朝所设碉门、岩州市后，自宋代以来的"茶马互市"，被以边茶为中心的汉藏贸易所代替。打箭炉"锅庄贸易"就是在这个历史条件下形成的，直至民国时期逐渐衰落。

打箭炉锅庄名称的来源分为藏汉两类名称，其中藏语称呼锅庄有四种：阿佳卡巴、谷昌、谷章和果撒。称锅庄主为阿佳，称锅庄为阿佳卡巴（藏语）；谷昌（藏语）是"代表""使者"之意；谷章（藏语）是"贵族""贵人"之意；果撒（藏语）意为"院坝"。汉语称呼锅庄有三：一是来自"锅桩"一词。在藏族人民的生活当中，常以一口锅放在用三个石头支起的灶上熬茶煮食，故有以一个三锅桩即为一户人家之说；二是指侍贡（使者）居驻的地方；三是"谷章"或是"谷昌"的汉译音。

标题：《四川康定旅游发展现状及其对策研究》

作者：陈兴　朱创业　李晓琴

来源：《国土资源科技管理》，2011年3期

摘要：因《康定情歌》而闻名于世的四川省甘孜州首府康定，不仅是川藏旅游黄金线的重要节点，也是川西环贡嘎和香格里拉旅游圈的重要集散地，同时拥有众多独特的高品位旅游资源，发展旅游业优势十分明显。然而其近年来的旅游业发展状况却与其自身的区位优势和资源等级不相匹配，其旅游市场现状与同质化地区相比仍有较大差距。运用SWOT分析法，通过实地调研，并结合数据统计，对康定旅游业发展的现状做了全面的分析和总结，明确指出制约康定旅游发展瓶颈的同时，深入探讨了旅游发展的机遇和挑战，提出了康定旅游发展的定位和战略对策。

关键词：旅游市场　SWOT分析　发展对策　康定县

辑要

康定旅游资源类型齐全，且资源品味较高，自然生态资源方面以雪山、草原、森林、湖泊、温泉为特色，地域文化方面以情歌文化、木雅文化、锅庄文化、宗教文化等为代表，都具有较高的旅游开发价值。尤其贡嘎西坡，是贡嘎山景观最集中的区域，也是环贡嘎区域观贡嘎山的最佳地点。

标题：《藏茶史话——藏汉贸易的纽带》

作者：吴国治 吴扬

来源：《四川民族学院学报》，2012年5期

摘要：随着现代流通体系的建立，边茶（藏茶）在藏汉贸易中的地位日趋淡化，边茶在中国历史上的功绩逐渐淡忘，边茶"縻边、定乱、固国防而繁邦本"的功能似乎即将退出历史舞台。然而，笔者认为，边茶作为一种特殊商品，它的价值绝不仅仅等同于它的使用价值，除了它的经济意义，人们更应注重它的历史意义、现实意义和政治意义。本文以史为镜，以康藏边茶贸易历史为例，概括性的介绍了边茶的功能、市场形式、产销情况、服务模式以及茶政管理基本情况，以此论证边茶的历史功绩，并试图论证，边茶在现代藏汉贸易中的纽带作用同样不可或缺。

关键词：边茶 茶马互市 茶政 锅庄

辑要

茶马政策废除后，边茶的易货范围不受限制，藏区的羊毛、皮张、虫草、贝母、鹿茸、麝香、药材等土特畜产品糜集康定易茶，边茶的凝聚力，孕育康定成为藏汉贸易的集散市场。

藏汉贸易的枢纽功能，为康定产生了一种媒介藏汉贸易，具有中介性质，专为藏商服务的独特行业——锅庄。其经营方式颇为奇特，入住的藏商的食宿乃至牲畜的饲料等全部服务一律免费，遵照藏族习俗的起居设施，货物仓储、驮帮圈栏，尤其是藏区以寺庙商为主体，锅庄内经堂、宗教活动设施等一应俱全。藏商无须熟悉行规、行情，买卖均由锅庄代理，成交后按交易额向买方收取4%的中介费。

据档案资料记述：康定独有的锅庄业建于元朝，已有六百多年历史，各路藏商来康定易茶，在其常住地点搭帐篷，竖锅庄（即在露天以三块石头支锅烧茶）。以后交易渐盛，即在帐篷处建成房屋，故仍沿用锅庄名。各锅庄所住客商，多为当年建锅庄时所住客商的后裔，形成一种潜规则，在锅庄主需款时，可作当押，转住别的锅庄，但在当押期满后，仍需返回原锅庄。

康定锅庄极盛时曾达48家，成交的年贸易额达四百多万银元，其中创建最早、规模最大的包家锅庄（又称瓦斯碉）拥有宽敞的房舍八十多间，贸易额曾达八十万银元。由于锅庄业历史悠久，锅庄主都是有名望、有实力的藏族，深知汉族商号的实力、信誉、行情、信息而深受藏商信赖，经营上可少担风险，免受欺诈。解放初期，民族贸易公司与寺庙商、各路藏商的批量交易，仍通过锅庄进行。

锅庄业对吸引藏区产品内流，抵制英、印经济入侵，曾起过积极的作用。

标题：《茶马古道与"牵牛花"网络——茶叶与滇藏川的文脉化研究》

作者：凌文锋

来源：云南大学民族学（硕士），2012

辑要

作为建立在茶叶贸易基础上发展而来的城镇，打箭炉在人员结构和产业结构方面表现得尤为突出。人员结构方面，虽然打箭炉也是一个商人、僧侣、官员、农牧民等人员的辐辏之地，但更

多的还是商人。喇嘛、土司、陕商、川商都在打箭炉设立了商号,其中又以陕商最为活跃。在历史上的行政区域划分的基础上,陕商凭借着自己的吃苦耐劳,发扬着远道经营的特点,在打箭炉经营着多种商品的贸易往来,最终占据了打箭炉将近一半的商业资本,"资本之雄厚,规模之阔大,态度之佳良,目光之锐敏,在康地商人中皆为首屈。"商人和商贸往来的活跃,使得打箭炉的"全市基础,建于商业,市民十分之八九为商贾。南北东三关,设有税关,年征税款约三十万元。东关收入最旺,由藏输川者,药材为大宗,皮毛次之。由川输藏者,茶为大宗,布帛次之。骡马驮包,出入三关者,日恒数十百头。街市之间,粪秽狼藉"。正是因为商人的活跃,打箭炉迅速成长为康定草原上的一个颇具规模的城镇,至清末已有两万多人口,在折多水南形成了蜂窝街、大炮街、马市街,北岸有营盘街、诸葛街、老陕街,通过四道木桥连接南北街巷。

产业结构方面,与茶叶贸易紧密相关的锅庄业、缝纫业、皮房业也成为了打箭炉的支柱产业。锅庄是一种因贸易而兴起、为贸易服务的综合性行业,兼有土司头人、经纪人、旅店、借贷、贮存等功能。最初的藏族商人多自带帐篷,在便于生活和防卫的山脚或水旁居住,购买茶包后就返回藏区。后来随着锅庄的形成和发展,尤其是木雅十八家锅庄迁到打箭炉之后,锅庄迅速成为了汉藏商人间交易的中介人,不仅接送汉藏官员,而且接待商人,满足他们对食宿和牲畜存放、饲养的需要,为他们提供一切尽可能的方便。更重要的是,锅庄还要保障双方货物不受损失,负责代购茶包。如此一来,锅庄就迅速成为了打箭炉非常兴盛的产业,"昔明正土司盛时,炉城俨如国郡。各方土酋纳贡之使、应差之役,与部落茶商,四时辐辏,骡马络绎,珍瑰荟萃。凡其大臣所居,即为骡马商巢息之所,称为锅庄,共有四十八家,最大者八家,称为八大锅庄。"

标题:《藏彝走廊"锅庄贸易"的机制和启示》
作者:邓平
来源:《中央民族大学中国少数民族研究中心专题资料汇编》,2013
会议时间:2013 年 3 月
辑要

锅庄这种生活世界背景作为状况规定,不会因为交往中的某个行动个体随意改变,而是由交往活动参与者共同协商才能改变。所以这种锅庄独有"商誉"是在一个漫长的交往、互动过程中,由锅庄主人、汉商、藏商、宗教人士、土司、劳工等等多方力量参与并共同"创造"而成,是"后天"的信用、口碑的累计,及原有基础的巩固与扩大。这些都是锅庄稳定持续发展的关键。锅庄的这"商誉"加上之前锅庄与中央政府、地方政府以及宗教组织等等的综合关系,一同赋予了锅庄存在的权威性,使其有别于客栈、货栈、中介、商会等其他的不同的社会组织。同时在这些大框架下,拥有合理的特殊功能,并逐渐形成特殊的锅庄文化。

锅庄是汉藏两地贸易的起点和桥梁。围绕"互通有无"原则建立起来的边茶贸易,从最一开始就是以一种趋于平等的方式展开,在这个地理的缓冲带、中间圈——藏彝走廊,在这种文化的交汇所、中间人——锅庄的参与中,各个文化下的个体得到了极大的平等、尊重与保护。虽然中间人的这种机制，一定程度上增加了交易的经济成本，然而他们掌握着各方文化下的语言、信仰、风俗以及习惯法，由此而减少的交流成本，是不可以用金钱的数字来衡量的。可以说，锅庄作为中间人，它存在的意义不仅是通过商品的流动与交换，是各方获得利益的共赢，还实现了在贸易中的不同人群的互动。锅庄里不断衍生出的如同背脚、缝茶工、皮匠等等产业，又实现了社会的再生产。围绕锅庄而建立起来的一整套社会与文化体系，还提供了他们沟通感情、交流文化以及互利共生的场所。

标题：《论茶马古道的历史意义与民族精神》
作者：刘玲娣
来源：《保定学院学报》，2014年1期
摘要：自遥远的汉、唐始，直到20世纪五六十年代，在中国滇、川、藏之间，有一条震烁古今的茶马古道。它从中国云南和四川的茶叶产地出发，以人背马驮的最原始运载方式，翻山越川，最后通向喜马拉雅山南部的南亚、东南亚、西亚，甚至与欧洲、非洲的古代文明通道相连接。汉藏同胞在茶马互易的同时，也融进了深厚的兄弟情谊，更把汉藏儿女坚毅执着、不屈不挠的民族精神深深地镌刻于这条古道上。
关键词：茶马古道 汉藏情谊 民族团结 民族精神 民族文化
辑要
"茶马古道"的形成，也促进了川藏和滇藏沿线高原城镇化的发展。如今天风景秀丽，被人们称为原生态遗存的泸定、康定、德格、甘孜、巴塘、香格里拉（中甸）以及被誉为"藏东明珠"的昌都等高原城镇，就是随着"茶马古道"的开通、繁荣而相继出现的。随着"锅庄"形式的固定货栈的纷纷兴起，这些城镇成为康藏地区的商品重镇。最兴盛时，"炉城俨如国都，各方土酋纳贡之使，应差之役，与部落茶商，四时辐辏，骡马络绎，珍瑰荟萃，凡其大臣所居，即为骡商集息之所，称为锅庄（类内地的货栈），共有四十八家，最大者八家，称为八大锅庄……""由川输藏者，茶为大宗，布帛次之。骡马驮包，出入三关者，日恒数十百头。街市之间，粪秽狼籍。……其地海拔二千五百四十米，而高寒如在三千米以上。"这种经济繁荣的背后，是吸引汉族居民不断定居康藏，他们所带来的先进生产技术又进一步促进康藏经济、农牧的发展。所以，"茶马古道"也是促进民族团结与进步之道。

标题：《浅析贺觉非之〈西康纪事诗本事注〉》
作者：杨艺
来源：《四川民族学院学报》，2013年3期
摘要：贺觉非所撰《西康纪事诗本事注》，秉承清代绝句组诗加本事注以纪事的方式写史记事，多角度、多层面地描绘了清末民国初期西康藏区政治、历史文化、社会生活、民风民俗等诸多方面的现实情况，反映了历史的真实。本文拟就此书内容进行全面系统的梳理，对其题材内容和价值意义进行了深入分析研究。

关键词：贺觉非 西康纪事诗本事注 题材 价值

辑要

藏族用马换取茶叶的交易在古代叫做"茶马互市"，历经一千多年，到了明朝，随着茶马交易的发达，"茶马互市"的市场从雅安、碉门（今天全）、芦山西移"打箭炉"（康定）。康熙三十五年（1696年），康熙准"行打箭炉市，蕃人市茶贸易"。一纸王命使康定成了著名"茶马古道"上的西陲重镇。不包括其他物资，仅茶叶一项在康熙年间每年交易量就达八十余万包。因为经贸需要，茶马古道川藏线上独有的集货栈、旅店、饭馆、翻译等多功能为一体的中介机构——康定锅庄应运而生。

"炉城四十八锅庄，故事而今半渺茫。门内标杆非旧主，木家有女字秋娘。"

诗中就真实地记载了康定（别称炉城）往经贸盛世时期，锅庄林立的盛况以及康定锅庄多女儿当家的特殊现象。

标题：《康巴锅庄文化概述》

作者：林俊华

来源：《四川民族学院学报》，2014年3期

辑要

在康区，锅庄是一个多义词。

词义一，锅庄指的是三个石头支撑而成的"灶"，有的地方称之为"三锅桩"，有的地方称之为火塘。在中华人民共和国成立前，是藏族人家生火做饭、取暖的必须生活用具。中华人民共和国成立后，虽然部分人家改用汉式"炉灶"做饭，但在偏远地区，特别是牧区，锅庄依然普遍存在，即使部分城镇及附近已改用汉式"炉灶"的人家，一般都还保留有一锅庄。

词义二，锅庄是康定地区所特有的一个行业。清代，由于茶马贸易市场西移至康定，在康定逐渐兴起了一种特殊的行业。这个行业中的每个个体都"似旅店而非旅店""似商场而非商场""似货栈非而非货栈""似中介而非中介""似衙门而非衙门"，而是一种集客栈、货栈、中介等诸多功能于一体的特殊的企业，人们将这种企业称之为"锅庄"。有人认为此"锅庄"，是从三个石头支撑的烧火做饭的"锅庄"演变而来：即早期商人至康定贸易，由于旅店业尚不发达，许多商人就自在搭帐篷睡觉，支锅庄做饭，后来便出现了专门向商人提供食宿的旅店，因而，人们将其称之为锅庄。

词义三，九龙等地把男子入赘称为"坐锅庄"。

词义四，康定县金汤拉脚沟一带，将有地有房的人家称为"锅庄"。

词义五，藏族民间歌舞艺术中的一种，藏语称之为"卓"，意为圆圈舞。

标题：《模糊的锅庄》

作者：意娜

来源：《境界》，2014年7月21日 D04版

辑要

在清代,管理康定的是嘉绒十八土司之一的明正土司。到了雍正时期,因为康定变得越来越重要,他移驻到这里,为了方便他的下属头人前来觐见和听差侍贡,开始修建一种给他下属的锅庄管家办公和居住的建筑物,因为是给锅庄用,于是也被叫做锅庄。

有了官方背景,锅庄变成一种身份极为复杂的名词。一个锅庄是一个家族的居所,它又是对外经营的客栈,但又有仓库和商店,成为茶马古道交易的货栈。不仅如此,它作为内地和藏区的门户,成为大宗商品的转运站和集散地。在此基础之上,生意有疲俏,行市有涨跌,自然就产生了金融功能,批发茶包可以赊账,可以借债,在相互信任之余,锅庄开始在商人资金周转不灵时向他们放贷,从中定期收取利息获利。逐渐地,锅庄开始了类似银号、钱庄的业务,它的业务对象不仅有各地商人,还有底层的民众。在现代银行进入康定之前,锅庄又有了"钱庄"和"银行"的功能。

标题:《略述丽江古城及茶马古道上的"房东伙伴"贸易》
作者:杨福泉
来源:《西南民族大学学报(人文社科版)》,2015年12期
摘要:在"茶马古道"上长期的纳西族、藏族贸易中,滇西北藏区和纳西族地区产生了一种别具地方特色和民族特色的"房东伙伴贸易",它是在滇藏贸易历史上出现的一种特殊的经商形式,特别流行于纳西族和藏族之间的贸易中,历史上,它随着纳西族和藏族之间经济、文化交流的增多而得到长足的发展。从一些历史记载中可看出,在明代木氏土司统治迪庆时期,纳西族与藏商的贸易交往十分频繁,也可以看出当时就已有了"房东伙伴"的商业贸易习俗。这一贸易习俗到清代以后在丽江纳西族地区得到更大的发展。从西北和西南的其他例子也可看出,这种最初基于经济互助、贸易往来的"伙伴家庭"关系,以各种不同的方式存在于商贸和生产上交往较多的相邻民族。这种各民族特定的基于家庭的伙伴关系,是促进和睦和谐、相帮互扶的民族关系的重要动力。

关键词:"茶马古道" 丽江古城 "房东伙伴" 民族贸易 民族关系

辑要

流行于康巴藏区的"锅庄"习俗也与"房东伙伴"贸易有一定的关系,"锅庄"一是指藏舞中的名字——锅庄舞;二是指生活中的锅庄,即"三石一锅";三是指川藏茶马古道上茶马互市的产物,以经营茶叶为主,如康定的锅庄。明代明正土司将其衙门迁至打箭炉,手下有很多千户、百户都要到打箭炉来听差,长期下来就建房于此。空下来的房子借租给熟人,逐渐演变成为客栈。后来形成较稳定的客源,客有牛马,后又增加了马店的功能。行商的客人货物可帮忙介绍,又增加中介的功能、商人货物不会一次卖光,又增加货栈功能,后又增加市场功能,代理功能。锅庄以"抽头"来维持自身经营。锅庄主人大多为头人,且多为女人,男人出外行商。藏族住锅庄,第一次在哪家,几辈人都在哪家。锅庄为藏商无偿提供骡马和饮食。康定的锅庄最多时达到48家,中华人民共和国成立初只剩下24家。

标题：《川藏茶马古道沿线聚落与藏族住宅研究（四川藏区）》

作者：李翔宇

来源：重庆大学建筑学（硕士），2015

辑要

康定老城镇位于带状河谷地形上，那里跑马山、郭达山与子耳坡三山相交，谷底尽是山岩峭壁，折多河横跨而过。康定以特殊的地形地貌和自然河道为基础发展起来，形成"一河两街"的双轴线街巷形态结构。康定老城主要道路沿折多河两侧纵向发展，形成东大街和西大街，各长约2里，为两条相对独立的交通线路，都具有对外交通连接功能，道路等级相对均等，对城镇的发展都起着重要的影响作用。城镇发展同时沿着两条道路独立发展，形成城镇的两条延伸轴线。河西区为行政中心区，河东为商贸集中区，是锅庄、商民聚居处，通过四座木桥连接两区。在河道东西平整地带范围内采用纵向街巷道路连接，据《康定县城乡建设分志》分析，至民国年间，已有上河巷、民族巷、民权巷、民生巷、自治巷、自强巷、童家巷共七条巷子东西横向将纵向道路划分、联系起来，共同形成了康定炉城镇次街巷的血脉。由于高差及河流的曲折，格网都不是均等的。由南街出东关至雅州、出南关达巴塘，北街出北关至甘孜，旧时在北关城门和城楼外堆放茶包，藏族人在此以马换茶。在聚落逐渐发展成城市的过程中，不断地向东西两个方向扩展，现在东西向已发展至极限。

标题：《康定锅庄文化遗产价值新阐释》

作者：夏毅榕

来源：《民族学刊》，2017年1期

摘要：文章基于实地调研和口述史整理，结合已经梳理的旧籍，将锅庄视为文化遗产范畴内联系古代与当代的枢纽；综合运用城市史、文化人类学、地方学和经济人类学理论，多维度阐释康定城市史的重要文化符号——锅庄的文化面貌，从而得出康定锅庄文化遗产的新价值。

关键词：康定锅庄 文化遗产 新价值

辑要

当政府和学界从观念上意识到锅庄才是康定数百年文脉的延续时，才能发现这样的文脉只此一家，别无分号，从中至少可以发掘以下诸方面的旅游资源价值：

1. 康定锅庄其经营者多为女性（藏语称阿佳卡巴），与往来的汉藏满回客商之间，留下了许多可以挖掘整理的民族民俗风情故事，与平遥古城的晋商钱庄文化同质同属，但又增加了多民族（藏、回、满、汉）文化和女性主义的基因，从而渲染出独一无二的锅庄商贸文化。这为康定开发文化游憩项目，打造有影响力的山水实景或室内情景剧已经描摹了极好的蓝本。锅庄主题大型演艺剧的创作源异常丰厚，例如：康熙之子果亲王与土司之女留下后裔，将"果"拆分成土司家汉姓"甲"和锅庄主汉姓"木"的传说，正是木家锅庄的由来。

2. 昌盛上百年的康定锅庄，作为物质空间存在时，本身便是多功能的综合体，其中作为客栈、商铺和娱乐场所的三项基本功能，可媲美当下的万达广场。作为历史文化名词存在的康定锅庄,比起情歌招牌,可操作性更强;更易打造成甘孜州发展新时代的独有品牌。

康定县城老街上近年开张的有家店面叫"噶西巴锅庄",其实就是一个宾馆,老板强调并非是某锅庄旧址,只是希望用这个历史名词招徕对藏文化略知一二的游客。

既然个体经营主都有借势的想法,政府和有实力的企业就更不可能忽视挖掘康定锅庄的文化品牌效应了。

3. 与康定锅庄相关的诸多民风民俗民居文化,尤其是锅庄文化的两大特点:诚信守义、藏汉相依,均可提炼到新康定市的主题乐园和街区中,丰富游客的文化体验。目前,康定新城区已经有街头群雕,再现锅庄交易场景,吸引了不少游客驻足拍照留念。

锅庄遗址虽然不复存在,但抢救、整理口述史和宣讲的工作仍在继续。2013年,州图书馆就在积极邀请研究锅庄文化的学者,举办公益讲座,向公众普及濒危的城市文化遗产知识。这为按历史记忆重构复原典型锅庄四合院,建立锅庄博物院,提供了开发的又一种可行性。以锅庄博物院为基础,若建设到位,不仅可以保护和传承文化遗产,更能形成一个文化新景区,效法恭王府博物院范式,取得经济和社会双效益。

从旅游开发战略来看,政府开始将单个锅庄文化资源项目列入旅游规划,并初步建成瓦斯碉锅庄主题酒店项目,证明了锅庄文化作为旅游资源开发的可行性。

标题:《茶马古道25年研究文献回顾与评述》
作者:龙肖毅
来源:《大理大学学报》,2017年11期
摘要:茶马古道自1992年首次被命名并出现研究文献至今已25年,其研究先后经历了起步期、发展期与繁荣期三个阶段。当前茶马古道的研究热点集中于旅游、地理、历史、建筑科学与工程、宗教、民族关系、经济文化等视角,研究成果由最初的缓慢与艰涩,到现在的蓬勃兴旺并极大地推助着实践的发展,然而却一直缺少对茶马古道理论的总体提升与系统化研究,还没有形成自己的方法和理论体系。
关键词:茶马古道 25年研究文献 评述
辑要

如果从马帮旅行的基本要素来看,食、住、行是少不了的,然而当前对"行"与"行者"的研究成果大于"食"与"住"的研究成果,尤其对马店、客栈、驿站等住宿系统的研究成果着墨很少,有少量的是从"锅庄"或"房东伙伴"贸易关系来讲到藏客的住宿,另一些仅仅只是从建筑、历史学的角度描述性地分析马店遗存建筑,缺少从服务于古道上的马帮、旅行者的马店客栈等停宿系统的研究内容。

历史学

标题：《印茶侵销西藏与清王朝的对策》

作者：陈一石

来源：《民族研究》，1983 年 6 期

摘要：本文着重论述边茶与藏区的关系，蒙古、青海从略。

关键词：边茶 印茶 西藏 清王朝

辑要

印茶侵销西藏初期，"虽畅行于藏，然不过后藏一带"。加之由于藏族人民喜饮边茶，认为印茶性热苦涩，不解油去腻，销售数量较小，对边茶的地位暂时尚未构成严重威胁。但是有识之士已经预感到印茶的竞争优势，"若不设法抵制，势且骎骎东下"，边茶在西藏的市场将有被印茶取代的危机。这里对当时边茶和印茶的产、制、运、销几个环节，作一简单的比较，便可明了：

1. 生产。边茶种植均为农村副业，山坡地角，茶树往往与农作物间种，茶农按季采摘，听其生灭，向无培种、剪枝、施肥等科学管理方法。倘遇灾害，生产即大量下降。"自前数年水旱不济，树老枝空，乡农遂有矫揉等弊。"而印茶则为大规模的茶园生产，并选择良种，锐意革新，不断改进种植技术和管理方法。

2. 焙制。边茶制作并无专业工厂而由商人兼制，因而真假杂揉，巧拙不一。烘制方法因循数百年，全由手工操作。从采茶、炒青、晒干、揉捻、堆茶、踏茶、包装等，据统计需要七十二道工序，以至成本增高。尤有甚者，不少茶商为谋求高额利润，暗减茶包重量，混渗马尾叶、恺木叶等假茶，以致边茶信誉日低。而印茶却力求提高产品质量，对包装、装潢等均不断改进，并派人到雅安等地窃取边茶制作技术，谋图以印茶冒充边茶，投藏人所好。

3. 运输。康藏"茶道"，山路崎岖，背夫驮运均极为艰困，南路边茶集中雅安后，由雅安至打箭炉约五百华里，背夫每人可背九至十三包，每日行程三、四十里，半月始可抵炉。由打箭炉至拉萨约四千九百华里，由藏商组织驮运，行程需要十个月以上。运输时间长，运费亦剧增。"炉茶运藏，脚价比茶价加至十余倍。"而印茶产区密迩西藏，由大吉岭到达拉萨，只需八日行程，运输难易，悬殊颇大。

4. 销售。在引岸制度下，边茶销售环节有六道之多：茶农—茶贩—茶商—茶店—锅庄—大藏商—小藏商—消费者。商贩们层层加价，复以巨额的运输费用，以致运抵拉萨后，价格竟高出打箭炉二十倍以上。光绪三十三年，张荫棠在《奏复西藏情形并善后事宜折》中说：

"炉茶市价一钱二分，至藏需购至二两五、六钱。"而印茶由茶园主到茶商便投入西藏倾销。加以印商蓄意打击边茶，故意贱价销售，以致印茶价格竟低于边茶十余倍，在竞争中占显著的优势。

标题：《清代"引岸制"与四川边茶》
作者：照山
来源：《茶叶通讯》，1985 年 4 期
摘要：川茶"引岸制度"是我国最后一个封建王朝时期，随着政治、经济关系的特有变化，顺应时代的发展而产生的一种经贸新制度。这种制度的推行，在清代前期（即鸦片战争以前），对整个四川边茶制造业的发展和对边区茶叶集散地市场的繁荣，都发挥过不可忽视的历史作用。本文分"川岸制"产生的主要因素、"引岸制"与边茶业的发展、"引岸制"与边茶集散地的繁荣与英茶入侵夺我茶利四方面，论述了"引岸制"与四川边茶的紧密联系。
关键词：清代 引岸制 边茶
辑要

"引岸制"与边茶集散地的繁荣

川藏地区地高气寒，境内多崇山峻岭，河流湍激，车辆舟楫不易通行，有很多地方，地旷人稀，没有集市，更没有专门的交通工具和行栈。要使边茶流通无阻，产销两旺，只有首先开拓贩运贸易，才能促进边区集散地的城镇建设和市场的商业繁荣。四川边茶商，就是在上述艰难条件下，开始进行边茶长途贩运的。

南路边茶：主要运往康定销售。沿途翻山越岭，全靠人力背运。其运输路线有大路、小路之分。名山、天全、邛崃三县的成品茶包，由小路发运，经马鞍山、泸定至康定。每一壮年背负茶叶 10 条包，连背带杂物重一百八十余斤，日行二、三十里，约十五天左右可达目的地。雅安、荥经两县的茶包多由大路发运，经大相岭、飞越岭，到泸定与小路汇合至康定。因大路比小路遥远，须在"泥头汛"设站转运。"泥头汛"为元代榷场故址。总行时约二十天左右才能到达康定。在康定汇集后，再由藏商（土司头人或寺院喇嘛）购进，再分南北两路运销以下各贸易城镇。

南线起于康定，往西过雅砻江至理塘、巴塘（古白狼国）、昌都（原察木多），逾瓦河、雪岭而至洛隆宗城（今洛隆县），再经丹达（今边坝县）而至拉里（今嘉黎县），又行三、四百里抵达拉萨市；北线亦起于康定，经道孚、甘孜、德格、由岗施渡金沙江而西至昌都，与南线汇合至拉萨城，总行茶之地五千余里、约 85 个马站。

……

随着这些运输贸易干线的发展，商贾贩夫往返不绝，逐渐出现一批新兴的边贸城镇如康定、理塘、甘孜、德格、松潘、阿坝、理县等。其中又以康定和松潘为最大边茶集散地。

自康定成为边茶贸易中心后，城镇的繁荣迅速改观。清代魏源《圣武记》说：康定是"番夷总汇、因山为城，市井辐辏"的川藏重镇。另外，就与边茶有关的民族贸易货栈"锅

庄"而言，在清代中期，已发展到四十八家之多。这些"锅庄"的业主，多系土司头人或寺院大喇嘛的管家支掌。他们能操一口流利的藏汉语，精于计算，非常熟悉交换双方情况，暗中握操纵之权。并在"锅庄"内设有漂亮的卧房和宽大货仓及养畜棚槛，专为各地来康的藏商下榻与堆放货物、喂养马匹所用。因此，川省茶号老板或代理人，为了茶包脱手快、周转灵活，对"锅庄"业主竭其巴结、拉拢之能事。通过商品交换取得的大批麝香，羊毛、皮张、黄金等物，由此运入内地。为此服务的其他行业与从业人员之多亦可想而知了。

总之，随着贩运贸易的发展，促进了边区商业城镇的增多真正反映出商品（边茶）经济的活跃与繁荣。康乾盛世，"引岸制"所发挥的历史作用，在此应加以肯定。

标题：《历史上甘孜地区的边茶贸易》
作者：刘俊才
来源：《西南民族学院学报（哲学社会科学版）》，1985年3期
辑要

1949年前，在甘孜地区从事贸易活动的汉商有陕帮（俗称老陕）和川帮。陕帮来自陕西；川帮主要来自四川的天全、雅安、荥经、名山、邛崃等地。其中陕帮资本雄厚，占优势地位。康区的喇嘛寺和土司都派专人进行商业活动。其中以大金寺、理塘寺的资本最为雄厚，经营商业的规模也最大，控制了甘孜地区北路和南路的商业活动。藏商以西藏昌都邦达地方的邦达多吉所经营的邦达昌是康藏最大的商号，西藏和印度的贸易百分之五十由它经营。邦达多吉也经常带着他的驮帮来康定销售英印商品以及土特产品，并从康定购回茶叶。

1949年前，康定有一种类似旅馆、货栈、交易所的锅庄。其建筑结构为一楼一底的四合院。据说盛时有四十八家。它在汉藏贸易中起着桥梁的作用。关外的藏商把土特产品运到康定后，他们寄宿于锅庄，商品也暂时存放在那里，然后再由锅庄主人介绍来自内地的汉商前来购买（这些汉商住在他们的茶号）。成交后，买主向锅庄交纳货款的百分之四作为"退头"（藏语叫做"债果"意为"佣金"）。锅庄向这些藏商供给食宿，不另收费，因为购买他们商品的汉商已向锅庄主人交了退头。

标题：《明正土司考略》
作者：任新建
来源：《西南民族学院学报（哲学社会科学版）》，1985年3期
摘要：明正土司是清代康区四大土司之一，其地位之高，历史之长，领地之广，都为众土司之，被称为"土司之领袖"。但该土司家谱无传，史载不详，故关于其建置沿革、名称、家世变还等存疑甚多，众说纷纭。本文拟就这些问题作考证。
关键词：明正土司 考略
辑要

综上所述，"明正"就是"明代的正土司"的意思。为什么这一清初时的称呼一直延续下

来，而且取代了它的本来名称呢?这主要是因为"长河西鱼通宁远宣慰司"这一名称太长，拗口，如简称以"长河西土司"，又不能确切代表其身份，加之打箭炉为川藏孔道，又是茶关，清代前期平准噶尔之乱，征廓尔喀，征青海，平金川诸大战役明正土司都参与，打箭炉亦是后方军事重镇，军务繁忙，公文力求简洁，所以凡提到该土司之处，为了省事，故简称为"明正土司"。因为是康熙帝这样称呼过的，所以也不犯忌。于是这一称号就被正式使用起来，年代久远后，人们习以为常，反不明其本义。

标题：《滇藏贸易历史初探》
作者：陈汛舟 陈一石
来源：《西藏研究》，1988年4期
摘要：历史上的滇藏贸易在加强滇藏各族人民的友谊，促进滇藏地区社会经济的发展，巩固多民族国家的统一等方面，均作出过应有的贡献。因此，研究滇藏各族人民通商互市的历史，对于加强民族团结，促进滇藏物资交流，加速"四化"建设都具有极为重要的意义。本文就藏学研究中较少接触的这一课题，进行初步的探索。
关键词：滇藏 贸易 历史
辑要

滇藏贸易促进了滇藏大道城镇的建立和繁荣。如滇西北的鹤庆、丽江、迪庆、中甸、阿墩子（德钦）等城镇都得到了发展。特别是丽江，一直是滇藏的交通要道，商贸云集之地，滇藏商人的货物于此堆积成交，滇藏的马帮欲运货物的牲口于此驻足，在一般情况下从滇西到思茅驮运紧茶的马帮，大致在春季赶来的牲口约三千余匹，冬季约一千余匹。各路马帮的牲口都必须经丽江这条通道。因此，丽江每天来往的马帮络绎不绝，经常驻足的牲口在两百头以上。"在极盛时期，来往于丽江、拉萨之间的马帮由四、五千匹牲口，增加到一万多匹，双程运输量达一千多吨"。这不仅给丽江带来了繁荣，吸引了滇商来此开铺设号，也出现了许多丽江人去西藏、印度进行商业贸易。这种贸易历史悠久，大约在清代中叶就已经开始，清末逐年增多，迫至抗日战争时期，东南沿海贸易中断，中缅交通被日寇封锁，丽江进一步成为西藏与内地往来的枢纽，商业兴旺发达，"大小商户有一千二百余家，拥有资金一、二百万银元的商户即达十余家"。除此之外，各种服务行业也很兴旺，旅店、马店接待过往的客人也很忙碌。在丽江专门接待藏商的旅店就有十余家，其性质同于民族贸易的锅庄业，每年来往于此住宿的藏商即达一千余人。锅庄业服务周到，招待热情，一般来说藏商初来住于谁处，今后来往亦于此住宿，绝不改变住处。凡藏商往来的第一天，店主必须备酒招待一餐，表示洗尘，此后要供应柴火给他们熬茶煮食之用。锅庄业对藏商询销货物有搭桥成交的业务，是滇藏商人货物成交的场所，也是藏商信任的中间人。当每批货物经店主人介绍成交之后，店主要从中收取每元二分的报酬，收入多的每年可达二、三千元。因此，店主对藏商是热情欢迎的，即使是在冬季住宿紧张，旅客已满的情况下，店主都要想尽办法，不管是向别人租房或借房，都要满足他们的住宿。这种服务行业为远道而来的藏商在购销业务上带来了方便，解决了语言的障碍。锅庄主要熟悉货物的品质，市场的行情。在他们的撮合下，买卖双方成交的价格还是比较合理的，因而也赢得了商旅们对他们的信任，在某种程度上他们为促进滇藏贸易的发展和各族人民之间的友好往来起到了积极作用。

标题：《打箭炉锅庄考略》

作者：曾文琼 杨嘉铭

来源：《西藏研究》，1989年4期

摘要：宋代四川"茶马互市"崛起，宋、元、明三朝以其制先后在四川西部的雅州（今雅安）、碉门（今天全）、岩州（今泸定岚安）设市，以茶易马，开通了我国西南通往四川甘孜和西藏的"丝绸之路"。明末清初，打箭炉市取代碉门、岩川市后，自宋代以来的"茶马互市"，被以边茶为中心的汉藏贸易所代替，打箭炉锅庄贸易就是在这个历史条件下形成的，这个行业无论其形成历史、发展规模、形式特点，还是在汉族贸易史上所起到的作用，在我国都可以算作是首屈一指的。由于这方面的历史记载甚微，加之民国时期逐渐衰落，解放后不久便退出历史舞台，故鲜为人知。我们通过较长时期的实地调查和了解，以此文作一个梗概性的介绍。

关键词：锅庄 考略

辑要

一、打箭炉锅庄名考

打箭炉锅庄名称的来历，说法很多，而且都有各自的引义和见地，为便于归纳和分析，我们按照习惯用汉藏两类名称来源作解。

（一）藏语称呼

1. 阿佳卡巴：在打箭炉藏族人民中间，广泛称锅庄主为阿佳，锅庄为阿佳卡巴。这种称呼在康方言中是不见的，它来自拉萨方言。拉萨方言中的阿佳是指妇女、女性，阿佳啦指姐姐、老大姐，系敬语词，卡巴另指能说会道、会说话的人。为什么要用拉萨方言中的阿佳来称呼锅庄和锅庄主呢？清代中叶以后，打箭炉锅庄贸易鼎盛，西藏的藏商逐渐增多，自然带来了他们出于礼节性的尊称；加之当时锅庄的女主人已经崭露头角，在锅庄内，她们接待应酬客人十分周全，在锅庄外善于交际，精明能干，是促成藏汉商人双方生意的理想媒约。在锅庄内，西藏藏商与女主人接触多，本来是对女主人的尊称，叫阿佳啦，由于康方言中没有加"啦"的习惯，于是管叫阿佳，实际上是阿佳啦之意，久而久之，把这个对女主人的称呼变成了对锅庄男女主人的统称。阿佳卡巴本是对锅庄主人的能力的佳誉的表述，后逐渐转移为对这个特殊机构的称呼，意指"住着精明能干，能说会道的人的地方"。这个称呼较其他称呼比较起来，从时间概念上说来，出现得最晚。

2. 谷昌："代表""使者"之意。意思是说明正土司所管辖的范围内有四十八家土百户，他们分别居住在康定、丹巴、道孚、雅江等地，锅庄是其所属四十八家土百户并传达明驻打箭炉的全权代表住的地方，这些代表听候明正土司的调遣和差使，并传达明正土司的旨令，同时办理百户交办的一些外务事宜。

3. 谷章:"贵族""贵人"之意,是指锅庄主曾经都是明正土司的大大小小辅政臣子。他们有钱有势,是当地的达官显贵。虽然后来随着打箭炉汉藏贸易的迅速发展,锅庄从政治机构向经济机构转体,锅庄主不再担任明正土司的辅臣,但是由于他们过去相当长时期都保持着与明正土司的依附关系,有着深厚的社会基础和政治影响,所以这个名称一直被保留下来。

4. 果撒:意为院坝。打箭炉锅庄建筑除了三合、四合的房屋建筑外,都有一个较为宽阔的用石墙围砌的院坝,这个院坝的功能是用来拴驻在锅庄的藏商的运物工具——牦牛和骡马的,还有就是为缝茶工人提供一定的操作场地。

(二)汉族称呼

1. 来自"锅桩"一词。在藏族人民的生活当中,常以一口锅放在用三个石头支起的灶上熬茶煮食,故有以一个三锅桩即为一户人家之说。"西康人煮食时,恒以长柱形石头三个埋于土中,如栽桩三根形成三角形,上面则置以锅炉,锅桩就形成了"。许多史料中将"桩"写作庄,实为"桩"意。"数百年以前,康定尚无城市,关外各处来此贸易时,都经常在一定的地区搭起帐篷,竖起锅庄作炊事,以后逐渐在这些地方建起房屋,供作来往商人堆货,交易的处所。"

2. 侍贡说:这个说法见于《康定县图志》,它同于"谷昌"说,侍贡即是明正土司所属四十八家土百户派驻打箭炉的使者,这些侍贡居驻的地方叫锅庄。

3. 锅庄就是"谷章"或是"谷昌"的汉译音。

就锅庄一名,主要说法就是这些了,还有一些大同小异或是无稽之谈就不在此一一例举了。我们根据明正土司的产生和发展,根据打箭炉锅庄贸易的形成的历史,以及锅庄的特点进行了认真分析和研究,认为锅庄名最早出现于藏语"谷章",它产生于元代明正土司先祖因随忽必烈征云南大理有功受封之后。明正土司后来迁居打箭炉,随着打箭炉政治、经济、交通、文化的发展,汉藏交往日益频繁,定居打箭炉的汉族逐渐增多,而打箭炉藏族也逐渐熟悉汉语,汉族将"谷章"一词音译成汉文,得到藏族的承认,成为汉藏以及其他民族的共同认可。

标题:《藏文历史档案的特点及管理方法初探》
作者:张跃生 郑永平
来源:《四川档案》,1992年2期

辑要

藏文历史档案内容十分丰富。记录藏族历史的藏文档案,卷帙浩繁,就其数量而言,在我国各民族中,仅次于汉族,居第二位。仅四川省甘孜藏族自治州各级档案部门保存的藏文历史档案就达1万多件。在大量藏文历史档案中,记载了历代土司、寺院、锅庄,及历代中央和地方政府(包括西藏噶厦政府)在政治、经济、文化等方面的活动以及红军长征途经藏区的情况,另外还记载了科技(医药、历算、建筑)、艺术(绘画、雕塑、歌舞、戏剧)等方面的成就。

原文附注：锅庄，是藏汉族交易场所，它兼有商行、货栈及经纪人的双重性质，锅庄主又是住该锅庄的藏商的代班人。

标题：《明清时期四川茶史论述》
作者：姜世碧
来源《农业考古》，1992年4期
辑要

清代四川茶叶贸易的情况。我们看顺治、嘉庆年间仅四川藏区边茶贸易，顺治年间，四川边引80492张，土引16490张。随着边茶贸易的发展，引数有所增加，至嘉庆时，边引（包括土引）增为123200余张，按每张茶引配茶100斤，另附茶14斤（附茶不征税）计算，可以大致看出清代四川边茶贸易的规模：顺治时每年运入藏区的茶叶约969万斤，嘉庆时增为1230万斤。以上这些为封建官府记录的数据。实际上由四川输往藏区的茶叶远不止这样的数字，特别是民营茶马贸易出现以后，在四川通往藏区的交通线上，"商贾满于关陇，而茶船遗于江河"。雅州"当打箭炉孔道，茶盐商贾，往来络绎"。番民由打箭炉买茶者亦"络绎不绝于道"。四川打箭炉为四方茶货所聚，"番民如蚁慕膻"。由于茶马贸易的发展，打箭炉变得空前繁荣，"因山为城，市井辐辏"，并出现了称为"庄"的贸易行栈，清代发展到四十八家之多。"夷人携土产或重资赴锅庄，庄主介绍与云南暨雅各、云天诸茶栈相交易，……"可见锅庄的作用主要是为汉、夷茶商提供茶叶商务、传递茶叶信息等。松潘为四川边茶的另一个集中行销地。由于茶马贸易，这里发展成"人烟稠密，商贾辐辏，为西陲一大都会"。城里有专门的茶叶商号，其中以"丰盛合""本立生""义合全"开业最早。"聚盛源""裕国祥"经营时间最长二三百年，余百数十年不等，此外，还有很多因茶马贸易而兴盛的城镇。由上可知，明清时期的茶马贸易的规模和城镇的繁荣，反映了四川茶叶商品化经济的发展和繁盛，进而更有力地推动了四川茶叶生产的发展。

标题：《论明清川藏贸易》
作者：张莉红
来源：《中国藏学》，1993年3期
辑要

清代前期，打箭炉是藏汉贸易交汇点。藏族商人来康居住的地方，被称为锅庄。由于川边贸易的兴盛，锅庄又成为藏汉商品交易场所和内地商行、货栈及经纪人聚集之处。锅庄庄主往往是藏商的代理人。

自打箭炉开放商业贸易区以来，西藏商帮成群结队远负藏区土特产品到打箭炉贸易，交换其需要的生活日用品、茶叶、布匹、哈达等。这些商帮，有上层官贵、寺庙僧侣、土司头人，也有民间商贾。"达赖喇嘛向差人赴打箭炉贸易，每驮向叉木多、乍丫、巴塘、里塘居住喇嘛索取银两不等，名为鞍租，至打箭炉始行纳税。"西藏商贾"来炉贸易，听带鸟枪俱系内地制造款式"。这些商帮的临时锅庄，随着汉藏贸易日趋繁荣，纷纷撤去帐篷，修建四合院式楼房"锅庄"，作为藏商在打箭炉的正式商贸代理机构。

此后，来炉商帮便投宿各自的锅庄，代代相袭。锅庄庄主不仅要为投宿的藏商（主家）提供食宿服务、货物堆栈和牲畜圈槽，而且还要介绍商情，媒说交易，充当藏商代理人；交易成功后由买主按货价4%左右付给退头（手续费）。因打箭炉地方在明正土司辖区内，锅庄还必须为土司承担各种名目的差务，如提供乌拉、供应草料、充当大小管家、仲译（秘书）、放牧人等，明正土司接待和陪同关外各土司头人上京朝贡，锅庄又须招待来客，负责一切公差杂务。

康雍时期，清廷不断对西藏用兵，军旅进出频繁。打箭炉为屯兵积粮要塞，担任驻守、运务官兵数千人，储运粮食常达万石，进出乌拉头口亦达数千匹，商务繁荣兴旺，锅庄陆续增至48家。兹按建庄先后将清代主要锅庄胪如下：

包家锅庄：藏人称为"瓦斯碉"，房屋80余间，其建筑肇自元代。因西藏某大寺活佛曾诞生于此，故藏人来炉城多愿居住。与德格、白玉两县客商交易最多，在锅庄中贸易量最大。

汪家锅庄：藏人称之为"下必崇"，房屋20余间，其建筑肇自元明，住客多为甘孜、昌都、波密、查耳等处商人，贸易量很大。

罗家锅庄：藏人称之为"色根古"，早期锅庄房屋15间，住客多甘孜绒坝商人，炉霍等处行商亦多居此。

木家锅庄：为果亲王后裔设立。藏人称之为"甲入色"，有房屋20余间，建筑肇于元代，为大金寺、炉霍商人居地，贸易量大。

杨家锅庄：藏人称之为"拔土家"，房屋15间，建于明季，客商以甘孜、德格两地行商居多，贸易量较大。

黄家锅庄：藏人称为"黄贵甲"，房屋12间，客商多来自德格，康雍乾时营业畅旺。

江家锅庄：藏人称之为"卡娃降错"，房屋12间，建筑于明初。客商来自德格、昌都，贸易量很大。

王家锅庄：藏人称之为"惹觉妈"，房屋4间，建于明代，住客为道孚人，营业可观。

安家锅庄：藏人称之为"仲一出"，房屋13间。建筑肇自明代。

陈家锅庄：藏人称之为"阿三速马"，房屋15间，住客多为理塘商人，间住甘孜绒坝叉商旅，贸易量最大。

彭家锅庄：藏人称之为"阿松脱"，房屋11间，住客多理塘商人，亦曾住昌都行商，贸易量属最大。

充家锅庄：藏人称之为"充洗加"，房间20，住客多道孚、甘孜行商，贸易量很大。

包家锅庄：藏人称之为"若阿"，住客多德格商人。

白家锅庄：藏人称之为"七几巴巴"，房屋20余间，住客多德格、甘孜、理塘商人，贸易量较大。

龚家锅庄：藏人称之为"那朱瓦"，房屋7间，客商多为贡觉、乍丫商人。

高日家锅庄：藏人称之为"高日拉"，房屋15间，先住道孚商人，后有瞻对商人来往营业亦佳。

邱家锅庄：藏人称"羌厥"，房屋20余间，常住甘孜、德格、昌都商人，贸易量较大。

杨家锅庄：藏人称之为"日耳淡"，房屋七八间，客商多来自炉霍，贸易量可观。

贾家锅庄：藏人称之为"独跟古"，房屋七八间，客商多炉霍人。

彭家锅庄：藏人称之为"丹尊家"，房屋20余间。

彭家锅庄：藏人称之为"第六智"，房屋七八间，客商多甘孜人。

其余锅庄，为节省篇幅，此不备录。

从上述锅庄资料，我们可以看其经营职能有以下几个特点：

1. 锅庄经营者主要是依靠其拥有的营业房舍招徕客商。这些营业房舍，有的建于元明时期，多数是随着炉城商业繁荣而兴建的为客商提供商贸服务的设施。

2. 锅庄服务的对象，既有藏商主家，又有其他地区客商。主家为常住户，客商为临时贸易活动暂住。还有专为担负军需商贸物资运力的"驮足娃"提供住宿条件的锅庄。

3. 由于锅庄服务对象多，其营业内容也很丰富。其基本服务项目是住宿，无论主家、客商，还是"驮足娃"，首先需要住宿服务。锅庄因属主家所有，主家住宿自然免付住宿费。客商和"驮足娃"则是主要的旅店收入来源。其次，由于住宿的藏商和外来的行商、客旅赴炉城目的是从事商业贸易活动，因此，锅庄庄主利用地利条件，从中媒合交易，取得手续费。乃是取之不尽的财富来源，庄主何乐而不为？这样，锅庄又具有牙行性质。

标题：《明正土司迁康时间及名号小考》

作者：王辉全

来源：《康定民族师专学报》，1993年1期

辑要

据任新建先生考证，明正土司的祖先是康定木雅部落的首领之一，房名为"甲拉"，称为"甲拉甲布"（甲拉王）。元代，其祖先被封为长河西安抚司。当时打箭炉已成为了汉藏贸易之地。格勒在《甘孜藏族自治州史话》中认为："康定自元代开为市场后，许多陕西人就聚居在这里，成为康定第一代汉商和汉族居民。"与土司密相切关，为明正土司听差侍贡的土目，亦于元朝时就出现在康定。如明正土司四大管家之一的瓦斯碉锅庄的祖先"元末从木坪（今宝兴县）来炉，元时已被封为土目……，明洪武三十年（公元1397年），瓦斯碉托玛锅庄主人进京为其（即明正祖先长河西安抚使）请罪，太祖赦之，授长河西安抚司为'草古皇'，即长河西鱼通宁远宣慰司。"三十年代李亦人调查康定锅庄写道："以安家锅庄之家谱，考查五百年前即已创业。江家锅庄则成立于的洪武年间。"四十年代贺觉非亦认为："康定有四十八家锅庄，创始于元明之际。"由此看来，明正土司祖先迁居康定的历史最迟亦应在元朝末年。

标题：《民族文化与民族建筑刍议》

作者：徐仁瑶

来源：《广西民族研究》，1993年1期

辑要

少数民族民居中的火塘，又称锅庄，是支铁三脚或三块石头架锅做饭的地方，也是全家聚会待客的地方。火塘周围的座位主客有序，不能乱坐。如果客入脚踏锅庄石或跨过火塘，冲火塘吐痰，主家认为是对神灵的冒犯和很不吉利的事情，会引起主人极大的不悦。总之，少数民族地区的村寨、民居、室内设施、建筑装饰等等，无不反映了他们祖先崇拜、自然崇拜、鬼神崇拜的观念和审美情趣。

标题：《清代打箭炉城的川藏贸易的产生和发展》

作者：吴吉远

来源：《中国边疆史地研究》，1994年3期

辑要

打箭炉地方，宋以前几乎无人居住，仅为游牧之夏季草场。只是随茶马互市，至元明时才有少数人在此定居下来。任乃强先生在《西康图经》地文篇中讲："余考元明时，打箭炉仅属小村，宋以前则荒谷耳。"在境域篇中讲得更清楚：打箭炉"本非市场，自唐以来，随茶马交易，日趋繁盛，由架设帐幕之临时市场，而为建筑碉房之锅庄交易。元时设长河西鱼通宁远土司于此，红教喇嘛寺（南无寺前身。——笔者）亦元时成立。至明时，尚仅有住民十余家"。可见，打箭炉是因贸易而兴。

明末清初，川藏贸易集散地从黎州、岩州西移到打箭炉，商旅往来大增。明正土司也开始在打箭"建垒营寨，置土目于此"，充当川藏贸易的经纪人；西藏地方政府乘清王朝势力还未深入之机，一度派营官驻打箭炉，监督贸易，并大兴格鲁派寺庙。康雍之际，清军多次路过康区，打箭炉成为后勤总站。

标题：《四川省康定县档案馆所藏历史档案》

作者：薛廷全

来源：《历史档案》，1995年3期

辑要

康定锅庄史料。锅庄一词，在西康为康定独有。锅庄是藏语"卡巴"的译意，是在藏汉民族接壤地区的交通孔道——康定城内。西康人烹煮食物时，常用三块长柱形石头成三角形埋在土中，上面置锅，锅庄也因此而得名。康定锅庄的起源，可以上溯到清朝初年。当时，"关外"各县及西藏商人带着各地土特产，如羊毛、皮革、鹿茸、麝香、虫草、贝母、赤金等来打箭炉易换粗茶、布匹。由于那时的打箭炉还是一个荒凉的地方，贸易之时，来自同一地区的商人们便固定在一个地点搭起帐篷，支起锅庄。随着经济的发展，他们搭

帐篷、竖锅庄的地方便修建起房屋，名曰"锅吉"，成为贸易商人及藏王明正土司所分封大小头人去觐见时住宿的地方。后来，又称锅庄为锅桩，直到现在，锅庄仍保留着主要接待某一固定地区客人的特点。例如南门上北家锅桩，在清代即为邓、德、白等县商人来康贸易时搭帐篷竖锅桩之处，而今所住的仍是邓、德、白几县的商人。又如子耳坡王家锅桩在未建房舍之前，即为瞻对娃来康贸易时住地，今天仍只容宿来康贸易的瞻对娃。打箭炉的锅庄起初只有四家：瓦斯沟包家锅庄、铁门坎汪家锅庄、大园坝邱家锅庄、兴石门坎木家锅庄。这四家锅庄在当时分担明正土司的差务，后明正土司代关外各大小土司朝贡之后，差务逐渐繁忙起来，且商业也日益繁荣，原有的四家锅庄已难胜任，锅庄遂发展到十二家。以后，打箭炉锅庄逐步增多，最著名的有四十八家。随着其后发生的经济萧条加之庄主不谙商业之道，盛极一时的四十八大锅庄关闭了十二家。民国之后，随着承买和新建，到建国初锅庄仍有四十七家。锅庄是一种既是旅店，又兼货栈、马店和经纪人的一种综合服务性商业，曾起过有利于藏汉民族间经济联系的作用。康定县档案馆收藏的锅庄史料，反映了打箭炉锅庄在漫长的历史时期里的一些情况。

标题：《川藏贸易重镇——清代打箭炉城的产生和发展》
作者：吴吉远
来源：《西藏研究》，1995年2期
辑要

打箭炉以茶叶通贸易为主，"其他各业皆因茶而兴"。有清一代，逐渐在炉城形成三大特殊行业，即锅庄业、缝茶业、皮房业，对炉城的发展和贸易兴隆起了极大的促进作用。

锅庄业，为打箭炉城所特有，是兼有土司头人、经纪人、旅店、借贷、贮存等职能的行业。由于其职能颇多，取名含混，所以留下不少传统。但可以肯定，它是一项主要为炉城贸易服务或因贸易而兴的综合性行业。锅庄产生于康熙年间，据《康定图志》载："康熙三十九年土司锡拉扎克被藏蕃昌侧集烈杀害，旋经四川提督唐希顺率兵征剿，以土司之妻贡噶袭职其子坚赞德昌自木雅移此（打箭炉）建垒营寨，置土目于此，听差侍贡，名锅庄"。在木雅时称土目，入炉后始称锅庄。

锅庄始终是明正土司的下属头人，首先得给土司录办一切对内对外事务。锅庄中地位也不一样，有称为土司最亲信的五户，即萨根过、郊自措、贡觉娃、瓦斯碉和甲绒五家锅庄，又称为"弄密呷"；有四户大管家，即效白措、贡觉娃、瓦斯碉和甲绒四家锅庄，又称"捏巴切波儿"；有四户小管家，即充布措、昌措、曲里巴巴和卡娃降措四家锅庄，又称"捏巴穷娃亦"；还有称为一般管家的"捏巴"。嘉庆年间，锅庄发展到四十八家。根据职务上的悬殊，宗教信仰的差异，关系的亲疏，待遇也是非常悬殊的，大锅庄当大管家或辅佐土司，小锅庄被派卖酸菜；大的经济年收入可达二万两以上，小的维持生计亦难。

随着炉城商业贸易的发展，锅庄业也逐渐转向和发展。最初，康藏商人大多自带帐篷，沿山傍水居住，购买茶包即行上路。自木雅十八家锅庄迁居炉城后，锅庄已从听差侍贡，接送汉藏官员，逐渐转向为接待康藏商人，供给茶水、食宿，提供贮存、饲养牲畜的场所和汉藏商人间交易的经纪人。其收入按康藏商出售货物的百分之四提取，一般由汉商负担，称之为"退头"。锅庄除给康藏商人提供一切方便外，还要保证藏货不受损失，负责贷购茶包等。嘉庆以后，四十八家锅庄都修有较好的居住场所，条件充备，营业稳定。嘉道成同年间，康藏土特产最高峰时，每年交易黄金达八千两、白银五万两、麝香一千二百五十斤、虫草两万斤、贝母三万斤、知母三万五千斤、鹿茸一千二百斤、羊毛五十万斤、高级皮张三千张、借毽一万根、以及牛羊、其他杂货等。同时，行销炉城的茶叶每年也达一千三百余万斤。如此大量的贸易都要经过锅庄来撮合，可见其营业之兴隆。有人将锅庄的职能概括为："居间介绍、撮合交易、协助结账、担保赊销预购、提供食宿等"，其在川藏贸易中所起的作用可见一斑。

缝茶业，即为茶叶运输提供包装的行业，缝茶业起源的准确时间已无从考释，因与茶叶贸易有直接联系，又受锅庄的控制，雍乾时期兴起此行业比较合理。据炉城的交通便知，要保证茶货，特别是运出关外的茶叶，不致受潮散失，包装就显得十分必要了，于是，缝茶业便于炉城应运而生。茶叶的包装与运输，必须适应康藏地理、气候的特点，炉城的缝茶业在技术上达到相当高的水平，在广大康区及西藏、青海都享有盛誉。

缝茶工人藏语称"甲朱娃"，即明正土司的匠奴或土奴。平时，除做工以养家糊口外，还要应官差、跑驿站、扫街道，甚至从事抬丧送葬等杂役。人数最多时曾达一百三四十人，分上、下街两地作业。缝茶的工具极为简单：刀、针和生牛皮，可缝花包与满包两种，一人一天最多能缝十驮。缝茶业主要承办康藏商人所购茶叶之包装，在包装好的花包或满包两头，各家康藏商均用刀划出自家的房名、或地名、或庙名，以示区别。业务由锅庄与工头接洽，人手不够时，即可临时增派。可见，缝茶业类似明正土司的锅庄之下的手工作坊。

标题：《原始炉灶的演变》
作者：宋兆麟
来源：《中国历史博物馆馆刊》，1997年2期
辑要

凉山彝族在室内挖穴为火塘，安三石为锅庄，以架炊具。这三个石头是固定的，其中里边一石代表祖先，左石象征男人，右石象征女人。平时睡眠、就餐时即按男女性别分开。

由此看出，石支脚曾普遍流行，但是为什么考古发掘很少见石三脚，而多陶支子呢？可能有几种原因：一石三脚是早期支撑炊具的设备，后来为陶支子所取代；二在考古发掘中对石三脚重视不够，即使有所发现，也当一般石头丢弃了，因此考古发现石三脚较少。至于民族地区多为石三脚：一是制陶手工业已衰落，人们已不爱做陶支子了；二是取石方便，尤其现代各民族普遍用铁炊具，以石三脚更牢固些。所以民族地区保留石三脚较多。

标题：《画家吴作人的西行漫旅》
作者：沈左尧

来源：《民国春秋》，1999 年 5 期

辑要

小小的康定城已无人不知大艺术家吴作人，请他画肖像的接踵而来。

这里有多处藏汉商队贸易集散地——锅庄。所谓"锅庄"，原是骡帮在此驻脚，埋锅造饭之意，久之形成集市。木家锅庄和甲家锅庄世代居住着两大家族，庄主为世袭制。源出 18 世纪清代雍正年间，胤禛为巩固帝位，用权谋杀戮兄弟，摒斥异己，其中一个果亲王被遣送到这遥远的地方，后代绵延定居于此，虽系满族，风俗习惯已藏化了。现在木家锅庄的主人是一位女性，她出于仰慕，特请金司令出面求吴作人画像。

吴作人在短短的一个多小时内就完成了油画像，画家把她那妩媚中寓英气、华贵中蕴倔强的姿容表现得淋漓尽致。女主人一看爱不释手，金搏九拍案叫绝。想不到画家说话了：

"这是我在此最得意的一幅肖像画，要带回去展览。"

"不！吴先生，我买你这张画，要多少钱都行。"

她在这小小王国里是一位公主，平时说一不二，谁敢违拗！但吴作人决不松口。金司令只好打圆场，向女主人再三解释：

"画家心爱的杰作是要传之永久的，将来这幅画也会使你名扬天下。"

好在她一旦明白，也就爽快同意了。吴氏名画《打箭炉少女》诞生了。

标题：《明清陕西商人与康藏锅庄关系探微》

作者：李刚 郑中伟

来源：《重庆商学院学报》，2000 年 6 期

摘要：文章研究了陕商与锅庄关系发展的历史和陕商与锅庄的贸易形成。认为二者相辅相成，相互促进，是当时经济社会的需要。了解这一商业史对于发展和完善社会主义市场经济下的中介组织有启迪作用。

关键词：明清 陕西商人 康藏锅庄

辑要

"锅庄"在明清康藏社会经济生活中，是不可缺少的环节。它的社会经济功能、经营方式以及与汉商主要是陕商之间的关系等，具体反映了康藏地区畜牧业经济与农耕经济进行交换的一系列特征。研究陕西商人与康藏锅庄之间的关系，不仅对于了解明清康藏的经济社会生活具有重要意义，而且对于发展和完善社会主义市场经济下的中介组织有启迪作用。

一、陕商与锅庄关系发展的历史

我国西北地区与西南地区的经济交流已有数千年历史。而其中秦人又是主要的开拓者。

陕西人对大西南的开发，可上溯到战国及秦代，其中最有代表性的是对成都平原的水利开发和几次大的秦人移民入川。但是陕西商人对康藏地区的经贸开发活动，却大致肇始于唐，而开成于元。川藏交界的康藏地区，是汉藏联系的桥梁，自文成公主入藏带去茶叶，遂使食茶之风开始盛行藏区，西康的雅安等地，又盛产茶叶，所以除由唐蕃古道将内地茶叶输入藏

区之外，唐高宗时，茶由秦陇输入吐蕃，遂养成藏族普遍饮茶之嗜好。到唐肃宗至德三年，藏汉茶叶市场在雅州（今四川雅安）已正式形成，成为藏汉民间贸易的主要形式。十三世纪元朝收复西藏并吞南宋实现全国统一后，把全国划分为十一个行中书省，川陕被划归为同一个行政区划，称"陕西四川行省"。当时元朝中央规定西康包括雅安、天全、汉源等的藏族土司头人宗教首领的朝贡事项，统一归属陕西官府办理。于是大批汉藏官员在陕西与川藏之间往来，而且西藏的朝贡及茶马贸易也经由打箭炉等地周转，再经川陕入京来往，这就为秦商进入康藏大开方便之门。秦商在唐代就有同羌藏地区经贸文化交流的传统，他们抓住了这一有利的历史机遇，利用元代在打箭炉开辟的市场进行民族贸易，使其成为汉藏贸易的中转站。

明清时，康藏地区仍为不毛之地，"川人不喜经营，成尤畏远道"。故在明初就有大批的陕西商人取道甘宁州去西康经商，史称"炉客"。此后一代代的炉客千里投荒赴打箭炉贸易，使打箭炉由一个偏僻的小山村变为"商旅满关，茶船遍河"的商埠城市。商号、商行和货栈遍布炉城。仅炉河东岸的"陕西街"就有陕商字号80余家。康藏羊毛、皮货、麝香、鹿茸经此运输内地，内地茶叶、布匹、绸缎亦经此大量流向藏区。由于明清时西藏经济以畜牧业为主，羊毛、皮货来源分散而不易大宗收购，而且语言隔阂，汉藏风俗礼仪不同，给当时的贸易造成了种种困难。而藏族牧民每年秋冬季赶着牦牛百数头，驮着以羊毛为主的畜产品，到达康定后，就地露宿，人居畜藏均有困难；而且当时的汉藏贸易，由于市场不完善，只能进行以茶易马形式的物物交换，必然要求有一个中间经纪人来为双方沟通语言，协调比例，说合作价。于是，当地商民针对市场这种需求，开始经营作为交换中介组织的新兴行业。而在土司制度下，负责公差往来，朝贡贸易接待工作的"锅庄"又为他们对其职能进行改造，为之转变为市场交换中介机构提供了组织原形，在土司制度下，明正土司除了和其他土司一样有自己分散在康定、泸定、丹巴、道孚、雅江的安抚司、千户、百户、俄巴管理系统外，还有为自己管家及在"朝贡差发"制度下负责一切公差杂务的同清政府打交道换取茶叶的锅庄。锅庄是土司随朝贸易的组织，藏民在汉藏交界处，支锅煮食，扎桩拴马，是为"锅桩"，后逐渐演变为专门从事接待工作的常设机构，称为"锅庄"。最初康定锅庄只有四家，后因"关外大小土司朝贡差务日繁，原有锅庄不敷应用，由四家增为十三家，代分差务。嗣因贸易日繁，锅庄建立益多。清中叶增为四十八家锅庄"。兹按建庄先后将清代主要锅庄胪列如下：

包家锅庄：藏人称为"瓦斯碉"，房屋80余间，其建筑肇自元代。因西藏某活佛曾诞生于此，故藏人来炉城多愿居住。与德格、白玉两县客商交易最多，在锅庄中首屈一指。

汪家锅庄：藏称之为"下必崇"，房屋20余间，其建筑肇自元明，住客多为甘孜、昌都、波密、查耳等处商人，贸易量很大。

罗家锅庄：藏人称之为"色根古"，早期锅庄房屋15间，住客多甘孜绒坝商人，炉霍等处行商亦多居此。

木家锅庄：为果亲王后裔设立。藏人称之为"甲人色"，有房屋20余间，建筑肇于元代，为大金市、炉霍商人居地，贸易量大。

杨家锅庄：藏人称之为"拨土家"，房屋巧间，建于明季，客商以甘孜、德格两地行商居多，贸易量较大。

黄家锅庄：藏人称为"黄贵甲"，房屋12间，客商多来自德格，康雍乾时营业畅旺。

汪家锅庄：藏人称之为"卡娃降错"，房屋12间，建筑于明初，客商来自德格、昌都，贸易量很大。

王家锅庄：藏人称之为"惹觉妈"，房屋4间，建于明代，住客为道孚人，营业可观。

安家锅庄：藏人称之为"仲一出"，房屋13间，建筑肇自明代。

陈家锅庄：藏人称之为"阿三速马"，房屋15间，住客多为理塘商人，间住甘孜绒坝叉商旅，贸易量最大。

彭家锅庄：藏人称之为"阿松脱"，房屋11间，住客多理塘商人，亦曾住昌都行商，贸易量属最大。

充家锅庄：藏人称之为"充洗加"，房间20，住客多道孚、甘孜行商，贸易量很大。

包家锅庄：藏人称之为"若阿"，住客多德格商人。

白家锅庄：藏人称之为"七几巴巴"，房屋29余间，住客多德格、甘孜、理塘商人，贸易量较大。

龚家锅庄：藏人称之为"那朱瓦"，房屋7间，客商多贡觉、乍丫商人。

高日家锅庄：藏人称之为"高日拉"，房屋15间，先住道孚商人，后有瞻对商人来往，营业亦佳。

邱家锅庄：藏人称"羌厥"，房屋20余间，常住甘孜、德格、昌都商人，贸易量较大。

杨家锅庄：藏人称之为"旧耳淡"，房屋七八间，客商多来自炉霍，贸易量可观。

贾家锅庄：藏人称之为"独跟古"，房屋七八间，客商多炉霍人。

彭家锅庄：藏人称之为"丹尊家"，房屋20余间。

彭家锅庄：藏人称之为"第六智"，房屋七八间，客商多甘孜人。

从以上论述及材料不难看出：锅庄是在陕商开发川藏，促进康藏经济发展的基础上，将土司制度下专门从事朝贡接待的锅庄转变为专为商旅提供住宿及充当经纪人的商贸代理组织。

二、陕商与锅庄的贸易形成

康藏锅庄经元、明两朝，至清初开始由纯粹的官府机构向政治、经济双轨制过渡，再由清代中叶完全转变为面向汉藏贸易的经济中介组织。这个转变是陕藏贸易发展的客观要求。川康地区汉藏贸易的中心是边茶贸易，它不但开创了四川西部汉藏贸易之先河，而且带动了康区其他行业的发展，扩大了汉藏贸易的范围，在促进川康经济发展、汉藏团结等诸方面都起到了极其重要的作用，可以说边茶贸易是使锅庄性质发生突变的染色基因。

明清经营川南雅、灌、名、邛、洪五县区"五属边茶"的主要是泾阳、户县等地的陕西商人。他们在蜀地又因地域不同而区分为"河南帮"与"河北帮"。河北帮以泾阳、三原、渭南等地的旅蜀茶商为多。如泾阳石桥刘村的刘义兴"以经营茶叶、药材为主，商号多设四川、西康等地"。他家办的"义兴茶庄"在雅安设店于明代嘉靖年间，成为从明到清无论规模和信义在康定都名列第一的大茶庄，泾阳当年流传的"东刘西孟社树姚"几家大富户中第一家"东刘"就是指的他家。社树姚家，"分为恒昌、惠谦、燕义、居敬、祝新、仁在等七支，不但在泾阳、三原、西安开设货栈、钱号，而且发展到巴蜀、康藏支贵地区，以雅安为中心"，成为明清泾阳著名富户。而最富的于家，专营茶、药材，商号多设在四川一带，最有名的是"恒盛泰"字号，堂名"务本堂"，康定的"恒泰"茶庄就是他家的生意。此外，康定另外八家大的茶庄聚诚、永和、丰盛、天兴仁等都是泾阳商人开办的。"河北帮"由于财力雄厚，这些茶庄基本上都采取了独资经营的形式。

河南帮以户县牛东、第五桥等乡的人为多，故又称"牛东帮"，户县牛东炉客在康定陕西街的陕帮生意中"竟占十之八九"。河南帮在康定经营的茶庄主要有恒盛合、利盛公、魁盛隆、昌义生、茂盛福、德茂源、泰来恒、德泰合等号，由于河南帮财力不如河北帮厚实，故他们经营的茶庄大都采取了合资形式……

这些总店设于康定的陕西茶商，基本上掌握了川康的经济命脉，使川康商业操之于陕商之手，其"资本之雄厚，规模之阔大，态度之佳良，目光之敏锐，在康地商人中，皆为首屈"。故"川康商业实为陕人所开发，即在今日采办茶布、绸缎之大商号，仍多陕籍也"。并且在陕商的带动下，川商"居信之久，羡慕陕商，而以小资本尝试成功者，或川人之为陕商司柜存钞后，自己经营者"。从1933年的统计看，康区商贾总数约为12000人，其中藏商2000人，陕商7000人，川商3000人。陕商人数比重最大。雍正五年（1727年），荥经额行边茶引二万三千三百一十四张，由陕商和川商分销，陕商行引一万四千八百五十一张，川商行引八千四百六十三张，可见清初陕商在边茶贸易中处于主导地位。

陕商在康藏销售茶业的方式有三，一是由总店派伙计押送茶叶到深入藏区的分庄，分销当地藏族民众，以运回藏区的药材、麝香、毛皮作为回程货，"每年草木滋深，店号伙发，分赴各乡销售货物，收买土产"即此谓也，河北帮办的专业茶店大部分都采取了这种方式。二是由总店将茶业批发给康定的其他陕帮茶商，由他们再押送到自己设在藏区的分号销售，如陕商在康定办的历史最悠久的"恒盛合"茶店，就是"由康定买茶叶、布匹、绸缎等运往木里销售，再由木里收购金子、麝香等运到康定推销"，后来户县人办的康定最大的字号"德泰合"茶庄亦是如此，他们由"康定买茶叶、布匹、绸缎、杂货运到甘孜销售，在甘孜收购鹿茸、麝香、虫草、贝母及各样皮张运往康定销售"。大部分户县"炉客"亦采取这种接力的销售方式。三是由康定总店通过居间"锅庄"把茶叶批发给赴康购茶的藏商，由他们驮茶返回藏区售卖。在明清边茶制度"汉不入番，番不入汉"的政规定下，这种方式是最主要的形式。

那时，陕商数十万茶叶，数以百计的日用商品都要通过锅庄集散，生意都要靠锅庄主来撮合，陕藏贸易的发展推动了锅庄行业的发展。反过来，锅庄行业的发展又促进了陕藏贸易的兴盛，因为陕藏商人的接触，存在着语言障碍，商品交换又笼罩着一层神秘色彩，买卖双方出自各自的经济利益，总喜欢暗中摸底，明里又保持一定距离，但又急于成交而各得其所，迫切需要能懂得汉藏两语、深谙经济、信息灵通、交际广泛，在当地有一定声望的人来从中穿针引线。作为贸易中介的这种角色，在当时的打箭炉，只有属于明正土司的锅庄主们才是最理想的人选。此外，锅庄主资金厚实，特殊情况下还可以为买卖双方作保，遇上官司，还可利用其身份作庭证。对于藏商来说，由于民族的共同心理素质和生活方式，自然更为信赖锅庄主。同时锅庄有宽敞的房屋，可以提供住宿和满意的膳食，可为藏商存放大批进出货物，有院坝可喂养运输骡马和牦牛。锅庄主手中虽没有直接掌握商品，但是藏汉商人双方交易的得失、利惠的命运却暗地掌握在锅庄主的手中，所以买卖双方总是对锅庄主尊重有加，锅庄主以中庸之态，用流利的语言勾通双方感情，用最新的信息去告诫双方，用微妙的手法尽快促成交易，还利用自己的各种条件为双方提供方便，只有这样，才能博得客商们的信任，使自己的事业兴旺发达。

三、小结

锅庄贸易是有着悠久历史的重要区域贸易。作为康藏地区经济的开拓者——陕商对锅庄贸易的形成与发展起过重要作用。陕藏贸易的发展推动了锅庄行业的发展，反过来，锅庄行业的发展又促进了陕藏贸易的兴盛。关于陕商与康藏锅庄的关系，如果仅从社会经济历史发展的视角来观察，则似应得出如下结论。

（一）锅庄贸易是陕藏物资交流的主要形式，就陕商与康藏锅庄的关系而言，本质上是基于藏区和内地物质和文化生活的迫切需要，而不得不进行地区经济交流的一种商业联合关系。锅庄作为联系陕藏贸易的中介组织在促进藏区经济发展，满足川藏社会的物质需要方面起了重要作用。

（二）锅庄作为一种中介代理机构，为了尽快促成交易，以便快速地获得回报，不得不形成一种对陕商的依赖关系，极力笼络陕商，为陕商提供各种服务，而陕商为了自己的利益，基于异地经商的需要也不时带给锅庄主以及藏民以先进的农业技术和先进的手工业品，以获得他们的好感，以便在贸易中获利，使自己赢得一个良好的外部贸易环境，于是双方在商业联合关系的基础上又结成了一种互相依存的协作关系。

（三）陕商与康藏锅庄之间的交流，注定了是一种平等友好关系，这更促进了汉藏之间的团结与平等，加深了两地人民之间的感情，促进了康藏地区与内地的经济交流与合作，从而使西藏地区与内地的血肉关系更加巩固，牢不可破。

标题：《二十世纪上半叶藏区地理研究述评》
作者：王启龙 邓小咏
来源：《西藏研究》，2001年2期
摘要：与藏族史研究一样，藏区地理研究（主要是人文地理）一直是藏学界的重点之一。这在50年代后是如此，在1949年中华人民共和国成立前的20世纪上半叶也是如此。不过，我们对50年代后的研究情况，特别是80年代改革开放以后的情况了解甚多，而对20世纪上半叶藏区人文地理的研究情况（含译述）知之甚少。本文拟对这一时期藏区人文地理研究成就作一述评，

以供学术界参考和批评指正。为了便于参考，我们分文章和书籍两部分进行描述。

关键词：二十世纪 藏区地理 研究 述评

标题：《清代西部开发中的藏族女性》
作者：刘正刚
来源：《宁夏大学西夏学研究院会议论文集》，2005年
会议地点：中国宁夏银川
会议时间：2005年9月
辑要

商业贸易是社会生活中互通有无的必须手段，汉族的商业贸易主要由男人承担，而藏族的贸易经营也凸显了女性的主角意识，"其贸易经营，妇女尤多，而缝纫则专属男子"。乾隆《西藏志·市肆》也载："贸易经营，男女皆为，一切缝纫专属男子。"这与汉族传统农业社会的男主外、女主内的性别职业分配格局形成鲜明对比。这种职业格局与藏民自幼就逐渐培养的性别意识有关，藏族孩童稍长，"男子教书算，或习一技；女子则教识秤作买卖、纺毛线、织氆氇，不习针工，不拘女诫"。藏族妇女在贸易过程中，不但坐贾行商，而且还充当中介牙人，"货物辐辏，交易街市，女人充牙侩，经纪其间"。女性能否善于贸易，甚至成为藏民判断女性是否贤淑的一个重要标准："媳以善经营、能货殖者为淑。"，在康定县出现了专门以女性经营类似旅店并代客商销售货物为特色的锅庄小姐："本城原有十八家锅庄，凡康藏行商皆住此锅庄为旅店，不取宿膳费。盖客商之货交与主人代为估卖，出入提取二分用代为膳费，形同内地之传统。凡营此者悉为女子，善为交际名为锅庄小姐。"清代汉藏边境贸易以茶叶为大宗，四川雅州府属的打箭炉厅"自改土归流，人烟辐辏，万商云集，尚为川茶入藏土产出口之商埠"。乾隆《西藏志·藏程纪略》称："打箭炉为蜀西极边，皆番地，乃藏路咽喉……其地番汉咸集，交相贸易，称闹市焉。"打箭炉成为茶叶贸易的重要集散地，乾隆《雅州府志》卷五《茶政》载："炉不产茶，但系西藏总会口外，番民全资茶食，惟赖雅州府属之雅安、名山、荥经、天全、直隶邛州等五州县商人行运到炉，番民赴炉买运至藏行销。"在打箭炉的茶叶贸易中，一种名为"沙鸨"的藏族妇女非常活跃，客商的茶叶几乎都要经过其手才能销售出去。"打箭炉番女，年十五以上即受雇于茶客，名曰沙鸨。凡茶客贸易听沙鸨定价。直人不敢校，茶客受成而已。"由于藏族女性的勤劳，尤其在商业贸易交往中的善贾行为，更令人钦佩。嘉庆《里塘志略》卷上称："贸易之事，妇人智过男子。"清代一些汉族商人在藏区从事商业贸易，并响应官府号召，在藏区报垦土地屯田，有些人甚至与藏女组成临时家庭。

标题：《康定锅庄简述》
作者：董春美
来源：《文史杂志》，2006年1期

辑要

锅庄的产生并非始于藏汉贸易，它是"茶马贸易"的产物。历史上的藏汉贸易大宗是茶马贸易。在清以前，藏汉贸易的主要市场在天全、雅安等地。那时康定是藏族内部的互市区域，可营业数量不大；打箭炉还是荒凉的小村庄清代以来，随着清王朝直接在康定设官治理，汉藏贸易迅速发展，打箭炉成为川藏交通的枢要、汉藏贸易最繁盛的市场。汉藏商人、军民云集打箭炉，为满足商人食宿和营业的要求，锅庄业也应运而生了。

锅庄是藏汉贸易的中介机构，藏族商人和汉族商人交易都要通过锅庄。藏族商人从藏区驮运土特产来康定，寄住在熟悉的锅庄，其货物也寄存锅庄，甚至驮运货物的牛马也由锅庄代为放牧。藏族商人的货物由锅庄介绍雇主，买进货物也由锅庄负责代办。从锅庄经营的业务性质来看：安排食宿，近似旅馆；堆存货物，近似仓库；代客买卖，近似掮客。很多锅庄自己也贩运土产，对外批售货物，这又类同运输商和批发商。要是藏汉商人的货款一时不能付清，锅庄主人就为双方担保，延期交付。这时它又成了信用保证人。

锅庄经营业务的性质虽很复杂，但它主要的业务是代藏族商人买卖货物。藏族客商来到康定，锅庄主人便陪同前往土产药材商店销售货物。土特产药材商店便按货价每平银子付给锅庄主人2两银子的佣金，此佣金俗称"退头"。1平银子重50两，佣金按百分比算就是4%的佣金了。藏族商人取到货款后，随即由锅庄主人陪同到茶号购买茶包。那时1平银子购金玉茶22包，每包茶由茶号付给佣金3分，计1平银子佣金6钱6分；茶号另外还送1钱银的酬金，以资拉拢。故锅庄主人在介绍藏商买茶时，又收入7钱6分的佣金；与前面出售土产的佣金合计，锅庄主人在每1平银的藏汉贸易上，共得佣金5.5%。这是为数不小的一笔收入。因此，锅庄主人对来往的藏族商人极为客气，不收客商的房金，并且供给客人所需的燃料、饮水和灯油。逢年过节，锅庄主人要请住客吃酒席。当然，所有这一切都是锅庄主从商业上的长远利益考虑而做的。

标题：《清代四川茶叶与乡土社会简论》

作者：周邦君

来源：《怀化学院学报（社会科学）》，2006年9期

摘要：欲认识乡土社，茶叶不失为一较好的新角度。清代四川茶叶与农民生计关系较大，见证了农民之间社会关系的常态与病态。通过川茶，部分农民为商人的活动提供了条件，他们之间的社会关系也由此而生。茶叶为农民与商人的分工创造了机会，又成为他们互相联系的纽带。商人对川茶贸易做出了较大贡献，其中陕商、徽商地位突出。茶叶与部分手工业工人、知识分子、官吏等相联系。它还是城乡社会风俗的显著因素之一。川茶与乡土社会的关系，将引起进一步关注。

关键词：清代 四川 茶叶 乡土社会

辑要

商人运销川茶边引，通常较有规模边茶以打箭炉、松潘、西藏为主要目的地，分为三

道：其行销打箭炉者称南路边引，行销松潘厅者称西路边引，行销邛州者称邛州边引。其中，南路边茶最为重要，以雅安为集散地，然后运往打箭炉，全程约 200 公里。打箭炉是南路边茶承销处，每年汉藏商人在此进行大宗茶叶交易，如道孚县商人非常看重茶叶买卖，将该县茶叶多半运往打箭炉。藏族等少数民族商人携带土产或重资赴打箭炉"锅庄"（类似于内地行栈），经庄主介绍与诸茶栈进行交易。他们以竹篾包裹茶叶，或在茶包外面用皮箱保护，雇乌拉（相当于内地苦力）运回藏区，其所获利润，高者可达三、四倍。打箭炉在清初有 13 家锅庄，后来发展到 48 家，由此可见，藏族茶商增加比较迅速。19 世纪 90 年代，英国驻重庆助理领事烈敦曾亲历打箭炉，考察川藏贸易。他说："茶叶系西藏进口最重要的商品，在我访问打箭炉期间，虽无暇深入了解其现状，但几位茶商告诉我，这项贸易的年交易量应值银 100 万两以上。"另有西方人士估计，清末以打箭炉为集散中心的四川边茶贸易，年交易额约 125 万两白银。①

标题：《川藏茶马古道研究的重大现实意义》
作者：陈书谦
来源：《茶叶经济信息》，2006 年 3 期
辑要

成都以南雅安、邛崃等地所产称"南路边茶"，主要品种有：芽细、毛尖、金玉、金尖、康砖、金仓。主要通道从名山（蒙顶山）、雅州（雅安）、严道（荥经），翻大相岭，经旄牛县（黎州、今汉源），到泥头驿（宜东），去泸定、到打箭炉（今康定），再往理塘、昌都、拉萨，以至西亚各国。南路茶道的背夫、康定锅庄和关外马帮最为有名。

标题：《西南地区茶马古道论略》
作者：谷中原 鲁惠
来源：《茶叶通讯》，2007 年 2 期
摘要：西南地区茶马古道是唐代以来西南川、滇、藏山区人民以茶叶为交换主体、以马为交换载体进行贸易的民间商道。对西南山区社会、经济、文化的发展和在方便人民生活方面做出了无与伦比的贡献。
关键词：茶马古道 成因 线路 运输方式 历史功绩
辑要

马帮集中驻足停留的地方和进行商品集散的驿站，演变成后来的城镇。如四川的打箭炉，在元朝还是荒凉的山沟，自从元朝开通碉门和岩州茶马贸易通道以后，逐渐成为大渡河以西驮队集散地。在清朝开通瓦斯沟路和修建泸定桥并建茶关后，发展成为商业城市，藏区和关外的商队络绎不绝地云集于此，出现了 48 家锅庄和 32 家茶号，以及数 10 家做其他生意的商号。兴起了缝茶、制革、饮食、五金等新兴产业。民居、店铺、医院、学校、官署、街道修

---

① 此文多处所记有误，照实录之。

建起来，成为闻名遐迩的城市。云南的丽江、中甸、德钦，四川的雅安、康定、汉源、碉门、松潘，西藏的昌都等等都是因茶马古道的延续和茶马贸易的发展而壮大的。

标题：《打箭炉锅庄及锅庄文化》
作者：陈运旗
来源：四川省社会科学院历史学（硕士），2008
辑要

打箭炉锅庄是打箭炉（今康定）所独有的一种历史、文化现象，它集客栈、商店、旅店、中介、担保人为一体，在汉藏民族贸易中发挥了重大的作用。它与汉藏民族贸易相始终，因茶马互市而兴起，又因边茶贸易的沉寂而衰退。无论从其形成的历史、发展规模、形式特点，还是在汉藏民族贸易史上的地位，都是首屈一指的。由于历史的记载甚微，加之民国时逐渐衰落，中华人民共和国成立后不久便退出历史的舞台，故鲜为人知。故开展对打箭炉锅庄的研究，不仅对康藏地方史的研究有积极的意义，而且对今天企业市场某些理念的形成更具有警示意义。

打箭炉锅庄最早是作为明正土司的一种组织机构而存在，是一种组织。这种组织是源于西康藏族家庭的一种组织形式，是"康人社会结构的核心"，伴随着生产力的发展，出现了阶级和贫富分化，锅庄荣升为一种统治机构，锅庄主也相应的变为贵族。随着明正土司迁炉，在汉藏贸易的洪流中，锅庄实现了自身机制的变异，由以前的听差侍贡为主，逐渐变成接待往来藏商，经营汉藏贸易的中介的经济功能。这个转变过程是以打箭炉成为汉藏贸易的转口基地和明正土司实力的衰弱为前提，持续了近两个世纪。锅庄这种组织是来源于藏族，而其得名是要归功于汉族的，是在汉藏双方彼此了解、相互融合的基础上而提出来的。是汉族借用了原始意义"锅桩"之名，并结合藏族的生活习惯，把这种作为明正土司属下的贵族（古曹）组织之实和其住宿的高大建筑之体三者紧密结合，创造性的发明了锅庄，看似是"古曹"的汉语对音，实际上包含有丰富的文化内涵，其锅庄的名称本身就包含了汉藏文化交融的内容。锅庄的数目也是受学者们关心的内容，最初一般认为是四家，随着明正土司差务的繁忙，而逐渐增多，最后达四十八家。现在学术界一般认为，四十八家锅庄是锅庄鼎盛时期的数字，而非四十八家土百户在打箭炉的代表。至于鼎盛时期是在什么时候，学者们也有争论，但总体认为是在清代中后期即乾隆、嘉庆时期。锅庄的发展和鼎盛，除了外围的环境因素之外，锅庄经营的汉藏商人也不断增多，区域对象而日趋多元化。相应的锅庄经营的商品数目、种类而日益广泛。其表现在自身就是锅庄数目的不断增多和功能的日趋完善。到清代中后期，锅庄基本上实现了自身体制的转型，变得功能趋于多元化，集商贸中介、商场、旅店、客栈、担保人为一体，使历史时期锅庄的面目离我们越来越近了。锅庄体制的转型，那就意味着它要生存，就要适应市场的变化，适应汉藏双方的需求，利用自身的优势，抢占制高点。其在无意识之间打上了市场化的烙印，变得以利润为导向，以顾客的需求为方向。锅庄利润的获得，是通过经纪汉藏贸易而实现的，名曰"退头"，即佣金，它是以每次交易的总数为基数，抽取2%到4%不等，一般由汉商支付。锅庄是源于明正土司的一种政治组织，发展到后来变成了一种经济性的组织，再加上汉藏客商需求的多元性而使其变得"面目全非"，几乎不能用一个合适贴切的词语来概括其本质含义。笔者试以探之，提出了锅庄的三大特性：即独有的地域性、和谐的交融性、多样的功能性。在以前学者的基础之上，从宏观的经济的角度提出了锅庄的历史作用，即带动了炉城相关产业的发展，如缝茶业、搬运业；锅庄是维系汉藏民族生存、发展的生命之路；对汉藏民族关系的加强和汉藏文化的交流，以及促使藏民族的东向发展，增强对中央王朝的向心力做出了不可磨灭的贡献。同时，推动了川、康、藏区域市场一体化的实现，是近代西藏没有被帝国主义分割出去的重要原因。

打箭炉锅庄因为其本身文化的多元性和蕴含的丰富内涵，无疑对今天藏区的经济建设具有借鉴意义。本文在文章的最后提出了锅庄的文化内涵，即锅庄的和谐文化和诚信文化，它对今天构建社会主义和谐社会，尤其是对构建和谐的民族关系和树立以诚信为基础的良好社会风尚具有积极的指导意义，对形成以诚信为基础的社会主义信用体系，和完善社会主义市场经济体制具有示范和标本作用。这些文化内涵同样也是今日康定的宝贵财富，它是康定的文化载体，是一个融多元为一体的符号和象征，可以称为"康定的唯一"，为今天康定旅游的打造，提供了独一无二的地域资源优势。

标题：《清代打箭炉城镇的兴起与发展》
作者：骆俊波
来源：四川师范大学专门史（硕士），2008年
辑要

锅庄作为"旅馆"和"仓库"参与商贸交易的过程中逐渐发展成为一种独特而独立的商贸组织。锅庄主也因为"一般都精通藏汉两种语言，熟悉藏汉双方商人的贸易情况，成为商人之间进行物资交流不可缺少的媒介"，发展成为汉藏商人贸易活动的"中介人"。藏商的货物运到锅庄后，锅庄就有责任"保证藏商货物不受损失"，同时还要负责为藏商联系买主，从中撮合价格；藏汉双方交易现场的过秤、钱货易手等程序锅庄都要参与，甚至锅庄还要为藏商代买汉方货物。"买卖双方在交易中发生纠纷，锅庄主也是仲裁、调解人"，锅庄主在汉藏贸易中的中介作用有力地保障了汉藏贸易的顺利进行。西藏地区的大商人由于距离打箭炉较远，一般每年只到打箭炉完成一次交易，为了节约时间成本，他们常常会在每年"旧历三、四月份从西藏各地运货抵康定，只要锅庄主点头，'充本'即把货物折成茶包或其他所要买的东西赊销给各帮字号（汉商），各帮字号下半年陆续付茶"。此时，锅庄对于汉藏贸易实际上还起到了信誉担保的作用，保障了赊销的进行，在汉藏商品的流通过程中起到了不可低估的作用，促进了汉藏间的商贸活动顺利进行。锅庄主自身也在撮合汉藏双方交易的过程中提高了影响力，"各帮字号对锅庄主都十分尊重"，在交易双方过秤、作价方面甚至有"一锤定音的权利，双方决不倔强，惟命是从"的作用，这又反过来增强了锅庄在汉藏商贸活动中的中介和信誉担保功能。

锅庄贸易的丰厚收益驱使着明正土司所属下臣头人纷纷筹设锅庄，"嗣因贸易日繁，锅庄建立益多。清中叶增为四十八家锅庄"。锅庄收益是由藏商入驻带来丰厚"退头"而实现的，因此各锅庄主想方设法吸引藏商入驻，其中修建、改扩建锅庄，完善锅庄设施就是措施之一。为了满足藏商储存货物、保障安全、拴套马匹等需求，各锅庄竞相修（扩）建仓库、院坝、围墙、碉楼等。锅庄建筑显得"宏大轩敞，……窗棂饰以玻璃，帘幕丽以碴儑，五色陆离，陈设光怪。楼上居客，楼下养驮马乌拉。"其中"最大有八家，称'八大锅庄'……有瓦斯碉者，锅庄之巨擘也，碉在二水（雅拉沟与折多水）会流之处，建筑之丽，积蓄之富，并推炉城第一。""炉城锅庄。砌石为垣，架木为之，形式如高楼"，建筑面积普遍较大，是打箭炉主要的城市建筑，锅庄建设使城镇建设得到快速发展，在"明正土司盛时，炉城严如国都"。

在相互竞争过程中，打箭炉城内的四十八家锅庄根据各家自身政治和经济实力，彼此间逐渐形成了较大的规模和风格上的差异。锅庄"房屋的安排，多的达五千余平方米，少的四、五百平方米"。大锅庄如瓦斯碉者"康藏钜商，咸集于此"，并且这些长驻某家锅庄的"充本"无特殊原因，一般不会随意另迁别家的，而且别的锅庄一般也不会接受的，"万一接受，两家锅庄是要'打官司'的"。于是一些规模较小的锅庄采用了较为灵活的方式参与汉藏贸易，他们接待邻近地区较小的藏商，同时也接待"出售土特产及粮食、酥油、木炭以换取茶、盐、生活日用品的农牧民，以及专事驮运业务的'驮牛娃'。锅庄主经营灵活，收费低廉，按日收取客人的住宿费，无藏洋交付，一碗糌粑也可。客人的牛马在锅庄过夜，每头（匹）收取藏洋一个或一咀（藏洋的1\4）。来往藏族商贩和自产自销的农牧民终年不断，其收入也不错。这类锅庄主要集中在将军桥以上南门一带，因而使这一带成为农牧副产品的交易市场"。

标题：《明清陕西商人在打箭炉的贸易活动探微》

作者：许祖波

来源：《康定民族师范高等专科学校学报》，2009年1期

摘要：明清时期陕西人这个特殊群体在打箭炉对汉藏贸易进行了大规模开拓，他们以打箭炉为中心，开展以边茶贸易为主的民族贸易活动，取得了巨大的商业成功，加强了当地与内地的经济联系，不仅为促进汉藏民族之间的经济文化交流发挥了巨大的作用，还为今天搞好民族团结和发展民族贸易经济提供了宝贵的历史借鉴。

关键词：明清 陕商 打箭炉 汉藏贸易

辑要

锅庄原是土司随朝贸易的组织，藏民在打箭炉处，支锅煮食，扎桩拴马，是为"锅桩"，后逐渐演变为专门从事接待工作的常设机构，称为"锅庄"。锅庄在明清康区社会经济生活中，是不可缺少的环节，是陕藏贸易中居间的贸易中介组织，是明代以来的汉藏通商贸易的产物。一方面陕商与藏族商人在贸易过程中存在语言障碍，商品交换又笼罩着一层神秘色彩，然而经济利益又急于成交，而得其所迫切需要能懂得汉藏两语、深谙经济、信息灵通，在当地有一定声望的人来从中穿针引线；另一方面对于藏商来说，由于民族的共同心理素质和生活方

式，自然更信赖锅庄主，同时锅庄主有宽敞的房屋，可以提供住宿和满意的膳食，可为藏商存放大批进出货物，有院坝可喂养骡马和牦牛。明代以后随着边茶在此集散，由最初4家锅庄，至清中叶增为48家锅庄。清代，与各地锅庄集中于打箭炉相适应越来越多的陕商集中打箭炉，并在打箭炉建立陕西会馆形成了打箭炉著名的陕西街。据《清稗类钞》等书记载，乾嘉之际陕西、湖南等地客商纷纷赶炉城一带设锅庄、建会馆，以至"关外各处市况，视炉城之高下为标准"。又据格勒教授考证：康定陕西街的主要建筑始于明末清初，在清代得到大规模发展。陕西会馆成为了供陕籍商人在炉城寄居和存货，交流市场信息，协调同籍商人竞争的场所和维系在炉"老陕"共同利益的坚实团体。这不但为陕商的贸易发展创造了相对公平的生存环境，还防止了非商业因素对商人的排挤，在经济、政治、文化以及社会生活等层面都发挥着重要的作用，具有安置同乡、扶贫济困、调节纠纷、惩恶抚善、经营商业、繁荣贸易等功能。

标题：《康区在近现代汉藏贸易中的地位和作用》
作者：李海毅
来源：四川省社会科学院专门史（硕士），2009
辑要

　　康区的建筑吸收了汉藏两族建筑文化的精华。清雍正三年（1725年）打箭炉地震，伤亡巨大，署理土司桑结被压死，其碉房的建筑格局遭到破坏，雍正八年（1730年）依山修砌石城，周长145丈，有五门，是为炉城建城之始。因炉城"地当边冲，向无城垣，宜建设，勘的城基周六里余，长一白五十丈有奇。高白七八尺至一丈二、三，请照番民垒碉法，砌石为城，坚实省费"，其建城的原料是用石头，仿照"番民垒碉"，建造城池，形成了打箭炉的城市建筑布局，其贵族所住的锅庄，也变成了汉藏合璧穿斗拱结构，四合院式的风格，实现了锅庄在外观形象的变异，显得更加大气开阔，更具有包容性。其作为储藏、堆放货物的锅庄，在继承藏族传统建筑格局的同时，又融进了汉文化的风格，使四合院的天井和院坝完美地结合在一起，达到了汉藏文化的和谐的高度统一。

　　锅庄的建筑布局是四合院的风格，是融合汉藏文化为一体的多元的建筑布局。一般是两层，上层供藏商休息，下层供其堆放货物，中间一个非常大的院坝，类似于汉族四合院的天井，但又不是天井，一般是供藏商休闲、娱乐、跳锅庄舞、熬茶、支锅桩之用，同时是锅庄主帮助藏商喂养驮运的骡马和牦牛以及晒茶的地方。所以比起汉族的四合院来说，锅庄的天井用途更广泛，更具实际意义，但毫无疑问，是吸收了汉族的建筑思想。藏族以前的建筑格局是什么样了呢？为什么会变成现在的格局呢？据史料记载，藏族先民最早住的是碉房，又称"邛笼"，是一种源于藏族天人合一的建筑布局，分布在半山腰或者山顶，一般分三层，第一层为牲畜，第二层为家人休息、娱乐、生活、接待客人的地方，第三层为堆放货物的仓库。明正土司概莫能外，只是说他住得碉房比一般平民的更加高大，更加宽敞，更加富丽一点罢了。随着汉藏贸易的发展，汉藏之间的文化在康区交流交汇，自然而然地在建筑上吸收了汉族的建筑文化。从事于汉藏贸易的锅庄自然更具代表性和典型性。

总之，这些康区汉藏经济贸易的交汇地带的地位，使得康区形成了新的"文化"特征，即"康巴学"。

标题：《甘孜州图书馆现存文辉图书馆馆藏文献价值初探》

作者：任银凤

来源：《四川图书馆学报》，2009年6期

摘要：文辉图书馆文献，历经半个多世纪的变迁，流失严重；现存文献中，内容丰富，种类繁多，经过系统整理和合理的开发利用，将发挥其应有的价值。

关键词：收藏价值 史料价值 经济价值 共享价值

辑要

原西康省所属地区，是我国藏、彝、纳西等少数民族聚居区，地域辽阔，有丰富的自然资源和人文资源。西康省会康定，是历史上早期民族频繁迁徙的"民族走廊"腹心带，又是内地通往西藏的交通枢纽，藏汉贸易的主要集散地和"茶马互市"的中心。中国社科院有关专家就"茶马古道"的开发作出了这样的论述："在这条古道上，集中了中国最好的自然景观和人文景观，经过适度的开发，完全可以成为世界级的旅游绝品"。在现存的文辉图书馆文献中，有很多文献是有关"茶马古道"的。如西康国民日报社1941年出版的《入康记》里作者段公爽记述了雅康道上背茶包的盛况以及作为"康定灵魂"的四十八家锅庄的作用等。西康所属各地在长期的历史发展过程中，多元性文化历史印记和鲜明的地域特征交织，形成了以藏文化为主体兼容其他文化的多元文化共存的特点，民族风情绚丽多彩，宗教文化、民俗文化纷繁多样。如《炉霍屯志略》所述："炉霍屯习俗重佛，无论老少力作，稍暇即持念珠，口中喃喃诵六字真言""每逢社期社会率以跳歌庄为戏，附肩联臂绕径而歌"等记录了当地的风俗、宗教信仰、婚嫁、丧葬、饮食等。旅游业是当今世界的朝阳产业，旅游业的发展将对地方经济发展起到极大的推动作用。合理开发现有文辉图书馆文献，打造以"锅庄文化""马帮文化""情歌文化"等为代表的旅游文化精品，对原西康省所属行政区的地方经济文化发展、促进非物质文化遗产保护都具有非常重要的作用。

标题：《〈格萨尔〉中的商业民俗事象探析》

作者：才让扎西

来源：西北民族大学历史学（硕士），2009年

辑要

近代云南商人中最早到康区的是滇西北商人，同时他们也一直是滇康商贸交流的主力。时人便有这一说法，西康云南帮以云南鹤庆、丽江、阿墩子一带之人为多。其贸易以鸦片为大宗，茶及杂货次之。

一些云南行商到康定后自己没有开设商号，而是借助于康定锅庄进行商贸活动，一些坐

商也干脆就把自己的商号设在所住锅庄内。"锅庄"成为康区特有的一种经营组织，它集旅店、货栈、商贸中介机构等多种功能于一身，但凡外地客商来康定等康区经营就必与锅庄发生联系。康区锅庄业历史悠久，自元代起设，至民国时已有五六百年的历史。康区的锅庄业类似于滇西北地区的藏商旅马店，其经营方式都是客商入住并将货物堆放于店中后，待价而沽，且免交住宿费，并由房东供给住宿期间的柴、米、油、盐等部分生活必需品。房东负责为商人居中介绍买卖，成交后收取一定比例的佣金，买卖如银款不足，房东常为客商担保，并代雇驮脚，包运货物。原先康区的锅庄业也主要面向藏族客商经营，后来服务对象扩大，其他民族客商也入住锅庄。清末民初康定共有云南庄客大约五六十家，行商约二十家，而现庄号行商共只不过七八家。

近代云南商人除在木里、康定等地设号经营外，在得荣、乡城、巴塘、里塘等地也很活跃。如巴塘城中有居民三千人，驻巴商户中汉商（主要是滇商）较多，藏商也有十几户滇商处于绝对优势。近代以滇西北商人为主的云南商人大量进入康区经商营生，不仅促进了滇康间的商贸交流，掀起了滇康边区的各族人民的经商热情，而且客观上促进了各民族间的交往，发展了各民族间友好和睦的民族关系。同时，对于促进康区社会经济的发展也起到积极作用。康南、巴安商业曾极度繁荣，时人并有苏杭称谓。因为气候物产民情风尚均冠于他区，其商业繁荣、社会进步，我们都可归功于滇籍商人。因为当时康南经济基础全为滇籍商人所支持，而昌都之桥亦以云南为名至今日，滇籍商人对国防上的贡献可知。为了进一步促进滇康间的商贸交流，为双方人员往来创造良好的交通条件，云南商人还曾通过云南商会及各相关机构，恳请予以修复滇康间各通商大道。民国二十五年四月二十五日，准予修复云南入康藏各通商大道沿途驿站。虽然这一敕令在当时纷乱的社会状况中最终只能成为一张空文，但它明确地表明了云南商人渴望加强滇康间商贸联系，并愿为之而努力的良好愿望。

标题：《四川藏区近代史上的藏汉民族通婚》
作者：赵勍
来源：四川师范大学专门史（硕士），2009
辑要

明代，茶马交易场所逐渐西移。明末清初，泸定岚安古岩州易市再移至打箭炉，一改单纯茶马交易之旧貌，成为更为广泛的汉藏贸易，川、滇、藏、甘、青等各地汉藏商贾毕集于打箭炉，出现了锅庄行业，打箭炉成为藏区著名的汉藏贸易集散口岸，大大促进了汉藏民族间的交往。

汉族的大量迁入也带来了汉族发达的商业文化，大批商人在此开店设市，形成街市。都市的大部分建筑也以汉族样式为主。在婚姻家庭方面也通行一夫一妻制，同姓不婚，家庭关系稳定。受藏族文化影响，大多数人家又和藏族有姻亲关系，他们大都采用汉姓藏名，如王扎西、张尼玛等。同时，世居康定的汉族大都信仰藏传佛教。家中有大事，都会请喇嘛念经。寺庙有重大活动，亦积极参加，成为虔诚的信徒。少数汉族人士还入喇嘛寺为僧。

标题：《茶马古道上的康定锅庄》

作者：王一意

来源：《和田师范专科学校学报》，2010年1期

摘要：本文主要研究的是明清时期茶马古道上的康定锅庄。论文先从茶马贸易和康定的兴盛入手分析了康定锅庄的职能转变。它原本是土司下设的一个部门机构，是土司分封的产物，但后来慢慢演变成为一个集货栈、旅店、饭馆、翻译等多功能为一体的中介机构。然后论文从文化功能主义的角度分析康定锅庄具体的社会功能和历史文化功能。

关键词：茶马贸易 康定 锅庄 社会功能

辑要

康定锅庄的功能

1. 康定锅庄的社会经济功能。康定锅庄的产生和演变正是茶马古道川藏线的民族贸易的需要。贸易需要一个交易的地点，货物需要一个储存的地方，商人需要住宿，操持不同语言的商人需要翻译，等等。为了满足这些需要，康定锅庄拥有了旅店、货栈、翻译和中介等诸多功能。

锅庄是汉藏双方生意们来的媒介。一方而它是茶马贸易的产物。另一方而，锅庄也促进了茶马贸易的发展。锅庄的发展给茶马贸易提供了一个发展的可能性。锅庄给茶马贸易提供了如此好的条件，客观上刺激了茶马贸易的兴盛，使得以汉藏为主的多个民族在经济上有了很好的介作交流，发展了民族贸易，有利于各民族的经济发展。比如"上世纪30年代经打箭炉输入内地的麝香、鹿茸、皮张等藏区物质总价值达2 450 428元，其中80%用于易茶。"

2. 康定锅庄的文化功能。康定，是一个汉藏文化碰撞之地，也是一个汉藏文化交流之地。而锅庄，作为康定的一个特殊的贸易行业，是汉藏文化交往的产物，为汉藏文化的交流发挥了积极的作用。在康定锅庄里，汉藏文化在碰撞，两种文化相互影响。康定锅庄汉藏商人提供了一个交流的场所。就在这种长期的交们中，增进了对彼此小同文化的了解和亲切感。康定地处藏彝走廊的中心位置，藏彝走廊是一个民族文化生态形式特别丰富的区域，它的民族文化生态多样性来源于该地区亚群体多元的祖源和独特的地理环境，锅庄文化的形成为藏彝走廊文化注入了新的成分。

康定锅庄本身已成为一个独具特色的文化丛，丰富了民族文化。康定锅庄最初只是土司下的一个下属机构，经过发展演变，已经衍生出了许多文化涵义。它们紧紧围绕着康定锅庄，使之形成一种独特的文化现象——锅庄文化。

大量汉族居民沿着茶马古道来到藏区，带来了小同于藏区的生产技术和文化，促进了康藏地区的民族团结和社会进步。康定锅庄这一组织形态文化的个案为我们解读汉藏交流史，理解组织职能的社会演变提供了生动案例。

康定锅庄是茶马古道川藏线上民族贸易的代表符号。它是康定独有，世界独有的一种组织机构，是"茶马互市"这种特殊的商业活动中产生的独特的形式。康定锅庄，甚至整个茶马古道的范围内，都形成了以汉藏民族为主体的多民族经济共同繁荣、文化交流相融的局面。

标题:《"边茶"贸易制度变迁》

作者:陈树珍

来源:《中国文化遗产》,2010 年 4 期

辑要

"边茶"贸易的发展和"茶马古道"的产生,促进了康藏和滇藏沿线高原城镇化的发展。如泸定、康定、德格、甘孜、巴塘、中甸、昌都等比较著名的高原城镇就是随着"茶马古道"的开通、繁荣而相继出现的。其中康定作为"边茶"贸易的交通咽喉,在唐、宋时只是一个架设帐篷的临时露天市场。"明以前这里几乎是一片荒凉的牧场,仅有元代留下的碉房和红教寺院,而明代以后随着边茶在此集散,48 家锅庄先后形成日渐繁荣起来。'锅庄'实际上是明代以来的汉藏通商贸易的产物。"(《甘孜藏族自治州史话》)。随着茶马贸易,以"锅庄"形式的固定货栈纷纷兴起,于是市场兴起,人口增多,康定成为康藏地区的贸易重镇。随着滇藏关系的密切,清代西藏地区历次发生的政治军事事件中,滇军多次派兵进驻西藏,事件平息后,滇军常驻昌都等地,滇军的驻防进一步开拓了滇藏交通,促进了商人的往来。滇西北的丽江、中甸、德钦等地变成了滇藏贸易的重要城市和物资交流集散市场。在滇西北迪庆藏区,至清末民初,作为滇、康、藏三省区商业交通要道的中甸,县城东外本寨,有大商号五十余家;归化寺前的小街子有"大堆店三十余所",两地每年货财出人最少在七百万元以上。

"边茶"贸易不仅促进了内地产茶地区经济的发展,也促进了藏族社会经济的发展。随着藏族地区对内地茶叶需求量的不断扩大,刺激了内地茶业兴盛、产量增加;服务于茶叶贸易的机构、人员以及运输力量等逐渐加大,依附于茶叶加工的其他行业得到发展。更重要的是茶马贸易带动了汉藏各族各类商品经济的发展和物资交流的兴盛,使各民族各地区之间,在经济上形成互通有无、互为依赖、互为支援的不可分割的整体。特别到了清代将宫茶改为商茶后,汉藏民间的商业贸易更为发展和繁荣,大批茶叶和内地出产的生产生活资料,如衣服、绸缎、布匹、酒肉、铁器、瓷器等商品源源不断地运往藏区,藏区的土特产品,特别是药材和黄金等大批销往内地,双方交换的数额远远超过历史上茶马贸易的规模和水平,藏区的社会经济更为发展。

因"边茶"贸易而产生的"茶马古道"还是一条民族文化走廊,是独具特色的马帮文化和茶文化的载体。如今,生活在这条古道上的各民族至今延续着古朴的生活方式,用和谐的多元文化守护并建设着祖国的西南边陲。

标题:《民国时期西康边茶贸易及其意义》

作者:陈沛杉

来源:四川师范大学专门史(硕士),2010 年

辑要

边茶业的发展促进了民族地区市镇的兴起。比如在宋之前,康定是个不毛之地,元明时期也只是一个小村庄,虽有一二客店商户,还谈不上商贸市镇;明代末年,商民避兵祸

过大渡河进入康定境内，与当地民居互易有无，商业渐盛；清康熙末年，随着康定及松潘分别成为南路边茶与西路边茶的总汇，川藏茶道上炉霍、巴塘等市镇也商贾渐增，店铺鳞次，逐渐成为新兴的城镇。而这些城镇的兴起又进一步促进了该地区商品经济的发展。

在这些城镇兴起的过程中，边茶自始至终扮演了非常重要的角色。在汉藏贸易过程中形成的茶商，锅庄在当地的商贸中有举足轻重之势。刘仕权所撰《康定四十八家锅庄》一文曾这样描述："清朝中叶，明正土司鼎盛时期，即十八世纪下半期到十九世纪上半期，康定锅庄业发展到48家，骡马络绎，珍宝荟萃，俨如王者之都。"从上述有所夸大的描述中，可以看出由边茶贸易而产生的锅庄对于当地经济的重要作用。

进入民国以来，边茶由于汉藏关系失和在西藏的茶市渐为印茶侵夺，康定商务随之凋弊，一些锅庄主人或因病死绝嗣，或经营不善，或因火灾破产，先后倒闭歇业。1936年12月调查显示，四十八家锅庄仅剩三十七家，而到1938年康定尚存十三家锅庄继续营业。

随着边茶业的衰落，相关产业受到严重影响，西康藏区出现百业萧条的状态。雅安的造纸业、竹篾业在边茶贸易兴盛时期，每年需要竹编茶兜五十余万个，竹篾条约二百五十根，黄包纸二百万张以上，竹编叶子二百五十万张，但随着边茶贸易的衰落，这些因茶业繁荣而发展起来的手工业均一蹶不振。"康定市场口落千丈，商号倒闭停业，及民众负担过巨，迁徙者时有所闻，仅存者不及十之二三"，以边茶为代表的民族工商业萎靡不振，使得藏区土特产离开传统的流向，藏区的黄金、羊毛、药材源源不断流入印度，仅1940年由拉萨出口到印度的羊毛就有五百万斤，皮革、麝香等药材约二千万斤，黄金之数约为万两。边茶业的衰落进一步加剧了藏区半封建半殖民地的过程。由此可见，边茶业在沟通民族经济文化交流和密切汉藏民族关系中的巨大作用。不论是农村，还是城镇的繁荣兴衰都与边茶业的发展息息相关。

标题：《浅析清代打箭炉锅庄》

作者：宋家乐

来源：《四川民族学院学报》，2011年2期

摘要：打箭炉锅庄是历史上康定城特有的一种文化现象，是汉藏贸易的产物。锅庄的兴起促进了汉藏贸易的发展，促进了康定城的繁荣，并使康定城成为商贸重镇，成为汉藏贸易的关键性环节。

关键词：清代 打箭炉 锅庄

辑要

锅庄贸易的繁荣，推动了炉城的发展，逐渐使炉城走向繁盛，成为商贸重镇。当然与地理位置、政治历史环境、商贸密不可分。由于前两种因素与本节无关，故不再述之。就商贸而言，陕商、川商等汉商不得不提。

陕商开发西南可谓甚早可以追溯到战国及秦代。而对打箭炉的开发，则始于明代，利用元代在此开辟的市场进行贸易，以茶为大宗，兼顾其他商品，渐渐出现了较有影响的恒盛合、昌义生、德茂源等商号，且总店设在炉城，基本掌握了川康的经济命脉，出现了"资金之雄

厚，规模之阔大，……在康地商人中，皆为首屈"的局面。炉城商业资本中一半为陕商所有，藏商占四成，而川商仅占十分之一。随着炉城的快速发展，陕商也在炉城建立锅庄，至清乾隆时陕商在打箭炉有茶庄80余家，居炉城首位。又有大量从事棉布、绸绢的陕商存在，且居住在一起，形成"陕西街"，是炉城最繁华的街道。

除此以外，川商也在清朝大规模入康。由于清用兵西藏，四川成为战略要点和后勤保障之处，与战事相关之活动皆离不开廉价劳动力，川商乘机而入，加之当时政府鼓励，遂有"三数年间，其入康经营者不下二十余万人，遂使康地汉商顿成繁荣之象。"为数众多的汉藏商人汇集炉城，从事不同的贸易活动，为炉城的繁荣和发展增色不少。

这些商人穿梭往来于汉藏之间，又受到锅庄主的优厚款待，使打箭炉商贸更加繁荣。其市场繁盛之况《清稗类钞·打箭炉商务》有载"百货完备，商务称盛，在关外可首屈一指。常年交易，不下数千金，俗以'小成都'名之"。四川省甘孜州藏族社会历史调查则指出，光绪之时，"炉城人烟辐辏，市亦繁华，凡珠宝等物，为中国本部所无者，每于此地见之。"也即"番夷总汇，因山为城，市井辐辏"之貌，"而山海各货咸集，交易之盛，冠于西陲"之状。以此可见各种货物云集于此。

由内地输入炉城之货物主要有茶叶、棉纱、布匹、帛、米、铁器等；藏地运至炉城货物则以其土特产为主，有羊绒、藏香、羊皮毛、动物皮张、虫草、贝母、鹿茸等。如光绪初年黄沛翘《西藏图考》所载："市有藏茧、羊、绒、氆氇、藏香、藏布及食物。如葡萄、核桃等物。藏番男女皆卖，但不设阛阓，惟席地货之。至绸缎绩棉皆贩内地。其贸易经营，妇女尤多，而缝纫则专属男子。"由此可见，锅庄业的发展和繁荣也助推了其他行业的发展。

首先是缝茶业，即为茶叶运输提供包装的行业。川藏贸易缘于边茶，而锅庄业之兴则起于川藏贸易，缝茶业便与茶叶贸易密不可分，也与锅庄业有不解之缘。要使邛、雅、荥、天、芦等县运至炉城之茶，在运出关外之后不受损失、损坏，以致散落，所经之途，须包装茶叶，打包成驮便尤为重要，需要专门职业的人来完成。于是缝茶业便随之而起了。

缝茶工人藏语称"甲朱娃"，除外做活，以维生计，所事之活多种多样，往来驿站，清扫道路，支应官差，割草放牧等不胜枚举。人多之时可达一百三、四十人，分上街、下街两个地段作业。而做工之多少又与"甲朱娃"的头目和锅庄主（即头人）的私交为起点。也即是头目（工头）与锅庄主（锅主）接洽，根据需要，临时选派。比如某家锅庄的商人有一批茶，需要缝制，锅庄主便通知其所属"甲朱娃"。而头人则根据实际情况选派人员，活多则多派人手，反之则少派自己之人。缝茶业类似明正土司的锅庄之下的手工作坊，是明正土司或锅庄头人的匹奴。由于气候、地理的因素和物资条件之限制，牛皮成为包装材料的首选之物。而缝茶工具十分简单：刀、针和生牛皮。茶叶运至炉城后，缝茶工人将"牛皮泡软。"而后包裹茶叶，用工具缝制成花包或满包两种。各家康藏商均用刀划出自家的房名，或地名、或庙名以示区别。

商贸的拓展以及缝茶业的形成及兴盛又带动了皮房业的发展。据吴吉远《川藏贸易重镇——清代打箭炉的产生和发展》中所述"皮房业，是炉城最早的制革业，主要制作烟熏红牛皮，藏语称'路各古玛'"。据炉城皮房业老人回忆，炉城皮房业大约始于清同光时期，最早由清溪一位姓邓的师傅率先来炉创其首业，设坊带徒经营，到清末民初发展到十余家。皮房业产品大都以"四十八家锅庄为主要经销场所，通过康藏商人运到康区各地、西藏、青海以及云南贩卖。一张红牛皮一般可换三张生牛皮，或茶叶三包半至四包，或银元十个。"而烟熏红牛皮的制作业需多道工序。其中靴蒸工序最为奇特，这种工序学名谓之"烟熏植物鞣革"。采用这种工序制出的皮革多为红色，也称"火秋皮"。

再者，锅庄贸易事关民族生存和发展。内地和西藏通过贸易，互通有无，都得到了各自所需的商品，相对于藏族同胞来讲，得到了其生活必须品——茶叶，在一定程度上减少了疾病的发生，使其更有活力。而内地得到了大量马匹，无论用于农耕还是军事方面，都至关重要，不可或缺。也促进了康区经济的发展，进一步满足了川藏社会的物质要求，成了维系和推动藏汉区各民族共同繁荣的纽带。

最后，锅庄贸易加强了藏汉联系。在贸易过程中藏汉双方相互学习文化，增加了了解，逐步加深了藏汉两个民族之间的感情，凝聚了民族平等、团结的力量，使康藏地区与内地之间的交往不断向更深层次扩展，更加巩固了藏地与内地的血肉关系，并使之牢不可破，使藏汉人民都心归一处、向指中央（清政府）。这样既利于西南边防的巩固和政治稳定，也有力地促成了封建国家大一统局面的形成。

由于汉藏交流活动的开展，茶马贸易的盛行，促使了锅庄的诞生。又由于汉藏贸易的兴盛，锅庄又成为汉藏商品交易场所和内地商行、货栈及经纪人聚集之处。更由于藏汉贸易的迅速发展，推动了打箭炉的建立和繁荣，同时炉城的繁盛又促进了锅庄的发展。总之锅庄为汉藏之间的贸易渊源中起到积极地作用且建树颇多。

标题：《近代康区陕商在汉藏互动与文化交流中的角色》

作者：石硕 邹立波

来源：《四川大学学报（哲学社会科学版）》，2011年3期

摘要：自清代初期以来，陕商始终在康区汉藏贸易中占据重要地位。这不仅在于陕商善于把握商机，构建起层级式的商贸网络，扩大与藏区社会的商贸接触面，还在于陕商重视文化与社会交往在汉藏族际贸易中的作用，通过尊重、效仿藏民生活方式和频繁的社会接触与互动，推动贸易的顺利进行。在此过程中，陕商扮演着向康区传播汉文化与吸纳藏文化因素的双重角色，客观上推动了康区汉藏文化交融。

关键词：陕商 康区 汉藏互动

辑要

早期内地商贾在康区的经商活动，主要是固定于打箭炉，借助"锅庄"的引荐来完成与藏商交易。这种集食宿、货栈、商贸媒介于一体的商业场所，在汉藏交易中起着重要的中介与催化作用。但是完全依赖藏商与锅庄的经商方式无形中增加了商业运作的环节，影响利润，也使得汉藏之间直接的商贸接触程度减弱。为进一步拓展广阔的藏区市场，获取更为丰富的商业利

润，以陕商为代表的一些资本雄厚的内地商贾便采取设分号、派坝充、长途贸易等商贸形式。实际上，清末民初以前，内地商贾已经在康南的巴塘、理塘，及康北的炉霍、甘孜一带从事商贸活动，设庄或分号，尤其以陕商最为突出。到 18、19 世纪，理塘、甘孜等关外主要城镇均有陕商的分号。而且，陕商分号无论数量，还是商业实力均占优势。以民国时期北路第一大商埠——甘孜为例，外埠在当地分设的 16 家商号中，利盛公、吉泰公、玉泰公、德聚和等陕商字号就占一半。此类商号大多是打箭炉各大商号所设分号，属坐商性质，自行收购当地各类土特产，雇佣驮脚，运至康定。

标题：《民国时期（1912～1949）川西北商业及城镇的发展与布局述论》

作者：张保见

来源：湖北民族学院学报（哲学社会科学版），2011 年 3 期

摘要：民国时期，川西北商业格局总体上具有较强的承继性，对外贸易曾长期处于出超。商业具有民族资本、寺庙商业和官僚资本等多种经营方式并存的特点。城镇发展基本上与商业发展同步，政治中心的确立和交通线路的转移成为城镇兴衰的主要因素，矿业开发在城镇发展中也起着不容忽视的作用。城镇发展坎坷，起伏较大，存在明显的不足，对于经济发展的带动能力小。

辑要

边茶贸易的兴衰是川西北转口贸易的一个缩影。对藏茶叶贸易为传统商业，历史上曾形成著名的茶马贸易。民国时期，转销青、藏的茶叶多为雅安一带生产制造，贸易量由政府控制，向经营商发放茶引进行贸易。茶引民国初年定额为十万引，每引重百斤"当时销路甚畅，年达七十余万包，额引不足，常发余票"。在边茶业盛时，康定经营边茶业之锅庄一度达 38 家之多。民国七年川边有事，康藏边销茶税收转归川边镇守使，增引 8000 道，民国十年又增 2000 引，"合前额为十一万引"。但实际销售额却开始衰落。此后，印度茶叶销藏增加，边茶衰落更甚。

民国二十五年西康建省委员会迁至康定，将引额减至 69420 引。为重新振兴边茶业，民国二十八年合并原有私商茶叶公司组建康藏茶叶公司，将资本由 100 万元增至 300 万元，后又增至 1000 万元。茶叶数量复增至 11 万引，康藏茶叶公司认领全部茶引。由西康省政府实施监督，政府垄断经营，弊端更大，亏损严重。民国三十三年不得不废除引票制度，茶商得以自由贸易。但销售衰落之势始终无力挽回。到 1949 年，边茶产量下跌至 20 万包。

标题：《论川藏边茶马古道上的城镇》

作者：宋家乐

来源：西藏民族大学专门史（硕士），2011 年

辑要

打箭炉因茶马互市而起，"其他各业皆因茶而兴"。锅庄业、缝茶业、皮房业在清之炉城

兴盛起来，三业也助推了炉城的发展和贸易的繁荣。

锅庄业是炉城特有的贸易组织，兼有土司头人、经纪人、旅店、借贷、贮存等职能之行业，也是经营汉藏茶叶及其他物资的行栈，更是一项主要为炉城贸易服务或与贸易有关的综合性行业。

"康熙三十九年（公元1700年）土司锡拉扎克被藏蕃昌策集烈杀害，旋经四川提督唐希顺率兵征剿，以土司之妻贡嘎袭职，其子坚赞德昌自木雅移此（打箭炉），建垒营寨，置土目于此，听差侍贡，名锅庄。"在木雅时称土目，入炉后始称锅庄。以此可见先有土目之名，后有锅庄之称。五州县之茶运往打箭炉，使打箭炉成为边茶的主要销售地。由于边茶在此集散，先后形成了"四十八家"锅庄，并逐渐繁盛起来。

"锅庄"实际上是明代以来的汉藏通商贸易的产物。锅庄的涌现及交通要道作用的发挥，成就了打箭炉的繁荣。

元明时期，先期而至的藏族商旅，由于日常生活所需，在各地架设帐篷以食宿之用，立锅用以煮饭。随时间变化，日新月异，商贸活动渐渐兴盛，促生屋林立，以供来往客商之用。贸易亦随之繁盛。

清时，锅庄听差侍贡，接待贡使，为商人提供茶水、食物、住宿及贮存、饲养牲畜之场所。由于贸易的增加与相关差务的增多。锅庄的数量与口俱增，由原来清初的4家锅庄到嘉庆年间发展至48家。康熙、雍正两朝，接连用兵西藏，军旅出入频繁。打箭炉作为清朝用兵西藏之后勤保障之站，为屯兵积粮要塞，数千官兵常驻于此；进出炉城乌拉头口数千匹，储运粮食，商务繁荣。如朱祖明在《明正土司之过去与现在》中所言："明正土司为使其头人舒适计，又建造宏大锅庄。康定初有锅庄四家，属明正土司分担差务，后因关外大小土司朝贡，差务日繁，原有锅庄不敷应有，由四家而增为十三家，代分差务。嗣因贸易日繁，锅庄建立益多。清中叶，增为四十八家锅庄，性质变而为旅店矣。"

标题：《康定的街巷》
作者：佚名
来源：《甘孜日报（汉文）》，2011年12月11日1版
辑要

康定，本是由"茶马互市"孕育、催生的一座城镇，康定城中的街巷便与商贸、交易有割不断的关系。还不止于此，由于康定也是明正土司常驻的地方，在历史上也算得上是一处经济文化的中心，后来又是西康省的省会，它的街巷又与不停变换的政治有了关联。而所有的街巷，与城里人们的平常日子更有着千丝万缕的、包括情感在内的各种关系。康定的老街、老巷现在消失已尽，从老人们残存的记忆里把老街、老巷挖出来，却也并不是完全为了怀旧，也不只是为了发些感慨，究竟为什么，也是一言难尽。

康定的主街道，沿折多河两岸展开。河东有东大街、南大街等等，河西有西大街等等。这些街道，不同的历史时期，有着不同的街段与不同的称呼。而也称为街的那些巷子，就分

别在这两条街道后穿梭、交叉,尤如网。主街道,集中了做生意的店铺,人流较频繁,其他街巷,少有店铺,主要供通行。

折多河以东,不多远就是一条街。让我们沿着折多河边逆流而上,从现今的新市前街与新市后街交汇处说起,就有文辉路、少扬路、永晖路,这三条街,都是西康建省后新开的街道,分别以当时的几个西康省重要人物的"字"命名。进康定城门,就是"坛罐街",这条街,有米、面、清油等物品出售,也有锅碗和坛坛罐罐出售。与此几乎并排,还有一条"下桥街",再朝上走,有街名"风窝街",有人说是"封火街",也有人写作"蜂窝街",年代久远了,这街名也模糊起来。过了颇有名气的"康定水井子",便是当年有"康定春熙路"之称的"中桥街"。再走,有街名叫"大石包街",不远处,有"两岔街"。接着是"马市上",不几步,便是"将军桥横街",再向如今的民族干部学校方向,有街原名"祥云路",西康建省后更名为"向阳街"。通往跑马山方向有条小巷先叫"复兴路",后又叫"向阳巷"。其实,过了"中桥街"直到当年的南边城门洞,又都叫做"南大街"。西康建省后,又把"南大街"更名为"中山路",表示对孙中山先生的纪念。

但是不同的路段又还是有各自的称谓。所谓的"东大街"则是解放以后才叫的,却也包括了若干条自有名称的街道。

折多河以西,从现今的甘孜日报社所在地开始说,首先是"光明路",直到现今的康定宾馆。甘孜日报社所在地原有一个小发电站,当年的"电灯公司"就在这里,可能是这个原因,就有了"光明路"的称谓。过了康定宾馆,接着下来是"明正街",后因西康省政府在这条街上,又叫了"省府路",直到现在的州委前。在这里朝河边方向,有"上桥街""贡加市",朝现今的情歌广场,便是康定赫赫有名的"陕西街"或"老陕街"了。不远处有小街名叫"茶店街",向北门方向,还有"兴隆街""诸葛院子街""营盘街"。从"老陕街"开始到"营盘街"后又改称"中正路"。

康定当年的小巷,较出名的有"深巷子",西康建省改名"民权巷","木家锅庄巷子"西康建省改名"民生巷","彭家锅庄巷子"改名为"自治巷"。此外,从中桥到下桥有条小巷"梭罗坝"(音),改名为"自强巷"。"下桥上巷子"改名为"民族巷"。据有的老人回忆说,河东、河西的主要街道后面,总共有近二十条小巷,其中狭窄的只能容一人通行,短的不过数步距离,宽的有五六尺,长的有近半里路程。

标题:《晚清川藏南路边茶探析》
作者:石涛 李欢
来源:《清史研究》,2012年4期
摘要:晚清时期,川茶在西藏市场的地位受到印度茶叶的冲击,对于当时南路边茶的发展状况,目前相关研究较少,且多为定性分析。自清政府批准打箭炉为川藏贸易市场以后,随着藏人对边茶需求不断增多,南路边茶贸易日渐繁荣,对四川地区经济产生了很大影响。英人 De Rosthorn 于19世纪末对南路边茶贸易进行了实地考察,为进一步深入研究川藏贸易

提供了新的史料。文章结合该史料，对藏区南路边茶供给进行量化分析，并考证其运输路线，研究边茶贸易对四川地区的经济带动。

关键词：晚清 边茶 经济 影响

辑要

De Rosthorn 记录了 1890 年打箭炉贸易的流程。内地茶商将茶叶运到打箭炉，须从设在城东门的本关进入，交由炉关监督查验、注册，再由茶商选择茶店存放。值得注意的是，以往的研究中大多谈到打箭炉的锅庄，而鲜有涉及茶店者。从 De Rosthorn 的记载中可以看出，锅庄所存放的是藏区商民的货物，而中国茶商则将茶叶存放在由汉人开设的茶店中。这一时期打箭炉城内的茶店有 36 家、锅庄 48 家。茶店往往由资本雄厚的中国茶商开设，中小茶商的货物存放到这些茶店中需要支付 1 文铜钱的费用。藏区商民的货物存放到锅庄不需要支付租金、存货费以及食宿费，在每笔生意做成后，锅庄主人抽取 8%的佣金。由于打箭炉明正土司临时征用男性，当时藏民与汉人的交易主要由女性来完成。打箭炉市场上茶叶的价格十分稳定，无论包装大小，一律按每包 5 卢比的价格进行交易。交易结束后，中国茶商到东门本关验引交税，并将交换到的钱货运回内地。藏区商民则将交换到的茶叶分别从北门和西门运出，从北门运出的茶一般为小包装的精品茶，向西北运往甘孜等处，每年的运量达 53400 引；从西门运出的茶多为大包装的劣质茶，向西从理塘、巴塘入藏，每年的运量达 73400 引。

事实上，锅庄的发展见证了打箭炉逐渐繁荣的过程。元朝时期打箭炉还只是一片荒凉原野，关外及西藏商人来炉用土特产交换茶叶时，只好搭起帐篷，竖起锅桩，作为住宿的地方。后来，商业逐渐繁荣，汉藏商人云集打箭炉进行贸易，在这些锅桩地方建起房屋，于是锅桩便成为锅庄了。清后期，锅庄所营业务不只限于茶叶，匹头、药材、羊毛、黄金、白银等亦是多数锅庄的主要业务。之后与锅庄功能相似的"招商店"出现，"招商店"亦接待来往商贩，促成交易，只是称谓有所不同。截止 1949 年前"招商店"与锅庄共有六七十家之多。

标题：《清代打箭炉城镇的形成与发展》

作者：李成林

来源：兰州大学藏学（硕士），2013 年

辑要

炉城的建筑群还是以居民住宅为主，除此之外，锅庄、政府公署及其他公共建筑也占据了一定的比重。建筑风格呈现多样化特征，藏式、汉式甚至是西式建筑都能在炉城中见到。

打箭炉最初的民宅还是以传统的土石堆砌的碉房为主，这也是康区最常见的民宅。据《藏哲印水陆记异》中记载，打箭炉民众"所居之屋，外砌虎皮石，内以木为柱，三五层不等，各曰碉房，能御枪炮之射击"。碉房的底层通常不住人，主要供牲畜歇息。楼层之间用木梯连接在一起，登上木梯，就到了第二层，这一层即藏民日常起居之所，主要包括厨房与寝室，存放主要的生活用品。楼顶较平，呈四方形，主要用于存放杂物或饲养鸡犬。

到了清代以后，炉城的民宅由汉式的木结构房屋所代替，大多是一楼一底的小青瓦屋，房屋两侧多建有高出房屋不少的石墙，称"风火墙"，用以防火。为了更好的采光，临街的房屋大都架设一吊脚楼，大小不到一平方米。富人的房屋后还盖有一处"土库"，用以存放家中的贵重物品。"土库"的四周建有高出屋面两尺的石墙，再加上厚五寸的铁皮包裹的木板门，足以防火防盗。外国传教士的房屋更为引人注目，大多是砖结构平房，墙面由石灰粉刷，窗户上安有玻璃，房前院内遍植青草花木，既有西式洋房的特点，又吸收了中式民居的元素，可谓中西合璧的产物。

锅庄是炉城早期的主要建筑，遍布城区。锅庄有大有小，建筑面积为几百平方米到几千平方米不等，多为一进几院的布局，主要分布在诸葛街、将军桥街一带，位于炉城的核心地段。以面积最大的瓦斯碉包家锅庄为例，它的占地面积到了六千多平方米。整个锅庄是一进四院的布局，包含了两个花园，果园、菜园各一个，还有转经楼一座。在后花园中，还建有苯教、宁玛派喇嘛经堂各一座，精雕细镂彩绘书房一幢，房屋总数达八十余间，装修更是豪华，无不体现了炉城第一大锅庄的地位与风采。

标题：《民国以来四川传统藏茶茶商初探》
作者：赵国栋
来源：《农业考古》，2013年2期
摘要：民国以来，以雅安为中心的四川藏茶文化非常浓郁，藏茶茶商文化是其重要的组成。其文化主要反映在茶商种类、经营方式、组织方式、演变过程及特征等方面。天全茶厂及茶商具有较好的代表性。
关键词：四川 藏茶 茶商
辑要

锅庄是康定独有的茶叶经营馆驿。《西康综览》载："锅庄为康定所独有，为他县所无。在未入康及不明康定情形者，或以为制造出售铜锅铁锅者。二十六年入康调查各情，遄返内地整理报告，友人乍见即作如是感想。究其得名之始，或因康人应烹煮食物，恒以长柱形石头三块埋于土中，或栽三根成三角形置锅其上，遂以名之也。锅庄萌于何时，殊难确考。然以安家锅庄之家谱，考查五百年前即已创业。江家锅庄则成立于明洪武年间。余如包家锅庄、杨家锅庄亦皆成立于明代"。锅庄之名的由来虽只有这种推测，但与商业经营的联系却不容抹杀。在元、明时期，西藏商人常以各地土产，如羊毛、皮革、麝香、虫草、鹿茸、贝母、赤金物品到康定开展贸易，易回粗茶、布正等物。当时的康定是一个荒凉的山村，前来贸易的大量商贾无处可住，只能在住宿之地搭架帐篷，竖立锅。如此为时既久，"建筑房屋，或为远商来康招待之所，或为明正土司分封大小头人勤见时来康止宿之处，名曰'督吉'"。据《西康综览》记载，最早的锅庄有四家，即瓦斯碉包家锅庄、铁门坎汪家锅庄、大园罗家锅庄及石门坎木家锅庄。他们原属明正土司，各自分担差务。后因关外各大小土司朝贡差务日繁，原有锅庄不敷应用，由四家而增为十二家，各直属三家，代分差务。

锅庄的运营自清朝后一直保持了专门的模式：……清代已增为四十八家，而锅庄性质亦已变为旅馆。国外商人至康，无铺店，货物即堆存锅庄之内。锅庄主人代为介绍顾客，抽取佣金百分之四，来客购买货物亦取百分之四以作佣金，其佣金皆曰"退头"，实质发展成为进行商业中介业务的有着固定场所的馆驿。

1950 年康定税务局统计，康定锅庄有 25 家，分布在北门、南门、子耳坡、白土坎、瓦斯堡、参政路等处。①

标题：《从清代驿站制度建设看康区社会发展》
作者：贡布多加
来源：《四川民族学院学报》，2013 年 5 期
摘要：清代，中央政府为了更好地联络与统辖边疆地区，以京师皇华驿为中心，在全国范围内设立了五条主干驿道。其中，康藏驿道、滇藏驿道、青藏驿道的设立和藏区有着直接的关系。清廷通过这三条驿道，有效地管理了藏区的政教事务，维护了川滇藏边疆地区社会秩序长期稳定的局面，促进了地方经济的发展和民族间文化的交流。本文就驿站制度对康区城镇、文化、商贸等发展所起的历史作用，略述己见。
关键词：驿站制度 康区 商贸
辑要

"锅庄"，现在人们通常理解为"圆圈舞"，是藏族舞蹈的一种。但"康定锅庄"不是指"康定圆圈舞"，这里的"锅庄"是指历史上茶马古道川藏线上独有的集货栈、旅店、饭馆、翻译等多功能为一体的中介机构，是康区独有的茶马贸易组织形式。

康定锅庄原本是土司下设的一个部门机构，是土司分封的产物。"锅庄的主人全都是明正土司的家臣，他们专门负责管理明正土司的土地、服饰、茶叶，呈写文稿、看守城门，接待来往贡使，等等。"正是因为茶马贸易的日益兴盛，以汉藏为主的茶马商人越来越多地汇集在康定，不同语言的差异，不同文化的碰撞，使得康定迫切地需要建立一个在汉藏间沟通的商贸中介机构。于是，锅庄的职能发生了变化，成为一个集货栈、旅店、饭馆、翻译等多项职能为一身的中介机构。

锅庄中介机构中有个重要的角色，称之为"阿佳卡巴"。"阿佳卡巴"意为"能说会道的女子"，一般都由藏族女子担任，她们负责各地驮队的接待住宿、翻译、商议调节等任务，和"藏客"关系密切，彼此信任。她们接待应酬客人十分周全，在锅庄外善于交际，精明能干，是促成藏汉商人双方生意的理想媒妁。后来，把这个对女主人的称呼变成了对锅庄男女主人的统称。

清代开瓦斯沟路，建泸定桥，在当地设茶关后，康定迅速成为"汉番辐辏，商贾云集"的商业城市。藏地驮队络绎不绝地往来于此，各地的商人在这里齐集。形成了"以专业经营的茶叶帮，专营黄金、康香的金香帮，专营布匹、哈达的邛崃帮，专营药材的山药帮，专营

---
① 此文附有康定 25 家锅庄资料，因本书上编已列，故不再收录。

绸缎、皮张的府货帮，专营菜食的干菜帮，以及专营鸦片、杂货的云南帮等。呈现了48家锅庄，32家茶号以及数十家经营不同商品的商号。兴起了缝茶、制革、饮食、五金等新兴产业。民居、店铺、医院、学校、官署、街道纷纷建立。"锅庄还带动了缝茶业、搬运业、造茶业、皮纺业等。康定，从此成为因茶马古道而兴起的古道沿途城镇的经典例子。

标题：《清代康定锅庄：一种讨论汉藏关系的历史路径》
作者：郑少雄
来源：《开放时代》，2014年4期
摘要：清代康定边茶贸易，及其衍生出的锅庄，使得康定在如下三个方面向符合波兰尼的"贸易港"概念特征：第一，边茶贸易是晚期帝国管理和保护下的汉藏共同体之间的外部贸易；第二，中央王朝实施的土司制度奠定了康定的"准中立性"特征；第三，锅庄贸易延续并强化了共同体间的接触禁忌。基于传统中国之历史格局，康定在如下意义上又具备超越性：首先是康定实质上也兼具帝国内部贸易的意涵，并且表征了帝国的道德秩序；其次，接触禁忌试图保护的是汉藏双方的内部整合性；最后，土司及其锅庄贵族共同构成的系统，其中立性之维持，端赖于从政治、经济、亲属制度等诸方面建构与汉藏双方的关系，从而使土司地区成为汉藏缓冲地带，也使汉藏之间成为一道不可分割的连续光谱。考察清代康定锅庄贸易，可以为处理当代汉藏关系提供历史的洞见。
关键词：锅庄 汉藏关系 贸易港 经济人类学
辑要

作为贸易港，康定有效实现了汉藏文化共同体之间的外部交换和区分；但是康定超越贸易港的诸特性同时也表明：第一，这种外部性交换及区分是帝国有意识的制度性安排，目的是为了实现少数民族之合作与边疆安定；第二，帝国的这种制度安排获得了地方基于历史资源及自我定位的响应和进一步发挥，尤其是锅庄这种中介机构的出现；第三，文化共同体之间的区分是辩证的，区分并非意味着在共同体之间划定将双方隔绝开的明确界线，毋宁说是在其间形成界限模糊的缓冲地带。这一缓冲地带是仪式性转化的场所，目的是为了确保双方的交换和流通：比如茶叶从产地到康定之间，是以竹蔑包装，从康定出关，则须用整张生牛皮包裹，由此缝茶（包）业也就成了康定继锅庄之后的另一大行业。在康定等待改换茶叶包装，与朝廷官员兵士出关前等待"乌拉"牛马，驻藏大臣被本地活佛劝谕到藏后要"多念观音经、陀罗经"一道成为一种隐喻，表明一方的物资、人员和观念进入对方共同体之前，必须经过合理的仪式性转化。第四，缓冲地带上的政治、经济和亲属制度包含了双边共同体的要素，组合成一种独特的本地形式，既有别于双边共同体，同时也可以视为分别是双边共同体的一部分，因而中间地带可以理解双边的文化政治理念。从而使得不同族群既保留了相对宽松的自我空间，其基于历史和"血缘"形成的关系又始终维持不辍。

总而言之，以土司社会（锅庄是其内部最重要的组织要素之一）为中介，汉藏之间存在着包括生态、贸易、族群、宗教等众多面向在内的有机政治联系，这种有机政治联系使得汉藏文明成为一个不可分割的连续统。近代从天下到民族—国家转变的过程中，新型国家的设计是把川、康、藏切割开来，并且希望把它们都改造成为内部同质性的原子化单位。换句话说，当代思想并没有充分意识到汉藏之间复杂的多元文化特征和跨地方的历史联系。当下对中国少数民族"去政治化"的政策构想，认为通过民族识别强化了民族意识，以一个族群对应于一个地理区域，以及当代少数民族精英培养体制，这三者有导致国家分裂的危险。很大程度上，产生这些忧虑的原因在于，一方面没有意识到，不同文化共同体存在明确的区分且对应于各自的地理区域，是历史的本来面目以及人类心理之本性，更没有意识到在不同人群表面的区分背后，实际上隐藏着"你中有我、我中有你"的历史关联；另一方面没有意识到，少数民族精英（如土司和锅庄主）为平衡汉藏关系展开了极其多样的历史实践。上述这些历史关联和历史实践是当代落实少数民族区域自治政策时不可忽视的历史智慧。

标题：《康定锅庄的历史与特征研究》
作者：杜玉粉
来源：《吉林广播电视大学学报》，2014年2期
摘要：明朝开始，茶马贸易开始在川、藏、滇等地区盛行起来，从而促进了茶马古道川藏线上的贸易发展和锅庄这一特殊行业的产生。康定锅庄是茶马古道川藏线上独有的集旅店、货栈、饭馆、中介以及翻译等多种功能于一体的中介机构，也是一种地区特有的文化现象。本文就康定锅庄的历史和特征进行了研究探讨。
关键词：康定锅庄 历史 特征 研究
辑要

1. 康定锅庄的社会经济功能

康定锅庄从产生至演变，都具有一定的社会经济功能。首先，其兴起和发展是茶马古道川藏线上民族贸易的需要。通常进行贸易都需要一个提供货物存储、商家食宿的交易地点。如有不同语言的商人，则可能需要提供翻译。康定锅庄为满足这些需要，集货栈、旅店、中介以及翻等诸多功能于一身。

其次，康定锅庄是藏汉双方进行生意来往的媒介。康定锅庄是茶马贸易的产物，同时也对茶马贸易的发展起了促进的作用。因此，客观上，康定锅庄的产生也刺激了茶马贸易的兴盛，推动了以汉藏为主的多民族经济交流与合作，有利于民族经济的发展。

2. 康定锅庄的文化功能

历史上，康定是一个汉藏文化碰撞、交流之地。而作为康定地区的一种特殊的贸易行业——锅庄，为汉藏两地的文化交流发挥了及其重要的作用，它是汉藏两地文化交流的产物。汉藏两种民族的文化在康定锅庄里相互碰撞、相互影响、相互交流，然后在这种长期的交往中，增加了对彼此间的文化了解以及对彼此不同文化的亲切感。

康定位于藏彝走廊中心的位置，而康定锅庄一开始只是明正土司治下的一个侍贡机构。随着康定地区经济贸易的发展，康定锅庄的功能也在不断发生改变，其政治功能也逐渐减弱，

到后来，已逐渐衍生出许多的文化涵义，最终形成了一种康定独有的文化现象，人们将其称为"锅庄文化"。因而，锅庄文化的形成为藏彝走廊文化注入了新鲜的成分。而康定锅庄本身，也逐渐演变为一个独具特色的地域文化丛，极大地丰富了我国的民族文化。甚至在康定锅庄以及整个的茶马古道范围之内，都逐渐形成了以汉藏两个民族为主体、多民族经济共同繁荣的重要局面，对汉藏两地文化交融具有重要意义。且大量的汉族居民开始沿着茶马古道进入藏区，给藏区带来了新的生产技术和文化，为促进民族的团结和社会的进步做出巨大的贡献。

总而言之，康定锅庄是一种比较特殊的商业活动——"茶马互市"产生的独特形式，是茶马古道川藏线上民族贸易的代表符号。它属于康定这一特殊的文化地域所独有，也是世界独有的一种组织机构。探究康定锅庄的历史及其特征，为我们解读汉藏之间的交流提供了大量史证，同时也为我们理解组织职能的演变提供了较为鲜活的案例。

标题：《"锅庄"词义探析》
作者：任新建 李韶东
来源：《西藏民族学院学报（哲学社会科学版）》，2014年5期
摘要：本文通过史料文献梳理与辨析，从藏汉贸易发展及康定城市史的角度，分析了康定"锅庄"形成的历史背景，解析了"锅庄"一词的来源与变异。
关键词：锅庄 历史 词义
辑要

似可对锅庄词义演变梳理如下：清朝前期的锅庄，管理贸易的功能还不突出，服务功能还不彰显，汉文献中的"锅庄"实为"古曹"汉语音译，即土司的"代表、家臣"之义；清朝中后期，随着清政府对打箭炉管理的加强，打箭炉交通和商贸地位迅速提升，锅庄的客栈和贸易服务功能也随之增强，建筑形制也进一步适应需要而改变，锅庄主虽还是明正土司的下属头人，但锅庄主要职能已是商业经营，此时汉人来康商贸者所称的"锅庄"含义有了"商贸之家"的内涵；到了土司"改流"后，古曹不复存在，此时的锅庄就完全成为集旅店、货栈和商贸中介为一体的纯经济组织，"锅庄"一词也变成融合藏汉词义的一个商业名称。

标题：《浅析茶马互市与打箭炉城市的形成》
作者：高波 邓方荣 胡奇志
来源：《四川建筑》，2014年5期
摘要：打箭炉在历史上被称为"汉藏走廊第一城"，它的产生与发展，与川藏间的茶马贸易密切相关。文章从我国古代城市界定的四个基本要素来分析茶马互市与打箭炉城市形成之间关系。
关键词：打箭炉 城市形成 茶马互市
辑要

由于从事茶马贸易的马帮和商人经常在此歇脚，搭帐篷过夜，打箭炉才有了成为居民点

的可能,"各业皆因茶而兴",并不是夸张的说法。被茶马互市吸引来的第一批人应该是酒馆客栈(藏人称之为锅庄)之类的服务经营商,按世俗传说最初为 4 家锅庄,到城市形成后正史记载的有 13 家,且规模较之初期都要大得多。

随着茶马贸易的发展,打箭炉作为贸易途中的重要中转站,吸引了更多的人(无论是藏人还是汉人)来到此地从事茶马贸易或者相关产业。打箭炉也逐渐由居民点扩张成为集镇,这也直接导致了打箭炉地址的迁移。可以说茶马互市作为打箭炉的支柱产业,吸引并养活了一大批人口,让他们脱离农业,成为推动城市形成的主要力量。

标题:《明清时期陕西商帮历史贡献及其现实意义探析》
作者:刘扬
来源:西北大学马克思主义基本原理(硕士),2015
辑要

明清时期陕西商帮贸易活动的主要领域是多民族聚集的西部地区,当陕西商人携带大量内地产品到青海、康藏草原进行交换时,碰到的首要问题是语言不通、风俗不同。为了发展贸易事业,他们便在青海和康藏草原创立了"歇家""锅庄"的民族贸易中介形式。"歇家"就是"歇脚的地方",它最初是陕西商人到青藏高原做生意,为了解决食宿、存放货物,招待行旅为主要内容的"货栈",当年青海西宁、惶中等地的 38 家歇家都是陕西商人自己办的,叫"自办歇家"。"锅庄"最初是陕西商人到康藏草原进行贸易,为了解决吃饭问题找来垒锅造饭的石头,叫"锅桩",也就是陕西商人在康藏草原居停贸易的"货栈",后来当地富户见到这种招待行旅的生意可以赚取中间利润,就开始自己垒房建屋,招揽陕西商人和藏区商人到此居停,陕西商人携货到达后,即住在歇家,由歇家主人进行中间贸易,陕西商人即可节省流通费用。而康藏的土司女主人,见陕西商人自己造饭手脚笨拙,就出面帮陕西商人料理内务,陕西商人乐得清闲,就将打理货栈的业务交由土司女主人主持,此时原来的支锅造饭的"锅桩",就转化为具有居间贸易性质的中介组织,成为"锅庄",女主人称为"阿佳",后来康藏的 47 家锅庄都带有汉姓的题头,如"汪家锅庄""康家锅庄"等就表现了它们之间的历史联系。这些"歇家""锅庄"对促进草原与内地的经济和文化联系起了很好的中介作用,是陕西商人创造的符合实际的汉藏贸易方式,至今仍然发挥着作用。

标题:《明清时期藏地的陕商研究》
作者:刘立云
来源:《西藏研究》,2017 年 4 期

摘要:明清时期,"茶马互市"主要连接了陕西、四川和西藏,是内地农耕经济与边疆游牧经济交换联系的独特产物,在一定程度上"激活"了丝绸之路,并赋予了它新的生命力。陕商利用明初朝廷"食盐开中""茶马交易"政策,利用血缘、乡缘、地缘关系,最早筚路蓝缕地行进在陕甘、川藏茶马古道上,在藏地留下了耐人寻味的 600 年贸易史。由于康定特殊

的地理、历史因素，陕商"炉客"从户县集聚，经历38道驿站、总行程3088里，前往康定从事经济贸易活动。因此，在康定"陕西街"设有陕商著名商号多家，调研分析其经营过程中的"物资流通"与"利润分配"模式，从中可窥见近代陕商经营特征及存在价值。这段以陕西为出发点的南向经济史研究，将为明清"陕西与西藏的交往"提供更多历史依据，为当代陕商提供接力前行的基础，亦为"一带一路"背景下的陕藏省际跨域经济发展给以时代借鉴。

关键词：明清 康定 陕西商帮 陕藏贸易 "一带一路"

辑要

明代，陕西布政使司管辖的广大西北地区，是边关之地，古人有"西出阳关无故人"之叹。陕西既属边疆"明边重陕西"，"九边"中就有固原、延绥、宁夏、西宁四处隶属陕西，政府为解决军需实施"食盐开中"，陕西商民"疾耕积粟，以应开中"；政府遂将"食盐开中"的理念运用于茶马交易领域，实行"开中商茶"，允许民间商人参与并予以奖励，陕商入川赴藏。为强化茶叶在汉、藏之间的联系作用，洪武六年（1373年）征沿边土官进京封为万户都护府。任汉光民国二十六年三月关于《康市锅庄调查报告书》中谈道："惟据安家锅庄主人称，按家谱该庄当建于五百年前，复据江家锅庄主人称，该庄明洪武年间已成立，则谓元明之际，康定已有锅庄建设，当无大误。"洪武二十六年（1393年）将传统茶马互市的商业往来改为"差发马"的赋税关系，藏民纳马，不曰易马而曰差马，类似田之有赋，意味着臣民对政府的贡职和赋税；类似洪武十六年（1383年）朝廷在四川松潘所征收藏民马匹的"土赋"。据《明史·食货志》茶马互市载："其通道有二，一出河州，一出碉门，运来五千万余斤，获马一万三千八百匹"。永乐五年（1407年）征滇、碉茶马转输粮饷。天顺二年（1458年）规定"今后乌斯藏地方该赏食茶，于碉门茶马司支给"。成化三年（1467年）"命进贡番僧自乌斯藏来者皆由四川，不得径赴挑、眠，著为例"。成化六年（1470年）明令僧俗官员入贡"由四川路入"，从此，川藏道取代青藏道，成为入川正驿。

标题：《明清时期打箭炉商人群体的历史考察》
作者：苏倩雯
来源：青海师范大学中国古代史（硕士），2017年

辑要

关于打箭炉锅庄贸易的研究主要有任新建、李绍东《"锅庄"词义探析》。此文通过对史料文献的梳理与辨析，从藏汉贸易发展及康定城市史的角度，分析了康定"锅庄"形成的历史背景，解析了"锅庄"一词的来源与变异。曾文琼、杨嘉铭《打箭炉锅庄考略》，作者经过较长时间的实地调查和了解，对打箭炉锅庄进行了详细的介绍。王一意《茶马古道上的康定锅庄》，该文先从茶马贸易和康定的兴盛入手分析了康定锅庄的职能转变，它原本是土司下设的一个部门机构，室徒四壁分封的产物，后来慢慢演变成为一个集货栈、旅店、饭馆、翻译等多功能为一体的中介机构，然后从文化功能主义的角度分析康定锅庄具体的社会功能和历史文化功能。宋家乐《浅析清代打箭炉锅庄》，从锅庄名称的由来、锅庄的产生及数量和锅庄

贸易及其作用三个方面来考察打箭炉地区的锅庄。杜玉粉《康定锅庄的历史与特征研究》，认为从明朝开始，茶马贸易开始在川、藏、滇等地区盛行起来，从而促进了茶马古道川藏线上的贸易发展和锅庄这一特殊行业的产生，康定锅庄是茶马古道川藏线上独有的集旅店、货栈、饭店、中介以及翻译等多功能于一体的中介机构，这是一种地区特有的文化现象，该文就从锅庄的历史和特征方面进行了研究探讨。郑少雄《清代康定锅庄：一种讨论汉藏关系的历史路径》，认为清代康定边茶贸易及其衍生出的锅庄，使得康定在三个方面符合波兰尼"贸易港"概念的特征，通过考察清代康定锅庄贸易，可以为处理当代汉藏关系提供历史的洞见。陈运旗《打箭炉锅庄及锅庄文化》，对锅庄名称由来、出现时间、发展鼎盛和职能等相关方面进行了详尽的介绍，论述打箭炉锅庄的特点及其历史作用，阐述了锅庄独有的地域性、和谐的共融性、多样的功能性三大特点，最后阐明了打箭炉锅庄研究的时代意义和蕴含的文化内涵。彭措卓玛《康定锅庄经济研究》，从锅庄的历史背景、形成过程、兴衰状况谈到康街民族贸易市场与锅庄的关系，重点论述锅庄经济并对其作了客观评价。任福佳《藏彝走廊"锅庄贸易"的机制和启示——康定锅庄贸易现象研究》，该论文从茶马古道入手，梳理出川西汉藏交界处的藏彝走廊，以这个特殊的文化地域为背景，通过锅庄贸易讲述茶马互市的历史脉络及意义。

经济学

标题:《试论近代我国西南少数民族地区的商业资本》

作者:况浩林

来源:《经济研究》,1984年12期

摘要:近代我国西南少数民族地区经济的一个显著变化是,商业资本有较大的发展,无论在速度或规模上,都超过了工业资本。对于这样突出发展的商业资本,怎样认识其性质和作用,本文试图从这方面作一探讨。

关键词:近代 西南 少数民族 商业资本

辑要

西藏地区的上层农奴主,近代很多都兼营商业。设在拉萨的批发商号,有数十家。西康藏族地区,也出现了一批名叫"锅庄"的封建商业集团,共有48座。

……

进一步认识近代西南少数民族地区的商业资本,不难看到,虽然它同汉族地区的商业资本一样,有的属于民族资本,有的属于官僚资本,但不论哪种资本,都有自己的特征。不妨将其大体上划分为三种类型,来看看它们的性质和特征。

第一种类型,是一些中小商号,特别是分散的零售商。它们尽管为帝国主义倾销商品与掠夺原料服务,但并不依附于帝国主义经济势力,与帝国主义、官僚资本之间的矛盾是主要的,因而是民族资本。但由于很多商号贩卖鸦片,所以,比汉族地区的民族商业资本具有更多的殖民地性质。

第二种类型,是以云南下关白族地区各商帮中大商号为代表的大商业资本。它们依附于帝国主义经济势力,明显地表现出买办化的倾向。但有时也受帝国主义压迫……

第三种类型,是锅庄等封建统治者经营的商业。它们完全是地方官僚资本。它们同当时的北洋军阀、四大家族官僚买办资本在本质上是一样的,而且相互呼应,只不过活动的地盘、范围和所起作用的大小不同而已。但买办性较差,封建性更浓。

标题:《清代藏汉边茶贸易新探》

作者:鲁子健

来源:《中国藏学》,1990年3期

摘要:清代康熙中,陕甘官营茶马市受到四川商茶体制冲击,藏汉贸易中心南移,形成打箭炉与松潘两大贸易中心，将藏汉边茶贸易推向了历史高峰。边茶贸易是清政府推行民族羁縻政策的重要政治经济手段。通过发展边茶贸易，清政府有效地加强了对康藏边疆地区各土司的抚治，密切了西藏与祖国内地的联系，从而巩固了西南边防。边茶贸易以其强烈的政治色彩和政权干预，加深了民族经济的依附性；加以乾嘉以后封建茶政腐败，边茶流通体制僵化，经营方式保守落后等原因，导致以边茶为主体的藏汉贸易一度中衰，进而为印茶涌入藏区倾销提供了可乘之机。总结这一段历史经验，对处理汉藏民族关系以及发展民族地区社会经济将不无镜考的意义。

辑要

打箭炉在"元明时仅一小村"，随着藏汉商贸南移，逐渐发展成边茶贸易中心。雍正七年（1729年），置打箭炉厅，"为番夷总汇，因山为城，市井辐辏"，商务繁盛，为边衆转输西藏、青海各藏蒙地区"出口总路，是以四方茶商俱聚于此"。藏汉间交易通过"锅庄"为媒介，雍正至乾隆年间，打箭炉由13家锅庄发展为48家。锅庄原系明正土司臣属为"听差侍贡"所建置的深宅大院，边茶商贸的激流，使锅庄逐步演变为商旅行栈。庄主精通藏汉语言，充当经纪人，"其俗，女子年十五以上，即雇于茶客，名曰沙鸦儿，凡茶客交易货物，俱听沙鸦番译，较定价值，无异牙行"。锅庄由侍贡向行栈职能的转化，表明康雍乾时期打箭炉商务已达到了相当的规模。

标题：《康区近代商业初析》
作者：刘君
来源：《中国藏学》，1990年3期
辑要

在转口贸易中，康区商业中心康定出现了兼有称店、货栈与经纪人三重性质的特殊经营组织——锅庄。元明之际，康定已有锅庄之设，初为13家，随着贸易的发展，后增为48家。藏商来康者，首次住某庄，以后他及其子孙再来，均必住某庄，非得同意，不得迁移。商人将货物堆放庄中，待价而沽，免交食宿之费，由庄供给搭把、柴、油、水等生活必需品。庄主一般熟谙藏汉两种语言，了解市场信息，熟悉社会各种关系，为商人居间介绍买卖，成交后照价收取汉商2%~4%的"退头"（即"佣金"，又称介绍费），买卖如银款不足，庄主常为客商担保，并代雇驮脚，包运货物。藏商来自北路最多，特别是甘孜，以皮毛、药材为大宗；南路以理塘为代表，药材为大宗，皮头次之；西路以昌都为中心，以藏货、金银为多。民国以来，战乱迭起，道路不宁，商旅裹足，锅庄业务大受影响，倒闭者时有所闻，有的已失去原锅庄性质，纯成为一般旅店。至1936年，"世传四十八家锅庄，今存者至多不过三十七。民国以来，承买或自建新庄有十，共计现有锅庄四十七。其驻藏客商尚存锅庄而日者，二十有二，驻驮脚之家七，余十八家皆徒负锅庄名。此二十二驻藏商锅庄，景况较仕者不过十家。锅庄零落景象，于焉可见。此外，无论农区或牧区，各地大喇嘛寺、土司头人在其辖区亦设有类似康定锅庄性质的货物转运站，但须收取货物保管费与客商食宿费。

康定锅庄在某种意义上可以说是康区转口贸易中产生的一种特殊的行会组织，它沟通了藏汉商人之间的贸易，对康区商业的发展繁荣，起到了一定的积极作用。

标题：《建国前四川牲畜及畜产品市场的形成与发展（上）》
作者：李永桂
来源：《四川畜牧兽医》，1991年1期
辑要

明代四川畜牧业在商品性生产方面有一定发展。据助正德《四川志》载："松潘卫，叠溪营，土产有香猪、骗牛、乌、悠、鸡。"六畜已入市场交易。据民国二十八年（1939年）《西康概况》记述："从元明时期起，一甘孜州各县和西藏商人用土产羊毛、牛羊皮等到康定换粗茶、布匹。"当时，在康定形成许多以"锅庄"为聚点的牲畜及畜产品交易市场。康定铝庄从元到清有500多年历史，前后约有40多家，其中以包家、江家、邱家等锅庄最为有名。大都以甘孜、德格、昌都、理化（理塘）等地商人来往为多，类似内地的货栈，但具有浓厚的民族特色。

标题：《西藏民族手工业产品的交换与市场》
作者：罗绒战堆
来源：《中国藏学》，1993年3期
辑要

"木如尼巴"原是每年一度传大昭时僧人的居住场所之一，平时对商人开放，每年五月和十一月有来自康区的大批商队人员居住在此院内并从事交换。这些商队大都来自四川甘孜等地，又以甘孜大金寺和白日寺的商队最多。他们从康定驮来大量的雅安砖茶进行交换，当时西藏腹地的大部分雅安砖茶是由他们从远至汉藏交界的贸易重镇康定运来。西藏腹地的不少百姓自今还认为他们来自康定，并判定康定盛产茶叶。旧时康定锅庄林立（锅庄即汉族经营的商行）。汉商从雅安、邛崃等地运来砖茶与康人交换，康人再将砖茶运去拉萨等地期的交换意义并不亚于更早时期的汉藏"茶马互市"。现据调查，当时在拉萨上市的70%的氆氇和围裙是在"木如尼巴"出售。康商在沿路和拉萨将茶叶出售后，用藏币成批的收购氆氇、围裙、藏被，并在回程中沿路收购皮毛、药材以及少量的印货，当他们抵家时大都能满载而归。

标题：《商人与近代中国西南边疆社会——以滇西北为中心》
作者：周智生
来源：云南大学少数民族经济史（博士），2002年
辑要

一些云南行商到康定后，自没有开设商号，而是借助于康定锅庄进行商贸活动，一些

坐商也干脆就把自己的商号设在所住锅庄内。"锅庄"是康区特有的一种经营组织，它集旅店、货栈、商贸中介机构等多种功能于一身，但凡外地客商来康定等康区经营，就必与锅庄发生联系。康区锅庄业历史悠久，自元代起设，至民国时已有五六百年的历史。康区的锅庄业类似于滇西北地区的藏商旅马店，其经营方式都是客商入住并将货物堆放于店中后，待价而沽，且免交住宿费，并由房东供给住宿期间的柴米油盐等部分生活必需品。房东负责为商人居中介绍买卖，成交后收取一定比例的佣金，买卖如银款不足，房东常为客商担保，并代雇驮脚，包运货物。原先康区的锅庄业也主要面向藏族客商经营，后来服务对象扩大，其他民族客商也入住锅庄。根据任汉光先生民国二十五年（1936年）的调查，清末民初康定共有云南庄客五六十家，行商约二十家，现庄号行商共不过七八家。当时（1936年）康定主要面向滇籍商客服务的还有以下几家：

滇籍商人常驻康定之锅庄名册

锅庄名	番名	主人姓名	客家籍贯	货物品类	所在街巷	备考
杨家锅庄	昔热洛麻	杨马泰	云南	鸦片烟、火腿等	中山街	无
罗家锅庄	甲宜绝马	罗王氏	云南	大烟、云腿等	中正街	无
杜家锅庄	无	孙相贵	云南、木雅乡	大烟、土杂	中正街	在庄廊未遭焚烧前，每月入房租二百元之谱，凡云南巨商大贾，咸集于此
黄家锅庄	无	黄清明	云南、木里等	坨茶、火腿等土货	向阳街	无
张家锅庄	无	张西德	雅江、云南	坨茶、皮张、火腿、鸦片等	大石包	无

资料来源：任汉光《康市锅庄调查表》，载《近代康区档案史料汇编》，四川大学出版社1994年；杨国浦《康定锅庄与民族商业》，载《甘孜州文史资料》第七辑。

标题：《云南商人与近代滇藏商贸交流》
作者：周智生
来源：《西藏研究》，2003年01期
摘要：源远流长的滇藏商贸交流在近代历史条件下迅速发展成为维系近代滇藏往来的主要内容，同时也是历史上商贸交往最密切，对彼此社会经济发展影响最显著的历史时期。这其中，云南商人持续活跃在近代滇藏商贸舞台上，为促进滇藏商贸交往的发展作出了卓越的历史贡献，同

时也对汉、藏、纳西、白、彝、普米等民族聚居区社会经济的发展产生了一定的积极影响。

关键词：云南商人 近代 滇藏贸易

标题：《明清陕西茶商研究》
作者：聂敏
来源：西北农林科技大学农业经济史（硕士），2005年
辑要

明清时期"川人不喜经营，尤畏远道，故不能与陕人竞争"，因此明代乃至清代经营五属边茶的主要是泾阳、户县等地的陕西商人。这些陕西赴蜀业茶的商人，多在打箭炉（今康定）从事商贸活动，他们在陕西被通称为"炉客"。陕西茶商不顾明廷"汉不入藏，藏不入汉"的禁令，把茶马交易地点推进到接近藏区的打箭炉，使打箭炉成为汉藏茶马交易的中心。到明末该地已有经营茶叶的"锅庄木鸦万千户""贸易则操于陕商之手"，并形成该地商业隆替以边茶贸易为转移的局面。泸河以北为陕西街（常称为老陕街），"陕西客商经营的店铺就有百余家"，是康定最繁华的街区。而聚居在陕西街的茶店就有"八十余家，资金最雄厚的是陕西帮"。这些总店设于康定的陕西茶商，基本上掌握着川康的经济命脉，其"资本之雄厚，规模之阔大，态度之佳良，目光之敏锐，在康地商人中，皆为首屈。现在西康商业在陕商之手，殆无不可"。从1933年的统计看，康区商贾总约为12000人，其中藏商2000人，陕商7000人，川商3000人，陕商人数比重最大。雍正五年（1727年），荥经额行边茶引二万三千三百一十四张，川商行引八千四百六十三张。

由于陕西赴蜀茶商在川、甘、青、藏的广大藏区行销边茶，"行茶之地五千余里"，使四川边茶贸易的数量比西北边茶更为巨大，"嘉靖时每年为240万斤；隆庆时为340万斤，迄止清中叶更激增为1100万斤"，使"五属边茶"成为明清四川经济史上最壮观的一页。

标题：《康定锅庄经济研究》
作者：彭措卓玛
来源：中央民族大学中国少数民族经济（硕士），2010
辑要

锅庄经济属于商业经济范畴

（一）锅庄经济是康区商品交换的发达形式

历史上康定锅庄经济的出现与藏商群体的存在，最终虽然是商业经济的范畴，但不能用传统经济史观所认为的生产力的发展、社会的分工作为锅庄经济产生的基础。不管是从地区发展的历史看，还是从主体民族——康巴藏族发展的角度来看，这里的商业兴起都不是农业、牧业、手工业发展到一定阶段而产生的。康区的商业经济，它的兴起在某种意义上讲，是因康

定特殊的地理位置，藏族等少数民族与中原民族的交融关系、政治隶属以及藏汉两大区域经济的依赖性、互补性等原因而产生的一种特殊的商业经济。

商业是商品交换发展到一定阶段的产物，锅庄经济是康区商业经济发展的产物是康区商业经济的集中体现。锅庄经济功能的产生是简单商品交换的开始，随着社会生产力的提高，人们经济活动的往来频繁，使以锅庄为中心的商业经济逐渐形成。锅庄经济的经济主体在经济活动中发挥着自己的作用，在生产者与消费者之间它充当着中间媒介，使三方都获得经济利益。锅庄经济具备一般商业经济的特点，因此它是属于商业经济范畴。

……

（三）锅庄经济的商业经济职能与特性

锅庄经济虽然如前所说不是生产力发展与社会分工的直接产物，但在其发展成熟后，成为一种康区典型的以锅庄为中心的商业经济。因此也逐渐具备了商业经济职能与特性。第二章已经详细论述锅庄的各种经济职能，它是关内外商品的集散地与转运站，货物的仓储地，临时充当商客间的金融机构等。

商业是一种以营利为目的的商品买卖行为，因此它具有营利性。从商品经营的角度来说，商业的买卖活动不是为买而卖，而是为卖而买，而且要在买中得到利润。锅庄经济所处的社会是封建农奴制社会，自不能与资本主义追求利润的商业相比，虽然存在一定程度的剥削成分，但其追求利润的商业性质早已具备。开放性是商品经济固有的属性，任何一个民族或一个地区，商品经济的发展就得打破地域性，树立开放意识，扩大市场，吸取先进文化，加强与其他民族、国家和地区的经济文化交流。锅庄经济的发展促进周边地区、民族间的交流，人们的商品意识不断增强，商业发达时期，康定达到了无人不商的景象。锅庄经济还创造了健康的商业市场，无论是民族、还是地区间商业事态稳定，互敬互助，共同发展。

锅庄经济内部商业经济关系

（一）锅庄经济的主体是生产资料的占有者

在封建社会，上层统治阶级占据大多数生产资料，还有一部分劳动者拥有自己的生产资料，他们基本上依赖自己所拥有的生产资料进行生产，供给自己生活。锅庄经济中锅庄、土司头人商、寺庙僧商都是上层贵族阶级，他们都是社会生产资料的占有者。从生产资料占有量上看，这些锅庄享有特殊的封建特权。他们都占有大量的土地、牲畜和房屋，例如大户瓦斯碉锅庄占有土地 600 余亩，房屋占地面积之冠；4000 余平方米，建筑面积达 2000 余平方米，房屋修建富丽堂皇，居炉城积蓄之多，亦盖全城。其他锅庄虽然不能与之相比，但房屋宽敞华丽，远非平民可比。与锅庄相比，其他商人在各地所占有的生产资料更为庞大。由此我们可以看出，锅庄经济主要是在上层阶级社会中的一种商业形式，借力于政治，各自在经济社会中捞取更大价值的生产资料，从而掌握经济社会的命脉。

（二）锅庄经济内部人们的地位和相互关系

藏族有句谚语："无法的僧侣争佛教声誉。没财的男儿争部落权威"，这是嘲笑那些狗逮耗子多管闲事的人。这句谚语的后半部分反映了藏族部落成员的经济条件与政治地位的关系，就是说部落的政治权利掌握在那些有钱有财的富人手中，穷人没有资格过问，如果无自知之明者偶尔问问，也会成为笑柄，被人嘲弄。锅庄经济中由于交易各方都是有身份地位的社会人，因此每笔交易中，压榨性并不明显，看似他们只是在正常的经济交易中获取商业利润。然而还有一部分锅庄经济中的劳动者，如甲注娃、驮脚娃、客夫子等，地位卑微。他们需要靠辛勤的劳动谋生，他们在锅庄经济中承担包装、运输等业务，付出的是艰辛的劳动，而他们的地位在锅庄经济中最为卑微。没有锅庄贸易，他们就没有生意可做，他们提供劳务也需要有锅庄作为中间人。锅庄做为商业经纪人的角色，可谓涉及商业的各个环节。

（三）经营成果的分配

锅庄经济中，锅庄在整个交易中的收入是由汉商提供的商品交换价值 4%的佣金收入。在大笔交易中，4%的比重仍然是一个可观的数字。锅庄经济的交易成果因商品货物的多少而论，而无论是多少，作为锅庄经济主体的锅庄将"退头"作为纯利润，各种税金由商客自行缴纳。藏商中的寺庙僧商在获得交易收入后，"充本"将收入"全数缴纳管家大喇嘛，作为装饰寺院、念经、祀神、年祈之费用"，来自内地的商人或商号，换取藏地产品后，继续销往内地各路，往来商业便是如此进行，因此他们的财富积累速率较高。他们每次获得的商业利润作为商业成本进入下一次的商品交易中。

锅庄经济外部商业经济关系

（一）生产者、经营者、消费者之间的关系

商品交换发展到发达阶段，即到商业经济时，反映的经济关系是生产者与消费者之间的间接联系，涉及生产者、商人（经营者）、消费者三方的经济利益不仅存在生产者与商人、商人与消费者的关系，而且还产生了商人与商人的关系。同时也产生了商业利润（$G-G'=\triangle G$），在这样一种商品货币关系背后，人与人之间的经济关系大大复杂化。

锅庄经济中的生产者、经营者、消费者分别为以农牧业生产方式为主的藏族土民、锅庄主和商人及其他商品消费者为主。锅庄代表藏商主要向关内出售的商品以康区的土特产品为主，包括农畜产品、药材、矿产等，来自各路的藏商与寺庙僧商在当地从农牧民手中以低价收购产品，锅庄以高价售出，换回农牧民所需日常物资，如茶叶、食盐、布匹等关外不产之物，藏商返乡再度换回土产品。商品的生产者同时也为消费者，作为经营者的锅庄和商人提供商品流通的渠道与手段。这三者相互依存、但作为生产者的藏族土民地位最低，收入最少。他们之间的关系，是稳固锅庄经济延续的基础。

（二）锅庄之间的关系

锅庄间无竞争，和谐共存。锅庄从产生到兴盛，再到衰败，形成一派"一荣俱荣，一损

俱损"之态。这与锅庄业内部稳定的生存关系不可分割，与锅庄和客商稳定的主客关系也密不可分。在锅庄业产生后，有些原为明正土司负责日常生活的锅庄，如负责经商的"充布措"、管理市场的"昌措"都继续原有业务，发展自己产业。一些政治权利较大的，地位显赫的锅庄，如四大锅庄瓦斯碉、甲入色、贡觉哇、萨根过因其实力雄厚，进行包括生活必需品与奢侈品在内的多种商品的商业活动。然而，锅庄虽多，但各自的经营范围不会变化，实力雄厚的涉及面较广，交易额较大，实力微薄的专营某一类商品，市场长期处于稳定。

由于商业部门的一切经济活动都是在一定的经济关系的支配下进行的，因此，商业部门的各种经济活动既受商业自身运动规律的制约，又受客观经济规律的制约。锅庄经济也是如此，在不同的社会时期，锅庄经济需要适应不同的经济规律与经济制度。锅庄经济在后期逐渐衰退到完全消失，也是因其商业经济性质不能够顺应社会经济发展规律。因此，锅庄经济是封建社会康区的商业经济形式。

附录　本书《上编》所引著作、期刊简介

文著简介
康熙（1661—1722 年）

王夫之：《读通鉴论》，初稿完成于康熙二十六年（1687 年）

《读通鉴论》作者王夫之，该书借引司马光《资治通鉴》所载史实，系统地评论自秦至五代之间漫长的封建社会历史，分析历代成败兴亡，盛衰得失，臧否人物，总结经验引古鉴今探求历史发展进化规律，寻求汉族复兴的大道。全书约 60 万字，分为 50 卷，每卷之中以朝代为别；每代之中以帝王之号为目，共 30 目；目下又分作一个个专题；另在卷末附有叙论四篇。初稿完成于康熙二十六年（1687 年）。

王夫之（1619—1692 年），字而农，号"姜斋"，又号"夕堂"，湖广衡州府衡阳县（今湖南省衡阳市）人。他与顾炎武、黄宗羲并称明清之际三大思想家。其著有《周易外传》《春秋世论》《读通鉴论》《宋论》等书。

王渔洋：《陇蜀余闻》，康熙三十五年（1696 年）成书

《陇蜀余闻》一卷，作于王渔洋第二次入蜀之后，于康熙丙子年，即康熙三十五年（1696年）王渔洋 63 岁时成书，记录其两次出使陇蜀期间的异闻传奇。王渔洋于康熙壬子（康熙十一年，1672 年）、丙子（康熙三十五年，1696 年）两次入蜀，行程两万余里，诗歌方面分别有《蜀道集》《雍益集》，入蜀游记有《蜀道驿程记》《秦蜀驿程后记》与《陇蜀余闻》。此三本游记，在清代和民国时期都有单刻本问世，还收录入《小方壶斋舆地丛抄》和《四库全书存目丛书》等。

王士禛（1634—1711 年），原名王士禛，字子真，一字贻上，号"阮亭"，又号"渔洋山人"，世称"王渔洋"，谥文简，山东新城（今山东省淄博市桓台县）人，常自称济南人；清顺治十五年（1658 年）进士，康熙四十三年（1704 年）官至刑部尚书，颇有政声。王士禛为清初杰出诗人、文学家，继钱谦益之后主盟诗坛，与朱彝尊并称"南朱北王"。诗论创"神韵"说，于后世影响深远。早年诗作清丽澄淡，中年转为苍劲。其擅长各体，尤工七绝，好为笔记，有《池北偶谈》《古夫于亭杂录》《香祖笔记》等。

王士禛：《居易录》，成书于康熙四十年（1701 年）

《居易录》为清代笔记，王士禛撰。

《御制泸定桥碑记》，康熙四十八年（1709 年）

《碑记》于康熙四十八年二月初十日，由四川巡抚能泰、提督岳升龙立，碑记修桥的起因、桥的规模及维修办法等内容。

马齐、朱轼等编纂：《大清圣祖仁皇帝实录》

《大清圣祖仁皇帝实录》全书共三百卷，为清代官修史料的汇编，由马齐、朱轼等人编纂，全面描述自顺治十八年正月至康熙六十一年十一月之间的历史。

雍正（1722—1735 年）

李凤彩：《藏纪概》，成书于雍正前期

《藏纪概》修订铁船居士纪次，是陇奎峰山人续辑。铁船居士自述："铁船末予廉，效力行间，进履其池，不但降彝安藏功绩居多，而且留心风土，采访番情，以备一朝之纪载，供详划之考稽。"该书为清代西藏地方志中成书时间最早的一部方志。

本书的材料主要是康熙末年，多与清兵入藏有关，但其志首有唐肇雍正五年所作序，说明编撰及改辑是在雍正年间完成的，因而应视为是雍正前期出现的西藏方志著作。① 卷一录邸抄所载圣祖论地理水源文。行军纪程，记出西宁抵拉萨沿途见闻，凡地名、水名、湖名、山名及距离等皆有记述，并用汉语释其意。卷二记自四川成都至乌斯藏路程、自云南由剑洲至乌斯藏路程。沿途所见人家、草场、气候及里数均有记载。卷三含天异、附国、种类、产作等六目，记风俗习惯、宗教信仰、历代藏汉关系及动植物等。此志成书较早，居西藏地志之首。②

作者李凤彩，江西建昌（今江西省九江市永修县）人，康熙五十三年（1714 年）中武举，也是清军首次进藏的一员，康熙五十八年随从山东登州总兵李麟护送达赖喇嘛进藏，另撰有《西藏行军纪略》两卷。③ 奎峰山人姓氏籍里无考。

萧奭著、朱南铣点校：《永宪录》

《永宪录》，萧奭著、朱南铣点校，为"清代史料笔记丛刊"之一。系记录康熙六十一年（1722 年）到雍正六年（1728 年）七年间发生的几桩重大历史事件，体裁虽是编年，性质等于杂史。

王世睿：《进藏纪程》

清王世睿撰。雍正十年（1732 年），其擢泸州知州。即将赴任，奉旨进藏，向藏王颇罗鼐转交朝廷赏赐的封印、金币。是年九月从成都出发，经打箭炉（今四川省甘孜藏族自治州康定市）、里塘、巴塘、江卡、乍丫（今西藏自治区昌都市察雅县）、昌都、拉里（今西藏自治区那曲市嘉黎县）、江达（今西藏自治区林芝市工布江达县）、墨竹工卡等 14 个小番邦，备

---

① 赵心愚：《清代早期西藏方志中的"康"及有关记载特点》，载《藏学学刊》，2015 年 2 期。
② 关枫主编：《中华古文献大辞典 地理卷》，吉林文史出版社 1991 年版，第 409 页。
③ 胡江花：《清代方志〈藏纪概〉的整理和研究》，载《魅力中国》，2016 年 38 期。

尝艰辛，历时四个多月到达拉萨，受到藏王和达赖喇嘛隆重接待，为密切清廷与西藏关系，加强民族团结做出贡献。西藏归来后，在泸州任知州两年，兴利除弊，颇有政声。后遭人诬陷，回归故里。在家乡设立乐育书院，教书育人，并将进藏所历所闻，写成《进藏纪程》一书，吴丰培在该书跋中云："首记自四川打箭炉起程，经里塘、巴塘、江卡、乍丫、洛龙宗、硕般多、边坝、拉里、江达、墨竹工卡、得庆等处而达西藏。凡山川之形势，路途之崎岖，程站之距离，天时之寒暖，均有述及，次载风土、民俗、物产、寺庙，词简事赅，文笔瑰丽，故杨复吉称堪与《徐霞客游记》相媲，固非过誉。"该书原载《昭代丛书》，复为《小方壶斋舆地丛钞》所著录。

王世睿（1674—1745 年）字道存，号"龙溪"，清代济南章丘县（今山东省济南市章丘区）相公庄人，高祖王极，妻刘氏，有三子，担任过翰林院教习、天全宣慰司使、泸州知州等官职，尚有《龙溪草堂集》十卷和《纪遇诗》《捕蝗纪事》若干卷。今吴丰培将书辑入《川藏游踪汇编》，1985 年由四川民族出版社出版。

王我师：《藏炉总记》

雍正时期王我师所著，共一卷，叙述了从四川、青海、云南入藏的交通路线，奠定了全面记载进藏道路的文献基础。后来的进藏者如王世睿、松筠、林俊、徐瀛、姚莹的著作中，同类的内容只是局部更加详细些。[①]后全文收录于道光六年（1826 年）贺长龄编辑《皇朝经世文编》卷八十一·兵政十二 塞防下，复为《小方壶斋舆地丛钞》所著录。

王我师，生卒年不详，字文若，原四川铜梁（今重庆市铜梁区）人，清代贡生，著名诗人，乾隆初，从岳威信公西征。

黄廷桂等修纂：《四川通志》，雍正十一年（1733 年）刻本

黄廷桂等修纂《四川通志》四十七卷。

廷桂字丹崖，字前黄，汉军镶红旗人，世袭云骑尉，官陕甘总督、武英殿大学士。鉴于明修《四川总志》谬误处甚多，黄氏肆力搜讨，尽补其遗，校订其误，有关田赋、边防、土司、兵制的记述十分详备。该书实为四川省第一部内容翔实、体制得宜的通志。现存有雍正十一年（1733 年）刻本。

允礼：《西藏日记》

雍正十二年，允礼奉命经理七世达赖喇嘛入藏，并沿途"巡阅诸省驻防及绿营兵"。允礼以贵为亲王的身份出使西藏，表现了清廷对巩固西南边陲的重视程度，具有重要意义。期间，其撰有《西藏日记》，并附《奉使纪行诗》，全程记录了所经各地的风貌。吴丰培在跋中赞《西藏往日记返》"记事翔实，词亦雅洁，固记程之上乘，西藏地理可据之作。"

允礼，原名爱新觉罗·胤礼（1697—1738 年），清康熙帝第十七子，雍正帝异母弟。其

---

① 孙冬虎：《清代国人对西藏地理的考察与记载》，载《测绘科学》，2004 年 s1 期。

九岁以后常随康熙帝出塞外,雍正元年被封为果郡王,管理藩院事。雍正帝认为他实心报国,操守清廉,于雍正六年进亲王,七年管工部事,八年总理户部三库,十一年管户部;十二年赴泰宁送达赖喇嘛回西藏,顺路问视各省驻防及绿营兵;十三年还京师,办理苗疆事务。雍正帝临终时,命允礼辅政。乾隆即位,允礼任总理事务,管刑部。

吴丰培将该书删节,题为《西藏往返日记》,辑入《川藏游踪汇编》,1985年由四川民族出版社出版。

佚名:《西藏考》

作者与成书时间不详,书中言及"雍正十二年",故成书时间应在雍正十二年后。

乾隆(1735—1795年)

和宁:《西藏志》,乾隆五十七年刊刻

乾隆《西藏志》是一部记载清乾隆初年西藏地区政治、经济、文化等方面的志书。作者佚名。一般认为该书约成于乾隆初年,问世后,一直以抄本的形式流传,直至乾隆五十七年才由承宣使者和宁刊刻成书。此志不分卷,记事止于雍正十三年(1735年),全书3万多字,分事迹、山川、寺庙、天时、疆域、物产、发节、纪年、风俗、衣冠、饮食等36目,叙事详清略古,对山川、道路、语言、风俗习惯记述较为详细。此书虽然行文过于扼要,而且还有一些讹误,但因成书早,被视为一部正规的西藏地志,受到研究西藏的学者高度重视。其后编撰的《西藏图识》《卫藏通志》等志书,多从中取材。

《西藏志》现有康熙六十年刊本(四卷)(成文出版社1968年影印本),又收录于兰州大学出版社2003年《西南稀见方志文献》第四十八卷;另有收录于凤凰出版社2012年《中国地方志集成》第二册中的《乾隆西藏志》。同时台湾文海出版社1966年有《西藏志》不分卷本,为影印乾隆五十七年刊本(和宁本)。

最新研究证明:"乾隆元年的《西域全书》是清代第一部成熟的西藏方志,目前所见两种《西藏志考》均是抄自乾隆元年《西域全书》,《西藏志》是理藩院的官员在《西域全书》修补本基础上编成,其编纂目的是为《大清一统志》提供材料。"[①]

佚名:《西藏志考》,成书于乾隆早期

《西藏志考》是清代西藏地方志中成书时间较早的一部通志类志书。根据志中材料,此志开始编纂时间应在雍正十二年、十三年,材料下限在乾隆元年上半年,最后成书时间应为乾隆元年下半年或次年初。[②]

张廷玉等:《明史》,乾隆四年(1739年)刊行

《明史》332卷,清张廷玉等撰,记载了明朝自建国到灭亡将近三百年的历史。清朝在顺

---

① 陈庆英,杨洁:《评〈清代藏学历史文献研究〉》,载《西藏研究》,2018年2期。
② 赵心愚:《〈西藏志考〉成书时间及著者考》,载《西南民族大学学报》(人文社科版),2011年12期。

治二年（1645年）设立明史馆，康熙十八年（1679年）开始修史。雍正十三年（1735年）明史定稿，乾隆四年（1739年）刊行。明史先后由张玉书、王鸿绪、张廷玉等任总裁，最后由张廷玉等定稿。先后参加具体编撰工作的人数不少，其中以万斯同用力最多，但是他没有担任明史馆的职名。王鸿绪就万斯同已成的明史稿加以修订，张廷玉等又在王鸿绪稿本的基础上改编成为《明史》。

曹抡彬：《雅州府志》，乾隆四年（1739年）纂修

《雅州府志》乾隆四年（1739年）由知府曹抡彬等修，曹抡翰等纂。曹抡彬，号"炳庵"，贵州黄平（今贵州省黔东南苗族侗族自治州黄平县）人，史志学家。康熙四十七年（1708年）举人，四十八年（1709年）进士，乾隆三年（1738年）任雅州府知府。曹抡翰，曹抡彬弟，贡生，乾隆初期任雅州府学训导。

张海：《西藏纪述》，乾隆十四年（1749年）刻本

《西藏纪述》清张海撰。一卷。海字巨川，浙江钱塘（杭州）人，监生，历官知县，乾隆时官四川荥经主簿；雍正九年（1731）办理粮务、军饷赴西藏；十一年，奉部行取口外舆图、户口、风俗及清查、绘画采访册，兼剖各土司历年未结夷案；十三年从果亲王允礼护送达赖返西藏，乾隆三年理塘粮务，此编乃作者身历所见。首记雅州附近土司户口钱粮数、防军、土司状况，分地排列，远较他书为详，又因原户口钱粮各册久已不存，唯有是书独存一二，作者任川事十三年，又多次旅居西藏，故所记翔实可信。唯其有关藏地风俗民情、进藏台站，记载简略。且藏汉译音亦多有舛误。该书有乾隆十四年（1749年）刻本，《振绮堂丛书》二集铅印本，今有中国台北《中国方志丛书》版。

萧奭：《永宪录续编》，乾隆十七年所撰

《永宪录续编》为江都（今扬州）人萧奭于乾隆十七年所撰。

谢遂：《职贡图》，成书于乾隆二十二年（1757年）

清代《职贡图》①（今藏中国台北"故宫博物院"）属于清代皇帝钦定御用的属邦进贡的图像，为清代记述海外诸国及国内各民族的史籍，清代官修地理著作。乾隆十五年（1750年），四川总督策楞接上谕，谕将其辖境"西番、猡猡男妇形状，并衣饰服习，分别绘图注释"，于是始开始绘制《职贡图》的准备工作。乾隆十六年（1751年），他收到军机处发下"番图"两幅，同时令他将"外夷番众"照式绘画送军机处呈御，同时，全国各省督、抚派员绘图，送呈清政府交皇帝御览。学者们推断，此年，谢遂即开始绘制《职贡图》画卷的工作。从1751年至1757年（乾隆二十二年），共完成七卷画册，彩绘，每卷画面上方以满、

---

① 《职贡图》是封建时代外国及中国境内的少数民族上层向中国皇帝进供的纪实图画。《职贡图》现已成为我们研究中国以少数民族为主的古代历史、文化不可多得的图像资料，是真正意义上的带有珍稀文献与史料价值双重意义的民族图志。我国现存最早的《职贡图》是南北朝时期梁元帝萧绎（约508—554年）所绘（摹本现藏北京历史博物馆）。

汉两种文字手写题记，二十八年续成一卷，合卷首共为九卷。第一卷载朝鲜、英、法、日本、荷兰、俄罗斯等二十余国。第二卷以下分载西藏、新疆、东北、福建、湖南、广东、广西、甘肃、四川、云南、贵州等地各族。绘有男女图像，并附简短说明，叙述各国、各族的历史、生产、生活和风俗等情况。

《皇清职贡图》今版本较多，各版本间抄摹与刊刻中，汉文缮写讹误及脱落之处颇多。中国台北华文书局编收入《中华文史丛书》之十一册，号为清乾隆二十六年（1761年）刊本影印，但存篡改、添足之处；又辽沈书社于1991年10月推出影印版的《皇清职贡图》，扬州广陵书社以《四库全书》为底本出版之，此两版较真实。中国台北"故宫博物院"另有《谢遂〈职贡图〉满文图说校注》彩图版。

齐召南：《水道提纲》，成书于乾隆二十六年（1761年）

《水道提纲》为齐召南著，二十八卷，专叙水道源流分合，首列海水，次各省诸水，再次西藏、漠北、东北诸水和西域诸水，皆以巨川为纲，所受支流为目，故曰提纲。书成于乾隆二十六年（1761年），内容主要以作者于乾隆初年参与《大清一统志》纂修时，所见内府珍藏全国实测地图《皇舆全图》及各省图籍为据。

齐召南（1703—1768年），字次风，号"琼台"，晚号"息园"，浙江天台（今浙江省台州市天台县）人，清代地理学家，幼有神童之称，精于舆地之学，又善书法。乾隆元年（1736年），其召试于保和殿，钦定二等第八名，为翰林院庶吉士，授检讨，次年参修《大清一统志》；乾隆六年（1741年），撰《外藩书》；乾隆十二年（1747年），充《续文献通考》副总裁。

乾隆二十六年（1761年），其完成最重要的作品《水道提纲》28卷，另著有《宝纶堂集古录》《齐太史移居集》《琼台集》《历代帝王年表》《后汉公卿表》等。

彭遵泗：《蜀故》

《蜀故》，是清代学者彭遵泗编著的一部著作。其时，彭遵泗辑录了四川古今百业的大量资料，写成后未及付印即殁，后由其兄彭端淑、彭肇洙和子彭延庆整理成27卷，刻板刊印行世。该书卷帙浩繁，为研究四川的风土人情、社会风俗、山川地理、人文教育提供了重要的参考价值，彭肇洙《蜀故序》中云"可当于《通志》之一助也"。

彭遵泗（1702—1758年），字磐泉，号"丹溪生"，今四川眉山市丹棱县高桥翠笼山人，清代诗人、学者。彭遵泗自幼颖异，乾隆二年（1737年），彭遵泗举进士，入选为翰林院庶吉士，就庶吉馆深造，次年调兵部主事；乾隆七年（1754）擢兵部员外郎；乾隆十五年（1750）外放，任甘肃凉州（治所在今甘肃武威县）同知；乾隆十七年（1752）转调湖北，署黄州府（治所在进湖北黄冈）同知；乾隆十九年（1754）再改江防同知。其为官颇有政绩。乾隆二十一年（1756），以卓昇之才不为世用，自请御职归里。在其众多作品中，仅遗有三部价值极高的作品行世，即《蜀故》《蜀碧》与《蜀中烟说》。

《钦定续通志》：乾隆三十二年（1767年）撰

《钦定续通志》共五百二十七卷，乾隆三十二年（1767年）奉敕撰。

三通馆：《钦定续文献通考》，乾隆四十九年（1784年）编撰完成

《钦定续文献通考》，清乾隆十二年（1747年）至乾隆四十九年（1784年）三通馆臣奉敕编撰。该书采宋、辽、金、元、明五朝事，分为二十六门，共二百五十卷，录了宋宁宗嘉定末（1224年）至明思宗崇祯末（1643年）四百余年的政治经济制度的沿革，是一部重要的典制体史书。

张廷玉、嵇璜、刘墉等：《钦定皇朝文献通考》，成书于乾隆五十二年（1787年）

《钦定皇朝文献通考》，又名《清朝文献通考》，清代张廷玉等奉敕撰，后嵇璜、刘墉等奉敕撰，纪昀等校订，成书于乾隆五十二年（1787年），十通之一。全书300卷，体例同《续文献通考》，惟各考子目略有增删，所载典章自清初至乾隆五十年止。

嵇璜、刘墉等：《清朝通志》，成书于乾隆五十二年（1787年）

《清朝通志》，原名《皇朝通志》，清代嵇璜、刘墉等奉敕撰，成书于乾隆五十二年（1787年），十通之一。全书126卷，体例异于通志、续通志，略去本纪、世家、列传、年谱，仅存二十略。《通志》所载典章制度自清初至乾隆五十年止，但除了氏族、六书、七音、校雠、图谱、金石、昆虫草木等略以外，内容大体与清朝通典重复。

嵇璜（1711—1794年），字尚佐，晚号"拙修"，江南无锡县（今江苏省无锡市）人，清朝水利专家，嵇曾筠①之子，父子皆长于治河。其雍正八年进士，历官乾隆间南河、东河河道总督、工部尚书，晚年加太子太保，为上书房总师傅，以治河有功著称。

刘墉（1719—1804年），字崇如，号"石庵"，清朝政治家、书法家，大学士刘统勋长子，祖籍安徽砀山，出生于山东诸城；乾隆十六年（1751年）中进士，历任翰林院庶吉士、太原府知府、江宁府知府、内阁学士、体仁阁大学士等职，以奉公守法、清正廉洁闻名于世。

周蔼联：《西藏纪游》，初成于乾隆五十六年（1791年）

《西藏纪游》最初成于乾隆五十六年（1791年），于嘉庆六年（1801年）复加追记成编，约五万六千余字，主要记其风俗、物产、饮食、道路，兼记山川、草本、虫、鱼之类，百余条，内容多有重合②，最早刊刻于嘉庆九年，共四卷，"作为清代一部作者亲历藏区的游记，保留了大量丰富而翔实的反映藏区的资料，以及作者和其友人为数不少的咏藏诗歌作品，

---

① 嵇曾筠（1670—1738年），字松友，号"礼斋"，江苏无锡人，清代官员、水利专家，康熙四十五年进士，官至文华殿大学士、吏部尚书、浙江巡抚、总督。
② 关枫主编：《中华古文献大辞典 地理卷》，吉林文史出版社1991年版，第124页。

具有重要的文献学价值,更为历史学、民俗学研究提供了丰富的文献资料。"①今存嘉庆二十一年(1816年)刊本。

作者周蔼联(1757—1828年),金山(今上海市金山区)人,性格仁厚,尤善诗文,宦海生涯起起伏伏,辗转于川、滇、贵等地,为官清正廉明,颇有清誉。乾隆五十六年,廓尔喀再次侵扰后藏地区,清政府派孙士毅赴藏督运粮饷,周蔼联作为幕僚,随大军入藏,两次往返于四川与西藏之间,并驻拉萨一年多。《西藏纪游》正是作者对这段时间内在藏区所见所闻的记述。②

马揭、盛绳祖合纂:《卫藏图识》,约成书于乾隆五十七年(1792年)

清马揭、盛绳祖合纂,共上下两卷。大致成书于乾隆五十七年(1792年)。盛绳祖随其父来往于川、康之间十余年,对西藏地区较为了解,为平定廓尔喀王国的入侵,协助清军掌握西藏情况,盛绳祖参考因采《四川通志》中《西域》一卷及《西域纪事》《西藏志》等书,加之自身对所经山川、风土、程站的情况,编撰此书。盛随其父在打箭炉十一年,故见闻较确。

马揭,字少云,生平无考。盛绳祖,字梅溪,生卒年不详,顺天宛平(今北京市)人。③跟随其父盛英宦游巴蜀,盛英宦乃清乾隆七年(1742年)进士,十年(1745年)入蜀,先任蓬溪县知县,十五年(1750年)调任南充县知县,二十三年(1758年)任打箭炉同知,三十四年(1769年)升任宁远府(府治为今西昌市)知府。清乾隆后期平定大、小两金川以及进征西藏时,奉命征集西、南两路粮饷以供军用。而盛绳祖跟其父往来于川、康、藏之间,所历各地,多有笔记。故而此书既是参考采录雍正《四川通志·西域》所载及乾隆《西藏志》《西域纪事》等书所述、同时又掺入了盛绳祖亲身经历之记述,编纂而成之。④

盛绳祖辑编:《卫藏识略》

盛绳祖辑编,成书时间不详,共一卷,大致应与盛与马揭合纂《卫藏图识》同时,或应更早。作者言及该书:"自打箭炉抵藏数千里风土不同,语言亦异,第即音韵、呼吸之间,而细释之,则亦大概从同分类而辑之,览者察焉。"

该书由王锡祺编纂收录入《小方壶斋舆地丛抄》第3册,于清末出版。⑤

---

① 王金凤、胡志杰:《试论清人游记〈西藏纪游〉的文献价值》,载《西藏民族学院学报》(哲学社会科学版),2015年1期。
② 王金凤、胡志杰:《试论清人游记〈西藏纪游〉的文献价值》,载《西藏民族学院学报》(哲学社会科学版),2015年1期。
③ 曾珍、程亚运:《〈卫藏图识〉读书札记》,载《卷宗》,2014年第12期。
④ 何金文:《西藏志书述略》,长春:市吉林省地方志编纂委员会,1985年版,第32页。
⑤ 王锡祺(1855—1913年),字寿谖(一作寿萱),室名"小方壶斋",江苏清河人(今属淮阴市)。清同治11年(1872年)18岁考中秀才,捐刑部候补郎中。王锡祺的一生,主要是读书、编书和出书。他不仅编辑中外学者的有关史地著作,自己也是优秀的史地研究专家,撰写了大量史地著作。《小方壶斋舆地丛钞三补编》是清末地理丛书的巨制,已出版初编、补编、再补编三部,收书一千余种,近一千万字,已是中国地理学史上占有重要地位的名著。

盛绳祖辑编:《入藏程站》

盛绳祖辑编,成书时间不详,共一卷,大致应与盛与马揭合纂《卫藏图识》同时。该书由王锡祺编纂收录入《小方壶斋舆地丛抄》第3册,于清末出版。今又收入《中国边疆行纪调查记报告书等边务资料丛编(二编)》第一八册,2010年由蝠池书院出版有限公司出版。

乾隆朝内府:《理藩院则例》

乾隆朝内府抄本《理藩院则例》是乾隆朝会典馆编纂的《大清会典则例》中理藩院部分的则例,是给皇帝看的呈进本,未刊本,而不是理藩院编纂的《理藩院则例》。该书使人们进一步认识了理藩院机构在演变过程中的具体变革情况,进而也深化了人们对清朝多民族统一国家形成发展过程的认识。①

嘉庆(1796—1820年)

佚名:《卫藏通志》,成书于嘉庆二年(1797年)

中国清初以汉文编纂的西藏地方志书,编者未具名。《卫藏通志》初编于清乾隆后期,成书于嘉庆二年(1797年)。成书后,在很长时间内只是以抄本流传,鲜为人知。光绪年间由袁昶收入《渐西村舍丛书》之后,才逐渐流传于世。②

全书共分16卷:考证、疆域、山川、程站、喇嘛、寺庙、番目、兵制、镇抚、钱法、贸易、条例、纪略、抚恤、部落、经典。对有关西藏历史、地理、寺院、习俗,以及清朝在西藏推行的政治、军事、财经制度等,都有较全面的叙述。其纪略部分,叙述了清初以迄乾隆末年,西藏发生的重大历史事件,对廓尔喀人入侵西藏始末,记述尤为详尽。书中还收录了《唐蕃会盟碑》《康熙御制平定西藏碑》《乾隆御制十全记碑》等碑文,弥足珍贵。此书是清初记叙西藏地方史志沿革诸书中最为完备的一部,又被视为清代第一部有关西藏的方志。

和瑛:《西藏赋》,作于嘉庆二年(1797年)

《西藏赋》是清代乾嘉时期著名思想家、文学家和宁任驻藏帮办大臣时所作的一篇描写西藏独特地貌与历史文化的地舆大赋,也是我国古代文学史上唯一的一篇以西藏为题材的赋作。

和瑛(?—1821年)号"太庵"(又作"泰庵"),原名和宁,为道光帝旻宁避讳改名,额勒德特氏,字太荠,蒙古镶黄旗人,清朝政治人物、清朝刑部尚书;乾隆三十六年进士,历任四川按察使,四川、安徽、陕西布政使,领侍卫内大臣;乾隆五十八年(1793年)以后八年为西藏办事大臣,对西藏的地形、民俗、物产多有著述,著有《西藏赋》《续水经》《藩疆揽要》《回疆通志》等。

《西藏赋》作于嘉庆二年(1797年),此后广为流传,多次被传抄翻刻,以刻本、钞本等

---

① 赵云田:《关于乾隆朝内府抄本〈理藩院则例〉》,载《清史研究》,2012年4期。
② 曹海霞:《〈卫藏通志〉作者探究》,载《满族研究》,2014年3期。

形式流传,因此也出现了几种不同的版本。本书所引为"元尚居《西藏等三边赋》本刻本",刊刻于光绪壬午(1882年)八月,华阳徐道宗署检,今收入《中国少数民族古籍集成》96册,四川民族出版社2002年版。

佚名:《西藏地理考》

著作与成书时间不详,书中多记康熙五十六年(1717年)岳钟琪抚定里塘、巴塘一事,又引《西藏赋》,故成书应在《西藏赋》之后。

陈登龙编:嘉庆《理塘志略》,嘉庆十五年(1810年)镌刻

陈登龙编,两卷,嘉庆庚午年(嘉庆十五年,1810年)镌刻(云回水曲山房藏版),光绪三十三年(1907年)重刊。

陈登龙(1742—1815年)字寿朋,一字秋坪,其先金陵人也,明季始迁闽中,籍闽县(今福建省福州市),著《出塞录》《里塘志略》《蜀水考》《天全闻见记》等。

常明、杨芳灿等纂修:《四川通志》,刊行于嘉庆二十一年(1816年)

《四川通志》为常明、杨芳灿等纂修。本志为清嘉庆年间编撰的四川省志,比四库通行本黄廷桂监修的稍后,更为详赡。由当时的四川总督常明刊行于嘉庆二十一年(1816年)。其书有天文、舆地、食货、学校、武备、职官、选举、人物、纪籍、纪事、西域、杂类等十二志。其中所记沿革、江源、堤堰、边防、土司有较高的史料价值。

常明(?—1817年),满洲镶红旗人,曾官四川总督。芳灿字容裘,江苏无锡人。乾隆拔贡,官知县、户部员外郎。

孙士毅:《百一山房集》,清嘉庆二十一年(刻本)

孙士毅(1720—1796年),字智冶,一字补山,浙江仁和县临平(今杭州市余杭区临平镇)人,清朝大臣,乾隆进士,原为文官,历任内阁中书、侍读、编修、太常少卿等职,后出任山东布政使、广西巡抚,旋署两广总督;乾隆五十六年(1791年)授四川总督,为保证平定西藏廓尔喀之役的粮饷供应,经邛崃、雅安入康,直抵理塘。其间与康、藏有关事宜以诗文形式,多收入《百一山房集》中,全书共十一卷,今收入《清代诗文集汇编》347卷,2010年上海古籍出版社出版。

道光(1820—1850年)

徐瀛:《西征日记》

徐瀛,字洲士,号"笔珊",浙江海宁人。嘉庆九年(1804年)甲子举人,四川铜梁知县,道光四年旋摄西藏同知,有《西征日记》。同治元年(1862年)壬戌重游泮宫,因乱未举,寻卒。

今吴丰培将书辑入《川藏游踪汇编》，1985年由四川民族出版社出版。

徐锡麟、钱泳辑：《熙朝新语》，道光十八年刊刻

徐锡麟、钱泳同辑，托名余金撰，十六卷，笔记体，辑录自清初至嘉庆时掌故遗闻，于政事、文章、风俗各方面，均有涉及。但内容多歌颂清帝、记叙科场得失，于重大政治事件和社会经济，记载不多。

据卷首的序言，这部由"古歙余金德水辑"的笔记，是"吴郡守瓶老人翁子敬履庄氏"于嘉庆乙亥（二十年，1815年）"自滇南归里，道出武昌"时得于市肆，然后"略加编次，厘为十六卷付诸梓"，"书名、撰人俱从其旧"。但是在道光中刻成的钱泳（1759—1844年）《履园丛话》序中，作者称"曩尝与友人徐厚卿明经同辑《熙朝新语》十六卷，已行于世。兹复得二十四卷，分为三集，以续其后云。道光十八年七月刻始成，梅花溪居士钱泳自记，时年政八十。"故所谓"余金"者，乃取两者姓氏徐、钱各半而合成。据说徐厚卿早逝，无著作传世，钱泳乃将书稿冠上他的名字，以慰友人。民国时进步书局辑印《笔记小说大观》、文明书局辑印《清代笔记丛刊》时，均将作者改题为徐锡麟、钱泳同辑，但未知"徐锡麟"是否即"徐厚卿明经"的本名，抑或书贾所冒题。①

作者之一的钱泳（1759—1844年），字立群，号"台仙"，一号"梅溪"，清代江苏金匮（今属无锡市）人，长期做幕客，足迹遍及大江南北，工诗词、篆、隶，精镌碑版，善于书画，卒年八十六（虚岁），著有《履园丛话》《履园谭诗》《兰林集》《梅溪诗钞》等，辑有《艺能考》。

《嘉庆重修一统志》，道光二十二（1842年）年刊刻

《大清一统志》，中国清朝官修地理总志。从清康熙二十五年至道光二十二年，前后编辑过3部：康熙《大清一统志》、乾隆《大清一统志》、《嘉庆重修一统志》。

嘉庆十七年四月，因中国国内的情况又有很大的变化，其中包括田地日辟，田赋日增，户口日盛，人物日多，物产渐丰，政区变迁，等等，为了补充变化，仁宗下令重修《大清一统志》。这次重修经历30余年，直至道光二十二年（1842年）才完成。因为开编于嘉庆十七年，取材内容也到嘉庆二十五年（1820年）为止，所以称为《嘉庆重修一统志》。

全书共560卷，另加凡例、目录二卷。其体例是在前两志的基础上进行了一些增补。排次是："首京师，次直隶，次盛京，次江苏、安徽、山西、山东、河南、陕西、甘肃、浙江、江西、湖北、湖南、四川、福建、广东、广西、云南、贵州，次新疆，次蒙古、各藩部，次朝贡各国。""自京师以下，每省有统部，总叙一省大要。各府、厅、直隶州自有分卷，凡所属之县入焉。蒙古各藩统部，分卷悉照各省体例。"凡有新增者，则另标出。这次重修，收集的图书比两志多，特别是有关边疆地区，多有补实。

---

① 顾静：《略谈〈熙朝新语〉的整理》，载《古籍整理出版情况简报》，2007年5期，总第435期。

魏源：《西藏后记》，道光二十六年（1846年）刊刻

魏源著，共一卷，收入其《圣武记》，于道光二十六年（1846年）刊刻。《圣武记》中共有魏源祈著西藏史地文章三篇：《国朝抚绥西藏记》（又名《抚绥西藏记》）、《西藏后记》与《乾隆征廓尔喀记》。

魏源（1794—1857年），清代启蒙思想家、政治家、文学家，名远达，字默深，又字墨生、汉士，号良图。汉族，湖南邵阳隆回金潭人（今隆回县司门前镇）。道光二年（1822年）举人，道光二十五年（1845年）始成进士，官高邮知州，晚年弃官归隐，潜心佛学，法名承贯，为近代中国"睁眼看世界"的首批知识分子的优秀代表。

蒋良骐纂修：《东华录》，道光时刻本

《东华录》为编年体清代史料长编，有"蒋录""王录"两种。乾隆三十年（1765年），重开国史馆，蒋良骐任纂修，就《清实录》及其他官书文献摘录清初六朝五帝史料，成书三十二卷。全书内容按年月日顺序排次，起太祖天命元年（1616年），迄世宗雍正十三年（1735年）。以国史馆在东华门内，故题为《东华录》，通称《蒋氏东华录》。《东华录》在嘉庆年间有多种抄本流传，道光时始有刻本。

蒋良骐（1723—1790年），清朝著名史学家，字千之，广西全州（今广西壮族自治区桂林市全州县）人，乾隆辛未进士。

姚莹：《康輶纪行》，刊刻于道光末年

《康輶纪行》十六卷，清姚莹撰。清道光甲辰（二十四年）、乙巳（二十五年）、丙午（二十六年）间，即1844—1846年，姚莹至蜀中二次奉使乍雅（一作乍丫，即察雅，今西藏自治区昌都市察雅县东）及察木多（今西藏自治区昌都市）抚谕番僧时，记其沿途见闻，撰成是书。正如其在《自序》中所言："大约所记六端：一乍雅使事始末；二剌麻及诸异教源流；三外夷山川形势风土；四入藏诸路道里远近；五泛论古今学术事实；六沿途感触杂譔诗文。"《康輶纪行》12卷本初刊于道光末年，16卷本再刊于同治六年（公元1867年），收入《中复堂全集》和民国年间的《笔记小说大观》。是书为由蜀入藏的川藏路线提供了诸多详尽的道路行程，其对沿途当地人民的衣食住行及丧葬、节日等习俗进行了详细而生动的记载，蕴涵诸多历史学、民族学研究的重要资料。

姚莹（1785—1853年），字石甫，号"明叔"，晚号"展和"，因以十幸名斋，又自号"幸翁"，安徽桐城（今安徽省桐城市）人，晚清史学家、文学家，从祖姚鼐，是桐城派古文主要创始人。鸦片战争爆发时，他正在台湾道任上，与镇将达洪阿协力同心保卫国土。清王朝向英国屈辱议和后，戴罪以知州分发四川，两使西藏。道光三十年，协助陆建瀛主持盐务。咸丰初，奉旨赴广西赞理军务，镇压太平军，先后任广西、湖南按察使，卒于官。

《康輶纪行》又由王锡祺编纂收录《小方壶斋舆地丛抄》第3册，于清末出版，近又收入《中国少数民族古籍集成》九十六卷，其版本不详。

咸丰（1850—1861年）

陈松龄纂修：《天全州志》，咸丰八年（1858年）刊刻

《天全州志》由陈松龄纂修。陈松龄，福建台湾县人，道光十五年（1835）举人，咸丰七年（1857年）任天全州知州。

《天全州志》于咸丰八年（1858年）刊刻印行。此志不分大门，直列七十八目附五目，约20万字。艺文志比重极大，约10万字，大量编入清代中后期的诗文。职官之政绩，人物之列传及山川乡里等记载均较为详细，亦有价值。书末纪闻中收载了明清时期天全六番抬讨司所辖少数民族（藏、羌、彝、苗等）部落发展史料，亦珍贵。书首图考中之地舆、河道、始阳镇等图绘制颇详细。今存咸丰八年（1858年）刻本，光绪二十九年（1903年）抄本。

2005年，天全县县志办公室编印有《天全州志 四川通志天全史料两种》，《天全州志》收录其中。

方濬师：《蕉轩续录》

方濬师（1830—？），字子严，号"梦簪"，清代安徽定远（今安徽省滁州市定远县）人，为清代官吏，咸丰间举人，官自至直隶永定河道，著有《蕉轩随录》《蕉轩续录》《退一步斋诗集》《蹉政备览》《岭西公牍棠存》《袁枚年谱》《粤闽唱和集》等著作。

张集馨：《道咸宦海见闻录》

清朝道光九年己丑科二甲进士张集馨（1800—1878年）所作之自叙年谱，时间从一岁（1800年）始，至六十一岁（1860年）止。

同治（1861—1875年）

牛树梅：《省斋全集》

牛树梅（1791—1875年），字雪樵，号"省斋"，甘肃通渭（今甘肃省定西市通渭县）人。道光二十一年进士，授四川彰明知县，通达干练，以不扰为治；决狱明慎，民隐无不达，咸爱戴之；案无留牍，讼无冤狱；学渊邃，工书法。同治元年，四川总督骆秉章复荐之，擢授四川按察使。同治十三年，牛树梅返回故里，致力于读书立说，虽然年近古稀，但好学如故，著有《省斋全集》12卷、《闻善录》4卷，都有刊本流行。另有《渭叶文存》和《牛氏家言》传世。

夏燮：《明通鉴》，同治十二年（1873年）刻印

《明通鉴》是继宋司马光《资治通鉴》和清毕沅《续资治通鉴》之后的明代编年史。作者清人夏燮，字甫，别号"江上蹇叟"，安徽当涂（今安徽省马鞍山市当涂县）人。《明通鉴》共100卷，其中前编四卷，纪明太祖未即位时之史事，始自元顺帝至正十二年（1352年），止于至正二十七年（1367年）；正编九十卷，始于明太祖洪武元年（1368年），止于明思宗崇祯十七年（1644年）；附编六卷，前后总计312年。《明通鉴》于同治十二年（1873年）刻印于江西宜黄官署。光绪二十三年（1897年）又由湖北官书局重校刊行。

吴德煦纂修：《章谷屯志略》，同治十三年（1874年）刻本

吴德煦，浙江吴兴（今浙江省湖州市吴兴区）人，同治十一年（1872年）任章谷屯务。吴到任后，于屯所见到前人采辑之章谷事略史料残抄本一册，不知出自何人之手，讹并遗漏尚多，且冗杂无项，不具志书体例，遂作修志之思。先于同治十二年（1873年）遍游全境，随处洛询记录，然后整理编次，翌年便成书梓行。

本书1979年中央民族学院内部出版有油版本，部分内容又收录《中国地方志民俗资料汇编 西南卷》上卷，由丁世良、赵放编，北京图书馆出版社，1991版。

光绪（1875—1908年）

黄懋材：《得一斋杂著四种》，光绪十二年（1886年）重校刊本

黄懋材（1843—1890年），字豪伯，江西上高县田心乡王家村大屋里人。16岁中秀才之后，放弃科举，立志钻研科学，以图报效国家。他博览群书，广为涉猎，经史子集以外，尤致力于数学、天文等"经世之学"，对地理测量更加谙熟。光绪十六年黄懋材在上海病逝，年仅47岁。

光绪四年（1878年），朝廷特派黄懋材"以四品顶戴出境换二品顶戴"，前往三藏五印，察看情形。根据考察资料，他绘制了《印度全图》一册、《西域回部图》一册、《四川至西藏程途》一册、《云南至缅甸程途》一册；此外还著有《西辅日记》《印度札记》《西徼水道》《游历刍言》等政箸，汇成《得一斋杂著四种》。《得一斋杂著四种》初版未曾见到。光绪十二年（1886年），翰林院编修江标予以重校刊出，被认为"叙记确而不支，考证博而能核"，是"讲边事者不可少之书"。读者接踵索要，没能满足需求。光绪二十二年（1896年），江召棠在上高担任知县期间，征文考献，亲抵黄懋材家中"觅是书之板仅存，而蠹朽剥落者及半""不忍其日就湮没"，遂加以补订，连同《沪游脞记》，一并刊行。

《得一斋杂著四种》是书记其游历印度始末。卷一自成都至巴塘，记沿途各地建置沿革、山川、交通、气候、户口、关隘、古物等，对路程里数、气温变化、星辰测量，记载详细。卷二自巴塘至腾越（今云南腾冲），对金沙江等河流及桥梁、地瘴、澜沧江岸摩崖等记载颇详，对西南各族人民阻止西洋各国数次派员进藏探查的爱国行动也有记载。卷三自腾越至缅甸，对中缅边境三宣慰司、三长官司沿革、交通、关隘、少数民族、缅甸地理、气候、文化、风俗、宗教信仰、经济贸易，及仰光城建筑、苑囿、居民、交通、码头与华侨情形等均有记载，是研究中缅经济、文化交流的重要资料。卷四印度及归途，对游历印度中部后再经孟加拉、仰光、苏门答腊、新加坡回国，及所经城市见闻均作简略记述[①]，收入《小

---

① 关枫主编：《中华古文献大辞典 地理卷》，吉林文史出版社1991年版，第123页。

方壶斋舆地丛钞》本和《游记汇刊》本等。今吴丰培将书辑入《川藏游踪汇编》，1985 年由四川民族出版社出版。

黄沛翘辑：《西藏图考》，光绪丙戌（1886 年）秋镌刻

清代西藏地理志书，光绪丙戌（1886 年）秋镌刻。黄沛翘辑，韩铣等绘图。黄沛翘（1844—？），号"寿梧"，一号"绥芙"，湖南长沙府宁乡县四都道林龙口桥（今湖南省长沙市宁乡市道路林镇）人。早岁从戎，长年在四川为官。他久绾军事，留心边务，乃博采典籍，编辑此书。始于光绪十一年秋八月，翌年五月（1886 年）书成。他根据《皇朝一统志寰宇记四夷考》、新旧《唐书吐蕃传》《明史西域乌斯藏传》《四川通志》内〈西域志〉、果亲王之《西藏志》、松筠《西招图略》、七十一撰《西域闻见录》、郦道元《水经注》、齐召南《水道提纲》、盛绳祖《卫藏图识》、杜昌丁《藏行纪程》、余庆远《维西见闻记》、魏源《圣武记》《海国图志》等数十种著作，分类编辑而成。全书共八卷，另有卷首一卷。书包含西藏历史、地理、政治、经济、文化、风俗、语言等，为研究西藏之重要史料。

此本今又录入《中国稀见地方史料集成》（第一辑）第 62 册，学苑出版社 2010 出版。

龙文彬：《明会要》，光绪十三年（1887 年）永怀堂刻本

《明会要》，清龙文彬撰，共八十卷，分帝系、礼、乐、舆服、学校、动历、职官、选举、民政、食货、兵、刑、祥异、方域、外蕃等十五门，子目为四百九十八事，详尽地记载了明代的政治、典章制度掌故，对研究明史，有很重要的参考价值。今有清光绪间（1875 年）广雅书局刻本线装 24 册、清光绪十三年（1887 年）永怀堂刻本线装 20 册。

龙文彬（1824—1893 年），字撷菁，号"筠圃"，永新县（今江西省吉安市永新县）澧田南城村人；咸丰九年（1859 年），恩科举于乡；同治四年（1865 年），44 岁的龙文彬考中进士，授吏部主事。

唐枝中、余良遇等修纂：《雅州府志》，清光绪十三年刻本

光绪《雅州府志》共十六卷。此版是据清乾隆四年（1739 年）刻版增刻而成。由唐枝中修，余良遇、贾鸿基等纂。唐枝中，字薪传，广西平乐县（今广西壮族自治区桂林市平乐县）人，光绪九年（1883 年）进士，光绪二十三年（1897 年）任雅安县知县。余良遇，字聘卿，雅安县人，光绪十五年（1889 年）举人，任雅州府雅材书院山长。贾鸿基，字固之，雅安县人，光绪二十年（1892 年）举人，官内阁中书、两淮盐大使等。[①]

王之春：《清朝柔远记》，约 1879 年左右写成

《清朝柔远记》原名《国朝柔远记》，亦称《国朝通商始末记》或《中外通商始末记》，晚清时期官员王之春于 1879 年左右写成，为有关清朝外交的专著。全书二十卷，前十八卷为正

---

① 四川省地方志编纂委员会：《四川历代旧志提要》，成都：四川科学技术出版社 2012 年版，第 400 页。

编以编年体形式，后两卷为附编。

王之春（1842—1906 年）字爵棠，号"椒生"，清湖南清泉县（今湖南省衡阳市）人，晚清时期官员。

李桓：《国朝耆献类征》，1889 年刊刻

《国朝耆献类征》亦名《国朝耆献类征初编》，清人李桓辑，是一部大型清代人物传记资料汇编。辑录清天命元年至道光三十年（1828—1850 年）满汉臣工士庶达万余人之传志史料。全编搜集清代人物掌故资料极为宏博，如之后的《清史列传》多取材于此，对清史研究具有重要参考价值。

李桓（1827—1891 年），字叔虎，号"黼堂"，湖南湘阴（今湖南省岳阳市湘阴县）人。累官至江西布政使，后因故罢归，家居二十余年，致力于收罗清代人物资料，辑成《国朝耆献类征初编》《国朝贤媛征初编》，另有《宝韦斋类稿》。

《国朝耆献类征初编》开纂于同治六年（1867 年），历时十五年成初稿，又七年校刊成书，是编共七百二十卷，其中包括述意、总目、通检、满汉同姓名录等。

钱仪吉纂：《碑传集》，光绪十九年（1893）江苏书局刊行

《碑传集》清代人物传记书，一百六十卷，钱仪吉纂，道光初成稿，辑清初至嘉庆间名人碑传文字而成，分二十五类，计二千余人，有关清人家传、行状和墓志铭的资料，该书搜集最为丰富。光绪十九年（1893 年），江苏书局刊行。

钱仪吉（1783—1850 年），初名逵吉，字蔼人，号"衎石"，又号"新梧"（一作"心壶"），浙江嘉兴（今浙江省嘉兴市）人。钱氏博通群籍，工文章，治经讲求故训，读史长地理，尤精史学，著有《碑传集》《三国晋南北朝会要》《补晋书兵志》等，《清史稿》谓其"先求古训，博考众说""不持门户"。

刘廷恕纂：光绪《打箭厅志》

该书共两卷，此志分星野、舆图、建置、沿革、疆域、山川、形势、关隘、城池、衙署、寺观、祠坛、津梁、古迹、赋役、盐政、茶政、邮政、乡里、物产、水利、风俗、岁支、仓储、兵制、屯政、筹边、课税、夷赋诸门。

刘廷恕（1832—？），字仁齐，湖南善化（今湖南省长沙市）人，光绪十九年（1892 年）任石柱直隶厅同知，1899 年调任打箭炉同知。刘热衷修志，熟习边情，1905 年因"巴塘事变"被牵扯丢官，心甚不屈。

吴崇光：《川藏哲印水陆记异》

吴丰培在跋中言："此书备载入印程途，殊多可取。著者吴崇光，字小瑾，江苏武进人，听鼓川省，于光绪二十九年（1903 年）随驻藏大臣有泰入藏，帮办文案事宜，兼洋务局及巴

塘防堵等差。三十二年请假回籍，乃申拉萨至亚东关，经大吉岭过印度，海路自香港转回上海。今取其自成都至打箭炉，打箭炉至拉萨，拉萨至亚东关，靖西过亚东关，至哲孟雄大吉岭之程途数则，其原书中有西藏源流、藏地杂记，以及自咱拉八岗至东印度火车与由印至香港、上海之海程，均从略焉。"

今吴丰培将书辑入《川藏游踪汇编》，1985年由四川民族出版社出版。

李之珂纂修：《炉霍屯志略》，光绪三十二年（1906年）铅印

《炉霍屯志略》李之珂纂修，一册，光绪三十二年（1906年）刊刻。李在光绪三十年（1904）任炉霍屯务，候补知县。此志分十九门，约1万字，另附开办炉霍屯务之公牍、章程等。天时、山川、寨堡、土地粮税、风俗民情、土宜物产等门类，汉、羌、藏等各族户口均详记之，羌、藏等族之生活、生产、信奉、居处、服饰等资料也有记载，有一定史料价值。

1979年中央民族学院图书馆将之编入《中国民族史地资料丛刊》之十四内部出版。《中国民族史地资料丛刊》，吴丰培主编，中央民族学院图书馆1978至1980年编印，线装油印，内部发行，全17册。"本丛书收入西藏、川边、新疆等地的方志及其他史料20种，大部是未经刊行的罕见本，均保存原书面貌，仅将一书中之人名，地名加以统一，显著错误，根据他书校正，并于每书之后，附编了地名索引，重点之地又编了人名索引。在每页下方，注明行数，以借索引之用，书后并作了说明。"①

单毓年：《西藏小识》，1908年汇抄入书

该书汇成于光绪三十四年（1908年），条陈刊载于《西藏小识》，汇抄写入书是于1908年，为单毓年光绪年专门向驻藏大臣条陈治藏方略的建议，共四卷。其中特别以荷兰人统治爪哇的制度与策略为镜鉴，与当时清政府的治藏境况相比照。

单毓年，字耆仲，江苏泰州（今江苏省泰州市）人。《清史稿》与泰州地方志均无载。但地方志中有单毓华（字眉叔，1883—1955年）和单毓斌（字允工，1887—1978年）二人小传，二人为兄弟。单毓年当与单氏兄弟同辈。②

宣统（1908—1912年）

张其勤：《炉藏道里最新图考》，宣统二年（1910年）刊刻

《炉藏道里最新图考》，又名《入藏日记》。作者张其勤，字慎庵，河南祥府（今河南省开封市）人，其生卒待考。光绪三十二年（1906年）四月随驻藏帮办大臣联豫入藏，历时三载。在藏期间，他不辞辛劳，三阅寒暑，于藏中之政教历史，博考周诸，参考西藏档案番书，颇详于藏事，勤奋著录，纂集极为宏富：《炉藏道里最新考》《西藏宗教源流考》及《清代藏事

---

① 沙洵：《1949年以来方志古籍影印丛书目录提要》，载《天津史志》2012年5期。
② 朱悦梅：《光绪朝泰州单毓年治藏思想研究》，载《西藏大学学报》（社会科学版），2016年3期。

辑要》。①三书鼎立，称其为晚清对西藏全面考察叙述的第一人。

此书宣统二年（1910年）由虬一编入《西藏杂俎》刊刻，今吴丰培辑入《川藏游踪汇编》，1985年四川民族出版社出版；后收入《中国稀见地方史料集成》第65册，学苑出版社2010出版。

1912 年

吴燕绍：《西藏地理讲义》，北京筹边高等学校

1908年，京师开设殖边学堂，1912年6月，中华民国教育部以满蒙文高等学堂与殖边学堂性质相近，合并为筹边学校，设丙、丁、戊班三个班级，1915年并归北京法政专门学校。本文摘自《西藏地理讲义》，书中言其为"北京筹边高等学校丙班西藏地理教材。"应为吴燕绍编。

吴燕绍（1868—1944年），江苏省苏州府松陵县（今江苏省苏州吴江区松陵镇）人，清末政治人物，吴丰培之父。光绪二十年（1894年），吴燕绍中进士，任内阁中书，这为他对边疆史料的搜集提供了极大的便利，辛亥革命后，吴负责主编《蒙藏回白话报》，又授课筹边高等学校，1929年左右被北大史学系聘为讲师，后升为教授。编著有《西藏史大纲》《清代蒙藏回部典汇》等边疆著作。

傅嵩炑：《西康建省记》（上中下），四川官印刷局

该书上卷记述了西康的区域、历史沿革及清末在川边实施的新政——改土归流，即废土司，设流官、置县；中卷阐述了其奏请建立西康省的原委、意义和办法等，并且叙述了西康的地理环境、政治制度、经济、军事、文化等方面的内容；下卷记述了西康的物产、风俗习惯、宗教和手工业等。本书为当事人撰写的实录，对康区社会历史、人文地理、文化、民俗、交通、经济等都做了较为全面而翔实的论述，是研究清代川边历史和清朝治康方略的重要史料。该书共有4种版本，即民国元年（1912年）十一月由成都公记印刷公司刊印的石印本、同年四川官印刷局排印（铅印）的删节本、二十一年（1932年）陈栋梁重刊的铅印本，后收入《民国边政史料汇编》第二十五册，又有1988年中国藏学出版社出版的标点本。

傅嵩炑（1869—1929年），名华丰，四川省古蔺县人。光绪三十年（1904年）任赵尔丰的幕僚。赵尔丰在川边推行"改土归流"，傅嵩炑随赵尔丰督兵征讨，经营川边，足迹遍及康区。1911年傅嵩炑以道员护理川滇边务大臣，继赵尔丰之后在川边推行"改土归流"。六月，傅嵩炑奏请建立西康省，西康全局底定，傅嵩炑于巴塘修建衙署。是年冬，辛亥革命席卷西南，赵尔丰在四川的统治瓦解，傅嵩炑率四川防军回川救援，到达雅安即被辛亥革命军俘虏，解送成都。本书即写于此时。

李安陆：《西藏风俗记》，《地字杂志》第三年第十一、十二期（总第二十九、三十号）

李安陆（1881—1943），原名离，字安陆，江西萍乡（今江西省萍乡市）人，1904年补博

---

① 王启龙：《萌芽时期的中国藏学研究》，载《青海民族大学学报》（社会科学版），2003年1期。

士弟子员，1908年东渡日本留学，加入中国同盟会。辛亥武昌起义后，归国至北平，组织亚东新闻社，1917年国会恢复后，补入参议院为议员。1929年再赴日本，从事农村经济之研究。1935年任国民政府军事委员会武昌行营参事，并兼任中国农村出版社主任，创刊《农村合作》月报，后任中国农民银行副处长。1943年病逝。

191? 年

（清）罗长裿：《泣血缉存》，罗春驹辑录

罗长裿（1865—1911年），字退斋，号"申田"，湖南湘乡胜岩十九都画竹园（今娄底市西阳乡白鹭湾）人，晚清进士，捐升道员，发江苏任职，又改四川。当时赵尔丰督川边军事，罗长裿参与其幕府，被驻藏大臣联豫派往藏东讨伐波密土王，但与协统钟颖不和。辛亥革命爆发后，传其被钟谋杀。罗长裿次子罗春驹怒而不满，辑录罗长裿遗文共四卷，以《泣血缉存》为其鸣冤叫屈，原书卷一为罗长裿官西藏时期遗诗；卷二公牍；卷三书牍；卷四殉义据闻。1915年3月19日，袁世凯政府对罗长裿被害一案审讯，其家属编印《弥天冤案录》（又名《钟颖疑案》）以申诉，后钟被明正典刑，罗则入祀忠烈祠。《泣血辑存》具体成书时间不详，但因罗家在1915年又续编印《弥天冤案录》，故印行时间应为辛亥革命以后，1915年之前。

1915 年

心禅：《西藏归程记》，《小说月报》第五卷

作者在文首云："余于前清光绪季年入藏。初为驻藏大臣记室，嗣弃而为商。居拉萨，恒转运川藏商货，以逐什一之利。因与藏人习，且习为藏言，盖于今六年矣。民国成立，藏人屡抗中央。余因悉售所积之货，将东归于成都。时川藏之风云甚恶。余友谓必取道亚东，附英人印度铁道，转而航海至沪，循江西归。余自念以中国之人行中国之地。顾以道途艰阻，欲转而假道于外人，吾人之奇耻大辱也，不之许。且恃能藏言，因决由拉萨东归。途中所历拉杂书之。归程六千里，聊志时日而已。"作品最早连载于1915年的第五卷，从第八号至第十二号，后又收入《古今游记丛钞》第十二册及《清末民初藏事资料选编 1877—1919》。

1917 年

徐珂：《清稗类钞》，商务印书馆

《清稗类钞》是关于清代掌故遗闻的汇编。从清人、近人的文集、笔记、札记、报章、说部中，广搜博采，仿清人潘永因《宋稗类钞》体例，编辑而成。记载之事，上起顺治、康熙，下迄光绪、宣统，书成于1916年，次年刊行。全书分九十二类，一万三千五百余条。书中涉及内容极其广泛，举凡军国大事、典章制度、社会经济、学术文化、名臣硕儒、疾病灾害、盗贼流氓、民情风俗、古迹名胜，几乎无所不有。编者态度比较严肃，许多资料可补正史之不足，特别是关于社会经济、下层社会、民情风俗的资料，对于研究清代社会历史，很有参考价值。全书事以类分，类以年次，分类详细，纲目明晰，颇便查阅。

徐珂（1869—1928年），原名徐昌，字仲可，别署"中可""仲玉"，浙江杭县（今杭州）

人，光绪举人，为《辞源》编辑之一，著述甚多，除《清稗类钞》外，还有《国难稗钞》《晚清祸乱稗史》《小自立斋文》《康居笔记》《可言》《岁时景物日咏大全》《佛说阿弥陀经会要》《历代白话诗选》《古今词选集评》《清词选集评》《天苏阁丛刊》（初集、二集）等十余种。

史宝安：《大清宣统政纪》，1917年定稿

《宣统政纪》是《清实录》中的最后一部。1912年史宝安（字吉甫，河南卢氏人）等人，为保存中国历史资料的连贯性，遂搜集清内府各部馆阁及内阁军机处一切档案卷宗折包，并以此为根据，编辑了《大清宣统政纪》。其间三易其稿，历时五年，方才定稿。本书体例仿依各朝实录成宪，稍作变通，保存了自光绪三十四年十月至宣统三年十二月的宝贵文献资料。编时因清已亡，故未用"实录"二字。

1986年11月，中华书局根据中国第一历史档案馆收藏的皇史大红绫本、上书房小黄绫本、北京大学图书馆收藏的定稿本、故宫博物院图书馆收藏的乾清宫小红绫本、辽宁省档案馆收藏的盛京崇谟阁大红绫本等版本，相互补充，出版了比较完整的《清实录》影印本。

1919年

（清）王安黻、王安民编纂：《雅安县乡土志》，民国八年铅印本

《雅安县乡土志》王安黻、王安民编纂。王安黻，字伯丰，雅安县人，岁贡生。王安民，王安黻之弟，岁贡生。

此志修成于光绪末年，分历史、地理、物产三部分，每部分又列若干细目，历史中以历代事件记述较详。地理中对县境水道、水利修建及灌溉之记载较具史料价值。物产于民间手工业之历史发展、近况、未来之开拓均详为记述和论证，颇有价值。除抄本外，本书另有民国八年铅印本存世。

佚名：《民国八年度川边国家岁入岁出预算分表》，财政部编印。

1920年

生入：《羌海杂志》，《地学杂志》，上海文明书店

《羌海杂志》连载于《地学杂志》，从1918年第九年第九十二、三号始，终于1920年第十一年第七期，发于"说郛"栏目，期间偶有中断。作者在首期自述："鄙人于复青海，三易寒暑，辛亥秋，江汉战事起，遂入关，返金城。拾此行所记与副存地图、案牍之属，积盈箧矣。时特驰前敌，檄书星火，鞍辔悾惚，敝篇业楮，束置而已。越明年，返沪，居一载，文事少闲，始得取向所存者，稍稍删葺成编。"

1925年

陈观得：《西藏志》

陈观得（1861—1935年），又名陈钟信，四川成都人，清光绪八年（1882年）中举人，光绪十一年（1885 年）拔贡，十五年（1889 年）参加会试中进士，殿试后选入翰林院授庶吉士，曾任顺天府府承，辛亥革命后，陈观得返回四川。陈观得熟稔史、地文献，工于书法，亦雅好金石书画，珍藏甚多，有《敏求斋遗书》等著作传世。1925 年，四川军务督理杨森在成都设立"四川通志局"，编修《四川通志》，宋育仁被聘为总裁。宋延聘陈观得参与编修事。期间，陈观得编修的《西藏志》完成了初稿。①陈氏后人过录刊行，今有巴蜀书社 1986 年版。

1926 年

赵竞南：《中国茶业之研究》，银行月刊社

该书分上、中、下三编。上编"总论"，分析我国茶业衰落的原因，提出振兴方策；中编"生产论"，介绍茶叶的种类、种植、制作、生产机关、产地、产量等；下编"交易论"，谈茶叶的对外贸易及各埠贸易概况。

赵竞南（1896—1945 年），又名赵烈，乐清柳市镇湖横（今浙江省乐清市柳市镇）人。1925 年毕业于北京大学经济系，毕业后，几经辗转南北，曾在天津、南京、江苏等地担任财会工作。1938 年冬返里，1939 年 9 月开始，先后担任私立乐成战时初中学生补习学校董事长、校长和私立乐成初级中学董事长、校长。1945 年春节，赵烈身前去虹桥聘请教员，适逢日寇突袭虹桥，不幸中弹受伤，隐蔽在阴沟里，即被日寇发现，遭刺刀活活刺死。

1927 年

赵尔巽主编：《清史稿》

民国初年由北洋政府设馆编修的记载清朝历史的正史——"清史"的未定稿。全书五百三十六卷，比照正史体例分纪、志、表、传四部分，其中本纪二十五卷，志一百四十二卷，表五十三卷，列传三百一十六卷，以纪传为中心。所记之事，上起 1616 年清太祖努尔哈赤在赫图阿拉建国称汗，下至 1912 年清朝灭亡，共二百九十六年的历史。

《清史稿》编修工作历时十余年，至 1927 年，主编赵尔巽见全稿已初步成形，担心时局多变及自己时日无多，遂决定以《清史稿》之名将各卷刊印出版，以示其为未定本。

1928 年

王钟翰校阅：《清史列传》，中华书局

《清史列传》是一部清朝人物传记书，共八十卷。撰稿人不详。此书记录了自清朝开国起，直至清末李鸿章等为止的 2894 篇传记，其根据大多出自清国史馆《大臣列传稿本》《满汉名臣传》和《国朝耆献类征初编》。

该书于 1928 年由中华书局印行。后经校点，分八册由中华书局再版。1976 年，王钟翰应中华书局之聘校阅《清史列传》，八年后完成，凡 400 余万言。1987 年，中华书局分二十册出版王锺翰点校本，是为最新版本。

---

① 杨学东：《山县初男〈西藏通览〉对近代西藏方志编纂的影响》，载《西藏研究》2018 年 2 期。

王钟翰（1913—2007 年），湖南省东安县芦洪市镇伍家村人，中国当代著名清史、满族史专家。历任中央民族大学历史系及民族史研究所教授、博士生导师、终身教授。著《清世宗夺嫡考实》《胤禛西征纪实》《满族在努尔哈齐时代的社会经济形态》《皇太极时代满族向封建制的过渡》以及《清史杂考》《清史新考》《清史续考》《清史余考》等，主编《中国民族史》《四库禁毁书丛刊》等，参与点校《清史稿》，独立点校《清史列传》。

1929 年

蓝铣：《西康小识》，《边政月刊》创刊号

1930 年

佚名纂修，谭新嘉重抄、初校：《打箭炉志略》，国立北平图书馆

乾隆《打箭炉志略》不分卷，佚名纂修，是以打箭炉厅为对象的第一部地方志，也是四川藏区成书较早的地方志之一，对康定及周围地区的历史以及清王朝前期用兵西藏军事行动等研究都具有值得重视的史料价值。内分建置、疆域、职官、山川、津渡、城垣、廨宇、营汛、坛庙、关榷、土司、驿递、夷赋、赏赉、土俗等。书中记载多采自档册，对土司、百户分布，叙述极为详尽，多为他书所未及，为研究该处地志之参考书。此书资料来自三个方面：一是来自档册，二是调查与实地考察，三是摘抄自乾隆《雅州府志》。①

今见民国十九年二月国立北平图书馆重抄、初校文本，此抄本源于清史馆旧藏写本。后由吴丰培辑校，中央民族学院图书馆 1979 年收入《中国民族史地资料丛刊》之十三内部出版。

校订者吴丰培（1909—1996 年）是吴燕绍的哲嗣，中国现代藏学家，版本目录学、文献学专家，祖籍江苏省吴江县（今江苏省苏州市吴江区），生于北京市。1930 年考入北京大学国学门研究院，师从朱希祖、孟森研习明史。在北大图书馆、北平图书、燕京大学图书馆寝馈五年，一边读书，一边研究著述。

中华人民共和国成立以后，吴丰培在中央民族学院研究部和图书馆工作，除研究藏族史以外，每遇涉及边事的珍本、稿本、或无名书、著者不明的书，他均要详加考证，弄清源流，撰写题跋，予以编目。先后为过手过眼的边事古籍撰写了五百多篇题跋和评述。主要学术著作有《清季筹藏奏牍》《清代西藏史料丛刊》（第一辑）、《清代藏事奏牍》《抚远大将军允奏稿》和《清代布鲁克巴资料汇论》等，合编《清代驻藏大臣考》《清驻藏大臣制度的建立与治军》，整理复印古籍 40 余种，编辑丛刊 10 余种，子目超过百种，所撰论文近百篇。

翁之藏：《西康之实况》，民智书局

全书分三部分：一，西康在全国之位置及其特质；二，西康之地势；三，西康当代文化。

---

① 赵心愚：《乾隆〈打箭炉志略〉著者及资料来源考》，载《西南民族大学学报》（人文社科版），2003 年 9 期。

第三部分是全书的中心，介绍了西康的实业、交通、人口、宗教与文化教育、政治、经济、法制、军备、建筑、风俗、生物等。

陈重为：《西康问题》，中华书局

该书编入《史地丛书》。其书分为四部分：一，西康在全国之位置及其特质；二，西康之地理；三，西康当代文化；四，新西康之建设计划。前三部分与《西康之实况》多有重合。

编辑：尹扶一、杨耀卿：《西藏纪要》，蒙藏委员会编译室印行

《西藏纪要》编辑署名为尹扶一、杨耀卿，但书中两序中却只言为"伊君扶一所著"与"伊君扶一所编"。尹扶一（1881—1941年），字仲雅，湖北恩施人，官宦世家出身，1904年考取官费留学日本，1937年后投靠侵华日军，为世人所唾弃，后自杀身亡。杨耀卿（1877—1954年），字德炎，湖北利川县城东门人，社会贤达人士。是民国时期利川有名的"三老"之一。幼年考中秀才，后就读于两湖师范学堂，再后留学日本，宣统二年（1910年）毕业于日本政法大学，其通晓文史，擅长书法。杨一生廉洁清风，人所景仰，却莫名因《西藏纪要》一书与尹拉上瓜葛，实为可惜。

《西藏纪要》的材料主要来自《西藏通览》，原本抄录，却不提及参考之书目与出处，殊为可耻。

1931年

任乃强：《西康图经·境域篇》，新亚细亚学会

本书是近代著名藏学家任乃强先生的代表作。此书系作者根据其1929年入康考察一年所得材料，综以有关文献、档案资料而写成。自1931年起陆续在《新亚细亚月刊》上连载，而后略作修订成书单行。作者原拟将全书分为境域、地记、交通、产业、民族、宗教、土酋、吏治、外患、史鉴、关于康藏之图书等11篇。后因故仅撰成境域、民俗、地文三篇。其中民俗篇为产业、民族、宗教、土酋等篇的合并，地文篇为地记、交通等篇的合并。而外患、史鉴等篇拟撰的内容则纳入作者后所著的《康藏史地大纲》之中。关于康藏之图书，作者后来曾撰有《西康地图谱》等文。

任乃强（1894—1989），汉族，南充县双桂乡（今南充市嘉陵区双桂镇）人，著名民族史学家，现代著名藏学家，是我国近代藏学研究的先驱之一。任乃强一生涉及诸多领域，他是四川最早的经济学家、历史学家，最早将《格萨尔王传》翻译成汉语的人，绘成了第一部康藏地图。[①]

该书于1931年在南京由新亚细亚学会出版科印行，编为《新亚细亚学会边疆丛书》二十册。今西藏藏文古籍出版社2000年又再版。

---

① 林向：《我心目中的史学大师任乃强先生》，转引《青史留真》（第一辑），四川人民出版社，2010年版。

1932 年

任乃强：《川康交通考》，《新亚细亚》3 卷 4 期

刘家驹：《康藏》，新亚细亚学会

全书共分十章，全面介绍了康藏的地理、民族、文化、宗教、生活、风俗、实业、物产、交通与行政。今编入《民国史料丛刊》867 卷，由大象出版社 2009 年出版。

著者刘家驹（1900—1977 年）为社会活动家，藏名格桑群觉，藏族，巴塘人，1929 年任西康巴安国民协进会副会长；1932 年出任蒙藏委员会委员兼九世班禅行辕参议，后专任班禅行辕秘书长。九世班禅被任命为"西陲宣化使"后，改任该使署兼任秘书，先后随班禅至内蒙、北平、杭州等地弘扬佛法。《康藏》一书具有百科记述、文约义丰、图文并茂三大特点，产生于中国藏学初创时期，具有奠基意义。

徐金源：《川边游记》，北平著者书店

作者于民国五年赴四川省石渠县藏区供职，游历西康。该书即为此次游记。书分 21 编，记述了康区的地理、官制、政治、宗教、文艺、建筑、饮食、服饰、风俗等，并附图 21 幅。

1933 年

刘虎如：《青海西康两省》，商务印书馆

该书为《少年史地丛书》之一，共分《青海》《西康两省的地理位置和沿革》《状况》《居民》《青海（湖）》《西宁和湟源》《柴达木地方》和《玉树土司》《由康定至泸定》《由康定至昌都》《由昌都至太昭》等 10 章。

唐柯三：《赴康日记》，南京新亚细亚学会

1931 年—1932 年，唐以国民政府调查康藏事宜专员身份，赴康，曾著《赴康日记》一书。该书于 1933 年在南京由新亚细亚学会出版科印行，编为《新亚细亚学会边疆丛书》四十册。新亚细亚学会评价该书为："（唐先生）往返十有四月，驰驱二万余里，举凡足之所经，耳之所闻，目之所见，与交涉始末情形以及康藏之民族语言、文字、风俗、习惯等，靡不有详明之载。读之可明白西康近情与此次交涉经过，诚极有价值之作也。"

唐柯三（1882—1950 年），字仰槐，山东邹城人，是我国现代穆斯林教育家、社会活动家、爱国人士，1882 年出生于山东邹县的回族官宦家庭。父亲唐承烈青年时期曾经担任四川的雅安知州，经汉两通、学识渊博、为人正直谦和，深得四方爱戴。唐柯三自幼深受其父回儒风范熏陶和崇俭习勤、济世救贫思想影响，早年进入京师大学堂学习，1905 年毕业后担任清朝内阁中书督办盐政处川滇盐务委员，开始了其官宦生涯。1930 年 9 月，其任国民政府蒙藏委员会委员兼总务处长，后任蒙古会议秘书长、国民政府特派调查康藏事宜专员、参谋本部边务组专门委员、行政院新疆建设计划委员会委员。1938 年他在武汉成立"中国回民救国协会"，任副理事长，后转至重庆，抗战胜利后迁南京；1947 年 8 月，任蒙藏委员会委员；

1950 年在南京净觉清真寺病故。

刘曼卿：《康藏轺征》，商务印书馆

刘曼卿（1906—1941 年），藏名雍金，1906 年（清光绪三十二年，藏历第十五饶迥阳火马年）出生于拉萨。母亲是藏族人，父亲刘华轩是汉族人，先后担任清王朝驻藏大臣秘书和九世班禅秘书。1927 年 7 月出使西藏，1930 年抵达拉萨，返回后著《康藏轺征》一书。1998 年民族出版社以《国民政府女密使赴藏纪实》一名重版。

继珊：《西康商业中几项主要商业的调查统计》，《康藏前锋》第一卷第三期

1934 年

任乃强：《西康图经·民俗篇》，南京新亚细亚学会

今西藏藏文古籍出版社 2000 年再版。

向尚等著：《西南游行杂写》

本书为中华职业教育社农学团国内农村考察团向尚、李涛、钟天石、汪本仁、姚惠滋等五人合写。该考察团 1934 年春从上海出发，历经粤、桂、黔、滇、康、川、鄂、皖诸省，费时十个月，以期考察全国农村状况、明了农民生活实在情形以及各种族之特殊性。

佚名：《康藏之茶盐问题》，《康藏前锋》第一卷第 8 期

佚名：《康定锅庄现状》，《康藏前锋》第一卷第 10、11 期

佚名：《西康之茶税》，《康藏前锋》第一卷第 12 期

佚名：《西康当局增加康藏边茶引票》，《康藏前锋》第一卷第 12 期

周文：《茶包》，《太白》第一卷第 6 期

周文（1907—1952 年），原名何开云，笔名稻玉、何谷天、谷天、周文等，四川荥经人，16 岁在西康军阀部队当文书，1932 年参加革命，在安徽安庆任左翼文化总同盟安徽分会组织部部长，1933 年参加中国共产党，曾任"左联"党团成员，并从事创作。曾将苏联著名小说《毁灭》《铁流》改编成通俗本，得到鲁迅的赞许。1937 年后其任中华全国文艺界抗敌协会成都分会总务部主任；1939 年赴延安，任大众读物社社长，主办《边区群众报》《大众习作》；后任陕甘宁边区政府教育厅厅长、秘书长，晋绥抗战日报社社长，重庆新华日报社副社长，中共中央晋绥分局秘书长、宣传部部长。中华人民共和国成立后，其任中共中央马列学院秘书长，现有《周文全集》四卷行世。

佚名：《边茶之厄运》，《康藏前锋》第二卷第1期

佚名：《西康之茶业调查》，《康藏前锋》第二卷第1期

仲康：《西康商业之现状及其前途》，《康藏前锋》第二卷第2期

1935年

川康军总部：《川康军总部严禁偷运茶种出关》，1935年3月，《川边季刊》第一卷第二期

边疆教育实业考察团．《西康交通概要》，国民党中央政治学校附设蒙藏学校

此为1934年秋边疆教育实业考察团考察报告，主要内容为考查团在考查后编成的区内各城镇或居民点路距里程表，编入《边疆教育实业考察团西康组丙种报告书》。

佚名：《雅属茶业衰落》，1935年3月，《川边季刊》第一卷第二期

佚名：《1935年4月西康城区商业统计》，《川边季刊》第一卷第二期

佚名：《调查西康茶业近况》，《康藏前锋》第二卷第6期

1936年

（清）林心衡：《金川琐记》，商务印书馆（稿本）

《金川琐记》是清代林心衡的著作之一，共分六卷，主要记录了金川沿途的风土人情、文化习俗，为全面了解清朝时期金川的社会风俗生活积累了宝贵的资料，为研究金川地区历史和汉与金川藏、羌等少数民族的重要历史文献资料之一。

林心衡，字巽廷，号"湘帆"，江苏上海（今上海市）人，附监生，四川西昌县丞，官湖北枣阳知县。

现存的《金川琐记》的刊刻稿本有十几种，每书参照的是民国二十五年商务印书馆所刊发的《金川琐记》稿本。此本今又录入《中国稀见地方史料集成》（第一辑）第44册，学苑出版社2010出版。

《清实录乾隆朝实录》

《清实录》，全局总目、序、凡例、目录、进实录表、修纂官等五十一卷外，计有《满洲实录》八卷（有绘图，汉、满、蒙三种文字）、《太宗实录》六十五卷、《世祖实录》一百四十四卷、《圣祖实录》三百卷、《世宗实录》一百五十九卷、《高宗实录》一千五百卷、《仁宗实录》三百七十四卷、《宣宗实录》四百七十六卷、《文宗实录》三百五十六卷、《穆宗实

录》三百七十四卷、《德宗实录》五百九十七卷，以及《宣统政纪》七十卷，共1220册。

吕平登：《四川农村经济》，商务印书馆

该书共16章。介绍四川农村的财政金融、交通、教育、土地、人口、农村阶级、佃租制度、水利经济、农民负担、灾害等情况。

吕一峰（1895—1956年），名平登，四川宜宾县金城乡（今翠屏区思坡乡）人。在四哥吕超的影响下，吕16岁即参加四川保路同志军。1921年秋，他自费到美国俄亥俄州立大学攻读社会科学，于同年加入国民党。1926年春，吕一峰返川后，受吴玉章之邀赴渝筹组国民党（左派）四川省党部，并任国民党重庆市党部执行委员。1931年四川军阀于将他逐出四川。吕遂投奔吕超，任国民政府参军处私人秘书。吕目睹"九一八事变""一二八事变"和邓演达等遭杀害，终于认识到了一个真理：只有中国共产党才能救中国。1933年春，吕加入中国共产党。1949年10月，随军进入西南。重庆解放后，被分配在重庆市委统战部工作，1950年，西南军政委员会成立，他便公开中共党员身份，出任监察委员会委员，之后因多种疾病缠身，于1956年于上海逝世。

佚名：《康定锅庄调查》，《康藏前锋》第三卷第12期

1937年

朱美予：《中国茶业》，中华书局

内分7章：概述世界茶业的现状，介绍中国茶叶的特质及茶叶的产销情况，并分析各产茶省茶业的发展趋势，讨论华茶之国际贸易问题。

杨仲华：《西康纪要》上下，商务印书馆

该书共10章，介绍西康的历史、地理、经济、民族社会、政治、教育、宗教、风俗习惯、人民生活状况、物产等。书前有杨章荣的西康调查记序、西康概况序和作者自序。书前有督办川滇边务大臣赵尔丰像、作者像、西康景物照片10余幅。

杨仲华，中央政治学校西康班康定籍学员，后任职西康党务特派员驻康定办事处，曾任西康简易师范学校校长等职。

佚名：《1937年四川各县茶产年产量及总值统计》，《四川经济月刊》第八卷第1期，重庆四川地方银行经济调查部

任汉光：《康市锅庄调查报告书》，《西康建省委员会公报》第3期

本文为今所见关于康定48家锅庄（报告书时实余47家）最为全面、系统的调查之一。今四川省档案馆、四川民族研究所合作将之编入《近代康区档案资料选编》，1990年四川大学出版社出版。

任汉光，男，四川省南充县双桂乡人，生卒年不详，1930年8月，任中共铜梁县行动委员会委员，参加组织和领导铜梁土桥暴动，暴动失败后被捕；1931年经营救出狱回南充老家后脱党。其1937年到西康，曾任国民党雅江县县长、西康省党部文书科长、省党部秘书、国民党政府人事室主任等职。1949年其离开康定回南充，1949年后被镇反。

1938年

洪思汤：《康定之回顾》，《新西康》创刊号

贺觉非：《西康记事诗本事注》，《新西康》创刊号

《西康记事诗本事注》，原诗题名《西康归程》。作者贺觉非（1910—1982年），亦名策修，湖北竹溪丰溪人，1934年入川，后调刘文辉部；1940年入西康，沿途留心考察，成七言绝句诗百数十首，对山川隘要、民生疾苦多记载；后又博征文献，撰《西康记事诗本事注》1卷；次年任理化县（今四川甘孜藏族自治州理塘县）县长，实地勘察山水物产，造访藏胞、高僧、老吏，搜集民俗佚闻，又遍读四川地方志，至1944年，独力修成第一部《理化县志》。抗日战争胜利后其回湖北，1950年初，入中南军政大学学习，先后任湖北省政府参事室研究员、省政协文史资料委员会委员等职。其所著有《辛亥首义人物传》上下两卷等。

关于该书早期出版情况，作者在《后记》有记："一九三六年至一九四零年旅居西康时，就所见闻，为绝句百十首，自脱稿后，初发表于《新西康》，因友人索阅，就成都印行五百册以应。一九四一年余在理化，承中国边疆学会好意，商讨书店再版发行。一九四六年余在汉口，忽寄到此书四册，惟纸张最劣，错字又多，虽留鸿爪，实不惬意。"文中所言："初发表于《新西康》"是指本文首发于1938年4月《新西康》创刊号；"成都印行五百册"，即指1940年由成都茂声出版社收入"茂声丛书"出版。1963年，贺觉非先生曾函商重庆市图书馆，借得初版《西康纪事诗本事注》，亲自全文抄录，改正了初版书中的许多错漏，并写了"后记"，这是本书的改正本，1988年西藏人民出版社出版的便是此改正本。本书改正本（版）与原茂声版差异较大，增加了不少新作。

何北衡：《四川省建设统计提要》，四川省政府建设厅

计分九类：总额、农业类、林业类、水利类、矿业类、商业类、交通类与度政类。书中以农业类之材料最丰，度政类材料最少。

西康省政府：《西康省各项统计调查表》，西康省政府

其均为统计表格，包括民政、财政、教育、建设、保安等部分。

王业鸿：《西康概况》，《新西康》第三期

《西康概况》，今又收录赵心愚、秦和平主编《康区藏族社会历史调查资料辑要》，四川民族出版社2004年出版。

金飞：《南路边茶与康藏》，《新西康》第二期（1939年《康导月刊》第一卷第七期）

黄绍颜：《康定之轮廓》，《新西康》第二期

黄大愚，字绍颜，今四川省乐山市犍为县人。20世纪30年代在四川大学就读，后留学日本早稻田大学政经系毕业，归国后，曾涉足过仕途，1941年在西康省训练团任上校文书、科长、警察训练所长；1942年任盐源县县长等职，1947—1949年在成都任《新民报》《西方报》主笔，抨击时弊，揭露旧社会制度之黑暗，深得民心。1942年12月其随刘文辉部起义。

1939年

寿景伟：《我国西南新茶区之开发及其进展》，中国茶叶公司

《中国茶叶公司茶叶丛刊》之一。本书共四部分：开发西南新茶区之目标及其重要性、川康滇黔桂五省新茶区之实地调查及设计、川滇黔三省茶厂茶场之设立及开发计划之实施、开发西南新茶区应有之准备及其前途之瞻望。

寿景伟（1891—1959年），又名寿毅成，浙江诸暨（今浙江省诸暨市）人。1914年毕业于国立法政专门学校，而后任教于浙江法政专门学校，讲授财政学及经济学，历时6年。后任职于商务印书馆，担任《公民月刊》编辑主任，后又返回浙江法政专门学校，任商科主任兼财政学教授。1923年，其考取浙江省公费留学美国哥伦比亚大学，回国后任工商部驻沪办事处副主任、经济部商业司司长、中国茶叶公司总经理、国际劳工协会中国资方出席代表、中央银行业务局副经理、上海市商会常务理事兼国际贸易委员会主任委员、上海市进出口业同业公会理事长等职。著有《财政学》《应用统计学》《日本专卖制度考略》等著作。

王清泉：《蓉康旅程》，《旅行杂志》第13卷第9期

此文后收入易君左等编著的《川康游踪》。

莫德惠等：《国民参政会川康建设视察团报告书》，国民参政会川康建设视察团

本书为1939年由部分参政员组成川康视察团到四川西康各县视察民政、经济、教育、兵役等状况后所写的报告书，共分：总论、东路组视察报告、南路组视察报告、西路组视察报告、北路组视察报告、西康组视察报告等六编与附录川康两省各县各种概况统计表七种组成。本文选自《西康组视察报告》，该报告书共有交通、保安、财政、司法、教育、禁政、卫生、农牧、乌拉等十节。

西康组1939年3月18日由重庆出发，经成都、雅安于4月4日抵康，先后考察康定、道孚、炉霍、甘孜、瞻化、雅江等县。组长莫德惠，组员有：参政员奚伦、王近信，并偕行政院参议魏鑑、内政部秘书汪奕林、赈委会委员储应时、军委会国民经济研究所考察员于锡猷、财政部代表邵振古、交通部代表葛耕尚等十六人。

西康省政府秘书处：《西康概况》，西康省政府秘书处

全书共分政情总述、行政概况、疆域沿革志、特殊问题、杂俎等五章。简概了西康政情、历史与文化。

高长柱：《边疆问题论文集》，正中书局

高长柱（1902—？），字石辅，安徽全椒章辉集（今安徽省滁州市全椒县章辉镇）人，1917年毕业于全椒县第二高等小学校，后又毕业于安庆第一中学校，继在日本士官学校步兵科毕业，回国后在军政两界服务。高在大陆期间，曾因精通日语和蒙语，又多年从事军政事务和边疆事务，有所著述。其军政方面的著述有《最新战术原则图表解》《中国战后国防论》《中国战后国都论》等八种；边疆事务方面的著述有《边疆问题集》《中国边疆志》《战后边疆建设》等八种。高还曾担任过民族杂志《边铎月刊》社副社长兼汉文总编辑。

该书又收入《民国史料丛刊》709 册。

193？年

黄慕松：《使藏纪程》，抄本

黄慕松（1883—1937年），原名承恩，安慕松，广东省梅县（今广东省梅州市梅县区）人，早年毕业于广东武备学堂，后被选送入日本陆军士官学校深造，回国任黄埔陆军小学监督；后历任南京临时政府参谋本部第四局局长、北京政府陆地测量总局局长等；先后奉命宣慰新疆、西藏，后任蒙藏委员会委员长。1934年1月，国民政府决定派黄慕松担任致祭、册封刚去世的十三世达赖喇嘛专使，前往西藏。黄到达拉萨以后，利用在此停留三个月的时间，展开一系列宣慰活动，宣誓国家主权，为维护国家统一作出了贡献。其经历撰写为日记体的《使藏纪程》，有民国时期抄本，书后其弟黄镇球在所述《黄慕松事略》云："（黄去世后）因与兄妹婿王维松商，梓兄《新疆概述》《西藏日记》两书，以飨学者。"故成书应在上世纪三十年代末，今又收入《中国西南文献丛书》第九卷。

刘轸：《四川邛名雅荥四县茶业调查报告》，四川省政府建设厅

该书共分五节，叙述了四川全省茶业概况，重点介绍邛崃、名山、雅安、荥经四县茶业的沿革、茶叶的产地、产量、种类、品质、制造、运销等情况。

刘轸，生卒年不详，福建人，民国时期学者、茶叶专家。抗战时期为中国茶叶股份有限公司(简称"中茶公司")重庆总部专员，20世纪30年代受命调查四川全省茶业概况。1941年，受中茶公司所派驻浙江省，为吴觉农任场长的东南茶叶改良总场主要技术人员之一，后为开化县华埠精制茶厂总厂长。

1940年

佚名：《康定概况资料辑要》，边政设计委员会

原书未设章。今收入《民国边政史料汇编》第二十九册，2009年国家图书馆出版社出版。

《川康边政资料辑要》民国二十九年（1940年）在成都铅印刊行，线装十六册。抗战时期，国民政府军事委员会为加强对川康边区的统治和开发，在成都行辕组织力量，由成都行辕主任贺国光（湖北蒲圻人，1885—1969年）主其事，收集有关文献资料，调查川康边区各方面的情况，整理编辑成书，全书共涉29个县：西昌、冕宁、越嶲、会理、宁南、昭觉、盐边、盐源、雷波、马边、屏山、峨边、松潘、理番、汶川、茂县、懋功、康定、泸定、九龙、丹巴、道孚、炉霍、甘孜、瞻化、德格、雅江、理化、巴安，除此之外，尚有《义敦概况资料辑要》一种。其编纂方式悉依县志体例，收录川康边区各县概况，所列有疆域、沿革、山脉、河流、气候、建置、建设、种族、户口、官制、交通、民政、司法、行政、财政、教育、警团、储蓄、垦务、产业、物产、礼俗、生活情形、语文、宗教、名胜、古物、古迹、人物、大事记等三十门类。资料多的县按二十多个门类，资料少的县按十余门类归纳叙述之，并各附有三百万至四百万分之一比例不同的地图。因为是搜录多种史籍记载汇编而成，所以书中条目之下多注明出处。其书稿编就之后，又复派员至各地实地勘察、采访，是故其准确性、可靠性更大。又因系川康边地资料，多是彝、藏、羌、苗等少数民族聚居地，书中所载，便多偏重于种族、垦务、产业、山川、交通等门类。其中清末民国初期的垦务、改土归统、道路修筑、产业和土特产品等资料颇有价值。由于川康地区之史地资料极少，有些县根本就役有编纂过志书，所以这部资料辑要亦显得珍贵了。总体而言，此资料辑要内容充实，多采用民国时期的实地调查材料，且能注明来源出处，条理分明，叙述通畅，比较确切真实，颇有参考价值。[①]

柯象峰：《西康社会之鸟瞰》，重庆正中书局

全书共分九章，介绍了西康地理、人口、民族、家庭生活、经济生活、政治生活、教育风俗以及结论，后编入《民国史料丛刊》866卷，由大象出版社2009年出版，近入《柯象峰文集》2017年社会科学文献出版社出版。

柯象峰（1900—1983年）中国社会学家，又名柯森，安徽贵池人，1952年后任南京大学外语系、经济系教授；1979年被聘为中国社会学研究会顾问，毕生从事社会学、经济学、人口学的教学和研究工作，对人口问题，贡献尤多。其主要著作有：《中国贫穷问题》《中国人口》等。

胡焕庸：《四川地理》，重庆正中书局

胡焕庸（1901—1998年），字肖堂，江苏宜兴（今江苏省宜兴市）人。地理学家，华东师范大学教授，中国现代人文地理学和自然地理学的奠基人。

本书共分四川省的地形地质、气候、成都平原的水利、人口与密度、河流与航运、贸易及各项农产品等三十二节。书中有插图多幅。

于锡猷：《西康进出口贸易》，国民经济研究所

本书后又收入《民国时期经济调查资料三编》第二十七册，由国家图书馆出版社2016年再版。

---

① 四川省地方志编纂委员会：《四川历代旧志提要》，四川科学技术出版社2012年版。

钟廷栋：《西康省财政概况》，西康省政府财政厅

全书共分财政沿革、财政行政、收入概况、租税概况、货币金融、县地厅财政、禁烟、上地陈报等八章，各章又分若干小节，较全面介绍了西康建省以来，健全财政制度、实行预算制、建立金库与会计稽查制度等改革后的全省财政详情。

徐益棠：《西康行记》，《西南边疆》第八期至第九期

徐益棠（1896—1953 年），浙江崇德县（今桐乡崇福镇）人，金陵大学著名教授，中国最早发起边疆研究的著名学者和中国民族学会的创始人，中国当代民族学家。1938 年夏天，在西康省政府的资助下，刘国钧组织了西康社会考察团。考察团由徐益棠、柯象峰和两位学生组成。他们从成都乘汽车经双流、新津、名山等地到雅安，换乘滑竿经汉源、泸定，由泸定桥跨过大渡河，最后到达当时的西康首府康定。此次考察徐所作《西康行记》，连载于 1940 年《西南边疆》第八期至第九期。《西南边疆》原由昆明西南边疆月刊社出版，第 13 期起出版地改为成都，14 期起由中国民族学会成都西南边疆研究社主编。

陈渠珍：《艽野尘梦》，1940—1942 年连载于《康导月刊》

《艽野尘梦》，作者为"追忆西藏、青海经过事迹"、取《诗·小雅·小明》"我征徂西，至于艽野"之意为书名，含有青藏高原风尘录的意思。在书中作者详细地叙述了自己 1909 年从军，奉赵尔丰命随川军钟颖部进藏，升任管带（营长），参加工布、波密等战役，以及在驻藏期间的故事。

作者陈渠珍（1882—1952 年），人称"湘西王"，是亲历清朝、民国和中华人民共和国三个不同时代的"振奇之杰"，与熊希龄、沈从文并称"凤凰三杰"。1906 年其参加湖南新军，后投靠清川边大臣赵尔丰，入藏平叛；1911 年武昌起义爆发后，跋涉万里回到湘西，其后统一湘西，经营湘西数十年。期间，沈从文曾在其帐下担任文书，贺龙亦是其旧交。1949 年 10 月其赴乾城同解放军和人民政府进行政权交接；1950 年 6 月赴北京参加全国政协会议，1952 年病逝于长沙。

该书在《康导月刊》上连载时，任乃强先生对其中误记的史实、地名，人名作了校注。1982 年重庆出版社收入"川边历史资料丛书"出版，今有西藏人民出版社 2011 年、商务印书馆 2015 年、中国画报出版社 2016 年等版。

1941 年

李亦人：《西康综览》，正中书局

李于 1937 年奉命自陕西入西康考察社会经济，翌年夏再度入康境从事建设，便将考察所搜集之史料，参校有关史籍编纂成综览一书。当时西康省地域已有较大变化，四川之雅安、西昌两地区十多个县划归西康所辖，所以此书记载即包括了康属、雅属、宁属诸地，地域广袤。是书分十四门（篇）六十三章，章下又分若干小节，约 40 万字。书中对于西康之建设、财政、种族、土司、宗教、军事、教育、交通、风俗、物产等记载颇为详尽，尤以宗教、物产、军事等为最。

本书原有正中书局民国三十年铅印本（1941年5月版），1946、1947年又发行初版和一版，后又收入《民国史料丛刊》865辑，今大象出版社（郑州）2009年又影印再版。

郑象铣：《雅茶与边政》，《边政公论》5、6期

柯象峰：《西康纪行》，《边政公论》1卷第3、4期

1938年夏天，在西康省政府的资助下，刘国钧组织了西康社会考察团。考察团由徐益棠、柯象峰和两位学生组成。他们从成都乘汽车经双流、新津、名山等地到雅安，换乘滑杆经汉源、泸定，由泸定桥跨过大渡河，最后到达当时的西康首府康定。此次考察柯所作《西康纪行》。此文后收入《柯象峰文集》，社会科学文献出版社2017年出版。

段公爽：《入康记》，西康国民日报社

该书为西康国民日报社丛书之一，为作者康定地区考察游记，计有《雨中别山城》《两种成都人》《雅安一月记》《茶叶包》《风的故事》《康定拾零》等20篇。

段公爽（1906—1973年），曾用名段森林，湖南省城步县（今湖南省邵阳市城步苗族自治县）和平乡人。1928年其考入《南京日报》做练习生，先后在《南京日报》《中山日报》《新京日报》等多家报社任职，1955年曾任湖南省人民委员会参事室参事。

张为炯主编：《康定趸售物价三十年六月每周物价》，《西康物价》1卷1期，西康省政府统计室

张为炯主编：《康定趸售物价三十年七月每周物价》，《西康物价》1卷1期，西康省政府统计室

张为炯主编：《康定零售物价三十年六月每周物价》，《西康物价》1卷1期，西康省政府统计室

张为炯主编：《康定零售物价三十年七月每周物价》，《西康物价》1卷1期，西康省政府统计室

张为炯主编：《康定趸售物价三十年六月平均价与前三年同月平均价比较》，《西康物价》1卷1期，西康省政府统计室

张为炯主编：《康定趸售物价三十年七月平均价与前三年同月平均价比较》，《西康物价》1卷1期，西康省政府统计室

张为炯主编：《康定零售物价三十年六月平均价与前三年同月平均价比较》，《西康物价》1卷1期，西康省政府统计室

张为炯主编：《康定零售物价三十年七月平均价与前三年同月平均价比较》，《西康物价》

1卷1期，西康省政府统计室

张为炯主编：《康定零售物价三十年六月每周物价》，《西康物价》1卷1期，西康省政府统计室

张为炯主编：《康定零售物价三十年七月每周物价》，《西康物价》1卷1期，西康省政府统计室

张为炯主编：《康定零售物价三十年六月平均价与前三年同月平均价比较》，《西康物价》1卷1期，西康省政府统计室

张为炯主编：《康定零售物价三十年七月平均价与前三年同月平均价比较》，《西康物价》1卷1期，西康省政府统计室

张为炯主编：《康定零售物价30年8月》，《西康物价》1卷2期，西康省政府统计室

张为炯主编：《康定零售物价27年8月28年8月29年8月30年8月之平均价》，《西康物价》1卷2期，西康省政府统计室

张为炯主编：《康定零售物价30年8月》，《西康物价》1卷2期，西康省政府统计室

张为炯主编：《康定零售物价27年8月28年8月29年8月30年8月之平均价》，《西康物价》1卷2期，西康省政府统计室

张为炯主编：《康定零售物价30年9月》，《西康物价》1卷3期，西康省政府统计室

张为炯主编：《康定零售物价27年9月28年9月29年9月30年9月之平均价》，《西康物价》1卷3期，西康省政府统计室

张为炯主编：《康定零售物价30年9月》，《西康物价》1卷3期，西康省政府统计室

张为炯主编：《康定零售物价27年9月28年9月29年9月30年9月之平均价》，《西康物价》1卷3期，西康省政府统计室

张为炯主编：《康定零售物价30年10月》，《西康物价》1卷4期，西康省政府统计室

张为炯主编：《康定零售物价27年10月28年10月29年10月30年10月》，《西康物价》1卷4期，西康省政府统计室

张为炯主编：《康定零售物价30年10月》，《西康物价》1卷4期，西康省政府统计室

张为炯主编：《康定零售物价27年10月28年10月29年10月30年10月》，《西康物价》1卷4期，西康省政府统计室

张为炯主编：《康定零售物价30年11月每周物价》，《西康物价》1卷5期，西康省政府统计室

张为炯主编：《康定零售物价27年11月与前三年同月之比较》，《西康物价》1卷5期，西康省政府统计室

张为炯主编：《康定零售物价30年11月每周物价》，《西康物价》1卷5期，西康省政府统计室

张为炯主编：《康定零售物价27年11月与前三年同月之比较》，《西康物价》1卷5期，西康省政府统计室

张为炯主编:《康定趸售物价 30 年 12 月每周物价》,《西康物价》1 卷 6 期,西康省政府统计室

张为炯主编:《康定趸售物价 27 年 12 月与前三年同月比较》,《西康物价》1 卷 6 期,西康省政府统计室

张为炯主编:《康定零售物价 30 年 12 月每周物价》《西康物价》1 卷 6 期,西康省政府统计室

张为炯主编:《康定零售物价 27 年 12 月与前三年同月比较》《西康物价》1 卷 6 期,西康省政府统计室

《西康物价》今所见至 1942 年 5 月 1 卷 11 期,共出版 10 期(1942 年 1 卷为 7、8 合期)。《西康物价》为统计刊物,主要刊登西康省各重要城市的批发、零售物价、物价指数的变动,以及公务员、工人生活费指数的统计表等。

张为炯(1888—1972 年),四川德昌人(今四川省凉山彝族自治州德昌县),清末秀才,早年参加同盟会和中华革命党,曾任滇川黔靖国联军援鄂第 1 路军总司令部参谋长,国民党西康省政府秘书长、民政厅厅长。1949 年 12 月其在康定起义,后任西康省人民政府副主席、副省长,成都市副市长,四川省副省长等。

1942 年

钟毓:《西康茶业》,(重庆)北碚建国书店

该书介绍了西康茶叶的重要性及其种类、分布、栽培、制造、运销及推广等。

任乃强:《康藏史地大纲》,雅安《建康日报社》

该书被誉为"康藏史首部专著",今收入《民国史料丛刊》866 卷,近又收入《任乃强藏学文集》中,2009 年由中国藏学出版社出版。

李有义:《杂古脑的汉番贸易》,《西南边疆》第十五期

李有义(1912—),藏族研究专家,1912 年出生在晋中清徐县;1931 年考入燕京大学新闻系,1936 年留校任助教;1944 年,担任蒙藏委员会住藏办事处工作;1947 年到清华大学教书。1958 年 6 月,中国科学院哲学社会科学部民族研究所成立,李有义从民族学院研究部调到民族所,后任中国社会科学院民族学研究室主任,为我国民族学学科的重建和发展做出了贡献,也为维护祖国统一,增强民族团结,做了大量工作。

1941 年夏,李有义被邀参加华西四所大学合组的大学生边疆服务团,利用暑假两个多月时间,步行走遍了四川西北部后,写出《黑水纪行》等文章。《杂谷脑的汉番贸易》即为此次的调查报告。今又收入李文海主编《民国时期社会调查丛编 二编 少数民族卷》上中,2014 福建教育出版社出版。

张为炯主编:《康定趸售物价 31 年 1 月每周物价》,《西康物价》1 卷 7—8 期,西康省政府统计室

张为炯主编:《康定冦售物价 31 年 1 月与前三年同月比较》,《西康物价》1 卷 7—8 期,西康省政府统计室

张为炯主编:《康定冦售物价 31 年 2 月每周物价》,《西康物价》1 卷 7—8 期,西康省政府统计室

张为炯主编:《康定冦售物价 31 年 2 月与前三年同月比较》,《西康物价》1 卷 7—8 期,西康省政府统计室

张为炯主编:《康定零售物价 31 年 1 月每周物价》,《西康物价》1 卷 7—8 期,西康省政府统计室

张为炯主编:《康定零售物价 31 年 1 月与前三年同月比较》,《西康物价》1 卷 7—8 期,西康省政府统计室

张为炯主编:《康定零售物价 31 年 2 月每周物价》,《西康物价》1 卷 7—8 期,西康省政府统计室

张为炯主编:《康定零售物价 31 年 2 月与前三年同月比较》,《西康物价》1 卷 7—8 期,西康省政府统计室

张为炯主编:《康定冦售物价 31 年 3 月每周物价》,《西康物价》1 卷 9 期,西康省政府统计室

张为炯主编:《康定零售物价 31 年 3 月每周物价》,《西康物价》1 卷 9 期,西康省政府统计室

张为炯主编:《康定冦售物价 31 年 4 月每周物价》,《西康物价》1 卷 10 期,西康省政府统计室

张为炯主编:《康定零售物价 31 年 4 月每周物价》,《西康物价》1 卷 10 期,西康省政府统计室

张为炯主编:《康定冦售物价 31 年 5 月每周物价》,《西康物价》1 卷 11 期,西康省政府统计室

张为炯主编:《康定零售物价 31 年 5 月每周物价》,《西康物价》1 卷 11 期,西康省政府统计室

1943 年

宋琅、张宗翔、刘天倪:《芦山县志》,伏生草堂出版

1949 年前,《芦山县志》有多个版本,即:1930 年杨廷琚、刘时远编纂的民国十九年版与 1943 年宋琅、张宗翔、刘天倪编纂的民国三十二年版。

宋琅,字孝持,四川富顺县人,民国二十七年(1938 年)任芦山县县长。张宗翔,字凤滨,四川什邡人,民国三十一年(1912 年)任芦山县县长。刘天倪,四川巴县(今重庆市巴南区)人。

蒋君章：《西南经济地理纲要》，重庆正中书局

全书共九章，全面介绍了西南经济地理的环境、农业、林牧、矿产、工业、人民、交通、贸易与都市概况。

蒋君章（1905-1986 年），江苏省崇明县中兴镇永南村（今上海市崇明县中兴镇永南村）人，撰文用冬白、逊园、惜秋、排子等笔名，毕生从事教育、新闻工作，是著名的地理学家。蒋于南京中央大学地理系毕业，先后在上海圣玛利亚女子学校、浙江省立第一中学、杭州女子中学、四川省立江安中学任历史、地理教师。1949 年后，应聘为台湾地区政治大学教授及辅仁大学、中国文化学院等校教授。一生共出版书籍上百册，被评为台湾地区十大作家之一。

西康省政府财政厅：《建省后之西康财政》，西康省政府财政厅

本书分 12 章，除"财政沿革"一章系记述该地区财政史实外，其余各章均述 1939 年建省至 1943 年的财政状况。内容包括该省财政的性质、政策、会计、税务、田赋、自治财政、土地陈报、金融、合作运动、公务员生活改革等方面。

易君左等编著：《川康游踪》，桂林中国旅行社

本书列入《旅行杂志丛刊》。该书潘恩霖作《序》，收天涯游子《川东壮游》、王清泉《蓉康旅程》、李致刚《康定琐志》等游记 32 篇。

易君左（1898—1972 年），原名家钺，字君左，号"意园"，晚号"敬斋"，笔名右君、花蹊、二郎神、琴意楼、空谷山人等，湖南汉寿（今湖南省常德市汉寿县）人。幼年随父至广东，1910 年回湖南，1916 年秋，赴日本留学，入早稻田大学习政治经济。1920 年，创刊《奋斗旬刊》，与罗敦伟等发起中国家庭研究社，创刊《家庭研究》月刊。1972 年病逝于中国台北。著有《中国政治史》《西洋家族制度研究》《西洋民族制度研究》《杜甫今论》《中国社会史》《中国文学史》等。①易才高资绝，文、诗、书、画无不精工，被称为"三湘才子""中国现代游记写作第一名家"。

谭英华：《说"锅庄"》，连载于《边疆通讯》第 1 卷 2 至 4 期。

1944 年

徐方幹：《茶之塞外流传》，《边政公论》3 卷第 5 期

徐方幹：《边茶与边政》，《边政公论》3 卷第 11 期

徐方幹：《历代茶叶边易史略》，《边政公论》3 卷第 11 期

余荈：《康藏饮茶风尚》，《边政公论》3 卷第 11 期

本文共分茶之烹调、茶之器具、茶与仪礼、市茶略经、茶事杂记等五节。

---

① 摘编于徐友春主编：《民国人物大辞典》（上下），河北人民出版社 2007 年版。

谭英华：《康人农业家庭组织的研究》，连载于 1944 年《边政公论》第三卷第六期、第八期（二续）、第九期（三续）与 1945 年第四卷第二、三合期与四、六合期（续完）

《康人农业家庭组织的研究》是早期边疆研究成果的代表性论文，也是调查与研究康地家庭组织的名作。全文共分研究范围、家庭的组合与分解、家庭生活、家庭的结构、家庭与社会等五章节。

谭英华（1917—1996 年），祖籍湖南，博古通今，学贯中西，是当代著名历史学家，四川大学历史系教授，其教学与科研为四川大学世界史、西方史学史和史学理论研究奠定了坚实的基础。今又收入赵心愚、秦和平编《清季民国康区藏族文献辑要》上册，四川民族出版社 2003 年出版。

1945 年

姚在藩：《有关经边大计之南路边茶》，《边政公论》第四卷 12 期

1946 年

游时敏：《今后之西康边茶》，《西康经济季刊》第十三期，西康经济研究社

李先春：《西康茶业生产合作社业务计划之我见》，《西康经济季刊》第十三期，西康经济研究社

白宗润：《边茶沿革简述及当前改进问题》，《西康经济季刊》第十三期

该期为《边茶问题特辑》。

白宗润：《锅庄》，《西康经济季刊》第十三期

1947 年

行政院新闻局：《茶叶产销》，行政院新闻局

内分茶之起源与流传、茶之种类与功用、茶树生长之自然环境、我国茶区分布、茶叶产量估计、茶叶外销概况等 6 节。

佚名：西康省财政厅：《西康通志稿·西康财赋志》，西康省财政厅

1948 年

《康定社会概况调查》，《西康统计季刊》第 7 期，

194?年

蒙藏委员会：《西藏内情及其对外关系研究报告》，蒙藏委员会

该书成于 20 世纪 40 年代末期，今编入徐丽华主编《中国少数民族古籍集成》第 97 册，四

川民族出版社 2002 版；又收入张羽新、张双志编纂《民国藏事史料汇编》第 18 册，2005 年学苑出版社出版；再入《中国边疆研究资料文库.边疆史地文献初编.西南边疆》第二辑，中央编译出版社 2011 年版。

任乃强：《西康诡异录》，《四川日报》社

该书为《四川日报社丛书》之一。该书为任先生 1929 年在西康考察时所记，分《社会风俗》（110 节）、《宗教与迷信》（141）、《土司与头人》（101 节）、《物产与生产》（180 节）等 4 编，各节均以标题。

1955 年

吴傅钧：《西康藏族自治州》，北京生活·读书·新知三联书店

作者在该书《写在前面》中介绍了成书经历："一九五一年五月西藏和平解放，我和科学院地理研究所同事方俊、张善言两位同志及清华大学地理组刘心务同志跟随一个科学工作队进入康藏。先后在西康省藏族自治区的康定、甘孜、绒巴岔、大金寺、竹箐、德格、岗沱、乾海子、玉隆、炉霍、道孚、营官寨、泸定和西康省雅安专区的滥池子、雅安等地作了一些零星调查。十月下旬在康定，正值藏族自治区人民政府召开全区人民代表会议，各县正副县长等都参加了这次会议，我们利用这机会访问他们，了解了巴塘、理塘、得荣（德荣）、乡城、稻城、邓柯、石渠、丹巴等地的情况。到了十一月初，我们依恋不舍地离开了高原，返回原工作岗位。"

该书共分社会基本情况、自然条件、解放前后的巨大转变、生产事业、交通概况、以边茶为中心的商业等六部分，全面介绍了西康概情。因时值新旧之初，故对昔日西康情况多有涉及。

1960 年

刘赞廷：《康定县图志》，北京民族文化宫图书馆

刘赞廷（1888—1958 年）名永燮，字燮丞，笔名懒兵，汉族，河北河间府东光县人，北洋宪兵学校毕业，任赵尔丰属员，随清季川滇边务大臣兼驻藏大臣赵尔丰赴川藏，历经边务三十余年，足迹遍于康藏之境。

刘号称清末民初康藏边地一支史笔，早年追随清季川滇边务大臣兼驻藏大臣赵尔丰拓土成边，在对康藏地区实行"改土归流"；民国间，改任川边军分统，继任蒙藏委员会调查室主任等职。刘赞廷以自己"历边十四年"之经历，纂成图志数十种。足见刘赞廷颇重地方文献的运用和编纂。其另著有《康藏宝鉴》《边藏刍言》《藏地秘史》《三十年游藏记》等作，为川藏的地方文献和方志事业作出了重大贡献。刘赞廷遗存《藏稿》尤为人们所重。

本书系根据今重庆图书馆所藏民国时期的刘赞庭油印稿和北京民族文化宫图书馆搜集到的少量资料汇编复制而成，1960 年印制。2017 年四川省地方志编纂委员会编纂，四川民族出版社出版《刘赞廷 康区 36 部图志点校》。

刘赞廷：《西康建省记要》，北京民族文化宫图书馆

本书系根据今重庆图书馆所藏民国时期的刘赞庭油印稿和北京民族文化宫图书馆搜集到的资料编制而成，1960 年印制。原成书时间应与刘赞庭《西康建省记》约同。

1961 年

刘赞廷：《泸定县图志》，北京民族文化宫图书馆

本书系根据北京民族文化宫图书馆搜集到的民国时期刘赞庭油印稿复制而成，1961 年印制。

1963 年

谢明亮、郭建藩：《西康边茶简介》，《四川文史资料选辑》第 8 辑，四川人民出版社

1978 年

（清）萧腾麟：《西征录》，中央民族学院图书馆（油印本）

《西征录》，又名《西藏见闻录》，对于西藏之风土人情的记载甚为详细，其中有疆域、事迹、山川、贡赋、物产等等。

作者萧腾麟（？—1756 年），字绣谷，号"十洲"，今江西省峡江县仁和镇长田村人，徙居县城凤凰山下。父萧朝俊，康熙四十七年（1708 年）武举人，腾麟为其长子。其自幼读书好学，擅长书法，为人倜傥洒脱，由生员赴康熙五十三年（1714 年）武科乡试，中举；五十七年（1718 年），中戊戌封荣九榜武科进士，选为宫廷侍卫，晋銮仪卫整仪尉，后随康熙帝至热河。雍正年间（1723—1735 年），授河南开封都司护理，调怀庆参将，升川北镇保宁游击，后又任职于左右中营，皆勤于职守，劳绩甚著。乾隆二年（1737 年），帝以西藏为边陲重镇，地理位置甚为重要，"非宿将不能绥服"，廷推萧腾麟可堪大任，于是奉命镇守西藏察木多（今西藏自治区昌都市）。任满三年，因熟悉西藏风土民情，又留镇两年。腾麟镇守西藏，边境晏然无事。及闻父殁，因官不能回家守丧终制，腾麟哭泣着上奏乞求给假归乡，回家后庐墓守丧。不久赴任，未几以母老请回乡赡养母亲，后母丧复庐墓守制，知县周增瑞赠诗褒奖之。

本文录自 1978 年中央民族学院图书馆油印本。

1981 年

陈祖架，朱自振编：《中国茶叶历史资料选辑》，农业出版社

1982 年

焦应旂：《藏程纪略》，西藏人民出版社

焦应旂，清康熙五十年前后泾阳知县。康熙五十四年（1715年），他奉命从军，为平定准噶尔叛乱的清军转运粮储，此次西征有四年之久。在此前后，由于叛乱势力受挫，"潜行狡计，掠及藏地"，旋借达赖喇嘛病故，乘机拥立伪达赖喇嘛，向藏区窜扰。康熙帝特命抚远大将军、十四子允禵统领六师进剿，从西宁木鲁乌苏进军。同年又命平逆将军延信率师入藏，一方面遏止准噶尔西进之势，另一方面护送达赖喇嘛入藏，以收全胜之功。

焦应旂"偕同事诸公奉调押运（军需）"，从康熙五十九年四月到康熙六十年五月的整整一年时间，经青藏高原入藏，抵达拉萨，又从康藏高原出藏，由四川返回任所。焦应旂将这段"不必至而竟至之"的"遐荒绝塞"；"不必见而竟见之"的"荒诞险远"生平意外经历记载下来，名之曰《藏程纪略》。纪略以写实见长，文笔生动细腻，引人入胜，具有很高的史料价值。①

1982年西藏人民出版社铅印本《西藏志·卫藏通志》，《藏程纪略》收录于《西藏志》中。另，今著名藏学家吴丰培将书辑入《川藏游踪汇编》，1985年由四川民族出版社出版。

1984年

中国第一历史档案馆整理：《康熙起居注》，中华书局

《康熙起居注》是一部记录康熙皇帝日常起居言行的档案汇编。起居注册是由起居注官逐日记录皇帝的各项起居政务活动的一种日记体裁的档册，先载起居，后载谕旨，又次官员题奏本章，再次引见官员情况顺序，逐月编纂成册。其中既包括了皇帝的日常生活内容，也记载了政务活动的内容及大臣重要奏章内容，具有丰富的史料价值。

起居注现存起于康熙七年（1668年）九月至宣统二年（1910年）十二月，中间有缺佚，共计一万二千余册。其中包括满汉两种文本，又有正本与稿本之别。满汉文本内容一致，正本与稿本内容也基本相同。只是稿本往往注明来源，而正本则无，目前分存于北京和中国台北二地。现存康熙朝起居注九百八十二册，其中汉文本四百九十三册，满文本四百八十九册，分存于北京和中国台北。1984年中华书局出版了标点本。

（清）刘体仁《异辞录》，上海书店（影印本）

该书为清刘体仁（？）著。②刘体仁，字慰之，号"辟园"，安徽合肥人，晚清重臣四川总督刘秉璋之子。《异辞录》《续历代纪事年表》《十七史说》《通鉴答记》，合称《辟园史学四种》。《异辞录》四卷，主要记述清代咸丰、同治、光绪、宣统四朝间的人物和史事，涉及的近代重大史事。

原书辑入刘体仁的《辟园史学四种》，印于民国年间。1984年上海书店有影印本。中华书局2016年版作者改为刘体智。

刘体智（1879—1962年），字晦之，晚号"善斋老人"，安徽庐江（今安徽省合肥市庐江

---

① 张莉红：《西藏地方文献考略》，载《中华文化论坛》，2005年3期。
② 《辟园史字四种》作者现存争议，一说为刘体仁，一说为刘体智（刘秉璋第四子）。

县）人，近代著名收藏家、银行家、学者。他于甲骨、铜器、书画珍籍咸有涉猎，多能得其精粹。著有《善斋吉金录》《校经阁金石文字》《元史会注》《善斋玺印录》《善斋墨本录》等。

1985 年

[清]吴廷伟：《定藏纪程》，四川民族出版社

吴廷伟（1676—？），字端人，扬州高邮人。吴陕西同州知州任满时，正当康熙帝晚年定藏之役发生，选拔能员随军办事，吴以知府职分随军督粮。其将沿途地理、风物记略而成《定藏纪程》。今吴丰培将书辑入《川藏游踪汇编》，1985 年由四川民族出版社出版。

刀车五：《雅安边茶概况》，《雅安文史资料选辑》第一辑，中国人民政治协商会议四川省雅安市委员会文史资料研究委员会

雅安市民建、工商联：《雅安边茶的经营管理、制造和销售》，《雅安文史资料选辑》第二辑，中国人民政治协商会议四川省雅安市委员会文史资料研究委员会

余孟荪：《南路边茶记实》，《雅安文史资料选辑》第二辑，中国人民政治协商会议四川省雅安市委员会文史资料研究委员会

1986 年

佚名：《背茶歌》，《中国民间文学集成 荥经县资料集》，荥经县民间文学三集成编委会印行

1987 年

佚名：《1909 年（宣统二年）至 1912 年打箭炉每年商品年进口一览表》，《康定县文史资料选辑》第 1 辑，中国人民政治协商会议甘孜藏族自治州康定县委员会

刘仕权：《康定四十八家锅庄》，《康定县文史资料选辑》第 2 辑，中国人民政治协商会议甘孜藏族自治州康定县委员会印行

包保邓朱仁青口述，蓝文品记录整理：《康定瓦斯碉锅庄的概况》，《康定县文史资料选辑》第 2 辑，中国人民政治协商会议甘孜藏族自治州康定县委员会

1990 年

四川省档案馆、四川民族研究所：《近代康区档案资料选编》，四川大学出版社

吴觉农编：《中国地方志茶叶历史资料选辑》，农业出版社

吴觉农（1897—1989 年）浙江上虞人，著名茶学家、农业经济学家、社会活动家，中国现代茶业的主要奠基人。20 世纪 20 年代发表《茶树原产地考》，最早论述了中国是茶树的原产地；20 世纪 30 年代与胡浩川合著《中国茶业复兴计划》和《祁红茶叶复兴计划》、与范和钧合著《中国茶业问题》等书，晚年还主编《茶经述评》和《中国地方志茶叶历史资料选辑》。他筹创了我国第一个高等院校的茶叶专业，并在福建武夷山麓首创茶叶研究所，为发展我国

茶叶事业做出了卓越贡献。

1991 年

[清]查骞：《边藏风土记》，中国藏学研究中心

1918 年，《边藏风土记》稿成并作序，共四卷，此后多年，未印刷出版。今所见初版是依据查骞手稿林超加以校点而成。

查骞，字介庵，怀宁县人（今安徽省安庆市怀宁县），光绪乙巳年（光绪三十一年，1905 年）3 月，其由川督授任为里塘粮务同知，4 月从成都出发赴任。当赵尔丰督办巴塘军务时，查骞曾与往来，有所建议和襄助。但赵尔丰平定巴塘、乡城后，在陈报有功人员中，无他名字，后亦未得赵氏重用。查在里塘两年，病归成都，赋闲十载。丙辰年（民国五年，1916 年）阴历九月，查骞随川边财政分厅（后改为财政厅）厅长熊廷权（名种青）至打箭炉。后被任命为邓柯县知事。

丁世良主编：《中国地方志民俗资料汇编西南卷》（上下），国家图书馆出版社

1992 年

王家祐：《南路边茶的生产和运销》，《雅安文史资料选辑》第七辑，中国人民政治协商会议四川省雅安市委员会文史资料研究委员会

1993 年

谢启晃、丹珠昂奔等主编：《藏族传统文化辞典》，甘肃人民出版社

该书为反映藏族传统文化的辞典，由谢启晃、李双剑、丹珠昂奔任主编，陈庆英、周润年、莫福山任副主编；由中央民族大学、中国藏学研究中心、青海省社会科学院等单位的 20 余名长期从事藏语文教学和藏学研究的专家、学者和教师进行编撰而成。正文部分共收录词目 3190 余条。词目与释文均为汉文。正文前有按汉文笔画的顺序编排的词目检索目录，正文后附有词目"汉语拼音检索目录"，查找方便。词目内容为 1950 年以前我国西藏、青海、四川、甘肃、云南诸藏区有关藏族传统文化方面的各类词条，涉及政治、经济、历史、地理、宗教、文化、教育、医药卫生、民风民俗、语言文字、文学艺术等各学科。词目释文均为对词目有比较权威的研究成果总结。该书是一部全面介绍藏学信息，深刻了解藏族传统文化的工具书。

吴枫总编：《中国古文献大辞典地理卷》，吉林文史出版社

1994 年

冯有志编著：《西康史拾遗》上下，中国人民政治协商会议甘孜藏族自治州委员会文史资料委员会

本书较为系统和全面地介绍了土改前的西康至赵尔丰经营川边到西康政局的演变，刘文辉接管西康、西康建省后各厅处的人事更迭、各项重大设施建设、西康建立民意机构及西康举行大选，至刘文辉宣布西康全省起义等方面和重大事件进行了较为详细的记述，尤其详细介绍了西康建省前后的政治、经济情况。此书作者冯有志花费近 10 年时间，在甘孜州政协文史委的支持协助下，收集整理编撰成书。全书共有 10 篇 77 章。

1998 年

（清）刘声木：《苌楚斋随笔 续笔 三笔 四笔 五笔》（上下），中华书局

刘声木（1876—1959 年），字十枝，原名体信，字述之，为清四川总督刘秉璋第三子。光绪末，分省补用知府，历官山东、湖南学务；民国后居上海；中华人民共和国后任市文史馆馆员，编撰有《苌楚斋书目》30 卷二种，专意收集清人撰述，所得以各省志书及清人文集、书目、笔记、诗话词话居多。

2003 年

丹珠昂奔、周润年等主编：《藏族大辞典》，甘肃人民出版社

该书共收词目 8384 条，主要涉及藏族的历史、政治、经济、法律、哲学、宗教、伦理、典章制度、行政规划、家庭婚姻、文学艺术、语言文字、风俗习惯等方面的内容。

龚伯勋：《说不完的"佳话"边茶杂记》，巴蜀书社

该书为甘孜州政协文史丛书之一；《甘孜州文史》总第 27 辑。

2004 年

亮炯·朗萨（蒋秀英）：《恢宏千年茶马古道》，中国旅游出版社

第一部全面介绍川康藏茶马古道的专著，又是一部川康藏史地小百科。作者 2003 年考察行走川藏茶马古道，行程近万里，耗时半年，通过实地采访、行走调查，既翔实的记述了"茶马古道"的历史渊源和作用，又介绍了康巴地区的自然生态、人文景观和藏族的历史文化。2007 年中国旅游出版社出版，中国外文出版社又推出英文版。

钱仲联主编：《清诗纪事》，凤凰出版社

《清诗纪事》为著名文史专家钱仲联先生（1908—2003 年）主编的大型清代诗歌纪事文献，收 7000 多位诗人的作品，约 1200 万字。该书分为明遗民卷、顺治朝卷、康熙朝卷、雍正朝卷、乾隆朝卷、嘉庆朝卷、道光朝卷、咸丰朝卷、同治朝卷、光宣朝卷，以及烈女卷、释道卷、鬼诗梦诗卷、民歌谣谚卷等。各位诗人附有简历，纪事诗作之后汇集各家诗评，评论诗人的独特成就，兼及诗作优劣得失等。

高国祥主编：《中国西南文献丛书》，兰州大学出版社

2007 年

高济昌、来作中:《甘孜州文史资料集萃》,《甘孜州文史资料集萃》第一辑

该书原载《甘孜州文史资料选辑》第三辑。

徐友春主编:《民国人物大辞典》(上下),河北人民出版社

该书为 1991 年版的增订本,繁体字排印,收录人物增至 17000 人,加上中华民国中央政府机构建制、中华民国议会、国会暨其它政治会议和中华民国时期中国驻外国使官与外国驻华使官等各类附录,增补修订后全书近 800 万字。资料翔实可靠,均依据档案馆馆藏档案、书刊与各类政府公报,并向私人调查征集书信材料,且辅以人物传记、碑传集、地方志和部分文史数据与港台书刊等相互排比、核对、验证,订正讹误,补足脱漏而成。

李朝贵、李耕冬:《藏茶》,四川民族出版社

2008 年

郭卿友:《民国藏事通鉴》,中国藏学出版社

该书是一部民国时期藏族断代史,编撰范围以西藏为中心,兼顾西康、四川、云南、青海、甘肃藏区。编撰内容以藏族政治史为主线,并重经济、文化、教育、宗教等社会领域。全方位、多视角、逐层次地再现民国时期藏族的历史变迁,将民国时期重大历史事件按顺序,逐题记述每一事件的始末与因果联系。

邢肃芝(口述者):《雪域求法记》(修订版),生活·读书·新知三联书店

本书口述者是一位 20 世纪上半叶亲身参与了汉藏两地历史演变的传奇人物。1937 年他只身赴藏学习藏传佛教,本书即为他这次经历的回忆录,2008 年三联书店出版,也是对该社 2003 年版的修订。

2011 年

姚乐野、石硕主编:《〈康藏前锋〉〈康藏研究月刊〉〈康导月刊〉》校勘全本,四川大学出版社

该套校勘影印全本首次全面搜集、整理和校勘了民国时期极具学术价值和影响力的《康藏前锋》《康藏研究月刊》《康导月刊》三种藏学类专业学术期刊,对三个期刊的全本进行系统整理和原文照相出版。系统整理主要包括在忠实于原著的基础上,作必要的背景介绍,同时对一些在今天已十分生僻的事件、人物、词汇及明显的错、漏之处作必要的附加说明。①

---

① 姚乐野:《〈康藏前锋〉、〈康藏研究月刊〉、〈康导月刊〉校勘影印全本》,载《全国新书目》,2013 年 10 期。

（清）祁寯藻：《祁寯藻集》，山西出版集团三晋出版社

祁寯藻（1793—1866 年），字叔颖，一字淳甫，避讳改实甫，号"春圃""息翁"，山西寿阳人，清朝大臣，三代帝师；嘉庆十九年（1814 年）进士，由庶吉士授编修，累官至体仁阁大学士、太子太保，谥号文端。

《祁寯藻集》2011 年由山西出版集团三晋出版社出版。第一册收录谱传、日记、信札、《马首农言》、随笔、杂记及附录七个部分；第二册收录诗词、校勘、批注及考证共三大部分；第三册收录奏议和题本。

2012 年

四川省地方志编纂委员会：《四川历代旧志提要》，四川科学技术出版社

雅安市人民政府、四川省文物管理局编：《茶马古道文化遗产保护（雅安）研讨会论文集》，文物出版社

2016 年

本书编委会：《西康通志稿》（上、下），方志出版社

1939 年元旦，西康省政府正式成立，刘文辉任省政府主席。为彻底掌握西康省情，建设和治理新西康，西康省政府于 1939 年令境内各县组建文献委员会，搜索地方文献资料，为施政提供参考，为纂修省志做准备。1940 年，西康通志馆筹备处成立，著名学者任乃强任主任，拟定了《西康通志纲要》和《西康省通志馆组织规程草案》。1943 年，西康通志馆在雅安正式成立。《西康通志》的编纂自 1940 年起至 1948 年 12 月结束，历时九年。全书共四篇 15 卷，含西康通志撰修纲要一卷、交通志五卷（内列道路、关隘、渡口、桥梁）、社团志、农牧志、物产志、议会志、选举志、职官志、武卫志、司法志、财赋志、水利志、工商志、教育志、医方志各一卷，宗教志（上、下）两卷。初编完成后，一直未能正式出版，故称"西康通志稿"。四川省档案馆、四川民族研究所曾将该书部分内容编入《近代康区档案资料选编》，四川大学出版社 1990 年出版。因工程浩大，直至 2016 年，才出版《西康通志稿》。

孙明经：《孙明经西康手记》，中国民族摄影艺术出版社

孙明经（1911—1992 年），山东掖县（今莱州）人，1934 年金陵大学（1952 年并入南京大学）物理系毕业后留校任教；1940 年赴美国考察；1941 年回国后，任金陵大学理学院副教授、教授。

本书主要取材于孙明经 1939 年参加中英庚款川康科学考察团时随身携带的两个笔记本。两个小本一小一大，均内容丰富，记录了孙 1939、1944 年两次入康的考察内容，由孙明经子女将小本和大本两部分内容合并，加上手抄词典和题词纪念册，沿途拍摄的照片、照片说明，构成了 1939 年为期半年和 1944 年为期一个月的西康科学考察笔记和印象。

2017 年

刘赞廷、四川省地方志编纂委员会:《刘赞廷康区 36 部图志点校》上下,四川民族出版社

本书以重庆市图书馆所藏刘赞廷手稿为蓝本,与 1960 年民族文化宫图书馆油印本互为参照进行点校。所选 36 种图志中,现属四川甘孜 19 种、西藏 17 种,排版以民国 38 年(1949 年)西康省划分的行政督察区顺序为序。

周安勇主编:《荥经文史第十辑 茶马古道》,政协荥经县委员会

译 作

1913 年

[日]山县初男:《西藏通览》,陆军部译印本

《西藏通览》为日本陆军大佐山县初男撰写,出版于明治四十年(清光绪三十三年,1907 年)。该书分两编,共二十二章。计有位置人口、地势、气候、人种、风俗、政体、宗教、语言文字、兵制、贸易、物产、工艺、寺庙、交通、都邑、史略、探险者等。

2002 年,四川民族出版社公开发行季羡林先生主编的《中国少数民族古籍集成》,《西藏通览》收入其九十六册,此后才受到藏学家们的重视。《中国少数民族古籍集成》录为民国二年(1913 年)陆军部译印行本;另,中国台湾华文书局又出版有光绪三十二年(1908 年)刊本。[①]

1941 年

[苏联]鲍勃洛芙斯基:《最近西南经济概况》,叶树芳译,浙西民族文化馆

全书共分三章,分别介绍了广西、云南和西康的经济概况。

1942 年

[英]孔贝:《藏人言藏》,邓小咏翻译,四川民族出版社

《藏人言藏》(A Tibetan on Tibet)作者英国人孔贝(G. A. Combe),曾长期在中国康定居住,是一个所谓中国通。书中内容为他采访现代藏学家谢国安(书史称"智慧保罗")的纪录。本书原于 1926 年在英国出版,后由李安宅翻译,连载于 1942 年《边政公论》第 7、8 至 9、10 两期。今四川民族出版社 2002 年出版译作,邓小咏翻译。

谢国安(1887—1966 年),四川省甘孜县人,藏名多吉卓巴,英文名(教名)保罗·夏热甫。谢国安在收集整理和研究藏族史诗《格萨尔王传》方面成就颇大,对藏学事业作出了重要贡献。以后,他投身西藏和平解放事业,曾任中共西藏工作委员会研究室顾问。

李安宅(1900-1985 年),河北省迁安县(今河北省迁安市)人。字仁斋,笔名任责。1926 年燕京大学社会学系毕业,后赴美国深造。1938 年赴甘肃拉卜楞寺对藏传佛教进行实地调查,

---

① 王雷:《概论〈西藏通览〉的历史研究价值和人文地理价值》,载《新西部:理论版》,2015 年 6 期。

后任教于成都华西大学，1947年到1949年在美英从事研究工作。1950年参加中国人民解放军进驻西藏，先后任昌都解放委员会文化组组长，拉萨解放军藏文藏语训练班教育长等职。1956年调西南民族学院（今西南民族大学）任副教务长兼民族政策教研组组长。1961年调入四川师范学院（今四川师范大学）任副教授兼外语系主任。一生专治民族学、宗教学、社会学、藏学的研究，颇有成绩。曾任四川省政协委员、北京西藏佛学研究会理事、四川民族研究学会副理事长等职。著有《美学》《意义学》《西藏系佛教僧教育制度》《藏族宗教史之实地研究》《拉卜楞——李安宅的调查报告》《宗教与边疆建设》等。

1946 年

[法]古纯仁（Francois Gore）：《川滇之藏边》，李哲生译，《康藏研究月刊》12月15期。

古纯仁（又译古高来），法国天主教传教士，1907年秋入康。1936年，原西康教区副主教兼云南铎区总司铎法籍教士华朗廷升任主教赴康定，古纯仁升为西康教区副主教兼云南铎区总司铎。古氏长期居于康区，对康区研究全面和深入，被称为"天主教西藏第一通"。1951年当地和平解放，古纯仁等神父被遣送出境，时已年逾70岁，著有《川滇之藏边》《四川藏区游记》《旅居藏边三十年》等。

1947 年

[法]古纯仁（Francois Gore）：《川边之打箭炉》，李哲生译，《康藏研究月刊》1948年17期。

1991 年

[法]古伯察：《鞑靼西藏旅行记》二卷，耿昇翻译，中国藏学出版社

古伯察（Évariste Régis Huc，1813—1860年），生于法国开鲁斯，法国遣使会传教士，1839年3月赴中国，于1844年8月开始横穿中国的旅行。他途经热河、蒙古地区、鄂尔多斯、宁夏、甘肃、青海等地，18个月的长途跋涉，于1846年1月到达西藏拉萨。在拉萨居住近两个月之后，驻藏大臣琦善奉清廷的命令予以驱逐，被解往四川。一行人于1846年3月15日离开拉萨，经过三个多月的旅行，穿越整个康区，于1846年6月初到达打箭炉，后经四川、湖北、江西、广东等地，于1846年10月中旬到达澳门，从而完成了1841—1846年的这次环中国的长途旅行。

古伯察是第一个进入西藏的法国人，其撰有《鞑靼西藏旅行记》《中华帝国——鞑靼蒙古旅行记续》以及四卷本的《中国中原、鞑靼和西藏的基督教》等著作。《鞑靼西藏旅行记》一书自1852年首次出版以来，已经成为西方汉学界的一部经典，被译成了东西方各主要语种并反复再版。

1999 年

[法]多隆：《彝藏禁区行》，辛玉、周梦子、叶红译，新疆人民出版社

多隆探险队是以法国人多隆（Vicomte D'ollone）少校为队长，鲁巴吉（Lepage）大尉、胡勒莱尔（Fleurelle）中尉、波依乌（Boyve）军士为队员的四名法国军人组成的，其主要目的就是调查那些"独立的"、"未开化"的"蛮族"。

1906 年 12 月，"多隆探险队"在越南的河内登陆，第二年春季到达云南府（今昆明），在云南府，探险队兵分两路。胡勒莱尔和鲁巴吉前往云南东部的苗族、彝族领地探查；而多隆与波依乌从云南府出发，北上进入山区。数日后多隆一行渡过金沙江，从那里再北上到达会理后，又继续北上抵宁远（今西昌），并由德·格布里安神父陪伴，一同踏上了"独立的"彝族禁地。1907 年 9 月，探险队再次汇合后，又向康区出向，后又深入松潘等地，又西行深入兰州，可谓由南向北穿越了整个中国西部。本书即为这次探险的游记。其后，多隆研究对象着重于考古学与民族学。在考古学方面著有《断偈残碑集》《中国西部的古迹》及《中国回教的研究》三本；民族学方面著有《中国的非汉民族的史料》及《中国的非汉民族的文字》等三本。这些巨著，把中国西南民族的史地语言作了总探讨，成绩显著。为法国人在此方面的研究画上了圆满的句号。

本书原名《最后的未开化民族》，于 1911 年，法文出版，1912 年 BostonMaynard and Company 出版英文版，书名 In Forbidden China, the D'ollone Mission 1906—1909（《中国禁地：1906 年至 1909 年多隆行记》）。简体中文版更名为《彝藏禁区行》，辛玉、周梦子、叶红译，新疆人民出版社 1999 年版，为"亚洲探险之旅丛书"之一。

2001 年

[法]加布得埃尔·邦瓦洛特：《勇闯无人区》，简明译，新疆人民出版社

本书记述了由法国探险家邦瓦洛特（Gabriel Bonvalot）率领的探险队在中国西部历时一年（1889 年 9 月至 1890 年 9 月）旅行的始末。

加布得埃尔·邦瓦洛特（Gabriel Bonvalot, 1853—1933 年）是法国颇有名气的探险家，龙以大胆著称。此前他曾到欧、亚、非和美洲新大陆很多地方游历过，曾获巴黎地理学会颁发的金质奖章。可能因他没有进行地理方面的勘测和其他方面的科学研究之故，故在世界名人辞典里找不到他的名字。他曾在亚洲内陆进行过三次探险，此书所记为第三次。

本书法文版原名为《从巴黎到东京湾》，于 1892 年在巴黎出版。简体中文版更名《勇闯无人区》，为《亚洲探险之旅丛书》之一。

2002 年

[英]赫伯特·斯蒂文斯：《经深峡幽谷走进康藏》，章汝雯、曹霞翻译，四川民族出版社

1928 年，芝加哥自然博物馆派出"凯利-罗斯福探险队"考察队到中国西南及周边地区进行动物标本收集和考察，英国自然科学家赫伯特·斯蒂文斯（Herbert Stevens）参加了探险队。《经深峡幽谷走进康藏》就是他此次考察的游记与工作记录，于 1934 年 London H. & G. Witherby 出版，书名 THROUGH DEEP DEFILES TO TIBETAN HIGHLANDS（《跨过深沟到达西藏高原》）。

2003 年

[英]威廉·约翰·吉尔：《金沙江》，曾嵘翻译，中国地图出版社

威廉·约翰·吉尔（William John Gill），1843 年 9 月出生于印度班加罗尔，1862 年，进入英国皇家军事学院。1873 年以后，他曾前往波斯、中国、印度、巴尔干、土耳其和北非等地探险考察。1882 年，英国入侵埃及，吉尔前往西奈沙漠搜集情报，于 8 月 11 日为贝都因人所杀。

1877 年，威廉·约翰·吉尔正式加入英国情报机关，该年便赴中国"探险"，他从上海经宜昌至重庆、自流井至成都，后北上理番府、松潘厅、龙安府，再回到成都，然后从成都至雅州、打箭炉、理塘、巴塘，再南下经过阿墩子、大理府、腾冲，到达八莫，进入缅甸。

《金沙江》一书就是作者上述旅行的记录。该书于 1879 年在君士坦丁初版，二版于 1883 年底出版。书中关于中国西南地区民族、文化记录较为详细，可以视为 19 世纪中后期西南地区的民族志。在吉尔之前，还没有一位欧洲人到达过川西北地区。他也因此获得英国皇家地理学会和巴黎地理学会的金质奖章。

[英]W.N.福格森：《青康藏区的冒险生涯》，张文武译，西藏人民出版社

本书主要描述了英国皇家地理学会会员布鲁克（J·W·Brooke）横贯中国内地，及在四川岷江流域及甘孜、凉山地区的两次旅行游记。1906 年 8 月，布鲁克从上海出发开始他的首次旅行。在穿越西藏之后，他于 1907 年 10 月返回上海；1907 年 11 月，布鲁克又从上海启程，开始其第二次旅行，游历川西和西藏东部，于 1908 年在大凉山腹地探险时被误杀身亡。

该书编撰成册颇据戏剧性。书作者虽为英国探险家 W.N.福格森（W.N.Fergusson），却是在探险家布鲁克的日记等旅行资料基础上编纂而成。作者福格森是当时驻在成都的一位英国传教士，曾和布鲁克一起到川西北旅行。他在原书《写在前面的话》中，介绍了这一段离奇经历："在上述两次探险中，布鲁克中尉第二次旅行由 C·H·米尔斯陪伴。在这次'游历'中途流产后，米尔斯先生回到英国，将他们在中国的见闻写下来发表。这些文章反响很大，读者纷纷要求米尔斯先生进一步将他自己及其朋友的经历写成书，以便留下更永久的记录。但是，司各特上尉招募他前往南极探险。为这次南极探险做好准备，他当年年初必须离开英国，到西伯利亚去购买狗和矮种马。这样，原本由他执笔写书的任务，就落到我的肩上了。布鲁克先生的双亲慷慨地把他的日记和旅行中所拍摄的照片交给我，由我任意处理。"

该书 1911 年在伦敦由 Constable 出版，原名为《在西藏草原的冒险、游乐和旅行》（Adventure，Sport and Travel on the Steppes）。西藏人民出版社 2003 年出版，张文武译，为丛书《洋人眼中的西藏译丛》之一。

2004 年

[俄]顾彼得：《彝人首领》，和锴宇翻译，四川文艺出版社

顾彼得（Peter Goullart，ПТРGУЛЯР1901—1945 年），1901 年生于莫斯科一个贵族家庭，两岁时丧父，自幼接受私塾教育，曾生活在巴黎和莫斯科等地，1917 年布尔什维克革命期间，他与母亲一起离开俄国，历经艰难流落到了上海，1975 年病逝于新加坡，终生未婚。其一生颠沛流离，曾长时间在中国西南地区居住。他精通俄语、英语、法语、汉语，对西方文化和中国文化有着独到的见解。主要作品有《被遗忘的王国》《神秘之光》《彝人首领》等。特别一值的是，他的作品中充满对中国人民，特别是西南众多少数民族，如藏族、彝族、纳西族等的友善之情，表达了对当时他们悲惨命运的深刻同情，这在同一时期的西方游历作品中，是极为少见的。他在丽江生活了九年，其有关纳西族的著作，如《被遗忘的王国》，已成为真实记录当时纳西族社会生活的重要史料，为后人了解和研究中国西南地区的文化提供了珍贵的资料。

1939 年 9 月，顾彼得从上海绕道香港、昆明到达重庆，又受中国工业合作社的委派辗转来到康定，开展调查和设点工作。这次让他难忘的经历记入《彝人首领》中，英文版于 1959 出版，书名 Princes of the Block Bone, Life on the Tibetan Borderlands《黑骨王子：西藏边沿的生活》。

2006 年

[法]古伯察：《中华帝国纪行 在大清国最富传奇色彩的历险》上下册，张子清、王雪飞、冯冬翻译，南京出版社

2013 年

[英]威廉·约翰·吉尔：《金沙江》，曾嵘译，中国地图出版社

威廉·约翰·吉尔（William John Gill），1843 年 9 月出生于印度班加罗尔，1862 年，进入英国皇家军事学院。1873 年以后，他曾前往波斯、中国、印度、巴尔干、土耳其和北非等地探险考察。1882 年，英国入侵埃及，吉尔前往西奈沙漠搜集情报，于 8 月 11 日为贝都因人所杀。

1877 年，威廉·约翰·吉尔正式加入英国情报机关，该年便赴中国"探险"，他从上海经宜昌至重庆、自流井至成都，后北上理番府、松潘厅、龙安府，再回到成都，然后从成都至雅州、打箭炉、理塘、巴塘，再南下经过阿墩子、大理府、腾冲，到达八莫，进入缅甸。

《金沙江》一书就是作者上述旅行的记录。该书于 1879 年在君士坦丁初版，二版于 1883 年在伦敦底出版。书中关于中国西南地区民族、文化记录较为详细，可以视为 19 世纪中后期西南地区的民族志。在吉尔之前，还没有一位欧洲人到达过川西北地区。他也因此获得英国皇家地理学会和巴黎地理学会的金质奖章。

期刊简介[①]
1910 年

《地学杂志》 地质地理学专刊，中国地学会机关刊物，1910 年 3 月 1 日（宣统二年正月

---

① 本节主要录于郭卿友编著：《民国藏事通鉴》，中国藏学出版社 2008 年版。依创刊年代排序。

二十日）在天津创刊，上海文明书店发行。地学会会长张相文发起创办，白毓昆、章鸿钊等编撰。该刊以"广交见闻，拓张知识""借收增壤益流之效"为宗旨，设图迹、论丛、杂俎、说郛、邮筒、本会纪事、图书介绍等栏目，重点辑载有关民生消长、物产盈虚、疆圉沿革方面的文章，如经济、交通、物产、疆域地理，旁及政治、人口、文化、都市、军事、自然地理，以及地质、地貌、行政区划图。初创时年出十期，1912年改月刊，1924年改季刊，1932年改半年刊，1935年复改季刊。1937年停办，共出181期。①

1930 年

《新西康》 综合性刊物，由西康诺那呼图克图驻京办事处宣传科主办，1930年5月在南京创刊，定为月刊，16开，铅印本，以汉文为主，共出12期，1931年5月停刊，每期均有一篇藏文文章。该刊以"宣扬三民主义，探求建设方案，灌输康民知识，启迪西康文化"为办刊宗旨，介绍和研究西康及西藏的民族问题、历史、政治、经济、教育、物产资源，以及西康实业、交通的开发等。辟有社论、特载、论著、消息、时事要闻、文艺、藏文文章专载等栏目。

《新亚细亚》 新亚细亚学会于1930年10月在南京创办，得到国民政府考试院院长戴季陶的支持。《新亚细亚》编辑部在创刊号中宣称：为整个中国的建设而研究中国的边疆问题，为实现民族主义而研究东方民族的解放问题，建设中国必须开发边疆，解放中华民族必须东方民族一律解放。大家要一致努力，创建三民主义的中国，创建三民主义的亚细亚。其研究的问题有：第一，进行实业计划的研究。第二，以三民主义为原则研究中国的边疆问题。第三，以三民主义为原则研究亚细亚民族解放问题。其中将中国的边疆问题研究分为东北部、北部、西北部和西南部。康区属于西南部，具体研究的是：康藏青海之历史的、地理的、宗教的考察；英人经营西藏之过去与现在；开展康藏现状调查，设计开发康藏、青海的具体计划。1930年国民政府在中央政治学校内开办西康学生特别训练班，杨仲华、刘家驹、冯云仙等康籍学生就读于其中。他们在课余及毕业之后，撰写关于康区各方面情况的文章，呼吁社会各界对康藏问题的重视。其间，任乃强将过去撰写的《西康诡异录》的内容加以充实，新增若干条目，以《西康图经》某某篇的名称在该刊上连续刊载，扩大康区的对外影响。故《新亚细亚》成为认识民国期间康区政治、经济、文化等方面内容的基本参考刊物。1937年《新亚细亚》出版第13卷时因故中断。1944年曾在上海复刊，卷期续前，但出版不久便停刊。

1933 年

《康藏前锋》1933年9月创办，月刊，系部分在南京中央政治学校、蒙藏学校读书的西康籍、西藏籍学生发起兴办。该刊的宗旨是介绍康藏党务、政治、经济、教育概况，关于康藏人民生活、社会风俗习惯之实录，康藏地理历史之记载及其考证，关于开发康藏之文论及其建议之计划，关于康藏各地之实际调查，康藏各地照片及各地有关本刊稿件通信等等。抗

---

① 章开沅主编：《辛亥革命辞典》，武汉出版社1991年版。

战期间,该刊先后迁于湖南芷江、重庆巴县,办刊宗旨因形势的变化而有所调整,并特别申说"如有其他连续问题之有关著作,及抗战宣传文章者,亦特别欢迎",试图将刊载内容扩大,变为全国性刊物。1939 年 8 月停刊,共办 6 卷,其中 4 卷 11 期至 6 卷 3 期为战时特刊。从 1933 年到 1939 年,《康藏前锋》出刊 6 卷 57 期,共发表论文 613 篇。

《康藏前锋》刊发的文章包括了政治经济、文化教育、地理、宗教、民俗等各个方面。其中以政治方面的文章为主,其内容以处理康藏问题的主张、建议、评价为多,涉及川藏冲突、康藏关系、精神动员、西康建省、外国侵略、班禅回藏、剿匪问题等各个方面。《康藏前锋》最显著的特色是专门设有"藏文增刊"栏目。在《康藏前锋》发文较多的一批核心作者,多是从中央政治学校附设南京蒙藏学校毕业的学员。[①]

1934 年

《开发西北》综合性刊物。南京开发西北协会主办,1934 年 1 月在南京创刊,第二年终刊,共出刊 16 期。社址在南京新街口兴业里 3 号。月刊,铅印本,16 开。该刊宗旨为:"协赞政府开发西北,达到国家社会之繁荣为目的"。此刊登载了许多有关青海、甘肃两省藏区的政治、经济、宗教等方面的重要论文、调查报告、图片等,如《青海矿业》《青海之教育》《西藏人物志》《班禅达赖史略》等。

《边事研究》蒙藏委员会边事研究会于 1934 年 12 月创刊于南京,重在研究边疆及民族问题,"欢迎边地之政治、经济、法制、军事、文化、宗教、社会等情形及国际国内一切稿件"。抗战期间,该刊迁至重庆出版,从第 6 卷第 4 期至第 9 卷第 21 期,均为抗战特刊,其中第 9 卷第 3 期至 44 期为西康特刊号。1943 年 3 月该刊办至 13 卷 2 期时停刊。

《太白》现代文艺杂志,半月刊。陈望道主编,1934 年 9 月 20 日创刊,1935 年 9 月 5 日停刊,共出 2 卷 24 期,上海生活书店发行。

1935 年

《川边季刊》学术性刊物,重庆中国银行主办,《川边季刊》社发行,1935 年 3 月创刊。汉文版,32 开,铅印本,每期约有 260 页。其办刊宗旨为研究川边经济现状和历史、政治、宗教、教育等,支援边疆各项建设。辟有插图、专载(均为长篇论文)、调查资料(内分经济、财政、捐税、货币、商业、产业、农业、矿业等)、社会(内分各地概况、宗教、教育、团务、夷情)、交通(内分公路、地理等)等栏目。刊中收入的论文、游记、社会调查、宗教研究等大部分是关于康区的,如著名的《西康喇嘛调查》《柯羽操游藏记》《松潘社会调查》等论著均载此刊。1936 年 6 月停刊。

1936 年

《康藏研究月刊》康藏研究社主办,1936 年 10 月 30 日出版,1949 年 9 月 30 日停刊,共

[①] 此条由本书编者编纂,资料来源于曲珍:《〈康藏前锋〉联络汉藏感情 沟通康藏文化》,载《中国民族报》,2013 年 11 月 15 日 7 版。

出版29期,以汉文印刷,文中藏文名词多用拉丁字母转写,亦有少量直接书写为藏文。《康藏研究月刊》为纯学术刊物,原拟定名为《康藏研究月报》,因第一期印刷时误排为"月刊",遂改"报"为"刊"。该刊坚持"不愈期、不间断、不合刊、不作浮文泛语"的原则。按《社章》规定,所发表文章为本社社员的研究成果。该刊29期中共刊出学术文章65篇,形式包括论文、译著、考察报告、政策建议、图书评介、游记、传记等,内容涉及有关康藏的政治、宗教、历史、地理、民族、文化、语言、社会、风俗、经济、图书等方面。其中谢国安关于藏北地理民俗的系列文章、戴新三的《后藏环游记》等均为国内关于这方面的最翔实记录。刘立千所译藏文典籍《玛尔巴译师传》《西藏宗教源流简史》是继《西藏王统记》后国内汉译藏典方面的最具代表性的力作。鼓公侯译((藏三国本事》,是国内最先完整介绍《格萨尔王传》史诗的译著之一。任乃强《德格土司世谱》《隋唐之女国》《西藏、多康之自然区划》等论著,在康藏历史、地理等方面多有贡献。其办刊方向和研究成果有几个特点:第一,以沟通藏汉文化为己任,力图唤起国人对藏学研究的关注;第二,以历史与现实并重为研究方向;第三,致力于藏文典籍和外文资料的介绍;第四,发表不同观点,以求争鸣。

1938年

《新西康》部分康籍人士于1938年4月在康定创办。其初衷是突出康区的地位,为西康建省制造舆论,声称"西康接壤西藏,在昔已为西南屏蔽,最近中枢西移,更以近哉重地,兼有后防之责。其蕴藏足以利国,其人民足以强兵"。是故,该刊的稿件偏重于政治、国防、宗教、教育、民族等方面的内容,以期让外界社会认识西康、认识藏族。"预图西康之繁荣,必全国上下对西康先有清晰之认识,然后经济文化建设始有可期。然因西康与西藏接壤之故,国人早已化外视之。且康藏语言同、文字同、风俗习'惯同,种族历史亦多少相同。国人之于康藏,且不能辨其名,遑论其实。即有留心边事者,既不易省履其地,又苦无文献可征,有所论述,其何以免于扣架扣烛之机"。西康建省后,该刊内容的中心发生改变,旨在分析部分现实问题,有的放矢,商讨有效的手段,促进更好的解决,故撰稿人除学者专家外,还有若干官员、经营者等。1947年停刊,持续时间长达10年,共出5卷,每卷的期数不一。

《康导月刊》西康省县政人员训练所同学会于1938年9月在康定创刊,后迁至成都。在发刊词中申说其宗旨:"我们藉在边疆工作的机会,就所见、所闻、所行,关于政治的、经济的、文化的、教育的、宗教的、法律的、生活的、习俗的、气候的、地理的、生理的、矿藏的实际情况、现象,在我们的理解范围之内,尽量介绍,提供素材,以作为政府施政的参考,引起国人开发的兴趣,纠正过去一般人对边疆的唯蛮论和唯冷论。"该刊的征稿范围涉及中国所有的边疆地区,但重在西康、西藏以及青海等藏族地区。凡民族事务、差摇、教育、土司、宗教、文化、语文、故事、歌谣、史地、实业、游记、通讯、文艺等等的文章、书评、古籍整理、及译著等,均属于征稿范围。《康导月刊》原计划每年一卷,每卷十二期,故名之月刊。事实上,在1938—1947年的十年间,该刊只发行六卷。其间,受经费紧张、人员缺乏等因素的影响。除第一卷外,其余各卷存在两期、三期等合初的现象;第四卷只出版 1~9 期，第六卷也只有 1~10 期。更为突出的是，第六卷的时间从 1945 年延至 1947 年，出版时间长达三年之久。

《西南边疆》1938 年 10 月由西南边疆研究会在昆明创刊。月刊。主要撰稿人有楚图南等。设有论文、行记、书评、边讯等栏目。其宗旨为："以学术研究的立场，把西南边疆的一切介绍于国人，期于抗战建国政策的推行上有所贡献。"主要内容涉及抗日战争时期西南边疆的社会生活、社会组织结构、历史、地理、宗教、艺术、教育、民族、民俗等方面的情况与农业、牧业、手工业、矿藏、水利、交通运输、对外贸易等方面的问题。1944 年 6 月出至第 18 期后停刊。

1941 年

《建康日报》1941 年元旦在雅安创刊，伍培英兼社长，周成郡兼经理，唐会昌作总编辑，由唐会昌、姚俊文采访编稿。创刊后轰动雨城，遂由刘文辉、伍培英拨款租了两大间铺面作社址，陆续添置设备，装修门面，报社始由旅馆迁入新居，业务人员也开始充实。黄是云（中华人民共和国成立后在北京《工人日报》工作）、曾巴波（中华人民共和国成立后在北京《光明日报》工作）、程再华（中华人民共和国成立后在四川新华分社工作）、王伯瑞（中华人民共和国成立后在河北新华分社工作）先后参加编辑工作。报纸根据刘文辉的倾向立言，注重宣传他主张的"建设新西康"、"实行三化政策"，即对少数民族实行进化、德化、同化，报上也辟有专版长期刊载任乃强主编的《康藏半月刊》。1948 年停刊。①

《西康物价》机关专业刊物，西康省政府统计室主办，1941 年 7 月在康定创刊，终刊时间不详，月刊，汉文版，铅印本，主要登载西康省内主要生活用品、农作物产品、工业品的价格情况以及对物价的分析文章、评论等。

《边政公论》研究边疆问题为主的综合性刊物。1941 年 8 月创刊于四川巴县，中国边政学会编辑发行，月刊，设有论著、译述、书评、边地通讯、边政资料、文艺等栏目，刊载研究中国边疆的政治、经济、文艺、教育、宗教、民族、言语、史地诸问题的文章。撰稿人有著名学者韩儒林、白寿彝、黄文弼、吴其昌、张维华、李承三、陶贤等等。自 5 卷 1 期 1946 年 7 月起迁南京出版，改为季刊。1948 年 12 月出至第 7 卷第 4 期终刊。

1942 年

《边疆研究通讯》1942 年 1 月 20 日在成都创刊，金陵大学文学院边疆社会研究室编辑出版，双月刊。"以研究中国边疆民族文化，边疆社会问题"为宗旨，涉及边疆史地、民族文化、宗教习俗、生活习尚、教育问题、边地文献介绍等。该刊辟有专论、资料、游记、通讯、学术运动消息、书刊介绍等栏目。主要撰稿人有卫惠林、徐益堂、于式玉等，对研究民俗史有参考价值。1943 年 6 月停刊。

---

① 此条为本书编者编纂。资料来源于唐会昌：《雅安的第一家日报——〈建康日报〉》，载于《雅安文史资料选辑》第 2 辑。

《中国边疆》中国边疆学会主办的综合性刊物，顾颉刚、黄奋生主编。刊址在南京江苏路8号。1942年1月31日创刊，月刊，汉文版，16开，铅印本。1947年改为32开本。为学术性较强的刊物，刊登了刘家驹《滇西山歌289首》、许公武《土司制度略考》、刘剑秋《西藏史地常用名词释义》等许多有价值的论文。

《西康经济季刊》1942年7月，康省一些人士以建设厅为依托，成立西康经济研究社，创办《西康经济季刊》，借此开展调查工作、介绍西康的各种资源，商讨开发措施，制定相关政策。该刊体例分有特载、论著、介绍、研究与译述、调查、统计和附录等。其间，根据形势的需要及存在的问题，出版相关的特辑。如5期为物价问题特辑，7期为合作问题特辑，8期为农牧问题特辑，9期为货币金融特辑，10~12期为工矿问题特辑等等。共出17期，1948年7月停刊。

《边疆通讯》综合性刊物，蒙藏委员会编译室主办，1942年11月创刊于四川省巴县。自第四卷起，1947年迁至南京继续出版发行，1948年终刊，共出五卷，每卷12期。该刊为月刊，汉文版，16开，铅印本，主要登载内蒙古抗战前线的战况、各少数民族地区的重大事件、西藏形势等。其办刊宗旨为：宣传抗日救国，报道边疆社会状况，促进和维护祖国统一。

1943年

《川康建设》以经济建设为主，兼有民俗、方志、文学的大型综合性刊物，《川康建设》杂志社主办，傅况鳞主编，1943年1月1日创刊于重庆，季刊，汉文铅印16开。创刊当年发行第一卷1~3期。其办刊宗旨为：阐扬国父遗教、政府国策，促进川康建设，完成抗战建国之使命，辟有专论（经济建设）、西康问题、调查报告、人物志、地方志、民俗研究、川康建设动态、备忘录、短写等栏目。

《边疆服务》1943年1月在成都方正东街72号创刊，中华基督教会全国总会编辑发行，后移入重庆磁器街特50号办公。主要内容有边疆人文、地理、经济、教育、农业、边疆大事、要闻等。初为不定时出刊，1947年12月迁至南京出版，改为双月刊。1948年12月停刊。[①]1949年后曾短暂复刊，共出刊29期。（1949年前27期）

1944年

《西康统计季刊》西康省政府统计室主办，1944年9月创刊于康定，季刊，汉文版，16开，铅印本，是《西康统计通讯》的续刊，主要刊登西康省内农牧、工商、人口、文教、社政等方面的数据及其分析研究。1948年1月停刊。

---

① 原文涉及创刊时间等资料有误，已更正。

后 记

　　2014年由四川省甘孜藏族自治州政协和四川文化艺术学院共同发起并组织，由甘孜州政协文史资料学习委员会与中国非物质文化遗产研究院、四川省区域文化研究中心、西南科技大学外国语学院等机构共同实施了"康巴藏族传统村落调查工程"。工程由冯骥才先生任总顾问，四川文化艺术学院董事长龚珍旭博士任主任、甘孜州政协蒋秀英出任副主任。调查工程组成立后，在州政协副主席蒋秀英带领下，便分赴我州道孚县扎坝乡开展调查工作，首批工程成果《扎坝藏族文史调查与研究辑要》于2017顺利出版。该书不仅是康巴藏族传统村落工作组开展工作以后的首项成果，也是甘孜州政协组织编撰的"康巴藏族传统村落文史史料调查与研究丛书"的首项成果。

　　图书公开发行后，得到全国政协文史资料学习委员会、四川省政协文史资料学习委员会的高度评价。2017年8月，州政协在道孚县专门召开了该书的首发新闻发布会及政协文史资料搜编培训会，极大促进了我州各县政协文史资料学习委员会工作者的积极性和业务水平。此后，就"康巴藏族传统村落调查工程"二期工作重点，州政协文史资料学习委员会与中国非物质文化遗产研究院、四川文化艺术学院参与调查工程的相关学者进行了多次协商，鉴于川藏（康）"茶马古道"在历史上为维护祖国统一、融合各民族感情以及促进少数民族地区经济发展的重大意义；鉴于我州在"茶马古道"的中心地位、独特价值及丰富的历史文化遗存，加上全国政协"茶马古道文化遗产保护和利用调研组"多次赴我州指导调研，指出"对于茶马古道研究存在的空白与其相关史料的挖掘要更加深入"的指导意见。为了响应全国政协深入挖掘茶马古道相关史料的号召，我们决定"康巴藏族传统村落调查工程"二期工作以挖掘"茶马古道"独特的"锅庄文化"为入手点：一方面以点代面，面对浩如烟海的"茶马古道"历史文化遗存做到重点突出，要目明确；另一方面，"锅庄文化"曾是我州康定市在历史悠久的"茶马古道"中一张最为独特与亮眼的名片，但现在相关建筑几乎毁损殆尽，"锅庄文化"更岌岌可危。1941年段公爽曾在《入康记》中将"锅庄"誉为"康定的灵魂"。可以毫不夸张地讲，"锅庄文化"的确可当之无愧视为"茶马古道"的代表，从历史上讲，"锅庄"是茶马互市的直接产物；从商贸上讲，"锅庄"是茶与马（药）互市的中介；从文化而言，"锅庄"是多民族文化融合的产物；从社会而言，"锅庄"又是各民族团结互助、共同发展的象征。昔日，打箭炉因市而生，因茶而盛，在这其中，"锅庄"不仅奠定了茶马互市的商贸基石，也决定了茶马互市从商贸到交通运输等全套的规则与操作、管理流程，对"茶马古道"的兴起、发展与繁荣起了最为直接与决定性的推动作用。

2018年初,本丛书主编与主要编者焦虎三教授便开始了准备工作,四处查找、搜集文献,分类档案资料,校勘版本流变。利用春节大假难得的"万籁俱寂"的时间,编纂正式开始,他每天十数小时边辨识文献边分类整理、录入注释的繁琐工作,庞大工作量下的艰辛与付出,这一切都让我们甚为感动与敬佩。

5月,由政协甘孜藏族自治州委员会主办,州政协文史、文教医卫委和一家一道文化产业(广东)有限公司、四川文化艺术学院共同承办的"东西部文化交流'茶马古道'文化历史研讨会"在康定市举行,在开幕式中的主题发言中,焦教授代表"康巴藏族传统村落工作组"二期工作组进行了中期成果汇报,60余万字的《茶马古道"锅庄文化"历史文献与研究辑要》在大会上正式亮相,其涉及文献数百种、数千册之巨,对清代至当今川藏一线茶马古道历史文献进行了全方位的梳理、编纂,填补了国内空白,得到任新建、李旭等著名藏学与茶马古道研究专家的高度评价,会上被一致誉为"功在千秋的著述"。

本书是国内至今第一部川藏(康)茶马古道(南路边茶)文史资料汇辑的专著,也是首部"锅庄文化"文史资料与研究类编的专著,全书共收录:

1.《上编》第一章清季共收录各类文80余种,约计:清季文著、档案等六十六种;民初《清史稿》《清稗类钞》两种;译作七部;《竹枝词》柒种等;

2.《上编》第二章共收录民国时期与茶马古道"锅庄文化"相关的文献(图书、期刊)145种(篇),附录图书19种,译作10种,共计174种文著;

3.《下编》研究文献专题辑要共收录1949年后学者研究茶马古道"锅庄文化"相关论文概要96篇。

客观而言,历史上扑朔迷离、史学界众说纷纭的"锅庄",因本书的诞生,第一次呈现出较为清晰的历史发展脉络;第一次有了从清代至今跨越300多年时光的系统梳理与编纂(本书文献采录时间起于初稿完成于康熙二十六年(1687年)王夫之的《读通鉴论》,终于2017年相关论著)。

2013年,云南人民出版社曾以《云南省茶马古道系列丛书》为名出版了云南省社科院茶马古道研究专家蒋文中先生编著的《茶马古道文献考释》,该书部分收录了茶马古道云南一线相关的历史文献;2018年,四川又出版了李炳中主编的《茶马古道:雅安段文献索引掇英》,该书部分收录了茶马古道四川一线以雅安为中心相关的历史文献。本书以茶马古道四川一线打箭炉(今四川省甘孜藏族自治州康定市)为中心的相关历史文献系统的整理工作,川滇相应,不仅与以上两种出版物一起共同组成了目前国内川藏、滇藏茶马古道较为全面而系统的资料书籍,而且填充了国内茶马古道藏区历史文献搜录与研究的空白,更为出彩之处在于,与其他出版物相较而言,本书文献收录最为繁多,种类最为丰富,纲目合理,类别清晰,体例遵循传统又颇多创新之处,相关版本学的细对研究与国内藏学研究诸多较新成果的引用,均显作者学力之精深、学识之博厚、学德之严谨,本书被誉为"功在千秋的著述",也实至名归,当之无愧。我们相信,本书的出版,对于加强汉藏团结,推动我州以茶马古道为中心的历史文化遗产的挖掘与传承；对于大力促进国内学界茶马古道研究的深入与发展；对于有关茶马古道申遗工作基础史料的支持，都将产生深远而重大的意义。

本书付梓之时，本委员会除了首先感谢编著者的辛勤工作之外；感谢中国非物质文化遗产研究院、四川文化艺术学院羌文化保护与发展研究中心批准专著为"重点成果书目"（编号：FYYJ2018—06）；也再次感谢四川省社会科学重点研究基地区域文化研究中心的支持与帮助，2017年在该中心支持下，《扎坝藏族文史调查与研究辑要》列入中心重点项目（编号：QYYJB1702），后又评为优秀结题成果，2018年，本书编著者研究羌族口头艺术的专著《羌族口头艺术的叙事、表演与文本》又获中心重点项目（编号：QYYJB1806），该中心及蔡东州、金生杨等历史文献学名家现一直继续支持和鼓励我们的研究；西南科技大学外国语学院及"四川历史文化故事普及基地"，多年来一直以"围绕中华文化圈层讲好中国故事"的思路，以内为主、中外融通，立足四川，辐射西南，致力于扩大四川历史、文化在国内外的影响力，笔者也要感谢该基地及陈清贵院长将本专著列入"四川历史文化故事普及基地项目成果"，这一切鼓励和关心让我们心怀感恩；感谢任新建、李旭、孙前、李祥林、高梧、罗洪彬、高富华、潘昱州、耿继朋、柯小杰等专家、学者、朋友对我们工作的支持和帮助。本书编著者作为民主党派的一员，也要感谢民革绵阳市委及郭兴林主委、郑学峰、黄梅、吕磊，文教体支委刘雷、唐辉等党员，在查找、搜集文献过程中给予的支持。

由于梳理、搜集茶马古道历史文献工程浩大，又无前例可循，加上我们学知有限，可谓挂一漏万，不足之处万望学界批评指正。

甘孜州政协文史资料学习委员会
2018年7月5日